한국어의 한자 및 한문 표기와 자료

한국어의 한자 및 한문 표기와 자료

박형익

역락

책을 내면서

인류의 역사에서 우리만이 가지고 있는 문자언어 자료가 도서관이나 박물관 등에 소장되어 현전한다. 이 자료들을 검색하여 특정한 분류 기준에 따라 분류한 다음 목록을 만드는 작업은 우리의 정체성 확립뿐만 아니라 우리 스스로가 문화적 자긍심을 가질 수 있게 해준다. 게다가 이러한 목록 작업은 언어학 측면에서도 특히 언어 자료를 기반으로 연구하는 데 있어 기본적으로 마련해야 할 필수적인 정보를 제공해 준다. 또한 언어 자료 목록은 언어 자료의 빅 데이터를 구축할 때에도 반드시 갖추어야 하는 필수적인 것이다.

언어학자는 언어학의 연구 방법이나 일반 언어학의 특정한 이론을 적용하여 체계적으로 자신의 모어인 개별 언어를 연구하기에 어려운 연구 환경에 놓여 있는 경우가 대부분이다. 보통 개인 연구자의 연구 공간, 연구 협업자나 조력자 등의 연구 인력 환경, 컴퓨터 등의 연구 도구뿐만 아니라 연구자의 연구 수행 능력의 수준은 언어라는 연구 대상의 양적인 크기에 어울리지 않는 경우를 쉽게 찾아볼 수 있다. 게다가 소수의 예문을 근거로 연역법적인 방법으로 고안한 일반언어학 이론의 보편성이나 경제성도 아직까지 우리를 만족시키는 수준에 도달한 것은 아니다.

언어를 과학적으로 연구하기 위해서 우리는 연역법 또는 귀납법, 종합적이거나 분석적 방법, 공시적 연구 방법이나 통시적 연구 방법 등을 선택할 수 있다.

언어 자료를 근거로 객관적이고도 귀납법적인 새로운 연구 방법을 고안하는 작업을 먼저 수행한 다음 그 방법을 적용하여 연구한 체계적인 결과물을 바탕으로 새로운 이론을 제시하는 것이 보다 효과적일 것이다. 만약 새로운 패러다임을 창조할 수 있는 능력을 갖춘 사람이 슈퍼 컴퓨터나 양자 컴퓨터를 사용할 수 있는 연구 환경에서라면 예전보다 보편성이나 경제성이 높은 새로운 연구 방법이나 독창적인 이론을 보다 효율적으로 정확하게 제시할 수 있을 것이다. 어쩌면 현재 우리의 연구 환경에서는 이러한 복잡한 과정을 거치지 않고 어쩔 수 없이 몇몇 예문이나 시기나 대상이 제한적인 기존의 소규모 비균형 말뭉치에 의존하여 관찰한 결과를 바탕으로 가설을 제기하는 방법을 선호할 수밖에 없을 것이다.

무엇보다 먼저 방대한 규모의 언어 자료를 연구할 수 있는 환경을 마련하는 것이 필요하다. 언어는 혼자 연구하기보다는 서로 다른 개별 언어를 연구하는 전공자 또는 컴퓨터 언어학 등 언어학의 하위 분야의 전공자들과 협업하여 연구하는 것이 효과적이다. 게다가 언어학 이외의 전공자들과 협업도 필요하다. 공동으로 모여서 연구하고 토론할 수 있는 환경이 마련되어야 하며 적용할 연구 방법이나 이론의 선택과 보완 작업이 이루어져야 한다. 공동 연구와 개인 연구의 결과물에 관한 토론의 활성화 방안도 마련되어야 할 것이다

공공 기관에서 이루어지는 언어 자료 목록의 작성, 언어 자료 수집, 언어 말뭉치 구축, 연구 과정, 도구 프로그램, 연구 결과물 보관과 관리, 연구 인력 양성 등에 관한 모든 사항은 연구자들이 공유할 수 있어야 할 것이다. 그리하여 기록물과 목록을 활용하는 여러 분야들이 연계할 수 있도록 해야 한다.

언어 자료는 음성언어 자료와 문자언어 자료, 그리고 이 둘의 복합 자료이다. 언어 자료의 목록을 작성한 다음 언어 자료를 수집하여 필요한 부분을 디지털 정보로 구축하는 작업을 수행해야 할 것이다. 일정한 연구 방법이나 선택한 특정한 이론에 따라 체계적으로 연구한 결과물이 충분히 축적되어 있고, 수집한 언어 자료를 새로운 연구 방법을 적용하여 체계적으로

연구를 진행해 나간다면 보다 발전적인 결과를 얻을 수 있을 것이다.

여기에 제시하는 한국어의 한자 및 한문 표기 자료의 목록은 한국학자료 센터와 한국학중앙연구원 장서각 한국고문서자료관, 국립중앙도서관, 서울대학교 규장각 한국학연구원 등의 홈페이지가 구축되어 있지 않았다면 그리고 홈페이지의 원문 이미지와 텍스트 보기의 작업이 없었다면 작성이 불가능했을 것이다. 각 기관의 홈페이지의 내용을 구축한 여러 사람들의 노고에 고마움을 표시하지 않을 수 없다.

필자는 이 책의 이용자들을 위해 나름대로 최선을 다해 원고를 충실하게 작성했다고 생각하지만 그럼에도 불구하고 새롭게 발견될 자료, 빠진 자료 나 부족한 부분도 찾을 수 있을 것이다. 독자 여러분들이 보완하면서 사용 하시길 바란다. 그리고 여기에 소개한 귀중한 자료들은 인류의 유형문화의 소중한 유산으로 영원히 안전하게 관리하여 남겨지기를 바란다.

아무튼 이 책이 빅 데이터나 대규모 균형 말뭉치를 구축할 때 또는 이두 사전, 구결 사전, 향찰 사전, 차자 사전 등을 편찬할 때 그리고 한국어학뿐 만 아니라 경제사, 고기록학, 고고학, 고문헌학, 고문서학, 고전문학, 교육 학, 금석학, 문서학, 문헌정보학, 민속학, 번역학, 법제사, 사회학, 서예학, 서지학, 언어학, 역사학, 정보학, 한문학 등 한국학의 여러 관련 분야의 연구를 수행할 때에 기초 자료로 활용할 수 있기를 바라면서 글을 맺는다.

2023년 10월
박형익

차례

3. 중국 한문 읽기: 낭독과 독해 _141

4. 한국어의 한자 및 한문 표기 자료 _199

5. 한국어의 한자 및 한문 표기와 자료 참고논저 _233

1. 언어와 문자

인간은 언제부터 언어와 문자를 사용했을까? 인간이 사용하는 언어와 동물들이 사용하는 언어는 어떤 차이점이 있을까? 우리가 언어를 연구하는 목적은 무엇인가? 개별 언어와 일반 언어는 어떻게 다른가? 언어와 문자는 어떤 관련을 맺고 있는가? 여기에서는 이와 같은 의문에 관한 내용을 살펴보도록 하자.

① 인간과 언어

인간의 특징 가운데 하나는 언어를 사용하는 것을 들 수 있다. 인간은 불을 다룰 수 있고, 도구를 사용할 줄 알고, 다른 동물과는 달리 언어를 사용한다. 인간은 집단생활을 하면서 에스페란토[1]나 수학이나 물리학, 화학 등에서 사용하는 인공언어가 아닌 일상생활에서 사용하는 언어 즉 자연

---

1 에스페란토는 각기 다른 언어를 사용하는 사람들의 소통을 위해 유대계 폴란드 사람 안과 의사 자멘호프(Ludoviko Lazaro Zamenhof, 필명은 에스페란토)가 1887년 만든 인공언어(인공어)로 세계에서 가장 많이 사용한다. 에스페란토는 국제어 또는 국제보조어라고도 한다.

언어를 사용한다.

인간언어는 침팬지, 고릴라, 긴팔원숭이, 돌고래, 혹고래, 꿀벌, 회색 앵무새, 프레리독 등의 동물들이 단순하게 정보의 소통 수단으로 사용하는 동물언어와는 다른 특징을 지니고 있다. 인간은 새로운 문장을 만들어 사용할 줄 아는 창조력을 지니고 있다. 그러나 동물언어를 사용하는 동물들은 그런 능력이 없다. 인간언어는 음소, 형태소, 단어 등의 언어단위로 분석하고 결합할 수 있지만 동물언어는 그렇게 할 수 없다. 인간언어는 여러 가지 의미 즉 다의성과 중의성을 지니고 있지만 동물언어에서는 이런 현상을 찾을 수 없다. 인간이 가지고 있는 언어습득 능력과 언어수행 능력은 다른 동물이 발휘할 수 없다. 따라서 이러한 인간의 특징을 구체적으로 밝히는 작업 즉 인간언어를 과학적으로 연구하고자 하는 언어학의 궁극적 목적은 '인간은 무엇인가?'라는 질문에 하나의 중대한 결정적인 해답을 제시하고자 하는 것이다.

인간은 직립보행을 하면서 음을 분절할 수 있는 소리 즉 목소리를 낼 수 있게 되었다. 그리하여 언어의 음을 발현할 수 있어 언어활동(랑가쥬, 언어능력)과 언어수행(파롤)이 가능하게 되었다(Saussure, F. de, 1910). 인간은 음성과 신체 동작으로 언어수행을 한다. 그것은 음성언어와 신체 언어라고 부른다. 인간은 보통의 일상생활에서는 음성 언어보다는 신체 언어를 더 많이 사용한다. 인간은 음성 기관을 이용하여 말(이야기, 대화, 고지, 독백 등)을 하고, 연극을 하고, 노래를 하며(구비문학), 시를 암송하고, 기도를 한다. 이렇게 음성기관(조음기관)을 통하여 입으로 음성 언어를 실행한다. 음성 언어는 인간이 들을 수 있는 능력 즉 청력이 갖추어짐으로써 가능하며, 녹음기 등 음성 저장 장치를 사용하여 저장할 수 있다.

다른 한편으로 인간은 자신이 생각하고 있거나 오랫동안 남기고 싶은 내용을 대부분 손을 이용하여 필기구나 컴퓨터 입력기, 자판기 등으로 언어기호나 비언어기호를 문자, 숫자, 암호, 부호 등으로 적어 기록물로 남긴다.

음성 언어를 문자언어로 자동으로 변환하는 프로그램과 문자 언어를 음성 언어로 자동으로 변환하는 프로그램이 있으며, 손을 사용할 수 없는 사람을 위해 머리로 생각하는 내용을 컴퓨터가 인식하여 글로 적어주는 시스템도 개발되었다. 그런데 글로 나타내는 인간의 소통 행위는 말을 하는 인간 행동과 본질적으로 다르다고 간단하게 말할 수는 없다.

언어단위에는 음소, 형태소, 단어, 구, 절(문장), 담화 등이 있는데, 흔히 언어는 문장의 집합체로 생각한다. 따라서 문장이 무엇인지를 이해한다면 언어가 무엇인지를 알 수 있게 된다. 문장은 단순문의 집합체이므로 언어학자는 단순문의 집합체를 구성하고 있는 문장의 종류와 그 구조의 특질을 알고자 한다. 그런데 문장의 수는 연구자에 따라 의견을 달리한다. 즉 문장의 수를 무한수로 보는 견해(Chomsky, N. 1965)와 수학적으로 계산할 수 있는 유한수로 보는 견해가 있다(Gross, M. 1975). 이러한 견해와는 무관하게 우리는 흔히 문장을 산문과 운문 등으로 나누기도 하고, 단순문과 복합문 또는 문장의 기본 구조와 변형 구조로 나누기도 하고, 서술어의 논항이나 문장의 종결형에 따라 문장을 분류하기도 한다. 순수언어학에서는 문장의 구조에 따른 문장의 분류 작업이 이루어지면 각 문장의 분포적 특질과 통사적 특질을 논항과 관련을 지어 형식화하고 분석하여 종이 사전으로 정리하고자 시도한다.

인공지능(artificial intelligence, AI)[2] 그리고 컴퓨터 언어학(computational linguistics),[3] 자연언어처리(natural language processing, NLP),[4] 로봇공학(robot engineering), 인공두뇌학(cybernetics), 통번역학, 빅 데이터(big data)

---

[2] 인공지능의 하위 분야로 인공신경망(artificial neural net), 자연언어처리, 컴퓨터 비전, 로봇 공학 등이 있다.
[3] 컴퓨터 언어학은 컴퓨터가 인간 언어를 처리할 수 있는 방법을 연구하는 학문이다.
[4] 언어학에서는 컴퓨터 언어학 또는 전산언어학이라고 하고, 컴퓨터 공학에서는 자연언어처리 또는 자연어 처리라고 한다.

활용 등의 분야에서는 순수언어학의 연구 결과 즉 종이 사전을 컴퓨터가 이해할 수 있도록 형식화하여 전자 사전으로 구축하려고 한다. 그리하여 음성 합성, 음성 인식, 기계 번역(machine translation, 자동 번역, 예: 구글 파파고), 맞춤법 검색, 문법 검사와 교정, 정보 추출과 검색, 시와 소설 창작, 감성정보처리 등의 프로그램을 개발하여 컴퓨터가 여러 가지 언어 지식을 갖도록 한다. 그리고 자연언어를 사용할 줄 아는 인공지능 스피커, 인공지능인 챗봇(ChatterBot) 등을 개발하여 인공지능 로봇에 활용할 수 있도록 하고자 한다.

참고논저

Chomsky, N., 1957, *Syntax Structure*, The Hague: Mouton; 이승환·이혜숙 공역, 1966, 「변형생성문법의 이론」, 서울: 범한서적.

Gross, M., 1975, *Méthodes en syntaxe*, Paris: Hermann.

Saussure, F. de, 1910, *Cours de la linguistique générale*, Paris: Payot; 최승언 역, 1990, 「일반언어학 강의」, 서울: 민음사.

김영택 외, 2001, 「자연언어처리」, 서울: 생능출판사.

서정철 외, 1985, 「현대 프랑스 언어학」, 서울: 문학과 지성사.

② 개별 언어와 일반 언어

개별 언어는 어떤 하나의 언어공동체가 사용하는 특정한 언어를 가리킨다. 개별 언어를 이해하기 위해서는 개별 언어의 음성언어와 문자언어의 두 가지 측면을 고려하면서 시간의 흐름에 따라 변화하는 개별 언어의 모습 즉 통시태를 관찰하고 또 일정한 기간 동안의 언어 상태 즉 공시태를 살펴보는 것이 바람직할 것이다.

구조주의의 관점에서는 어떤 현상이나 사물을 관찰할 때에 공시적 연구 방법이 통시적 연구 방법보다 효율적이라고 알려져 있다. 그러나 연구 진행이 더디거나 관찰 결과가 부족한 개별 언어인 경우에는 두 연구 방법의 장단점을 논의하기보다 더 시급한 일은 개별 언어의 충분한 자료를 활용한 체계적인 연구물의 축적이다. 즉 일정한 연구 이론이나 연구 방법을 선택하여 개별 언어의 현상 전체를 살펴보는 작업이 필요하다. 만약 의문문은 어떤 이론을 적용하여 연구했는데, 부정문은 전혀 다른 새로운 이론을 적용하여 관찰한다면 연구 결과는 비효율적인 것이다.

일반 언어는 인간이 사용하는 모든 언어를 가리킨다. 개별 언어를 연구한 결과 즉 개별 언어학의 연구 성과를 바탕으로 일반 언어학 즉 인간이 사용하는 모든 언어에 적용할 수 있는 새로운 이론이나 연구 방법을 제시하는 것이 필요하다. 이론을 제시할 정도로 체계적인 연구 결과가 축적되어 있지 않는 경우에는 이론보다 연구 방법이 더 중요하다. 보통 개별 언어학과 일반 언어학을 구분하지 않는데, 개별 언어를 연구하는 개별 언어학과 일반 언어학은 상호보완적인 관계를 맺기 때문이다.

비문과 적격문을 구분할 수 있는 능력 즉 언어직관력을 가지고 있는 연구자가 자신의 모어를 체계적으로 연구한 예는 찾아보기 어렵다. 개별 언어의 문장의 수 즉 연구 대상의 규모가 크고 또 적용할 연구 이론이나 연구 방법을 능숙하게 활용할 수 있어야 하므로 연구자 한 사람이 감당하기에 어렵기 때문이다. 연구 인력, 연구 자료의 수집과 분석, 연구 결과물의 활용, 컴퓨터 등 연구 장비 등에 관한 적절한 조건을 갖추고 집단적인 연구와 인접 전문 분야의 연구자와의 협업이 가능해야 체계적인 연구 수행이 효율적으로 이루어질 수 있을 것이다. 만약 이러한 언어학적 연구 시도와는 별개로 인간의 언어활동과 언어수행의 능력을 컴퓨터 인공지능으로 복제하는 것이 가능해진다고 해도 보통 성인 수준의 지식과 상식을 갖추기에는 다수의 필요한 조건과 충분한 학습 시간이 필요할 것이다.

③ 언어의 기원

　인간은 다른 동물과 달리 말과 글을 사용하는데, 우리는 언제부터 말을 하기 시작했는지 정확하게 알 수는 없다. 아마도 몇 십만 년 전부터 유인원들은 그들의 조음기관을 이용해서 말을 하였을 것으로 추측한다. 인류는 약 50만 년 이전에 두뇌 용적이 약 1000제곱센티미터 정도가 되고 직립보행하면서 약 30만 년 이전에 성문이 아래로 내려가 소리를 만들어 내는 조음기관의 기능을 할 수 있게 되어 말을 하기 시작했다고 추측한다.

　언어의 발생에 관한 직접적인 증거는 찾을 수 없다. 약 100만 년 이전~약 50만 년 이전 또는 인간 문명의 발생 시기에 사용하기 시작했다는 등 추측에 의한 여러 가설만이 있을 뿐이다. 흔히 언어 기원설로는 에피쿠로스학파(Epicurean school) 등의 감탄사 기원설(자연발성음 기원설), 라이프니츠(Leibniz, G. W. von)의 의성음 기원설, 분트(Wundt, W. M.)의 몸짓 기원설, 레베스(Révész, G.)의 접촉설, 예스페르센(Jespersen, O.)의 원시적 노래 기원설 등을 소개한다. 그리고 인간의 진화 과정과 연계하여 언어는 사회문화적으로 학습되어 점진적으로 발전했다는 후천적 연속설(Pinker, S. & P., Bloom, 1990)과 약 10만 년 이전 인간에게 돌연변이가 일어나 뇌에 어느 순간 갑자기 언어능력이 생겨났다는 선천적 불연속설 등이 있다(Chomsky, N., 1996).

　인간 유전체(게놈)의 분석으로 인류 진화의 비밀을 밝혀 2022년 노벨 의학상을 받은 독일 막스플랑크 진화인류학 연구소의 스반테 페보(Svante Pääbo)는 약 40만 년 전부터 약 3만 년 전까지 살았던 네안테르탈인의 염기서열을 해독하여 네안테르탈인은 약 7만 년 전에 아프리카에서 중동으로 이동했던 호모 사피엔스와 수천 년 동안 공존하며 유전적 교류를 해왔던 것을 밝혔다. 그리고 그는 유인원과 구별할 수 있는 인간의 FOXP2[5] 유전자를 네안데르탈인에서 찾아내었는데, 이 유전자는 현생 인류와 동일하고 우리와 유사한 언어능력을 가졌을 가능성을 제기했다(Pääbo, S., 2014). 이 연구에 따르면 네안테르탈인은 호모 사피엔스과 공존했던 약 7만 년 전부터 언어를 사용하기 시작했다고 주장할 수 있다. 그런데 약 20만 년 전부터 출현했을 것으로 추측하는 호모 사피엔스가 언제부터 언어를 사용했는지는 아직 모르는 것이다. 만약 어느 시기의 호모 사피엔스부터 FOXP2 유전자를 가지고 있었다는 사실을 밝힌다면 언어 기원의 시점을 보다 정확하게 추정할 수도 있을 것이다.

언어의 기원에 관한 연구는 언어학뿐만 아니라 역사학, 진화인류학, 분자유전자학, 고고인류학 등의 연구 결과에 의존할 수밖에 없다. 1866년에 설립한 파리 언어학회에서는 언어 기원이라는 관한 주제는 어떤 종류의 의사 교환도 허용하지 않겠다는 규정을 세칙에 포함하였지만(이봉일 옮김, 2001: 7) 지금도 이 흥미로운 주제에 관심을 두고 연구하는 사람도 있음은 물론이다. 그럼 한국인은 언제 어디서부터 존재했으며, 우리 조상은 언제부터 우리말과 문자를 사용했을까? 이 문제를 해결하기 위해서는 우선 우리 민족의 역사를 살펴보는 작업과 선사 시대의 한국인의 생활 모습도 살펴보아야 할 것이다. 그리고 앞으로 한국인에 관한 분자유전학 등의 관련 분야의 연구 결과물이 나온다면 그 성과도 반영해야 할 것이다.

---

5   FOXP2는 인간의 언어능력에 중요한 역할을 하는 유전자이다. 이 유전자는 2002년 10월 3일 영국 옥스포드 대학의 과학자들에 의해 발견되었다. 2002년 8월 독일 막스 플랑크 진화인류학 연구소와 영국 옥스포드 대학 연구진은 인간과 포유동물이 가지고 있는 FOXP2에서 일부 유전자의 변이가 일어나면 언어 능력이 생긴다고 주장하였다. 그들은 모두 715개 분자로 이루어진 인간의 FOXP2는 쥐의 FOXP2와는 3개, 침팬지의 FOXP2와는 2개의 분자 구조가 다를 뿐인데, 이 미세한 차이가 단백질의 모양을 변화시켜 얼굴, 목, 조음기관 등의 움직임을 통제하는 뇌 일부분의 구조를 훨씬 복잡하게 만들어 인간이 동물과는 다른 능력을 가지게 되었다고 추정하였다.

참고논저

Chomsky, N., 1996, *Powers and Prospects, Reflections on human nature and the social order*, London: Pluto Press.

Pääbo, S., 2014, *Neanderthal Man: In Search of Lost Genomes*, New York: Basic Books; 김명주 옮김, 2015, 「잃어버린 게놈을 찾아서」, 서울: 부키.

Pinker, S. & P., Bloom, 1990, Natural language and naural selection, *Behavioral and Brain Sciences* 13-4. 707-784.

Rousseau, Jean-Jacques, 1966, *Essay On the Origin of Language*, Chicago & London: The University of Chicago Press; 이봉일 옮김, 2001, 「인간 언어 기원론」, 서울: 월인.

4 문자의 기원과 역사

인간은 자신이 경험했거나 알고 있는 정보를 오랫동안 잊지 않고 남기기 위해서나 다른 사람에게 전달하기 위해 돌, 나무, 동물의 뼈, 나무와 동물의 껍질, 종이 등에 기록하여 저장해 두려고 한다. 인간의 이러한 개인적인 저장 욕구나 소통 요구 그리고 사회의 필요성에 의한 기록 행위는 인간의 상식과 지식을 이해하여 전수하고 계승할 수 있도록 하여 새로운 문화, 예술, 문명의 창조가 가능하도록 해 주었다. 이처럼 인간이 사용하는 문자 즉 언어기호의 힘은 위대하다. 상상하기도 싫지만 만약에 문자가 없었다면 오늘의 인류 사회는 존재할 수 없었을 것이다. 무기는 인간이 만든 최악의 도구이고, 문자는 인류가 발명한 최고의 도구이다. 한글과 세계 문자의 가치를 널리 알리고 또 체계적인 연구를 뒷받침하기 위해 2014년 10월 9일에 국립한글박물관이 서울 용산에 개관하였고, 인천 연수구에 국립세계문자박물관이 개관할 예정이다.

문자의 기원은 명확한 증거인 기록물이 남겨져 있어 언어의 기원에 관한 문제보다는 조사하기가 수월하지만 그 내용을 해독하는 것은 암호를 해독하는 일과 같이 쉽지 않다. 인류가 사용한 제일 오래된 문자는 메소포타미아 지방의 수메르 사람들이 기원전 약 4000년 무렵에 점토판에 남긴 설형문자의 전신인 글자와 숫자로 알려져 있다. 사용하기 시작한 시기별로 문자들을 나열해 보기로 하자. 이집트에서는 기원전 약 3000년 무렵부터 상형문자를 사용하였으며, 인도에서는 기원전 2800년 무렵부터 인더스 문자를 사용하였다. 그리고 기원전 약 2700년 무렵에 그림문자인 히라트 문자를 새긴 토분 조각이 발견되었으며, 또 기원전 약 2000년 무렵부터 고대 크레타에서 사용한 크레타 문자, 기원전 1500년 무렵부터 히타이트 제국에서 사용한 설형문자인 히타이트 문자와 중국에서 사용한 한자, 기원전 1400년 무렵부터 키프로스인이 사용한 기프로스 문자, 기원전 1300년 무렵부터 지중해 동부 해안 지역에서 사용한 페니키아 문자, 기원전 1000년 무렵부터 튀니지에서 사용한 누미디아 문자와 스페인에서 사용한 투르데타니아 문자 그리고 히라트 문자에서 비롯된 데모트 문자 등이 있다. 기원전 800년 무렵부터 그리스인이 사용한 그리스 문자, 기원전 700년 무렵부터 로마인들인 사용한 라틴 문자, 기원전 500년 무렵부터 인도에서 사용한 브라미 문자, 기원전 3세기부터 이스라엘인들이 사용한 히브리 문자, 기원전 200년 무렵부터 중앙아메리카의 마야인이 사용한 마야 문자, 잉카제국에서 사용한 매듭 문자인 퀴푸 등이 있다. 기원후에 만든 문자는 4세기부터 일본인들이 사용한 일본 문자, 5세기부터 아라비아인들이 사용한 아라비아 문자, 1443년에 세종이 만든 한글 등이 있다.

인류는 기원전 약 4000년 무렵부터 문자를 사용했는데, 문맹자를 고려하지 않고 단순하게 인구수를 기준으로 본다면 사용자수가 많은 문자는 로마자(영어, 스페인어, 프랑스어, 이태리어, 폴란드어, 루마니아어, 스웨덴어, 세르비아어, 헝가리어, 즐루어, 인도네시아어, 크로아티아어), 한자(중국어), 라틴 문자(독일어, 포르투갈어, 슬라브어, 우즈베크어, 베트남어, 말레이어, 터키어, 아제르바

이잔어, 투르크맨어), 힌두 문자, 아랍 문자(스왈힐리어, 페르시아어, 란다어, 말레이어, 뱅골어), 키릴 문자(러시아어, 세르비아어, 카자르어, 키르기스어, 몽골어, 우즈베크어, 타직어), 일본 가나(일본어), 자바 문자(자바어), 한글(한국어, 찌아짜이어) 등이 있다 그리고 구자라트 문자(구자라트어), 타이 문자(타이어), 라오 문자(라오어), 동부 나가리 문자(뱅골어, 아삼어), 란다 문자(란다어), 데바나가리(산스크리트어, 마라티어, 보즈푸리어어, 타밀어), 텔루구 문자(텔루구어), 아베제다(abeceda, 슬로베니아어), 우르두어 알파벳(우르드어), 국제음성부호(우크라이나어) 등의 사용자가 많으며, 약 1500만 명의 인구를 가진 그리스는 그리스 문자(그리스어, 슬라브어)를 사용하고 있다. 세계 문자의 사용자에 관한 사항은 문자학 관련 학회, 세계문자박물관, 유네스코와 같은 국제기구 등에서 앞으로 보다 구체적으로 또 정기적으로 세계 인구수와 함께 조사할 필요가 있다.

참고논저

김하수·연규동, 2015, 「문자의 발달」, 서울: 커뮤니케이션북스.

세계문자연구회 엮음·김승일 옮김, 1997, 「세계의 문자」, 서울: 범우사.

Février, J. G., 1984, *Histoire de L'écriture*, Paris: Payot.

Gaur, A., 1984, *A History of Writing*, London: The British Library; 강동일 옮김, 1995, 「문자의 역사」, 서울: 새날.

Gelb, I. J., 1962, *A Study of Writing*, Chicago: University of Chicago Press; 연규동 역, 2013, 「문자의 원리」, 서울: 연세대학교 출판문화원.

Rogers, H., 2005, *Writing Systems: A Linguistics Approach*, Oxford: Blackwell Publishing; 이용 외 공역, 2018, 「언어학으로 풀어 본 문자의 세계」, 서울: 역락.

Sampson, G., 1985, *Writing Systems*, London: Hutchinson & Co.; 신상순 역, 2000, 「세계의 문자 체계」, 서울: 한국문화사.

5 문자의 분류

　문자는 음성과 직접적인 관련을 맺는 표음문자(예: 한글, 로마자)와 의미와 직접적인 관련을 맺는 표의문자(예: 한자)로 나눌 수 있다. 표음문자는 의미를 담고 있지 않고 음성 정보를 지니고 있다. 표음문자마다 문자와 음성 정보의 일치성은 동일하지 않다. 영어 알파벳의 경우 하나의 알파벳 즉 단어 속의 철자가 나타내는 음성 정보는 하나만으로 고정되어 있지 않다. 예를 들면 다른 철자의 영향을 받지 않는 단어의 첫째 글자 즉 어두 'a'는 여러 가지 음성 정보를 나타낸다. 'apple(사과)'에서는 [æ]를 나타내고, 'about(~에 관하여)'에서는 [ə]를 나타낸다. 'age(나이)'에서는 [ei]를 나타내고, 'air(공기)'에서는 [ɛ], 'aisle(통로)'에서는 [a], 'alarm(경보)'에서는 [a:], 'all'에서는 [ɔ]를 나타내며, 'anything(무엇이든)'에서는 [e]를 나타내고, 'area(지역)' [ɛə]를 나타낸다. 1개의 철자 'a'가 9개의 다른 음성 정보를 가지고 있음을 알 수 있다. 게다가 1개 단어의 동일한 위치의 철자 'a'가 두 가지 음성 정보를 나타내는 경우도 있다. 'agora(이스라엘 화폐 단위인 아고롯)'에서는 [a:] 또는 [æ], 'agrement(아그레망)'에서는 [a:] 또는 [ə], 'almond(아몬드)'에서는 [a:] 또는 [æ]로 발음한다.

　1개의 단어에서 동일한 철자 'a'를 다르게 발음하는 경우도 있다. 'alarm(경보)'에서는 [ə]와 [a:], 'area(지역)'에서는 [ɛə]와 [ə], 'Alaska(알래스카)'에서는 [ə], [æ], [ə], 'Albany(뉴욕 주 올버니)'에서는 [ɔ:]와 [ə]로 발음한다. 다른 철자와 결합하여 1개의 음성 정보를 나타내기도 한다. 'aegis(보호)'에서는 [i:], 'audio(오디오)'에서는 [ɔ:]를 나타낸다. 한편 다른 철자도 'a'가 나타내는 음성 정보를 가지고 있다. 'ability(능력)'에서는 'i'가 [i]와 [ə]를 나타내므로 'i'도 'a'와 똑같이 [ə]를 나타내는 것을 확인할 수 있다. 따라서 하나의 철자에 음성 정보가 1대 1로 대응하거나 규칙성을 찾을 수 없으므로 철자와 발음을 각각 외워서 두뇌에 저장해야 하므로 문맹자의 수는 많을 수밖에 없다. 반면에 프랑스 알파벳은 영어 알파벳보다 1개의 철자가 나타내는 음성 정보가 적고 철자의 발음이 규칙성을 보다 견고하게 유지한다. 철자 'i, in, m, n'이 'a'와 연접한 'ai[ai][ɛ][e], ain[ɛ] am[am][ã], an[an][ã], au[o][o:]'를 제외하면 어두 'a'는 1개의 음성 정보 [a]를 나타낸다. 한글의 모음자 'ㅏ'는 항상 음성 정보 [a]를 나타므로 이 두 로마자 알파벳보다 우수하고 쉽게 배울 수 있어 인류가 사용하는 최고의 자질 문자라고 하는 것이다.

한편 문자를 언어단위에 따라 분류하기도 한다. 형태소 문자(예: 한자), 단어 문자(표어문자, 예: 한자), 음절 문자(예: 일본 가나, 체로키 문자), 자음 문자(아브자드, 예: 아랍 문자, 히브리 문자), 자모음 문자(아부기다, abugida, 예: 데바나가리, 그으즈 문자), 음소 문자(예: 로마자, 그리스 문자, 키릴 문자), 자질 문자(예: 한글)로 나누기도 한다.

이론적으로 모든 단어 문자는 표의문자이지만 모든 표의문자가 단어 문자인 것은 아니다. 또 문자는 쐐기 모양의 설형문자와 사물의 형상을 본떠서 만든 상형문자로 나눌 수 있다. 그림문자는 상형문자에 속한다.

참고논저

배보은, 2013, 「문자론 용어와 문자 분류 체계에 관한 연구」, 박사논문, 창원: 경남대학교 대학원.

연규동, 2014, 문자의 종류와 개념에 대한 새로운 이해, 「국어학」 72, 국어학회. 155-181.

Gelb, I. J., 1962, *A Study of Writing*, Chicago: University of Chicago Press; 연규동 역, 2013, 「문자의 원리」, 서울: 연세대학교 출판문화원.

⑥ 언어와 문자

언어의 수는 언어의 정의에 따라 달라지지만, 대략 5,000~7,000개 정도가 있다고 알려져 있다. 그리고 문자는 약 138개 정도가 있었는데, 현재 인류가 사용하는 문자는 로마자, 라틴 문자, 한자, 키릴 문자, 아랍 문자, 한글 등 약 50~66개 정도뿐이다. 또 '아래아 한글'에서 자판기로 입력할 수 있는 문자는 유니코드에 등록된 문자로 국제음성부호, 그리스 문자, 라틴 문자, 한자, 한글 등 약 35개 정도가 있을 뿐이다.

이렇게 문자의 수는 언어의 약 1/100에 그친다는 사실은 새로운 문자를 만드는 일이 쉽지 않은 것을 짐작하게 한다. 이미 사용하고 있는 외국 문자를 차용하는 것이 훨씬 편리하므로 언어와 문자의 수적 차이는 크게 벌어진 것으로 보인다.

그리고 말은 하지만 글자 없이 살았다가 한글을 사용하게 된 인도네시아의 찌아찌아 언어공동체, 아프리카 콩고의 피그미 언어공동체, 볼리비아 아이마라 언어공동체 등도 있는 사실을 상기해보면, 문자보다 언어를 먼저 사용했음을 알 수 있다.

또 베트남에서는 한자를 사용하다가 라틴 문자로 자신의 언어를 표기하고 있고, 한국이나 일본에서는 자신들의 문자뿐만 아니라 한자와 영어 알파벳 등 외국 글자를 차용하여 문자 생활을 하고 있다. 즉 언어와는 달리 문자는 외래 문자를 차용하거나 새로운 문자를 만들어 문자 생활을 쉽게 변화시킬 수 있다.

앞에서 살펴본 것처럼 인간은 약 100만 년 이전 또는 약 10만 년 이전부터 언어를 사용하기 시작했다고 추측하고, 문자는 기원전 약 4000년 무렵부터 사용하기 시작했으니, 언어는 문자보다 앞서 존재하였음을 알 수 있다. 그런데 이 둘은 늘 함께 사용해야 하는 필수적인 동반 관계는 아니다. 그리고 우리의 도로표지판과 전철역 안내판에서 볼 수 있듯이 하나의 언어

공동체에서 반드시 하나의 문자로만 표기하며 문자 생활을 하는 것은 아니다. 따라서 언어의 본질을 이해하기 위해서는 글로 적은 문자언어보다 말로 하는 음성언어에 먼저 관심을 두는 것은 당연하다고 하겠다.

언어는 구조와 형태에 따라 고립어, 굴절어, 교착어 등으로 분류할 수 있다. 문자는 뜻을 나타내는가 아니면 음을 표시하는가에 따라 표의문자와 표음문자로 대별할 수 있다. 표의문자에 속하는 한자는 음마다 글자의 형태와 글자가 나타내는 의미가 달라 소리에 따라 한자의 형태가 정해진다. 따라서 한자는 표기하고자 하는 소리에 따라 그 숫자가 결정되므로 한자의 수는 고정적으로 제한되지 않는다. 「강희자전(康熙字典)」에는 47,035자, 「한어대자전(漢語大字典)」에는 54,678자가 표제자로 선정되어 있다. 표음문자인 영어 알파벳 26자로 나타낼 수 있는 소리는 약 300개이고, 한글 24자로 나타낼 수 있는 음은 이론적으로 11,000개이고 실제로 약 8,700개이다. 이러한 표음문자의 효율성의 차이에도 불구하고 표음문자는 표의문자와는 달리 언어의 구조와 형태 즉 언어의 종류를 고려하지 않아도 언어를 표기하는 데에 큰 어려움이 없다.

한국어처럼 격조사 또는 어간에 어미를 붙여 문법적 기능을 나타내는 교착어는 어순에 따라 문법적 기능이 정해져 어미나 격조사가 없는 고립어이자 단음절어인 중국어를 적기 위해 만든 표의문자인 한자만으로 표기할 경우에는 여러 문제가 발생할 것임을 쉽게 짐작할 수 있다. 새로운 문자를 만들지 못하고 사회적 제약 조건에 따라 언어의 체계가 다른 나라의 표의문자를 차용할 수밖에 없는 경우에는 문자 생활의 불편함을 감수해야만 한다. 만약에 고립어, 교착어, 굴절어 등 언어의 형태 체계와 음운 체계 등을 고려하여 표의문자가 아닌 표음문자를 차용하거나 새로운 문자를 만든다면 문자 생활이 보다 간편해질 것이다.

참고논저

권재일, 2013, 「세계 언어의 이모저모」, 서울: 박이정.

박형익, 1999, 한글과 컴퓨터, 「세종성왕육백돌기념문집」, 세종성왕육백돌기념 문집위원회 편, 서울: 세종대왕기념사업회. 470-473.

박형익, 2021, 한국어의 한자 표기, 제3회 한자학 국제동계캠프 강의, 부산: 경성 대학교 한자연구소.

소강춘, 2021, 치뗌보 정음 체계의 제작 과정과 원리, 온라인 특강.

전태현, 2011, 찌아찌아족 한글 도입의 배경과 의의, 「국제한국언어문화학회·서 울대학교 국어교육연구소 2011년 추계 학술대회: 문화권에 따른 한국언어문 화교육 방안」, 국제한국언어문화학회. 55-68.

2. 한국어의 한자 및 한문 표기

우리는 한자를 차용한 이후 문자 생활을 어떻게 해왔을까? 중국에는 없는 우리 고유의 인명, 지명, 관직명 등은 어떻게 적었을까? 우리의 의성어와 의태어도 한자로 표기해보려고 하였을까? 행정 기록인 공문서와 사문서는 어떻게 표기했을까? 종교 생활에 필요한 경전이나 노래와 시가 등은 어떻게 적었을까? 이러한 의문을 염두에 두고 한국어의 한자 및 한문 표기에 관한 내용을 살펴보도록 한다.

여기에서는 중국의 언어와 문자, 한국인의 문자 생활, 한자와 한글의 사용 기간, 영어 교육과 문자 생활, 한국어의 한자 표기법과 국어의 로마자 표기법, 한국어의 차자 표기, 음차자와 훈차자, 생획토와 합자, 한국 고유 한자와 고유 한자어, 정체와 이체자, 정격 한문과 변격 한문, 초기 이두문과 정통 이두문, 이두의 정의, 이두자와 이두문, 통일신라와 고려 그리고 조선의 이두문, 언문과 이두, 이두 자료 찾기, 이두 목록과 이두 사전, 이문, 구결, 향찰 자료 수집과 목록 작성 등에 관해 이야기하려고 한다.

중국에는 전체 인구의 약 91.5%를 차지하는 한족과 전체 인구의 약 8.5%를 차지하는 56개의 소수 민족이 살고 있다. 대표적인 소수 민족은 약 1800만 명 이상의 인구를 가진 중국 남부의 좡족(퉁족)과 약 1000만 명 이상의 인구를 가진 중국 동북부의 만주족과 중국 서부의 후이족이 있다. 그리고 먀오족, 몽골족, 위구르족, 조선족, 티베트인 등의 소수 민족도 있다. 이들이 사용하는 언어는 시노·티베트어계, 알타이어계, 말레이·폴리네시아어계, 오스트로아시아어계, 인도유럽어계 등 5개 어계 10개 어족에 속하는 약 80개 이상이다. 그리고 중국은 한족을 포함한 27개 민족이 한자를 포함하여 39개의 문자를 사용하고 있다. 한자, 방괴장자(方塊壯字), 장족 문자, 몽골 문자, 티베트 문자, 위구르 문자, 카자흐 문자, 키르기스 문자, 한글 등을 사용하고 있다(정재남, 2007).

한자는 약 2300년 이전 고대 중국의 주(周, 기원전 1046년~기원전 256년)나라 또는 진(秦, 기원전 221년~기원전 206년)나라 때부터 사용해 오는 표의문자이며 표어문자로 알려져 있다. 진나라는 중국을 최초로 통일하면서 문자 통일을 위한 정책을 시행하였다. 당시 중국의 여러 지역에서 사용했던 한자의 종류와 자형이 달라 중앙 관리와 지방 관리 사이의 소통이 제대로 이루어지지 않았다고 한다. 따라서 표준 한자 자형을 정하는 작업이 필요했다(박형익, 2012: 28).

한자는 누가 언제 만들었는가는 정확하게 알 수 없다. 「역경(易經)」이나 후한(後漢, 기원전 202년~220년)의 학자 허신(쉬신; 許愼, 30년~124년)이 지은 「설문해자(說文解字)」 등에서는 성인(聖人)이나 창힐(창지에; 倉頡 또는 창힐) 등이 만들었다고 설명하고 있으며, 8괘(八卦)기원설과 하도(河圖) 낙서(洛書) 기원설 등도 소개하고 있다. 그리고 한자의 기원설은 갑자기원설, 결승기원설, 서계기원설, 조수족적기원설 등도 있다(박형익, 2012: 28-30). 또 복희

(伏羲)가 한자를 만들었다는 설도 있지만 많은 수의 한자를 한 사람이 혼자 만들었다는 설명은 적절하지 못하다. 창힐이나 복희 등이 당시 사용하고 있었던 한자들을 정리하여 통일하였을 것이라는 의견도 제시되었다.

한편 기원전 1200년 무렵에 갑골에 한자를 기록했으며, 기원전 221년에 진나라는 철자법을 개혁했다고 알려져 있다. 실제로 기원전 1500년 무렵 은나라 때에 사용한 갑골문자가 황하 유역에서 발견되었다. 기원전 200년 무렵부터는 종이에 한자를 기록하기 시작했으며 서기 200년 무렵에는 한자의 자형이 정비되었다고 한다.

참고논저

박형익, 2012, 「한국 자전의 역사」, 서울: 역락.
정재남, 2007, 「중국의 소수민족 연구: 소수민족으로 분석하는 중국」, 파주: 한국학술정보.

8 한자의 정자와 약자

중국 한자 1자에는 대부분 정자(正字) 그리고 정자의 의미와 발음은 같지만 형태가 다른 고자(古字), 약자(略字), 속자(俗字) 등이 있다. 예를 들면, 정자 '境(경)'의 고자는 '竟(경)'이고, 정자 '體(체)'의 약자는 '体(체)'이다. 정자 '館(관)'의 속자는 '舘(관)'이고, 정자 '裵(배)'의 이체자는 '裴'이다. 이 글자들은 동일한 한자 1자를 전서, 예서, 해서, 행서, 초서 등의 다른 서체로 적으면서 변형된 형태로 나타나게 된 것으로 한자 사용의 시대나 지역의 차이로 일어난 결과이기도 하다.

정자는 옛날부터 사용해온 한자의 표준 형태이다. 한국, 타이완, 홍콩 등에서는 정자를 사용하지만 중국에서는 1964년에 간체자(簡體字)를 제정하여 사용하고 있다. 정자 '戶' 대신에 중국에서는 간체자 '户'를 쓰고, 일본에서는 신자체 '戸'를 사용한다. 중국에서는 정자는 간체자보다 형태가 번잡하다고 번체자(繁体字)라고 한다. 일본에서는 1949년 신자체(新字体)를 제정한 이후에 정자를 구자체(旧字体)라고 한다. 타이완, 홍콩, 마카오 등에서는 정자를 번체중문(繁體中文) 또는 정체자(正體字)라고 한다. 영어권에서는 'traditional chinese characters'로 번역한다. 현재 대부분의 중국인들은 번체자는 읽을 수는 있으나 적지는 못한다고 한다. 인터넷 포털 사이트에서 중국의 간체자와 타이완의 한자를 중국의 번체자로 변환해주는 프로그램이나 중국 간체자를 번체자로 변환해주는 프로그램을 쉽게 찾아볼 수 있다.

약자는 정자의 일부 자획만을 사용하거나 또는 정자를 간략하게 줄이거나 새롭게 만든 형태의 한자이다. 약자는 약체자(略體字)라고도 한다. 정자의 형태를 간략하게 변형한 중국의 간자체나 일본의 신자체는 약자에 속한다. 그런데 현재 사용하고 있는 각국의 약자 자형이 모두 동일한 것은 아니다. 정자 '圖'의 중국 간자체는 '图'이고, 일본의 신자체는 '図'이다. 한국에서 사용한 생획토도 약자에 속하며, 구결자뿐만 아니라 이두자에도 약자를 찾아볼 수 있다(예: 厓→厂, 爲→ ᄼ).

속자는 복잡한 정자를 간략하게 만들어 적기 쉽고 편하도록 한 글자가 많으므로 약자와 밀접한 관련을 맺는다. 고유인명, 고유지명, 관직명 등을 표기하기 위하여 우리가 만들어 우리만 사용하는 조선 속자, 국자, 한국 한자 등으로 부르는 한자 '乭(돌), 畓(답)' 등도 있다.

참고논저

국립국어연구원 편, 1991, 「우리나라 한자의 약체 조사」, 서울: 국립국어연구원.
국립국어연구원 편, 1992, 「동양 3국 약자 비교 연구」, 서울: 국립국어연구원.

국립국어연구원 편, 1993, 「한자의 약체 조사 연구」, 서울: 국립국어연구원.

김민수, 1960, 「국어핸드북」, 서울: 일조각.

김민수, 1973, 「국어정책론」, 서울: 고려대학교 출판부.

김민수, 2007, 「현대어문정책론」, 서울: 한국문화사.

김숙자, 1989, 일본 한자의 약자, 「국어생활」 17, 서울: 국어연구소. 123-137.

김영화 편, 1986, 「한국 속자보」, 서울: 아세아문화사.

남광우, 1983, 한국 약자에 대하여, 「어문연구」 39·40, 한국어문교육연구회. 529-544.

남광우, 1991, 한중일 삼국의 상용한자와 약자 문제, 「어문연구」 72, 한국어문교육연구회. 362-377.

성원경, 1981, 한자의 간화자에 대한 한중 비교 고찰, 「국어국문학」 86, 국어국문학회. 302-307.

유탁일, 1989, 「한국 문헌학 연구」, 서울: 아세아문화사.

이강로, 1989, 한자의 자형과 서체에 대하여, 「국어생활」 7, 서울: 국어연구소. 58-80.

정우상, 1989, 한중 속자의 비교, 「국어생활」 7, 서울: 국어연구소. 51-57.

하영삼, 1996, 조선 후기 민간 속자 연구, 「중국어문학」 27, 영남중국어문학회. 127-154.

하영삼, 2013, 최남선 「신자전」 '속자'고, 「중국어문논역총간」 33, 중국어문논역학회. 51-82.

9 한자의 이체자

한자의 이체자는 정자의 발음과 의미는 같지만 글자체가 다른 한자 즉 한자의 형태를 임의로 변형한 한자이다(박형익, 2012).[1] 예를 들면, '岳'은 정자 '嶽(악)'의 이체자이고, '曺'는 정자 '曹(조)'의 이체자이다. 약자, 속자,

---

[1] 「훈민정음」의 제자해에서는 'ㆁ, ㄹ, ㅿ'도 기본자에 가획하여 만들었으나 가획의 의미는 없다고 하였다. 흔히 가획의 의미가 없는 이 세 글자를 이체자라고 부른다.

간자체, 신자체 등도 모두 이체자에 속한다, 한자의 서체가 변화함에 따라 형태가 다른 이체자들이 생겨나고, 그 수가 많아지면 이체자들을 표준화하여 정자로 사용한다.

이체자는 글자의 구성 요소가 교체된 것(예: 峯, 峰), 뜻을 나타내는 부분이 달라진 것(예: 鋪 펼 포, 舖 가게 포), 음을 나타내는 부분이 달라진 것(예: 跡, 蹟), 형성자에서 회의자로 것(예: 葉, 叶) 등이 있다.

현전하는 한문 필사본이나 인쇄본 자료에는 컴퓨터로 입력하지 못하는 한자 이체자들이 있다. 인터넷과 한글 워드 프로세스에서 이체자를 입력하지 못하고 검색도 할 수 없는 경우가 있다. 이체자의 코드 값이 없기 때문이다. 문자의 코드 값은 세계표준화기구(ISO)의 회의에서 결정하는데(박형익, 1998), 세계 각국의 문자 코드 값이나 국제 표준 통일 문자 코드(유니코드) 시스템을 마이크로소프트사 등에서 컴퓨터 운용 프로그램을 업그레이드하면서 적용하면, 각국에서 워드 프로그램을 제작할 때에 컴퓨터 운영 시스템과 호환될 수 있도록 프로그램을 만들어야 고유한 코드 값을 가진 문자들을 컴퓨터에 입력할 수 있다. 그런데 한자의 경우 한글이나 알파벳 등과 달리 각 한자마다 독립된 하나의 코드 값을 부여해야 하므로 다른 문자에 비해 엄청나게 많은 양을 차지해 문제를 해결하기 위한 여러 가지 어려운 점도 있다.

「고려대장경 이체자전」(이규갑, 2000)에서는 29,478개의 이체자를 표제자로 선정하였다. 가장 많은 이체자를 가진 한자는 '착(鑿)'으로 65개에 이른다. 대석 스님의 이체자를 정자로 변환하는 프로그램을 이용하여 만든 정자 버전 시디 「고려대장경 2004」(고려대장경 연구소)도 출시된 적이 있다(박형익, 2012). 그리고 21세기 세종계획에서 비표준문자에 관한 연구 진행하여 보고서를 발표하였으며, '유니코드 한자 이체자 정보 사전(waks.aks.ac.kr)'이 구축되어 있다. 또 한자를 이미지로 처리하여 온라인으로 검색할 수 있도록 처리한 타이완 교육부의 이체자 자전에서는 74,407자의 이체자를 선정해 놓았다. 유니코드[2]에서 지원하지 않는 한자는 이미지 모드로 표시하였다.

대형 종이 자전과 네이버 한자 사전,[3] 다음 한자 사전, 존 한자 사전 등의 온라인 자전에서 이체자의 검색이 가능하다. 대형 자전은 다음과 같은 것들이 있다. 표제자 55,000자를 선정한 「한한대사전(漢韓大辭典)」(단국대학교, 2008)은 현재 인터넷으로 공개하는 작업을 진행하고 있다. 중국 한어대사전편찬처(漢語大詞典編纂處)에서 1993년에 초판을 편찬하고 2010년에 보정판을 펴낸 「한어대사전(漢語大詞典)」은 1998년 시디로 제작되어 Windows XP 중문 간체판에서 사용할 수 있으며 AppLocal을 이용하면 한글판 Windows에서도 설치할 수 있다. 이 대사전은 개방고적 프로그램(accelon3)에도 탑재되어 있으며, http://www.lingoes.net에서 사전 프로그램을 설치한 다음 목록에 추가하여 사용할 수 있고, 또 애플 앱스토어에서 구매할 수도 있다. 2000년에 완간한 모로하시 데쓰지(諸橋轍次, 1883년~1982년)의 「대한화사전(大漢和辞典)」은 2018년 11월 28일에 디지털판이 발매되었다. 타이완 중국문화대학 화강출판부(中國文化大學 華岡出版部)에서 1993년에 제9판을 발행한 표제자 49,905자와 표제어 30만개를 선정한 「중문대사전(中文大辭典)」도 있다.

그리고 한글 워드프로세스의 한글 한자 변환 시스템, 네이버 홈페이지 사전의 '한자 필기 인식기', 유니코드 한자 이체자 정보 사전(waks.aks.ac.kr), 유니코드 한자 검색 시스템(http://www.koreanhistory.or.kr.newchar/), Chinese Etymology 字源(hanziyuan.net) 등도 이체자 검색에 활용할 수 있다.

---

2 유니코드는 국제표준화기구(ISO)에서 세계 문자를 단일한 문자 코드로 제정한 2바이트 국제 표준 문자 부호 체계(UCS: universal code system)이다.
3 네이버 홈페이지에서는 '어학사전'에 '영어, 국어, 한자, 일본어, 중국어, 프랑스어' 등으로 분류하였다. 그리고 한자사전 표제어 수는 '534,029건'으로 표시하였으며, '필기인식기'와 '모양자 찾기' 창을 만들어놓았다. 그런데 '어학사전'은 '언어학사전'을 가리키므로 '언어사전'으로 고쳐야 할 것이다.

참고논저

국립국어연구원 편, 1992, 「동양 3국 이체자 비교 연구」, 서울: 국립국어연구원.
박형익, 1998, 글자꼴과 컴퓨터, 「아람 서정수 교수 정년기념문집 햇볕처럼 촛불
  처럼」, 서울: 정년기념문집 간행위원회. 310-317.
박형익, 2012, 「한국 자전의 역사」, 서울: 역락.
이규갑, 2000, 「고려대장경 이체자전」, 서울: 고려대장경연구소.

⑩ 한국인의 문자 생활

한국인은 어떻게 문자 생활을 했을까? 농경 생활에 수반되는 필수적인
사항에 관한 기록과 종교 생활을 위한 기록은 어떻게 했을까? 이름과 지명
등을 어떻게 적었을까? 말은 하지만 문자가 없는 경우에는 다른 곳에서
사용하고 있는 글자를 차용할 수도 있고 새로운 글자를 만들어 쓸 수도
있다. 우리는 한글을 사용하기 이전에 어떤 문자 생활을 했을까?

우리가 사용했던 고대 문자로는 삼황내문(三皇內文),[4] 신지비사문(神誌秘
詞文),[5] 법수교 비문(法首橋碑文), 왕문 문자(王文文字), 수궁 문자(手宮文字), 남
해 석각문(南海石刻文; 남해 도지면 암석 각문(南海道地面巖石刻文)), 각목자(刻木
字; 각목문(刻木文)), 천부경문(天符經文), 현각결문(玄刻訣文) 등이 있었으나 현
재 전해지지 않는다는 의견도 있다. 그런데 이 문자들로 기록된 명시적인

---

4   중국 고서 「포박자(抱朴子)」에서는 하나라를 건국한 황제가 청구(靑丘)에 도착하여 풍산
    (風山)을 지나가다 자부(紫膚)를 만나 삼황내문을 받아왔다는 기록을 찾아볼 수 있다.
    이 기록에서 청구는 조선의 옛 이름이고, 3황은 '환인, 환웅, 단군'으로 황제가 고조선의
    풍산을 지나가다 고조선의 자부라는 학자로부터 고조선의 문자인 삼황내문을 받아왔다
    는 해석이 있다. 이 삼황내문이 고중국이 창힐문자라고 호칭했던 신지문자라는 것이다
    (신용하, '고조선의 신지문자', 2020년 3월 25일자 「문화일보」).
5   고조선 시대의 토기, 청동기, 암벽 등에 신지문자가 적혀 있다고 한다. 그리고 「해동역대
    명가필보」와 「영변지」에도 신지문자 16자가 채록되어 있다고 한다(신용하, '고조선의
    신지문자', 2020년 3월 25일자 「문화일보」).

자료나 충분한 자료를 찾아볼 수 없어 이 문자들의 해독과 존재 여부를 구체적으로 증명하기는 쉽지 않다. 그리고 각지에서 사용했던 문자로는 고조선 문자, 고구려 문자, 백제 문자, 발해 문자, 고려 문자, 탐라 문자, 가림다문, 향찰 등이 있었다고 전해진다.[6]

그럼 우리는 언제부터 한자와 한문을 사용하기 시작했으며 어디에서 사용하기 시작했을까? 현재 남아 있는 문자 언어 자료는 필기 대상인 갑골, 청동, 돌, 비석, 벽, 목간(죽간, 대나무, 목독(木牘)), 겸백(縑帛)(비단), 종이 등에서 찾아볼 수 있다. 그래서 붓, 벼루, 먹 등의 필기구의 발달 과정이나 문서나 서적 등의 제작과 관련된 판목, 인쇄술 등도 연관을 지어 살펴볼 필요가 있다.

서기전 1세기 중반~후반에 조성된 것으로 추정하는 창원의 다호리 1호 분에서 흑칠을 한 붓 5점과 환두도자 1점이 출토되었다. 이 환두도자는 죽간이나 목간에 쓴 글자를 깎아내는 삭도로 추정한다. 붓과 환두도자는 문자를 기록하고 삭제한 도구이므로 이때에 우리는 한자를 사용했을 것으로 생각할 수 있다(김도영, 2022: 82-83).

조선고적연구회에서 평안남도 대동군 남천면 남정리에서 발굴한 낙랑군 무덤인 횡혈식 목실분에 있었던 '남정리 116호분 목간(채협총 목간)'[7]은

---

6   훈민정음 창제 이전의 우리 고유 문자에 관한 내용은 「삼국유사」(일연), 「해동역사」(한치윤, 조선 후반), 「연암집」(박지원, 1900~1901 사이), 「조선어문경위」(권덕규, 1923), 「조선문자급어학사」(김윤경, 1938), 「조선문학사」(권상로, 1947), 「국어학논고」(이탁, 1958), 「국어학사」(김민수, 1984: 37-41) 등을 참고할 수 있다. 그리고 중국과 일본 등 아시아의 문자 역사에 관한 내용도 살펴볼 필요가 있다.

7   서기전 108년~313년(또는 후한 말기, 낙랑 시대, 3세기 전후, 기원전 45년) 추정. **남정리 116호분 목간** 〈'채협총 목간(彩篋塚木簡)'이라고도 한다. 1931년 조선고적연구회에서 발굴한 낙랑군 무덤인 횡혈식 목실분에 있었던 목간. 평안남도 대동군 남천면 남정리 소재. 채화칠협(彩畵漆篋)에 인명 '孝惠帝, 商山四晧, 大里黃公'이 적혀 있다. 關野貞 외(1927), 小泉顯夫(1934), 小場恒吉·榧本龜次郎(1935), 사회과학원 고고학연구소(1978, 1983), 윤용구(2007) 참고〉

서기전 108년~313년(또는 후한 말기,[8] 낙랑 시대, 3세기 전후, 기원전 45년)에 제작된 것으로 추정한다. 그리고 낙랑군 무덤 '정백동 3호분',[9] '정백동 364호분',[10] '낙락동 1호분',[11] '정백동 목관묘'의 목간들은 서기전 1세기 후반~1세기 전반 사이에 제작된 것으로 추정한다. 정백동 목관묘에서 서기전 1세기 후반~전반 사이에 기록한 것으로 추정되는 「논어」 권11과 권12의 전문을 적은 목간[12]과 서기전 45년에 낙랑 지역의 호구 수의 증감을 한자 707자로 적은 '정백동 364호분'의 목간이 출토되었다.[13] 이 낙랑 목간들의 기록 연대에 따르면 우리는 적어도 서기전 1세기 전반 이전부터 한자를 사용했음을 추정할 수 있다.

한편 「삼국사기」에는 372년(소수림왕 2년) 고구려(서기전 37년~668년)에

---

8   이용현(2011ㄱ: 176)에서는 평양시 남쪽 낙랑토성 주변의 한대 무덤인 남정리 제116호분, 정백동 3호분, 정백동 364호분, 낙랑동 1호분, 낙랑 구역 나무곽 무덤에서 목간 10점이 출토되었는데, 남정리 116호분만 후한 말기의 것이고, 나머지는 기원전 1세기 후반에서 기원 1세기 전반 사이의 것으로 보았다.

9   서기전 1세기 후반~1세기 전반 사이 추정. **정백동 3호분 목간** 〈1931년 조선고적연구회에서 발굴한 낙랑군 무덤. 칠이배(漆耳杯)와 도장 등에 '周, 大周, 周古'라는 글자가 있다. 關野貞 외(1927), 小泉顯夫(1934), 小場恒吉·榧本龜次郎(1935), 사회과학원 고고학연구소(1978, 1983), 윤용구(2007) 참고〉

10   서기전 1세기 후반~1세기 전반 사이 추정. **정백동 364호분 목간** 〈3매 1조의 공문서에 모두 707자가 적혀 있다. 서기전 45년에 낙랑 지역의 호구 수의 증감을 기록하였다. 1931년 조선고적연구회에서 발굴한 낙랑군 무덤. 關野貞 외(1927), 小泉顯夫(1934), 小場恒吉·榧本龜次郎(1935), 사회과학원 고고학연구소(1978, 1983), 윤용구(2007) 참고〉

11   서기전 1세기 후반~1세기 전반 사이 추정. **낙락동 1호분 목간** 〈1931년 조선고적연구회에서 발굴한 낙랑군 무덤. '정백동 1호분 목간', '부조예군묘(夫租薉君墓) 목간'라고도 한다. 도장에 '夫租薉君'이 새겨져 있다. 關野貞 외(1927), 小泉顯夫(1934), 小場恒吉·榧本龜次郎(1935), 사회과학원 고고학연구소(1978, 1983), 윤용구(2007) 참고〉

12   서기전 1세기 후반~1세기 전반 사이 추정. **정백동 목관묘 목간** 〈「논어」 권11과 권12의 전문을 적은 목간. 1931년 조선고적연구회에서 발굴한 낙랑 구역 나무곽 무덤. 關野貞 외(1927), 小泉顯夫(1934), 小場恒吉·榧本龜次郎(1935), 사회과학원 고고학연구소(1978, 1983), 윤용구(2007) 참고〉

13   1931년 조선고적연구회에서 발굴한 낙랑군 무덤의 목간 3매 1조로 공문서 1척에 상당하며 모두 707자가 적혀 있다(조선고적연구회(1934), 윤용구(2007)).

서는 임금이 태학을 세워 자제들을 교육하였다는 기사가 있다. 또 백제(서기전 18년~660년) 근초고왕(近肖古王, 346년~375년 재위) 30년(375년) 기사에 '고기(古記)에 따르면 백제는 개국 이래 문자로 사실을 기록한 적이 없다가, 이때에 이르러 박사 고흥(高興, 생몰년 미상)이 처음으로 「서기(書記)」를 썼다.'라는 기록이 있다. 또 백제 근초고왕 또는 근구수왕(近仇首王, 375년~384년 재위) 때 학자 왕인(王仁, 생몰년 미상)은 「논어(論語)」 10권과 「천자문」을 일본에 가지고 가서 일본의 태자와 군신에게 경사(經史)를 가르쳤다고 한다.[14]

중국 한자와 우리가 새롭게 한자를 만들거나 중국 한자의 형태나 음, 의미를 차용한 우리 한자를 만들어 사용하였다. 중국어 외래어 물론 우리의 고유명사를 한자로 표기하다가 석독구결, 이두, 토 표기, 향찰, 순독구결의 순서로 문자 생활을 하였으며(남풍현, 1999ㄴ: 20), 한국 고유 한자도 만들어 사용하였다. 그러다가 1443년 한글을 만든 다음에는 한자와 한글을 같이 사용하여 문자 생활을 하였다. 그러나 서적이나 문서 등의 대부분의 기록들은 한자로 표기하였으며 한글로 적은 가사, 소설, 편지 등의 기록물이 남아 있다. 20세기 초반에 한자와 이두로 적은 문서들이 남아 있으며, 일본 강점기에는 한자와 한글 그리고 일본 문자로 적은 기록물이 전해진다.

조선 시대 마지막 통일 법전인 「대전회통(大典會通)」(1865)의 '징책(徵責)'에는 '사채 증서를 언문으로 썼거나 증인이나 필집(筆執)이 없으면 소송을 접수하지 않는다.'는 규정이 있다. 실제로 일상생활에서 한글을 사용하는데에 이러한 제약이 있었다.

1886년 경성에 관립학교 '육영공원(育英公院)'이 문을 열었다. 영어와 수학, 과학, 지리 등 이전에 없었던 과목을 미국인이 가르쳤는데, 영어로 쓴

---

14 왕인(王辰爾, 和邇, わに)은 「고사기(古事記)」(오노 야스마로(太安万侶), 712), 「일본서기(日本書紀)」(도네리 친왕(舍人親王), 720) 등 일본 서적에서만 찾아볼 수 있다.

교과서를 가지고 영어로 수업을 진행하였다. 그리하여 영어 알파벳으로 적은 영어 어휘를 한글과 함께 사용하는 길이 열리기 시작하였다.

1894년 갑오개혁 이후에 비로소 한글은 국가 문자(국자)로 인정되기 시작하였다. 1894년 11월 21일에 칙령(勅令) 제1호 공식문 제14조 '**法律勅令總以國文爲本漢文附譯或混用國漢文**'이 반포됨으로써 문자 생활은 법적으로 완전히 탈바꿈하였다. 이 한문 칙령은 1895년 5월 8일에 한국어 문장 '**法律勅令은다國文으로써本을삼고漢譯을附ㅎ며或國漢文을混用홈**'으로 번역하여 개정되었다. 이 칙령에 따라 비록 적용 범위가 제한되었지만 법률과 임금이 내린 명령 즉 칙령에서 한글은 처음으로 국가 문자 즉 '국문(國文)'으로 본(本)이 되었고, 또 한문 번역문을 붙이거나 국한문을 혼용하는 것이 공식적으로 허용되었다. 그리하여 1895년 1월 14일 선포한 개혁안 '**홍범14조**'는 동일한 내용을 한문 전용문, 한자와 한글을 혼용한 번역문, 한글 전용 번역문 3가지 방식으로 표기하였다. 이 칙령 이후의 문자 생활의 상황은 시기별로 표기 자료들의 조사를 통해 확인해야 하겠지만, 1894년 정격 한문으로 칙령을 적은 것은 그 칙령에 위배된 셈이어서 1895년에 한자와 한글을 혼용한 한국어 번역문으로 개정한 것으로 볼 수 있다. 아무튼 이런 문장 표기의 법적 규정이 이중 문자와 다중 문장 생활의 시대를 공식적으로 열리게 하였다.

홍범 14조처럼 공문서의 동일한 내용을 한문 전용문, 한자와 한글 혼용문, 한글 전용문 3가지를 동시에 적기도 하였다. 언어 정책에 따라 초중고 교과서에서는 한글과 한자를 혼용하거나 한글과 괄호 속에 한자를 병기하거나 또는 한글을 전용하여 표기하였다.

1896년 서재필이 창간한 「독립신문」은 1면부터 3면까지 한글을 전면적으로 사용하였는데, 4면은 한문이 아닌 영어 문장이 사용된 영어판이었다. 그리고 지석영(池錫永, 1855년~1935년)의 「아학편(兒學編)」(1907)[15]에서는 정약용(丁若鏞, 1762년~1836년)의 「아학편」 표제 한자의 형태, 훈, 음과 함께 영어 대역어를 표시하였다. 이런 사실은 중국 정격 한문과 한국 변격 한문 그리고 한국어 문장을 함께 사용하는 상황에서 한글로 인쇄한 한국어 문장과 그것을 번역한 영어 문장을 동시에 사용하기 시작함으로써 우리의 문자 생활은 한자와 한문, 한글과 한글 문장, 한자와 한글 혼용문 그리고 영어 알파벳과 영어 문장을 사용하는 복잡한 문자 생활을 하게 된 것이다. 일본 글자와 일본어를 사용한 일본 강점기에는 문자 생활은 더 복잡해졌다.

훈민정음 또는 언문을 만든 때가 1443년이니 우리가 한글을 사용한 것은 757년 정도밖에 되지 않는다. 그리고 우리는 한자를 약 2,100년 동안 사용하고 있는 것으로 추정하지만, 한자의 사용 빈도는 점차 감소하는 추세이다. 요즘 젊은 세대들은 한자를 거의 사용하지 않는다.

시대별 문자 사용의 실제 모습 즉 문자 생활사를 정확하게 알기 위해서는 어휘뿐만 아니라 문장에서의 문자 표기 실태를 조사해보아야 할 것이다. 한국 사람이 한국어 문장, 중국어 문장, 영어 문장, 일본어 문장 등을 어떤 문자로 어떻게 표기하였는지 표기 자료를 수집하여 작성 시기별로 목록화하여 사용한 문자의 모습을 체계적으로 살펴보아야 한다.

참고논저

권덕규, 1923, 「조선어문경위」, 경성: 광문사.
권상로, 1947, 「조선문학사」, 서울: 일반프린트사.
김민수, 1984, 「신국어학사(전정판)」, 서울: 일조각. 37-41
김윤경, 1938, 「조선문자급어학사」, 경성: 조선기념도서출판관.

---

15 ① 1907-09-00. 「아학편(**兒學編**)」, 정약용 저, 지석영(池錫永, 주석 겸 발행). 〈용산인쇄국 석판쇄. 한글+한자+일본 글자+영어 알파벳〉 ② 1908-03-00. 「아학편(**兒學編**)」, 정약용(丁若鏞) 찬(撰), 경성: 지석영(池錫永, 주석 겸 발행자). 〈용산인쇄국 인쇄. 발매소는 광학서포와 대동서시. 한글+한자+중국어+일본어+영어. 한글과 한자 그리고 외국어 학습서〉 〈영인본: ① 「역대 한국 문법 대계」 3-11. ② 「참빛영인총서」 (2018)〉

박지원, 1900~1901, 「연암집」, 〈김택영 편집〉

사회과학원 고고학연구소 편, 1978, 「고고학 자료집」 5, 평양: 과학백과사전출판
사.

사회과학원 고고학연구소 편, 1983, 「랑락 구역 일대의 고분 발굴 보고(고고학
자료집 6)」, 평양: 사회과학출판사.

윤용구, 2007, 새로 발견된 낙랑 목간 -낙랑군 초원 4년 현별 호구부-, 「한국고
대사연구」 46, 한국고대사학회. 241-263.

이용현, 2011, 목간을 통해본 한국의 문자와 언어, 「죽간·목간에 담긴 고대 동아
시아」, 권인한·김경호·이승률 책임 편집, 서울: 성균관대학교 출판부. 175-
209.

이탁, 1958, 「국어학논고」, 서울: 정음사.

일연, 1394?, 「삼국유사」

한치윤, 조선 후반, 「해동역사」 〈필사본〉

關野貞 外, 1927, 「朝鮮古蹟調査特別報告 第四冊 -樂浪時代の遺蹟-」, 京城: 조선
총독부 조선고적연구회.

小泉顯夫, 1934, 「古蹟調査報告 第一: 樂浪彩篋塚」, 京城: 조선고적연구회.

小場恒吉·榧本龜次郎, 1935, 「古蹟調査報告 第二: 樂浪王光墓」, 京城: 조선고적연
구회.

11 한국어의 차자표기

차자는 넓은 의미로는 차용한 외래 글자를 가리킨다. 예를 들면, 한자와
영어 알파벳을 차용하여 '서울'을 표기한다면, **'徐菀'**과 **'Seoul'**로 적을 수
있다. 「증보문헌비고(增補文獻備考)」(박용대 외 공찬, 1903~1908)[16] '14편 여지

---

16   250권. 칙명으로 편찬. 홍봉한, 이만운, 박용대, 조정구, 김교헌, 김택영, 장지연 등 33인
      찬집. 박제순 등 17인 교정. 한창수 등 9인 감인. 김영한 등 3인 인쇄. 신활자본. 「동국문
      헌비고(東國文獻備考)」(1770)을 증보한 필사본 「증정동국문헌비고(增訂東國文獻備考)」
      (이만운 외, 1797)를 개찬한 책.

고 2항 신라편'과 유득공(柳得恭, 1748년~1807년)의 「21도 회고시(二十一都懷古詩)」에서는 서울을 '**徐伐**'로 적었고, 또 서울을 '**首尔**'로 표기하기도 한다. 그리고 좁은 의미로 차자는 중국 한자의 형태와 음과 훈을 차용한 글자를 가리킨다.

중국 한자를 사용하여 한국어를 표기하려면 먼저 한자와 중국어를 학습해야 한다. 우리의 서당에서 한자와 한문을 익히기 위한 방법처럼 우선 「천자문」 등의 중국 한자 초학서를 통해 한자의 형태, 뜻, 음을 학습한 다음 초급 한문 입문서와 고급 한문 학습서를 거쳤다. 석독구결로 한자로 적은 문장을 읽고 해석하고, 또 작문의 과정을 통해 중국의 문자와 중국 문자언어를 습득했을 것이다. 그리고 과거시험 준비 등 필요에 따라 중국 음성언어를 배우기 위해 중국어 초급 회화 학습서와 중국어 고급 회화서도 학습했을 것이다. 한자와 한문의 학습 수준이 높아짐에 따라 중국어 문장을 작문도 해보고 또 한국어를 한자로 표기하려고 여러 가지 방법을 시도했을 것이다.

한자와 한자로 적은 중국어 문장의 이해가 어느 정도 이루어지면서 중국어에는 없는 우리의 국명, 인명, 지명, 관직명, 물명 등의 고유명사를 중국 한자의 형태, 음, 의미를 새롭게 만든 한자들로 표기하기 시작하였다. 표의문자이며 표어문자인 중국 한자는 형태, 음, 의미로 이루어져 있다. 따라서 이 3가지를 차용하여 표기할 수 있다. 중국 한자의 형태를 그대로 원용한 다수의 차자, 형태를 새롭게 결합한 만든 소수의 한자(예: 한국 한자 '끝 돌'), 훈차자와 음차자 등 중국인들은 이해하지 못하는 고유명사의 표기자, 구전 석독구결음, 초기 이두자, 토 표기 석독구결자, 토 표기 이두자, 향찰 등이 그 예이다(남풍현, 2014ㄷ: 228). 또 한자나 한자어의 의미 확장을 통해 새로운 뜻을 첨가하거나 중국에서는 사용하지 않는 새로운 어휘를 만들어 사용하기도 했다.

영어 알파벳으로 한국어를 표기하는 방법은 크게 발음에 따라 적는 전사법과 철자에 따라 적는 전자법이 있는데, 우리는 둘 다 사용하며 실제로는 영어 단어도 함께 사용한다. 국립국어원 홈페이지에서는 1988년에 문체부에서 정하고 2014년 12월 5일에 일부 개정안을 고시한 '국어의 로마자 표기법'과 실제로는 외국어 표기법인 '외래어 표기법'을 찾아볼 수 있다(박형익 외, 2008). 국립국어원 홈페이지 '한국어 어문 규범'의 '국어의 로마자 표기법' 제1장 제1항 '국어의 로마자 표기는 국어의 표준 발음법에 따라 적는 것을 원칙으로 한다.'는 전사법을 가리킨다. 그리고 제8항 학술 연구 논문 등 특수 분야에서 한글 복원을 전제로 표기할 경우에는 한글 표기를 대상으로 적는다. 이때 글자 대응은 제2장을 따르되 'ㄱ, ㄷ, ㅂ, ㄹ'은 'g, d, b, l'로만 적는다. 음가 없는 'ㅇ'은 붙임표(-)로 표기하되 어두에서는 생략하는 것을 원칙으로 한다. 기타 분절의 필요가 있을 때에도 붙임표(-)를 쓴다.'는 전자법을 허용하는 규정이다. 또 제7항 '인명, 회사명, 단체명 등은 그동안 써 온 표기를 쓸 수 있다.'라는 예외 규정도 두고 있다. 한편 '부칙' '① (표지판 등에 대한 경과 조치) 이 표기법 시행 당시 종전의 표기법에 의하여 설치된 표지판(도로, 광고물, 문화재 등의 안내판)은 2005.12.31.까지 이 표기법을 따라야 한다.' '② (출판물 등에 대한 경과 조치) 이 표기법 시행 당시 종전의 표기법에 의하여 발간된 교과서 등 출판물은 2002.2.28.까지 이 표기법을 따라야 한다.'도 있다. 그런데 한국어를 로마자로 적을 때에 미국 알파벳으로 적은 영어 단어도 함께 사용할 수 있다는 표기 규정은 없지만 실제로 회사명, 단체명, 명함이나 우편물에 적은 주소, 표지판. 안내판, 출판물 등에서 미국 영어 단어를 철자 그대로 함께 표기한 경우를 손쉽게 찾아볼 수 있다. 예를 들면, 국민은행 Kookmin Bank, 엘지전자 LG Electronics, 서울특별시 Seoul Metropolitan Government, 서울대학교 Seoul National University, 서울역 Seoul Stn, 한강 Han River 등이다. 「국어 로마자 표기 자료집」(국립국어연구원 편, 1996), 「로마자 표기 용례 사전」(국립국어연구원 편, 2000) 등에서도 불영 계곡 Buryeong valley, 산정 호수 Sanjeong lake,

주남 저수지 Junam reservoir, 천지연 폭포 Cheonjiyeon falls, 고수 동굴 Gosu cave, 정부과천청사 Government Complex Gwacheon, 관악구청 Gwanak-gu Office, 동대문운동장 Dongdaemun Stadium, 김포 국제공항 Gimpo Int'l Airport, 반포 대교 Banpo bridge, 경포 해수욕장 Gyeongpo beach, 수안보 온천 Suanbo spa, 탑골 공원 Tapgol park, 여미지 식물원 Yeomiji botanical gardens 등을 찾아볼 수 있다. 아예 모두 영어로 번역한 경우도 있다. 예를 들면 국립국어원 National Institute of Korean Language, 국립중앙박물관 National Museum of Korea, 시청역 City Hall Station, 정부중앙청사 Central Governmrnt Complex, 고속버스터미널 Express Bus Terminal 등이다. 그래서 한국어의 로마자 표기가 아닌 영문 표기로 서명을 붙인 「2014년 문화재 명칭 영문 표기 용례집」(문화재청 편, 2014), 「2019년 문화재 명칭 영문 표기 용례집」(문화재청 편, 2019) 등도 있다.

「이두집성」(조선총독부 중추원 조사과 편, 1937)의 표제항의 발음 정보는 한글로 표기한 다음 괄호 속에 로마자로 표기하였다(예: 爲有置 하잇두 (ha-it-tu)). 그리고 부록에 '조선어 라마자 발음 대조표(朝鮮語羅馬字發音對照 表)' 수록하였다. 일본 독자들이 한글을 읽지 못하니 국제음성부호로 발음 을 기술한 것이 아니라 로마자로 표시하였다.

참고논저

국립국어연구원 편, 1996, 「국어 로마자 표기 자료집」, 서울: 국립국어연구원.
국립국어연구원 편, 2000, 「로마자 표기 용례 사전」, 서울: 문화관광부 국립국어 연구원.
남풍현, 2014, 「국어사 연구」, 파주: 태학사.
문화재청 편, 2014, 「2014년 문화재 명칭 영문 표기 용례집」, 대전: 문화재청.
문화재청 편, 2019, 「2019년 문화재 명칭 영문 표기 용례집」, 대전: 문화재청.
박용대 외 공찬, 1903~1908, 「증보문헌비고」
박형익 외, 2008, 「한국 어문 규정의 이해」, 서울: 태학사.

유득공, 1778, 「이십일도 회고시」 〈「영재집(泠齋集)(유득공, 1785)에 수록〉
〈1877-00-00(별본 판간)〉
조선총독부 중추원 조사과 편, 1937, 「이두집성」, 경성: 조선총독부 중추원.

12 한국어의 한자 표기와 한국어의 로마자 표기

앞서 이야기한 대로 한자는 형태, 음, 의미로 이루어진 표어문자이고, 중국어는 어순에 따라 문법적 기능이 정해지는 고립어이다. 그래서 조사나 어미가 문장 구성 성분의 문법적 기능을 나타내는 교착어에 속하는 한국어를 한자로 표기하는 데에 어려움이 따를 수밖에 없다. 두 언어의 문장 구조의 다름에 따른 문제 즉 문장 구성 성분의 순서. 조사와 어미 등의 표기에 어려움이 따른다. 게다가 중국어 어휘 등 차용한 외국어 어휘를 표기할 때에 음운 체계의 다름에 따른 문제가 발생한다(예: 짜장면/자장면, 버스/뻐쓰, 파리/빠리, 오렌지/오린지).

'국어의 로마자 표기법'이 있는 것처럼 '한국어의 한자 표기법'은 따로 없고, '외래어 표기법(실제는 외국어 표기법)'에 한어 병음 자모에 해당하는 한국어 음절을 한글로 표기하는 표기 세칙만 있을 뿐이다. 한국어의 로마자 표기법은 있는데 왜 '한국어의 한자 표기법'은 없을까? 각 한자마다 각각의 형태, 음, 의미를 가지고 있어 간단한 표기 법칙을 만들기가 어렵기 때문이다.

한국어를 한자로 표기하는 데에는 한자 정자와 중국에서 사용하는 이체자, 약자, 여러 가지 서체자 등도 사용할 수 있다. 게다가 우리는 새로운 한자를 여러 방법으로 만들어 사용하기도 했다. 한자는 중국, 한국, 일본 등에서 똑같이 사용하는 글자가 있고, 언어 체계나 문화의 차이로 중국어에는 없는 각국의 고유 한자가 있다. 우리는 중국어에서 수입한 외래어뿐만 아니라 한자의 형태, 음, 의미를 바꾸거나 형태는 그대로 두고 음과 뜻을 바꾸어 새로운 한자로 만든 이두자, 구결자, 향찰과 한국 고유 한자(속자, 국자, 한국자) 등을 사용하여 복잡한 문자 생활을 하였다. 현재 영어 알파벳으로 한국어를 표기하면서 영어 단어도 함께 사용하는 것처럼 예전에 우리는 중국 한자로 한국어를 표기하면서 중국어 단어도 함께 사용하였던 것이다.

참고논저

박형익, 1996, 한국어와 한글을 로마자로 표기하는 방법, 「'96 우리말 컴퓨터 처리 국제학술회의 발표 논문집」, 연변: '96 우리말 컴퓨터 처리 국제학술회의.

박형익, 2001, 한국 인명의 로마자 표기, 「국어 연구의 이론과 실제」, 이광호 교수 회갑기념논총 간행위원회 엮음, 서울: 태학사. 871-926.

박형익, 2001, 한국 지명의 로마자 표기 -「우편번호부」의 지역명을 중심으로-, 「지명학」 6, 한국지명학회. 121-176.

박형익, 2012, 「한국 자전의 역사」, 서울: 역락.

박형익 외, 2008, 「한국 어문 규정의 이해」, 서울: 태학사.

13 음차자: 음독자와 음가자

차자는 한자 정자의 형태를 유지하면서 한자의 음과 훈을 각각 별도로 차용하거나, 둘 다 모두 차용한다. 보통 전자는 조사와 어미를 표기할 때에 사용하는 글자이고, 후자는 중국어 어휘를 차용하여 우리의 외래어 즉 표준어로 사용하는 방법이다. 그리고 독자(讀字)는 한자의 원래 의미를 살려 음이나 훈을 차용한 글자이고, 가자(假字)는 한자의 원래 의미를 버리고 음이나 훈의 발음만 빌려서 표음문자로 사용한 글자이다.

음차자는 두 종류가 있다. 하나는 한자를 음으로 읽고 그 뜻도 사용하는 음독자(音讀字)이고, 다른 하나는 한자의 음은 차용하지만 그 뜻은 사용하지 않는 음가자(音假字)이다.

음독자로는 告目(고목), 根脚(근각), 衿記(금기), 卜數(복수) 등의 예를 찾아볼 수 있다. '중원고구려비명'(490년대)에서는 음독자를 한문 어순과 한국어 어순을 섞어서 적었다(한문 어순: '東夷之寐錦 忌太子共(동이의 매금이 태자인 공을 꺼리었다).' 한국어 어순: '國土太位諸位上下衣服來受敎(국토의 태위와 제위의 상하가 의복을 와서 받으라고 교시하였다.)'). 음독자를 사용하여 한국어 어순으로 작문한 초기 이두문의 예는 백제 무령왕비의 은천명(520. 예: 更子年二月多利作大夫人分二百三十主耳(경자년 2월에 다리가 만들었다, 대부인의 몫이다.)), 국립경주박물관에 소장되어 있는 '임신서기석'(552년 추정. 예: '天前誓(하늘 앞에 맹세한다))' 등에서 찾아볼 수 있다(남풍현, 2014ㄴ: 13).

음가자는 중국인들이 외래어를 표기할 때 사용하는 가차법(假借法)과 같은 것이다. 음가자는 한자로 표기하기 어려운 한국 고유명사, 관직명 등을 표기할 때에 사용하였다. 광개토대왕비에서 찾아볼 수 있는 인명(예: 鄒牟王, 儒留王, 斯麻王, 葛文王), 지명(彌沙城, 奈祇城), 국명(新羅) 등이 음가자의 예이다(남풍현, 2014ㄴ: 15). 이밖에도 음가자로는 '題音(제음, 뎨김), 召史(소사, 조시), 矣身(의몸), 亦(이), 乙(을, ㄹ), 果(과), 段(단)' 등이 있다.

참고논저

남풍현, 2014, 「고대 한국어 논고」, 파주: 태학사. 11-21.

14 훈차자: 훈독자와 훈가자

훈차자도 두 종류가 있다. 한자를 훈으로 읽고, 그 뜻도 사용하는 훈독자

(訓讀字)와 한자를 훈으로 읽고, 그 뜻은 사용하지 않는 훈가자(訓假字)가
있다.

훈독자로는 大(한), 進賜(나ᅀᅵ리), 流音(흘림), 所(바), 事(일), 矣身(의몸), 望
良(브라) 등이 있다.

'울주 천전리 서석명'(525년 추정), '영천 청제비 병진명'(536년 추정), '진흥
왕 순수비'(561, 568), '남산 신성비'(591), '신라 화엄경 사경 조성기'(755)[17]
등에서는 신라 관등 명칭 '大舍'와 '韓舍'가 교체되어 사용되므로 '大'는
'韓'으로 읽는 훈독자이다. '남산 신성비문'(591년 추정)에 '南山新城作節如
法以作後三年崩破者罪敎事爲聞敎令誓事之(남산신성을 지을 때에 만약 법으로
지은 이후 3년에 붕파하면 죄를 주실 일로 삼아 진문(秦聞)하라는 교령으로 맹세하는
것이다.)'가 새겨져 있다. 이 문장의 '罪敎事爲'에서 '爲'를 훈독자로 읽어야
문맥이 통한다(남풍현, 2014ㄴ: 16-17).

훈가자로는 분(이 시)/이, 良中(양중)/아히, 以(-써 이)/(으)로, 爲如(위여)/
ᄒ다, 爲去等/ᄒ거든, 茂火/더브러, 珍(돌) 등이 있다. 훈가자로 표기한 예는
'울주 천전리 서석 추명'(539년 추정)과 '단양 신라 적성비문'(540년대 추정)
에 있는 신라 관등의 제4위 명칭 波珍干支를 들 수 있다. 이 단어는 나중에
海干으로 표기되었으므로 '波珍'은 '海(바돌)'를 표기한 것이고, '珍'은 '돌'
로 읽는 훈가자로 볼 수 있다(남풍현, 2014: 17).

참고논저

남풍현, 2014, 「고대 한국어 논고」, 파주: 태학사. 15-17.

---

[17] 동일한 사람의 관등 명칭이 '신라 화엄경 사경 조성기' 1축 권10에는 '大舍'로 적혀 있는
      반면에 2축 권50에는 '韓舍'가 적혀 있다. 이 두 명칭이 같다면 '大'는 훈독자 표기이고,
      그 음은 '韓(한)'으로 볼 수 있다(남풍현, 2009: 134).

15 생획자

한자 정자의 형태를 바꾸지 않고 사용하는 정자 구결자와는 달리 한자 정자에서 앞부분이나 뒷부분 일부를 선택하거나(생획자) 또는 둘 이상의 한자를 합하여(합자) 한자의 형태를 변형한 구결자를 사용했다.

생획자(省劃字)는 한자 정자의 자획을 크게 줄이거나(예: 羅(라)→ㅅ, 所(소)→ㄘ, 厓(애)→厂, 爲(위)→ソ, 衣(의)→ㅋ, 隱(은)→ㄱ, 乎(호)→ノ) 또는 한자 왼쪽 획(앞부분)인 편(偏)이나 오른쪽 획(뒷부분)인 방(旁) 즉 편방에서 선택한 획을 사용한다(예: 頭(두)→豆, 頓(돈)→屯, 解(해)→角, 鋌(정)→廷, 那(나)→乃, 檀(단)→旦). 한자의 중간 부분을 생략한 경우도 있다(예: 榜(방)→枋).

생획자는 정자의 획을 생략하여 사용하는 글자로 이두자, 구결자, 향찰로 사용했다. 구결자는 해서체와 초서체를 사용하였는데 구결 생획자는 구결 약체자의 발달과 맥락이 이어진다.

신라 시대의 비문이나 종명 등의 자료에서 생획자가 발견된다. 예를 들면, '울진 봉평 신라비문'(520년대 추정), '무술오작비'(578 추정), '영태 2년명 석비로자나불 조상명'(766), '영천 청제비 정원명'(798), '규흥사 종명'(856) 등에서 '等(등)'의 초서체에서 단순화된 'ホ'를 찾아볼 수 있다(남풍현, 2001: 33-35).

고려 시대의 구결로 사용했던 생획토는 「진본 화엄경(晉本華嚴經)」(9세기~10세기 사이 추정) 권20에서 찾아볼 수 있는데, 'ㅋ, ㄴ, ㇌, 十' 등이 기입되어 있다. 그리고 선정전 훈의본(宣政殿訓義本) 「소학제자집주증해(小學諸家集註增解)」(1800)[18]에서는 구결의 생획토(약자토, 약체토)를 열거해 놓은 '생획현토(省劃懸吐)'의 목록을 찾아볼 수 있다(홍윤표, 2003: 329-330).

'아래아 한글'에서 '입력' → '문자표' → '한글(HNC) 문자표' → '구결'을

18 고려대학교 도서관 만송문고 등에 소장.

차례로 클릭하면 구결자를 입력할 수 있다.

참고논저

남풍현, 1989, 한국의 고유한자, 「국어생활」 17, 서울: 국어연구소. 96-109.

남풍현, 2001, 설총과 차자 표기법, 「새국어생활」 11-3, 서울: 국립국어연구원.
  21-36.

남풍현·심재기, 1976, 구역인왕경의 구결 연구(기일), 「동양학」 6, 서울: 단국대
  동양학연구소. 107-137. 〈남풍현(1999ㄴ: 67-137) 수정 재수록〉

홍윤표, 2003, 근대국어의 생획토 -「소학제가집주」의 소개-, 「한국어학」 21,
  한국어학회. 299-330.

16 합자

두 개의 한자를 하나로 합쳐 새롭게 한자를 만들어 표기하는 합자(合字)
는 삼국 시대부터 발견되며, 통일신라 때의 자료에서도 찾아볼 수 있다.
'남산신성비문'(591)에서는 '大 + 舍', '小 + 舍' 등과 같이 두 글자를 합자하
여 사용하였다. '영천 청제비문'에서는 '功'과 '夫'를 합자하여 '巭(부)'로
사용하였는데, 고려 시대에는 '巭'를 한국 고유 한자로 사용하게 되었다.
'신라 화엄경 사경 조성기'(755)에서는 '大'와 '舍'를 합자하면서 '舍'의 첫
두 획을 감획한 경우와 '奈麻(나마)'를 '柰' 한 글자로 표기한 예도 찾아볼
수 있다(남풍현, 2014ㄴ: 96-97). 또 '영천 청제비문'에서는 '功'과 '夫'를 합
자하여 '巭(부)'로 사용하였는데, 고려 시대에는 '巭'를 한국 고유 한자로
사용하게 되었다.

중국에서는 사용하지 않는 우리의 인명이나 지명 등을 표기하는 데에
자주 사용했던 합자는 '夢(한), 乭(돌), 䜳(감), 㖊(곱), 㕦(것)' 등이 있는데,
받침 글자 'ㄴ, ㄹ, ㅁ, ㅂ, ㅅ'을 표기하기 위해 한자 '隱, 乙, 音, 邑, 叱'을

차용했음을 알 수 있다. 한자 정자와 약체자와 합하여 만든 '夢(한), 觪(산), 喦(곱)' 등도 있다.

중국 한자가 아니고 우리가 직접 만들어 사용한 한자인 한국 고유 한자 가운데 합자하여 만든 아래와 같은 한자가 있다.

각(加+ㄱ), 갈(恝, 覂), 갓(笠), 갯(㖰, 叱+介), 걱(㹱), 걸(㐓), 것(㤼), 골(㐘, 㐌), 곱(㐶, 古+邑), 곳(庿, 蒊, 㐴), 굴(㐇, 㐘), 굿(㖰), 글(文+乙), 길(其+乙), 끗(㐾), 낸(內+ㅣ, 內+㔾), 놀(㐌, 㐌, 㐌+乙), 놈(㖱, 者+音), 늣(㐴), 돌(㐌, 乧+乙), 돗(㐌), 둑(㐌), 둔(㐌), 둘(㐌, 㐌, 㐌), 돗(㐌), 둥(㐌), 뚱(㐌, 㐌), 뜰(㐌, 浮+乙), 료(爲+了), 말(㐌), 맵(每+邑), 며(㐌), 몰(木+乙), 폴(㐌), 뱀(夜+口), 볼/폴(㐌), 부(㐌), 붓(付+叱), 빌(非+乙), 뿐(㐌, 分+叱), 산(觪), 살(㐌, 㐌), 설(鉏+乙), 솔(㐌, 所+乙), 숫(㖰), 쇠(金), 쌀(㐌), 씻/씨(㐌), 안(內+阝), 억(㐌), 얼(㐌, 㐌), 엇(㐌), 엿(㐌, 如+叱, 汝+叱), 올(㐌, 乎+乙, 五+乙), 윗(㖰), 울(㐌, 㐌+乙, 于+乙), 울쇠(㐌+乙金), 율(㐌, 乳+乙), 일(人+乙), 잇(伊+叱, 芿+叱), 작(㖱), 잘(㐌), 잣(㐌), 절(㐌), 졸(宀+乙), 좔(佐+乙), 줄(㐌), 줏(㐌), 짓(㐌), 찰(次+乙), 톨(㐌), 팟(㐌), 폿(㐌), 한(大+末), 할(㐌), 홀(兀+乙), 화(㐌) 등

그리고 한글 즉 언문을 사용하기 시작한 이후에는 한자에 한글을 받침처럼 아래에 합쳐 만든 한자도 사용하였다. '걱(㹱=㹱+ㄱ), 둔(㐌=㐌+ㄴ), 놈(㖱=老+ㅁ), 둥(㐌)' 등이 그 예인데, 일반적으로 이 한국 한자들은 중국인들은 읽지도 못하고 또 그 뜻도 전혀 이해할 수 없다.

참고논저

남풍현, 1989, 한국의 고유한자, 「국어생활」 17, 서울: 국어연구소. 96-109.
남풍현, 2014, 「고대 한국어 논고」, 파주: 태학사. 96-97.

⑰ 한국 고유 한자와 한국 고유 한자어

한자는 중국, 한국, 일본 등에서 같이 사용하는 글자가 있고, 각 나라에서 직접 새로 만들어 사용하는 각국의 고유 한자가 있다. 한국 고유 한자는 한국에서 만들어 한국에서만 사용하는 한자이다. 한국 고유 한자는 '한국 한자, 국자(國字), 한국제 한자, 조선 한자, 음역자, 속자, 조선 속자, 국산 한자'라고도 한다.

앞에서 살펴본 합자 이외도 한자의 형태를 새롭게 만든 우리 고유 한자로는 '거(腒), 관(灌), 답(畓), 대(垈), 마(亇), 며(旀), 비(梘), 생(栍), 선(渲), 시(媤), 우(沽), 장(欌), 조(槽), 팽(闎), 편(餅), 횡(遉)' 등도 있다(김종훈, 2014). 또 중국 한자에 새로운 음이나 뜻을 첨가하여 사용한 동형자[19]도 '힘'이라는 뜻을 나타내는 '力(력)'을 새로운 뜻인 '조선 시대 무과의 평가 단위'를 나타내는 한자로 사용하였다.

「자전석요」(지석영, 1909)에서는 57자의 한국 고유 한자를 제시하였고, 「신자전」(유근 외 공편, 1915)에서는 106자를 나열하였으며, 「속자고」(아유가이 후사노신(點具房之進), 1931)에서는 213자를 열거하였다(김종훈, 2014: 21-22).

향약명을 표기하기 위해 우리가 만든 한자를 사용하였으며, 우리가 새롭게 만든 한국 고유 한자어(국산 한자어)인 인명, 지명, 국명, 보통명사 등도 있다. 새롭게 만든 보통명사로는 '공부(工夫), 대중교통(大衆交通), 초등학교(初等學校)' 등을 예로 들 수 있다.

---

19 '국의자(國義字)'라고도 한다. 국의자는 한자 본래의 음으로 읽는 동음 국의자와 한자 본래의 음으로 읽지 않는 이음 국의자로 나눌 수 있다. 한자를 바탕으로 만들었으나 한자와는 전혀 다른 국조자(國造字)는 표음 국조자와 표의 국조자가 있다. 그리고 국변자(國變字)는 한자의 본래 형태와 다소 다르나 한국에서 만든 이체자를 가리키는데 생획자, 약자, 부호자, 속자, 와자(訛字) 등이 있다(박성종, 2005).

「신자전」(유근 외 공편, 1915)에서는 우리가 조자한 국자(예: 乭(돌), 乫(갈), 畓(답))과 중국 한자에 새로운 음이나 뜻을 붙인 국음자(예: 卜(복), 召(소), 赤(적), 印(인))과 국의자(예: 太(태), 木(목))을 조선 속자라 하였다. 조선 속자는 고유 인명, 고유 지명, 관직명 등을 표기할 때와 이두문에 사용하였다. 한국 고유어를 한자로 표기한 것이다. 한국어의 종성 표기에서 형성된 한자들이 많다.

한국에서만 사용한 한자어를 고전 문헌에서 찾아 만든 사전으로는 1992년~1996년에 단국대학교 동양학연구소에서 4권으로 펴낸 「한국 한자어 사전」이 있다. 이 사전은 한자어를 표제항으로 선정하지 않고 한자를 표제자로 선정하고 그 표제자로 시작하는 한자어들을 하위 표제항으로 선정하여 가나다 순서로 배열하였다. 그래서 한자어를 검색하는 데에 매우 불편하지만 한국에서만 사용한 한자어를 처음으로 수집하였다는 점에서 의의를 찾을 수 있다.

이 한자어 사전뿐만 아니라 새롭게 만든 보통명사를 이두 사전에서 표제항으로 선정하기도 하였다. 예를 들면, 「이두 자료 읽기 사전」(장세경, 2001), 「역대 이두사전」(배대온, 2003), 「이두사전」(남풍현 외, 2020)에서는 모두 '양인의 아내나 과부'의 뜻을 지닌 '召史(조이)'를 표제항으로 선정하였다. 넓은 의미의 이두에 포함되는 이러한 어휘 표기의 경우 이두문에 사용된 우리말(좁은 의미의 이두)과는 달리 이두 사전에서 표제항으로 선정한 방법이 일정하지는 않다. 이두 사전마다 처리하는 방법이 다르다. 예를 들면. '부득이(不得已)'는 「역대 이두사전」(배대온, 2003)과 「이두사전」(남풍현 외, 2020)에서는 표제항으로 선정하였지만, 「이두 자료 읽기 사전」(장세경, 2001)에서는 찾아볼 수 없다.

한국 고유 한자는 약 338자가 있고, 한국 고유 한자어는 약 11,000개가 있다고 조사되었다(김종훈, 2014). 한자 정자들을 비롯한 여러 가지 형태의 한국 한자들을 정격 한문에 덧붙여 사용하였거나 변격 한문에 사용하였으니 한국의 한문은 다양한 표기 모습을 지니게 되었음을 짐작할 수 있다.

이 점은 기존 사용 문자의 유무 조건을 빼면 영어 어휘를 한글로 적은 한국어 문장이나 로마자로 표기한 한국어 문장에 사용하는 것과 크게 달라 보이지는 않는다. '한강'을 'Han Liver', 전철역 '시청'을 'City Hall', '여의도 공원'을 'Yeouido Park'로 표기하므로 전철역 이름이나 지명, 각종 안내판 등에서 한국어의 로마자 표기 및 영어 표기(또는 영문 표기)를 찾아볼 수 있다. 또 우리 외래어를 영어로 표기한 예도 찾아볼 수 있다.

참고논저

김종훈, 1983, 「한국 고유한자 연구」, 서울: 집문당. 〈257쪽. 국립중앙도서관 협약도서관 원문 보기〉〈개정증보판(2014/2016, 보고사. 412쪽. 국립중앙도서관 디지털 열람실 원문 보기)〉

남풍현, 1989, 한국의 고유한자, 「국어생활」 17, 서울: 국어연구소. 96-109.

남풍현 외 공편, 2020, 「이두 사전」, 용인: 단국대학교 출판부.

단국대학교 동양학연구소 편, 1992~1996, 「한국 한자어 사전」 1~4, 서울: 단국대학교출판부. 〈2002-06-15(개정 초판)〉

박성종, 2005, 한국한자의 일고찰, 「구결연구」 14, 구결학회. 51-96.

배대온, 2003, 「역대 이두사전」, 서울: 형설출판사.

신상현, 2005, 한국 고유한자 조사 연구 -인명용 고유한자를 중심으로-, 「민족문화연구」 43, 고려대학교 민족문화연구소. 155-202.

유근 외 공편, 1915, 「신자전」, 경성: 신문관. 〈최남선이 편찬한 것으로 잘못 알려져 있다.〉

유재영, 1976, 한국한자, 「국어국문학」 30, 원광대학교 국어국문학과.

이건식, 2009, 한국 고유한자의 발달 -지명의 후부 요소 표기를 중심으로-, 「구결연구」 22, 구결학회. 219-259.

이건식, 2015, 「통합 한한대사전」의 국자 처리에 대하여, 「동양학」 59, 단국대학교 동양학연구원. 143-167.

이건식, 2019, 일본 국자와 한국 고유한자의 고유성 판단 기준 설정의 필요성,

　「동양학」 75, 단국대학교 동양학연구원. 97-127.

장세경, 2001, 「이두 자료 읽기 사전」, 서울: 한양대학교 출판부.

지석영, 1909, 「자전석요」, 황성: 회동서관.

하영삼, 1999, 한국 고유한자의 비교적 연구, 「중국어문학」 33, 중국어문학회.
　185-224.

18 한자어

　한국 한자어의 개념은 사전이나 논저마다 다르게 기술되어 있다. 기존의 사전에서는 한자어는 한자에 기초하여 만들어진 말(「국어대사전」(이희승 편저, 1988), 「새우리말 큰사전」(신기철·신용철, 편저, 1988), 「우리말 큰사전」(한글학회 지음, 1992), 「표준국어대사전」(국립국어연구원, 1999), 「우리말샘」(http://opendict.korean.go.kr 국립국어원), 「고려대한국어대사전」(고려대학교 민족문화연구원, 2009)), 중국의 한자를 바탕으로 하여 이루어진 말(특히, 국어)(「금성판 국어대사전」(김민수 외 공편, 1996)), 하나 또는 둘 이상의 한자가 결합되어 한국어로서 사용되는 한국식 발음의 단어(「한국민족문화대백과」(한국학중앙연구원)) 등으로 풀이하고 있다. 그리고 심재기(1987: 26-27)에서는 한자어는 우리말 가운데 한자로 적을 수 있는 모든 낱말로 정의하였다.

　한국어 어휘를 분류하는 방법도 일정하지 않다. 김규철(1980), 김광해(1989) 등에서는 한국어 어휘 체계 속에서 한자어를 고유어와 별도로 나눈다. 그리하여 심재기(1989: 89, 2000: 13), 김광해(1995: 310) 등에서처럼 한국어 어휘 체계를 고유어, 한자어, 외래어 3계열로 구분한다. 성환갑(1986: 564-565)에서는 한국어의 차용어는 종류와 기원이 매우 다양하지만 대체로 한자어와 서구계 외래어로 대별하는 것이 일반적이라고 하였다. 그 이유는 한자어는 수가 많으며, 서구계 외래어는 원적지의 음을 사용하는 경향인데 한자어는 중국 음이 아닌 한국 음으로 발음하므로 귀화의 정도 깊고, 국내 조어의 예가 많기 때문이라고 설명하였다. 결국 한국어 어휘를 고유어와 차용어로 나누고, 차용어는 한자어와 서구 외래어로 분류한 셈이다. 그리고 이익섭(1968), 노명희(2005) 등에서는 한자어를 고유어와 동일한 체계 안에 포함시키기도 한다(김규철, 1997: 267). 한편 송기중(1998: 594)에서는 국어 어휘를 비한자어와 한자어로 대별하였다. 비한자어는 고유어와 차용어(외래어)로 나누었으며, 한자어는 고유 한자어와 한자 차용어(외래 한자어)로 분류하였다. 비한자어에 속하는 차용어(외래어)에는 '케이크, 뉴스' 등 서구 차용어와 '배추(白菜), 보배(寶貝), 비단(匹緞), 스시(壽司), 우동(饂飩)' 등 중국어 차용어와 일본어 차용어도 포함된다고 하였다. 흔히 귀화어라고 부르는 '배추, 비단' 등과 '스시, 우동' 등을 비한자어에 속하는 차용어로 처리한 것이 특이한데, 나머지는 고유어, 외래어, 한자어로 나눈 분류와 크게 다르지 않다.

한자어를 고유어와 외래어로부터 구분한 3분법은 다음과 같은 문제점이 있다. 첫째, 한글을 사용하기 이전에는 고유어도 한자로 표기하였으므로 표기한 문자만으로 한자어와 고유어를 구분하는 것은 적절하지 않다. 문자가 아닌 어원을 기준으로 한국어 어휘를 분류해야 한다. 한국어 어휘의 어원 연구가 이루어져야 고유어와 외래어의 정확한 구분이 가능해진다. 둘째, 고유어와 한자어의 구분이 어려운 경우가 있다. 중국어에서 차용한 어휘를 한글로 표기하여 사용하는 '寶貝/보비' 등이 있고, 고유어를 한자어로 여겨 '굴'을 '窟'로 표기하는 것도 있기 때문이다(김규철, 1990: 521). 또 고유어와 한자어의 경계가 무너진 '감자(甘藷), 김치(沈菜), 말(馬), 배추(白菜), 사탕(砂糖), 피리(觱篥)' 등 귀화어도 있다. 셋째, 중국어에서 차용하여 우리가 사용하였거나 현재 사용하고 있는 대부분의 한자어는 원래 외래어에 속한다. 그런데 15세기 훈민정음을 사용하기 시작한 이후에 우리는 중국어 학습서를 제외한 대부분의 경우 서양 언어의 외래어 표기 방법과는 다르게 중국어의 발음을 반영하지 않고 한국 한자음으로 표기해 왔다. 한국어와 중국어는 음운 체계가 달라 즉 한국 한자음은 중국 한자음과 달라 중국 사람과 소통할 수 없었다. 「월인석보(月印釋譜)」(1459)의 권두에 수록되어 있는 '세종 어제 훈민정음(世宗御製訓民正音)'에서는 세종 당시의 한국 한자음을 다음과 같이 한자음을 표기하였다.

世·솅宗종御·엉製·졩訓·훈民민正·졍音흠

製·졩·눈·글지슬·씨·니御·엉製·졩·눈:님·금:지스·샨·그리·라訓·훈·은ㄱ·르·칠·씨·오民민·은百·빅姓·셩·이·오音흠·은소·리·니訓·훈民민正·졍音흠·은百·빅姓·셩ㄱ·르·치시논正졍音흠소·리·라

國·귁之징語:엉音흠·이國·귁·온나·라히·라之징눈입:겨지·라語:엉눈:말·쓰미·라

나·랏:말쑤·미

그런데 '한국어 어문 규범'의 '외래어 표기법' 제2절 동양의 인명, 지명 표기'의 규정에서 제시해 놓은 것처럼 한자어를 한국 한자음으로 적을 수도 있고 중국 한자음으로도 적을 수 있다. '北京'을 '북경, 베이징'이나 '毛澤東'을 '모택동. 마오쩌뚱'처럼 중국 한자어를 한글로 적을 때 한국 한자음 또는 중국 한자음으로 표기할 수 있다. '東京 도쿄, 동경', '京都 교토, 경도', '上海 상하이, 상해', '臺灣 타이완, 대만' 등 한자를 사용하는 일본, 타이완 등의 인명과 지명 등의 한자어도 원어의 발음대로 적기도 하고 한국 한자음으로 적기도 한다. '외래어 표기법' 제3항의 예 '御岳 온다케산', '珠江 주장강', '利島 도시마섬', '무川 하야카와강', '玉山 위산산'처럼 일부는 중국 한자음이나 일본의 한자음대로 적고 일부는 한국 한자음으로 표기하는 경우도 있다. 또 중국어에서 직접 차용한 한자어이지만 'Pacific Ocean 태평양, Black Sea 흑해' 등을 제외한 대부분의 서양 외래어를 표기할 때처럼 중국 한자음으로 적는 '나조기(辣子鷄), 라면(拉麵), 마라탕(麻辣燙), 만만디

(慢慢地), 베이징(北京), 우롱차(烏龍茶), 유커(遊客), 지단(鷄蛋), 짜장면(炸醬麵)' 등도 있다. 넷째, 중국어에서 산스크리트어 어휘를 차용한 '佛陀(Buddha)'를 우리가 다시 차용하여 '부처'로 사용하는 한자로 표기할 수 없는 간접 차용한 한자어도 있다.

「고려대한국어대사전」(고려대학교 민족문화연구원, 2009)에서 외래어는 외국어가 한국어 속에 들어와서 우리말처럼 쓰이는 말로 특히 한자어를 제외한 다른 나라의 말이 우리말처럼 쓰이는 것을 가리킨다고 뜻풀이를 하였다. 외래어에서 한자어를 제외하였다. 앞의 3분법적 어휘 분류 체계와 「고려대한국어대사전」에서 외래어는 한자어를 제외하고 서양 언어에서 차용한 어휘만을 가리킨다. 그런데 이러한 사실은 현행 '외래어 표기법'의 내용과는 다르다.[20]

외래어는 중국어이든 영어이든 외국어에서 차용한 어휘로 표준어이다. 차용어는 사전에서 표제항으로 선정하지 않은 즉 표준어가 아닌 외국어 어휘도 포함한다. 따라서 외래어는 차용어이지만 모든 차용어가 외래어일 수는 없다. 외래어가 고유어처럼 인식되어 사용될 때에 외래어는 귀화어라고 한다.

한자어는 중국 고전에서 차용한 것, 중국의 불교 경전에서 차용한 것, 중국어 백화문(구어)에서 차용한 것, 일본에서 만든 것, 한국에서 만든 것 등이 있다(심재기, 1971). 한자로 적을 수 있는 한자어는 중국어 차용어(남풍

---

20 문화체육관광부 고시 제2017-14호 '한국어 어문 규범' 가운데 '외래어 표기법'의 '제2장 표기 일람표'와 표의 '보기'를 통해 현행 '외래어 표기법'은 표준어에 속하는 외래어의 한글 표기법이 아니고 외국어의 한글 표기법인 사실을 확인할 수 있다. 즉 영어, 독일어, 프랑스어를 한글로 표기하기 위한 국제음성부호와 한글 대조표 그리고 제3장에서 여러 외국어의 표기 세칙을 제시하였다. 그리고 에스파냐어, 이탈리아어, 폴란드어, 체코어, 세르보크로아트어, 루마니아어, 헝가리어, 스웨덴어, 노르웨이어, 덴마크어, 말레이인도네시아어, 타이어, 베트남어, 포루투갈어, 네덜란드어, 러시아어의 자모와 한글 대조표, 일본어의 가나와 한글 대조표 그리고 중국어의 발음 부호와 한글 대조표를 나열하였다.

현, 1968)이기도 하고 몽골어(예: 綠大, 加達), 만주어, 여진어, 일본어 등에서 차용한 어휘이기도 하고 한국어 고유어이기도 하다. 그러므로 중국어 차용어와 한자어를 구분해야 한다(이기문, 1965). 중국어나 몽골어, 일본어 등의 외국어에서 차용한 한자어를 외래어에서 제외하여 분류하는 것은 어휘의 보편적인 분류 방법이 아니다. 고유어 또는 외래어와는 개념의 층위가 다른 '한자어'라는 용어를 어휘 분류 체계에서 '고유어'나 '외래어'라는 용어와 함께 사용하지 않는 것이 바람직하다. 보통 개별 언어의 표준어는 고유어와 외래어로 대별할 수 있으나 혼종어가 존재한다는 점도 고려해야 한다. 한국어 어휘의 어원 연구와 중국어에서 차용한 어휘 즉 '중국어 외래어와 중국어 한자어'의 연구를 문자 차원이 아닌 어휘 차원에서 보다 심층적으로 진행하는 일이 필요하다.

실제로 한자어 사전을 편찬할 때에 해결해야 할 여러 복잡한 과제가 있지만 특히 한자어, 외래어, 고유어 등의 개념을 명확하게 이해하여 표제항을 선정하여 배열하고, 한자어의 어원과 관련된 사항과 뜻풀이, 출전과 용례 등을 기술하는 작업이 중요하다. 「한국한자어사전(韓國漢字語辭典)」(단국대학교 동양학연구소, 1992)의 '서문'에서는 이 사전은 "한국, 중국, 일본에서 통용되는 한자 어휘를 포괄적으로 수용하되 우리 조상들이 고유하게 만들어 써 온 이른바 국자 및 한국 고유 한자 어휘를 수집하여 정리하기로 한"「한한대사전(漢韓大辭典)」의 한 부분에 불과하다고 설명하였다. 그리고 이 「한국한자어사전」은 한국의 고전 문헌에서 한국인이 독특하게 써 내려온 어휘만을 뽑아 엮은 것으로 한국 특유의 국자, 기존 한자와는 다른 음과 의미로 사용된 차용어, 이두, 구결 등 15만 어휘를 수록한 사전임을 밝히고 있다. 또 '일러두기'에서는 "이 사전에는 우리 문헌에서 채록한 어휘를 바탕으로 하여 한자 및 고유 한자와 중국·일본에서 간행된 자전과 사전에 수록되지 아니한 한자어들을 수록하였다."고 하였다. 이 설명에 따르면 우선 한국, 중국, 일본에서 통용되는 한자 어휘가 있고, 한국 한자어와 중국 한자어, 일본 한자어를 구분할 수 있음을 확인할 수 있다. 그리고 이 사전에서 '기존 한자와 같은 의미로 사용된' 중국어와 일본어 등에서 차용한 한자어는 제외하였음을 알 수 있다.[21]

참고논저

김규철, 1980, 「한자어 단어 형성에 관한 연구 -고유어와 비교하여-」, 석사논문, 서울: 서울대학교 대학원.

김규철, 1990, 한자어, 「국어 연구 어디까지 왔나」, 서울대학교 대학원 국어연구회 편, 서울: 동아출판사. 519-530.

김규철, 1997, 한자어의 단어 형성, 「국어학」 29, 서울: 국어학회. 261-308.

김광해, 1989, 「고유어와 한자어의 대응 현상」, 서울: 탑출판사.

김광해, 1995, 「어휘 연구의 실제와 응용」, 서울: 집문당.

남풍현, 1968, 중국어 차용에 있어서 직접차용과 간접차용의 문제에 대하여, 「이숭녕 박사 송수기념논총」, 심악 이숭녕 박사 송수기념사업위원회 편, 서울: 을유문화사. 211-223.

노명희, 2005, 「현대국어 한자어 연구」, 서울: 태학사.

박형익 외, 2008, 「한국 어문 규정의 이해」, 서울: 태학사.

성환갑, 1986, 차용어와 고유어의 조화, 「국어학 신연구」, 서울: 탑출판사. 563-575.

---

21 이 사전에서는 한자어를 상위 표제항으로 선정하지 않고 한자를 표제항으로 선정하고 「강희자전(康熙字典)」의 부수 순서로 배열하였다. 그런 다음 표제자로 시작하는 한자어를 하위 표제항으로 선정하고 한자음의 가나다 순서로 배열하였기 때문에 '한자'와 '한자어'를 수록하였다고 하였다. 실제로 하위 표제항 즉 한자어는 한자음의 가나다 순서로 배열하지는 않았다. 예를 들면, '一角(일각) … 一角破題(일각파제) … 一脚(일각), 一刻三秋(일각삼추)' 등으로 배열하였다. 둘째 또는 셋째 음이 같을 경우에는 한자의 획수가 적은 것을 앞에 배열하였기 때문이다. 이 사전의 책명과는 달리 한자 사전 즉 자전과 한자어 사전을 겸용하도록 만들었다. 그래서 한자어를 검색할 때 우선 한자 부수에 따라 상위 표제항인 한자부터 찾아야 하고, 하위 표제항인 한자어는 한자음의 가나다 순서로 배열되어 있지 않기 때문에 큰 불편을 감수해야 한다. 이런 배열 방법은 기존의 한자 사전인 자전과 유사하다.

송기중, 1998, 어휘 생성의 특수한 유형: 한자 차용어, 「국어 어휘의 기반과 역사」, 심재기 편, 서울: 태학사. 593-615.

심재기, 1971, 한자어의 전래와 그 어원적 계보, 「김형규 박사 송수기념논총」, 발간위원회 편, 서울: 일조각. 355-380.

심재기, 1987, 한자어의 구조와 그 조어력, 「국어생활」 8, 서울: 국어연구소. 25-39.

심재기, 1989, 한자어 수용에 관한 통시적 연구, 「국어학」 18, 국어학회. 89-109.

심재기, 2000, 「국어 어휘론 신강」, 서울: 태학사.

이기문, 1965, 근세 중국어 차용어에 대하여, 「아세아 연구」 8-2, 고려대학교 아세아문제연구소. 193-204.

이익섭, 1968, 한자어 조어법의 유형, 「이숭녕 박사 송수기념논총」, 심악 이숭녕 박사 송수기념사업위원회 편, 서울: 을유문화사. 475-483.

사전: 「국어대사전」(이희승 편저, 1988), 「새우리말 큰사전」(신기철·신용철, 편저, 1988), 「우리말 큰사전」(한글학회 지음, 1992), 「금성판 국어대사전」(김민수 외 공편, 1996), 「연세 한국어 사전」(연세대학교 언어정보개발연구원 편, 1998), 「표준국어대사전」(국립국어연구원, 1999), 「동아 새국어사전」(이기문 감수, 2001), 「고려대한국어대사전」(고려대학교 민족문화연구원, 2009), 「우리말샘」(http://opendict.korean.go.kr 국립국어원), 「한국민족문화대백과사전」(한국학중앙연구원), 「한국한자어사전」(단국대학교 동양학연구소, 1992~1996)

19 정격 한문과 변격 한문

중국 한문(한어문)처럼 정격 한문(정체 한문)으로 작문한 예는 '무령왕릉 지석명'(525), '진흥왕 순수비'(568) 등의 금석문과 '신라 황룡사 구층탑 찰주본기'(9세기) 등의 고문서 그리고 의상, 원효, 경흥 등의 책에서 찾아볼 수 있다.

변격 한문(혼성 한문, 변체 한문, 속한문)은 한자로 적은 정격 한문에 이두어, 이두구 등을 혼용하여 적은 문장이다. 즉 한국어 어순이나 한국어 어휘 그리고 한국어의 조사와 어미 등의 문법 형태를 지니고 있는 문장인 이두문을 가리킨다. 그런데 문장 속에서 이런 한국어의 특징적인 요소를 사용한 정도는 일정하지 않고 변격 한문에 따라 차이가 있다.

변격 한문에서는 중국인들은 이해할 수 없는 한자로 적은 문장과 한자를 사용한다. 향가처럼 중국어 어순이 아니고 한국어 어순으로 적었다. 중국에서 사용하지 않는 새로운 한자 '畓(논), ｜(궐), 口(석)' 등을 만들어 사용한다. '椋(창고), 鎰(자물쇠)' 등처럼 중국에서 사용하는 한자이지만 중국인들은 이해하지 못하는 다른 뜻으로 사용하기도 한다. 변격 한문의 구체적인 예를 들면 다음과 같다.

> ㄱ. 중원고구려비문: 節(디위; 이때에, 이때에 임해서, ~을 한 때. 신라와 고려 시대를 거쳐 조선 후반까지의 이두로 사용), 之(한문의 '也'에 해당. 신라와 고려 전반의 이두문의 토로 이어져서 평서형 종결어미로 사용) 〈남풍현(2000ㄷ)〉
> ㄴ. 부여 능산리 사지 목간: '是非相問'(옳고 그름을 묻고자 한다)
> ㄷ. 부여 능산리 사지 사리감명문: '妹兄公主' 〈최연식(2019: 109-110)〉

한국어 어순을 유지하면서 한국어 문장을 한자로 표기한 경우에는 한국어 문법형태소를 한자로 표기했거나 또는 생략하였다. 문법형태소를 생략한 예는 '무술오작비', '울주 천전리 서석'과 같은 의국체(擬國體), '임신서기석', '신라 상원사종', '신라 선림원 종기', '창녕 읍내 석불 조상기', '시흥 중초사 동간석 주기' 등에서 찾아볼 수 있다.

중국어 어순과 한국어 어순을 섞어 표기한 초기 이두문은 후대에 올수록 한국어 어순이 더 뚜렷하게 나타난다. 예를 들면, 광개토대왕비문(414년)의 '其有違令賣者刑之 賣人制令守墓之(법령을 어기고 판 사람은 형벌을 준다. 사들인 사람은 수묘를 하도록 한다.)'에서 '守墓之'는 한어의 문법에 맞지 않으므로 '之'를 문장의 종결형 어미로 해석하는데, 이 문장은 소극적인 한국어 어순으로 적은 이두문이다. 중원고구려비명(495년 추정)의 '建立處用者賜之(건립처는 사용자에게 주었다.)'는 적극적인 한국어 어순의 모습을 보여준다(남풍현, 2009: 125-127, 182).

실제 문자 생활에서는 (1) 정체 한문을 사용하기도 하고, (2) 중국 한문, 중국 한자와 더불어 한국식 한문과 한자를 혼합하여 글짓기에 사용하기도 하고, (3) 변체 한문만 사용하기도 한다.

참고논저

김기종, 2012, 신라시대 불교 금석문에 나타난 변체한문의 성격과 그 의미, 「불교학연구」 32, 불교학연구회. 395-436.

남풍현, 2000, 중원고구려비문의 해독과 그 이두적 성격, 「고구려연구」 10, 고구려연구회. 363-386. 〈남풍현(2009: 166-189) 재수록〉

남풍현, 2009, 「고대 한국어 연구」, 서울: 시간의 물레.

최연식, 2019, 고대의 변격 한문, 「문자와 고대 한국」 1. 기록과 지배, 한국목간학회 편, 서울: 주류성. 97-122.

20 이두의 정의

신라의 설총(薛聰, 655년~?)이 집대성했다는 이두(吏讀)는 이서(吏書), 이도(吏道), 이도(吏刀), 이두(吏頭), 이찰(吏札), 이토(吏吐), 이문(吏文), 이문(俚文)이라고도 하였다. 이 가운데 가장 널리 쓰여 온 것은 현재 우리가 쓰고 있는 '이두(吏讀)'인데, '이(吏)'는 '서리(胥吏)'의 이(吏)와 같은 뜻임이 분명하지만, '두(讀)·도(道)·도(刀)·두(頭)·토(吐)'는 한국어의 어떤 말을 글자만 달리해서 표기한 것으로, 그 어원은 분명하지 않다. 대체로 구결(口訣)의 토

(吐)와 같은 어원으로 '구두(句讀)'의 '두(讀)'가 변한 것으로 추측한다. 그래서 이두는 서리들이 쓰는 이두문(吏讀文)의 토라는 뜻으로 풀이할 수 있으며, 실용 한문에 사용된 한국어 어휘나 한국어의 문법 요소라고 말할 수 있다.

이승휴(李承休, 1224년~1300년)는 「제왕운기(帝王韻紀)」(1287)에서 설총이 '이서(吏書)'를 지었다고 했는데, '이서'는 '이두'를 가리킨다. 조선 초기 고사경(高士褧, 생몰년 미상)과 김지(金祗, 생몰년 미상)가 명나라 형법서를 이두로 번역한 「대명률직해(大明律直解)」(1395)에서는 설총이 지은 '방언 문자'를 '이도(吏道)'라고 하였는데, 여기서 '방언 문자'와 '이도'는 '이두'를 가리킨다. 최만리(崔萬理, 1398년 추정~1445년)는 1444년 훈민정음 반대 상소문에서 '설총의 이두(吏讀)'[22]라고 하였다. 「훈민정음(訓民正音)」의 정인지(鄭麟趾, 1396년~1478년) 서문과 「세종장헌대왕실록(世宗莊憲大王實錄)」에서는 '이두(吏讀)'라고 하였으며, 「선조실록(宣祖實錄)」에서는 '이도(吏刀)', 「유서필지(儒胥必知)」에서는 '이두(吏頭), 이토(吏吐)', 「동국여지승람(東國輿地勝覽)」[23]에서는 '이찰(吏札)', 구윤명(具允明, 1711년~1797년)의 「전율통보(典律通補)」(1786)에서는 '이문(吏文)' 등의 용어를 사용하였다.

이문(吏文)은 관청에서 사용했던 독특한 문장으로 적은 문서인 이서(吏書)

---

22 「조선왕조실록」에서 최만리의 상소문 내용의 일부를 인용하면 다음과 같다. 신라 설총의 이두는 비록 야비한 이언(俚言)이지만 모두 중국에서 통용하는 문자를 빌려 어조(語助)에 사용하므로 한자와 근본적으로 다른 것은 아닙니다. 서리와 노복들은 반드시 이두를 배우려 합니다. 몇 권의 책을 읽어서 한자를 조금 안 다음에는 이두를 사용합니다. 이두를 사용하면 한자에 의존하여 능히 뜻을 통하게 되므로 이두로 인해 한자를 아는 사람이 자못 많습니다. 이렇게 해서 또 학문을 일으키는 데에 도움이 됩니다. 설총의 이두가 비록 음은 다르지만 소리와 뜻을 이용하여 문자(한자 문장)를 어조하므로 본래 서로 떨어진 것은 아닙니다. 이제 이 언문은 한자에 어울린다 하지만 병서하여 그 소리와 뜻을 달리하며 한자의 자형은 아닙니다.

23 1432년에 편찬된 지리서이다. 1481년에 노사신(盧思愼), 양성지(梁誠之) 등이 50권으로 증보하여 편찬하였고, 1486년에 개정하였다. 그리고 1530년에 이행(李荇) 등이 새롭게 증보하여 「신증동국여지승람」을 펴냈다.

또는 이도(吏道)와 토를 가리키는 이두(吏讀) 그리고 짧은 글인 이찰(吏札) 모두를 가리킨다. 그런데 이문(俚文)은 방언 문자라고도 하며 이어(俚語) 즉 방언(方言 또는 이언(俚言), 향언(鄕言))과 함께 짝을 이룬다. 여기서 이어는 표기 대상 언어인 우리의 음성언어를 가리킨다.

따라서 이두는 한자로 적은 문장 안에서 어휘나 문법 형태로 사용된 문장 구성 성분의 일부이거나 짧은 문장 전체(이찰(吏札)) 또는 중국어가 아닌 다른 나라의 언어를 적는 방언 문자라는 뜻도 나타낸다. 즉 이두는 문장과 문자 차원에서 구분되는 두 가지의 다른 뜻을 나타내는 용어임을 알 수 있다.[24]

이두는 조사와 어미를 나타내는 토가 중심이 되지만, 체언·용언·부사들도 있으므로 이두문에 쓰이는 우리말의 보조어라고 할 수 있다. 이두를 이두문에 쓰이는 한국어의 보조어라고 한다면 이때의 이두는 좁은 의미의 이두 개념을 나타낸다.

한편 조선 초기에서부터 차자 표기 일체를 가리켜 이두라고 하여 왔다. 당시에는 이두와 구결(토)을 제외하고는 차자 표기를 가리키는 명칭이 세분되어 있지 않았기 때문이다. 그래서 20세기 초기의 학자들은 향가를 표기한 문자도 이두라고 하여, 향가를 '이두 문학'이라고 하기도 하였다. 향가를 이두에 포함시키는 이러한 개념은 현재까지도 사용되고 있는데 넓은 의미의 이두라고 부른다.

그러나 「균여전(均如傳)」에서 향가와 같은 완전한 우리말의 문장을 '향찰

---

24 남풍현(2000ㄱ: 11-12)에서는 광의 이두는 협의의 이두는 물론 향찰, 구결, 고유명사 표기까지 모두 포함하는 것이라고 하였다. 협의의 이두는 이두문에 쓰인 우리말을 가리킨다고 하였다. 백두현(2019: 126-127)에서는 '이두라는 용어는 좁은 의미로 관문서, 조성기 등의 실용문서에서 속한문에 우리말 요소를 섞어 쓴 것을 가리킨다. 넓게는 향찰, 구결, 고유명사 표기 등을 포괄하여 한자의 음과 훈으로 우리말을 표기한 차자법을 가리키는 용어로 오랫동안 쓰여 왔고, 오늘날도 이렇게 사용하는 경우가 적지 않다.'고 하였다.

(鄕札)'이라고 불렀던 사실이 밝혀지면서 향찰과 이두를 구별하여 사용하게 되었다. 향찰과 이두는 문체, 용도, 표기법에 있어서 차이가 있는 것이다. 이두 계통의 용어로 가장 오래된 것은 「제왕운기(帝王韻紀)」(1287)에서 사용한 '이서(吏書)'이다. 이 용어는 사회적으로 서리 계층이 형성되면서 생겨났을 것이므로 통일 신라 시대나 그 이전에는 없었을 것이다. 그리하여 신라 시대의 차자 표기 일체를 향찰이라 하고, 이두는 고려 시대 이후에야 성립된 것으로 보는 견해도 있다. 그러나 자료를 살펴보면 이두 문체는 이미 삼국 시대에 발달하기 시작하여 통일 신라 시대에는 성립되어 20세기 초반까지 계승되어 온 것이고, 향찰은 통일 신라 시대에 발달되어 사용되어 온 것이므로 향찰과 이두를 시대에 따라 구분하는 것은 바람직하지 않다.

넓은 의미의 이두에 포함되는 것은 향찰 이외에도 구결과 어휘 표기가 있는데, 이것 역시 협의의 이두와는 구별된다. 이두가 쓰인 글은 한문의 개조가 있지만, 구결은 한문을 그대로 두고 한문의 독해에 도움을 주기 위하여 토만 단 것이다. 그리고 어휘 표기는 우리 고유의 인명이나 지명 등을 한자로 표기한 것을 가리킨다.

이두는 정격 한문의 구조를 바꾸면서 한국어의 문법 형태와 어휘 형태를 적는데 사용하고, 구결은 정격 한문의 구조를 그대로 두고 읽을 때 독해에 도움을 주기 위해 토만 단 것이니 구결을 빼면 정격 한문이 된다. 현전 자료에 따르면 이두는 삼국 시대(서기전 18년~660년)에 발달하기 시작하여 통일 신라 시대(676년~935년)에 성립되어 20세기 초반(법률적으로는 1894년)까지 사용했으며, 향찰은 통일 신라 시대와 고려 시대에 사용하였다. 구결은 이두보다 사용 기간이 더 길고, 향찰은 이두보다 짧게 사용하였다.

이두(吏讀)는 '이문(吏文)' 또는 '이문(俚文)'이라고도 하였다. 이문(吏文)은 관청에서 사용했던 독특한 문장으로 적은 문서인 '이서(吏書)' 또는 '이도(吏道)'와 토를 가리키는 '이두(吏讀)' 그리고 짧은 글인 '이찰(吏札)' 모두를 가리킨다. 그런데 '이문(俚文)'은 방언 문자라고도 하며 '이어(俚語)' 즉 '방언

(이언, 향언)'과 함께 짝을 이룬다. 따라서 이두는 한자로 적은 문장 안에서 어휘나 문법 형태로 사용된 문장 구성 성분의 일부이거나 짧은 문장 전체인 '이찰'을 가리킨다. 그리고 중국어가 아닌 다른 언어를 적는 방언 문자라는 뜻도 나타낸다.

우리는 중국어에는 없는 한국어의 요소를 표기하기 위해 이두자를 만들어 정격 한문(한어문)에 넣어 사용하였다. 이두는 정격 한문이나 변격 한문에 우리말의 문장 구성 성분이나 한자(속자)나 한자어, 우리말의 문법적 영향을 받은 형태를 중국의 한자 정자를 차용한 것이나 생획토나 합자처럼 새롭게 만든 것이다.

이두라는 용어는 이두자, 이두어, 이두구, 이두절, 이두문을 가리키는 것으로 볼 수 있다. 한자 1자가 하나 이상의 뜻을 지니는 단어일 수 있는 표의문자의 특성이나 조사나 어미를 단어로 인정할 것인가에 관한 문제는 잠시 미루어 두고 이두는 (1) 이두자, (2) 이두자, 이두토, 이두어를 포함하는 이두 어휘, (3) 이두구, (4) 이두절 포함한 이두문 4가지로 나눌 수 있다.[25]

참고논저

남풍현, 2000, 「이두 연구」, 서울: 태학사.
백두현, 2019, 이두, 「문자와 고대 한국 1. 기록과 지배」, 한국목간학회 편, 서울: 주류성. 125-151.
서종학, 2011, 이두의 개념과 성격, 「구결연구」 27, 구결학회. 27-55.

---

[25] 서종학(2011: 52)에서는 "이두는 한자를 이용하여 우리 국어를 표기하는 표기법이라 할 수 있고, 이러한 표기법을 이용하여 국어의 문장을 표기한 것으로 결론지을 수 있다."고 하였다. 그리고 "'이두문'은 '이두로 표기된 문장'이 될 것이며, '이두자'는 '이두에 사용된 고유한 (용법의) 한자'가 될 것이며, '이두어'는 '이두로 표기된 어휘', '이두토'는 '이두로 표기된 형태부' 등이 될 것이다. '이두문'은 한문에 대응하는 용어이고, '이두자'는 한자에 대응하는 용어가 되는 것이다."라고 설명하였다.

문현수, 2022, 이두에 대한 북한 학자들의 개념과 인식, 「한국학연구」 65, 한국학
연구소. 9-40.

21 이두와 설총

이두는 설총(薛聰, 665년~?)이 만든 것이라는 기록이 일찍부터 있어 왔다.
이 견해는 「제왕운기」(이승휴, 1287), 「대명률직해」(1395) 등에서 확인된다.
그러나 「제왕운기」보다 앞선 시기의 기록에서는 설총이 이두를 지었다는
사실을 직접적으로 표현한 경우는 찾아보기 어렵다. 이두라는 차자표기법
을 어느 한 개인이 창작하였다고 하기는 쉽지 않다.

보통 설총이 처음으로 이두를 지었다고 하기보다는 그때까지 발달되어
온 차자표기법을 정리하여 경서를 우리말로 주해하고 새긴 것으로 본다.
그가 경전을 새긴 방법이 어떤 것이었는지 분명하지는 않지만, 아마도 「구
역인왕경(舊譯仁王經)」의 구결과 같이 한문에 토를 달아 우리말로 새기는
석독구결(釋讀口訣)의 형태였을 것으로 본다. 이것으로 후생들을 훈도(訓導)
하였으므로 자연히 그 표기법이 널리 보급되어 설총이 이두를 지었다는
설로 발전하였을 것으로 믿어진다.

현재까지 전하여 오는 자료들을 보면, 이두문에서 진정한 의미의 토의
사용은 설총 이후의 자료에서야 비로소 발견된다. 이러한 사실들로 미루어
보면, 이두를 설총 개인의 창작이라고 하기는 어려워도 그가 정리한 표기법
이 이두 내지 차자표기법 전반의 발달에 중요한 공헌을 한 것으로 보인다.

이두를 모아 정리한 문헌으로 우리에게 잘 알려진 것으로는 이의봉(李義
鳳, 1733년~1801년)의 「고금석림(古今釋林)」(1789)에 실린 '나려이두(羅麗吏
讀)', 구윤명(具允明, 1711년~1797년)의 「전율통보(典律通補)」(1786), 이규경
(李圭景, 1788년~미상)의 「오주연문장전산고(五洲衍文長箋散稿)」(19세기)의 '어

록변증설(語錄辯證說)', 저자를 알 수 없는 「이문(吏文)」(1658), 「이문대사(吏文大師)」(17세기~18세기 추정), 「이문잡례(吏文襍例)」(18세기 이후 추정) 등이 있다(이 책의 38 이두 목록, 이두 학습서, 이두 사전 참고).

이 자료들은 17세기부터 19세기 사이에 이루어졌는데, 이두에 한글로 독음을 달아놓아서 이두의 독법을 알 수 있도록 해 준다. 그러나 기록 당시의 현실 언어가 아니고 투식으로 긴 세월 써오는 동안에 와전된 독법도 기록한 것이므로 그 올바른 독법을 재구하는 데에는 각별한 주의가 필요하다.

참고논저

남풍현, 2001ㄱ, 「설총 -10월의 문화 인물-」, 서울: 문화관광부·문화예술진흥원.
남풍현, 2001ㄴ, 「삼국사기」와 「삼국유사」에 나타난 설총 관련 기사의 분석, 「어문연구」 112, 한국어문교육연구회. 43-51. 〈남풍현(2009: 243-254) 재수록〉
남풍현, 2001ㄷ, 설총과 차자 표기법, 「새국어생활」 11-3, 서울: 국립국어연구원. 21-36.
안병희, 1987ㄱ, 「이문과 이문대사」, 서울: 탑출판사.
안병희, 2001ㄴ, 문자사에서 본 설총, 「한국문화와 역사 인물 탐구」, 성남: 한국정신문화연구원. 91-113.
안병희, 2001ㄷ, 설총과 국어, 「새국어생활」 11-3, 국립국어연구원. 5-20.

22 최만리 등의 상소문과 이두

「세종실록(世宗實錄)」 103권 세종 26년(1444년, 갑자년) 2월 16일 병신 1번째 기사에서 집현전 교리 최항, 부교리 박팽년, 부수찬 신숙주, 이선로, 이개, 돈녕부 주부 강희안 등에게 의사청에 나가 언문(諺文)으로 「고금운회거요(古今韻會擧要)」(웅충(熊忠), 1297)를 번역하게 하고,[26] 동궁과 진양 대군(晉陽大君) 이유(李瑈), 안평 대군(安平大君) 이용(李瑢)으로 하여금 그 일을 관장하게 하였다는 내용을 찾아볼 수 있다.

세종이 중국 운서를 언문으로 번역하도록 한 이후 4일이 지난 2월 20일에 최만리 등은 상소문의 첫머리에서 언문은 그 제작됨이 지극히 신묘하지만 의심스럽고 이상한 바가 있어 상소한다고 하였다. 또 상소문의 본문에서 최만리 등은 세종이 급하게 관리 10여 명에게 언문을 가르쳐 익히게 하고, 옛 운서를 고쳐 근거도 없는 언문에 부회(附會)하여 장인 수십 명을 시켜 글자를 새겨 책을 만들어서 곧 천하에 널리 반포하려고 한다면서 상소문을 올리는 이유를 적었다.[27]

집현전 부제학(副提學) 최만리(崔萬理, 1398년~1445년), 직제학(直提學) 신석조(辛碩祖, 1407년~1459년), 직전(直殿) 김문(金汶, ?~1448년), 응교(應敎) 정창손(鄭昌孫, 1402년~1487년), 부교리(副校理) 하위지(河緯地, 1412년~1456년), 부수찬(副修撰) 송처검(宋處儉), 저작랑(著作郎) 조근(趙瑾, 1417년~1475년) 등 7명의 상소문은 「세종실록(世宗實錄)」 103권 세종 26년(1444년, 갑자년) 2월 20일 경자 1번째 기사에 실려 있다. 이 상소문은 다음과 같은 6개의 사항으로 요약할 수 있다.

1. 언문을 만든 것은 놀랍고 부끄럽다. 즉 조종 이래 중국을 섬기고 중화의 제도를 준행하여 이제 중국과 대등한 문명 상태가 되었는데 새로운 글자인 언문을 만든 것은 놀랍다. 언문의 자형은 비록 중국의 옛날 전자(篆字)를 본떴을지 모르나 음을 사용하여 글자를 합하는 것은 모두 옛것에

---

26 웅충(熊忠)이 펴낸 중국 운서 「운회」 즉 「고금운회거요」에 수록된 한자들의 음을 언문으로 표기하도록 한 작업은 완성되지 않았으며, 대신에 「동국정운」과 「홍무정운역훈」이 편찬되었다. 최세진은 「고금운회거요」의 색인처럼 사용할 수 있는 옥편인 「운회옥편(韻會玉篇)」을 1537년 12월 이후에 펴냈다(박형익, 2012: 157-163).

27 상소문의 내용을 살펴보면 최만리의 언문의 제작과 활용에 관한 생각은 부정적이었음을 알 수 있다. 세종이 언문으로 「고금운회거요」를 번역하게 하는 명령은 최만리 등이 상소문을 올리게 하는 직접적인 동기가 되었을 것이다.

상반되어 실제로 그 근거할 데가 없고, 혹시라도 언문을 만든 일이 중국에 흘러들어가 비방하는 사람이 있다면 중국의 문물과 사상을 흠모하여 따르는 데에 부끄러움이 있다.

2. 옛날부터 중국 안에서 풍토가 다를지라도 방언 때문에 문자를 별도로 만들지는 않았다. 다만 몽고, 서하, 여진, 일본, 서번이 각기 문자가 있었다.[28] 이것은 모두 오랑캐의 일이다. 한자를 두고 별도로 언문을 만들어서 중국을 버리고 오랑캐와 같아지려고 하는 것은 최고급의 향을 버리고 사마귀의 환을 취함과 같으니 문명의 큰 잘못된 점이다.

3. 신라 설총의 이두는 비록 속되고 촌스러운 것이라고 하지만 중국에서 통행하는 글자를 빌려서 어조(語助, 조사와 어미)에 사용하였으므로 한자와 원래 서로 분리된 것은 아니다. 그래서 비록 서리부터 남자 종에 이르기까지 이두를 익히게 하려면 반드시 먼저 몇 권의 책을 읽어 대강 한자를 알고서 이두를 쓰게 한다. 이두를 사용하는 사람은 모름지기 한자에 의거해야 능히 뜻을 통할 수 있으므로 이두 때문에 한자를 알게 되는 사람이 자못 많다. 이것으로써 학문을 흥기시키는 데에 일조가 되었다. 만약 우리나라가 원래부터 한자를 알지 못하여 결승의 세대와 같다고 한다면 우선 언문을 빌려서 한때의 사용에 이바지하는 것은 오히려 가능할 것이다. 언문을 두루 사용하여 임시방편으로 삼는 것은 차라리 느릴지라도 중국 한자를 배워 길고 오랜 계책으로 삼는 것만 못하다. 하물며 이두는 행용한 지 수 천년이나 되어 장부와 문서, 회계 기한을 맞추는 것 등의 일에 방애됨이 없는데 어찌 예로부터 시행하던 폐단이 없는 문자를 고쳐서 따로 야비하고 상스러운 무익한 글자를 새로 만들려고 하는가. 만약에 언문을 행용한다면 관리들이 오로지 언문만을 익히고

---

28 몽골 문자, 서하 문자, 여진 문자, 히라가나와 가타가나, 서번 문자(티베트 문자)를 가리킨다.

학문하는 한자를 돌아보지 않아 관아의 벼슬아치들이 둘로 나누어질 것이다. 관리가 언문만으로 출세하여 영화로움에 이를 수 있다고 한다면 후진들이 모두 27자의 언문으로도 족히 세상에 입신할 수 있다고 할 것이니 무엇 때문에 고심하여 성리학을 궁구하려 하겠는가. 이렇게 되면 수십 년 이후에는 한자를 아는 사람이 반드시 적어진다. 비록 언문으로 써 능히 관아의 업무를 시행할 수 있다고 하더라도 성현의 문자를 전혀 알지 못하면 사리의 옳고 그름에 어두울 것이니 한갓 언문에만 능숙한들 장차 무엇에 쓸 것인가. 우리나라에서 오래 쌓아 내려온 학문을 숭상하는 교화가 점차로 없어질까 두렵다. 이두가 비록 한자의 밖에 있지 않다고 할지라도 유식한 사람들은 오히려 야비하게 여겨 이문(吏文)으로 바꾸어 쓰고자 하였는데, 하물며 언문은 한자와 조금도 관련됨이 없고 오로지 시골의 상말만 쓴 것이 아닌가. 언문이 전조(前朝)부터 있었다고 하여도 오늘의 문명한 정치에 변로지도하려는 뜻으로서 오히려 그대로 물려받을 수 있겠는가. 언문은 새롭고 기이한 하나의 기예에 지나지 않는 것으로서 학문에 손실이 있고 정치에 이익이 없으므로 그것이 옳은 것을 알지 못하겠다.

4. 형살, 옥사 같은 것을 이두나 한자로 적는다면 문리를 알지 못하는 어리석은 백성이 한 글자의 착오로 혹시 원통함을 당할 수도 있겠으나 언문으로 써서 읽어 들려주면 비록 지극히 어리석은 사람일지라도 모두 그 내용을 쉽게 깨달아서 억울함을 품고 그릇 굴복하는 사람이 없을 것이라고 한다. 그러나 예로부터 중국은 말과 글이 같아도 형사상 송사에 억울함이 심히 많았다. 우리나라에서도 이두를 아는 죄수가 스스로 초사를 읽고서 허위인 줄 알면서도 매를 견디지 못하여 그릇 항복하는 사람이 많으니 이것은 초사의 뜻을 알지 못하여 원통함을 당하는 것이 아님이 분명하다. 만일 언문을 쓴다고 한들 무엇이 다를 것인가. 이것은 형옥의 공평하고 공평하지 못함이 옥리가 어떠하냐에 있는 것이고 말과 문자가

같고 같지 않음에 있지 않은 것을 알 수 있으니 언문으로써 옥사를 공평하게 한다는 것이 옳은 것인지를 알 수 없다.

5. 만약 어쩔 수 없이 언문을 만들었다고 해도 이것이 풍속을 변화시키기 쉬우니 일을 이루기 위해서 대책과 방법을 세우는 것은 재상으로부터 백료에까지 구해 신중하게 시행해야 한다. 급하게 관리 10여 명에게 가르쳐 익히게 하고 옛 운서를 고쳐 근거도 없는 언문에 부회(附會)하여 장인 수십 명을 시켜 글자를 새겨 책을 만들어서 곧 천하에 널리 반포하려고 하니 후세의 여론이 어떠하겠는가. 또 언문 같은 것은 부득이하게 기한에 마쳐야 할 만한 일도 아닌데 행차하여 머무는 곳에서까지 이 일에 관한 일을 서두르는 것은 병을 다스림에도 좋지 않다.

6. 언문이 비록 유익하다고 하여도 단지 문사의 육예의 하나에 지나지 않을 뿐이고 게다가 치도에는 하나의 이득도 없는데도 왕세자가 집중한다면 학업에 손실만 있을 뿐이다.

이 내용 가운데 이두에 관한 것만 찾아 요약하면 다음과 같다.

① 신라 설총의 이두는 속되고 촌스러운 것이라고 하지만 중국에서 통행하는 글자를 빌어서 조사와 어미에 사용하였으므로 한자와 원래 서로 분리된 것은 아니다.

② 이두는 지방 관아의 문서의 기록이나 관리를 맡았던 서리(書吏)부터 남자 종인 복예(僕隷)에 이르기까지 사용한다.

③ 먼저 몇 가지 글을 읽어서 대강 한자를 알고 난 이후에 이두를 쓰게 된다.

④ 이두를 쓰는 사람은 모름지기 문자(한자)에 의거해야 능히 의사를 통하게 되므로 이두 때문에 문자(한자)를 알게 되는 사람이 자못 많고 또 학문을 흥기시키는 데에 도움이 되었다.

⑤ 이두는 시행한 지 수천 년이나 되어 관아의 장부나 문서를 작성하는 일 등에 지장이 없다. 지금은 이두로 이사(吏事)를 집행하고 있다.

⑥ 이두가 비록 문자(한자) 밖의 것은 아니지만 유식한 사람은 오히려 야비하게 여겨 이문(吏文)으로 바꾸려고 생각한다.

⑦ 옥사 같은 것을 이두 문자로 쓴다면 문리(文理)를 알지 못하는 어리석은 백성은 한 글자의 착오로 원통함을 당할 수도 있다고 한다. 그런데 옥에 갇혀 있는 죄수 가운데 이두를 해득할 줄 알아 직접 초사를 읽고 그것이 허위인 줄을 알면서도 매를 견디지 못하여 그릇 항복하는 사람도 많다. 이것은 형옥의 공평하고 공평하지 못함이 감옥을 담당하는 관리가 어떠한가에 달려 있지 말과 문자의 같고 다름에 있지 않다.

최만리 등은 설총의 이두는 중국의 한자와 서로 분리된 것이 아니고, 서리부터 남자 종까지 현재 사용하고 있으며, 관리가 관아의 장부나 문서를 작성하고 사무를 집행하는 데에 지장이 없으므로 새로운 문자 언문을 만들 필요가 없다고 생각한다.

그러나 세종은 최만리 등에게 다음과 같이 말하였다.

① 음을 사용하고 글자를 합한 것이 모두 옛글에 반대된다고 하였는데, 설총의 이두도 이음(異音)이다.[29]

② 이두를 제작한 본뜻도 백성을 편안하게 하려 함이다. 만일 그것이 백성을 편안하게 하고자 한 것이라고 한다면 언문도 백성을 편안하게 하려 한 것이다.

③ 설총은 옳다고 하면서 내가 한 일은 그르다고 하는 이유는 무엇인가?

④ 운서를 아는가? 사성, 칠음, 자모가 모두 몇이 되는가? 만일 내가 이

---

29 설총의 이두도 언문처럼 중국 한자음과 다른 조선 한자음이라는 것이다.

운서를 바로잡지 않으면 누가 장차 이것을 바로잡을 것인가?

⑤ 언문이 새롭고 기이한 하나의 기예라고 말하는 것은 너무 지나치다.

⑥ 세자에게 국가의 서무를 전담하게 하였으므로 비록 세미한 일이지라도 진실로 참예하여 결정하는 것이 당연하므로 하물며 언문에 있어서도 마찬가지이다.

세종은 이두도 한자의 이음이며, 이두와 언문의 제작 목적이 동일하고, 운서의 음을 바로잡는 것이 필요하다고 하였다. 그러자 최만리 등은 다음과 같이 대답하였다.

① 설총의 이두는 비록 한자와 음이 다르다고 하지만 한자음에 따르고 있으며, 의미에 의하여 어조와 문자는 서로 떨어져 있지 않다.

② 언문은 여러 글자를 합하고 병서하여 그 음과 뜻을 변하게 하니 한자의 형상이 아니다.

③ 새롭고 기이한 하나의 기예라고 한 것은 특히 문세(文勢)로 인하여 말한 것뿐 별다른 의미가 있는 것은 아니다.

④ 세자가 공사라면 비록 작은 일이라도 참결해야 하지만 그리 급하지 않은 일을 무엇 때문에 해가 다하도록 시간을 허비하며 심려하는가?

최만리 등은 이두와 언문의 제작 목적과 운서의 음을 바로잡는 문제에 관한 의견은 제시하지 않았다. 세종의 ②, ③, ④에 관한 답변은 하지 않고 ①, ⑤, ⑥에 관해서만 부정적으로 답변하였다. 즉 이두는 한자음에 따르고 있으며, 언문과 이두의 음과 자형이 다르고, 언문은 하나의 기예라고 한 표현에 관한 설명을 덧붙이면서, 세자가 급하지 않은 언문에 시간을 허비할 필요가 없다고 하였다. 그들은 한자의 음과 자형을 기준으로 삼아 논의를 전개하였는데, 현재 한자와 별개가 아닌 이두를 사용하고 있으니 한자의 음과 자형이 전혀 다른 새로운 언문은 필요하지 않다는 것이다.

세종은 다음과 같이 말했다.

① 김문(金汶)은 이전에는 언문 제작은 불가할 것이 없다고 해놓고 지금은 도리어 불가하다고 말한다.

② 정창손(鄭昌孫)은 「삼강행실」을 반포한 이후에 충신, 효자, 열녀의 무리가 나오는 것을 볼 수 없음은 사람이 행하고 행하지 않는 것이 사람의 자질 여하에 있기 때문이어서 어찌 꼭 언문으로써 번역한 이후에야 사람이 모두 본받을 것인가라고 말하였다.

③ 이런 말이 어찌 선비로서 이치를 알고서 하는 말이라고 할 수 있나. 아무짝에도 쓸데없는 용속한 선비들이다.

④ 내가 만일 언문으로써 「삼강행실」을 번역하여 민간에 배포하면 어리석은 남녀라도 다 쉽게 깨달아 충신, 효자, 열녀가 반드시 무리로 나올 것이다.

세종은 언문 제작의 가능성에 관한 의견을 들었는데 김문의 일관성이 없는 답변과 정창손의 언문으로 번역한 책의 기능과 활용성에 관한 무지를 질책하였다.

참고논저

강길운, 1972, 최만리 반대 상소의 동기에 대하여, 「운현」 3-1, 덕성여자대학교 총학생회. 7-12. 〈「훈민정음과 음운체계」(강길운, 1992, 한국문화사)에 재수록〉

강신항, 2003, 「수정증보 훈민정음 연구」, 서울: 성균관대학교 출판부.

김윤경, 1938, 「조선문자급어학사」, 경성: 조선기념도서출판관.

김주필, 2014, 최만리 등 집현전 학사들이 올린 갑자 상소문의 내용과 의미,

「진단학보」 122, 진단학회. 145-174.

김주필, 2016, '갑자상소문'과 「훈민정음」의 두 '서문', 「반교어문연구」 44, 반교
어문학회. 113-151.

김주필, 2017, 최만리 등 집현전 학사들이 올린 '상소문'과 세종이 '상소문' 집필
자들을 불러 나눈 '대화' 주석, 「어문학논총」 36, 국민대학교 어문학연구소.
101-120.

남풍현, 1978, 훈민정음과 차자표기법과의 관계, 「국문학논집」 9, 서울: 단국대
국어국문학과.

민현식, 2011, 갑자 상소문의 텍스트언어학적 분석 연구, 「어문연구」 151, 한국
어문교육연구회. 7-42.

이숭녕, 1964, 최만리 연구, 「이상백 박사 화갑기념논문집」, 상백 이상백 박사
회갑기념논총편집위원회 편, 서울: 을유문화사. 43-73. 〈이숭녕(1981) 재수
록〉

장윤희, 2011, 문자생활사 관점에서의 '갑자 상소문' 재평가, 「국어교육」 134,
한국어교육학회. 131-154.

최병선, 2009, 최만리 상소의 국어학사적 의의, 「한국언어문화」 40, 한국언어문
화학회. 333-357.

황선엽, 2004, 최만리와 세종, 「문헌과 해석」 26, 문헌과 해석사.

23 정인지 서문과 이두, 한글

「세종실록」 103권 세종 28년(1446년) 9월 29일 갑오 4번째 기사에는
예조판서 정인지(鄭麟趾)의 서문 즉 '해례본 「훈민정음」의 후서'라고 부르
는 '정인지서(鄭麟趾序)'가 수록되어 있다(조선왕조실록 https://sillok.history.
go.kr).

해례본 「훈민정음」(정인지 외, 1446)[30]의 마지막에 붙어 있는 이 정인지

---

[30] 국보 제70호로 지정된 이 책은 1책 33장 목판본으로 간행되었는데, 서울 성북동 간송미

후서에서는 다음과 같은 내용을 찾아볼 수 있다.

① 대개 외국의 말은 그 소리는 있어도 그 글자는 없으므로 중국의 글자를 빌려서 그 일용에 통하게 한다. 이것은 둥근 장부가 네모가 난 구멍에 들어가 서로 어긋남과 같아 어찌 능히 통하여 막힘이 없겠는가. 요는 모두 각기 처지에 따라 편안하게 해야만 하고 억지로 같게 할 수는 없다.

② 우리 동방의 예악(禮樂) 문물은 중국에 견줄 수 있으나 다만 방언과 이어(俚語)만은 같지 않다. 그래서 글을 배우는 사람은 그 지취(旨趣)의 이해기 어려움을 근심하였고, 옥사를 다스리는 사람은 그 곡절의 통하기 어려움을 괴로워하였다.

③ 옛날에 신라의 설총이 처음으로 이두를 만들어 관부와 민간에서 지금까지 이것을 행하고 있다. 그러나 모두 글자를 빌려서 쓰기 때문에 혹은 간삽(艱澁)하고 혹은 질색(窒塞)하다. 비루하여 근거가 없을 뿐만 아니라 일상 언어를 적을 때에 그 만분의 일도 통할 수가 없었다.

④ 1443년 계해 겨울에 우리 전하께서 정음 28자를 창제하여 예의(例義)를 간략하게 들어 보이고 명칭을 '훈민정음(訓民正音)'이라 하였다.

⑤ 글자는 상형해서 만들었는데, 글자의 모양은 고전을 모방하였다(象形而字倣古篆). 소리의 원리를 바탕으로 글자를 만들었으므로 음은 칠조(七調)에 맞고, 삼재의 뜻과 음양의 정묘함이 모두 포함되어 있다.

⑥ 이 28자로 전환이 무궁하여 얼마든지 응용하여 쓸 수 있고, 간단하고 요긴하고 정하고도 통하므로 슬기로운 사람은 하루아침을 마치기도 전

술관에 소장되어 있다. 세종의 정인지, 신숙주, 성삼문, 최항, 박팽년, 강희안, 이개, 이선로가 지었다. 첫 두 장이 낙장되어 보사하였는데, '耴'를 '𣃉'로 잘못 적었다. 이 책은 1997년에 유네스코의 세계기록유산으로 등재되었다. 한국에서는 이 책의 발간일을 양력으로 계산하여 10월 9일을 한글날로 지정하여 1946년부터 매년 국가 기념행사를 개최하고 있다.

에 깨우치고, 어리석은 사람이라도 10일이면 배울 수 있다.

⑦ 이 글자로 한문으로 된 글을 해석하면 그 뜻을 알 수 있고, 송사를 들으면 그 뜻을 얻을 수 있다.

⑧ 자운(字韻)은 청탁을 능히 분별할 수 있고, 악가는 율려가 고르게 되며, 쓰는 데에 갖추어지지 않은 바가 없으며 어디를 가더라도 통하지 않는 곳이 없다. 바람소리, 학의 울음, 닭의 울음, 개가 짖는 소리 모두 이 글자로써 능히 적을 수 있다.

정인지는 신라의 설총이 처음으로 이두를 만들어 관부와 민간에서 지금까지 이것을 사용하고 있는데, 이두는 모두 글자를 빌려서 쓰기 때문에 매끄럽지 못하며, 그리고 이두는 비루하여 근거가 없을 뿐만 아니라 일상적인 말을 적는 데에도 어렵다고 하였다. 그러나 이두를 대체할 정음 28자는 한자를 차용하지 않고 일정한 근거에 따라 새로 만든 것이므로 쉽게 이해할 수 있고, 빨리 배울 수 있으며, 한문의 뜻을 알 수 있으며, 일상적인 말을 잘 적을 수 있다고 보았다.

정인지는 이두의 결점을 제시하고 정음 28자의 장점을 내세웠다. 정인지의 이두에 관한 이런 부정적인 생각은 최만리 등이 상소문에서 밝힌 이두에 관한 긍정적인 견해와는 다르다. 정인지의 의견과는 달리 최만리 등은 이두는 시행한 지 수천 년이나 되어 관아의 장부나 문서를 작성하는 일 등에 지장이 없다고 주장하였다.

한편 숙종이 1761년에 세종의 해례본「훈민정음」의 서문과 정인지의 후서의 내용을 참고하여 쓴 '훈민정음 후서(訓民正音後序)'는 「열성어제(列聖御製)」(1776) 등에 수록되어 있다(안병희, 2007: 107-115).

참고논저

강신항, 1996, 「훈민정음 연구」, 서울: 성균관대학교 출판부.

김주필, 2016, '갑자 상소문'과 「훈민정음」의 두 '서문', 「반교어문연구」 44, 반교
　　어문학회. 113-151.

남풍현, 2014, 훈민정음의 창제 목적, 「국어사연구」, 파주: 태학사. 237-263.

안병희, 2007, 「훈민정음 연구」, 서울: 서울대학교 출판부.

이상혁, 1999, 문자 통용과 관련된 문자 의식의 통시적 변천 양상 -최행귀, 정인
　　지, 최만리, 이규상의 문자 의식을 중심으로-, 「한국어학」 10, 한국어학회.
　　233-256.

24 이두어와 이두문

이두어는 실용문에 사용된 한국어나 한국어의 요소로 이두 어휘를 가리
킨다. 한국어의 요소는 어순과 형태로 나눌 수 있다. 이두어 어순은 한국어
어순으로 적은 것 그리고 한문의 어순과 한국어 어순이 섞여 있는 것이
있다. 이두어의 형태는 한국어의 문법 형태와 한국어의 문법적 영향을 받
은 형태가 있다.

이두어는 정체 한문이나 변체 한문에 우리말의 문장 구성 성분 또는
한자(속자)나 한자어를 중국 한자에서 빌리거나 새롭게 만들어 표기한 어휘
이다. 한자 1자로 이루어진 1자 이두어와 한자 2자로 구성된 2자 이두어
등이 있다.

1자 이두 격조사는 주격 조사 '亦(이), 是(이)', 목적격 조사 '乙(을/를, ㄹ)',
유정물 체언의 속격 조사 '衣(이, 의), 矣(의)', 무정물 체언의 속격 조사 '叱
(ㅅ)', 처격 조사 '中(긔, 예: 以後中 이후에 「화엄사경」)', 도구격 조사 '以(로,
예: 爲賜以 하심으로 「화엄경사경」)', 공동격 조사 '果(과, 와)', 호격 조사 '良(아),
下(하)' 등을 들 수 있다. 2자 이두 격조사는 존칭 주격조사 '敎是(이시)',

처격조사 '良中(아히)', 여격조사 '亦中(여희)' 등이 있다.

1자 이두 보조사는 주제격 조사 '者(으, 으-ㄴ), 隱(으-ㄴ)', 선택 보조사 '那(乃)(이나)', 개별성 보조사 'ㅅ(금, 곰)', '式(식)', '沙(사샤(야))' 등이 있다. 2자 이두 보조사는 '佳叱(갓(뿐))', '乙良(란(랑은))' 등이 있으며, 3자 이두 보조사는 '乙用良(을아)' 등이 있다.

1자 이두 종결어미는 '之(다), 如(다), 也(다), 矣(다), 哉(지), 齋(지)' 등이 있다. 그리고 2자 이두 종결어미 '爲齊(ᄒ제), 爲如(ᄒ다)', 3자 이두 종결어미 '是亦在(이여견)', 5자 이두 종결어미 '爲白乎乙去(ᄒᄉ올가)' 등이 있다.

1자 이두 접속어미는 旀(며), 哉(지), ㅅ((아)금, '良ㅅ(아금)', '矣ㅅ(의금)'으로 사용), 但(이), 欲(과), 矣(디) 등이 있다. 1자 이두 동명사 어미 乎(온), 현재 시제 선어말어미 飛(ᄂ), 주체 존대 선어말어미 賜(ᄉ), 슈(이) 등과 1자 이두 확인법 보조어간 '去(거)'도 있다.

이두 관형형 어미는 '爲在(ᄒ견), 爲乎(ᄒ온), 爲臥乎(ᄒ누온)' 등이 있다. 이두 부사형 어미는 '爲良(ᄒ야), 餘良(남아), 爲遺(ᄒ고)' 등 있다. 이두 연결 어미는 '爲乎矣(ᄒ오디), 爲昆(ᄒ곤), 爲去沙(ᄒ거샤), 敎矣(이샤디), 爲白乎味(ᄒ숣온맛), 爲白如乎(ᄒ숣다온), 爲白良結(ᄒ숣아져), 爲白良你(ᄒ숣아금), 爲有如可(ᄒ잇다가), 爲只爲(ᄒ기암), 爲去等(ᄒ거든), 爲去乃(ᄒ거나), 爲去乎(ᄒ거온)' 등이 있다.

이두 접미사는 명사 파생접미사 內(ㄴ+이, 예: 弗矩內), 牙(엄, 예: 赤牙縣(殷正縣)), 부사 파생 접미사 ㅅ(히, 예: 追ㅅ(좇히) 「모전첩포기」), 于(오/우, 예: 追于(좇오) 「모전첩포기」) 등이 있다.

이두 계사 '是(이)', 이두 조동사 '內(아), 在(겨), 爲(ᄒ), 有(잇)', 어휘 형태 와 문법 형태의 중간 형태인 준문법 형태 이두 의존명사 '等(ᄃ)' 그리고 '初(비릇), 元(비릇), 而(마리여)' 등이 있다.

이두 명사는 '進賜(나ᅀᆞ리), 件記(볼긔), 告目(고목), 衿記(깃긔), 根脚(근각), 題音(뎨김), 流音(흘림), 卜數(짐수), 召史(조싀), 役只(격기)' 등이 있다. 이두

대명사는 '吾(나), 汝(너), 矣身(의몸), 他矣(남의, 져의)' 등이 있다.

이두 동사는 '望良(브라-), 使內(부리-), 進叱(낫드러), 當爲(당호여), 依良(짜라), 除良(더러), 知遣(알고), 退是/退伊(믈리-), 無去乙(업거늘), 別爲(별호)' 등이 있다.

이두 부사는 '强亦(구틔여), 無亦(업스여), 茂火(더브러), 粗也(아야라), 適音(마춤)' 등이 있다.

이상의 몇몇 이두어를 차자 체계에서 나누어 보면 다음과 같다.

① 음독자: 告目(고목), 根脚(근각), 衿記(깃긔), 卜數(짐수)
② 훈독자: 進賜(나수리), 流音(흘림), 所(바), 事(일), 矣身(의몸)
③ 음가자: 題音(제음)/뎨김, 召史(소사)/조싀, 役只(격기), 亦(이), 乙(을, ㄹ), 果(과)
④ 훈가자: 是(이), 良中(아히), 以((으)로), 爲如(호다), 爲去等(호거든), 茂火(더브러)

독자는 한자를 원래의 의미를 살려 음이나 새김을 차용한 것이고, 가자는 한자 원래의 의미를 버리고 음이나 새김의 발음만 빌려서 표음문자로 사용한 것이다.

이두어는 한자가 표의문자이자 표어문자이어서 한자 1자로도 사용되므로 이두자는 이두어로도 기능한다. 이두자(예: 亦(이), 是(이), 乙(을/를, ㄹ))와 이두어(예: 推遣(미루고), 民貢(민공)) 즉 이두 어휘는 이두구(예: 敎味乙白(-하신 뜻을 사뢰어), 敎等乙仍于(-하신 것으로 말미암아))나 이두문의 구성 성분이 된다.

이두절을 포함하는 이두문은 한어와 한국어의 두 문법이 혼합된 문장인데 때로는 중국어 문법이 더 강하고, 때로는 한국어 문법성이 더 강하기도 하여 그 정도가 일정하지 않다. 이러한 특성은 이두문이 기원적으로 문서체에서 발달하였기 때문이다. 이두문은 「고려사」(1449~1451)에 수록된 경기체가 '한림별곡'과 같은 악장이나 시조와 소설에서도 찾아볼 수 있지만 본격적인 문예문의 문체로 발달하지는 못하였다. 경기체가의 이두문은 문예문의 문체로 사용된 것이기는 하지만 그 예술적 가치가 높은 것이 못되었고, 그 생명 또한 길지 못하였다. 근대에 와서 시조나 소설에 사용된 이두는 하층민의 정서를 상층민에게 전달하기 위한 목적으로 이두문의 특수한 표현 효과를 일시적으로 이용한 것에 지나지 않으며, 독자적인 문예문으로 성립된 데에서 나온 것은 아니다.

이두문은 시대에 따라 표기 방법이 발달하였으나 문어로서의 보수성이 강하여 후대로 올수록 현실 언어를 반영하지 못했고, 조사나 어미의 표기도 정격 한문의 문맥에 많이 의지하여 생략되는 경우가 많았다.

서리가 행정 문서 즉 공문서를 작성할 때에나 개인이 토지 매매 명문, 청원서, 계약서 등 사문서를 작성할 때에 한자와 함께 이두자나 이두어가 포함된 이두문을 사용하였다.

참고논저

남풍현, 2014, 「국어사 연구」, 파주: 태학사.
박성종, 2016, 「조선전기 이두 연구」, 서울: 역락.
서종학, 1995, 「이두의 역사적 연구」, 경산: 영남대학교출판부.
이승재, 1992, 「고려시대의 이두」, 서울: 태학사.

25 어휘 표기

좁은 의미의 이두는 이두문에 쓰인 우리말을 가리킨다. 넓은 의미의 이두는 향찰과 구결뿐만 아니라 한자로 표기한 우리 고유명사 등의 어휘 표기도 포함한다(남풍현, 2000ㄱ: 11-12). 우리의 인명, 지명, 국명, 관직명,

향명, 물명 등의 고유명사와 보통명사, 동사, 부사, 수사, 전문용어 등을 한자의 음과 뜻을 차용하여 적었는데, 넓은 의미의 이두에 속하는 이것을 보통 '어휘 표기'라고 부른다. 그런데 이두, 향찰, 구결과 어휘 표기라는 이 네 가지 구분의 기준은 분명하지 않으므로 이 구분은 적절하지 않다. 게다가 '이두, 향찰, 구결'도 우리 고유 어휘를 표기하는 방법에 속하므로 '어휘 표기'라는 용어는 적절하지 않다.[31] 현전하는 자료에서 찾은 한자로 표기했던 한국어 어휘 전체를 선택한 기준에 따라 문자 차원에서 분류하여야 한다. 한자로 표기한 고유어와 한국 신조어 그리고 중국 외래어를 포함한 차용어를 구분하는 작업을 통해 보다 정밀한 고유어의 한자 표기의 기본적인 연구가 필요하다.

「고대 국어 어휘 집성」(송기중·남풍현·김영진 공편, 1994)에서는 국명, 궁명(宮名), 절명(寺名), 성(姓), 인명, 지명과 더불어 건물, 교육, 군사, 언어(범어), 법률, 복색(服色), 사회, 서명(書名), 귀신, 음악, 제도, 종교, 풍속, 설화 등의 전문용어를 분류하여 수록하였다. 이 책에서도 '고대 국어 어휘'에 속하는 좁은 의미의 이두 어휘, 향가 어휘, 구결은 제외하였다. 「고대국어 어휘 표기 한자의 자별 용례 연구」(송기중, 2004)에서는 향가 어휘를 추가하였다.

한편 기존의 이두 사전에서는 조사와 어미를 한자로 적은 이두뿐만 아니라 차자로 표기한 어휘도 표제항으로 선정하였다. 그런데 「한국 한자어 사전」(단국대 동양학연구소, 1992~1996), 「이두사전」(남풍현 외 공편, 2020), 「이두자료 읽기 사전」(장세경, 2001), 「역대 이두 사전」(배대온, 2003) 등의 이두 표제항의 선정 기준은 명확하지 않다. 전래 이두 학습서, 기존 이두 사전 등을 참고하여 이두 표제항을 자의적으로 선택한 경우가 대부분이다. 고유

---

31 우리의 고유명사를 한자로 표기하면서 차자표기가 이루어졌다고 보기 때문에 '어휘 표기'를 '고유명사 표기'라고도 한다. 그러나 보통명사와 고유명사가 아닌 단어들도 차자로 표기하였으므로 '어휘 표기'라는 용어를 사용한다(남풍현, 1997: 91).

명사의 차자 표기는 '고구려광개토왕비문', '중원고구려비문' 등의 금석문과 노비 문서, 토지 매매 명문 등의 고문서 그리고 불경 시주질 등에서 찾아볼 수 있다.

문자뿐만 아니라 차용한 문자로 표기된 어휘를 원형 그대로 차용한 경우와 음차자와 훈차자로 표기한 한국 인명, 지명, 국명, 관직명 등이 있다. 예를 들면, '광개토대왕비문'(414)에서 찾아볼 수 있는 '儒理王' 등의 인명과 '新羅' 등의 국명과 '彌沙城' 등의 지명은 대부분 고유어의 발음과 비슷한 한자 즉 한자의 뜻과는 관계가 없는 음가자로 표기한 것이다.

어휘 표기는 한자의 음을 차용한 경우가 대부분이지만 훈을 이용하여 표기한 경우도 있다. 훈독자의 예는 금석문에서 찾아볼 수 있다. 즉 '울주 천전리 서석 원명(525년 추정)', '영천 청제비 병진명(536년 추정)', '진흥왕 순수비(561, 568)', '남산 신성비(591)', '신라 화엄경 사경 조성기(755)' 등에서 찾아볼 수 있는 신라의 관등 명칭인 '大舍'의 '大'를 '[han]'[32]으로 읽은 것이 그 예이다. 또 '천전리 서석 추명(539년 추정)', '단양 신라 적성비문(540년대)' 등에서 나타나는 신라 관등의 제4위 명칭인 '波珍干支'[33]의 '珍'을 '[tol]'로 읽은 것을 그 예로 들 수 있다. 그리고 무술오작비(戊戌塢作碑)(578), 남산신성비(南山新城碑)(591)에서는 한자의 음과 훈을 이용하여 문장을 표기하였다(남풍현, 2009: 117).

---

32 동일한 사람의 관등 명칭이 '신라 화엄경 사경 조성기' 권10에는 '大舍'로 되어 있는 반면에 권50에는 '韓舍'로 되어 있다. 이 두 명칭이 같다면 '大(대)'는 훈독자 표기이고, 그 음은 '韓(한)'으로 볼 수 있다(남풍현, 2009: 134).

33 「일본서기」에서는 '波珍干岐'로 표기하고, 'ハトリカムキ' 또는 'ハトリカンキ'로 읽는 것으로 되어 있다. 이것은 '波珍'은 신라에서 'ハトリ[*fator 바돌]'로 읽었음을 암시해준다. 「삼국사기」에서는 '波珍'은 관등 '海干'에 해당하는 것으로 설명하였다. 따라서 15세기에 '海'는 '바돌'에서 발달한 것으로 추정되는 '바롤'로 표기하였으므로(양주동: 1942: 708) '波珍'은 '바돌' 또는 그 고형 '*바돌'을 표기한 것으로 볼 수 있으며, '珍'은 '돌(돌, 롤)'에 해당하므로 '珍'을 훈으로 읽었음을 즉 '珍'을 한자 원래의 의미를 벗어난 훈가자(訓假字) 즉 표음자로 사용하였음 짐작할 수 있다(남풍현: 2009: 134-135).

「조선왕조실록」과 의궤 그리고 「아언각비(雅言覺非)」(정약용), 「이재유고 (頤齋遺稿)」(황윤석)에 수록된 '화음방언자의해(華音方言字義解)', 「고금석림 (古今釋林)」(이의봉)에 실린 '동한역어(東韓譯語)', 「동언고략(東言考略)」(저자 미상) 등의 어원 관련 내용에서도 차자로 표기한 고유어를 찾아볼 수 있다.

참고논저

남풍현, 1997, 차자표기법과 그 자료, 「국어사 연구」, 국어사연구회, 서울: 태학 사. 65-95.

남풍현, 2000, 「이두 연구」, 서울: 태학사.

남풍현, 2009, 「고대 한국어 연구」, 서울: 시간의 물레.

남풍현 외 공편, 2020, 「이두 사전」, 용인: 단국대학교 출판부.

단국대 동양학연구소 편, 1992~1996, 「한국 한자어 사전(韓國漢字語辭典)」 1~4, 서울: 단국대학교출판부. 〈2002-06-15(개정 초판)〉

배대온, 2003, 「역대 이두사전」, 서울: 형설출판사.

송기중, 2004, 「고대국어 어휘 표기 한자의 자별 용례 연구」, 서울: 서울대학교출 판부.

송기중·남풍현·김영진 공편, 1994, 「고대 국어 어휘 집성」, 성남: 한국정신문화 연구원.

장세경, 2001, 「이두 자료 읽기 사전」, 서울: 한양대학교 출판부.

26 인명 표기

고구려의 '연개소문(淵蓋蘇文)'이 「일본서기(日本書紀)」(720)에는 '伊梨柯 須彌'로 표기되어 있으니 '淵'은 '伊梨[이리]'로 읽는 훈독자임을 알 수 있다. '천남생 묘지명(泉男生墓誌銘)'에서는 '蓋蘇文'을 '蓋金'으로 표기하였는데, 고구려에서는 '蘇'를 훈독자 '金'으로도 표기하였음을 짐작할 수 있다. 이 사실은 고구려에서 인명을 고유어로 표기하면서 한자의 훈을 이용하였음을 확인하게 해준다(남풍현, 2009: 117, 133).

삼국 시대의 금석문에서 성은 찾아볼 수 없다. 성 대신에 출신지가 표시 되었다. '단양 신라 적성비문'(540년대)에는 다음과 같은 인명을 찾아볼 수 있다.

喙部 伊史夫智 伊干支
喙部 西夫叱智 大阿干支

'喙部'는 출신지로 육부 명칭이고, '伊史夫智'와 '西夫叱智'는 인명이며, '伊干支'와 '大阿干支'는 관등 명칭이다. 출신지, 인명, 관등명의 순서로 적 었는데, 출신지가 성과 같은 역할을 한다.

성을 적은 최초의 신라 금석문 '감산사 불상 조성기'(719년~720년)에는 인명 '金志誠(金志全)'을 찾아볼 수 있고, '성덕대왕 신종명'(771)에도 성이 적혀 있는 '翰林郎 級湌 金弼奧', '角干 金良相', '奈麻 朴韓味' 등을 찾아볼 수 있다(남풍현, 2014ㄴ: 375-376).

주로 「삼국사기」와 「삼국유사」에서 찾은 약 2,000개 인명 가운데 중국 식 인명은 제외한 고구려 인명, 백제 인명, 신라 인명의 표기 체계를 조사하 고 일본의 만엽 가명자(萬葉假名字)와 비교하여 공통점을 찾은 이숭녕(1955 ㄱ)에서는 다음과 같은 점을 밝히고 있다. 고구려와 백제 인명은 적고 신라 인명이 대부분이다. 성은 대체로 쓰이지 않았다. '苔宗, 異斯夫'처럼 동일한 사람의 중국식 인명과 고유 인명의 다른 표기가 있다.[34] 상대에 올라갈수록 순수 한국어식 고유의 인명이 보이는데 표음적인 표기 경향을 보여준다. 그리고 고구려, 백제, 신라의 인명 표기에 사용한 한자를 각각 나열하였다.

---

34 거츨부(거칠부): 居柒夫, 荒宗, 이차돈: 異次頓, 猒髑, 원효: 始旦, 元曉 등도 있다. 혁거세 (블거뉘, 블거니, 볼ㄱ니): 赫居世(훈-음-훈), 弗矩內(음-음-음)

삼국의 인명 표기에 차용한 한자 '阿(아), 耶(야), 於/菸(어), 烏(오), 于/優/友/羽(우), 儒/由(유), 伊/異/爾(이), 可/加/伽(가), 居/巨(거), 固/高/古(고), 昆(곤), 骨(골), 仇/荀/句/丘(구), 今(금), 歧/奇(기), 那/奈(나), 奴(노), 尼(니), 內(늬), 多(다), 達(달), 刀/度/都/道(도), 豆/杜/頭(두), 智/知(디), 羅(라), 良(량), 禮(례), 老/魯/盧/露/路(로), 婁/留(루), 利/離/璃/理/里(리), 琉/類/流(류), 摩/馬(마), 末(말), 牟/毛/帽(모), 武(무), 勿(물), 彌/味/未(미), 買(미), 保/甫(보), 夫/扶(부), 弗(불), 卑/比/毗(비), 沙/舍/娑(사/샤), 西(서/셔), 素/召/蘇/所(소/쇼), 須/漱/壽/首(수/슈), 斯(ᄉ), 閼(알), 乙(을), 音(음), 齊(제), 助/祖(조/죠), 朱/周(주), 支(지), 鄒/芻(추/츄), 次(ᄎ), 陁(타), 婆/波(파), 解/亥(해), 許(허), 兮(혜/혜/희), 好(호), 伐/休(휴)'를 열거하였다.[35] 그리고 삼국의 고유 인명과 고유 지명을 표기한 한자들과 균여 대사의 향가 11수에서 사용한 한자들도 함께 나열하였다.

한편 최범훈(1977)에서는 「사리영험기(舍利靈驗記)」(1449), 「진거관병편오책(鎭管官兵編伍冊)」(1596), 「동국신속삼강행실(東國新續三綱行實)」(1617), 「불설대보부모은중경언해(佛說大報父母恩重經諺解)」(1687), 「노비보(奴婢譜)」(1745) 등의 서적과 불경 시주질, 고문서, 금석문 등에서 찾은 인명 자료를 활용하여 인명 표기에 차용한 한자들을 조사하여 다음과 같은 점을 설명하였다. 276개의 인명에서 찾은 차용 한자들을 열거하였는데, 현행 한국 한자음 484음절 가운데 인명에 사용한 389음절의 한자이다. 한자음에 없는 고유 인명을 표기한 조자(造字)인 종성 한자 '-ᄉ(叱), -ᄆ(音), -ᄇ(邑), -ㄴ(隱), -ㅇ(應)'로 끝나는 50음절을 열거하였다.[36] 그리고 고유 인명을 표기하기

---

35 받침이 있는 음절의 일부 한자 '昆(곤), 骨(골), 達(달), 良(량), 末(말), 勿(물), 弗(불), 閼(알), 乙(을), 音(음)' 등만 특이한 모음과 자음이 결합된 것으로 처리하였다. '角/各(각), 間/加隱/艮/干(간), 葛/乫/渴(갈)' 등 종성이 있는 다수의 차용 한자들은 제시하지 않았다. 예를 들면, 「삼국유사」에 나오는 '異次頓(이차돈)'의 '頓(돈)' 등은 나열하지 않았다.

36 '注叱德(죽덕), 틱(격), 螢(엇), 古次(곳), 쌍(동), 哛(뿐)' 등 중국어에는 없고 한국어에만 있는 종성을 표기하기 위하여 새롭게 만든 한자를 조자라고 하였으며, 조자는 고유 인명

위해 차용한 한자 약 900자를 나열하였다. 또 이숭녕(1955ㄱ)의 고유 지명과 인명의 표기 한자와 고유 인명의 표기 차자를 표로 만들어 대비하였다.

참고논저

남풍현, 2009, 「고대 한국어 연구」, 서울: 시간의 물레.
남풍현, 2014, 「고대 한국어 논고」, 파주: 태학사.
이숭녕, 1955, 신라 시대 표기법 체계에 관한 시론, 「논문집(인문·사회과학)」 2, 서울: 서울대학교. 〈「신라시대의 표기 체계 시론」(1978, 탑출판사) 재수록〉
최범훈, 1977, 「한자 차용 표기체계 연구 -금석문·고문서에 나타난 고유인명을 중심으로-」, 서울: 동국대학교 한국학연구소.

27 지명 표기

한자로 표기한 우리 고유 지명으로는 '술이홀(述爾忽), 매소홀(買召忽), 사부리(沙夫里), 대부리(大夫里), 가불개(加花里), 방고개(方古介), 상월오개(上月午介), 곡돌(曲乭), 상돌(上乭), 구갈(舊乫), 신갈(新乫), 곳(古之), 서곳섬(西巨次島), 달구벌(達句伐), 미리내(龍川), 못골(池谷)' 등이 있다. '방고개(方古介), 수원(買忽)'처럼 한자의 음을 차용하거나, '미리내(龍川), 못골(池谷), 수원(水城)'처럼 훈을 차용하여 고유 지명을 표기하였다. 또 '상돌(上乭), 신갈(新乫)'처럼 새롭게 한자를 만들어 고유 지명을 표기하였다. 그리고 이두로 표기한 지명인 '마름터(舍音垈), 마름골(舍音洞), 사리미산(白山), 산직말(山直村)' 등도 있다(최범훈, 1976: 281-283).

표기의 특질이라고 하였다. 한국 한자음의 종성은 'ㄱ, ㄴ, ㄹ, ㅁ, ㅂ, ㅇ'뿐이므로 한국어 음절을 완전하게 표기할 수 없다. 그런데 종성 'ㅅ'만 '叱'로 표기하였고, 'ㄷ, ㅈ, ㅊ, ㅋ, ㅌ, ㅍ, ㅎ' 7종성은 표기하지 않았다(최범훈, 1977ㄱ: 125, 139-140, 172).

통일신라 757년(경덕왕 16년)에 전국의 2자나 3자의 고유어 지명인 주군현의 명칭을 한자어로 바꾸었다. 주(州)는 한자 한 글자로 바꾸었다. 예를 들면, '사벌주(沙伐州)'를 '상주(尙州)'로, '완산주(完山州)'는 '전주(全州)'로 바꾸었다. 즉 '사벌(沙伐)'을 '상(尙)'으로 바꾸고, '완산(完山)'을 '전(全)'으로 바꾸었다. 그리고 군(郡)과 현(縣)은 두 글자의 한자어로 변경하였다. 예를 들면, '길동군(吉同郡)'을 '영동군(永同郡)'으로, '무동미지현(武冬彌知縣)'은 '단밀현(單密縣)'으로 변경하였다(김형규, 1949).

한편 옛 지명의 차자표기에 관한 해독과 백제 지명에 관한 논저로는 도수희(1977, 2010) 등이 있다.

참고논저

김형규, 1949, 「삼국사기」의 지명고, 「진단학보」 16, 서울: 진단학회. 165-175.

도수희, 1977, 「백제어 연구」, 서울: 아세아문화사.

도수희, 2010, 「한국 지명 신연구」, 서울: 제이엔씨.

최범훈, 1976, 「한국어학논고」, 서울: 통문관.

최범훈, 1977, 「한자 차용 표기체계 연구 −금석문·고문서에 나타난 고유인명을 중심으로−」, 서울: 동국대학교 한국학연구소.

최현배, 1928, 이두문자란 무엇이냐, 「한빛」 2-2, 경성: 한빛사. 9-11.

---

28 국명과 관직명 표기

이두로 적은 국명은 조선(朝鮮), 부여(夫餘), 숙신(肅愼), 여진(女眞), 진한(辰韓), 변한(弁韓), 마한(馬韓), 신라(新羅), 고구려(高句麗), 백제(百濟), 가락(駕洛) 등이 있다(최현배, 1928).

관직명은 관명, 관등명 등이라고 하는데 벼슬의 이름을 가리킨다. 「삼국사기」의 '직관지(職官志)', 「고려사(高麗史)」의 '백관지(百官志)', 「경국대전(經

國大典)」, 「속대전(續大典)」, 「대전통편(大典通編)」, 「대전회통(大典會通)」, 「증보문헌비고(增補文獻備考)」 등에 삼국, 통일신라, 고려, 조선의 관직명이 기록되어 있다.

한국학중앙연구원의 한국역대인물 중앙정보시스템(people.aks.ac.kr) '디렉토리 분류'의 '관직명 사전'과 '콘텐츠 색인'의 '관직명 색인'에서 관직명을 검색할 수 있다. 그런데 관직명 사전과 관직명 색인의 구축 과정이나 방법 등을 찾아볼 수 없어 어떻게 표제어를 선정하였는지 확인할 수 없다. 그리고 인명을 수반하지 않아서 표제어에서 제외된 가능성이 높아 보이는 관직명 '가군사, 간벌찬, 거서간, 고추가, 마가, 상대등' 등을 검색할 수 없다.

송기중·남풍현·김영진 공편(1994)에서는 「삼국사기」와 「삼국유사」 등에서 찾은 관직명과 관청명을 다음과 같이 제시하였다. '가군사(假軍師, 신라), 각간(角干, 신라, 가야), 각찬(角湌, 角粲, 신라), 간(干, 고구려, 신라), 간벌찬(干伐湌, 신라), 간솔(杆率, 백제), 간옹(看翁, 신라), 갈문왕(葛文王, 신라), 감(監, 발해, 옥저, 신라), 거서간(居西干, 신라), 거슬한(居瑟邯, 신라), 견가(犬加, 부여), 고량부리정(古良夫里停, 신라), 고추가(古鄒加, 古雛加, 고구려), 고추대가(古雛大加, 古鄒大加, 고구려), 귀간(貴干, 신라), 급간(級干, 통일신라), 급벌간(及伐干, 신라), 급벌찬(級伐湌, 신라), 급복간(及伏干, 級伏干, 신라), 급복천(及伏干, 신라), 급찬(級湌, 신라), 나마(奈摩, 奈麻, 신라), 나말(奈末, 신라), 니사금(尼師今, 신라), 니질금(尼叱今, 신라), 나솔(奈率, 柰率, 백제), 노사지(弩舍知, 신라), 누살(耨薩, 고구려), 니계상(尼谿相, 고조선), 니사금(尼師今, 신라), 니질금(尼叱今, 신라), 달솔(達率, 백제), 대가(大加, 예맥, 고구려), 대각간(大角干, 신라), 대각찬(大角湌, 신라), 대각천(大角干, 신라), 대감(大監, 신라), 대나마(大奈麻, 신라), 대나마간(大奈麻干, 大奈摩干, 大奈痲干, 신라), 대나마천(大奈摩干, 신라), 대나말(大奈末, 신라), 대내말(大乃末, 신라), 대대각간(大大角干, 신라), 대대감(隊大監, 신라), 대대로(大對盧, 고구려), 대대형(大大兄, 고구려), 대로(對盧, 고구려), 대막리지(大

莫離支, 고구려), 대모달(大模達, 고구려), 대부(大夫, 고구려), 대부각간(大夫角干, 신라), 대사(大使, 부여, 신라), 대사(大師, 신라, 백제), 대사(大舍, 신라), 대사자(大使者, 고구려), 대서발한(大舒發翰, 신라), 대솔(大率, 백제), 대수(大守, 고구려, 낙랑, 현도, 신라), 대아간(大阿干, 백제, 신라), 대아찬(大阿湌, 大阿{彳+食}, 신라), 대아척간(大阿尺干, 신라), 대오(大烏, 신라), 대오조(大烏鳥, 신라), 대오지(大烏知, 신라), 대좌평(大佐平, 백제), 대형(大兄, 고구려), 덕솔(德率, 백제), 두대형(頭大兄, 고구려), 마립간(麻立干, 신라), 마수간(痲袖干, 신라), 막리지(莫離支, 고구려), 막지(莫支, 고구려), 미다부리정(未多夫里停, 신라), 백간(伯干, 신라), 사간(沙干, 신라), 사마(司馬, 고구려, 신라, 백제), 사지(舍知, 신라), 사찬(沙湌, 신라), 살찬(薩湌, 신라), 상간(上干, 신라), 상대등(上大等, 신라), 서발한(舒發翰, 신라), 서불한(舒弗邯, 신라), 소사(小舍, 신라), 소판(蘇判, 신라), 소형(小兄, 고구려), 시중(侍中, 고구려, 발해, 신라, 고려), 아간(阿干, 신라, 가야), 아손(阿飱, 신라), 아찬(阿湌, 阿粲, 阿喰, 신라), 아척(阿尺, 신라), 아척간(阿尺干, 신라), 아척천(阿尺干, 신라), 알한지(謁旱支, 신라), 웅진도독(熊津都督, 신라), 위두대형(位頭大兄, 고구려), 육두품(六頭品, 신라), 을길간(乙吉干, 신라), 을길천(乙吉干, 신라), 이간(伊干, 신라), 이벌간(伊罰干, 신라), 이벌우(伊罰于, 신라), 이벌찬(伊伐湌, 신라), 이벌천(伊伐干, 신라), 이벌혜정(伊伐兮停, 신라), 이손(伊飱, 신라), 이찬(伊湌, 신라), 이척간(伊尺干, 신라), 일고지(壹告支, 신라), 일길간(一吉干, 신라), 일길찬(一吉湌, 신라), 일리촌간(一利村干, 신라), 일벌(一伐, 신라), 일벌찬(一伐湌, 신라), 일척(一尺, 신라), 일한지(壹旱支, 신라), 자분한지(子賁旱支, 신라), 잡간(匝干, 迊干, 신라), 잡찬(迊湌, 신라), 장사(長史, 고구려, 신라, 백제), 좌평(佐平, 백제), 주부(主簿, 예맥, 고구려, 신라, 백제), 중나마(重奈麻, 신라), 중리대형(中裏大兄, 고구려), 중리소형(中裏小兄, 고구려), 중리위두대형(中裏位頭大兄, 고구려), 중시(中侍, 신라), 중아찬(重阿湌, 신라), 차대사(次大舍, 신라), 찬간(撰干, 신라), 창직(倉直, 신라), 처려근지(處閭近支, 고구려), 천아찬(天阿湌, 신라), 추거(酋渠, 고구려, 백제), 추장(酋長, 고구려, 발해, 백제, 가야), 태각간(太角干, 신라), 태대각간(太大

角干, 신라), 태대대로(太大對盧, 고구려), 태대서발한(太大舒發翰, 신라), 태대형(太大兄, 고구려), 태수(太守, 낙랑, 대방, 현도, 고구려, 신라), 태형(太兄, 고구려), 파진찬(波珍湌, 신라), 하간(何干, 신라), 한사(韓舍, 신라), 한솔(扞率, 백제).'

그리고 송기중·남풍현·김영진 공편(1994: 215-239)의 삼국 시대와 통일 신라 시대의 금석문과 고문서에서 찾은 관직명과 관청명을 모두 열거하면 다음과 같다. '거벌관지(居伐干支, 신라), 거척(居尺, 신라), 고나말(古奈末, 신라), 고추가(古鄒加, 고구려), 귀간(貴干, 신라), 급간(及干, 신라, 통일신라), 급간(級干, 통일신라), 급간지(及干支, 신라), 급벌(及伐, 신라), 급손(及湌, 통일신라), 급손(級湌, 통일신라), 급척간(及尺干, 신라), 길지(吉之, 신라), 길지지(吉之智, 吉支智, 신라), 나(奈, 통일신라), 나마(奈麻, 통일신라), 나말(奈末, 신라), 내(급)간(乃(及)干, 통일신라), 내말(乃末, 통일신라), 내마(奈麻, 신라), 대각간(大角干, 통일신라), 대나마(大奈麻, 통일신라), 대나말(大奈末, 신라, 통일신라), 대내말(大乃末, 통일신라), 대로(對盧, 고구려), 대방군공(帶方郡公, 통일신라), 대방군왕(帶方郡王, 통일신라), 대방왕(帶方王, 통일신라), 대사(大舍, 신라, 통일신라), 대사자(大使者, 고구려), 대사제(大舍第, 신라), 대사제지(大舍帝智, 신라), 대아간(大阿干, 신라), 대아간지(大阿干支, 신라), 대오(大烏, 신라), 대오제(大烏第, 신라), 대일벌간(大一伐干, 신라), 대좌평(大佐平, 백제), 대형(大兄, 고구려), 막리지(莫離支, 고구려), 백제국왕(百濟國王, 통일신라), 백제군공(百濟郡公, 통일신라), 변국공(卞國公, 고구려), 부여군(夫餘君, 통일신라), 사(舍, 통일신라), 사(?)간(祀(?)干, 신라), 사간(沙干, 신라, 통일신라), 사간지(沙干支, 신라), 사족지(邪足智, 신라), 사척(沙尺, 신라), 사척간(沙尺干, 신라), 살손(薩湌, 통일시라), 삼중사간(三重沙干, 통일신라), 상간(上干, 신라), 상상대각간(上相大角干, 통일신라), 서발한(舒發韓, 통일신라), 소내사(所內使, 통일신라), 소대사자(小大使者, 고구려), 소대형(小大兄, 고구려), 소사(小舍, 신라, 통일신라), 소사제(小舍第, 신라), 소사제지(小舍帝智, 신라), 소오(小烏, 신라), 소판(蘇判, 통일신라), 소형(小兄, 고구려), 술간(述干, 신라), 아간(阿干, 통일신라), 아간지(阿干支, 신라), 아손(阿湌, 통일신라), 아척(阿尺, 신라),

아척간(阿尺干, 신라), 압로(鴨盧, 고구려), 웅진도독(熊津都督, 통일신라), 웅진도
총관(熊津道摠管, 통일신라), 위두대형(位頭大兄, 고구려), 육두품(六頭品, 통일신
라), 이간(伊干, 신라, 통일신라), 이간지(伊干支, 신라), 일간지(壹干支, 신라), 일
금지(壹今智, 신라), 일길간(一吉干, 신라, 통일신라), 일길간지(一吉干支, 壹吉干支,
신라), 일길손(一吉湌, 통일신라), 일벌(一伐, 신라), 일벌간(一伐干, 신라), 일척(一
尺, 신라), 일척간(一尺干, 신라), 잡간(迊干, 신라), 조선왕(朝鮮王, 고구려), 좌평
(佐平, 백제), 주부도사(主簿道使, 고구려), 중군주활(中軍主活, 고구려), 중리대형
(中裏大兄, 고구려), 중리대활(中裏大活, 고구려), 중리소형(中裏小兄, 고구려), 중
리위두대형(中裏位頭大兄, 고구려), 중사(中舍, 통일신라), 중아간(重阿干, 통일신
라), 중아손(重阿湌, 통일신라), 찬간(撰干, 신라), 찬간지(撰干支, 신라), 태대대로
(太大對盧, 고구려), 태대막리지(太大莫離支, 고구려), 태대형(太大兄, 고구려), 태
막리지(太莫離支, 고구려), 태사(太舍, 신라), 태아간지(太阿干支, 신라), 파일(波
日, 신라), 파진간지(波珍干支, 신라), 파진찬(波珍湌, 신라), 피일(彼日, 신라), 피
진간지(彼珍干支, 신라), 하간지(下干支, 신라), 한림사간(翰林沙干, 통일신라), 한
나마(韓奈麻, 통일신라), 한사(韓舍, 통일신라), 한상(韓相, 통일신라), 한찬(韓粲,
통일신라)'.

위의 목록을 비교하면 문헌에서 찾은 관직명은 금석문과 고문서에서
찾은 관직명보다 양적으로 많으며 여러 국가들의 관직명을 포함하고 있다.
그런데 금석문과 고문서에서 찾은 관직명은 고구려, 신라, 통일신라에 한
정되어 있으며 다양성이 결여되어 있다. 그리고 '아손(阿飡)'처럼 동일한
관직명이지만 자료의 시기 차이 때문에 사용한 나라가 '신라'와 '통일신라'
로 다르게 표시되어 있다.

고구려 관직명은 '대로(對盧), 형(兄), 사자(使者)' 등에 접사를 붙여 14품계
를 표시하였다. 고유어와 한자어를 혼용한 관직명과 차자로 표기한 관직명
'가라달(可邏達), 고추가(古鄒加, 古雛加), 고추대가(古雛大加, 古鄒大加), 대가(大
加), 대대로(大對盧), 대대형(大大兄), 대로(對盧), 대막리지(大莫離支), 대모달

(大模達), 대부(大夫), 대사자(大使者), 대수(大守), 대형(大兄), 두대형(頭大兄), 막리지(莫離支), 막지(莫支), 사마(司馬), 상가(相加), 선인(仙人), 소대사자(小大使者, 고구려), 소대형(小大兄), 소사자(小使者), 소형(小兄), 시중(侍中), 오졸(烏拙), 욕살(褥薩), 위두대형(位頭大兄), 장사(長史), 주부(主簿), 중리대형(中裏大兄), 중리소형(中裏小兄), 중리위두대형(中裏位頭大兄), 처려근지(處閭近支), 추거(酋渠), 추장(酋長), 태대대로(太大對盧), 태대형(太大兄), 태수(太守), 태형(太兄)' 등이 있다.

백제 관직명은 1품에서 16품까지 표시한 '좌평(佐平), 달솔(達率), 은솔(恩率), 덕솔(德率), 간솔(杅率), 나솔(奈率), 장솔(將率), 시덕(施德), 고덕(固德), 계덕(季德), 대덕(對德), 문독(文督), 무독(武督), 좌군(佐軍), 진무(振武), 극우(克虞)'가 있다.

신라는 17품계이다. 동일한 관직명 '尼師今, 尼斯今, 尼叱今'과 '齒叱今'을 사용하였다. 즉 같은 관직명인데, '尼師今, 尼斯今, 尼叱今'의 '尼師, 尼斯, 尼叱'처럼 일부는 음차 표기를 하고 '今'처럼 일부는 훈차 표기를 한 것 즉 고유어와 한자어를 혼용하여 표기한 형태와 '齒叱今'처럼 한자어로만 표기한 형태가 있어 관직명의 고유어 형태와 의미와 음의 추측이 가능하다. '尼師, 尼斯, 尼叱'은 '齒叱'에 해당하므로 '尼(니)'는 '齒(치)'의 의미를 나타내고, '師, 斯, 叱'은 'ㅅ(시)'로 볼 수 있다. 그리고 '今'은 '우두머리, 수장(首長)'의 뜻을 나타낸다. 따라서 '尼師今, 尼斯今, 尼叱今'은 '*닛금' 또는 '*니시금'으로 가정할 수 있으며, '이의 우두머리'로 풀이할 수 있다. 상대등(上大等), 대각간(大角干), 태대각간(太大角干)'에서 '상(上)', '대(大)', '태(太)'는 한자어이고, '대등(大等)'과 '각간(*쓸한, ?發翰, 角干)'은 고유어이다. 지명처럼 관등명과 관직명도 757년(경덕왕 16년)에 한자어로 바꾸었다.

고구려와 신라에서 함께 사용한 관직명은 '간(干), 대수(大守), 시중(侍中), 태수(太守)' 등이 있고, 고구려와 백제에서 같이 사용한 관직명은 '추거(酋渠), 추장(酋長)' 등이 있으며, 신라와 백제에서 함께 사용한 관직명은 '대사

(大師), 대아간(大阿干)' 등이 있다. 그리고 고구려, 백제, 신라에서 동일하게
사용한 관직명은 '사마(司馬), 장사(長史), 주부(主簿)' 등이 있다.

참고논저

강석윤, 1982, 나제 관직명 어휘의 비교 연구, 「어문논집」 16, 중앙대 국어국문학
　　과. 27-38.

김상윤, 2010, 직관명에 쓰인 '尺'의 독음과 의미에 대한 일고찰, 「인문과학연구」
　　24, 강원대학교 인문과학연구소. 31-47.

김상윤, 2012, 삼국의 고유어 관직명 어휘 소고, 「어문연구」 72, 어문연구학회.
　　35-58.

김창호, 1992, 고구려 금석문의 인명 표기 -관등명이 포함된 인명을 중심으로-,
　　「선사와 고대」 3, 한국고대학회. 155-166.

김희만, 1999, 「신라 관등제 연구」, 박사논문, 서울: 동국대학교 대학원.

김희만, 2002, 신라 금석문의 관등명 검토, 「신라문화제학술발표논문집」 23, 경
　　주: 경주시·신라문화선양회. 53-81.

김희만, 2009, 포항 중성리 신라비와 신라의 관등제, 「동국사학」 47, 동국역사문
　　화연구소. 1-26.

김희만, 2015, 신라의 관등명 '迊干(湌)'에 대한 검토, 「한국고대사탐구」 19, 한국
　　고대사탐구학회. 209-234.

노중국, 2003, 삼국의 관등제, 「강좌 한국고대사」 2, 가락국사적개발연구원.
　　91-182.

도수희, 2005, 「백제어 어휘 연구」, 서울: 제이엔씨.

도수희, 2008, 「삼한어 연구」, 서울: 제이엔씨.

로국화, 2020, 고려와 리조시기 조선어 관직명에 대한 고찰, 「중국조선어문」
　　226, 길림성민족사무위원회. 53-59.

송기중, 1986, 신라 전반기의 관직명·인명과 북방 민족어, 「진단학보」 61, 서울:
　　진단학회. 123-152.

송기중·남풍현·김영진 공편, 1994, 「고대 국어 어휘 집성」, 성남: 한국정신문화
　　연구원.

신태현, 1959, 신라 직관 및 군제의 연구, 「논문집」 2, 서울: 신흥대. 151-231.

이병도, 1976,「한국 고대사 연구」, 서울: 박영사.

이병선, 1982,「한국 고대 국명·지명 연구」, 박사논문, 대구: 경북대학교 대학원.

천소영, 1990, 고대 관직명고,「기전어문학」3, 수원: 수원대학교 국어국문학회. 77-93.

최현배, 1928, 이두문자란 무엇이냐,「한빛」2-2, 경성: 한빛사. 9-11.

29 향명과 향약명 표기

향명(鄕名)은 옛날부터 민간에서 사용했던 동물과 식물의 이름을 가리킨다. 향명 가운데 특히 식물 향명에서도 향약명과 곡물명에 관한 논의가 활발하였다. 반면에 동물 향명은 물고기 명칭을 제외하면 그다지 큰 관심을 끌지 못했다.[37]

약재를 이두로 표기한 향약명은「향약구급방(鄕藥救急方)」[38](대장도감, 1236년 또는 1250년 추정),「향약제생집성방(鄕藥濟生集成方)」의 부록 수의서「신편집성마의방우의방(新編集成馬醫方牛醫方)」[39](권중화 외, 1399),「향약채취월령(鄕藥採取月令)」[40](유효통 외, 1431),「향약집성방(鄕藥集成方)」[41](유효통 외, 1433),

[37] 물고기 명칭에 관한 논의로는 정문기(1933), 이숭녕(1935, 1986), 최범훈(1987ㄹ), 여찬영(1994), 김홍석(1995, 2000, 2001, 2008), 배보은(2019), 이근열(2020) 등이 있다.

[38] 대장도감 초간본은 현전하지 않는다. 1417년(영락 정유) 중간본(3권 1책. 52장)은 일본 궁내성 도서관 소장. 119개 향명 수록(홍순탁, 1964: 62 & 최범훈, 1976: 331). 177개의 향명 '叱乙根(葛根), 紫夫豆(萵苣), 狄小豆(決明子)' 등이 수록되어 있다(이은규, 1995).

[39] 권중화(權仲和), 한상경(韓尙敬), 조준(趙浚), 김사형(金士衡), 방사량(房士良) 등이 편찬하였다. 1399년에 강원도에서 초간 목판본이 간행되었지만 현전하지 않는다. 1580년에 중간된 전주판이 있으며, 의주와 제주(1633년) 등에서도 중간되었다. 또 1634년에 훈련도감 소활자로 인출하였다. 1939년 만주 심양 췌문재(萃文齋)에서 제주판을 영인하였다. 전주판은 국립중앙도서관, 고려대 도서관, 서울대 도서관 등에 소장되어 있다. 중간본「신편집성마의방」(1634)에서는 16개의 향명을 찾아볼 수 있다(이건식, 2011).

[40] 1권 1책. 세종의 명령으로 유효통(兪孝通), 노중례(盧重禮), 박윤덕(朴允德) 등이 편찬. 서울대학교 중앙도서관 홈페이지 조선문학연구실(1931) 등사본 원문 보기. 149개 향명

「의방유취(醫方類聚)」(1445), 「구급간이방(救急簡易方)」(윤호 외, 1489), 「창진
방촬요(瘡疹方撮要)」(김안국, 1517), 「촌가구급방(村家救急方)」[42](김정국, 1538),
「우마양저염역병치료방(牛馬羊猪染疫病治療方)」(1541), 「분문온역이해방(分門
瘟疫易解方)」(김안국 외, 1542), 「동의보감(東醫寶鑑)」(허준, 1613), 「의림촬요(醫
林撮要)」(양예수, 16세기~17세기 선조 연간), 「구급단방(救急單方)」(정약용), 「제
중신편(濟衆新編)」(강명길, 1799), 「의종손익(醫宗損益)」(황도연, 1868), 「방약
합편(方藥合編)」(황필수, 1884), 「한방의학지남(漢方醫學指南)」(이상화(李常和),
1941, 경성 보혜약방(普惠藥房)) 등의 한국 의약서에서 찾아볼 수 있다.

현전하지 않는 한방서 「백제신집방(百濟新集方)」(984년 이전 백제 시대), 「신
라법사방(新羅法師方)」(984년 이전 신라시대), 「신라법사유관비밀요술방(新羅
法師流觀秘密要術方)」(984년 이전 신라시대), 「신라법사비밀방(新羅法師秘密方)」
(984년 이전 신라시대), 「제중입효방(濟衆立效方)」(김영석(1089년~1166년) 편,
12세기), 「신집어의촬요방(新集御醫撮要方)」(최종준, 1226), 「삼화자향약방(三和
子鄕藥方)」, 「비예백요방(備預百要方)」, 「어약혜민경험방(御藥惠民經驗方)」, 「향
약고방(鄕藥古方)」 등에서도 향약명을 찾아볼 수 있을 것이다. 그리고 한자
학습서 「훈몽자회(訓蒙字會)」(최세진, 1527), 한문 초학서 「몽유편(蒙喩篇)」(장
혼, 1810), 물명집 등에서도 향약명을 찾아볼 수 있다.

참고논저

김남경, 2016, 「구급방류 의서 연구」, 서울: 경인문화사.

수록(최범훈, 1976: 331)

41   85권 30책. 세종의 명령으로 유효통, 노중례, 박윤덕 등이 편찬. 1433년 초간본. 훈련도
감 활자본. 1488년 언해본, 1633년 중간본. 서울대학교 규장각 한국학연구원, 한독의약
박물관 등 소장. 158개 향명 수록(최범훈, 1976: 331)

42   권 1책. 남원판 목판본 초간본. 1585년 진주판 재간본. 1572년 무렵 함흥판 중간본. 이두
와 한글로 향명을 표기.

김두종, 1966, 「한국의학사」, 서울: 탐구당.

김두찬, 1983, 향명 '叱乙O夫乙田仲'의 해독 -「향약채취월령」에서-, 「어문연구」 11권 1-2호 통합본, 한국어문교육연구회. 114-132.

김일권, 2019, 장서각 소장본 「향약집성방」의 판본 가치 재조명과 '향약본초부' 초부편의 향명 식물 목록화 연구, 「장서각」 41, 성남: 한국학중앙연구원. 90-145.

김일권, 2020, 장서각 소장본 「향약집성방」 향약 식물 5부(초목과곡채) 목록화 및 북송대 「증류분초」 식물부와 비교 연구, 「장서각」 43, 한국학중앙연구원. 200-276.

김일권, 2021, 장서각 소장 국보 초간본 「동의보감」의 판본 가치와 '탕액본초편 초부' 향명 식물 목록화 연구, 「장서각」 45. 한국학중앙연구원. 166-261.

김종학, 1992, 향약 약재명 어휘의 변천고, 「어문논집」 22, 중앙어문학회. 91-114.

남광우, 1961, 「향약채취월령」 해독 고찰, 「문경」 11, 중앙대학교 문리과대학. 27-37.

남풍현, 1981, 「차자표기법 연구 -향약구급방의 향명 표기를 중심으로-」, 박사 논문, 서울: 서울대학교.

남풍현, 1997, 차자표기법과 그 자료, 「국어사 연구」, 국어사연구회, 서울: 태학 사. 65-95.

남풍현, 1999, 「향약집성방」의 향명에 대하여, 「진단학보」 87, 진단학회. 171-194.

방종현, 1948, 고어와 향약명, 「훈민정음통사」, 서울: 일성당서점. 19-27.

방종현, 1963, 향약명 연구, 「일사 국어학논집」, 서울: 민중서관.

손병태, 1996ㄱ, 「향약 약재명의 국어학적 연구」, 박사논문, 경산: 영남대학교 대학원.

손병태, 1996ㄴ, 식물성 향약명 어휘 연구, 「한민족어문학」 30, 한민족어문학회. 105-191.

안덕균 주해, 1983, 「향약채취월령」, 서울: 세종대왕기념사업회.

안병희, 1978, 「촌가구급방」의 향명에 대하여, 「언어학」 3, 서울: 한국언어학회. 191-199. 〈안병희(1992ㄱ: 438-449) 재수록. 국립중앙도서관 협약공공도서 관 원문 보기〉

위은숙, 2017, 「신편우의방」 연구, 「민족문화논총」, 경산: 영남대학교 민족문화 연구소.

유재영, 1987, 물명의 한 연구 -「동의보감」 '탕액편'을 중심으로-, 「국어국문학 연구」 12, 익산: 원광대학교 출판부. 1-45.

윤장규, 2005, 「「향약채취월령」의 국어학적 연구 -차자표기음과 한중 한자음의 비교를 중심으로-」, 박사논문, 서울: 성균관대학교 대학원.

이건식, 2011, 「신편집성마의방」의 향명 표기 해독, 「진단학보」 113, 진단학회. 271-296.

이기문, 1961, 「국어사 개설」, 서울: 민중서관. 〈개정판(1972. 민중서관), 개정판 30쇄(1997, 탑출판사), 신정판(1998, 태학사)〉

이기문, 1963, 13세기 중엽의 국어 자료 -향약구급방의 가치-, 「동아문화」 1, 서울: 서울대학교 동아문화연구소. 63-91.

이덕봉, 1963ㄱ, 향약구급방의 방중향약목 연구, 「아세아연구」 6-1(통권 11), 고려대학교 아세아문제연구원. 339-364.

이덕봉, 1963ㄴ, 향약구급방의 방중향약목 연구(완), 「아세아연구」 6-2(통권 12), 고려대학교 아세아문제연구원. 169-217.

이은규, 1993, 「「향약구급방」의 국어학적 연구」, 박사논문, 대구: 효성여자대학 교 대학원.

이은규, 1994ㄱ, 촌가구급방 이본의 차자표기 비교 연구, 「한국전통문화」 9, 대 구: 효성여대 전통문화연구소. 91-128.

이은규, 1994ㄴ, 향약명 차자 표기 해독상의 몇 문제, 「국어교육연구」 26, 대구: 국어교육학회. 133-158.

이은규, 1995, 「향약구급방」 차자표기 용자례, 「(소곡 남풍현 선생 회갑기념논 총) 국어사와 차자표기」, 간행위원회 편, 서울: 태학사. 333-384.

이은규, 1997, 향약명 차자표기의 통시적 연구(1), 「어문학」 57, 한국어문학회. 257-279.

이은규, 2009, 향약명 어휘의 변천 연구, 「국어교육연구」 45, 국어교육학회. 475-520.

이은규, 2011ㄱ, 「구급신방」의 어휘 분석, 「한국말글학」 28, 한국말글학회. 169-227.

이은규, 2011ㄴ, 「백병구급신방」의 어휘 연구, 「민족문화논총」 49, 경산: 영남대학교 민족문화연구소. 253-278.

이은규, 2014, 향약명 어휘 연구의 현황과 과제, 「정신문화연구」 137, 성남: 한국학중앙연구원. 95-135.

이은규, 2019, 행림서원판 「향약집성방」 향약명의 어휘사적 성격, 「국어교육연구」 70, 국어교육학회. 1-36.

이철용, 1992, 「의약서 어휘의 국어사적 연구」, 박사논문, 서울: 한양대학교 대학원.

최범훈, 1976, 「한국어학 논고」, 서울: 통문관.

최범훈, 1977ㄱ, 고려시대 차자법 연구 -「향약구급방」을 중심으로(II)-, 「연민 이가원 박사 육질송수기념논총」, 서울: 범학도서.

최범훈, 1977ㄴ, 고려시대 차자법 연구 -「향약구급방」을 중심으로(III)-, 「김성배 박사 회갑기념논문집」, 서울: 형설출판사.

홍문화, 1976, 세종의 향약 정책, 「동양학학술회의논문집」 1, 서울: 성균관대학교. 81-89.

홍순탁, 1964, 「향약구급방」 어사고, 「호남문화연구」 2, 광주: 전남대 호남문화연구소. 61-73.

③ 물명 표기

물명은 사물의 명칭을 가리킨다. 일반적으로 물건의 이름을 가리키는 어휘를 물명이라고 하며, 물명을 음절의 수나 의미를 기준으로 분류하여 열거해 놓은 어휘집을 물명집이라고 한다. 종이 1장에 한정된 물명이나 인명만을 적은 목록인 물목이나 발기도 있다.[43] 물명을 과학적으로 연구하는 학문을 물명학 또는 명칭학(名稱學, glossology)이라고 하는데, 명물도수

---

[43] 신부 집에서 신랑 집에 보내는 예단을 직접 구매하여 보내지 않고 예단비와 물목, 애교 예단 등을 보내기도 하였다. 즉 예단비와 예단비로 구입할 물명을 각각 적어서 보냈다. 한지 여러 장을 이어서 붙인 점련 문서처럼 1장처럼 붙인 한자 물목이나 한글 물목 등도 찾아볼 수 있다. 발기(件記)는 사람이나 물건의 이름을 열거해 적어 놓은 글이다.

학(名物度數學), 명물고증학, 박물학, 어휘론, 전문용어학(terminology) 등과 깊은 관련을 맺고 있다(박형익, 2004: 515-566).

물명집은 「시경언해물명고(詩經諺解物名攷)」,[44] 「파경물명(葩經物名)」(1613년의 중간본),[45] 이철환(李晢煥)·이재위(李載威)의 「물보(物譜)」(이철환 초고 1770, 이재위 편찬 1802),[46] 이만영(李晩永)의 「재물보(才物譜)」(1798),[47] 정약용(丁若鏞)의 「죽란물명고(竹欄物名攷 또는 竹欄物名考)」[48](1819년 이전 추정), 서유구(徐有榘)의 「난호어목지(蘭湖漁牧志)」(1820년 무렵), 유희(柳僖)의 「물명고(物名攷 物名考)」(1824),[49] 유희(柳僖)의 「시물명고(詩物名考)」(19세기 초반),[50] 편저자

---

44 편찬 시기 미상. 1책. 목판본. 판심제는 '詩經諺解物名'. 선조 명찬. 서울대학교 중앙도서관 고문헌자료실(수장고) '심악古 181.113 Se656sm'과 '일석 181.113 Se656sm' 소장.

45 중간본. 1책. 목판본. 표제는 '葩經物名'. 선조 명찬. 「시경언해(詩經諺解)」(1613) 권1~권20의 권두에 수록된 물명 부분을 한군데 모아 만든 책이다. 장차(張次)가 순서대로 매겨져 있지 않고 권별로도 일정하지 않다. 즉 권1 1~4, 권2 1~2ㄱ+권3 2ㄴ~4, 권4 1~3, 권5 1~2, 권6 1~4, 권7 1~2ㄴ+권8 2ㄴ~4ㄴ+권9 4ㄴ~6, 권10 1ㄱ~1ㄴ+권11 1ㄴ~2ㄱ+권12 2ㄴ~3ㄱ+권13 3ㄴ, 권14 1ㄱ~1ㄴ+권15 1ㄴ~2ㄴ+권16 2ㄴ~3, 권19 1ㄱ~1ㄴ+권20 1ㄴ~2로 되어 있다. 권2~권3, 권7~권9, 권10~권13, 권14~권16, 권19~권20은 장차가 연이어 매겨져 있으며, 권17과 권18의 물명은 없다. 국립중앙도서관 소장. 국립중앙도서관 홈페이지 원문 이미지 보기. 유희의 「시물명고」에 「시경언해」의 물명을 수록.

46 국립중앙도서관(이돈형 구장본), 한글학회, 한양대학교(신용하 교수 기증본) 등에 소장. 경문사(1972) 영인. 이가원(1960), 이덕희(2006ㄱ), 이화숙(2022) 참고.

47 「재물보」는 필사본으로 국립중앙도서관, 서울대학교 규장각 한국학연구원, 한국학중앙연구원 장서각, 고려대학교 중앙도서관 등에 소장,

48 서울대학교 규장각 한국학연구원에 소장되어 있는 가람문고본 '가람古 031-M918h'의 표제는 '竹欄物名考'이다. 그리고 다산의 시문집 제14권에는 '跋竹欄物名攷'가 수록되어 있다. 또 서울대학교 규장각 한국학연구원에는 「물명괄(物名括)」(정약용, 19세기 필사본) 1책도 소장되어 있으며, 일본 동양문고에도 「물명괄」(정약용, 19세기 필사본)이 소장되어 있다(정승혜, 2013 참고). 이 책들의 내용은 모두 같다. 그래서 '죽란물명고'는 '물명괄', '물명고(物名考)', '물명고(物名攷)', '물명류(物名類)'라고도 한다. 「다산시문집」 14에 「죽란물명고」의 발문 '발죽란물명고(跋竹欄物名攷)'가 수록되어 있다. 한편 정약용의 「여유당전서(與猶堂全書)」에 수록되어 있는 '청관물명고(青館物名考)'는 「죽란물명고」의 체제와 내용과는 다른 점이 있다. 현전하는 다수의 필사본 「물명고(物名考)」는 「죽란물명고」를 전사한 것이다(홍윤표, 2013).

미상의 「광재물보(廣才物譜)」(19세기 초반),[51] 「박물지(博物誌)」(1855),[52] 이공(李公)의 「사류박해(事類博解)」(1855),[53] 정학유(丁學游, 1786년~1855년)의 「시명다식(詩名多識)」(1865),[54] 「군학회등(郡學會騰)」(19세기 중반),[55] 이학규(李學逵, 1770년~1835년) 편·노덕규(盧德奎, 1803년~1869년) 증보의 「물명유해(物名類解)」(18세기 후반~19세기 중반 추정),[56] 김좌균(金左均, 1810년~?)의 「송간이록(松澗貳錄)」(19세기 중반),[57] 「물명휘(物名彙)」(1870),[58] 황필수(黃泌秀, 1842년~1914년)의 「명물기략(名物紀略)」(1870),[59] 「물명고(物名考)」(1871 추정),[60] 「물명고 물류(物名考 物類)」(천양정사(天養精舍), 1884),[61] 유양천(柳暘川)의 「물명

49 5권 1책. 필사본. 유희의 「문통(文通)」에 수록. '물명유고(物名類考)'라고도 한다. 한국학중앙연구원 장서각, 국립중앙도서관, 서울대학교 규장각 한국학연구원 등에 소장. 일본인 아유가이 후사노신(鮎貝房之進) 소장본은 「朝鮮學報」 16~20호와 경문사(1972) 영인. 정양수 소장본은 「어문연구」 108호에 영인. 한국학중앙연구원 장서각 소장본(유희 후손 구장본)은 「진주 유씨 서파 유희 전서(晉州柳氏西陂柳僖全書)」(2007)에 영인.

50 정양수(鄭亮秀) 소장. 「어문연구」 108호에 영인.

51 서울대학교 규장각 한국학연구원 소장. 홍문각(1998) 영인.

52 성균관대학교 도서관 소장.

53 2권 1책, 필사본. 심노순(沈老淳)의 외할아버지 이공이 편찬. 김병규(金炳圭)가 아들의 친구인 심노순에게서 빌린 책을 1855년 필사하였다. 성균관대학교 존경각, 계명대학교 동산도서관 소장. 민창문화사(1989) 영인.

54 4권 2책. 필사본. 정학상(鄭學祥)의 서문 수록. 유희의 「물명고」와 상호보완 관계. 서울대학교 규장각 한국학연구원 소장.

55 국립중앙도서관 소장.

56 부산대학교 도서관 소장. 정승혜(2007) 참고.

57 2책. 필사본. 제1책은 자류(字類), 제2책은 물명(物名). 경북대학교 도서관 소장. 「영남학」 8호(경북대 영남문화연구원, 2005)에 영인. 이미향(2002) 참고.

58 일본 동경대학 오구라문고 소장.

59 3권 3책. 필사본. 고려대학교 중앙도서관 권1과 국립중앙도서관(경북대학교 도서관 구장본 필사) 권3 소장. 학민문화사(2011) 영인.

60 1책. 15장. 「죽란물명고」와 '수양결(修養訣)'을 합철한 책. 홍윤표 교수 소장.

61 1책. 16장. 표제는 '物名考 物類'. 권수제는 '物名攷'. 권말 서명은 '物名考'. 서울대학교 규장각 한국학연구원 소장. 서울대학교 규장각 한국학연구원 원문 이미지 보기.

찬(物名纂)」(1890년 유우일(柳雨日) 필사),[62] 「군도목(軍都目)」(1896), 「물명유휘
(物名類彙)」(월운산장(月雲山庄), 1898),[63] 「자의물명수록(字義物名隨錄)」(19세기
후반 추정),[64] 「자회초(字會抄)」(19세기 후반 추정),[65] 「박물신서(博物新書)」(19
세기),[66] 정약용·정학연(丁學淵, 1783년~1859년)의 「청관물명고(靑館物名考)」
(19세기 초반 추정),[67] 「속명유취(俗名類聚)」(1903),[68] 한중수(韓中洙) 찬(撰)의
「물명집(物名集)」(1910),[69] 「만물록(萬物錄)」(1911),[70] 「어휘(語彙)」(1922 추정),[71]
「물명유취식(物名類聚式)」(1927),[72] 「일용비람기(日用備覽記)」(1937 추정),[73] 「과
정일록(課程日錄)」,[74] 「물명고(物名考)」,[75] 「물명고(物名攷)」,[76] 「물명고유해(物

62 1책. 필사본. 표제는 '蘊各書錄'. 전북 정읍 지역어 반영. 홍윤표 교수 소장. 전광현(1983)
    참고.
63 1책. 46장. 필사본. 편저자 미상. 단국대학교 율곡기념도서관 소장.
64 1책. 27장. 필사본. 편저자 미상. 정약용의 「죽란물명고」와 내용이 유사하다. 계명대학교
    동산도서관 소장.
65 1책. 필사본. 영남대학교 도서관 동빈문고 소장.
66 1책. 필사본. 편저자 미상. 홍윤표 교수 소장. 「국어사 연구」 7(2007) 영인. 홍윤표(2007)
    참고.
67 「여유당전서(與猶堂全書) 보유」 2(다산학회, 1974)에 수록. 정약용의 아들 정학연이 「죽
    란물명고」에 '잡물류(雜物類)'를 첨가하고 '약명(藥名)', '관직류(官職類)' 등을 보완하여
    만든 책. 연세대학교 학술정보원 소장. 홍윤표(2013) 참고.
68 1책. 필사본. 편저자와 편찬 시기 미상. 연세대학교 학술정보원 1903년 필사본 소장(홍윤
    표 2013 참고). 계명대학교 동산도서관 1907년 필사본 소장. 1883년(癸未) 또는 1943년
    추정 필사본의 해제와 영인은 전경목(2005ㄴ) 참고.
69 2권 2책. 배연형 교수 권2 1책 소장. 「국어사 연구」 11(2010) 영인. 홍윤표(2010) 참고.
70 고려대학교 중앙도서관 신암문고 소장.
71 1책. 필사본. 편자 미상. 서울대학교 규장각 한국학연구원 소장. 「물명유휘」, 「죽란물명
    고」와 내용이 유사하다.
72 1책. 필사본. 편저자 미상. 홍윤표 교수 소장.
73 1책. 22장. 필사본. 편저자 미상. 선문대학교 중한번역연구소 소장.
74 2책. 필사본. 수고본. 편저자와 편찬 시기 미상. 성균관대학교 도서관과 일본 동경대학
    오구라문고 소장.
75 서울대학교 규장각 한국학연구원에 소장되어 있는 「물명고」는 편저자 미상인 필사본 4
    책이 있다. 3책의 표제는 '物名考'인데, 정약용과 유희가 펴낸 2책과 편저자 미상인 1책이

名考類解)」,[77] 「물명록(物名錄)」,[78] 「물명비고(物名備考)」,[79] 「물명유취(物名類聚)」,[80] 「신편문자유집초(新編文字類輯抄)」,[81] 「어록유해(語錄類解)」,[82] 「의학어휘(醫學語彙)」,[83] 「조선어휘(朝鮮語彙)」,[84] 잡동유찬(雜同類纂)」,[85] 「잡물유집(雜物類集)」,[86] 「휴영(鴥永)」[87] 등이 있다(홍윤표(2013), 정승혜(2014) 참고).

물명은 물명집뿐만 아니라 사전, 자전, 어휘집, 유서, 유해서, 한자 학습서, 한문 학습서, 이문 학습서, 역학서, 유교 경전, 의약서, 농서, 척독, 의궤, 문자집, 고문서(왕실 발기), 편지 등에서도 찾아볼 수 있다. 권문해(權文海, 1534년~1591년)의 「대동운부군옥(大東韻府群玉)」, 이의봉(李義鳳, 1733년~1801년)의 「고금석림(古今釋林)」(1789), 이준영(李準榮) 외 공편의 「국한회어(國漢會語)」(1895), 「조선식물향명집(朝鮮植物鄕名集)」(정태현 외, 1937), 「만보전서

다. 그리고 편저자 미상인 1884년 필사본 1책이다. 이 책의 내제는 '物名攷'이다. 서울대학교 규장각 한국학연구원 홈페이지에서 4책의 원문 이미지를 볼 수 있다.

76 1책. 필사본. 편저자 미상. 분류 체계가 다른 물명집과 다르다. 남권희 교수 소장. 홍윤표(2013) 참고.

77 1책. 필사본. 편저자 미상. 「죽란물명고」에 '물명고후(物名考後)'를 덧붙임. 부산대학교 도서관 소장.

78 서울대학교 가람문고본(가람 031-M918a)과 내용이 유사한 점이 많다. 단국대학교 퇴계기념도서관 이학교(李鶴敎) 전사본 소장. 홍윤표(2013) 참고.

79 1책. 29장. 일본 동경대학 오구라문고 소장.

80 경북대학교 도서관 소장.

81 1책. 43장. 필사본. 편저자 미상. 한국학중앙연구원 도서관 소장.

82 1책. 필사본. 편저자 미상. 서울대학교 중앙도서관 소장.

83 1책. 23장. 필사본. 편저자와 편찬 시기 미상. 일본 동경대학 오구라문고 소장. 정승혜(2008) 참고.

84 1책. 14장. 필사본. 편저와 편찬 시기 미상. 일본 동경대학 오구라문고 소장. 정승혜(2008) 참고.

85 서울대학교 중앙도서관 소장.

86 1책. 필사본. 편저자 미상. 소장처 미상. 홍윤표 교수 복사본 소장.

87 '잡방(雜方)'과 '양법(量法)'을 합철한 책. 표제는 '鴥永', 내제는 '物名攷'. 「죽란물명고」과 내용이 유사하다. 충남대학교 도서관 소장.

(萬寶全書)」(19세기), 정약전(丁若銓)의 「현산어보(玆山魚譜)」(1814),[88] 정약용의 「아언각비(雅言覺非)」(1819), 최세진(崔世珍, 1467년 추정~1542년)의 「이문집람(吏文輯覽)」(1539), 장혼(張混, 1759년~1828년)의 「몽유편(蒙喩篇)」(1810), 홍만선(洪萬選, 1643년~1715년)의 「산림경제(山林經濟)」, 유중림(柳重臨, 1705년~1771년)의 「증보산림경제(增補山林經濟)」(1766), 이수광(李睟光, 1563년~1628년)의 「지봉유설(芝峯類說)」(1614), 김육(金堉, 1580년~1658년)의 「유원총보(類苑叢寶)」(1646), 신이행(愼以行) 외 「역어유해(譯語類解)」(1690), 김홍철(金弘喆)의 「역어유해보(譯語類解補)」(1775), 현문항(玄文恒)의 「동문유해(同文類解)」(1748), 사역원의 「몽어유해(蒙語類解)」(1768, 1790), 홍명복(洪命福) 외 「방언집석(方言集釋)」(1778),[89] 허준(許浚)의 「동의보감(東醫寶鑑)」(1610) '탕액편(湯液篇)', 「본초강목(本草綱目)」, 조재삼(趙在三)의 「송남잡식(松南雜識)」, 고여흥(高汝興)의 「가례석의(家禮釋義)」(1792), 신후담(愼後聃, 1702년~1761년)의 「하빈잡저(河濱雜著)」,[90] '동궁마마 가례시 기명발기'(1882), 「인정전악기조성청의궤(仁政殿樂器造成廳儀軌)」, 「언문주해 보통문자집(諺文註解 普通文字集)」(이주환, 1914)[91] 등을 그 예로 들 수 있다. 그리고 이가환(李家煥, 1742년~1801년)이 물명을 재해석한 '잡설(雜說)',[92] 이기환이 물명의 어원을 고증한 내용이 수록되어 있는 「정헌쇄록(貞軒瑣錄)」(1795년 무렵)[93] 등도 있다.

물명집에는 곡물명, 기명(器皿), 문구명, 병풍명, 복식명, 부채명, 어류명, 음식명, 작물명, 직물명, 동물명, 식물명, 조류명 등 다양한 분야의 물명들

---

88 '자산어보'로 널리 알려져 있는데, 서문에 '玆山者黑山也'라고 적었으므로 '현산어보'로 읽어야 한다.

89 '방언유석(方言類釋)'이라고도 한다.

90 필사본. 1책. 105장. 동식물명, 속담, 의성어 등을 수록한 책. 서울대학교 규장각 한국학연구원 소장. 여강출판사 영인본 「하빈전집」에 수록.

91 박형익(2007) 참고.

92 '잡설'은 국립중앙도서관 소장 「시문초(詩文艸)」(夏)에 수록되어 있다.

93 일본 동양문고(東洋文庫) 소장 「동패낙송(東稗洛誦)」(노명흠)의 속집에 포함되어 있다.

이 수록되어 있다. 발기 물명, 물목, 발기 등 특별히 한정된 분야의 물명이나 인명을 찾아볼 수 있는 경우도 있다.

물명의 연구 결과는 한국어학을 비롯한 한국학 연구에는 물론 한국어-한국어 사전, 한국 한자 사전, 한국 한자어 사전 등을 편찬할 때 표제항의 선정 작업부터 뜻풀이의 기술과 용례 정보의 기술에 이르기까지 다양하게 활용할 수 있다.

물명은 한자, 한글, 차자(이두), 한국 고유 한자로 표기되어 있다. 물명을 차자로 표기한 예를 찾아볼 수 있는 자료로는 외국인이 펴낸 「계림유사(鷄林類事)」(孫穆, 1103), 「조선관역어(朝鮮館譯語)」(茅瑞徵, 15세기 초반), 「한어유취(韓語類聚)」(하시모토 쇼요시(橋本彰美), 1900) 등이 있다. 그리고 「향약구급방(鄕藥救急方)」(최백하, 1417), 「향약집성방(鄕藥集成方)」(유효통 외, 1431), 「향약채취월령(鄕藥採取月令)」(유효통 외, 1431), 「농사직설(農事直說)」(정초, 1444), 「식료찬요(食療纂要)」(전순의, 1460), 「금양잡록(衿陽雜錄)」(강희맹, 1492), 「색경(穡經)」(박세당, 1676), 「산림경제(山林經濟)」(홍만선, 숙종 연간 1674~1720), 「물보」, 「재물보」, 「속명유취」, 「일용비람기」, 「원신을묘정리의궤(園辛乙卯整理儀軌)」, 「영조정순왕후가례도감의궤(英祖貞純王后嘉禮都監儀軌)」, 「인정전악기조성청의궤(仁政殿樂器造成廳儀軌)」, 「경모궁악기조성청의궤(景慕宮樂器造成廳儀軌)」, 「사직악기조성청의궤(社稷樂器造成廳儀軌)」, 왕실 발기 등이 있다.

「일용비람기」에서는 물명을 훈차자로 표기한 '眞梳 참빗, 炙鐵 적쇠, 鑐金 설쇠, 赤古里 적오리, 人切味 인절미, 打糕 친떡, 道尾 도미, 竾治 갈치, 羌丁 강졍, 酒本 술밋' 등을 찾아볼 수 있다. 그리고 '동궁마마 가례시 기명발기'에서는 음차자로 표기한 '火圍里('장서각 1720 동궁마마 가례시 기명발기'), 火亏里('장서각 1721 동궁마마 가례시 기명발기')' 등을 찾아볼 수 있다. 특히 동일한 책의 한자본과 한글본이 공존하는 왕실 발기의 경우에는 차자 표기의 해독을 정확하게 할 수 있도록 해 준다. 예를 들면, 「영조정순왕후가례도감의궤」에 나오는 '首沙只'는 「뎡미가례시일기」에서는 '마리사기'

로 적었으므로 '머리사기'나 '수사지'보다는 '마리사기'로 읽을 수 있다(오창명(2010), 박부자(2019)).

참고논저

고정의, 1999, 「재물보」와 「물보」의 이두, 「울산어문논집」 13·14, 울산: 울산대학교 국어국문학과. 1-30.

고정의, 2000, 「재물보」의 한글 어휘에 대한 일고찰, 「인문논총」 19, 울산: 울산대학교 인문과학연구소.

김근수, 1970, 「물명고」와 「물보」 해제, 「도서관문화」 11-8, 한국도서관협회. 15-18.

김근수, 1974, 유희 저 「물명고」, 「한국학」 2, 영신아카데미 한국학연구소.

김근수, 1975, 「물명고」와 「물보」 해제, 「물명고·물보」, 서울: 경문사.

김두찬, 1983, 「차자표기 향명의 통시적 연구 -「향약집성방」을 중심으로-」, 석사논문, 서울: 단국대학교 대학원.

김봉좌, 2016ㄱ, 장서각 소장 복식발기의 성격과 내용, 「장서각 소장 고문서대관」 7, 한국학중앙연구원 장서각. 343-354.

김봉좌, 2016ㄴ, 왕실 의례를 위한 발기의 제작과 특성 -1882년 왕세자 가례를 중심으로-, 「서지학연구」 65, 한국서지학회. 291-330.

김연주, 2002, 「영조의궤」의 공장도구 표기 연구, 「언어과학연구」 21, 언어과학회. 69-88.

김연주, 2004, 영건의궤류의 어휘 고찰, 「한국말글학」 21, 한국말글학회. 19-35.

김연주, 2009, 의궤 번역에 있어서 차자 표기 해독, 「민족문화」 33, 한국고전번역원. 55-83.

김연주 2012, 규장각 소장 가례 관련 연향의궤의 음식 관련 차자표기 연구, 「한국사상과 문화」 64, 한국사상문화학회. 461-488.

김연주, 2014, 의궤의 복식 관련 어휘 연구 -규장각 소장 가례 관련 의궤를 중심으로-, 「한국사상과 문화」 73, 한국사상문화학회. 325-353.

김연주, 2015, 「조선시대 의궤 차자 표기 연구 -규장각 소장 가례 관련 의궤를 중심으로-」, 서울: 경인문화사.

김연주, 2017, 순종 가례 관련 발기의 차자표기 해독, 「한국사상과 문화」 90,

한국사상문화학회. 117-154.

남종진, 2019, 「재물보」 해제, 「국역 재물보 1」. 서울: 세종대왕기념사업회.

남풍현, 1981, 「차자표기법 연구 -향약구급방의 향명 표기를 중심으로-」, 박사 논문, 서울: 서울대학교 대학원.

맹익재, 1988, 「다산의 물명고에 대한 국어학적 연구」, 석사논문, 서울: 단국대학 교 교육대학원.

박부자, 2014, 복식명 연구의 현황과 과제, 「정신문화연구」 37-4, 한국학중앙연 구원. 45-78.

박부자, 2015, 왕실발기에 나타난 복식 관련 어휘 차자표기의 한자 운용에 대한 연구, 「국어학」 75, 국어학회. 335-372.

박부자, 2019, 왕실발기의 국어사적 가치에 대한 연구, 「장서각」 42, 한국학중앙 연구원. 240-269.

박성훈, 1995, 물명에 부속된 단위어에 대하여, 「국어사와 차자 표기」, 소곡 남풍 현 선생 회갑기념논총 간행위원회, 서울: 태학사. 775-793.

백승창, 2008, 「「물명고」류에 대한 국어학적 연구 -어휘 분류와 조어법을 중심 으로-」, 박사논문, 용인: 단국대학교 대학원.

손병태, 1996, 「향약 약재명의 국어학적 연구」, 박사논문, 경산: 영남대학교 대학 원.

손혜선, 1995, 「곡물명의 차자표기 고찰 -「금양잡록」과 「산림경제」를 중심으로-」, 석사논문, 수원: 수원대학교 대학원.

신경철, 1987, 「물명고」의 어휘 고찰, 「한국언어문학」 25, 한국어문학회. 41-66.

신중진, 2012, 「연경재전집」에 실린 '稻벼' 곡물명에 대한 어휘사적 연구, 「동아 시아문화연구」 52, 서울: 한양대학교 동아시아문화연구소. 83-118.

신중진, 2013, 곡물명 수록 어휘 자료집의 계보와 그 어휘 목록 분석을 위한 기초 연구, 「동아시아문화연구」 54, 서울: 한양대학교 동아시아문화연구소. 67-95.

신중진, 2014ㄱ, 사전학적 관점에서 본 「물명고」와 「재물보」의 영향 관계, 「진단 학보」 120, 진단학회.

신중진, 2014ㄴ, 「연경재전집」에 실린 잡곡명에 대한 어휘체계사 연구, 「동아시 아문화연구」 56, 서울: 한양대학교 동아시아문화연구소. 101-134.

양연희, 1976, 「물명류고에 관한 고찰 -어휘, 음운과 문자 표기를 중심으로-」,

석사논문, 서울: 서울대학교 대학원.

여찬영 외, 2012, 「조선시대 의궤 용어 사전 I -왕실 전례 편-」, 서울: 경인문화사.

오보라, 2019, 서파 유희 「물명고」의 체계 및 의의 재탐색, 「대동한문학」 58, 대동한문학회. 245-287.

오창명, 1997, 「의궤」에 나타나는 차자 표기 연구(1) -조선 후기 복식 어휘를 중심으로(1)-, 「한국복식」 15, 단국대학교 민속박물관. 29-64.

오창명, 2001, 물명의 차자표기 연구(1) -「원신을묘정리의궤」를 중심으로-, 「영주어문」 3, 영주어문학회. 53-86.

오창명, 2009, 조선시대 고유 음식 어휘 -의궤의 차자표기를 중심으로-, 「한국언어문학회 제50차 정기학술대회 발표논문집」, 한국언어문학회. 117-150.

오창명, 2010, 의궤에 나타나는 고유 복식 어휘 -17세기 의궤를 중심으로-, 「한국언어문학」 73, 한국언어문학회. 5-33.

유재영, 1987, 물명의 한 연구 -「동의보감」 '탕액편'을 중심으로-, 「국어국문학 연구」 12, 익산: 원광대학교 출판부. 1-45.

유재영, 1990, 「시경언해」의 물명, 「어문연구」 20, 어문연구학회. 189-205.

윤양노, 2005, 조선시대 의복 구성 용어에 관한 연구 -「재물보」를 중심으로-, 「한복문화」 8-3.

윤향림, 2003, 「광재물보」의 표기법과 음운 현상 연구」, 석사논문, 안동: 안동대학교 대학원.

윤향림, 2018, 「물명 어휘집의 계통과 어휘 연구」, 박사논문, 안동: 안동대학교 대학원.

윤향림, 2019, 「일용비람기」의 분류 체계 및 어휘 연구, 「어문학」 146, 한국어문 학회. 1-46.

이가원, 1960, 「물보」와 실학사상, 「인문과학」 5, 연세대학교 문과대학. 73-103.

이강로, 1983, 차자 표기에 대한 연구 -상방정례 권1의 진상 의류를 대상으로-, 「한글」 181, 한글학회. 87-118.

이건식, 2009, 조선 전기 문헌 자료에 나타나는 어류명 표기에 대한 연구, 「국어 학」 55, 국어학회. 125-172.

이건식, 2011, 「신편집성마의방」의 향명 표기 해독, 「진단학보」 113, 진단학회. 271-296.

이건식, 2012, 조선 시대 문헌 자료에 나타난 말의 부분 모색 명칭 차용어의

　　기원에 대하여, 「국어학」 64, 국어학회. 113-164.

이건식, 2014, 이규경의 명물도수지학과 관련된 언어와 문자 자료에 대하여, 「진단학보」 121, 진단학회. 141-170.

이건식, 2018, 사냥매 지체 관련 용어의 차자 표기 고유어와 몽고어 차용어에 대하여, 「구결연구」 40, 구결학회. 127-175.

이기문, 1975, 「금양잡록」의 곡명에 대하여, 「동양학」 5, 서울: 단국대학교 부설 동양학연구소. 99-110.

이덕희, 2007, 「근대 국어 물명 어휘집 연구 -사전적 분류와 어휘 체계를 중심으로-」, 박사논문, 부산: 부경대학교 대학원.

이은규, 1994, 향약명 차자 표기 해독상의 몇 문제, 「국어교육연구」 26, 국어교육학회. 133-158.

이현주, 2017, 장서각 소장 '국풍'에 나타나는 물명 고찰, 「동양고전연구」 69, 동양고전학회. 325-347.

장유승, 2014, 조선 후기 물명서의 편찬동기와 분류체계, 「한국고전연구」 30, 한국고전연구학회. 171-206.

전광현, 2000, 「물명류고」의 이본과 국어학적 특징에 대한 관견, 「새국어생활」 10-3, 서울: 국립국어원. 43-62.

정승혜, 2007, 낙하생 이학규와 「물명유해」, 「문헌과 해석」 38, 파주: 태학사.

정승혜, 2013ㄱ, 동양문고 소장 「물명괄」의 서지와 다산의 물명고 편찬에 관한 일고찰, 「한국어학」 59, 한국어학회. 227-244.

정승혜, 2013ㄴ, 일본 동양문고 소장 「물명괄」, 「문헌과 해석」 62, 파주: 태학사.

정승혜, 2014, 물명류 자료의 종합적 고찰, 「국어사연구」 18, 국어사학회. 79-116.

정승혜, 2016, 물명류의 특징과 자료적 가치, 「국어사연구」 22, 국어사학회. 81-135.

정양완·홍윤표·심경호, 김건곤 공편, 1997, 「조선후기 한자 어휘 검색 사전 -물명고·광재물보-」, 성남: 한국정신문화연구원. 〈국립중앙도서관 협약도서관 원문 보기〉

정연정·윤향림, 2017, 「과정일록」의 분류 체계 및 어휘 고찰, 「어문론총」 74, 한국문학언어학회. 154-185.

정연정·윤향림, 2018, 「사류박해」의 분류 체계 및 어휘 고찰, 「어문론총」 78,

한국문학언어학회. 11-44.

정연정·윤향림, 2022, 「과정일록」의 식생활 어휘 고찰 -'식찬' 부류를 중심으로-, 「어문론총」 92, 한국문학언어학회. 79-115.

정은주, 2009, 실학파 지식인의 물명에 대한 관심과 「물명유해」, 「한국실학연구」 17, 한국실학학회. 175-208.

정은진, 2006, 근대적 일상의 탐구와 기록 정신: 이가환의 「전헌쇄록」, 「민족문학사연구」 32, 민족문학사학회. 463-475.

정은진, 2014, 정헌 이가환의 물명에 관한 관심과 그 실천 -「정헌쇄록」과 '잡설'을 중심으로-, 「한자한문교육」 33, 한국한자한문교육학회. 227-269.

조아람, 2019, 「과정일록」의 어휘 분류체계 및 '신체' 어휘의 의미 관계, 「반교어문연구」 51, 반교언문학회. 81-109.

조영준, 2021ㄱ, 유희의 「물명고」에 수록된 어휘의 분류와 집계, 「진단학보」 137, 진단학회. 103-128.

조영준, 2021ㄴ, 유희의 「물명고」에 기재된 척도의 기재 유형과 실체, 「조선 후기 물명 3서에 대한 기본적 고찰(조선 후기 물명 집성과 DB 구축 연구 사업 학술대회 자료집)」, 성남: 한국학중앙연구원 어문생활사연구소.

조재윤, 1978, 「「물명유고」의 연구 -표기와 음운을 중심으로-」, 석사논문, 서울: 고려대학교 대학원.

조정아, 2018, 은진 송씨 송준길가 언간의 물명 연구, 「영주어문학회지」 38, 영주어문학회. 31-70.

조정아, 2021, 「본초강목」과 「재물보」의 분류체계와 어휘 항목 비교, 「한국민족문화」 80, 부산대학교 한국민족문화연구소. 3-41.

주영하, 2016, 1882년 왕세자 척의 혼례 관련 왕실음식발기 연구, 「고문서연구」 48, 한국고문서학회. 337-371.

주영하, 2022, 「재물보」 '식음'에 나타난 음식 물명의 사실성에 관한 연구, 「역사민속학」 62, 한국역사민속학회. 159-192.

천소영, 1984, 음식물명어고(I) -그 어원적 고찰을 중심으로-, 「수원대학 논문집」 2, 수원: 수원대학. 117-138.

최경봉, 2005, 「물명고(物名考)」의 온톨로지와 어휘론적 의의, 「한국어의미학」 17. 한국어의미학회. 21-42.

홍윤표, 1990, 실학시대의 어휘자료집 간행 역사, 「국어생활」 22, 서울: 국어연구소. 74-92.

홍윤표, 2000, 유희의 「물명고」, 「어문연구」 108, 한국어문교육연구회. 277-304.

홍윤표, 2010, 「물명집」 해제, 「국어사연구」 11, 국어사학회. 279-283.

홍윤표, 2013, 「물명고」에 대한 고찰, 「진단학보」 118, 진단학회. 167-211.

홍윤표, 2018, 물명의 연구 방법과 과제, 「한국어사연구」 4, 국어사연구회. 241-343.

황금연, 1997, 「의궤류의 한자차명표기 연구」, 박사논문, 광주: 전남대학교 대학원.

황금연, 1999, 의궤의 어휘 표기 형태와 해석(1) -연장명을 중심으로-, 「한국언어문학」 43, 한국언어문학회. 671-693.

황금연, 2015, 「악기조성청의궤」의 어휘 차자표기 연구, 「배달말」 56, 배달말학회. 141-166.

황문환, 2007, 「물명고」 해제, 「진주 유씨 서파 유희 전서」 I(한국학자료총서 38), 성남: 한국학중앙연구원.

황문환, 2016, 유희의 「재물보」 비판을 통해 본 「物名考」의 차별성 -1807년 유희가 이만영에게 보낸 편지를 중심으로-, 「한국실학연구」 32, 한국실학학회. 79-113.

황문환, 2020, 「물명고」 해제, '「유희의 「물명고」 연구와 색인 편찬' 연구결과발표회 자료집」, 성남: 한국학중앙연구원.

황문환·안승준, 2008, 「명미가례시일긔」의 서지적 고찰, 「장서각」 19, 한국학중앙연구원 장서각. 5-38.

황문환 외, 2017, 「1882년 왕세자 관례 발기」, 성남: 한국학중앙연구원 출판부.

31 곡물명 표기

곡물명은 「농사직설(農事直說)」(정초 외, 1429), 「금양잡록(衿陽雜錄)」[94](강

---

[94] 1책. 일본 도쿄의 내각문고(內閣文庫)에 원간 후쇄본 소장, 「농사직설(農事直說)」(1581)과 「농가집성(農家集成)」(1655)에 합철되어 있는 「금양잡록」은 중간본으로 국립중앙도서관 소장. 「농서」 1(1981, 아세아문화사)에 영인. 이두와 한글로 표기한 80개의 곡명(穀

희맹, 1492)의 '농가곡품(農家穀品)', 「훈몽자회(訓蒙字會)」(최세진, 1527), 「신증유합(新增類合)」(유희춘, 1527), 「동의보감(東醫寶鑑)」(허준, 1610) '탕액편', 「산림경제(山林經濟)」(홍만종, 1674년~1720년(숙종 연간)), 「색경(穡經)」(박세당, 1676), 「역어유해(譯語類解)」(사역원, 1690), 「동문유해(同文類解)」(사역원, 1748), 「몽어유해(蒙語類解)」(사역원, 1768년 추정) 「방언유석(方言類釋)」[95](홍명복 외, 1778), 「한청문감(漢淸文鑑)」[96](사역원, 1779년 무렵), 「왜어유해(倭語類解)」(1783년 추정), 「한어초(漢語抄)」[97](1788), 「재물보(才物譜)」(이만영, 1798), 「물명고(物名攷)」(유희, 1821년 추정), 「임원경제지(林園經濟志)」(서유거, 1835) '본리지(本利志)' 권제7, 「연경재전집(研經齋全集)」 권54 '초목류'(성해응, 1840년대 추정), 「광재물보(廣才物譜)」(1850년 무렵 추정), 「물명비고(物名備考)」(19세기말 추정) 등에서 찾아볼 수 있다(신중진, 2013: 67-95). 곡물명은 농서뿐만 아니라 한자 초학서, 의서, 대역 어휘집, 어휘 분류집, 물명집 등에 수록되어 있다. 곡물명의 표기 방법은 자료에 따라 차이가 난다. 즉 이두와 한글, 한자와 한글, 또는 한자만으로 표기하였다.

참고논저

김두찬, 1985, 「금양잡록」의 몇 향명 어원에 대하여, 「국어국문학」 94, 국어국문학회. 79-90.

박성훈, 1989, 단위어에 부속된 물명, 「한문학논집」 7, 근역한문학회. 271-309.

박성훈, 1995, 물명에 부속된 단위어에 대하여, 「국어사와 차자 표기」, 소곡 남풍

名)이 수록되어 있다(이기문, 1975: 99-110). '沙老里 사노리' 등 82개의 곡물명이 수록되어 있으며, 차자표기에 사용된 음독자들은 대체로 「향약구급방」(1417)과 일치한다(신중진, 2013: 70-71).

95   4권 2책. 한어-한국어-만주어-몽골어-왜어 5개 언어 대역 어휘집. '방언집석(方言集釋)'이라고도 한다.

96   한어-한국어-만주어 대역 어휘집이다.

97   한어-한국어 대역 어휘집이다.

현 선생 회갑기념논총 간행위원회, 서울: 태학사. 775-793.

방종현, 1963, 향약명 연구, 「일사 국어학논집」, 서울: 민중서관.

손혜선, 1995, 「곡물명의 차자표기 고찰 -「금양잡록」과 「산림경제」를 중심으로-」, 석사논문, 수원: 수원대학교 대학원.

신경철, 1987, 「물명고」의 어휘 고찰, 「한국언어문학」 25, 한국어문학회. 41-66.

신중진, 2012, 「연경재전집」에 실린 '稻 벼' 곡물명에 대한 어휘사적 연구, 「동아시아문화연구」 52, 서울: 한양대학교 동아시아문화연구소. 83-118.

신중진, 2013, 곡물명 수록 어휘 자료집의 계보와 그 어휘 목록 분석을 위한 기초 연구, 「동아시아문화연구」 54, 서울: 한양대학교 동아시아문화연구소. 67-95.

신중진, 2014, 「연경재전집」에 실린 잡곡명에 대한 어휘체계사 연구, 「동아시아문화연구」 56, 서울: 한양대학교 동아시아문화연구소. 101-134.

심재기, 1991, 근대 국어의 어휘 체계에 대하여 -「역어유해」의 분석을 중심으로-, 「국어학의 새로운 인식과 전개(김완진 선생 회갑기념논총)」, 서울: 민음사. 783-801.

연규동, 1996, 「근대 국어 어휘집 연구 -유해류 역학서를 중심으로-」, 박사논문, 서울: 서울대학교 대학원.

이기문, 1975, 「금양잡록」의 곡명에 대하여, 「동양학」 5, 서울: 단국대학교 부설 동양학연구소. 99-110.

이덕희, 2006, 물명 어휘집의 의미적 체계, 「우리말연구」 19, 우리말학회. 261-297.

이철용, 1983, 「유해류 역학서의 국어학적 고찰」, 석사논문, 서울: 한양대학교 대학원.

이호권, 2001, 금양잡록, 「규장각 소장 어문학 자료 어학편 해설」, 서울: 서울대학교 규장각. 60-62.

전몽수, 1941, 화곡 명고 -「훈몽자회」의 연구 1절-, 「한글」 87, 한글학회. 513-518.

정철주, 1993, 곡명의 표기와 음운 -「금양잡록」과 「산림경제」의 차자 표기와 정음 표기를 중심으로-, 「한국학논집」 20, 대구: 계명대학교 한국학연구원. 115-148.

조정아, 2018, 은진 송씨 송준길가 언간의 물명 연구, 「영주어문학회지」 38,

영주어문학회. 31-70.

주영하, 2022, 「재물보」 '식음'에 나타난 음식 물명의 사실성에 관한 연구, 「역사
민속학」 62, 한국역사민속학회. 159-192.

최범훈, 1987, 「금양잡록」에 보이는 곡명 차용 표기고, 「국어국문학논총(장태진
박사 화갑기념논문집)」, 서울: 삼영사.

③② 초기 이두문

초기 이두문은 삼국 시대(서기전 57년~668년)인 5세기 이후부터 사용하기
시작하였다. 창녕 인왕사비명(810), 안양 중초사 당간 석주명(827) 그리고
조선의 이두문 등에서도 초기 이두문을 찾아볼 수 있다.

고구려의 초기 이두문 자료는 광개토대왕비문(414), 고구려 성벽 석각명
(高句麗城壁石刻銘) 4종(446년 추정 & 449년 추정), 충북 중원군 고구려 비명
(495년 추정 또는 5세기 후반 추정)이 남아 있다.

고구려 성벽 석각명(高句麗城壁石刻銘)은 병술명(丙戌銘)의 석각 하나와 기
축명(己丑銘)의 석각이 둘, 그리고 연기(年記)가 없는 석각 하나가 알려져
있다. 정확한 기록 연대는 알 수 없으나 김정희(金正喜)는 장수왕대(長壽王代)
로 추정하였으므로, 이에 따르면 병술명 석각은 446년, 기축명 석각은 449
년에 해당된다.

병술명 석각은 다음과 같다. "丙戌十二月中 漢城下 後部 小兄 文達節 自此
西北行涉之(병술 12월 중에 한성(평양)의 후부 소형 문달이 지휘하였다. 여기서부터
서북쪽으로 걸쳤다.)" 이 문장은 자연스러운 한문도 못되고 그렇다고 우리말
의 문체도 아니다. 한문 문체에 우리말의 요소가 가미된 속한문(俗漢文)
또는 변체 한문(變體漢文)인 이두 문체의 초기적인 형태이다. 이 가운데 '中'
자는 정확한 날짜를 표시하지 않고 어느 기간을 나타내는 것인데 한문에서
는 오히려 없는 편이 자연스러운 것이다. 후대의 이두에서는 '긔, 희'로

읽혀 처격 조사의 표기로 쓰인 것이니, 이러한 국어적인 표현법이 '中'의 용법에 작용한 것으로 해석되고 있다. '節'도 후대의 이두에서 '디위'로 읽히고 '때에'의 뜻으로 쓰인 것이다. '之'자도 역시 한문의 용법으로서는 부자연스럽고 국어의 설명형 종결어미 '-다'의 영향을 받아 쓰인 것이다. 이 역시 후대에 이두로 발달한 것이다. 한자를 한국어 어순으로 배열하거나 정격 한문의 어순과 한국어 어순을 혼용하면서 '中, 以, 之' 등 한국어 문법 형태를 조금 첨가하였다. 이러한 문장은 정격 한문의 문법에서 완전히 벗어난 것은 아니어서 한국어의 문법 형태로 보기에도 어려운 점도 있다. 또 '中, 以, 之' 등의 훈가자는 정격 한문의 문법 성격도 지니고 있어 순수한 한국어 문법 형태로 보기에는 어려운 점이 있다.

중국어의 어순과 한국어 어순을 혼용하면서 음독자를 사용하여 작문한 초기 이두문은 아래와 같은 '중원 고구려비명'(495년 추정 또는 490년대 추정) 등에서 찾아볼 수 있다(남풍현, 2014ㄱ: 13). 여기에도 이두적인 표현들이 있다.

① 중국 한문 어순으로 적은 문장: 東夷之寐錦 忌太子共(동이지매금 기태자 공; 동이의 매금이 태자 공을 기피하였다.)
② 한국어 어순으로 배열한 문장: 太位諸位上下衣服來受教(태위제위상하의 복래수교; 태위와 제위의 상하가 의복을 와서 받으라고 교시하였다.)

삼국시대 신라의 자료로는 경주 '서봉총은합우명(瑞鳳塚銀合杅銘, 451년 추정), 울진 봉평 신라 비문(524년), 울주 서석(蔚州書石)의 원명(原銘, 5세기 말~6세기 초)과 추명(追銘, 6세기 초반~중반 추정), 단양 신라 적성비명(丹陽新羅赤城碑銘, 540년대 또는 6세기 중엽), 임신서기석명(壬申誓記石銘, 551년, 552년 또는 612년 추정), 무술오작비명(戊戌塢作碑銘, 578년), 월성해자 149호 목간(586), 함안 성산산성 목간(1560~1590), 남산신성비명(南山新城碑銘, 591년 추정), 명활산성작성비문(611년 추정) 등이 있다. 이 자료들의 문장은 한국어적인 요소를 지니고 있다.

이것들 가운데 '임신서기석명'은 한자를 완전히 한국어의 어순으로 배열하였다는 점에서 각별한 주목을 받아 왔다. 그리하여 서기체(誓記體)라는 특별한 명칭을 부여받기도 하였다. 그러나 '幷'·'之'와 같은 후대의 이두자를 사용하고 있어서 초기 이두문의 하나에 불과한 것이다.

무술오작비명과 남산신성비명도 임신서기석명의 문장과 같이 완전히 한국어 어순으로 표기된 것이다. 무술오작비명에서는 '之, 者, 在, 了, 作, 事' 등이 후대의 이두적인 용법으로 사용되었다. 남산신성비는 현재 9개의 비가 발견되었는데 그 첫머리의 명문은 모두 동일한 문장으로 쓰인 것이다. 그 내용은 다음과 같다. 辛亥年二月卄六日 南山新城作節 如法以 作後三年崩破者 罪敎事爲 聞敎令誓事之(신해년 2월 26일 남산 신성을 지을 때에 만약 법으로 지은 뒤 삼년에 붕파하면 죄를 주실 일로 삼아 (국왕이) 들으시게 하여 맹세하는 일이다).

여기서 우리는 후대의 이두자에 해당하는 것을 다수 확인할 수 있으니 '作, 節, 者, 以, 敎, 事, 爲, 令, 之' 등이 그것이다. 이 시대의 이두문들은 속한문의 성격을 완전히 벗어나지 못하였으며, 그 문장들은 모두 문예문이 아닌 실용문으로 쓰였다.

통일신라시대에서도 삼국 시대와 같은 속한문의 성격을 보여주는 초기적인 이두문을 찾아볼 수 있다. 감산사 미륵보살 조상명(甘山寺彌勒菩薩造像銘, 719), 상원사 종명(上院寺鐘銘, 725), 인양사 비문(仁陽寺碑文, 810), 중초사 당간석주명(中初寺幢竿石柱銘, 827) 등이 그것이다.

이들은 한자를 우리말 어순으로 배열하고 이두에 해당되는 글자들도 사용하고 있으나, 모두 그 본래의 뜻에서 벗어난 용법으로 쓰인 예는 보여주지 않는다.

초기 이두문에 토를 사용한 제일 오래된 것으로 알려진 '감산사 아미타여래상 조성기'(720)의 '後代 追愛人**者** 此 善 助**在哉**(후대에 추억하여 사랑하는 사람은 이 선업을 돕기를 바란다.)'에서 '者(ㄴ)', '在(겨)', 종결어미 '-哉(지)' 등의 토를 찾아볼 수 있다. '감산사 아미타여래상 조성기'(720)의 이두문에는 적은 수의 토가 사용되었으며, '신라 화엄경 사경 조성기'(755)의 이두문에는 비교적 많은 수의 토가 사용되었다. 그러나 '안양 중초사 당간 석주명'(827)의 이두문에는 토를 찾아볼 수 없다. 따라서 토는 달지 않고 한국어 어순으로만 적은 이두문도 있다는 것을 알 수 있다(남풍현, 2014ㄱ: 345, 372).

한국어 어순으로 표기한 단어, 구, 문장을 읽는 방법으로는 두 가지가 있다. 하나는 한자의 음으로 읽어야 하는 경우와 다른 하나는 한자의 훈으로 읽어야 하는 경우가 있다.

'임신서기석명(551년 또는 522년 추정)', '창녕 인양사 비명(810)', '안양 중초사 동간 석주명(827)' 등은 한자를 우리말 어순으로 표기한 것으로 한자를 음독하는 문장이다. 그리고 '화엄경 사경 조성기(755)'도 한자를 우리말 어순으로 표기하였는데 음독하는 이두문이다. 음독해야 하는 한자어는 '楮皮脫(닥나무 껍질을 벗기는 사람)', '脫皮練(벗긴 껍질을 다듬는 사람)' 등을 찾아볼 수 있다(남풍현, 2009: 135).

반면에 '무술오작비명(578년 추정)'에 새겨져 있는 '此成在■人者'에서 '在'를 한자의 음으로 읽으면 이 구의 의미를 알 수 없다. '在'를 이두자나 구결자처럼 '겨-'로 읽고 시간의 지속이나 완료를 나타내는 시상 조동사로 보고 '此(이), 成(일이-), 在(겨-), 者((으)ㄴ)'를 한자의 훈으로 읽어야 '此成在■人者'를 '이를 일이견(이룬, 조성한) ■사람은'으로 해석할 수 있다(남풍현, 2009: 135-136). 그리고 '남산신성비문(591)'의 구약 부분 '辛亥年 二月 二十六日 南山新城 作節 如法以 作後三年崩破者 罪敎事爲 聞敎令 誓事之'는 남풍현(2000ㄱ: 134-136)에서는 음독하였지만, 남풍현(2009: 136-137)에서는 훈독하는 방법을 적용하여 '신해년 2월 26일 남산신성을 지을 때에 만약

법으로 지은 이후 3년에 붕파하면 죄를 주실 일로 삼아 봉문하라는 교령으로 맹서하는 일이다.'로 해석하였다.

참고논저

남풍현, 2000, 「이두 연구」, 서울: 태학사.

남풍현, 2009, 「고대 한국어 연구」, 서울: 시간의 물레.

남풍현, 2014ㄱ, 「한국어와 한자 한문의 만남」, 서울: 월인.

남풍현, 2014ㄴ, 「국어사 연구」, 파주: 태학사.

정재영·최강선, 2019, 무술오작비 3D 스캔 판독, 「구결학회 월례 연구 발표회 자료집」, 구결학회 편, 서울: 구결학회.

33 정통 이두문

통일 신라 시대(676년~935년)인 8세기 이후부터 한국어의 조사와 어미를 표기하기 위한 토와 말음첨기의 토 등을 붙인 본격적인 이두문 즉 정통 이두문을 사용하여 한국어를 본격적으로 표기하기 시작하였다.

정통 이두문은 관문성 석각명(7세기 후반 추정), 감산사 미륵보살 조상명(719), 감산사 아미타여래 조상기(720), 상원사 종명(725), 무진사 종명(745), 신라 화엄경 사경 조성기(755), 색모전 첩포기(755년 무렵 추정), 신라 출납장(758년 전후 추정), 신라 장적(758년 추정), 영태 2년명 석조 비로자나불 조성기(766), 갈항사 석탑 조성기(785년 추정), 영천 청제비 정원명(798), 신라 선림원 종명(804), 창녕 인왕사 비명(810), 안양 중초사 당간 석주명(827), 규흥사 종명(856), 삼화사 철불 조상명(860년대 추정) 등의 금석문과 고문서 그리고 향가에서 찾아볼 수 있다(남풍현, 2014ㄱ: 201-202).

참고논저

남풍현, 2014, 「한국어와 한자 한문의 만남」, 서울: 월인.

34 통일신라 시대(676년~935년)의 이두문

통일신라 시대의 이두문은 토가 발달한 것이 특징이다. 이 시대에 분명한 토를 보여주는 이두문 자료로는 '감산사 아미타여래조상명(甘山寺阿彌陀如來造像銘, 720), 무진사 종명(无盡寺鐘銘, 745), 신라 화엄경 사경 조성기(新羅華嚴經寫經造成記, 755), 신라 장적(新羅帳籍, 755?), 갈항사 석탑명(葛項寺石塔銘, 758), 영태 2년 명석조비로자나불조상명(永泰二年銘石造毘盧遮那佛造像銘, 766), 영천 청제비정원명(永川菁堤碑貞元銘, 798), 신라 선림원 종명(新羅禪林院鐘銘, 804), 신라 연지사 종명(新羅蓮池寺鐘銘, 833), 규흥사 종명(竅興寺鐘銘, 856) 등이 있다.

신라 화엄경 사경 조성기의 본문은 347자나 되는 긴 글이 자연스러운 한국어 문장으로 해석되는 구성을 보여주고 있다. 예를 들면, '經**之** 成**內** 法**者** 楮根**中** 香水 散**余** 生長 **令只旀**(경**지** 성**내** 법**자** 저근**중** 향수 산**며** 생장 **령지며**; 경을 이룬 법은 닥나무 뿌리에 향수를 뿌리어서 생장시기며/생장ᄒ기며)'는 한국어 어순으로 되어 있다. 즉 한자어 '經, 成, 法, 楮根, 香水, 散, 生長'을 제외한 나머지 밑줄을 그어놓은 글자는 토로 읽을 수 있으므로 이 문장은 한국어 문장인 것을 알 수 있다(남풍현, 2000ㄱ: 214-216).

이 조성기에 쓰인 토는 다음과 같다.

조사: 者((으)ㄴ), 以(로), 中(희), 那(나), 余(곰)
어미: 之(-다), 在之(겨다), 內之(-다), 在如(겨다), 內如(-다), (爲)哉((ᄒ)재), (爲)旀((ᄒ)며), 內弥(-며), (爲)內((ᄒ)ㄴ), (爲)內彌((ᄒ)며),

(爲)內賜((ᄒ)ᄉ), 賜乎(ᄉ온), (爲)者((ᄒ며)ㄴ), (爲)以((ᄒ)ᄋ로),
(令)只(-기), (令)只者(-긴)

기타: 爲(ᄒ), 令(ᄒ기), 等(ᄃᆞᆯ)

이것을 표기한 차자들을 문자 체계별로 보면 아래와 같다.

음가자: 賜(ᄉ), 乎(온), 那/나, 只/기, 弥/며, 哉/지.
훈독자: 爲/ᄒ, 令/시기(ᄒ기?), 在/겨, 等/ᄃᆞᆯᄒ, 者/(으)ㄴ, 以/로, 中/긔,
之/-다.
훈가자: 如/다, 余/곰.

이 차자들의 계통을 보면 음가자 '那/나, 只/기, 弥/며'는 삼국시대부터
고유명사 표기에 사용되어 온 것이고, 훈독자 '爲/ᄒ, 令/시기(ᄒ기?), 在/
겨, 以/로, 中/긔, 之/-다'는 삼국시대의 초기적인 이두문에서 문법적 기능
을 나타내는 말의 표기에 쓰여 온 것이다. 이것을 제외한 차자는 자료상으
로는 확인되지 않으나, 삼국시대부터 쓰여 오던 것이거나 그렇지 않으면
이 시대에 와서 새로이 나타난 것이다. 이 사실로 보면 삼국시대부터 구별
되어 쓰여 오던 어휘 표기법과 문장 표기법이 이 토 표기에서 합류되어
새로운 발전을 한 것임을 알 수 있다.

한편 훈독자 '者/(으)ㄴ, 中/긔, 之/-다'는 토로 발달하면서 그 본래의
뜻이나 기능에서 벗어나 훈가자로 변하여 가는 과정을 보여주기도 한다.
또, '令只'는 말음첨기법(末音添記法), '余'은 토 표기에서 약체가 쓰이고 있음
을 보여준다. 이것은 이 표기법이 향찰로 발달하여 가는 모습을 보여주는
것이어서 주목된다. 그러나 주격·속격·목적격 등의 조사가 쓰이지 않았고
어미의 표기도 불완전한 표기여서 이 표기법이 곧 향찰 표기법이라고 하기
는 어려운 것이다. 이 조성기 이후 10세기 초까지의 이두문에서 크게 새로

워진 모습을 찾아보기는 힘들지만, 토 표기법이 한층 발달하고 있음을 볼
수 있다.

'신라 화엄경 사경 조성기' 이후 10세기 초까지의 이두문은 큰 변화가
없었지만 토 표기법이 발달하였다.

참고논저

남풍현, 1976, 제이 신라 장적에 대하여, 「미술자료」 19, 서울: 국립중앙박물관.
32-39. 〈남풍현(2000ㄱ: 273-289) 재수록〉

남풍현, 1979, 단양 신라적성비의 어학적인 고찰, 「논문집」 13, 서울: 단국대학
교. 9-32. 〈남풍현(2000: 103-132) 재수록〉

남풍현, 1992, 신라 화엄경 사경 조성기의 해독, 「고문서연구」 2, 한국고문서학
회. 1-13.

남풍현, 1993, 신라 시대의 이두 자료, 「국어사 자료와 국어학의 연구」, 서울대학
교 대학원 국어연구회 편, 서울: 문학과 지성사.

남풍현, 2000, 「이두 연구」, 서울: 태학사.

35 고려 시대의 이두문

고려 시대의 영암서원 종명(靈巖西院鐘銘, 963), 고달사 원종 대사 탑비음
명(高達寺元宗大師塔碑陰銘, 977) 등에는 변격 한문이 새겨져 있는데, 조선 시
대의 이두문과 거의 차이가 없을 만큼 발달하였다.

고려 최초의 이두 자료인 명봉사 자적 선사 능운탑비 음명(鳴鳳寺慈寂禪師
凌雲塔碑陰銘, 941)[98]을 비롯하여 태평 2년명 마애약사좌상명(太平二年銘磨崖
藥師坐像銘, 977), 정도사 조탑 형지기(淨兜寺造塔形止記, 1031), 통도사 국장생

98　도평성(都評省)에서 내린 첩문(帖文)을 새긴 행정 문서이다.

석표명(通度寺國長生石標銘, 1085), 지원 18년 노비 문서(至元十八年奴婢文書, 1281), 지정 14년 노비 문서(至正十四年奴婢文書, 1354), 지정 17년 백암사 첩문(至正十七年白巖寺貼文, 1357), 홍무 11년 백암사 첩문(洪武十一年白巖寺貼文, 1378), 홍무 19년 남종통기의 노비 문서(洪武十九年南宗通紀-奴婢文書, 1386), 이성계 호적(李成桂戶籍, 1391) 등 60여 종의 이두 자료가 현전한다.

'명봉사 자적 선사 능운탑비 음명'에서는 신라 시대의 자료로서는 확인되지 않던 새로운 이두와 토, 그리고 새로운 차자를 발견할 수 있는데, 특히 목적격 조사 '乙/을'의 표기가 처음 나타나는 것이 주목되고, 설명형 종결 어미 '之/-다'는 이 첩문 이후 얼마가지 않아 쓰이지 않게 된다. 이러한 사실은 이 첩문이 신라 시대 이두와 고려 시대 이두의 과도기적인 모습을 보여주는 것으로 해석할 수 있게 한다.

'정도사 조탑 형지기'는 연대가 이른 11세기의 기록이면서도 긴 내용을 담고 있어서 이두의 다양한 모습을 찾아볼 수 있다. 이 시대에 이미 이두의 표기 체계가 갖추어져 조선 후반까지 더 이상의 발전은 없었던 것을 알 수 있다. 이 조탑기의 첫머리의 발원문 부분은 초기 이두문이고, 나머지 조탑 과정에 관한 설명은 모두 한국어 어순으로 되어 있다. 이 조탑기 이후의 고려 시대 이두 자료들은 새로운 단어들만 찾아볼 수 있을 뿐, 표기법이나 문장의 차이점을 찾아보기 쉽지 않다. 정격 한문에 밀려 이두의 사용 범위가 좁아지기 시작하여 12세기 이후에는 탑이나 불상 등의 조성기에서 이두를 발견하기 어렵다.

참고논저

김양진, 2008, 「고려사」 속의 고려어 연구, 「국어학」 52, 국어학회. 189-219.
남풍현, 1976, 고려 초기의 첩문 '자적선사릉운탑비음명'과 이두, 「국어국문학」 72·73합호, 국어국문학회. 321-324. 〈국립중앙도서관 협약공공도서관 원문 보기〉

남풍현, 1992, 고려시대의 언어와 문자생활, 「한국사상사」 3, 성남: 한국정신문
화연구원.
남풍현, 2000, 「이두 연구」, 서울: 태학사.
이승재, 1992, 「고려 시대의 이두」, 서울: 태학사. 〈국립중앙도서관 협약도서관
원문 보기〉

36 조선 시대의 이두문

고려 시대나 신라 시대와는 달리 조선 시대의 이두문은 비교적 많은
자료가 남아 있어 이두문이 사용된 영역을 확인할 수 있다. 그리고 정격
한문의 영향을 받아서 심한 것은 정격 한문에 구결의 토를 단 것과 같은
이두문도 찾아볼 수 있다.

조선 초기의 이두 자료인 「대명률직해」(1395)와 「양잠경험촬요(養蠶經驗
撮要)」(1415)는 언어대중의 실제 생활에 필요한 한문을 쉽게 이해하도록
하기 위하여 이두문으로 번역한 책이다. 이러한 번역문은 훈민정음 창제
이후의 언해문과 연관을 맺는다.

훈민정음 창제 이후에도 한문을 이두문과 한글로 번역한 「우마양저 염
역병 치료방(牛馬羊猪染疫病治療方)」(1541)이 있다. 이것은 당시에 정격 한문
과 이두문 그리고 한글 문장을 사용하는 사회 계층이 달랐음을 말해 준다.

「개국원종공신녹권(開國原從功臣錄券)」(1395), 「좌명공신녹권(佐命功臣錄券)」
(1401), 「병조조사첩(兵曹朝謝帖)」(1409)은 왕이 신하에게 내리는 문서를 이
두문으로 기록한 것이다. 신하나 백성이 왕에게 올리는 문서인 상언(上言),
정사(呈辭), 장계(狀啓)를 이두문으로 작성하였다.

그리고 관(官)과 관 사이에 주고받는 첩정문(牒呈文), 관문(關文), 단자(單
子),[99] 형조의 문서인 추안(推案)[100]이나 근각(根脚), 민간에서 관에 올리는
원정(原情), 소지(所志),[101] 이것에 대한 관의 회답인 제사(題辭), 백성들 상호

간에 주고받는 문권(文券)인 명문(明文)·성급문(成給文), 화해문기(和解文記), 유서(遺書) 등과 고목(告目), 절목(節目), 단자(單子)가 이두문으로 쓰였다.

이밖에도 「경제육전」(1397), 「속대전」(1746), 「흠흠신서」(1822)와 같은 법률 서적과 '전라도 장성 백암사 고문서'(1357, 1373, 1407) 3점, '숙신 옹주 가옥 문서'(이성계, 1401), '노산군 부인 전계 문서'(노산군, 1518), '정해군 유서'(1543), '소수서원 입의'(1546, 1547) 등과 노비 문서, 토지 매매 문서 등의 많은 사문서 그리고 행정적인 결정문인 감결(甘結) 등의 다수의 공문 서에도 이두문이 사용되었다.

참고논저

김경숙, 2002, 조선 후기 산송 소지류의 문서 양식과 분류, 「규장각」 25, 서울: 서울대학교 규장각 한국학연구원.

박성종, 2006, 「조선 초기 고문서 이두문 역주」, 서울: 서울대학교출판부.

박성종, 2011, 조선 전기 이두 번역문의 문체와 어휘, 「한국어학」 53, 서울: 한국 어학회. 29-59.

박성종, 2016, 「조선 전기 이두 연구」, 서울: 역락.

---

99 단자는 보통 사대부가 직접 수령(守令)이나 방백(方伯)에게 제출하는 소장(訴狀) 또는 청 원서를 가리킨다. 그리고 왕에게나 관부에 인명이나 물건 종류 등의 목록을 보고하기 위해 작성한 단자와 개인이 자신이 직접 사용하기 위해서 인명이나 물명을 작성한 단자 도 있다. 단자의 서식은 「유서필지」 등에서 찾아볼 수 있다. 단자와 소지의 서식에 관한 논의로는 전경목(1996), 김경숙(2002), 이다희(2018ㄱ, 2018ㄴ) 등이 있다.

100 「이두집성」(조선총독부 중추원, 1937: 35-49)에서는 11개의 추안 '進士李好讓年三十八, 前檜原府院君黃愼, 救天(숙종 을묘 2월 28일), 萬鐵年三十三, 李台瑞年六十七, 李元吉年三 十八, 栟, 鄭元樞年三十九, 楚仙年四十五, 趙挺昌結案, 咸召史'의 원문을 인용하였다. 그리 고 '수유(受由), 관첩(關牒), 장계(狀啓), 감결(甘結), 계후문기(繼後文記), 전지(傳旨), 입지 (立旨)'에 해당하는 예문을 열거하였다.

101 소지(所志)는 백성이나 서리 등이 관부에 청원할 때에 제출하는 소장(訴狀), 청원서, 진정 서 등의 탄원서를 가리킨다. 소지의 서식은 「유서필지」 등에서 찾아볼 수 있으며, 탄원서 로는 단자(單子), 상서(上書), 원정(原情), 의송(議送) 등도 있다.

이다희, 2018ㄱ, 「조선 시대 소지·단자 연구」, 석사논문, 성남: 한국학중앙연구
　　원 한국학대학원.
이다희, 2018ㄴ, 조선 후기 단자 연구 -탄원서를 중심으로-, 「고문서연구」 53,
　　한국고문서학회. 1-24.
전경목, 1996, 「조선 후기 산송 연구 -18·19세기 고문서를 중심으로-」, 박사논
　　문, 전주: 전북대학교 대학원.
전경목 외 옮김, 2006, 「유서필지: 고문서 이해의 첫걸음」, 파주: 사계절출판사.
　　〈국립중앙도서관 협약도서관 원문 보기〉
최승희, 2011, 「(개정증보판) 한국고문서연구」, 서울: 지식산업사.

③⑦ 언문과 이두

　훈민정음의 창제는 한국어를 표기하기에 불완전한 이두를 언문으로 대
체하고자 한 것이 그 중요한 목적의 하나였다. 그리하여 이과(吏科)의 인재
를 뽑을 때 정음을 시험 과목으로 정하기도 하였고, 세종 자신이 대간들의
죄를 의금부와 승정원에 알릴 경우 언문으로 써서 보낸 일도 있었다.

　「세조실록」에는 동반(東班)·서반(西班) 5품 이하의 고신첩(告身牒)을 이두로
적어왔는데 세조 때 한문인 이문(吏文)으로 대체하였다는 기록이 있다. 이두로
기록되어 오던 영역이 언문과 한문에 의하여 축소된 사실을 알려준다.

　훈민정음이 창제되면서 한자, 이두, 언문(한글)을 공용하게 되어 나중에
는 사회 구성원의 계층과도 관련을 맺게 되었다. 즉 선비들은 정격 한문,
중인은 이두문, 부녀자나 서민들은 한글 문장을 사용한다는 것으로 인식하
게 되었다. 이두가 사회적인 계층과 결부됨으로써 「유서필지」에서는 서리
들이 사용하는 문체를 '이서지체(吏胥之體)'라는 문체의 이름으로 부르기도
하였다. 임진왜란 때에 왕이 백성들에게 교서를 내릴 때, 선비들에게는
정격 한문으로 적은 원문을 그대로 보내어 알게 하고, 선비 이외의 사람들

은 이해하지 못할 것이니 이두를 넣어 방문을 만들어 붙이고, 이것을 또 언문으로 번역하여 촌민들도 모두 알게 하도록 하라는 기록이 있다. 언어 대중들이 언문을 사용하기 시작하면서 이두는 문자로서의 기능을 서서히 상실해갔다고 말할 수 있다.

참고논저

남풍현, 2014, 훈민정음의 창제 목적, 「국어사 연구」, 파주: 태학사. 237-263.

38 이두 목록, 이두 학습서, 이두 사전

국내외 문서 작성에 사용했던 한자 성구와 이두 등을 나열한 이두 목록과 이두 학습서는 「이문(吏文)」(편저자 미상, 1658),[102] 「이문대사(吏文大師)」(17~18세기 추정),[103] 「이문대사(吏文大師)」(18세기 중반 이전),[104] 「전율통보(典律通補)」(구윤명(具允明), 1761년 무렵 추정) 초고본 별편(別編)의 '이문(吏文)', 「전율통보(典律通補)」(구윤명, 1786) 수정본 별편(別編)의 '이문(吏文)', 「고금석림(古今釋林)」(이의봉(李義鳳), 1789)의 '나려이두(羅麗吏讀)', 「재물보(才物譜)」(이만영(李晚永), 1798)의 '이두(里讀)', 「이문잡례(吏文襍例)」(편저자 미상, 18세기 이후 추정), 「이두편람(吏讀便覽)」(1829년 또는 1830년 추정),[105] 「오주연문장

102　이 책은 이두 학습서로 동국대학교 도서관에 소장되어 있다. 안병희(1987ㄱ: 75-97) 참고. 이두 학습서 「이문(吏文)」과 이문 학습서 「이문(吏文)」의 구분이 필요하다. 이두 학습서 「이문대사(吏文大師)」의 표제는 '吏文大師'이지만 판심제는 '吏文'이므로 「이문대사」를 줄여서 '이문(吏文)'이라고도 한다. 이문 학습서 「이문(吏文)」은 1478년 이후 성종 연간(1469년~1494년)에 승문원에서 편찬한 것으로 추정되는 책으로 「이문집람(吏文輯覽)」(최세진, 1539)의 원전이다(안병희, 2007ㄱ: 111).

103　서울대학교 규장각 한국학연구원 소장. 안병희(1987ㄱ) 참고.

104　고려대학교 도서관 소장. 안병희(1987ㄱ) 참고.

전산고(五洲衍文長箋散稿)」(이규경, 1835~1849 무렵) 권46 '어록변증설(語錄辯證說)'의 부록 '이두방언(吏讀方言)', 「이문대사(吏文大師)」(1856),[106] 「유서필지(儒胥必知)」(편자 미상, 편찬 시기 미상)의 '이두휘편(吏讀彙編)', 「경리잡설(經俚雜說)」의 '동국이두휘편(東國吏讀彙編)', '한용자(旱用者)', '보장식(報狀式)',[107] 「언안(讞案)」(편찬 시기, 편자 미상)의 '이리대전필유소제편(吏理大典必有所濟篇)', 「주해어록총람(註解語錄總攬)」(1919)의 '이문어록(吏文語錄)', 「몽유(蒙牖)」의 부록 '아동이두(我東吏讀)',[108] 「산림문제해결책(山林問題解決策)」(임병억(林炳億), 1924)의 '이두'(111쪽-132쪽), 「이두집성(吏讀集成)」(1937, 조선총독부 중추원 편)[109] 등이 있다(안병희, 1987ㄱ: 12-20). 이것들은 17세기~20세기 사이에 이루어진 이두 편람이나 학습서 또는 연구서에 수록된 것인데, 이두에 한글로 독음을 달아놓은 것도 있어 이두 독법에 도움을 준다. 그러나 기록 당시의 현실 언어가 아니고 투식으로 오랜 동안 써오는 동안에 와전된 독법도 있으므로 이두의 올바른 독법을 재구하는 데에는 각별한 주의가 필요하다. 이두 색인으로는 홍순탁(1962), 강성일(1966), 김태균(1968ㄴ), 이철수(1988), 박성종(1989, 2006ㄱ, 2016), 오창명(1987, 1996ㄴ), 고정의 (1992ㄴ) 등이 있다.

이두 사전으로는 「이조어사전」(유창돈, 1964, 연세대학교 출판부)의 부록 '이두'(773쪽-807쪽), 「금성판 국어 대사전(ㅇ~ㅎ)」(운평어문연구소 편, 1991,

---

105 이두와 이문 어휘를 수록한 어휘집. 운각(芸閣)에서 인쇄한 간행본은 현전하지 않고 필사본만 현전한다. '이두편람(吏讀便覽)', '집람이문(輯覽吏文)', '행용이문(行用吏文)'으로 구성되어 있다. 전주고등학교와 일본 마에마문고(前間文庫)에 필사본 소장. 황금연(1994) 참고.

106 표제가 '吏文行文合部'로 되어 있는 국립중앙도서관 소장 필사본.

107 '동국이두휘편(東國吏讀彙編)'에 240개, '한용자(旱用者)'에 11개, '보장식(報狀式)' 등의 이두 문례에 125개 모두 376개의 이두에 한글 독음을 붙였다. 「유서필지」의 '이두휘편'과 그 구성이 거의 같다(장경준, 2007).

108 한글학회 소장.

109 부록으로 '이두문례(吏讀文例)', '이두약해(吏讀略解)', '조선어라마자발음대조표(朝鮮語羅馬字發音對照表)'를 수록하였다.

금성출판사) 부록 '이두 읽기 및 풀이'(3907쪽-3923쪽), 「우리말 큰사전 4. 옛말과 이두」 '이두'(5429쪽-5496쪽)(한글 학회 지음, 1992, 어문각), 이두와 구결을 표제항으로 선정한 「한국한자어사전」(단국대학교 동양학연구소, 1992, 단국대학교 출판부), 「이두 자료 읽기 사전」(장세경, 2001, 한양대학교 출판부), 「역대 이두사전」(배대온, 2003, 형설출판사), 「이두사전」(남풍현 외, 2020, 단국대학교 출판부) 등이 있다.

참고논저

강성일, 1966, 「대명률직해」 이두 색인, 「국어국문학」 31, 국어국문학회. 1-41.

고정의, 1992, 대명률직해 이두 색인, 「울산어문논집」 8, 울산: 울산대학교 국어국문학과. 23-90.

김태균, 1968, 이두 자료집, 「경대문학」 3, 서울: 경기대. 19-38.

박성종, 1989, 「심양장계」 이두 색인, 「관동어문학」 6, 강릉: 관동대학교 관동어문학회. 97-120.

박성종, 2006, 「조선 초기 고문서 이두문 역주」, 서울: 서울대학교출판부.

박성종, 2016, 「조선 전기 이두 연구」, 서울: 역락.

이철수, 1988, 「양잠경험촬요」의 이두 색인, 「인문과학연구소 논문집」 14, 인천: 인하대학교 인문과학연구소. 43-64.

안병희, 1987, 「이문과 이문대사」, 서울: 탑출판사.

안병희, 1992, 「국어사 연구」, 서울: 문학과 지성사.

안병희, 2007, 「최세진 연구」, 파주: 태학사.

안병희, 2009, 「국어사 문헌 연구」, 서울: 신구문화사.

오창명, 1987, 「비변사등록의 이두 연구」, 석사논문, 서울: 단국대.

장경준, 2007, 「경리잡설(經俚襍說)」의 이두와 독음, 「구결연구」 18, 서울: 구결학회. 409-443.

황금연, 1994, 「행용이문」의 차자표기 고찰, 「한국언어문학」 33, 한국언어문학회. 67-85.

중국과의 외교 문서를 정격 한문으로 작성했지만 이문(吏文)을 사용하기도 했다. 이문은 고려 때부터 관청 공문서와 중국 외교 문서에 사용한 독특한 변격 한문을 가리킨다. 이문에는 이두뿐만 아니라 중국 관공서에서 사용했던 한어 관용어, 관용구, 관용문 등의 관용 표현이 포함되어 있다. 이문은 중국 외교 문서뿐만 아니라 국내의 관공서 문서에도 사용되었으므로 이문에 사용하는 한자 성구와 이두를 함께 나열한 「이문(吏文)」(승문원, 1478년~1494년 사이 추정)[110] 등과 같은 편람이 간행되기도 하였다.

고려 공양왕(1389년~1392년 재위)은 이학 교관을 사역원에 두어 이문을 교육하기 시작했으며, 조선에서도 사역원과 승문원에서 이문을 가르쳤다. 이문 교재로는 「이문등록(吏文謄錄)」,[111] 「지정조격(至正條格)」,[112] 「통제조격(通制條格)」,[113] 「이문(吏文)」(승문원, 1478년~1494년 사이 추정),[114] 「이문속집(吏

---

110 이 책은 명나라와의 외교 문서를 자료로 삼아 승문원에서 편찬한 것으로 추측한다. 4권 4책인데 권1이 없다. 흔히 권1은 한문인 '선유성지(宣諭聖旨)'로 이문 학습과 관련이 없어 간행하지 않은 것으로 본다. 명나라와의 외교 문서 선집인 이 책은 1370년(공민왕 19년)의 '중서성자(中書省咨)'부터 1478년의 '예부제(禮部題)'까지의 외교 문서들을 수록하고 있으므로 1478년 이후 성종(1469년~1494년 재위) 때에 승문원에서 간행한 것으로 짐작한다. 중종 때 간행된 것으로 추정하는 을해자본 권2와 권3 2책이 서울대학교 도서관 상백문고에 소장되어 있고, 명종 때에 간행된 것으로 보이는 갑인자본 권4 1책이 통문관 이겸로 사장의 구장본으로 알려져 있다.

111 중국과의 외교에 필요한 자문(咨文), 서계(書契), 관자(關子), 감경(甘結). 보장(報狀), 제사(題辭) 등에 관한 서적으로 「세종실록」 권제51 세종 13년 1월 21일(병술)과 「경국대전」 예전 장권 등에서 언급하였다. 이 책은 현전하지 않는다(「한국고전용어사전」 참고).

112 1346년에 간행된 원나라의 법전이다. 고려와 조선의 법제에 영향을 미쳤다. 1423년(세종 5년)에 50부를 간행하였고, 1493년(성종 24년)에는 성종이 신하들에게 「지정조격」을 하사하여 읽게 하였다는 기록을 「조선왕조실록」, 「승정원일기」 등에서 찾아볼 수 있다. 경기도 성남시 경주 손씨 문중에서 소장하고 있는 「지정조격」 권1-12, 권23-24가 유일본으로 2021년 2월 17일에 보물로 지정되어 전해진다.

113 1323년에 단행 법령과 판례를 편찬하여 간행한 책인 「대원통제」는 원나라 법률서로 제

文續集)」(최세진(崔世珍, 1468년~1542년), 1539), 「이문속집집람(吏文續集輯覽)」
(최세진, 1539),[115] 「이문집람(吏文輯覽)」(최세진, 1539),[116] 「증정이문집람(增定
吏文輯覽)」,[117] 「증정이문속집집람(增定吏文續集輯覽)」 등이 있다(안병희, 2007).

박태권, 1973, 이문과 이문대사, 「수련어문논집」 창간호, 부산: 부산여대 국어교
    육학과 수련어문학회. 77-105.
안병희, 1987, 「이문과 이문대사」, 서울: 탑출판사.
안병희, 1992, 「국어사 연구」, 서울: 문학과 지성사.
안병희, 1996, 「증정이문」, 「증정이문속집」, 「비부초의집람」 해제, 「서지학보」
    17, 한국서지학회. 147-157.
안병희, 2007, 「최세진 연구」, 파주: 태학사.
이강로, 1973, 훈민정음 창제 이전의 이학 관계의 연구, 「논문집」 8, 인천교육대
    학교. 1-30.
이근수, 1980, 조선조의 이문 교육, 「국어국문학」 82, 국어국문학회. 108-140.

조(制詔), 조격(條格), 단례(斷例), 별류(別類)의 4부로 이루어진 것이 남아 있다. 「대원통
제」 가운데 조격의 일부분을 복각하여 간행한 「통제조격(通制條格)」이 전해진다(「두산백
과」). 「대원통제」는 「대전회통」 예전 장권에서 언급하였다.

114 4권 4책. 「이문등록(吏文謄錄)」에서 취사선택한 어구를 풀이한 책이다. 서울대학교 중앙
    도서관 세조 연간(1455년~1468년)(서울대 중앙도서관) 또는 16세기 중반(안병희, 2007:
    163) 간행 추정 을해자 활자본 권2, 권3 2책 소장. 서울대학교 규장각 한국학연구원 17세
    기~18세기(규장각) 또는 임진왜란 이후(안병희, 2007ㄱ: 163) 간행 추정 목판본 권2
    1책 소장. 통문관 이겸로 명종 연간(1545년~1567년) 간행 추정 갑인자본 권4 1책 구장.
    일본 궁내청 서릉부(宮內廳書陵部) 임진왜란 이후 간행 추정 목판본 소장.
115 「이문속집」의 주석서. 원간본은 현전하지 않고 17세기 전반 간행 목판본이 남아 있다(안
    병희, 2007ㄱ: 164).
116 최세진이 「이문(吏文)」에서 어려운 어구를 선택하여 풀이한 책이다. 원간본은 현전하지
    않고 17세기 전반 간행 목판본이 남아 있다(안병희, 2007ㄱ: 164).
117 '증정이문집람' 33장, '증정이문속집집람' 4장, '비부초의집람(比部招議輯覽)' 6장의 합부
    1책 동국대학교 도서관 소장.

40

향가, 도솔가, 사뇌가

부여의 영고(迎鼓),[118] 동예(東濊)의 무천(儛天),[119] 고구려의 동맹(東盟), 삼한의 시월제(十月祭)[120] 등은 우리 선조 고대 한인이 노래(풍악)와 춤을 즐겼다는 사실을 확인해 준다. 그리고 고대 가요로 가락국의 '거북아', 신라의 '회소곡(會蘇曲)', '도솔가(兜率歌)' 등을 들 수 있다.

우리의 고유 시가는 도솔가, 사뇌가, 향가, 고려 속요, 가사, 시조가 있다. 이 가운데 향가(鄕歌)는 신라와 고려 전기까지 개인이 지은 노래로 중국 한문 시가에 대하여 우리 고유의 시가를 가리킨다.[121] 향가는 신라 가요, 신라 가사라고도 한다. 보통 향가는 도솔가와 사뇌가를 포함한다. 그러나 '해가', '지귀주사', '비형랑주사' 등의 주술 가요와 '풍요' 등의 민요는 향가에서 제외한다. 그리고 원효가 지은 '무애가'와 월명사(月明師)가 불교 포교를 위하여 지은 '산화가(散花歌)'[122] 등도 향가에서 제외한다.

도솔가는 농악이나 쾌지나칭칭, 강강수월래에서 볼 수 있는 회악(會樂), 원무가(圓舞歌), 윤무가(輪舞歌)의 성격을 지닌 도율가(또는 두율가)와 불교의 도솔(욕계육천)과 관련된 월명사의 도솔가로 나눈다. 도솔가는 향가 가운데 유리왕대의 '도솔가'와 월명사의 '도솔가'를 가리킨다.

---

118 음력 정월(12월)에 하늘에 제사하고 나라 사람들이 크게 모여서 연일 마시고 먹고 노래하고 춤을 추니 '영고'라고 부른다. 이때에 형벌과 옥사를 판결하고 죄수를 풀어준다(「삼국지」 위서 동이전 부여조).

119 무천은 해마다 음력 10월에 하늘에 제사를 지내고, 술을 마시고, 노래를 부르고, 춤을 추며 즐겼던 명절 축제이다(「위지」 동이전 예전, 「후한서」).

120 마한, 변한, 진한의 농악 가무

121 '향풍체가(鄕風體歌)'라는 용어는 '현화사비음기(玄化寺碑陰記)'(1022)에 새겨져 있다. 고려 현종이 현화사 낙성을 기념하여 향풍체가를 본따 직접 노래를 짓고 신하들에게도 경찬시뇌가(慶讚詩腦歌)를 짓게 하여 총 11수의 향가를 판액으로 만들어 현화사에 걸게 하였다고 하는데 현전하지 않는다(황패강, 2001: 14).

122 현전하지 않는다.

사뇌가(詞腦歌)[123](또는 시뇌가(詩腦歌), 사내가(思內歌))는 경주 주변인 사뇌야(詞腦野) 지방에서 주로 승려들이 부르던 시가이다. 사뇌가는 악곡에 따라 (반주 음악에 맞추어) 부르는 악가이다. 사뇌가는 '찬기파랑사뇌가(讚耆婆郞詞腦歌)'와 '신공사뇌가(身空詞腦歌)' 그리고 균여 대사가 지은 사뇌가 11수가 전해진다. 향가는 '3구 6명(三句六名)'의 형식을 가졌다고 하지만 「균여전」 11수의 사뇌가는 10구체 또는 11구체로 되어 있다.[124]

「균여전」에 수록되어 있는 사뇌가 11수와 「삼국유사」에 수록되어 있는 향가 14수가 있으며, 모두 25수가 있다. 그런데 고려 예종이 1120년에 향찰로 지은 가사 '도이장가(悼二將歌)'를 향가로 보기도 한다. 또 고려속요로 전해지는 정서(鄭敍, 1146년~170년)가 지은 '정과정곡(鄭瓜亭曲)'은 10구체 향가와 비슷하다고 향가로 다루기도 한다. 이 경우 향가는 모두 27수가 있는 셈이다.

참고논저

김완진, 1980, 「향가 해독법 연구」, 서울: 서울대학교출판부.

김완진, 2000, 「향가와 고려 가요」, 서울: 서울대학교출판부.

이근영, 1947, 향가 곧 사뇌가의 범위, 「한글」 12-4(통권 102), 한글학회. 34-50.

이근영, 1949, 향가 곧 사뇌가의 형식, 「한글」 105, 서울: 한글학회. 259-271.

황패강, 2001, 「향가 문학의 이론과 해석」, 서울: 일지사.

---

[123] 朕嘗聞師讚耆婆郞詞腦歌 〈「삼국유사」 권제2 기이 제2 경덕왕 충담사 표훈대덕〉
十一首之鄕歌 詞淸句麗 其爲作也 號稱詞腦 〈「균여전」 제8 역가현덕분〉
思內 一作**詩惱** 樂 奈解王時作也 〈「삼국사기」 권제32 잡지 제1〉
思內奇物樂 原郞徒作也 〈「삼국사기」 권제32 잡지 제1〉

[124] 사뇌가를 향가의 하부 장르로 보는 견해는 지헌영(1947), 조윤제(1963: 37), 김동욱 (1961, 1974: 320), 조지훈(1964: 150), 이명구(1976), 정병욱(1977), 황패강(2001: 13, 240-282) 등이 있다. 사뇌가를 향가와 같은 것으로 보는 견해는 오구라 신페이(小倉進平, 1929), 정인보(1930), 양주동(1957) 등이 있다.

41

「균여전」과 「삼국유사」의 향가

보현십원가(普賢十願歌)[125]는 10세기 광종 때에 균여 대사가 「사십화엄경(四十華嚴經)」 '보현행원품(普賢行願品)'에서 제시된 발심 수도의 어려운 내용을 중생에게 쉽게 알리기 위해 11수의 사뇌가(향가)로 지은 것이다(양재연, 1959). 보현십원가는 예경제불가(禮敬諸佛歌), 칭찬여래가(稱讚如來歌), 광수공양가(廣修供養歌), 참회업장가(懺悔業障歌), 수희공덕가(隨喜功德歌), 청전법륜가(請轉法輪歌), 청불주세가(請佛住世歌), 상수불학가(常隨佛學歌), 항순중생가(恒順衆生歌), 보개회향가(普皆廻向歌) 10수와 이것을 총집한 총결무진가(總結無盡歌) 1수를 합쳐 모두 11수의 향가인데, 「균여전」에 수록되어 있다(남풍현, 1988ㄱ).

「삼국유사」에 수록되어 있는 향가는 14수로 서동요(薯童謠), 혜성가(彗星歌), 풍요(風謠), 원왕생가(願往生歌), 모죽지랑가(慕竹旨郎歌), 헌화가(獻花歌), 원가(怨歌), 도솔가(兜率歌), 제망매가(祭亡妹歌), 안민가(安民歌), 찬기파랑가(讚耆婆郎歌), 우적가(遇賊歌), 처용가(處容歌), 도천수관음가(禱千手觀音歌)이다.

향가의 원문과 해석문은 김완진(1980) 등의 논저와 인터넷에서 찾아볼 수 있으니 여기에서는 자세한 설명은 생략하기로 한다.

참고논저

김완진, 1980, 「향가 해독법 연구」, 서울: 서울대학교출판부.
남풍현, 1988, 균여전, 「국어생활」 12, 서울: 국어연구소. 109-116.

---

[125] '보현십종원왕가(普賢十種願往歌)' 또는 '원왕가(願往歌)'라고도 한다.

향가는 문자로 표기한 것 즉 향찰(鄕札)로 적은 것과 한문으로 의역한 것이 있고,[126] 구비전승으로 문자로 표기하지 않은 것이 있다.[127] 향찰로 표기한 향가는 우리말의 어순으로 적은 우리 시가이다. 향가에서는 문장을 한자와 차자로 표기하였는데, 문법형태소는 이두로 표기하였다. 우리 고유 노래인 향가는 향찰만으로 우리말을 한국어 문장의 어순(우리말 어순)으로 적기도 하였다. 중국인은 이렇게 적은 문장의 뜻과 음을 이해하지 못한다.

향찰은 이두문 이외의 시가나 경전 석의처럼 한국어를 전면적으로 표기한 글자이다(남풍현, 2009: 191). 「균여전」(혁련정(赫連挺),[128] 1075)에는 최행귀가 균여의 향가를 한시로 번역한 취지를 설명한 글이 수록되어 있는데, 최행귀는 이 글에서 당문(唐文)에 대한 우리말 표기를 향찰이라고 하였다.[129]

향찰 표기는 한문의 각 구성소마다 토를 붙이는 석독구결을 모태로 발달한 것이므로[130] 한문의 수용이 고대 한국어의 원만한 표기법을 낳은 것으로 보기도 한다(남풍현, 2009: 118, 263).

---

126 한문으로 번역한 가요는 가락국가(駕洛國歌), 공후인(箜篌引), 황조가(黃鳥歌), 해가사(海歌詞) 등이 있다.

127 가사는 없고 제목만 남아 있는 것으로는 대도곡(大道曲), 망국애가(亡國哀歌), 무애가(無㝵歌), 문군곡(問群曲), 물계자가(勿稽子歌), 산화가(散花歌), 신공사뇌가(身空詞腦歌), 앵무가(鸚鵡歌), 현금포곡(玄琴抱曲) 등이 있다.

128 혁련정(생몰년 미상)은 균여의 전기인 「대화엄 수좌 원통양중 대사 균여전(大華嚴首座圓通兩重大師均如傳)」을 지은 고려 전기 장락전(長樂殿) 학사(學士), 판제학원사(判諸學院事) 등을 역임한 학자이다.

129 矧復唐文如帝網交羅 我邦易讀 **鄕札**似梵書連布 彼土難諳 〈「균여전」 第八 譯歌現德分者〉

130 최익한이 쓴 정렬모(1954)의 서문 18쪽에서는 향찰의 파편으로서 이두가 성립되어 관공 문서와 일반 기록에 사용하였다고 주장하였다. 그리고 향찰은 신라에서 성행하였고 고려에 와서 이미 쇠퇴하였으며, 이두는 신라에서 제정되어 고려에 와서 발달되어 조선 말기 까지 유행하였으며, 구결과 그 약자인 토(약자토)는 조선 시대에 비로소 완성되었다고 설명하였다.

향찰 표기를 이두 표기와 대등하게 여기는 견해를 제시한 논의로는 오구라 신페이(小倉進平, 1929: 283), 최현배(1942: 274), 이숭녕(1954: 89), 정인승(1957), 황패강(2001: 131-239) 등이 있다. 반면에 향찰 표기를 향가에만 제한하는 입장을 내세운 논의로는 양주동(1942: 59), 김형규(1955: 57), 강윤호(1956), 유창균(1959: 38), 김근수(1961), 박병채(1967ㄱ) 등이 있다.

향찰 색인으로는 이연자(1968), 박병채(1969), 이은규·노은주(1991) 등이 있다.

참고논저

강윤호, 1956, 이두학사 연구 서설 1. 근세 서양인의 이두 연구, 「국어국문학」 15, 국어국문학회. 75-92.

김근수, 1961, 이두 연구, 「아세아연구」 통권 7호, 서울: 고려대 아세아문제연구소. 87-139.

김형규, 1955, 「국어사」, 서울: 백영사.

남풍현, 2009, 「고대 한국어 연구」, 서울: 시간의 물레.

박병채, 1967, 한국 문자 발달사, 「한국문화사대계」 5, 서울: 고려대 민족문화연구소.

양주동, 1942, 「조선 고가 연구」, 경성: 박문서관.

유창균, 1959, 「국어학사」, 대구: 영문사.

이연자, 1968, 향가 표기의 통계적 연구(1), 「국문학연구」 1, 대구: 효성여대 국어국문학연구실. 135-172.

이은규·노은주, 1991, 향가 용자례 연구, 「한국전통문화연구」 7, 대구: 효성여대 한국전통문화연구소. 341-442.

정인승, 1957, 이두 기원의 신고찰, 「일석 이희승 선생 송수기념논총」, 서울: 일조각.

최현배, 1942, 「한글갈」, 경성: 정음사.

황패강, 2001, 「향가 문학의 이론과 해석」, 서울: 일지사.

小倉進平, 1929, 「鄕歌及び吏讀の硏究」, 경성: 경성제국대학.

이두의 주격조사는 '亦, 弋只/戈只, 是, 敎是'가 있다. 신라의 이두 자료에서는 주격조사를 찾아볼 수 없으나, '약목 정도사 조탑 형지기(1031)'에서부터 주격조사 '亦(이)'를 찾아볼 수 있다(서종학, 1995: 65-66). '亦'은 11세기 전반부터 15세기 전반까지의 자료에서 찾아볼 수 있다. 따라서 접사와 어미를 표기했던 '亦'을 고려 때부터는 주격조사로 사용하기 시작했음을 짐작할 수 있다. 그리고 '弋只/戈只'는 13세기 후반부터 14세기 후반까지의 자료에서, '是'는 14세기 후반부터 15세기 전반까지의 자료에서 찾아볼 수 있다. '敎是'는 14세기 후반부터 15세기 후반까지의 자료에 나타난다. 이두의 대격조사 '乙'은 10세기 전반 자료에서부터 15세기 후반의 자료에서 찾아볼 수 있다(이용, 2017).

이두의 처격조사 '中(긔, 희)'는 고구려 성벽 석각과 '경주 서봉총 은합우 명문'(451년 추정) 등에서 찾아볼 수 있는데, '정도사 조탑 형지기'(1031)부터는 '良中(아긔, 아희, 아히)'과 '亦中(이긔, 여긔, 의긔)'로 분화되어 더 이상 단독으로는 처격조사로 사용하지 않았다. 이 현상은 '中'가 초기에 훈독자로 사용되다가 훈가자로 바뀌었다는 것을 알려준다(남풍현, 1997ㄴ).

이두의 도구격 조사 '以'는 6세기 후반부터 15세기 전반까지의 자료에서 찾아볼 수 있다. 이두의 속격 조사 '矣'는 11세기부터 15세기 전반까지의 자료에 나타나고, '叱'은 13세기 전반부터 14세기 후반까지의 자료에서 찾아볼 수 있다. 이두의 공동격 조사 '果'는 14세기 후반부터 15세기 전반의 자료에 나타난다. 이두의 주제격 조사 '者'는 6세기 후반부터 9세기 전반의 자료 즉 고려 이전의 자료에서만 나타나며, '段'은 11세기 후반부터 15세기의 자료에서, '隱'은 14세기 후반부터 15세기 전반의 자료에서 찾아볼 수 있다(이용, 2017).

한편 향가에서는 '亦'을 찾아볼 수 있는데, '원왕생가'에서는 파생접사로 사용되었고, '예경제불가'에서는 연결어미로 사용되었다.

참고논저

남풍현, 1977, 국어 처격 조사의 발달 -구역인왕경의 구결을 중심으로-, 「이숭녕 선생 고희기념 국어국문학논총」, 서울: 탑출판사. 〈남풍현(1999: 241-269) 재수록〉

남풍현, 2000, 「이두 연구」, 서울: 태학사.

남풍현, 2006, 상고시대에 있어서 차자표기법의 발달, 「구결연구」 16, 구결학회. 5-25. 〈남풍현(2009) 재수록〉

배대온, 2002, 「이두 문법소의 통시적 연구」, 진주: 경상대학교출판부.

서종학, 1995, 「이두의 역사적 연구」, 경산: 영남대학교출판부.

이승재, 1992, 「고려 시대의 이두」, 서울: 태학사.

이 용, 2017, 조사 표기자로 본 이두 변천, 「구결연구」 38, 서울: 구결학회. 109-149.

최성규, 2016, 「차자표기 자료의 격조사 -삼국시대부터 고려시대까지를 중심으로-」, 박사논문, 서울: 서울대학교 대학원.

3. 중국 한문 읽기: 낭독과 독해

중국어 학습자가 중국어(한어)를 한자로 적은 중국 책을 읽기(낭독과 독해) 위해서는 먼저 한자의 '형음의' 즉 형태, 음, 뜻을 알아야 한다. 우리는 영어를 배우기 위해서 영어 알파벳을 먼저 배운다. 그리고 일본어를 배우기 위해서 50음표를 외우고 한자(간지)의 형태, 음, 뜻을 익힌다.

한자는 1자가 뜻을 지닌 표의문자이기 때문에 우리는 중국어 문장 즉 한문을 배우기 이전에 「천자문」과 같은 한자 학습서를 통해 '天 하늘 천' 등 약 1000개 정도의 한자 형태와 뜻과 음을 외운다.[1] 즉 중국 한자 초학서[2] 「천자문」 등을 통해 한자의 형태(글자 모양), 뜻, 발음을 익혔다. 중국어 문장을 배우기 이전에 먼저 중국어를 표기하는 글자인 중국 글자 즉 한자를 배운다.

중국어는 문장 구성 성분의 순서에 따라 문법적 기능이 결정되는 고립어 이다. 즉 중국어 문장은 문장 구성 성분의 어순이 문장의 의미를 결정한다.

---

[1] 한글이 없었을 때에는 한자의 훈과 음은 암송하여 구전되었을 것으로 본다. 만약 훈과 음을 이두 등으로 표기하여 사용했다면 학습량은 증가할 수밖에 없을 것이다. 한글로 훈과 음을 표기하여 사용한 경우에도 마찬가지로 한글과 한자를 모두 학습해야 한다.

[2] 중국의 대표적인 아동 한자 학습서는 「삼자경(三字經)」(王應麟), 「백가성(百家姓)」, 「천자문(千字文)」(周興嗣)가 있다. 흔히 이 책들을 '삼백천(三伯千)'이라고 부른다.

그런데 한국어는 문장의 어순이 아닌 중국어에는 없는 조사와 어미가 문장의 구성 성분의 문법 기능과 문장의 의미를 결정한다. 그래서 중국어를 한자로 적은 문장을 읽고 의미를 이해하려면 우선 문장 구성 성분 즉 한자들의 음과 어휘적 의미와 문법 기능을 이해하는 지식을 습득해야 한다. 그런 다음 문장을 한국어 어순으로 읽도록 하는 작업이 필요하다. 여러 가지 읽는 방법이 있다. 즉 중국어 문장 구성 성분을 분리하여 한국어 문장 어순으로 재배치하는 방법, 중국어 문장 구성 성분의 분리가 불편하거나 어려울 때는 두 언어의 어순을 혼용하는 방법, 중국어에만 있고 한국어에 없는 문장 구성 성분을 삭제하거나 그대로 두는 방법, 중국어에는 없으나 한국어에만 있는 문장 구성 성분을 첨가하거나 생략하는 방법 등이 있다.

44 중국 서적 읽기

서당에서 아동들은 중국인 주흥사(周興嗣, 470년~521년)가 지은 「천자문(千字文)」 등의 한자 초학서를 학습한 다음 한문 학습서 「명심보감초(明心寶鑑抄)」(추적(秋適, 1246년~1317년) 편, 고려 시대), 「계몽편(啓蒙篇)」(저자 미상, 조선 시대), 「사자소학(四字小學)」(저자 미상, 조선 시대), 「동몽수지(童蒙須知)」(송나라 주자(朱子) 저, 조선 노수신(盧守愼, 1515년~1590년) 편, 1517), 「동몽선습(童蒙先習)」(박세무(朴世茂)·민제인(閔齊仁), 1543), 「격몽요결(擊蒙要訣)」(이이(李珥), 1577), 「추구(推句)」(저자 미상) 등에 음독구결자 즉 토를 작은 글자로 달아 문장을 암송하였다.[3] 구결자는 한문을 학습할 때에 사용한 글자인데, 구결자를 빼면 아래의 「동몽수지」의 예문과 같은 한문이 된다.

---

3   구결을 다는 방법이나 단락을 구분하는 방식은 편저자의 문장 해독 방법이나 이본에 따라 다른 점도 있다.

此三者乙 要緊束伊五 不可寬慢伊尼 〈「동몽수지」〉

차삼자을 요긴속이오 불가관만이니

此三者要緊束不可寬慢

이런 학습 과정이 끝나면 과거시험을 준비하거나 학문을 하기 위해서 사서인 「대학(大學)」, 「중용(中庸)」, 「논어(論語)」, 「맹자(孟子)」와 삼경인 「시경(詩經)」, 「서경(書經)」, 「주역(周易)」 즉 유학 7서와 「사기(史記)」, 「근사록(近思錄)」, 「심경(心經)」, 「이정전서(二程全書)」, 「주자대전(朱子大全)」 등을 독서하는 것이 보통이었다.

선조가 명령하여 교정청(校正廳)에서 1590년에 「논어」의 원문에 한글 토를 달고 언해하여 4권 4책으로 간행한 「논어언해(論語諺解)」[4] 권1의 '學학而이第뎨一일'의 첫 문장을 제시해보자.

① 중국 한문: 子曰學而時習之不亦說乎
② 한자의 의미[5]: 子(아돌 즈, 공자), 曰(갈 왈), 學(비홀 혹), 而(이), 時(뻐니 시), 習(비홀 습), 之(갈 지), 不(안득 블), 亦(쏘 역), 說(깃글 열), 乎(어조 ᄉ 호)
③ 중국 한자를 한국 한자음으로 읽기: 즈왈혹이시습지블역열호(자왈학이 시습지불역열호)

---

4 활자본. 선조의 사서삼경의 언해 사업으로 「대학언해」, 「중용언해」, 「맹자언해」, 「소학언해」도 함께 간행되었다. 도산서원에 소장되어 있다.

5 제일 오래된 인쇄본 한자 초학서에서 찾은 한자의 음과 훈을 제시했다. 한자의 음과 의미를 학습하기 위한 인쇄본 한자 초학서는 16세기에 간행된 것들이 제일 오래되었다. 「훈몽자회(訓蒙字會)」(최세진, 1527), 「자훈언해(字訓諺解)」(노수신, 1555), 「천자문」(주흥사, 1575), 「신증유합(新增類合)」(유희춘, 1576), 「석봉천자문(石峰千字文)」(한호 씀, 1583) 등이 현전한다. 필사본 한자 초학서는 인쇄본보다 훨씬 많이 만들어졌을 것으로 추측하나 현전하는 것이 그리 많지 않고 정확한 필사 시기, 원본, 필사자 등을 확인하기 어려워 자료 사용에 신중해야 한다.

④ 구결자(한국어 조사와 어미) 붙이기: 子ㅣ曰學而時習之**면**不亦說乎**아**

⑤ 중국 한자를 한국 한자음으로 읽고 구결자를 붙여 읽기: 子주ㅣ曰왈學학而이時시習습之지**면**不블亦역說열乎호**아**(주ㅣ 왈학이시습지면블역열호아)

⑥ 한국어 번역(언해): 子주ㅣ골ㅇ샤ᄃᆡ學학ᄒ고時시로習습ᄒ면또ᄒᆞᆫ깃브디아니ᄒ랴(공자가 가라사되 배우고 때로 익히면 또한 기쁘지 아니겠는가)

①의 중국 한문(정격 한문)의 의미를 한국인이 해석하려면 ②에서부터 ⑥의 다섯 단계를 거쳐야 한다.

②와 ③의 단계는 한자 초학서를 통하여 습득한 한자의 음과 훈을 기억하고 있으면 쉽게 통과할 수 있다. 그런데 초학의 수준을 넘어서는 한자가 있는 경우에는 이해하기 어려우므로 한자 사전이나 한자어 사전을 이용하여 한자의 음과 훈을 검색해야 한다.

④의 단계는 한문 학습서를 통하여 익힌 중국 한문의 분석 능력 즉 중국 한문의 구성 성분의 문법 기능을 이해해야 한국어 조사와 어미를 붙일 수 있다. 여기에서는 한글로 표기하였지만, 한글이 없었던 시기에는 한국 사람만 사용하는 정체자 구결자, 약체자 구결자, 점토, 부호 등으로 적었다. 이 경우에는 한국 한자로 표기한 조사와 어미를 구분하고 이해할 수 있는 별도의 능력이 필요하다. 그런데 독자의 문장의 분석 능력과 독해 방법 등에 따라 조사와 어미를 붙이는 방법이 달라질 수 있다. 중국 한문은 띄어쓰기를 하지 않으므로 어느 구성 성분에 조사와 어미를 붙일지 애매한 경우가 있으며 특히 중의문의 경우 독해 결과가 달라질 가능성은 커진다. 이 과정은 표제항의 어휘문법적인 내용이 구체적으로 기술되어 있는 중국어-한국어 전자 사전이 있어야 보다 정확하게 이해할 수 있다.

「논어언해」(1590)에 인쇄된 본문 문장과 동일한 ⑤의 단계에서는 한자와

한글을 모두 읽는 것은 아니다. 즉 '子ス │ 曰왈學혹而이時시習습之지**면**不블亦역說열乎호**아**'로 읽지 않고 'ス │ 왈학이시습지면블역열호아'로 읽는다.

⑥의 단계는 ④처럼 해석하는 사람마다 조금씩 달라질 수 있다. 「논어언해」에서는 '子ス │ 글ㅇ샤딕學혹ㅎ고時시로習습ㅎ면ㄸㅎ혼 깃브디아니ㅎ랴'라고 적었지만, 한자를 빼고 띄어쓰기를 하면 'ス │ 글ㅇ샤딕 혹ㅎ고 시로 습ㅎ면 ㄸㅎ혼 깃브디 아니ㅎ랴'가 된다. 이 언해문은 여러 가지 다른 방법으로 제시할 수 있다.

한글을 만들 때에 한글 제작 동기를 설명하는 「훈민정음(訓民正音)」(1446)에서는 정격 한문으로 아래와 같이 적었다.

> 國之語音。異乎中國。與文字不相流通。故愚民。有所欲言而終不得伸其情者。多
> 矣。

다만 중국에서 사용하지 않는 권점(。, ◦)을 사용하였다. 위의 ①의 단계에 해당한다.

그리고 서강대학교 도서관 소장 「월인석보(月印釋譜)」(1459) 권1의 책머리에 수록되어 있는 '世·솅宗종御·엉製·졩訓·훈民민正·졍音름'에서는 다음과 같이 적었다.

❶ 國·귁之징語:엉音름·이 ❷ 國·귁·온나·라히·라之징·는·임:겨지·라語:엉는:말·쏘미·라 ❸ 나·랏:말쏘·미

❶ 異·잉乎萼中듕國·귁·ㅎ·야 ❷ 異·잉·는다·룰·씨·라乎萼·는·아·모그에·ㅎ논·겨체·쓰는字·쭝 │ ·라中듕國·귁·은 皇萼帝·뎽:겨신나·라히·니·우리나·랏常쌍談땀·애江강南남·이·라·ㅎ·ㄴ니·라 ❸ 中듕國·귁·에달·아

❶ 與:영文문字·쭝·로不·붏相썅流률通통홀·씨 ❷ 與:영·는·이·와·뎌·와·ㅎ논·겨체·쓰논字·쭝 │ ·라文문·은·글·와리·라不·붏·은아·니·ㅎ논·ᄠ

디·라相샹·ㅇ서르·ㅎ논·ㅄ디라流륳通통·ㅇ흘·러ᄉᄆ·츨·씨·라 ❸ 文문字·

ᄍ·와·로서르ᄉ못·디아·니홀·씨

❶ 故·공·로愚웅民민·이有:ᄋᆞ所:송欲·욕言언·ㅎ야·도 ❷ 故·공·ᄂᆞᆫ젼·

치·라愚웅·ᄂᆞᆫ어·릴·씨·라有:ᄋᆞᆯ·ᄂᆞᆫ이실·씨·라所:송·ᄂᆞᆫ·배·라欲·욕·ᄋᆞᆫ호·

고·져홀·씨·라言언·ᄋᆞᆫ니를·씨·라 ❸ ·이런젼·ᄎᆞ·로어·린百·빅姓·셩·이니

르·고져·홇·배이·셔·도

❶ 而ᅀᅵᆼ終즁不·붏得·득伸신其끵情쪙者:쟝ㅣ多당:ᄋᆞᆯ多당矣:ᄋᆞᆯ·라 ❷ 而ᅀᅵᆼ·ᄂᆞᆫ·입·

겨지·라終즁·ᄋᆞᆫ모·ᄎᆞ미·라得·득·ᄋᆞᆫ시를·씨·라伸·신ᅌᅩᆫ·펼·씨·라其끵·ᄂᆞᆫ:

제·라情쪙·ᄋᆞᆫ·ᄠᅳ디·라者:쟝·ᄂᆞᆫ·노미·라多당ᄂᆞᆫ할·씨·라矣:ᄋᆞᆯ·ᄂᆞᆫ:말못·ᄂᆞᆫ·

입·겨지·라 ❸ 마·ᄎᆞᆷ:내제·ᄠᅳ·들시·러펴·디:몯홇·노·미하·니·라

❶은 앞의 ⑤에 해당하고, ❷는 ②에 해당하고, ❸은 ⑥에 해당한다.
각 한자의 의미를 기술한 ❷의 배치가 ❶과 ❸의 중간 단계에 놓인 것을
제외하면 「논어언해」(1590)과 동일하다.

지금까지는 한글을 사용할 수 있었던 시기에 간행된 서적의 읽기였지만,
한글이 없었던 때에는 중국 한자 정자를 그대로 사용하거나 중국 한자를
간단하게 줄인 약체자(생획자)[6]나 각필, 점토 등의 부호를 사용하였다. 앞
①~⑥의 한글 대신에 차자, 생획자와 역독점을 사용한 석독구결문의 예를
「구역인왕경(舊譯仁王經)」[7]에서 찾아보자(남풍현, 1999ㄴ: 67-105, 2014ㄱ:
28-34).

---

6   고려 시대 구결 자료에서는 보통 약체자를 사용한다. '大'처럼 획이 단순한 경우는 정자
    그대로 사용하고, 정자나 속자의 부분을 사용할 때에는 앞부분이나 뒷부분을 사용한다.
    서체는 초서체나 해서체를 사용한다. 인쇄 토는 보통 약체자보다는 정자를 사용한다.
    묵서로 기입한 구결은 대부분 약체자를 사용한다.

7   충남 서산시 운산면 태봉리 문수사에 소장된 고려 시대의 목판본 불교 경전. 1346년에
    조성된 불상의 복장물에서 1973년에 발견된 「구역인왕경」 상권의 2, 3, 11, 14, 15 다섯
    장이다.

(ㄱ) 중국 한문: 復有他方不可量衆

(ㄴ) 한자 오른쪽에 구결자와 역독점[8] 붙이기: <u>復</u>ソ1 有 <u>他方</u>ㅌ 不可 <u>量</u>ノ ㅎ、 <u>衆</u>、

(ㄷ) 한자 왼쪽에 구결자를 붙이기: 復 ㅌ ㅏ ㅎ 有他方 ㅊ ㅣ ㅌ ㅌ 不 ㅌ ソ 1 可 量衆

(ㄹ) 구결자를 합친 문장: <u>復</u>ソ1 ㅌ ㅏ ㅎ 有 <u>他方</u>ㅌ 不 ㅌ ソ 1 可 量 ノ ㅎ、 <u>衆</u>、

(ㅁ) 구결문을 한국어 어순으로 읽기: <u>復</u>ソ1 <u>他方</u>ㅌ <u>量</u>ノ ㅎ 可 ㅌ ソ 1 不 ㅊ ㅣ ㅌ ㅌ <u>衆</u> 有 ㅌ ㅏ ㅎ

(ㅂ) 약체자 구결자를 한자 정자로 바꾸기: <u>復爲隱</u> <u>他方叱</u> <u>量乎音</u> <u>可叱爲隱</u> 不知是飛叱 衆 有叱在彌

(ㅅ) 한국 한자음으로 읽기: 복위은 타방질 량호음 가질위은 불지시비질 중 유질재미

(ㅇ) 차용법 분석과 한자 의미:

復爲隱	훈독자-훈독자-음가자.	또-ᄒ-ㄴ
他方叱	음독자-음독자-음가자.	타방-ㅅ
量乎音	음독자-음가자-음가자.	량-호-ㅁ
可叱爲隱	훈독자-음가자-훈독자-음가자.	지-ㅅ-ᄒ-ㄴ
不知是飛叱	훈독자-음가자-훈가자-음가자-음가자.	안-디-이-ᄂ -ㅅ
衆	음독자.	중
有叱在彌	훈독자-음가자-훈독자-음가자.	이-ㅅ-겨-며

(ㅈ) 15세기 표기법: 또혼 他方ㅅ 量훔 짓혼 안디이놋 衆 잇겨며

---

8 '量ノㅎ、'과 '衆、'에서 '、'는 역독점으로 바로 위의 한자 또는 읽지 않은 한자 왼쪽에 단 구결자를 읽는 것을 지시한다. 역독점 대신에 한자 숫자 '一, 二, 三' 등을 사용하여 보다 구체적으로 읽는 방법을 제시하기도 하였다.

(ㅊ) 한국어로 직역: 또한 타방의 헤아림이 가하지 아니한 중이 있었으며

(ㅂ)과 같이 구결 정자를 붙여 한문을 읽는 방법은 정사 맹동 중간본(丁巳孟冬重刊本) 「동몽선습(童蒙先習)」,[9] 기묘 신간(己卯新刊) 춘방장판(春坊藏板) 「동몽선습」[10] 등에서도 찾아볼 수 있다.

天地之間萬物之衆匚 有人伊 最貴爲尼 所貴乎人者隱 以其有五倫也羅

음독자 '匚(에), 伊(이), 隱(은), 羅(라)'와 훈독자와 음독자의 결합된 '爲尼(하니)'를 구결자로 붙였는데, 이 글자를 삭제하면 정격 한문이 된다.

天地之間萬物之衆 有人最貴 所貴乎人者 以其有五倫也

(ㅇ)에서는 독자와 가자가 어절에 따른 여러 가지 결합형 즉 '독자-독자-가자, 독자-가자-가자, 독자-가자-독자-가자, 독자-가자-가자-가자-가자, 독자-가자-독자-가자' 등으로 사용된 것을 보여준다.[11]

---

9 박세무(朴世茂), 민제인(閔齊仁) 등이 1543년에 평안도 감영에서 펴낸 한문 초학서로 가장 오래된 아동 한문 학습서로 알려져 있다. 1759년에 영조가 쓴 '어제 서문'과 우암 송시열의 발문이 수록되어 있는 중간본이 간행되었다. 이 책의 저자에 관한 논의가 제기되었으며, 여러 가지 이본이 있다. 이 책의 원문은 국립중앙도서관 홈페이지(古5409-15)에서 찾아볼 수 있다.

10 춘방은 '세자시강원(世子侍講院)'의 별칭으로 조선시대 왕세자의 교육을 담당했던 관서이었다. 태조 초반에 설치하여 1895년(고종 32년)에 '왕태자궁'으로 이름을 바꾸었다가 1896년에 '시강원'으로 변경하였다. 이 책의 원문은 국립중앙도서관 홈페이지(한古朝17-9)에서 찾아볼 수 있다.

11 남풍현(2014: 32-33)에서는 (ㅇ)은 구절 (ㅂ)을 어절 단위로 분석한 것이라고 하면서 다음과 같이 설명하였다. 독자는 한문의 원문이고, 가자는 그 해석을 위한 토이다. 토 가운데 조동사의 어간을 나타내는 '爲(하나)'와 '在(겨)'와 같은 훈독자도 있지만, 이것에 굴절 형태를 나타내는 가자가 결합되므로 '독자+가자'의 구조가 된다. 이 구조는 향찰의

참고논저

남풍현, 1999, 「국어사를 위한 구결 연구」, 서울: 태학사.
남풍현, 2014, 「한국어와 한자 한문의 만남」, 서울: 월인.

45 구결과 구결자

구결(口訣)은 한문에 토를 넣어 읽는 독법 또는 그 내용을 통칭한다. '구수비결(口授秘訣)'이라는 용어에서 비롯된 것으로 보이는 구결은 한문의 행간에 토를 달아 한문을 읽을 때에 내용을 쉽고 바르게 이해할 수 있도록 도와준다. 구결은 '구두(句讀)'의 '두(讀)'에서 온 용어로 '토(吐)' 또는 '입곁'이라고도 한다.[12] 한문에 구결을 적는 일을 '구결을 달다, 구결을 정하다, 토를 달다, 현토(懸吐)하다' 등으로 표현한다.

구결자는 한문을 쉽게 읽기 위해 한문에 달아 놓은 한국어의 조사나 어미 또는 조동사나 말음첨기를 표시한 토를 가리킨다. 구결자는 자료에 따라 약간 다르게 사용된 경우도 있지만 대체로 그 형태가 일정하다.[13]

향가 표기에도 거의 그대로 적용된다.

12 '입'은 '구(口)'를 번역한것이고, '곁'은 '어조사'를 가리킨다. '현결(縣訣)'은 구결을 단다는 뜻을 나타내고, '현토(懸吐)'는 토를 단다는 의미를 가리킨다.

13 이승재(2017: 309-312)에서는 구결자가 구결 자료에서만 배타적으로 사용된 것으로 잘못 알려져 있다고 하면서, 다음과 같은 근거를 들어 '한국반자((韓國半字)' 또는 '한반자(韓半字)'라는 용어를 제안하였다. 즉 석가탑에서 나온 중수문서의 이두문에서 구결자 'ㅣ, ㆍ'가 사용되었고, 목간 자료에서 구결자 'ㅣ, 十, ㅣ, ㄹ, ㅣ, ㆍ, ㅊ, 노' 등과 자형이 동일한 'ㅣ, 十, ㅣ, ㄹ, ㅣ, ㆍ, ㅊ, 遣' 등을 찾아볼 수 있다. 중수문서와 목간 자료는 이두문의 일종이므로 구결자가 구결 자료에서만 사용된다는 기존의 이해가 잘못되었으며, 게다가 'ㅣ'는 향가 '만신가'에서도 찾아볼 수 있다. 따라서 이 글자들을 구결자로 지칭하는 것은 잘못이며, 이 글자들은 한국자(韓國字)의 일종인 한국반자(韓國半字) 또는 한반자(韓半字)라는 용어가 더 잘 어울린다고 설명하였다. 그리고 '구결, 이두, 향찰'은 표기 대상이나 용도에 따라 붙인 명칭이고, 기존의 구결자뿐만 아니라 이두자, 향찰자라

구결자는 사용 빈도가 높은 한자의 초서체(예: '人'의 초서체 'の'), 정자체의 앞부분(예: '隱'의 앞부분 '阝'), 정자의 앞부분을 간략한 자형(예: '阝'의 간략한 '㇕'), 정자의 뒷부분(예: '叱'의 뒷부분 'ㄴ')을 선택하거나 정자체가 간단한 한자는 그 자형을 그대로 사용한다(예: '大, 乃'). 그리고 하나의 구결자를 둘 이상의 자형을 사용하는 경우 즉 앞부분이나 뒷부분을 같이 사용하는 구결자도 있다.(예: '奴'의 구결자는 2개인데, 앞부분 '女' 또는 뒷부분 '又' 두 글자를 사용한다.) 이처럼 일정한 규칙에 따라 구결자를 선택하여 사용했음을 알 수 있다.

한편 '라(羅)' 음을 표시한 구결자 '罒, 亽, 丶'의 자형이나 '사(舍)' 음을 적은 '土, 舍'의 자형처럼 구결자의 자형이 시대에 따라 변화하는 현상도 찾아볼 수 있다. 그리고 불경 구결자는 산스크리트어의 음을 표기하는 데에 사용한 한자 즉 음사자의 자형과 같은 것이 많다. 보통 구결자는 본문의 한자 크기보다 작은 글자로 표시하고 이두는 본문의 한자와 동일한 크기로 표기한다.

음을 따라 만든 구결자는 '巨(巨, 거/커), 口(古, 고), 那(那, 나), 又(奴, 노/로), ㄴ(尼, 니), 夕(多, 다), 弋(代, 대), 刀(刀, 도), 亽(羅, 라), 户(淚, 러), 日(里, 리), 馬(馬, 마), 亦(旀, 며), 丆(面, 면), 土/舍(舍, 사), 西(西, 서), 小(小, 소), 寸(時, 시), 申(申, 신), 牙(牙, 아), 㫈(於, 어), ㄱ(也, 야), 言(言, 언), 厂(厓, 에/애), 五(五, 오), 阝/㇕(隱, 은/는/ㄴ), 乙(乙, 을/를/ㄹ), 厶(矣, 의), 广(底, 저), 丁(丁, 정), 乎(乎, 호), 尸(屎, 히)' 등이 있다. 훈을 따라 만든 구결자는 罒(飛 날 비, 나), 月(月, 달 월, 다), 力(加, 더할 가, 더), 朩(等, 등급 등, 드), 丶(是, 이 시, 이), 丷(爲, 할 위, 하)' 등이 있다. 복합형 구결자는 '罒阝(난), 月乙(달), 朩阝(든), 日叱(릿), 土丶(새), 寸乙(실), 㫈丶(에), 五阝(온), 丶阝(인), 丶叱(잇), 巨丶

는 용어도 문자론적 관점에서 부여한 명칭이 아니므로 문자론적인 관점에서 새로운 통칭인 '한국자'를 부여할 필요가 있다고 주장하였다.

(케)' 등이 있다.

'~하-', '~이-' 등과 결합하여 어미나 조사로 사용하는 구결은 '𠆛 卩(난), 乊 夕(로다), 乊 大(로대), 乊 小 丷 夕(로소이다), 乊 丷 夕(로이다), 日 五(리오), 言 丁(언정), 言 馬 卩(언마는), 乙 乊(으로), 丷 尹(이나), 丷 匕(이니), 丷 匕 丷 夕(이니이다), 丷 亽(이라), 丷 亽 力(이라도), 丷 户 匕(이러니), 丷 户 丷 夕(이러이다), 丷 日 叱 口(이릿고), 丷 寸 乙 士 丷(이실재), 丷 牙(이아), 丷 今 乙(이어늘), 丷 今 匕(이어니), 丷 今 尗 卩(이어든), 印 大(인대), 丷 卩 厂(인저), 丷 叱 可(잇가), 𢀳 丷 夕(케이다), 丷 口(하고), 丷 𠆛 匕(하나니), 丷 乊 匕(하노니), 丷 乊 亽(하노라), 丷 匕(하니), 丷 匕 亽(하니라), 丷 力 匕(하더니), 丷 亽(하라), 丷 尒(하며), 丷 舍(하사), 丷 士(하사), 丷 小 西(하소서), 丷 寸 匕(하시니), 丷 寸 丆(하시면), 丷 申 大(하신대), 丷 寸 卩 大(하신대), 丷 寸 乙 士 丷(하실재), 丷 ㇇(하야), 丷 ㇇ 𠆛 卩(하야난), 丷 ㇇ 卩(하야는), 丷 乙 士 丷(할새), 丷 匕(호니), 丷 弋(호대), 丷 日 亽(호리라), 丷 丷 夕(호이다)' 등이 있다(나무위키 '구결표' 참고).

신라 시대의 이두에 쓰인 토 가운데 고려 시대의 구결자와 동일한 것으로는 격조사 '之(⺀, ㅅ), 中(十, 긔), 以(⺍, 로)', 보조사 '那(乃, (이)나), 弥(尒, 금)', 종결어미 '矣(厶, 다)', 동명사 어미 '去(厺, 거), 乎(丿, ㄱ, 온)', 선어말어미 '飛(ㅌ, ᄂᆞ), 賜(㐅, ᄉᆞ)', 접미사 '侖(仐, 亽, 시), 于(亍, -오, -우)', 준문법 형태 '等(尗, ᄃᆞ), 爲(丷, ᄒᆞ-), 是(刂, 丶, 이-), 在(ナ, 겨-), 只(八, 기-)' 등이 있다(남풍현, 2009: 270-271).

신라 시대에는 주로 한자의 정자체를 구결자로 사용하였지만 고려 시대에는 대부분 약체자로 구결자를 표기하였다. 1443년 훈민정음을 사용하기 시작한 이후에는 한글 구결자도 등장하였다. 구결문은 한문에 구결자와 부호 등을 표기해 놓은 문장을 가리킨다.

구결자는 글자체에 따라 정해체(正楷體)로 적은 정자체 구결자와 약체 구결자로 나눌 수 있다. 또 구결자은 문자의 종류에 따라 한자 구결자 즉 이두 구결자[14]와 한글 구결자로 분류할 수 있으며, 사용된 텍스트 종류에 따라 불경 구결자(佛家口訣字)과 경서 구결자(經書口訣字)[15]로 구분할 수 있다. 그리고 구결자는 석독구결자(釋讀口訣字)와 순독구결자(順讀口訣字)로 나눌 수 있다.

구결 사전으로는 구결학회에서 한국학술진흥재단의 지원을 받아 2005년에서 2007년에 걸쳐 편찬했던 「구결사전」을 보완하고 수정하여 펴낸 「석독구결사전」(황선엽 외, 2009, 박문사)를 들 수 있다. 이 사전은 부록으로 「음독구결사전」 시디를 첨부하고 있다. 이 시디에는 석독구결 자료의 원문과 서울대 박진호 교수의 검색프로그램 유니콩크와 사용법도 포함되어 있다.

참고논저

남풍현, 2009, 「고대 한국어 연구」, 서울: 시간의 물레.
황선엽 외, 2009, 「석독구결사전」, 서울: 박문사.

---

46 구결과 토

구결은 언제부터 사용했는지는 정확하게 알 수 없다. 대대로 말로 즉 '구수비결(口授秘訣)'로 전해 내려온 구비구결(口碑口訣)은 문자구결(文字口訣)보다 훨씬 이른 시기부터 중국어 문장의 읽기 교육에 사용했을 것으로 짐작할 수 있다. 그런데 이것에 관한 기록이나 실제 자료로 현전하는 것은 찾아볼 수 없다. 대각국사(大覺國師) 의천(義天, 1055년~1101년)이 지은 「신편

---

14 안병희(1976)에서는 구결의 표기 수단에 따라 한글 구결과 이두 구결로 구별하고 이것을 한글토와 이두토로 부르는 것이 좋다고 하였다. 이두토는 정자 이두토와 약자 이두토로 나누었다.

15 유가 구결자(儒家口訣字)라고도 한다.

제종교장총록(新編諸宗教藏總錄)」(1090)의 '의천록(義天錄)'에서는 의상(義湘, 625년~702년)의 강의를 기록한 지통(智通, 655년~?)의 「요의문답(要義問答)」[16] 과 도신(道身)의 「일승문답(一乘問答)」[17]에는 우리말이 섞여 있다고 하였다. 여기서 우리말은 석독구결의 토 표기를 가리키는 것으로 볼 수 있다. 따라서 삼국시대(668년) 이전부터 자토석독구결을 사용했을 것으로 추측할 수 있다(남풍현, 2009: 460).

토는 대부분 한국어의 문법형태소인 조사와 어미를 나타내며, 말음첨기나 조동사를 표시하기도 한다. 한문의 어조사가 표기되어 있는 경우에는 문장의 문법형태소가 중복되어 나타나므로 한문의 원래 어조사는 읽지 않고 토만 읽는다. 이때에 읽지 않는 한문 어조사를 부독자(不讀字)[18]라고 하고 번역할 때에 괄호([ ] 또는 { }) 속에 넣어 표시한다(윤행순(2007), 남풍현 (2009: 487, 523) 참고).

토는 자토와 점토가 있다. 자토는 차자나 그 약체자로 표기하는 토이다. 점토는 한자를 사각형으로 보고 그 사변 안팎의 일정한 위치에 점과 선, 그리고 점과 선으로 이루어진 부호를 붙여 표시하는 토이다.

따라서 석독구결은 다시 자토석독구결과 점토석독구결로 나눌 수 있다.

---

16 '지통기(智通記)' 또는 '추동기(錐洞記)'라고도 하는데 현전하지 않는다.

17 '도신장(道身章)'이라고도 하는데 현전하지 않는다.

18 부독자로는 한문에서 주제를 나타내는 어기사 '者', 접속 조사 '之', 지시 대명사 '之', 지시사 '是'와 '斯', 계사성 조동사 '爲', 개사 '爲', '삼다'의 뜻을 나타내는 '爲', '하고자 하다'의 뜻을 나타내는 '爲', '三(삼-)'으로 전훈독 표기를 한 '因', 개사 '由', 개사 '用', '삼'을 읽고 '위하여'의 뜻을 나타내는 '與', '의욕'을 나타내는 조동사 '欲', 사역형 '令', '두'의 뜻을 나타내는 '有', '無有' 앞에 토가 붙는 '有', 비교 형용사 '如'와 '若', 어조사 '等', '필연'의 뜻을 나타내는 '應'과 '應可', 양보 접속사 '雖', 순접 접속사 '乃', 접속사 '又', 접속사 '亦', 부사 또는 접속사 '復', 선택 접속사 '或', 어기사 '哉', 의문 어기사 '耶', '마다'의 뜻을 나타내는 '徧', '사뭇'의 뜻을 나타내는 '暫', '나이-'의 뜻을 나타내는 '言', '부리'의 뜻을 나타내는 '輟', '우리'의 뜻을 나타내는 '吾'와 '我', '쁴'의 뜻을 나타내는 '時' 등이 있다(남풍현, 2009: 523).

순독구결도 자토순독구결과 점토순결구결로 나눌 수 있는데, 점토순독구결 자료는 소수만 현전한다.

참고논저

남풍현, 2009, 「고대 한국어 연구」, 서울: 시간의 물레.
윤행순, 2007, 한일 한문 훈독법에서의 부독자 범위에 대한 고찰, 「구결연구」 19, 서울: 구결학회. 143-162.

47 석독구결

석독구결은 한문의 구성 요소에 달아 놓은 토에 따라 한문을 한국어로 해석하여 읽도록 한다. 석독구결은 구결을 기입하기 시작한 때부터 사용되었다.

석독구결은 한문의 구성소를 훈독하기도 하고 음독하기도 하는데, 훈독을 바탕으로 한자를 한국어로 바꾸어 읽는 훈이 성립된다. 석독구결이 발전하면서 한문의 음과 훈을 이용하여 한국어를 표기하는 방법이 발전하였다. 6세기 금석문에 나타나는 어휘 표기와 초기적인 이두문이 그 예이다(남풍현, 2009: 117).

향가 '헌화가'는 어절의 전반부는 표의자이고 후반부은 표음자로 적었다. 이것은 석독구결의 표기 구조와 동일한 원리에 따라 기록한 것이다. 즉 구결 표기의 방법을 향가를 표기할 때에 응용하였음을 알 수 있는데, 15세기에는 구결문은 언해문으로 대체되기도 했다.

석독구결은 문자로 토를 기록하는 자토석독구결(字土釋讀口訣)과 토를 점과 선으로 기입하는 점토석독구결(点土釋讀口訣)이 있다. 일본의 훈점(訓點) 자료에는 일반적으로 점토(오코토点)과 가명점(假名点)이 혼용되어 있다.

참고논저

남풍현, 2009, 「고대 한국어 연구」, 서울: 시간의 물레.

48 자토석독구결

석독구결 자료는 10세기부터 13세기 사이의 것들이 현전한다. 지금까지 알려진 자토석독구결의 자료는 「화엄경(華嚴經)」 권12~권20(740년대, 사경, 절약본(節約本). 대부분 정자 구결자로 기입하였지만, 초서체 구결자도 찾아볼 수 있다. 일본 동대사(東大寺) 도서관 소장), 「석화엄교분기원통초(釋華嚴敎分記圓通抄)」(균여, 960년대), 「화엄경소(華嚴經疏)」 권35(11세기 후반), 「주본 화엄경(주본華嚴經)」 권14(12세기 전반), 「합부금광명경(合部金光明經)」 권3(13세기 전반), 「구역인왕경(舊譯仁王經)」 상 낙장 5매(13세기 중반), 「유가사지론(瑜伽師地論)」 권20(13세기 중반. 재초본) 등이 있다.

자토석독구결은 균여의 「석화엄교분기」 권3에 나오는 다음의 예에서 찾아볼 수 있다(안병희, 1987ㄷ: 317).

> 或 有如 佛性隱 闡提人隱 有豆亦 善根人 无如好尸丁
> 或 有如 佛性隱 善根人隱 有豆亦 闡提人 无如好尸丁

이 문장의 구결자를 한글로 바꾸고 부독자 '有'를 [ ]로 표시하여 해독하면 다음과 같다(남풍현, 2009: 462).

> 或 佛性은 잇다. 闡提人은 [有]두여, 善根人 없다 홀뎌.
> 或 佛性은 잇다. 闡提人은 [有]두여, 闡提人 없다 홀뎌.

우리말 어순으로 읽는 방법은 표시하지 않고 토만 소자 정자체로 기입하였다. 어순을 표시하지 않은 석독구결의 자료이다.

고려 시대의 구결자를 전면적으로 보여주는 자토석독구결은 약체자의 자형이 일정하게 정해져 있다. 예를 들면, ㅅ(弥, 금), ㅓ(等, ᄃ, 들), ㅅ(矢, 디), ᅳ(以, 로), ㆍ(爲, ㅎ) 등이 있다.

참고논저

남풍현, 2009,「고대 한국어 연구」, 서울: 시간의 물레.
안병희, 1987, 균여의 방언본 저술에 대하여,「국어학」16, 국어학회. 41-54.

---

49 점토석독구결

점토석독구결의 점토는 단점을 가장 많이 사용하고 쌍점, 선, 부호 등을 이용한다. 점과 선을 기본으로 사용하는 점토구결은 25종류가 있다. 점토구결은 자토구결을 바탕으로 만든 것으로 8세기 중반 이후에 발달한 구결이다. 아직 해독하지 못한 것도 있다. 점토석독구결은 한자를 사각형으로 보고 4변의 안쪽과 바깥쪽 25곳에 25종류의 점토를 기입하여 625종류의 석독을 표시하는 구결이다. 점토구결 1자를 25곳에 채운 그림을 점도(点圖)라고 하는데 1개의 점토구결자가 25곳을 다 채운 점도는 아직 발견되지 않고 있다. 그리고 점도는 항상 일정하게 고정된 것은 아니다.「주본화엄경」과 「유가사지론」의 점도를 살펴보면 서로 대립적으로 점토구결을 사용하고 있음을 확인할 수 있다.

점토석독구결은 한문의 어순과 한국어 어순이 같은 때에는 한문의 각 구성 성분에 붙인다. 그러나 한문의 어순과 한국어 어순이 다른 경우에는 대부분 역독의 표시는 하지 않고 구의 끝 글자에 한꺼번에 몰아 토를 붙인다. 아주 드물게 선이나 부호로 역독을 표시한 경우도 찾아볼 수 있다.

점토석독구결의 현전 자료로는 「화엄문의요결(華嚴文義要訣)」(8세기 중반), 「진본화엄경(晉本華嚴經)」권20(9세기~10세기 사이 추정), 초조본 「유가사지론(瑜伽師地論)」권3, 권5, 권8(11세기 전반 추정), 「법화경(法華經)」권7(11세기 무렵), 「주본화엄경(周本華嚴經)」권6, 권22, 권31, 권34, 권57(12세기 무렵), 「합부금광명경(合部金光明經)」권3(13세기)[19] 등을 들 수 있다. 이 자료에서 사용된 구결자는 자토석독구결과 같은 약체자로 점토의 독법을 보완하기 위하여 사용되었다(남풍현, 2009: 263, 2014ㄴ: 30-31).

나무나 상아 등을 뾰죽하게 만든 각필로 기입한 고려 시대의 점토석독구결 자료는 「진본화엄경」권20, 「유가사지론」권3, 권5, 권8, 「주본화엄경」권6, 권22, 권31, 권34, 권57, 「합부금광명경」권3 등이 있다. 묵서로 기입한 점토석독구결 자료도 있다. 점토석독구결은 점토만으로 석독을 표시하고 자토는 사용하지 않는다. 그런데 「합부금광명경」권3에서는 자토와 점토를 함께 기입하였는데, 혼용은 하지 않고 각각 독자적인 방법으로 기입하였다. 수덕사 소장 「법화경」권7에서는 자토와 점토를 혼용하여 기입하였다.

참고논저

남풍현, 2009, 「고대 한국어 연구」, 서울: 시간의 물레.
남풍현, 2014, 「고대 한국어 논고」, 파주: 태학사.

---

50 자토구결과 점토구결의 혼용

각필로 점토구결과 자토구결을 혼용하여 기입한 자료는 「구역인왕경」

---

[19]　점토와 자토가 섞여 있는데 서로 다른 체계로 사용되어 혼용하지는 않았다.

과 함께 복장된 유물로 발견된 낙장본 「법화경」 권7의 앞 2장과 「합부금광명경」 등이 현전한다(남풍현, 2009: 460-477). 그런데 자토구결과 점토구결을 같이 사용했어도 자토석독구결과 점토석독구결은 서로 독립적으로 기입되어 있다. 점토구결 안에 자토구결자를 사용한 경우는 점토가 희미하거나 위치가 애매한 것을 정확하게 표시하기 위하여 사용된 것이다. 자토석독구결을 모르면 점토가 나타내는 글자나 토는 해독할 수 없으므로 자토석독구결이 점토석독구결보다 먼저 사용된 것으로 추측할 수 있다(남풍현, 2014: 31-32).

구결로 어순을 표시하는 방법은 다음과 같다(남풍현, 2009: 261-262).

① 행의 좌우와 역독점을 이용하는 방법(예: 「구역인왕경」의 자토석독구결)

② 구절의 구성소에 토를 몰아서 표시하고 역순으로 읽는 부호로 곡선을 긋는 방법(예: 초조본 「유가사지론」의 점토석독구결)

③ 한문 구성소에 一, 二, 三 등과 같은 숫자를 부기하여 어순을 표시하는 방법(예: 창녕 인왕사 비명(810), 안양 중초사 당간 석주명(827)의 이두문)

설총의 구결은 자토석독구결과 비슷한 것으로 향찰과 이두를 발달시키는 모태가 되었다(남풍현, 2009: 262).

참고논저

남풍현, 2009, 「고대 한국어 연구」, 서울: 시간의 물레.
남풍현, 2014, 「고대 한국어 논고」, 파주: 태학사.

순독구결은 음독구결(音讀口訣)이라고도 하며, 한문의 어순대로 음독하면서 구두(句讀)[20]에 해당하는 곳에 토를 넣어 읽는 것을 가리킨다. 순독구결은 12세기 무렵부터 발달한 것으로 현재까지도 경서 구결로 사용한다(남풍현, 2009: 459). 순독구결은 과거시험을 준비하기 위해 경서의 한문을 암송하는 것이 중요해지고 또 한문의 이해도가 높아짐에 따라 발달하기 시작한 것으로 추측한다(남풍현, 2009: 477-478). 순독구결은 한문을 한문의 어순으로 읽는 구결로 석독구결보다 발전된 단계의 한문 독법이다(남풍현, 2014ㄴ: 66).

현전하는 순독구결 자료는 대부분 자토순독구결 자료이다. 순독구결은 조선 후반까지 사용되어 다수의 자료가 현전한다. 현전하는 제일 오래된 자료로는 남풍현 교수 소장 「능엄경」 권2(13세기 후반)로 알려져 있다. 이 고려 시대의 자토순독구결 자료에서는 내포문에 붙일 토를 구절 말의 한자 다음에 '冊ㅅノ匕ㅅ'처럼 모두 몰아서 붙였다. '冊ㅅ(인돌)'은 '無是見者' 뒤에, 'ノ匕ㅅ(호니라)'는 '通辯' 뒤에 붙이는 토이다(남풍현, 2009: 478).

通辯萬物ㅣ 無是見者冊ㅅノ匕ㅅ 〈「능엄경」 권2: 7ㄴ〉

13세기와 14세기의 순독구결의 초기 자료에서는 문장의 구성 요소를 훈으로 읽는 석독구결의 특징을 지니고 있다. 예를 들면, 아래의 문장에서 'ㅅ者ㄱ'은 'ㅅㄱ란'으로 훈독한다. 한문에서 주제를 나타내는 '者'를 '쟈'로 음독하지 않고 '란'으로 훈독하기 때문이다. 이렇게 읽는 방법은 15세기

---

20 글을 읽기 쉽게 낱말이나 구절 등에 점이나 부호 등을 표시하는 것을 구두법이라고 한다. 구두법에 사용하는 점을 구두점이라고 한다.

의 순독구결 자료에서는 거의 찾아볼 수 없다(남풍현, 2009: 479).

汝眼 1 旣知ㅊㅅ1 身合非覺ㅅ者1 旣在虛空ㅣㅅ1ㅊ 自非汝體也ㅎㅌㅣ

〈「능엄경」 권1: 9ㄱ〉

점토순독구결 자료는 13세기 말엽에 간행된 것으로 추정되는 지림사 소장본 「법화경」 권1과 권7 등에 14세기 후반에서 15세기 초반에 구결이 기입된 것으로 추정되는 것과 고려 말기 14세기에 간행된 것으로 추정되는 송일기 교수 소장 「법화경」 권4에 14세기 후반이나 15세기 초반에 묵서가 아닌 각필로만 구결을 기입한 것으로 추정되는 것이 현전한다.

12세기 무렵부터 발달하기 시작한 순독구결은 14세기에 들어서면서 석독구결이 사라지면서 더욱 많이 사용한 것으로 추정한다(남풍현, 2009: 485).

참고논저

남풍현, 2009, 「고대 한국어 연구」, 서울: 시간의 물레.
남풍현, 2014, 「고대 한국어 논고」, 파주: 태학사.

52 설총과 석독구결

원효의 「판비양론(判批量論)」에 각필로 기입된 구결자가 있다는 주장도 있는데(고바야시 요시노리(小林芳規), 2003), 각필 흔적이 뚜렷하지 않아서 이 주장을 인정하는 사람은 많지 않다고 한다(이승재, 2017: 357-358).

원효와 요석 공주 사이에 태어난 아들로 알려져 있는 총지(聰智) 설총(薛聰, 655년(또는 654년부터 660년 사이, 또는 650년대 후반)~740년 무렵)은 일찍이 승려가 되어 불교 경전과 사서에 두루 통달했다고 한다. 환속하여 스스로

소성거사(小性居士)라고 불렀다. 「증보문헌비고(增補文獻備考)」에는 설총이 경주 설씨(慶州薛氏)의 시조로 기록되어 있다.

아래에서 「삼국사기(三國史記)」, 「삼국유사(三國遺事)」 등의 역사서와 실록, 법률서, 신문 등에 남아 있는 설총에 관한 기록을 살펴보도록 하자.

① 김부식(金富軾, 1075년~1151년)의 「삼국사기」(1145) 권제46 열전 제6

설총은 본성이 총명하고 예민하여 나면서부터 배우지 않고 도리와 학술을 알았다. 방언으로 9경[21]을 읽어 후생들을 가르쳤으니 지금도 학자들이 그를 유학의 종주로 삼는다(聰性明銳 生知道術 以方言讀九經 訓導後生 至今學者宗之)는 기록을 찾아볼 수 있다.

그리고 고려 남쪽 지방에 간혹 설총이 지었다는 비명(碑銘)이 있으나 글자가 없어지고 떨어져나가 읽을 수가 없다는 기록을 찾아볼 수 있다. 그리고 신문왕 때에 설총이 우리의 최초 가전체 작품으로 알려진 '화왕계(花王戒)'를 지었으며, 고려 현종 13년(1021년)에 홍유후[22]에 추증되었다는 기록도 있다.

② 일연(一然, 1206년~1289년)의 「삼국유사」(1280년대 추정) 권제4 제5
의해(義解)

---

21 중국 고전의 9가지 경서인 9경은 시대와 사람에 따라 조금씩 다르게 선정되었다. 9경은 「시경(詩經)」, 「서경(書經)」, 「역경(易經)」, 「춘추(春秋)」, 「예기(禮記)」, 「의례(儀禮)」, 「주례(周禮)」, 「논어(論語)」, 「효경(孝經)」(정구복 외, 1997: 771) 또는 「시경」, 「서경」, 「예기」, 「주례」, 「의례」, 「좌전(좌전)」, 「공양전」, 「곡량전」, 「주역」을 가리키거나 「시경」, 「서경」, 「예기」, 「주례」, 「주역」, 「춘추」, 「효경」, 「논어」, 「맹자」를 가리키는 것으로 추정한다. 여기에서 9경은 어떤 책인지 정확하게 알 수 없다.

22 홍유후(弘儒侯)는 고려 현종이 설총에게 추증한 시명이다. 「홍유후실기(弘儒侯實記)」와 이동근(2011) 참고.

설총은 나면서부터 슬기롭고 총명하여 경서와 역사에 널리 통하였다. 신라 10명의 현인 가운데 한 사람이다. 방음으로 중국과 오랑캐 지방의 민속²³ 물명을 통달하고 6경²⁴과 문학을 훈해하였다. 지금까지도 해동에서 명경을 직업으로 하는 사람들은 전수하여 끊이지 않는다(聰生而叡敏 博通經史 新羅十賢中一也 以方音通會華夷方俗物名 訓解六經文學 至今海東業明經者 傳受不絶)는 기록이 있다.

③ 이승휴(李承休)의 「제왕운기(帝王韻紀)」(1295년 무렵) 권하

'신라의 시조는 혁거세이니'에는 홍유후 설총이 이서(吏書)를 지어 속언(俗言)과 향어(鄕語)로 과두문자와 예서(隸書)에 통하게 되었다는 기록이 있다.

④ 고사경(高士褧)과 김지(金祗)가 「대명률(大明律)」을 이두로 번역한 「대명률직해(大明律直解)」(1395) '발문(跋文)'

설총은 방언 문자를 만들었는데 '이도(吏道)'라 한다는 기록이 있다.

⑤ 「선조실록(宣祖實錄)」 4권 선조 3년(1570년) 4월 25일

관학 유생의 상소문에 설총은 방언으로 9경을 풀이하였다는 표현을 찾

---

23 남풍현(2009: 244, 250)에서는 '方俗物名'을 '방언과 속어의 물명'으로 풀이하였다.

24 중국 춘추 시대의 6가지 경서인 6경은 보통 「시경」, 「서경」, 「예기」, 「역경」, 「춘추」, 「악기(樂記)」를 가리키는데 「악기」 대신 「주례」를 넣기도 한다. 여기에서 6경은 어떤 책인지 정확하게 알 수 없다. 한편 5경은 「시경」, 「서경」, 「주역」, 「예기」, 「춘추」를 가리킨다. 그리고 3경(三經)은 「시경」, 「서경」, 「주역」을 가리킨다. 사서(四書)는 「대학(大學)」, 「논어(論語)」, 「맹자(孟子)」, 「중용(中庸)」을 가리키는데 3경과 합쳐 사서삼경 또는 칠서(七書)라고 한다.

아볼 수 있다.

　⑥「선조수정실록(宣祖修正實錄)」20권 선조 19년(1586년) 10월 1일

　주학 제독관(州學提督官) 조헌(趙憲)은 상소문에서 지금까지 군신 부자의 도리를 알아 간혹 충신, 효자가 잇따라 나올 수 있었던 것은 앞서 사서오경이 들어오자 설총과 우탁(禹倬)이 속어로 해석하여 강명하였고, 나중에 「소학」과 「가례」가 들어오자 이색(李穡)과 정몽주(鄭夢周)가 우리의 교육에 맞게 천명한 결과로 고려 말기의 위급한 상황을 부지하고 아조의 기강을 부식하였기 때문이라고 주장하였다.

　⑦「선조실록」88권 선조 30년(1597년) 5월 27일

　영사(領事) 유성룡(柳成龍)은 이두는 설총이 창제한 것이라 하는데, 그 뜻을 모르겠다고 하였다. 특진관 이헌국(李憲國)은 이두가 있었던 까닭에 아전들이 모두 문자를 알고 있는데, 만일 이두가 없었다면 문자를 알기 어려웠을 것이라고 말했다.

　⑧「선조실록」172권 선조 37년(1604년) 3월 19일

　성균관 생원 조명욱(曹明勖) 등은 상소문에서 김굉필(金宏弼), 정여창(鄭汝昌), 조광조(趙光祖), 이언적(李彦迪), 이황(李滉)의 공덕이 어찌 문장의 최치원이나 방언의 설총이나 공로가 미미한 안유(安裕)만 못하다 하겠냐고 하였다.

　⑨「선조실록」178권 선조 37년(1604년) 9월 15일 4번째 기사와 「선조실록」180권 선조 37년(1604년) 10월 17일 3번째 기사

예조의 계목에서 최치원과 설총은 사장(詞章)과 훈고(訓詁)의 학문을 가지고도 묘정에 배향되었다고 했다.

⑩ 「효종실록(孝宗實錄)」 2권 효종 즉위년(1649년) 11월 23일 2번째 기사

태학생 홍위(洪葳) 등 수백 명의 상소문에서 최치원과 설총이 비로소 문자를 알았다고 하였다.

⑪ 「여지도서(輿地圖書)」(1755)[25] 하권 0353-1 경상도 경주 인물

설총은 9경을 방언으로 해독하여 훈도하였으며, 이어(俚語)로 이찰(吏札)을 만들었다고 적었다.

⑫ 이규경(李圭景)의 「오주연문장전산고(五洲衍文長箋散稿)」(19세기) 분류 오주연문장전산고 경사편 1 경전류 3 경전잡설

신라 홍유후 설총이 방언으로 9경을 풀이하여 후학들을 가르쳤는데, 우리나라 유학자에서 가장 순수한 이로는 홍유후를 벗어나는 이가 없기 때문에 고려조에서 문묘에 종사한 것이라고 하였다(한국고전종합DB).

⑬ 「황성신문」 1907년 4월 2일 주시경 '필상자국문언(必尙自國文言)(속(續))' (1)

---

25 필사본. 영조의 명령에 따라 홍문관에서 1757년부터 1765년까지 295개의 읍지(邑誌), 17개의 영지(營誌)와 1개의 진지(鎭誌)를 모아 55책으로 만들었다. 경기도, 경상도, 전라도, 충청도의 39개 읍지는 없다.

일본은 신라 설총의 한문 자획으로 가작(假作)한 이두를 효방(效倣)하여 가명(假名)을 제용(制用)하였다고 적었다.

⑭ 「황성신문」 1907년 10월 5일 '국문연구회(國文硏究會)'

원래 국문의 자체(字體)를 신라의 설총이 인도의 글자를 모방하여 약간 행용하였다고 적었다.

⑮ 박용대(朴容大) 외 공편의 「증보문헌비고(增補文獻備考)」[26](1908)

「증보문헌비고」(권243: 1ㄱ)에서는 박세채(朴世采, 1631년~1695년)[27]의 다음과 같은 설명을 소개하였다.

'김지(金祗)가 쓴 「대명률(大明律)」(1395) 발문에는 삼한 시대에 설총이 만든 방언 문자를 이도(吏道)라 한다. 토착된 속습에서 자연스럽게 알고 익혀 익숙해져 있어 갑자기 고칠 수 없다. 이 글도 마땅히 이도로 읽게 하여 타고난 능력에 이르도록 인도함이 마땅하다고 설명하였다.'

⑯ 장지연(張志淵, 1864년~1921년)의 「위암문고(韋庵文庫)」(1956, 국사 편찬위원회) 권지9 외집 사설 중 동사고략 15편 「음경(音經)」

권정선(權靖善)의 「음경」에서는 설총이 이두를 지었다고 하였다.

---

26 250권. 활자본. 박형익(2012: 304-308), 네이버 지식백과 '증보문헌비고(增補文獻備考)' 참고.

27 박세채는 「소학」, 「근사록」, 「대학」, 「중용」의 난해한 구절을 해석한 「독서기(讀書記)」, 「춘추보편(春秋補編)」, 「심학지결(心學至訣)」 등을 지었다.

위의 ①에서 방언으로 9경을 읽는다는 것은 9가지 경서의 문장에 석독구결[28]을 달고 그 문장을 신라 방언으로 독해하는 것으로 볼 수 있다. 또 ②에서 방음(方音)으로 6경을 훈해하는 것은 6가지 경서의 문장에 나오는 한자의 훈을 방음으로 달고 그 의미를 방음으로 해석하는 것으로 생각할 수 있다. 「삼국유사」를 쓸 당시 즉 13세기 후반까지도 설총의 신라어로 경전의 단어들을 주해하고 유교 경전과 문학을 읽는 방법 즉 설총의 구결이 통용되고 있음을 확인할 수 있다. 경서뿐만 아니라 불경에서도 설총의 해석 방법이 적용되었음을 「구역인왕경(舊譯仁王經)」(14세기), 「구결원각경(口訣圓覺經)」(1465) 등을 통해 알 수 있다.

위의 기록을 종합하여 살펴보면, 다음과 같은 사실을 알 수 있다. 유학의 종주 설총은 '이서(吏書), 이도(吏道), 이두(吏讀), 이찰(吏札)'이라고 하는 방언문자를 만들었다. 설총은 중국과 오랑캐 지방의 민속 물명의 방음을 잘 알고 있었다. 설총은 불경과 유교 경전의 내용을 '방언(方言), 속언(俗言), 향어(鄕語), 속어(俗語), 이언(俚言), 이어(俚語)'로 풀이하여 교육하였다.

이상과 같이 설총은 불교 경전과 유교 경전에 방언문자인 이두 즉 석독구결을 달아 해독하여 학습 교재로 사용하였다는 사실을 짐작할 수 있다. 석독구결은 한문에 우리말의 조사와 어미, 말음과 두음의 첨기를 나타내는 토를 달아 읽는 것이다. 이 석독구결은 향찰이나 이두 표기에 응용되었으므로 설총은 이두의 창시자 또는 이두 표기를 완성한 사람으로 보는 것이다 (남풍현, 2009: 253-254).

참고논저

고바야시 요시노리(小林芳規), 2003, 신라 경전에 기입된 각필 문자와 부호 -경

---

28 석독구결은 한문을 우리말 어순으로 바꾸고 우리말 조사나 어미를 붙여 석독하는 구결이다.

    도 대곡 대학장 「판비량론」에서의 발견-, 「구결연구」 10, 구결학회. 5-30.

남풍현, 2009, 「고대 한국어 연구」, 서울: 시간의 물레.

박형익, 2012, 「한국 자전의 역사」, 서울: 역락.

이승재, 2017, 「목간에 기록된 고대 한국어」, 서울: 일조각.

53 구결의 제정

유교 경전의 구결과 해석은 설총부터 시작하여 우탁(禹倬, 1262년~1342년), 정몽주(鄭夢周, 1337년~1392년), 권근(權近, 1352년~1409년) 등이 이루었다. 조선의 태종(太宗, 1400년~1418년 재위), 세종(世宗, 1418년~1450년 재위), 문종(文宗, 1450년~1452년 재위), 세조(世祖, 1455년~1468년 재위) 때에는 신하에게 구결을 짓도록 명령하였으나 사람마다 학설이 분분하여 천착하고 있었다. 특히 세조는 경서에 구결을 다는 것을 매우 중요하게 생각하고 사망 직전까지 몰두하였다. 이후 선조(宣祖, 1567년~1608년 재위) 때에 여러 학설을 참고하여 구결과 언해를 지어 전범을 이루었다.

안향(安珦, 1243년~1306년)이 1289년에 중국의 성리학을 도입하면서 성리학의 관점에서 경서를 해석하려는 시도가 시작되었다. 「주역(周易)」의 '정전(程傳)'을 해석한 우탁을 그 예로 들 수 있다.

고려 후반에 포은(圃隱) 정몽주는 「주역(周易)」 등 3경에 구결을 붙여 해석하였는데 그는 고려의 「주자집주(朱子集註)」도 강설하였다. 세조는 우리 선유가 정한 사서오경의 구결과 정몽주의 「시경」 구결을 널리 구하도록 명령하였다(「세조실록」 37권 세조 11년(1465년) 11월 12일 병진 3번째 기사). 정몽주의 3경 구결은 현전하지 않는다.

1402년 태종은 권근에게 「상서(尙書)」의 경문(經文)에 구두점을 찍어서 바치라고 명령하였다(「태종실록」 3권 태종 2년 5월 10일 임진 2번째 기사).

1428년에 세종은 변계량(卞季良, 1369년~1430년)에게 권근의 3경 구결에 이어 「예기(禮記)」와 사서의 구결을 지을 것을 제안하자, 변계량은 「예기」는 글이 자질구레하고 번거로우며 뜻도 방통하여 한 가지로 집정(執定)할 수 없다고 하였다. 그리고 우의정 맹사성(孟思誠)은 토가 있으면 배우는 사람들이 힘써 연구하지 않을까 두렵다고 말하였다. 세종은 주해를 붙여 알기 쉽게 하면 지방의 교도(敎導)들이 이것을 가지고 사람들을 가르친다면 어찌 도움이 없겠는가라고 말했다(「세종실록」 40권 세종 10년 윤4월 18일 기해 4번째 기사).

1428년에 세종은 옛날에 태종(太宗, 재위 1400년~1418년)이 권근에게 5경에 토를 달도록 명령하여 권근은 「시경」, 「서경」, 「역경」에 토를 달았으나, 「예기(禮記)」와 사서에는 토가 없다고 하였다(「세종실록」 40권 세종 10년 윤4월 18일 기해 4번째 기사). 그리고 세조는 자신의 「주역전의구결」과 권근의 「주역구결」을 가지고 신하들을 좌우로 나누어 논변하도록 하였다(「세조실록」 37권 세조 11년 10월 9일 계미 1번째 기사). 이 두 기사에서 등장하는 권근의 3경 구결은 현전하지 않는다.

문종(文宗, 1450년~1452년 재위)은 세조에게 신숙주(申叔舟, 1417년~1475년), 권람(權擥, 1416년~1465년), 최항(崔恒, 1409년~1474년), 송처관(宋處寬, 1410년~1477년), 홍응(洪應, 1428년~1492년) 등과 더불어 「무경(武經)」의 구결을 정하고 교주하기를 명령하였다(「세조실록」 29권 세조 8년 10월 21일 임오 1번째 기사).

세조는 수양대군 시절에 「석보상절(釋譜詳節)」(1447)을 편찬하였다. 즉위 이후 1458년에 세조는 최항과 한계희(韓繼禧)가 언문으로 「초학자회(初學字會)」[29]의 주(註)를 달다가 일이 끝나기 이전에 두 사람이 모두 부모의 상을

---

29 같은 음을 가진 한자들을 「동국정운(東國正韻)」(1448)의 운목 한자에서 선택한 '君, 快, 虯, 業, 斗' 등의 순서로 배열하고 각 한자의 훈을 한글로 기술해놓았다(예: 君군 公공평 工바지, 功공부, 攷틸, 恭온공 등). 국립한글박물관에 17세기 초반에 필사한 5장 낙장본이 소장되어 있으며, 「한국어사 연구」 3(국어사연구회, 2017)에 영인본이 수록되어 있다.

당했으므로 문신들을 모아 하루 만에 그 일을 마치려고 하였다. 그래서 세조는 중추(中樞) 김구(金鉤)와 예조참의 이승소(李承召, 1422년~1484년)에게 우보덕(右輔德) 최선복(崔善復) 등 12인을 거느리고 「초학자회」를 찬(撰)하도록 명령하였다(「세조실록」 14권 세조 4년(1458년) 10월 15일 1번째 기사). 이 책은 한글에 익숙하지 않은 사람들이 한자음과 훈의 언문 표기를 학습하기 위한 초학서로 언해 작업을 할 때에 도움을 주기 위해 만든 것으로 보인다. 그리고 1459년에 세조는 「월인천강지곡(月印千江之曲)」(세종, 1449)과 「석보상절」을 합하여 김수온(金守溫)과 성임(成任)의 도움을 얻어 그 내용을 증보하고 수정하여 「월인석보(月印釋譜)」를 편찬하였다(「세조실록」 15권 세조 5년(1459년) 2월 9일 임술 2번째 기사 참고). 1461년에 세조는 간경도감(刊經都監, 1461년~1471년)을 설치하여 불경의 한문에 직접 한글 구결을 단 이후에 신하들이 언해문을 붙이도록 하였다. 이 불경 언해 작업에는 세조, 혜각존자 신미(信眉), 사지, 학열(學悅), 학조(學祖), 정빈(貞嬪) 한씨, 한계희(韓繼禧), 김수온(金守溫), 박건(朴楗), 윤필상(尹弼商), 노사신(盧思愼), 정효상(鄭孝常), 윤사로(尹師路), 황수신(黃守身), 조변안(曹變安), 조지(趙祉) 등이 참여하였다. 세조는 한문에 구결을 달고 번역을 최종적으로 확정하였다. 그리하여 「능엄경언해(楞嚴經諺解)」(1461), 「법화경언해(法華經諺解)」(1463), 선종영가집언해(禪宗永嘉集諺解)」(1464), 「금강경언해(金剛經諺解)」(1464), 「원각경언해(圓覺經諺解)」(1465), 「몽산법어언해(몽산법어諺解)」(1467) 등이 간행되었다. 간경도감이 폐지된 이후에도 「남명집언해(南明集諺解)」(1482), 「불정심경언해(佛頂心經諺解)」(1485), 「육조법보단경언해(六祖法寶壇經諺解)」(1496) 등이 간행되었다. 그리고 세조는 경서에 구결을 다는 작업에도 몰두하여 「주역전의대문(周易傳義大文)」에 구결을 달고 정자(程子)와 주자(朱子)의 전

원간본은 현전하지 않는다. 홍윤표(2017ㄱ)에서는 「초학자회」를 한자 자서(字書)로 현존하는 문헌 중에 한자 석음을 한글로 표기한 최초의 문헌으로 소개하였다.

의를 붙인 「주역전의(周易傳義)」(1466),[30] 「예기집설대전(禮記集設大典)」(15세기~16세기), 「소학집설(小學集設)」(16세기 중반), 「논어대문구결(論語大文口訣)」(16세기 중반) 등을 간행하였다.

한편 세조는 경서에 구결을 다는 일을 유학자들과 함께 진행하였다. 최항(崔恒, 1409년~1474년)[31]은 「주역」, 「예기」 등 사서오경과 「소학」의 구결을 정하는 데에 참여하였다. 1486년에 최항의 처남인 서거정(徐居正, 1420년~1488년)[32]은 최항의 시문집 「태허정집(太虛亭集)」[33]을 2권 2책으로 편집하여 목판본으로 간행하였다. 이 책의 권지4 '발류(跋類)'에는 '경서소학구

30 「어정주역구결(御定周易口訣)」 또는 「주역전의구결(周易傳義口訣)」이라고도 한다. 원간본은 을해자본으로 연세대학교 학술정보원 권1~3, 권4~6, 권16~18 3책, 국립중앙도서관 권20 1책, 서울대학교 규장각 한국학연구원 권21 1책 소장. 일본 궁내청 서릉부(宮內廳書陵部) 15세기 후반~16세기 초반 사이 추정 복각본 24권 12책 완질본 소장. 「주역전의대전(周易傳義大全)」의 난상에 15세기 후반에 구결만 새로 각판하여 추가로 인쇄한 「주역전의대전구결」도 있는데, 일본 궁내청 서릉부(宮內廳書陵部)에서 권16~17을 소장하고 있고, 서울의 한 개인이 권20~21을 소장하고 있다(안병희, 1979: 109-147).

31 최항은 「자치강목(資治綱目)」, 「자치통감훈의(資治通鑑訓義)」, 「고려사(高麗史)」, 「오례의주(五禮儀注)」, 「운회(韻會)」, 「용비어천가」, 「훈민정음(訓民正音)」, 「동국정운(東國正韻)」, 「대학연의(大學衍義)」, 「역대제왕후비명감(歷代帝王后妃明鑑)」, 「고려사」, 「세종실록」, 「예종실록」 등의 공동 편찬에 참여하였다.

32 서거정의 어머니는 권근의 딸이다. 서거정이 쓴 문정공(文靖公) 최항의 비명(碑銘)에서는 세종은 김문(金汶), 김구(金鉤), 최항에게 「소학(小學)」과 사서오경의 구결을 정하도록 명령하였다. 세조는 권근과 정몽주의 구결은 잘못된 곳이 많은 채로 전해지고 있어 탄식해오다가 정인지, 신숙주, 구종직, 김예몽, 한계희, 최항, 서거정에게 오경과 사서를 나누어주면서 고금을 참고하여 구결을 정해 올리라고 명령하였다는 내용을 찾아볼 수 있다(임정기 역, 2009). 서거정은 「삼국사절요(三國史節要)」, 「동국통감(東國通鑑)」, 「동국여지승람(東國輿地勝覽)」, 「동문선(東文選)」, 「경국대전(經國大典)」, 「연주시격언해(聯珠詩格言解)」 등을 공동으로 찬집하였으며, 「역대연표(歷代年表)」, 「필원잡기(筆苑雜記)」(1486), 「동인시문(東人詩文)」 등의 저서를 남겼다. 시문집으로 「사가집(四佳集)」, 「사가문집보유」 등이 현전한다.

33 1486년의 초간본에 이어 1569년에 최항의 증손 최흥원(崔興源)이 경상도도사로 있으면서 경상우도수영에서 중간하였다. 1625년에 7대손 최온(崔蘊)이 재간하였다. 1707년에 8대손 최정현(崔鼎鉉)과 9대손 최시옹(崔是翁) 등이 재중간하였다. 국립중앙도서관, 서울대학교 규장각 한국학연구원 등에 소장되어 있다.

결발(經書小學口訣跋)'이 수록되어 있다. 최항은 이 발문에서 구결의 필요성과 구결 작업의 진행 과정 등을 다음과 같이 기록하였다. 구결을 바르게 달면 문장의 의미가 분명해진다. 「주역」과 「소학」은 세조가 구결을 달고,[34] 나머지 경서는 신하가 구결을 달게 하였다. 그리하여 「시경(詩經)」은 정인지, 「서경(書經)」은 정창손, 「예기(禮記)」는 신숙주, 「논어(論語)」는 이석형(李石亨), 「맹자(孟子)」는 성임(成任), 「대학(大學)」은 홍응(洪應), 「중용(中庸)」은 강희맹(姜希孟)이 구결을 달게 하였다. 교정은 구종직, 김예몽, 정자영, 이영은, 김수녕, 박건이 맡았다. 교정이 끝난 원고는 전교서(典校署)에서 간행하도록 하였다.

　「세조실록」[35]에서는 아래와 같은 구결에 관한 여러 내용을 찾아볼 수 있는데, 시기별로 열거하면서 살펴보도록 하자.

① 1457년 판서 운관사(判書雲觀事) 양성지(梁誠之)가 만든 「용비어천도(龍飛御天圖)」 서문에는 동궁이 자신에게 「용비어천가(龍飛御天歌)」의 구결을 정하여 읽어 보는데 대비하게 하였다고 적었다(「세조실록」 8권 세조 3년 6월 28일 경신 1번째 기사).

② 1462년 군대의 전술을 설명한 병법서 「어제무경(御製武經)」의 서문에는 문종(文宗, 1450년~1452년 재위)은 세조에게 신숙주, 권람, 최항, 송처관, 홍응 등과 더불어 「무경(武經)」의 구결을 정하고 교주하기를 명령하였다는 기록이 있다(「세조실록」 29권 세조 8년 10월 21일 임오 1번째 기사).

34　「세조실록」 세조 14년 8월 8일의 기사에는 1468년 세조는 최항 등에게 「소학」과 「주역」의 구결을 정하고, 다음에 「예기」의 구결을 정하도록 명령하였다. 「시경」과 「서경」의 구결은 이미 양촌(陽村) 권근이 정하였으므로 우선은 이것을 정지하게 명령하였다는 내용을 찾아볼 수 있다. 이 내용에 따르면 최항이 구결 사업에 주도적으로 참여하였음을 짐작할 수 있다.

35　국사편찬위원회 조선왕조실록 sillok.history.go.kr

③ 1463년 세조는 비현합(丕顯閣)에 나가 신숙주, 최항, 홍응, 송처관, 노사신(盧思愼, 1427년~1498년) 등을 불러 병서의 구결을 정하였다(「세조실록」 31권 세조 9년 12월 19일 계묘 1번째 기사).

④ 1465년 (1) 원각사가 낙성되었다. 세조는 어정 구결을 달고 번역한 「원각수다라료의경(圓覺修多羅了義經)」[36]을 펼쳐 보았다(「세조실록」 35권 세조 11년 4월 7일 계미 2번째 기사). (2) 세조는 비현합(丕顯閣)에서 정자영(鄭自英 ?~1474년), 유희익(兪希益), 한계희(韓繼禧, 1423년~1482년), 노사신(盧思愼), 강희맹(姜希孟, 1424년~1483년)을 불러 「주역(周易)」의 구결을 의논하였다(「세조실록」 37권 세조 11년 9월 26일 경오 3번째 기사). (3) 세조는 정자영, 구종직(丘從直, 1404년~1477년), 유희익, 유진(兪鎭, 생몰년 미상)을 불러 「주역」을 논의하라고 명령하고, 자신이 정자(程子)의 「주역전의(周易傳義)」로 구결을 정하였으니 어정 구결을 논의하라고 명령하였다(「세조실록」 37권 세조 11년 10월 6일 경진 2번째 기사). (4) 세조는 정난종(鄭蘭宗, 1433년~1489년) 등을 좌(左)로 삼고, 유윤겸(柳允謙, 1420년~?) 등을 우(右)로 삼아 자신이 정한 「주역」의 구결과 권근의 구결을 논의하도록 하였다(「세조실록」 37권 세조 11년 10월 9일 계미 1번째 기사). (5) 세조는 호조판서 노사신에게 유진, 박시형(朴始亨), 김유(金紐, 1420년~?)를 거느리고 「주역구결」을 재추(宰樞)[37]와 더불어 논의하기를 명령하였다(「세조실록」 37권 세조 11년 10월 11일 을유 1번째 기사). (6) 세조는 비현합에서 신하들을 좌우로 나누어 「주역」의 구결을 논의하게 하였다(「세조실록」 37

---

36 간경도감 언해본. 11권 10책. 목판본. 세조가 구결을 단 「어정구결원각경」을 대본으로 혜각존자 신미(信眉), 효령대군(孝寧大君), 한계희(韓繼禧) 등이 한글로 번역한 불교 경전. '원각경, 대방광원각경, 원각요의경, 요의경(了義經)'이라고도 한다. 국립중앙박물관 9권 5책 낙질본(보물 제970호) 소장. 간경도감 언해본을 저본으로 경문과 주석의 한글 구결 부분만을 편집하여 을유자판으로 인출한 책도 있다.

37 재상의 모임.

권 세조 11년 10월 15일 기축 1번째 기사). (7) 세조는 정자영, 구종직, 유희익 등을 불러 「주역」의 구결을 논의하였다(「세조실록」 37권 세조 11년 10월 21일 을미 1번째 기사). (8) 세조는 정난종 등을 불러 「주역」의 구결을 강론하게 하였다(「세조실록」 37권 세조 11년 11월 1일 을사 1번째 기사). (9) 세조는 예조(禮曹)로 하여금 우리 선유가 정한 사서오경의 구결과 정몽주의 「시경」 구결을 널리 구하도록 명령하였다(「세조실록」 37권 세조 11년 11월 12일 병진 3번째 기사). (10) 세조는 겸예문(兼藝文) 유신(儒臣) 등을 불러 「주역」의 구결을 논의하도록 하였다(「세조실록」 37권 세조 11년 11월 15일 기미 1번째 기사). (11) 세조는 사정전(思政殿)에서 겸예문 유신 등에게 「주역」의 구결을 강론하게 하였다(「세조실록」 37권 세조 11년 11월 24일 무진 1번째 기사). (12) 세조는 비현합에서 겸예문 유신 등을 불러 「주역」의 구결을 강론하게 하였다(「세조실록」 37권 세조 11년 11월 25일 기사 1번째 기사). (13) 세조는 비현합에서 겸예문 유신 등에게 「주역」의 구결을 직접 물었다(「세조실록」 37권 세조 11년 12월 17일 경인 1번째 기사). (14) 세조는 사정전에서 겸예문 유신 등을 불러 「주역」의 구결을 논의하게 하였다(「세조실록」 37권 세조 11년 12월 23일 병신 1번째 기사). (15) 세조는 비현합에서 겸예문 유신에게 「주역」의 구결을 논의하게 하였다(「세조실록」 37권 세조 11년 12월 24일 정유 1번째 기사).

⑤ 1466년 (1) 세조는 명륜당(明倫堂)에서 「주역구결」을 반포할 것을 예조에 전지하게 하였다(「세조실록」 38권 세조 12년 1월 21일 갑자 2번째 기사). (2) 세조는 재추에게 사서오경과 「좌전(左傳)」의 구결을 내게 하고 여러 유신들로 하여금 교정하게 하였다(「세조실록」 38권 세조 12년 2월 9일 신사 2번째 기사). (3) 세조는 성균관에서 「주역구결」을 반포하였다(「세조실록」 38권 세조 12년 3월 5일 병오 1번째 기사). (4) 세조는 새로 정한 「시경」의 구결을 보고 '관관저구(關關雎鳩)'의 구결에

이르러서 옳지 못한 것이 있다고 하였다(「세조실록」 38권 세조 12년 4월 15일 을묘 3번째 기사).

⑥ 1467년 (1) 세조는 정인지, 강희맹 등에게 「시경」의 구결을 교정하도록 명령하고, 정창손, 송처관 등에게 「서경」의 구결을 교정하도록 명령하였다(「세조실록」 44권 세조 13년 12월 1일 계사 1번째 기사). (2) 세조는 정자영, 구종직, 김예몽(金禮蒙, 1406년~1469년)에게 「시경」과 「서경」의 구결을 교정하도록 하였다(「세조실록」 44권 세조 13년 12월 2일 갑오 5번째 기사). (3) 세조는 보경당(寶慶堂)에서 구종직, 김예몽, 정자영 등에게 「시경」의 구결을 교정하도록 하였다(「세조실록」 44권 세조 13년 12월 13일 을사 1번째 기사).

⑦ 1468년 (1) 세조는 구종직, 정자영 등에게 사서오경의 구결을 올리도록 명령하였다(「세조실록」 47권 세조 14년 7월 28일 을유 1번째 기사). (2) 세조는 정자영, 구종직, 김수녕(金壽寧, 1436년~1473년), 이영은(李永垠, 1434년~1471년), 박건(朴楗, 1434년~1509년)을 불러 상정소(詳定所)에 가서 「주역구결」을 참정(參定)하도록 하였다(「세조실록」 47권 세조 14년 7월 29일 병술 1번째 기사). (3) 세조는 정인지, 정창손, 신숙주 등을 불러 좌우로 나누어 「어정주역구결」을 논의하도록 하였다. 안효례(安孝禮), 구종직 등은 어정 구결을 따랐고, 정자영은 권근의 구결을 따랐다(「세조실록」 47권 세조 14년 8월 5일 임진 2번째 기사). (4) 세조는 최항 등에게 먼저 「소학」과 「주역」의 구결을 정하고 다음에 「예기(禮記)」의 구결을 정하도록 명령하였으며, 「시경」과 「서경」의 구결은 양촌(陽村) 권근이 이미 정하였으므로 우선은 이것을 정지하도록 하였다(「세조실록」 47권 세조 14년 8월 8일 을미 1번째 기사). (5) 세조는 이영은, 정자영 등에게 「어정주역구결(御定周易口訣)」을 의논하게 하였다. '환괘(渙卦)'에서 정자영은 권근의 구결에 따를 것을 요청하자 구종직(丘從直)은 어정 구결을 비방하는 자는 정자영이니 그를 처형하라고 요청하

였다(「세조실록」 47권 세조 14년 8월 10일 정유 2번째 기사). (6) 세조
는 정인지 등으로 하여금 「시경」 구결을 두어 장을 정하게 하다가 그만
두었다(「세조실록」 47권 세조 14년 8월 16일 계묘 1번째 기사). (7)
세조는 김수녕, 최호원(崔灝元, 1431년~?), 안효례 등을 보경당(寶慶堂)
뒤뜰에 불러 「시경」의 구결을 논의하여 정하게 하였다(「세조실록」 47
권 세조 14년 8월 17일 갑진 1번째 기사). (8) 세조는 구종직 등을 불러
「시경」의 구결을 다른 것과 비교하여 교정하도록 하였다(「세조실록」
47권 세조 14년 8월 19일 병오 1번째 기사 & 「세조실록」 47권 세조
14년 8월 21일 무신 1번째 기사).

그리고 「성종실록」, 「연산군일기」, 「중종실록」, 「선조실록」, 「선조수정
실록」, 「인조실록」, 「숙종실록보궐정오」에서는 다음과 같은 구결에 관한
기사를 찾아볼 수 있다.

① 1470년 성종(成宗, 재위 1469년~1494년)은 예문관(藝文館)에서 조대
　가(曹大家, 45년~117년?)[38]의 「여계(女誡)」[39]의 구결을 정하게 하였다
　(「성종실록」 3권 성종 1년 2월 7일 병진 1번째 기사).

② 1490년 홍응(洪應)은 동궁이 책을 진강하면서 구결을 쓰는데, 단지 구결
　만으로 학습한다면 학문은 끝내 통달하지 못할 것이라고 말했다(「성종
　실록」 246권 성종 21년 10월 7일 을묘 2번째 기사).

③ 1491년 특진관(特進官) 이칙(李則, 1438년~1496년)은 세자가 읽는 서

38 　중국 후한의 여류 시인 반소(班昭)를 조대가라고 불렀다. 황후와 귀인의 스승이었던 반소
　　는 반고(班固)의 누이동생이다. 반고가 지은 「한서(漢書)」의 미완성 부분을 보충하여 편
　　찬을 완결하였다.

39 　정숙한 부녀의 도(道)를 설명한 책이다. 청나라 왕진승(王晉升)은 여자가 읽을 네 가지
　　책 「여계」, 「여논어(女論語)」, 「인효문황후내훈(仁孝文皇后內訓)」, 「여범첩록(女範捷錄)」
　　에 주를 달아 「여사서(女四書)」를 펴냈다.

책에 구결을 쓴 것을 보았는데 구결을 써서 읽으면 마음에 조그마한 게으름이 생겨 학습에 방해가 되니 앞으로 그 구결을 없애도록 하라고 성종에게 아뢰었다(「성종실록」 260권 성종 22년 12월 19일 신유 2번째 기사).

④ 1502년 윤필상(尹弼商, 1427년~1504년), 한치형(韓致亨, 1434년~1502년) 등은 연산군에게 한어(漢語)와 이문(吏文)을 통달한 이창신(李昌臣 1449년~1506년)으로 하여금 이문을 주해하고 구결을 만들게 하라고 건의하였다(「연산군일기」 44권 연산 8년 6월 12일 임자 1번째 기사).

⑤ 1504년 연산군은 언문을 끄는 자는 기훼제서율(棄毀制書律)[40]로, 알고도 고하지 않는 자는 제서유위율(制書有違律)[41]로 논단(論斷)하고, 조정에서 벼슬을 하고 있는 조사(朝士)의 집에 있는 언문으로 구결을 단 책은 다 불사르되, 한어를 언문으로 번역한 것 등은 금하지 말라고 전교하였다(「연산군일기」 54권 연산 10년 7월 22일 경술 7번째 기사).

⑥ 1505년 조계형(曺繼衡, 1470년~1518년)이 봉황음체(鳳凰吟體)를 본떠 지은 악장(樂章)을 바치니 연산군은 구결을 달아 다시 바치도록 하였다(「연산군일기」 57권 연산 11년 2월 8일 갑자 1번째 기사).

⑦ 1529년 대사간(大司諫) 어득강(魚得江, 1470년~1550년)은 '중국에서는 모든 경전이나 서사에 전부 구결이 없고 어구를 끊어야 할 곳에 점권(點圈)[42]만 쳤을 뿐이다. 그런데 우리는 방언으로 구결을 붙이니 지극히 번잡하고 자질구레하다. 경연에서 진강할 때에도 구절이나 글자

---

40 임금이 조서로 내린 명령을 멋대로 파기하거나 고의로 고친 사람을 다스리는 조문으로 이 죄에 해당하는 사람에게는 참형에서부터 장형에 이르는 처벌을 내렸다.
41 임금의 교지(敎旨)와 세자의 영지(令旨)를 위반한 사람을 다스리는 법률로 이것을 위반한 사람은 곤장 1백에 처한다고 규정하였다.
42 고리 모양의 둥근 점 등을 가리키는 권점이다.

마다 모두 구결을 붙여 아이들을 가르치는 것처럼 하니 이것은 안 될 일이다. 구결을 붙이지 말고 해박하게 통하도록 정확한 강론을 하고 또는 훈고로 해석하도록 하는 것이 합당하다. 과거에서 경서를 외울 때에 시험관이 구결 하나만 틀려도 불통을 주니 이것은 더욱 안 될 일이다.'라고 말하였다. 그러나 영사(領事) 장순손(張順孫, 1457년~1534년)은 '만일 구결을 붙이지 않는다면 문리가 통해지지 않고 배운 것을 아는지 모르는지도 모르게 된다. 강연에서 구결을 붙이는 것은 상께서 모르신다고 여겨서가 아니라 곧 존경하기 때문이다. 이런 풍습은 오래된 것으로 지금은 없앨 수 없다.'고 말했다. 그리고 동지사(同知事) 조계상(曺繼商, 1466년~1543년)은 '중국 사람들은 언어가 모두 문자이기 때문에 구결을 붙이지 않지만 우리는 부득이 구결이 있은 다음에야 문리가 통하게 된다. 이것은 이미 습관이 되었으므로 지금 고치기 어렵다.'고 말했다(「중종실록」 65권 중종 24년 5월 25일 기미 1번째 기사).

⑧ 1539년 동지성균관사(同知成均館事) 성세창(成世昌, 1481년~1548년)은 예전의 유학자들은 독서에 있어 음과 뜻과 구결을 모두 스승에게 배웠는데 요즘 사람들은 스스로 학문을 하면서 스승에게 나아가 배우려고 하지 않으니 성취되기를 기대할 수 없다고 말했다(「중종실록」 91권 중종 34년 6월 10일 병오 2번째 기사).

⑨ 1574년 (1) 선조는 유희춘(柳希春, 1513년~1577년)에게 사서와 경서의 구결과 언석(諺釋)을 경이 정하지 않은 것이 없으니 경의 학문이 정밀하고 해박함은 세상에 드문 일이다. 사서와 오경의 구결과 언석을 경이 모두 자상하게 정해 놓았으니 하나의 국(局)을 설치할 만하다고 하였다(「선조실록」 8권 선조 7년 10월 10일 신해 1번째 기사). (2) 유희춘은 선조에게 '지난번에 성상의 명령을 받고 사서와 오경의 구결과 언해를 상정(詳定)하게 되었지만 진실은 신은 능력이 없고 책임은 무거워 잘

만들기 어려울 듯싶습니다. 만일 부득이 해야 한다면 모름지기 이황(李滉, 1501년~1570년)의 해설을 근거로 삼고 널리 모든 유신과 유생들의 말도 물어보아야 거의 되어질 것입니다. 그리고 이황이 교정한 「주자대전(朱子大全)」과 「주자어류(朱子語類)」와 사서오경의 구결과 언해에 관한 설명을 모두 가져다 참고해 보시기 바랍니다.'라고 말했다(「선조실록」 8권 선조 7년 10월 19일 경신 1번째 기사). (3) 유희춘은 선조에게 '「주역대문」은 광묘(光廟) 세조께서 정자(程子)의 「주역전의」에 의거하여 토를 단 것입니다. 이것은 의논해서 될 일이 아니고 다만 마땅히 본의에 의하여 대문의 구결을 붙인다면 이번에 지난날 해놓지 않은 것을 보완하게 될 것입니다. 「춘추(春秋)」는 글의 뜻이 일정하게 되어 있어 토를 달고 풀이할 것이 없습니다. 다만 곡절이 있는 구결 10여 군데가 있기는 하지만 「춘추」는 할 것이 없습니다.'라고 말했다(「선조실록」 8권 선조 7년 10월 25일 병인 1번째 기사).

⑩ 1577년 유희춘은 만년에 교지를 받들어 「경서구결언석(經書口訣諺釋)」을 찬정하였고, 「선주대학석의(先奏大學釋義)」를 선주하였으며, 나머지는 미처 완성하지 못하고 죽었다(「선조수정실록」 11권 선조 10년 5월 1일 무자 2번째 기사).

⑪ 1601년 특진관 박홍로(朴弘老)는 선조에게 「주역」은 강녕전(康寧殿)의 구결로 선왕조께서 친히 재정(裁定)하신 것이기 때문에 이미 전교를 받은 것을 많이 개정하였는데 그것이 옳은 처사인지 모르겠다고 말하였다(「선조실록」 142권 선조 34년 10월 19일 계미 1번째 기사).

⑫ 1602년 교정청에서 선조에게 강녕전의 「주역구결」이 설괘 제6장까지 되었을 뿐 제7장 이하부터 서괘, 잡괘는 모두 구결이 없다. 어떤 사람은 설괘 6장까지 구결을 단 것은 필시 그 뜻이 있어서였을 것이니 그 이하는 현토할 필요가 없다고 하고, 어떤 사람은 예전에 현토하지 않았다고 지금 현토하지 않고 두는 것은 불가하다고 한다. 그래서 신들이 감히

마음대로 못하니 어떻게 하면 좋겠냐고 아뢰었다(「선조실록」 156권 선조 35년(1602년) 11월 21일 무인 2번째 기사).

⑬ 1642년 대제학 이식(李植, 1584년~1647년)은 「주역」 본문의 구결을 새로 고쳤으므로 순탄하여 암송하기가 쉽다고 하였다(「인조실록」 인조 20년(1642년) 1월 10일 경진 2번째 기사).

⑭ 1709년 영의정 최석정(崔錫鼎, 1646년~1715년)은 최립(崔岦, 1539년~1612년)이 저술한 「주역구결」은 정자(程子)의 전(傳)과 주자(朱子)의 본의(本義)대로 인용하지 않았지만 역시 상소에다 갖추어 올리매 간행하게 되었다고 상소하였다(「숙종실록보궐정오」 47권 숙종 35년(1709년) 6월 3일 임인 1번째 기사).

이상과 같이 살펴본 「조선왕조실록」 등 사서의 기록에 따르면 다음과 같은 사실을 확인할 수 있다.

(1) 세조의 불경 한문에 언문으로 구결을 다는 작업에 관한 「세조실록」의 기사는 없으며, 경서에 구결을 다는 일에 관한 기사는 많이 있다.

(2) 구결을 바르게 달면 한문의 의미가 분명해지고 우리의 문자 생활에 도움이 된다는 사실을 인식한 조선의 왕은 태종, 세종, 세조, 선조 등이다. 세종은 훈민정음을 만들어 경서에 구결을 달고 번역하고자 하였으며, 특히 세조는 자신이 직접 「주역」에 구결을 달았으며, 여러 차례 경서 구결에 관한 토론의 장을 비현합, 예문관 등에서 열었다. 그리고 경서에 구결을 다는 일을 중요하게 여기는 유학자들로는 정몽주, 권근, 장순손, 조계상, 성세창 등을 들 수 있다. 그들은 구결을 붙이지 않는다면 문장의 의미를 이해하기 어렵다고 생각하였다.

(3) 경서에 구결을 단 유학자는 설총을 비롯하여 여러 사람이 있다. 정몽주는 「시경」과 「주역」, 권근은 「시경」, 「서경」, 「역경」에 구결을 달았다.

그리고 세조는 신숙주, 권람, 최항, 송처관, 홍응 등과 더불어 「무경」의 구결을 달았다. 또 세조는 「원각수다라료의경」(1465), 「주역전의」(1466), 「예기집설대전」(15세기~16세기), 「소학집설」(16세기 중반), 「논어대문구결」(16세기 중반) 등 구결을 단 책을 펴냈다. 최항의 '경서소학구결발'에 따르면 세조는 자신이 「주역」과 「소학」에 구결을 달았고, 정인지는 「시경」, 정창손은 「서경」, 최항은 「주역」, 「예기」 등 사서오경과 「소학」, 신숙주는 「예기」, 이석형은 「논어」, 성임은 「맹자」, 홍응은 「대학」, 강희맹은 「중용」에 구결을 달게 하였다고 한다.

(4) 유학자가 구결을 단 경서는 현전하는 것도 있고 현전하지 않는 것도 있다. 설총, 정몽주, 권근 등의 구결은 현전하지 않는다.

(5) 세조의 구결 제정, 논의, 강론 등에 참가한 사람은 강희맹, 구종직, 김수녕, 김유, 노사신, 박시형, 송처관, 신숙주, 안효례, 유윤겸, 유희익, 유진, 이영은, 정난종, 정인지, 정자영, 정창손, 최항, 최호은, 한계희, 홍응 등이다.

(6) 경서 구결의 교정 작업에 참여한 사람은 강희맹, 구종직, 김수녕, 김예몽, 박건, 송처관, 이영은, 정인지, 정자영, 정창손 등이다.

(7) 경서에 구결을 다는 일을 피하거나 부정적인 견해를 가진 유학자도 있다. 변계량은 한문이 중의적인 문장이라면 하나의 구결로 정하기가 어렵다고 하였다. 그리고 맹사성, 홍응, 이직, 어득강 등은 구결이 책에 달려 있으면 학문하는 데에 방해가 된다고 생각하였다. 특히 연산군은 조정에서 벼슬을 하고 있는 관리들의 집에 있는 언문으로 구결을 단 책은 다 불사르라고 명령하였다.

(8) 윤필상, 한치형 등은 한어와 이문을 통달한 이창신으로 하여금 이문을 주해하고 구결을 만들게 해야 한다고 말했다.

(9) 선조는 사서와 경서의 구결과 언석(諺釋)을 유희춘이 모두 자상하게 정해 놓았으니 하나의 국(局)을 설치할 만하다고 하였다. 1577년 유희

춘은 만년에 교지를 받들어 「경서구결언석(經書口訣諺釋)」을 찬정하였고, 「선주대학석의(先奏大學釋義)」를 선주하였으며, 나머지는 미처 완성하지 못하였다. 그리고 최립은 「주역」에 구결을 달았다.

(10) 서거정이 쓴 문정공(文靖公) 최항의 비명(碑銘)에서는 세종은 김문(金汶), 김구(金鉤), 최항에게 「소학(小學)」과 사서오경의 구결을 정하도록 명령하였다고 적었다. 또 세조는 권근과 정몽주의 구결은 잘못된 곳이 많은 채로 전해지고 있어 탄식해오다가 정인지, 신숙주, 구종직, 김예몽, 한계희, 최항, 서거정에게 오경과 사서를 나누어주면서 고금을 참고하여 구결을 정해 올리라고 명령하였다는 기록을 찾아볼 수 있다.

한편 한문 초학서, 교화서 등에 구결을 단 경우도 있다. 서울대학교 규장각 한국학연구원(古1160-4)에 소장되어 있는 주희(朱熹)가 지은 한문 대자본 「동몽수지(童蒙須知)」의 권수 '주희 서(序)'와 본문에는 한자 구결을 달아 놓았다. 그리고 김안국(金安國)은 주희(朱熹)가 지은 한문 초학서 「동몽수지」 (1517)를 간행했는데, 이 책과는 다른 판본으로 한자 구결을 단 것도 있다. 노수신(盧守愼, 1515년~1590년)은 1555년 무렵 조카들의 교육을 위해 「동몽수지」를 편찬하였다.[43] 1574년에 노수신의 친구 허충길(許忠吉)은 이 책을 목판본으로 간행하였는데, 이 책의 본문에는 구두점을 표시하고 난상에는 한글 구결을 표기하였다.

---

43 노수신이 편찬한 「동몽수지」, 「자훈언해(字訓諺解)」, 「대학집록(大學輯錄)」을 합철한 책은 광주 노씨 문중에 소장되어 있다(황문환(1999), 전재동(2020)). 「동몽수지」와 「자훈언해」 두 책을 합하여 「자훈훈해」로 펴낸 책은 국립중앙도서관에 소장되어 있다.

참고논저 & 홈페이지

안병희, 1979, 중세어의 한글 자료에 대한 종합적인 고찰, 「규장각」 3, 서울: 서울대학교 도서관. 109-147.

전재동, 2020, 노수신 편 「동몽수지」의 서지적 분석, 「서지학연구」 82, 한국서지학회. 217-243.

황문환, 1999, 「자훈언해」, 「문헌과 해석」 3, 서울: 태학사. 191-222.

국사편찬위원회 조선왕조실록 sillok.history.go.kr

54 구결과 언해

구결은 중국어 문장 즉 한문에 토를 넣어 읽는 독법 또는 그 내용을 통칭한다. 한문으로 적은 불경이나 경서의 의미를 이해하기 위해서 먼저 한문에 구두점을 찍거나 한자 구결이나 언문 구결을 단다. 그런데 구결을 다는 방법은 한문의 의미를 해석하는 유학자마다 다를 수 있으므로 고정적이지 않다. 따라서 중국어 문장의 의미를 해석하려면 우선 중국어 문장에 토를 넣어 읽는 방법 즉 구결을 정해야 한다. 중국어 문장은 띄어쓰기를 하지 않고, 특히 중의문일 경우 의미 해석이 달라지기 때문이다.

언해는 중국어 문장을 한국어로 번역하여 언문 즉 한글로 적는 것이다. 한국어로 번역한 문장을 한자와 언문을 혼용하여 표기하는 경우도 있지만, 보통 언해는 한문을 한국어로 번역하여 언문으로 적는 것을 가리킨다.

언해는 '언석(諺釋)'이라고도 한다(「선조실록」 8권 선조 7년(1574년) 10월 10일 신해 1번째 기사, 「선조수정실록」 11권 서조 10년(1577년) 5월 1일 무자 2번째 기사, 「영조실록」 117권 영조 47년(1771년) 12월 24일 경인 1번째 기사, 「정조실록」 9권 정조 4년(1780년) 6월 24일 신미 2번째 기사 참고).[44] 그리고 언해를 하는

---

44 퇴계 이황(李滉, 1501년~1570년)은 「사서오경」의 구결과 언석을 고증하였다.

행위를 '언해하다, 언해를 붙이다, 언해를 달다, 언자(諺字)로 번역하다'로 표현한다.

그런데 몽골어, 만주어, 일본어 등 중국어가 아닌 다른 외국어 문장을 한국어로 번역하여 언문으로 적는 경우는 '언해'라고 하지 않는다. 국내에서 한어 구어체인 백화문으로 번역한 한어 학습서 「직해동자습(直解童子習)」(신숙주 외 공역, 1453)에서는 '직해'를 사용하고, 중국 백화문의 학습서 「노걸대(老乞大)」의 경우 '번역노걸대', '노걸대언해'라는 책명을 사용했는데, '번역'과 '언해' 두 용어를 사용했다. 언문이 아닌 이두로 번역한 「대명률직해(大明律直解)」는 '언해'가 아닌 '직해'를 사용하였다. 「직해동자습언해(直解童子習諺解)」에서는 '직해'와 '언해'를 같이 사용했다.

중국어와 한국어 둘 다 모어인 이중 언어 사용자는 중국어 문장에 구결을 달지 않고 중국어를 한국어로 통역하거나 번역할 수 있지만, 그렇지 않은 사람은 중국어 문장에 구결을 단 이후에 언해하는 것이 편리하다. 그래서 구결을 다는 일은 언해의 기초 작업인 것이다. 실제로 세조는 간경도감을 설치하여 불경에 언문 구결을 달고 언해문을 붙이는 작업을 진행하였다. 또 세조가 경서의 구결을 확정하고 난 이후에 선조(재위 1567년~1608년)의 명령으로 1585년 교정청을 설치하여 경서의 훈해를 교정하였다. 결국 한문에 구결을 다는 일과 언해문을 작성하는 것은 번역 작업 과정의 연속성에 있어 상호 밀접한 관계를 맺고 있다. 구결과 언해를 합쳐 '토석(吐釋)'이라는 용어를 사용하기도 한다.

언해한 책은 언해서 또는 언해본이라고 한다. 언해서는 보통 한문 원전에 구결을 단 문장을 제시하고 한자와 한글을 혼용하여 표기한 언해문을 붙인다. 언해서로는 「영가집(永嘉集)」(세조(世祖) 구결, 신미(信眉) 언해, 1456), 「능엄경언해(楞嚴經諺解)」(세조 한글 구결, 한계희·김수온 언해, 1461) 등의 불경 언해서, 「논어언해(論語諺解)」 등의 경서 언해서, 「구급방언해(救急方諺解)」 등의 의서, 「삼강행실도언해(三綱行實圖諺解)」 등의 교화서, 「두시언해(杜詩

諺解)」등의 시집, 역학서, 윤음 언해 등을 들 수 있다. 책명에 '언해'라는 용어를 붙이지 않거나, 「사서석의(四書釋義)」(이이 석의)처럼 '석의(釋義)'를 붙인 언해서도 있다. 그리고 한문 서적인 진서(眞書)와 언해서를 함께 만들어 각각 인출하는 경우도 있다. 예를 들면, 1742년에 영조는 「동몽선습(童蒙先習)」을 진서와 언문으로써 경서 언해의 예(例)에 따라 인출하라고 하였다(「영조실록」 55권 영조 18년 6월 28일 을묘 4번째 기사). 그리고 1781년에 정조는 자신이 지은 선유문(宣諭文)을 진서와 언문으로 번역하도록 하였다(「정조실록」 11권 정조 5년(1781년) 6월 20일 신묘 3번째 기사).

「조선왕조실록」에서 찾은 언해에 관한 기사를 소개하면 다음과 같다.

① 1514년에 중종(中宗, 1506년~1544년 재위)은 '언해 의서(諺解醫書)' 1장을 정원(政院)에 내렸다(「중종실록」 20권 중종 9년(1514년) 4월 14일 정미 2번째 기사).

② 1518년에 김안국(金安國, 1478년~1543년)은 풍속을 바로잡을 수 있는 책 「여씨향약(呂氏鄕約)」, 「정속(正俗)」 등에 언해를 붙여 반포하여 가르치게 하면 완악한 풍속을 변혁할 수 있다고 생각했다. 그는 「여씨향약」은 주해가 없으면 사람들이 쉽게 이해하지 못하므로 언해를 상세하게 만들었고, 「정속」도 언자(諺字)로 번역하였다고 하였다. 세종 때에 농서와 잠서 등을 이어(俚語)로 번역하여 팔도에서 개간(開刊)하였는데, 그도 농서와 잠서에 언해를 붙였다고 하였다. 또 그는 「이륜행실(二倫行實)」의 개간을 요청하였으며, 「삼강행실도(三綱行實圖)」를 유별로 선택하여 개간하였고, 「벽온방」과 「창진방(瘡疹方)」도 언해를 붙여 개간하였다고 하였다(「중종실록」 32권 중종 13년(1518년) 4월 1일 1번째 기사).

③ 1522년에 중종은 교서관(校書館)[45]에 내장본 「황후내훈(皇后內訓)」을

---

45   1392년(태조 1년)에 처음으로 설치된 교서감(校書監)을 1401년(태종 1년)에 교서관으로

내주며 인출하게 하였다(「중종실록」 44권 중종 17년(1522년) 2월 25일 임인 2번째 기사).

④ 1525년에 중종은 「벽온방」에 약명(藥名)이 많으니 전례에 따라 언해하여 '속벽온방(續辟瘟方)'으로 이름을 붙여 인출하도록 하였다(「중종실록」 52권 중종 20년(1525년) 1월 23일 임오 2번째 기사).

⑤ 1539년에 최세진(崔世珍, 1467년?~1542년)은 언해한 「효경」, 「소학」, 「훈몽자회」, 「사성통해」 등을 여러 차례 올렸는데 이번에 또 올렸다(「중종실록」 90권 중종 34년(1539년) 5월 17일 갑신 1번째 기사).

⑥ 1542년에 최세진이 사망하였다. 최세진은 한어(漢語)에 정통하였으며, 모든 사대(事大)에 관한 이문(吏文)을 모두 맡아보았고, 저서인 「언해효경(諺解孝經)」, 「훈몽자회(訓蒙字會)」, 「이문집람(吏文輯覽)」은 세상에 널리 퍼졌다(「중종실록」 97권 중종 37년(1542년) 2월 10일 신유 2번째 기사).

⑦ 1545년에 이조 참의 홍춘경(洪春卿)은 대행 대왕의 지문(誌文)에서 중종은 1523년에 「언해소학(諺解小學)」을 인쇄하여 중외에 펴내게 하셨다고 적었다(「인종실록」 1권 인종 1년(1545년) 1월 24일 무오 3번째 기사).

⑧ 1574년에 선조(宣祖, 1567년~1608년 재위)는 유희춘((柳希春, 1513년~1577년)에게 무릇 글 속의 토석(吐釋)을 혹자들은 소소한 일이어서 꼭 유의할 것까지는 없다고 하지만 성현들은 글 뜻을 알지 못하고서 정미(精微)한 내용을 통할 수 있는 사람은 없다고 하면서 유희춘이 사서(四書)와 오경(五經)의 구결과 언석(諺釋)을 모두 정하였으니 하나의 국

고쳤다. 세조(1455년~1468년 재위) 때에 전교서(典校署)로 개칭하였으며, 1484년(성종 15년)에 환원되었다. 1777년 규장각(奎章閣)에 편입하여 규장각을 내각(內閣)이라 하고, 교서관을 외각(外閣)이라고 하였다. 흔히 교서관을 교서감, 운각(芸閣), 전교서, 외각이라고도 한다.

(局)을 설치할 만하다고 하였다(「선조실록」 8권 선조 7년(1574년) 10
월 10일 신해 1번째 기사).

⑨ 1574년에 유희춘은 선조의 명령을 받고 사서와 오경의 구결과 언해를
상정(詳定)하게 되었지만 힘이 모자라고 책임이 무거워 잘 만들기 어려
울 것이라고 말하면서 만일 부득이 해야 한다면 모름지기 이황(李滉)의
해설을 근거로 삼고 널리 유신과 유생들의 의견도 물어보아야 된다고
하였다. 그리고 이황이 교정한 「주자대전(朱子大全)」, 「주자어류(朱子語
類)」와 사서오경의 구결과 언해에 관한 설명을 모두 참고해야 한다고
하였다(「선조실록」 8권 선조 7년(1574년) 10월 19일 경신 1번째 기사).

⑩ 1574년에 유희춘은 선조에게 이황만큼 경서의 훈을 주자의 문어에 침잠
하여 반복하면서 생각한 사람은 없다고 하였다. 또 이이(李珥, 1536
년~1584년)가 「대학(大學)」의 토와 풀이를 한 것이 있다고 하였다.[46]
이 두 사람의 경서 구결 즉 경서의 해석은 절충하기 어렵다고 하였다(「선
조실록」 8권 10월 25일 병인 1번째 기사).

⑪ 1588년에 선조는 지난 갑신년에 교정청(校正廳)을 설치하고 문학하는
선비들을 모아서 사서삼경의 음석(音釋)을 교정하고 아울러 언해를 달
도록 하였는데 이때에 이르러 모두 마쳤다고 하였다(「선조실록」 22권
선조 21년(1588년) 10월 29일 기유 1번째 기사).[47]

---

46 16세기 후반 선조 때에 율곡 이이(李珥, 1536년~1584년)의 「대학토석(大學吐釋)」 등 4
서 언해가 이루어졌으며, 1749년(영조 25년)에 교서관에서 「대학율곡언해」·「중용율곡
언해」 1권 1책, 「논어율곡언해」 4권 4책, 「맹자율곡언해」 7권 7책을 간행하였다. 1576년
(선조 9년)에 9경을 언해하도록 한 선조의 명령을 받아 율곡은 1584년 사망할 때까지
사서 언해의 초고를 작성하였다. 선조는 교정청을 설치하여 언해 작업을 계속하도록 하
여 1590년 무렵에 사서의 언해를 완료하여 책으로 간행하였다. 이이는 「동호문답」
(1569), 「만언봉사」, 「성학집요」(1575), 「격몽요결」(1577), 「기자실기」(1580), 「인심도
심설」, 「김시습전」(1582), 「학교모범」(1582), 「시무육조」(1582) 등을 지었다.

47 삼경의 언해 작업은 임진왜란과 병자호란으로 중단되었다가 1601년부터 다시 시작하였
다. 1606년부터 1613년 사이에 관찬본 사서삼경을 간행하였으며, 도산서원에 소장되어

⑫ 1594년에 선조는 「신증유합(新增類合)」, 「소학집설(小學集說)」, 「소학언해(小學諺解)」, 「주역대전(周易大全)」, 「주역언해(周易諺解)」, 「역학계몽(易學啓蒙)」, 「손자(孫子)」, 「오자(吳子)」, 「황석공삼략(黃石公三略)」, 「문선(文選)」, 「여지승람(與地勝覽)」, 「대전(大典)」 등을 안으로 들이라고 전교하였다(「선조실록」 56권 선조 27년(1594년) 10월 24일 무진 7번째 기사).

⑬ 1595년에 선조는 「살수보(殺手譜)」를 언해하여 사람들이 쉽게 알도록 하라고 전교한 것이 벌써 오래인데 지금까지 하지 않고 있으니 매우 옳지 못한 일이라고 하였다(「선조실록」 63권 선조 28년(1595년) 5월 28일 경자 1번째 기사).

⑭ 1600년에 선조는 「사서언해(四書諺解)」를 구하려 해도 구할 수가 없다고 하였다(「선조실록」 122권 선조 33년(1600년) 2월 3일 정축 2번째 기사).

⑮ 1605년 박진원(朴震元)은 사서(四書)와 「시전」의 언해를 아직 완간하지 못한 권책과 「소학언해」를 양남(兩南)의 종이가 생산되는 고을로 하여금 개간(開刊)하여 반포하게 하는 것이 좋겠다고 하였다. 또 세자가 「상서(尙書)」를 진강하는데 언해가 없으니 「상서」와 「예기(禮記)」를 현토하고 해석하여 「시전언해」를 개간하듯이 하면 경연(經筵)에 도움이 되고 여염의 훈몽에도 유익할 것이라고 하였다. 선조는 「예기」는 고인의 행문(行文)이라 현토와 해석이 필요하지 않고, 「시경언해」의 완간하지 못한 책과 「서전」, 「가례(家禮)」는 마땅히 현토 해석해야 하고 「천자문」도 해석하면 좋겠다고 하였다.

⑯ 1660년에 현종은 언해의 향음(鄕音)을 일일이 정리하여 바로잡도록 하였다(「현종개수실록」 4권 현종 1년(1660년) 9월 5일 정사 2번째 기사).

있다.

⑰ 1734년에 영조는 칠서(七書)를 수강(受講)할 때에 언해는 모두 옛 해석을 따르도록 명령하였다(「영조실록」 37권 영조 10년(1734년) 1월 1일 무인 6번째 기사).

⑱ 1742년에 영조는 운관(芸館)에 중종 때 박세무(朴世茂)가 편찬한 「동몽선습(童蒙先習)」을 인출하여 올리라고 명령하였다. 그리고 「동몽선습」의 서문을 직접 지어 진서(眞書)와 언문으로써 경서 언해의 예(例)대로 인출하고 제본하여 올리라고 명령하였다(「영조실록」 55권 영조 18년(1742년) 6월 28일 을묘 4번째 기사).

⑲ 1761년 영조는 원인손(元仁孫)에게 어제 열천편(洌泉篇)과 자서록(自敍錄)을 '열천자서합록(洌泉自敍合錄)'이라고 이름을 붙이고 언해서를 만들어 두 건을 바치도록 명령하였다(「영조실록」 97권 영조 37년(1761년) 3월 10일 기유 1번째 기사).

⑳ 1781년에 정조는 선유문(宣諭文)을 지어 내리겠으니 진서(眞書)와 언문으로 번역하고 등서(謄書)하여 봉교(奉敎)가 유지(有旨)를 써서 호남의 도백과 어사에게 하송하도록 하였다. 그리고 「속명의록(續明義錄)」, 「속명의록언해(續明義錄諺解)」, 언해를 갖춘 「원명의록(原明義錄)」을 어사에게 보내도록 하교하였다(「정조실록」 11권 정조 5년(1781년) 6월 20일 신묘 3번째 기사).

㉑ 1790년에 「무예도보통지(武藝圖譜通志)」가 완성되었다. 언해 1권이 있어 책은 모두 5책인데 '어제서(御製序)'를 권두에 붙였다. 장용영에서 인쇄하여 올리고 각 군영에 반포하고 또 서원군(西原君) 한교(韓嶠)의 봉사손(奉祀孫)에게 1건을 보냈다(「정조실록」 30권 정조 14년(1790년) 4월 29일 기묘 5번째 기사).

㉒ 1791년 「무원록언해(無冤錄諺解)」[48]를 간행하였다. 정조는 「무원록(無

---

48 세종은 최치원(崔致遠) 등에게 「무원록」을 주해하도록 명령하였으며, 선조는 구택규(具

冤錄)」은 사형에 관한 옥사를 판결하기 위한 책인데 본문이 어려워 누구나 쉽게 알기 어렵다며 능은군(綾恩君) 구윤명(具允明, 1711년~1797년)에게 언해를 짓도록 하였다. 그리하여 책이 완성되자 형조에 간행하여 반포하도록 명령하였다(「정조실록」 32권 정조 15년(1791년) 3월 15일 기축 5번째 기사).

㉓ 1792년에 형조 정랑 홍호원(洪浩源)은 정조에 「증수무원록(增修無冤錄)」 1권과 언해 2권을 이미 편찬하여 등서까지 마치고도 아직 인쇄를 못하였으니 교서관에 간행하여 널리 반포하도록 하라고 요청하니 정조는 그대로 따랐다(「정조실록」 36권 정조 16년(1792년) 11월 20일 을묘 2번째 기사).

㉔ 1794년 형조 판서 이득신(李德臣)의 말에 따라 운관(芸館)에 「무원록언해(無冤錄諺解)」를 인쇄하여 반포하라고 명령하였다(「정조실록」 40권 정조 18년(1794년) 6월 28일 계미 6번째 기사).

㉕ 1796년 정조는 형조 판서 서유린(徐有隣)에게 율관(律官) 김취하(金就夏)를 데리고 「무원록」을 언해하여 활자로 인쇄하여 진상하도록 명령하였다(「정조실록」 45권 정조 20년(1796년) 11월 3일 갑진 3번째 기사).

㉖ 1796년 정조는 임금이 보는 책에 현토하라는 명령이 내려지면 옥당에 모여 공복(公服)을 갖추어 입고 교정하는 것이 바로 홍문관의 고사인데 이 규례를 폐지해버려 이런 고사가 있었다는 것조차 모르고 있다고 말했다. 그러면서 내각과 옥당에 소장되어 있는 언해한 책을 살펴보니 현토가 서로 다른 곳이 많으니 앞으로 임금이 보는 책에 현토를 달 때에는 내각의 직각(直閣) 이하가 모두 옥당에 나와야 하며, 경서를 잘 아는 유신들과 함께 교정을 보도록 하라고 하교하였다(「정조실록」 45

宅奎)에게 이 「무원록」을 더 윤색하도록 명령하였다(「정조실록」 45권 정조 20년(1796년) 11월 3일 갑진 3번째 기사).

권 정조 20년(1796년) 11월 15일 병진 2번째 기사).

㉗ 1797년 주자소(鑄字所)에서 「오륜행실(五倫行實)」을 인쇄하여 올렸다.
정조는 이미 「향례합편(鄕禮合編)」을 반포하고 나서 각신(閣臣) 심상규
(沈象奎) 등에게 「삼강행실」[49]과 「이륜행실」[50]을 합하여 증정(證訂)하
고 언해하여 '오륜행실(五倫行實)'이라고 이름을 붙이라고 명령하였다
고 말했다(「정조실록」 47권 정조 21년(1797년) 7월 20일 정해 5번째
기사).

㉘ 1862년 좌의정 조두순(趙斗淳)은 칠서의 언해는 유숭조(柳崇祖, 1452
년~1512년)의 필생의 정력이 담겨져 있는 것이라고 말했다(「철종실록」
14권 철종 13년(1862년) 8월 27일 정축 2번째 기사).

㉙ 1902년 봉상시(奉常司) 제조(提調) 김태제(金台濟)는 상소문에서 사서
삼경의 언해본은 이황이 편찬한 것으로 잘못 전해지는데 실상은 그렇지
않고, 그 해석은 정자(程子)나 주자(朱子)의 본의와 다른 것이 없지 않고
음과 뜻도 틀린 부분이 매우 많다고 하였다. 그리고 사서는 이이의 언해
본이 있었지만 지금은 전습(傳習)되지 않으니 어찌 한스럽지 않겠냐고
하면서 교경당(敎經堂)을 설치하자고 적었다(「고종실록」 42권 고종 39
년 2월 5일 양력 2번째 기사).

이상과 같이 살펴본 기사의 내용에서 다음과 같은 사실을 확인할 수

---

49 세종은 집현전의 여러 신하들에게 고금의 전해오는 기록을 수집하고 열람하여 효자, 충
신, 열녀로서 행실이 특출한 1백여 명을 뽑아 앞에 그림을 그리고 뒤에 내용을 기록하여
간인하고 반포하여 풍습 교육을 돕게 하라고 명령하였는데, 세종의 이 명령에 따라 간인
된 책이 「삼강행실」이다(「정조실록」 47권 정조 21년(1797년) 7월 20일 정해 5번째 기
사).

50 중종 때에 김안국이 역대 제현(諸賢) 가운데 본보기가 될 만한 장유(長幼)의 처신과 붕우
의 교제를 한 사람 47명을 골라 사실을 기록하며 그림을 그리고 찬(讚)을 지어 「삼강행실」
의 미비점을 보완한 책이다(「정조실록」 47권 정조 21년(1797년) 7월 20일 정해 5번째
기사).

있다.

(1) 언해 작업에 각별한 관심을 둔 왕은 세종, 세조, 중종, 선조(재위 1567년~1608년), 현종, 영조, 정조이다. 세종은 농서, 잠서, 의서 등을 언해하였다.

(2) 세조는 간경도감을 설치하여 불경에 언문 구결을 달고 언해문을 다는 작업을 진행하였다.

(3) 경서의 구결을 확정하고 난 이후에 선조의 명령으로 1585년 교정청을 설치하여 경서의 훈해를 교정하였다.

(4) 언해서를 펴낸 사람은 최세진, 김안국, 유희춘, 이이, 유숭조, 구윤명 등이다.

(5) 교서관에서 언해서를 간행하였다.

(6) 이황과 이이의 경서 해석은 절충하기 어렵다.

참고논저 & 홈페이지

국사편찬위원회 조선왕조실록 sillok.history.go.kr

55 언해의 향음

언해의 향음(鄕音)은 언해문에 표기된 조선 한자음을 가리킨다. 향음은 조선 한자음(조선음) 또는 방언음 즉 방음(方音)을 가리킨다. 「조선왕조실록」 등의 사서에는 다음과 같은 향음에 관한 기록이 남아 있다.

① 사인(舍人) 이미(李敉)가 사신에게 사제(賜祭)할 때에 여러 절차를 물으니, 양선(楊善)은 축(祝)이 만일 한어(漢語)로 제문을 읽으면 선왕의 영

혼이 아마도 알아듣지 목할 것이니 마땅히 조선음(향음)으로 읽어야 한다고 대답하였다(「세종실록」 20권 세종 5년(1423년) 4월 11일 정해 1번째 기사).

② 변효문(卞孝文)이 중국 사신에게 조서(詔書)를 개독할 때에 중국음을 쓸 것인가를 물었더니 정사(正使)는 임금과 신하들이 알도록 마땅히 향음으로 읽어야 할 것이라고 하였다(「세종실록」 67권 세종 17년(1435년) 3월 15일 정해 1번째 기사).

③ 추국청(推鞫廳)에서 '왕치국(王治國)'은 '왕치국(王齒國)'을 잘못 읽은 것으로 '치(齒)'와 '치(治)'의 향음을 혼동한 것이라고 말했다(「광해군일기(중초본)」 77권 광해 6년 4월 4일 병술 9번째 기사).

④ 1660년에 현종은 언해의 향음을 일일이 정리하여 바로잡도록 하라고 하였다(「현종개수실록」 4권 현종 1년(1660년) 9월 5일 정사 2번째 기사).

⑤ 1725년에 영조는 「맹자」에서 큰 글자로 된 대문의 언해음이 향음인지를 물으니, 김용경(金龍慶)은 언해가 영남에서 나왔음으로 언해 자음(字音)이 대부분 향음이니 큰 글자의 음만 이와 같을 뿐만이 아니라고 말하였다(「승정원일기」 영조 1년 을사(1725년) 8월 28일).

⑥ 1731년에 도승지 박문수(朴文秀)는 영조에게 시골 유생의 문장에는 자연히 향음이 있으므로 표나 부에서 매번 낙방된다고 하였다(「승정원일기」 영조 7년 신해(1731년) 2월 24일).

⑦ 1734년에 시독관 윤득화(尹得和)는 영조에게 「예기(禮記)」는 언해가 없고 일찍이 성묘조(成廟朝)에서 당시 유신(儒臣)들이 주를 달았다고 말하니, 영조는 주에 향음이 많으니 필시 향리의 사람들이 주를 달았을 것이라고 말하였다(「승정원일기」 영조 10년 갑인(1734년) 2월 4일).

⑧ 이수광의 「지봉유설(芝峯類說)」(1633) 권2 '제국부 본국'에는 '영남의 향음'을 찾아볼 수 있다.

⑨ 위백규(魏伯珪)의 「존재집(存齋集)」(1875) 권13 '잡저'에는 '현재 경어 (京語)는 바로 한양의 본래 음이지만 반드시 도읍이라고 해서 바른 음을 가지고 있다고 할 수는 없다. 서울의 음 즉 경음(京音)을 가지고 향음을 놀리고 비웃기 때문에 한양에 다니러 간 시골 사람들은 기필코 경음을 본받으려고 하니 모두 고루한 짓이다.'라고 하였다.

위의 기사 ①~③의 향음은 한음(漢音)에 대비되는 조선음을 가리키는데 방음(方音)이라고도 한다. ④~⑨의 향음은 한양음 즉 경음(京音)에 대비되는 시골말의 음으로 해석할 수 있다. 따라서 향음은 두 가지의 뜻을 가진 용어 임을 알 수 있다.

한편 한어(漢語)에 대비되는 향어(鄕語)는 방언(方言) 또는 이언(俚言)이라고 도 하며 조선어를 가리킨다. 그리고 향어를 표기하는 문자는 방언 문자라고 하는데, 방언 문자는 이서(吏書), 이도(吏道), 이찰(吏札), 이두라고도 한다.

참고논저 & 홈페이지

국사편찬위원회 조선왕조실록 sillok.history.go.kr

56 구결자의 원자와 독음

구결은 인쇄 구결과 묵서로 기입한 구결 즉 필사 구결로 나눌 수 있다. 인쇄 구결자는 보통 정해체 약자로 인쇄되어 있지만 초서체로 인쇄되어 있 는 경우도 있다. 필사 구결자는 개인이 자유롭게 약체자(약자)로 기입한다.

구결자는 대부분의 경우 한자 원자(본자)의 약체자나 초서체 또는 초서체 의 약체자로 적는다. 예를 들면, 구결자 'ヽ'는 한자 '是'의 뒷부분을 취한 약체자이고, 구결자 'ᅟ'는 한자 '以'의 초서체이며, 구결자 'ᆢ'는 한자

'爲'의 초서체에서 앞부분을 취한 약체자이다. 따라서 구결자의 한자 원자가 무엇인지를 우선 밝혀야 하는데, 원자를 정확하게 모르는 구결자도 있으며, 구결자의 원자를 추정하는 경우도 많다. 예를 들면, 이승재(1993)에서는 이동림(1982)의 견해를 따라 '乂'를 '노'로 읽고 '奴'의 오른쪽에 딴 것으로 본다. 양주동(1942)에서는 'ㄗ(동명사 어미 -ㄹ, 속격조사 ㅅ)'는 '羅, 良, 盧'의 약체자로 추정하였다. 심재기·이승재(1998)에서는 구결자 '兮'의 원자를 '兮'로 보았고, 김무림(1999)에서는 '屎'를 원자로 보았다. 백두현(1997)에서는 구결자 'ʒ'의 원자를 '子'로 추정하였고, 김두찬(1997)에서는 '孥'를 원자로 보았다(황국정, 2001: 108).

자료에서 찾은 구결자의 목록을 작성하여[51] 구결자의 원자를 찾고 음을 기술할 때 다음과 같은 점을 유의해야 한다. (1) 석독구결자의 음과 순독구결자의 음은 다르다. 보통 석독구결자의 음은 조선 한자음과 차이가 나므로 대부분의 석독구결자는 상고음을 기반으로 읽을 수 있다(예: 夂(冬), ㆅ(只), ㆍ(彌), ㆆ(齊), ㆆ(乃) 등). 그리고 음독구결자의 음은 조선 한자음과 차이가 없으므로 다수의 음독구결자의 음은 조선 한자음을 기반으로 읽을 수 있다(김무림, 1999). (2) 자료에서 찾은 구결자가 음독자인지 훈독자인지 구분한다. 'ㄗ(동명사 어미 -ㄹ, 속격조사 ㅅ)'처럼 구결자를 음독자로 읽어야 하는지 훈독자로 읽어야 하는지 분명하지 않은 경우가 있다. 또 'ʒ(속격 -의, 선어말어미 옷, 연결어미 어)'처럼 음독자 또는 훈독자로도 읽을 수 있는 구결자도 있다. (3) 구결자의 변이형태와 형태 변화에 유의한다. (4) 구결자의 문법적 기능을 고려한 독음 과정을 거쳐 구결자의 변이음들을 열거한다. 이 변이음들 가운데서 대표음을 정하는 기준을 정해 대표음을 선정한다. 'ㆅ[-기/ㄱ]'처럼 구결자 1자가 2개 이상의 음을 가진 경우도 있다. 석독구결자 'ㄷㅏ[*시하]'처럼 일부의 환경에서 구결자의 독법이 명확하지 않은

---

51 고려시대의 구결자 목록으로는 백두현(1997: 295-308)을 들 수 있다.

경우도 있다 '食'의 음 '안'처럼 그 기원이 불분명하거나 차음에서 온 것도 있다(남풍현, 1999: 85). 구결자 '＋'는 심재기(1975)에서는 '게'로 읽었고, 백두현(1995)에서는 '긔'로 읽었다(황국정, 2001: 109).

참고논저

김두찬, 1997, 구역인왕경 구결 해독 시고, 「구결연구」 2, 구결학회. 161-241.

김무림, 1999, 고려 시대 구결 한자음의 연구, 「구결연구」 5, 구결학회. 75-108.

남풍현, 1993, 고려본 「유가사지론」의 석독구결에 대하여, 「동방학지」 81, 서울: 연세대학교 국학연구원. 115-180.

남풍현, 1999, 「국어사를 위한 구결 연구」, 서울: 태학사.

백두현, 2005, 「석독구결의 문자 체계와 기능 -고려시대 한국어 연구-」, 서울: 한국문화사.

양주동, 1942, 「조선 고가 연구」, 경성: 박문서관.

이건식, 1996, 「고대 국어 석독구결의 조사에 대한 연구」, 박사논문, 서울: 단국대.

이동림, 1982, 구역인왕경의 구결 해독을 위하여, 「논문집」 21, 서울: 동국대학교 대학원.

이승재, 1993, 고려본 「화엄경」의 구결자에 대하여, 「국어학」 23, 국어학회. 325-379.

이장희, 1995ㄱ, 화엄경 구결자 'ア'의 기능과 독음, 「어문학」 56, 한국어문학회. 119-140.

이장희, 1995ㄴ, 고려시대 석독구결문의 '-ㄴ'에 대하여, 「문학과 언어」 15, 문학과 언어 연구회. 103-120.

정재영, 1995ㄱ, 전기 중세 국어의 의문법, 「국어학」 25, 국어학회. 221-265.

정재영, 1995ㄴ, ㅅ형 부사와 ㄴ형 부사, 「(소곡 남풍현 선생 회갑기념논총) 국어사와 차자표기」, 간행위원회 편, 서울: 태학사. 285-316.

정재영, 1996, 종결어미 '-ㅎ'에 대하여, 「진단학보」 81, 진단학회. 195-214.

황국정, 2001, 구결 한자음의 독법 검토, 「국어사연구」 2, 국어사학회. 83-113.

구결자의 변화와 교체

구결자의 자형은 고정된 경우도 있고(예: ㆎ(示) 시), 자형을 조금 다르게 바꾸거나 더 간략한 형태를 사용한 경우도 있다(예: ㆍ, ㆍ, ㆍ(那), 나). 그리고 자형이 완전히 다른 둘 이상의 변이형 구결자를 사용한 경우도 있다(예: ㅅ, ㆍ(초서체, 入), 형식명사 두).

몇몇 구결자의 교체를 살펴보면 다음과 같다. (1) 구결자 'ㅈ(며)'는 14세기 후반부터 'ㆍ(며)'와 함께 사용되다가 15세기 전반부터는 'ㅈ(며)'만 사용되었다(남풍현(1990: 83), 이승재(1993)). (2) 석독구결 자료에서는 찾아볼 수 없는 음독구결자 'ㆍㅣ(면)'은 'ㆍㅣ(면)'과 함께 사용되다가 'ㆍ(며)'가 'ㅈ(며)'로 교체됨에 따라 'ㆍㅣ(면)'도 'ㅈㅣ(면)'으로 교체되었다(최은규, 1993: 683). (3) '羅[라]' 음을 음차한 구결자는 'ㅉ, ㅅ, ㆍ, ㅉ, 羅'를 찾아볼 수 있다. 이 가운데 음독구결자 'ㅉ(라)'는 자형 변화가 있지만, 석독구결자 'ㅉ(라)'는 자형이 고정되어 있다. 13세기 중엽에 음독구결자를 기입한 박동섭 소장본 「능엄경」(1200년대)에서는 'ㅉ(라)' 대신에 'ㅅ(라)'만을 찾아볼 수 있는데, 송성문 소장본 「능엄경」(1401)에서는 구결자 'ㆍ(라)'도 'ㅅ(라)'와 혼기되어 있다(백두현, 1997: 296-309). (4) 구결자 'ㅉ(라)'와 羅(라)'는 16세기 이후의 자료에서 찾아볼 수 있다(정재영, 1996: 141). (5) 구결자 'ㆍ(以, 로)'와 'ㆍ(로)'는 'ㅈ(로)'로 교체하여 사용되었으며, 음독구결자 'ㅿ(舍, 샤)'는 'ㅿ'를 보다 간략하게 적은 'ㅅ(샤)'와 함께 사용되었다. (6) 석독구결자에서 전승된 선어말어미 'ㅕ(利, 리)'를 사용하다가 음독구결자 'ㅣ(利, 리)'와 함께 사용되었는데, 대부분의 'ㅕ(리)'는 'ㅣ(利, 리)'로 대체되었다(박성종, 1996).

한편 한자음의 변화로 석독구결자와 음독구결자의 표기 형태가 달라지는 경우(예: ㆍ→ ㆍ)도 있다.

참고논저

김두찬, 1995, 구역인왕경 구결 기능 체계, 「(소곡 남풍현 선생 회갑기념논총) 국어사와 차자표기」, 간행위원회 편, 서울: 태학사. 161-213.

남경란, 2009, 「여말선초 음독 입겿(구결) 자형과 기능의 통시적 연구」, 서울: 경인문화사.

남경란, 2014, 음독 입겿(구결) 명령형의 통시적 고찰, 「민족문화논총」 57, 영남대학교 민족문화연구소. 53-75.

남풍현, 1990, 고려말·조선 초기의 구결 연구 -능엄경 기입토의 표기법을 중심으로-, 「진단학보」 69, 진단학회. 75-101. 〈남풍현(1999: 393-431) 재수록〉

남풍현, 1999, 「국어사를 위한 구결 연구」, 서울: 태학사.

박성종, 1996, 송성문본 「능엄경」 해제, 「구결자료집」 3(조선 초기 능엄경), 성남: 한국정신문화연구원. 〈한국학자료총서 6〉

백두현, 1997, 고려시대 구결의 문자 체계와 통시적 변천, 「아시아 제민족의 문자」, 구결학회 편, 서울: 태학사. 287-382. 〈백두현(2005: 13-114) 재수록〉

백두현, 2005, 「석독구결의 문자 체계와 기능 -고려시대 한국어 연구-」, 서울: 한국문화사.

이승재, 1993, 여말 선초의 구결 자료, 「국어사 자료와 국어학 연구(안병희 선생 회갑기념논총)」, 서울: 문학과 지성사. 56-76.

정재영, 1996, 순독구결 자료 「범망경보살계」에 대하여, 「구결연구」 1, 구결학회. 127-177.

최은규, 1993, (성암박물관 소장) 「상교정본자비도량참법」의 구결에 대하여, 「국어사 자료와 국어학의 연구 방법」, 서울: 문학과 지성사. 660-689.

황국정, 2001, 구결 한자음의 독법 검토, 「국어사연구」 2, 국어사학회. 83-113.

4. 한국어의 한자 및 한문 표기 자료

기호 자료는 언어 기호 자료 즉 언어 자료와 비언어기호 자료로 나눌 수 있다. 여기에서는 언어 기호인 한국어의 자료를 연구 대상으로 삼는다.

언어 자료는 음성언어 자료와 문자 언어 자료로 나눌 수 있다. 음성언어 자료는 녹음기, 컴퓨터 등의 녹음 기구가 있어야 저장과 활용이 가능하므로 자료의 시기적인 제약이 있다. 여기에서는 문자로 표기된 언어 자료인 한국어를 문자로 표기한 자료가 연구 대상이 된다.

문자 언어 자료는 표기 문자의 종류와 표기 방법에 따라 나눌 수 있다. 하나의 문자로 표기한 자료와 둘 이상의 문자로 표기한 자료로 나눌 수 있다. 즉 한국어를 하나의 문자 즉 한자 또는 한글로 표기한 자료와 둘 이상 문자 즉 한자와 이두, 한자와 향찰, 한자와 한글, 한글과 로마자 등의 자료로 분류할 수 있다. 또 문자를 어떤 방법으로 표기하였는가에 따라 단일 문자 표기 자료와 혼합 문자 표기 자료로 나누어진다. 게다가 문자 자료가 어떤 언어의 문장으로 기술되었는가에 따라 한국어 자료, 중국어 자료, 일본어 자료 등으로 나눌 수 있다.

그리고 자료의 소장처에 따라 지역별 분류가 가능하다. 크게 국내 자료와 국외 자료로 나눌 수 있다. 자료의 재료 즉 돌, 종이(탁본), 나무, 사진, 마이크로필름 등에 따라 구분할 수 있다. 또 문서, 책, 비석 등 자료의 형태를 기준으로도 자료를 분류할 수 있다.

자료를 어떻게 읽을 것인가? 사진기로 촬영한 마이크로필름, 인화 사진, 고서, 비문 등의 판독 방법은 발전되고 있다. 각필 스코프로 판독하거나 3D로 스캔하여 판독하는 방법이 개발되었다. 끝으로 자료의 정확한 판독이 이루어지면 자료의 내용을 해독해야 한다. 자료의 해독은 기존 연구 결과의 수준 정도와 해석자 개인의 지적 능력 등에 따라 달라지는 매우 중요한 문제이다.

58 중국 자료

중국의 역사책, 견문록 등에서 우리 언어에 관하여 설명한 내용을 찾아볼 수 있다.

① 「삼국지(三國志)」(진수(陳壽), 289) 〈'위지(魏志) 동이전(東夷傳)'에 만주와 한반도의 언어에 관한 사항이 기록되어 있다.〉

② 「후한서(後漢書)」(범엽(范曄), 398~446) 〈'동이열전(東夷列傳)'에서 삼한인 마한, 진한, 변한의 언어를 설명하였다.〉

③ 「양서(梁書)」(636) 〈'제이전(諸夷傳) 신라전(新羅傳)'에는 신라어 몇 개가 적혀 있다. 그리고 마한에는 54개의 나라가 있는데 백제는 그 가운데 하나이다. 지금 언어나 옷차림이 대략 고구려와 같다고 설명하였다. 이기문(1998: 77) 참고〉

④ 「주서(周書)」(636) 〈'이역전 백제조'에서 왕의 성은 부여 씨인데 '於羅瑕'라고 불렀고 백성들은 '鞬吉支'라고 불렀는데 '王'이라고도 말했다. 아내는 '於陸'이라고 불렀는데 '妃'라고도 말했다(王姓夫余氏 號於羅瑕 民呼爲鞬吉支 夏言並王也 妻號於陸 夏言妃也)[1]는 기록이 남아 있다.〉

⑤ 「남사(**南史**)」(이연수(李延壽), 659) 〈'열전(列傳) 69' '이맥(夷貊) 하(下)' '동이(東夷)'에 '新羅云云南北興句麗百濟接魏時曰新盧宋時曰新羅或云斯羅' 라고 기록하였다.〉

⑥ 「북사(**北史**)」(이연수(李延壽), 659) 〈'물길전(勿吉傳)'에서 물길어와 고구려어가 다르다고 설명하였다.〉

⑦ 「구당서(**舊唐書**)」(유후(劉昫) 외, 945) 〈'열전(列傳) 149 상(上) 동이(東夷)'에 고려, 백제, 신라 등의 기록이 있다. '열전(列傳) 149 하(下) 북적(北狄)'에 거란, 말갈, 발해말갈 등에 관한 기록이 있다. '발해전'에서 발해는 속말말갈로 고구려에 더부살이하던 족속인데 성은 대 씨였다고 적었다.〉

⑧ 「신당서(**新唐書**)」(구양수(歐陽脩) 외, 1060) 〈'열전(列傳) 144 북적(北狄)'에 거란, 말갈, 발해 등에 관한 기록이 있다. '열전 145 동이(東夷)'에 고려, 백제, 신라 등에 관한 설명이 있다. 발해는 속말말갈로 고구려에 더부살이하던 족속인데 성은 대 씨였다고 적었다.〉

⑨ 「계림유사(**鷄林類事**)」(1103~1104) 〈3권. 송나라 손목(孫穆)이 고려의 제도, 풍속 등을 설명하고 12세기 초반의 고려어 단어와 어구 약 360개를 수록한 책. 고려인의 말을 듣고 직접 기록한 단어, 고려인이 기록해 준 단어, 고려의 문헌을 보고 적은 단어 등을 수록하였다. 원본은 현전하

---

1 「朝鮮方言學試攷」(고노 로구로(河野六郎), 1945: 261)에서는 「주서」이역전의 백제조는 명백히 지배자와 피지배자와의 사이에 언어적 상위가 있었다는 것을 보여주는 것이다. 즉 지배자의 언어는 부여어계에 속하는 언어이며 피지배자의 언어는 한어였다고 주장하였다. 이 주장에 따르는 「한국문화사대계」5에 수록되어 있는 '한국어 형성사'(이기문, 1967)에서도 지배족의 언어와 피지배족의 언어로 나누었다. 즉 지배족의 언어로는 왕을 '於羅瑕', 왕비를 '於陸'이라 했음에 대하여 피지배족들의 언어로는 왕을 '鞬吉支'라고 했다고 주장하였다. 그리고 「한국문화사대계」5에 수록되어 있는 '한국 방언사'(이숭녕, 1967)에서는 백제어는 본시의 남방계인 마한어에, 남하하여 세력을 잡은 부여계의 언어가 혼합된 것이며, 상류 사회에서는 부여계의 언어가 우세하였으나 마한어와의 사이에 언어 투쟁으로 서로 혼효와 수정이 나타났을 것으로 보아야 한다고 추측하였다.

지 않는다. 「고금도서집성(古今圖書集成)」(1725), 순치판(1647)과 민국판(1927)의 「설부(設郛)」에 수록되어 있다. 홍콩대학 펑펑산도서관(馮平山圖書館), 타이완 국립중앙도서관 소장〉

⑩ 「선화봉사고려도경(宣和奉使高麗圖經)」(서긍(徐兢), 1124) 〈중국 송나라 사신 서긍이 쓴 고려 여행기〉

⑪ 화이역어(華夷譯語), 「조선관역어(朝鮮館譯語)」(15세기 후반 추정) 〈회동관(會同館)에서 편찬한 13 관역어 가운데 하나. 590여 개 항목의 중국어-조선어 대역 어휘집. 「국어국문학」 87과 강신항(1995)에 영인본 수록〉

참고논저 & 블로그

강길운, 2011, 「「계림유사」의 신해독 연구」, 서울: 지식과 교양.

강신항, 1980, 「「계림유사」 고려 방언 연구」, 서울: 성균관대학교출판부.

강신항, 1995, 「증보 「조선관역어」 연구」, 서울: 성균관대학교 출판부.

권인한, 1998, 「「조선관역어」의 음운론적 연구」, 서울: 태학사.

권인한, 2003, 「계림유사」의 한어 음운사적 의의, 「국어학」 42, 국어학회. 3-26.

김동소, 1998, 「계림유사」와 「조선관역어」의 한국어 모음 체계 연구, 「한글」 242, 한글학회. 7-30.

김무림, 2006, 「계림유사」의 기저 모음론 -「홍무정운역훈」을 참조하여-, 「지명학」 12, 한국지명학회. 1-27.

김민수, 1957, 「조선관역어」 고, 「일석 이희승 선생 송수기념논총」, 일석 이희승 선생 환갑기념사업위원회 편, 서울: 일조각. 95-138.

김민수, 1959, 「계림유사」, 「한글」 124, 한글학회. 81-87.

김민수, 1967, 고려어의 자료: 「계림유사」와 「조선관역어」, 「어문논집」 10, 민족어문학회. 173-191.

김성규, 2004, 「계림유사」와 15세기 국어의 성조 비교, 「어문논집」 49, 민족어문학회. 145-182.

김완진, 1983, 「계림유사」와 음절말 자음, 「국어학」 12, 국어학회. 35-46.

김종택, 1993, 「국어 어휘론」, 서울: 탑출판사. 21-121.

문선규, 1972, 「「조선관역어」 연구」, 서울: 경인문화사.

방종현, 1955, 「계림유사」 연구, 「동방학지」 2, 서울: 연세대학교 동방학연구소. 1-205.

방종현, 1963, 「조선관역어」 -그 해독에서-, 「일사 국어학논집」, 서울: 민중서관.

백두현, 2002, 「조선관역어」의 미해독어 '則卜論荅'(寅時) 고찰, 「국어학」 40, 국어학회. 43-65.

유창선, 1938, 「계림유사」 고려 방언고, 「한글」 6-3, 한글학회. 8-11.

이기문, 1957, 「계림유사」의 일고찰, 「일석 이희승 선생 송수기념논총」, 일석 이희승 선생 환갑기념사업위원회 편, 서울: 일조각. 393-407.

이기문, 1968, 「계림유사」의 재검토 -주로 음운사의 관점에서-, 「동아문화」 8, 서울: 서울대학교 동아문화연구소. 205-248.

이기문, 1968, 「조선관역어」의 종합적 검토, 「논문집 인문사회과학」 14, 서울대학교. 43-80.

이기문, 1998, 「신정판 국어사 개설」, 서울: 태학사.

이은규, 2005, 「조선관역어」 차자 표기의 용자 분석, 「한국말글학」 22, 한국말글학회. 127-219.

이승재, 1995, 「계림유사」와 차자표기 자료의 관계, 「대동문화연구」 30, 서울: 성균관대학교 대동문화연구원. 159-184.

정재영, 2004, 「계림유사」의 고려 방언에 나타난 문법 형태에 대한 연구, 「구결연구」 12, 구결학회. 99-132.

진태하, 1975ㄱ, 「「계림유사」 연구」, 서울: 광문사.

진태하, 1975ㄴ, 「계림유사」의 편찬 연대고, 「새국어교육」 21, 한국국어교육학회. 96-105.

황국정, 2021, 「계림유사」의 독법 검토 -한자음의 기원을 찾아서-, 「열린정신 인문학연구」 22-1, 원광대학교 인문과학연구소. 281-310.

강창석 교수 네이버 블로그 '오창 국어학 서재' '국어사 자료실'

59 일본 자료

일본의 고문서, 서적 등에 우리 언어에 관한 내용이 수록되어 있다.

① 「일본서기(日本書紀)」(720) 〈백제 무녕왕이 'sema-kisi'로 기록되어 있다.〉

② 정창원(正倉院)의 수납 기물 부속 문서와 사경소 문서(8세기) 〈정창원의 북창(北倉)에는 '도리게리츠죠노 병풍(鳥毛立女屛風)'의 '하첩 문서(下帖文書)', '화엄경론질(華嚴經論帙)'의 심(芯)으로 사용된 신라 촌락 문서인 '신라 장적(新羅帳籍)', 신라의 문서인 '사하리 가반 부속 문서(佐波理加盤附屬文書)' 등이 있다, 그리고 정창원의 중창(中倉)에는 사경소 문서 등의 문서가 있다. 일본 나라(奈良) 시(市)에 있는 도다이지(東大寺) 부속 건물인 일본 황실의 유물 창고 쇼소인(政倉院)에 소장. 도쿄대학 사료 편찬소 편(1987~2010), 궁내청 정창원사무소 편(1988~), 이성시(1999), 사카에하라 토와오 지음·이병호 옮김(2012) 참고〉

③ 「신찬성씨록(新撰姓氏錄)」(815) 〈일본 고대 씨족의 일람서. '新良貴彦波瀲武鸕鷀草茸不合尊男稻飮命之後也 是於新良國卽爲國主'라는 기록이 있다.〉

④ 「이중력(二中曆)」(12세기 초반) 〈13권. 편자 미상. 필사본. 전기 중세 고려어의 수사 81개 항목을 기록해 놓은 일본 백과사전. 이기문(1998: 104-105), 김완진 외(1997), 네이버 블로그 '오창 국어학 서재' '국어사 자료실' 참고〉

참고논저 & 블로그

김완진 외, 1997, 「국어학사」, 서울: 한국방송대학교출판부.

김종택, 1993, 「국어 어휘론」, 서울: 탑출판사. 21-121.

궁내청 정창원사무소 편, 1988~, 「정창원 고문서 영인 집성(正倉院古文書影印集成)」

도쿄대학 사료편찬소 편, 1987~2010, 「정창원 문서 목록(正倉院文書目錄)」 1-6, 도쿄; 도쿄대학출판회(東京大學出版會).

사카에하라 토와오(榮原永遠男), 2011, 「正倉院文書入門」, 東京: 角川學藝出版; 사카에하라 토와오 지음, 이병호 옮김, 2012, 「정창원 문서 입문」, 서울: 태학사.

이기문, 1998, 「신정판 국어사 개설」, 서울: 태학사.

이성시, 1999, 「동아시아의 왕권과 교역 −신라·발해와 정창원 보물−」, 서울: 청년사.

강창석 교수의 네이버 블로그 '오창 국어학 서재' '국어사 자료실'

60 한국 자료

우리가 한자를 사용하기 시작한 시기는 정확하게 알 수 없다. 최만리는 상소문에서 '우리나라는 원래 문자를 알지 못하였고 매듭을 사용하였다(若我國元不知文字 如結繩之世)'고 하였다.

기원전 12세기 주나라 무왕 때에 또는 서기전 1100년 무렵에 건국한 기자조선에서 서기전 194년에서 서기전 108년까지 존속한 위만조선에 이르는 시기에 한자가 유입되었다는 주장도 있다.

「일본서기」의 284년 8월 6일 기사에는 백제의 왕이 아직기(阿直伎)를 보내 양마 2필을 바치고 경(輕) 판상(坂上)의 구(廐)에서 말을 기르고, 태자 토도치랑자(菟道稚郎子)의 스승이 되어 경전을 가르쳤고, 아직기사(阿直伎史)의 시조가 되었다고 기록하였다. 「삼국사기」 고구려본기 제6에는 372년(소수림왕 2년) 6월에 태학을 설립하여 자제들을 가르쳤다는 기록이 있다. 그리고 「구당서」와 「신당서」에는 고구려 사람들은 저자거리에 큰 집을 지어 경당이라고 부르고 그 곳에서 책을 읽었다는 기록이 있다. 이런 역사

기록을 통해 우리의 한자와 경전의 학습과 교육의 시기는 적어도 3세기 이전부터 시작하였음을 추정할 수 있다.

한자와 차자를 찾아볼 수 있는 암각화, 금석문, 목간, 죽간, 악보, 서적, 글과 그림이 함께 있는 자료, 문서 등이 전국 도서관, 박물관 등에 소장되어 있다. 여러 기관의 아카이브 작업으로 이 자료들의 원문을 검색할 수 있다.

61 암각화

문자가 아닌 그림 또는 기호가 새겨져 있는 암각화(바위그림)는 다음과 같은 것들이 남아 있다.

신석기 중기(서기전 3500년~서기전 2700년)~초기 철기 시대(서기전 300년~서기전 100년)의 암각화로 추정하는 울산 대곡리 반구대 암각화가 있다. 그리고 신석기 말기(서기전 2700년~서기전 2000년)~청동기 시대(서기전 1500년~서기전 700년)에 제작한 것으로 추정하는 암각화와 암각문이 있는 울주 천전리 각석이 있다.

청동기 시대(서기전 1500년~서기전 700년)의 암각화로 추정하는 것으로는 경주 석장동 암각화. 경주 안심리 암각화, 고령 장기리 암각화, 고령 안화리 암각화, 고령 양전이 암각화, 고령 지산리 암각화, 남원 대곡리 암각화, 대구 괴전동 암각화, 안동 수곡리 암각화, 여수 오림동 암각화, 영일 칠포리 암각화, 영주 가흥동 암각화, 영천 보성리 암각화, 울산 방기리 암각화, 포항 인비리 암각화, 함안 동항리 암각화 등이 있다.

한편 경상남도 남해군 상주면 보리암로 693에 있는 거북바위는 '서불과차(徐市過此)', '서불제명각자(徐市題名刻字)', '남해 각자', '남해 양아리 석각' 등으로 알려져 있다. 이 바위에는 그림인지 문자인지 정확하게 알 수 없는 기호가 새겨져 있다.[2]

참고논저

김민수, 1982, 「신국어학사」, 서울: 일조각. 37-41.

문화재청 편, 2010, 「문자의 뿌리 암각화」, 서울: 문화재청.

임창순, 1984, 「한국금석집성」, 서울: 일지사.

정인보, 1947, 「조선사 연구」, 하, 서울: 서울신문사.

한국역사민속학회, 1996, 「한국의 암각화」, 서울: 한길사.

62 금석문

금석문은 쇠나 돌로 만든 비석에 새겨진 글자인데 '금석' 또는 '금문'이라고도 한다. 금석문의 내용을 풀이하여 여러 관련 분야를 과학적으로 연구하는 학문을 금석학이라고 한다.

금석문은 제기 명문, 반자[3] 등 불기 명문, 악기 명문, 무기 명문, 바위 명문(석문, 암각문, 바위글) 등이 있으며, 갑골문을 포함시키기도 한다. 우리의 현존 금석문은 비문 등 석문이 대부분이고 금문은 종명, 불기 명문 등이

---

2   이것을 암각화 또는 암각문 또는 암각문과 암각화가 혼합된 성좌도(조세원)로 해석하기도 한다. 「뉴스사천」 2013년 10월 24일 하병주 기자의 기사 '남해 양아리 석각은 서불과 차가 아닌 가을밤 별자리'에서 조세원 씨의 성좌도로 해석하는 내용을 찾아볼 수 있다. 즉 이 석각은 '天' 자를 중심으로 한 가을 천문도의 1/4에 해당하고, 북극성을 축으로 구도와 위치, 배열과 크기, 천체의 자오선과 경사면 방향에 있어 일치한다고 설명하였다. 그리고 석각의 왼쪽 윗부분에 새겨져 있는 '晋旨十月十日十月十八日吉辰'은 '10월 10일부터 10월 18일까지 별자리 관측이 가장 좋은 시기'라고 해석하였다. 또 암각문으로 보고 중국 문자설(오경석), 거란족 문자설(이청기), 고대문자설(최남선), 선사시대 각석설(정인보), 가림토 문자설(문치웅, 려증동) 등을 제시하기도 하였다.

3   반자(飯子)는 작은 북 모양으로 만든 종이다. 절에서 대중을 불러 모으거나 급한 일을 알릴 때에 사용하는 불교 용품. '금고(金鼓), 금구(禁口), 반자(半子)'라고도 한다. 제작 연대, 사원 이름, 관계자 이름, 무게, 발원문 등을 새겨놓았다. 현존하는 반자 가운데 제일 오래된 것은 865년에 제작된 반자로 국립중앙박물관에 소장되어 있다. 문자가 있는 반자는 양등사 반자(1160), 대정 19년 명 반자(1179), 태화 2년 명 반자(1201), 고령사 반자(1214), 이의사 반자(1224) 등이 있다.

있다. 금석문은 언어학, 문자학, 불교학, 서예학 등의 연구 자료로 활용할 수 있다.

금석문은 대부분 한자, 이두, 한글로 새겨져 있으며, 간혹 몽골 문자, 만주 문자,[4] 여진 문자,[5] 브라흐미 문자(범자, 범서)[6] 등으로 새긴 것도 있다.

낙랑 시대의 석문으로는 평안남도 용강군 해운면 성현리에 있는 점제현 신사비문(85년 추정)과[7] 한문 제묘 동종 명문(漢文帝廟銅鐘銘文)이 있다. 그리고 와당,[8] 봉니,[9] 묘전,[10] 칠기[11] 등에 새겨진 문자도 다수 발견되었다.

고구려 금석문으로는 황해도 봉산군 문정면 태봉리 1호분 벽돌 명문(357),[12] 안악 3호분 묵서 명문(357), 진묘비 명문(鎭墓碑銘文)(406), 광개토왕릉비문과 묘전 명문(414), 모두루 묘의 벽서 등이 있다.

백제 금석문으로는 풍납 토성 경당 지구 9호 유구의 '井'을 새긴 직구단

---

4   서울 송파동에 있는 청 태종 공덕비는 한자, 몽골 문자, 만주 문자로 새겼다.

5   청나라를 세운 만주족의 문자. 서울 송파구 잠실동 47번지에 있는 삼전도비(청 태종 공덕비)에는 한자, 만주문자, 몽골문자가 새겨져 있다. 함경남도 북청 석각 등에서는 여진문자를 찾아볼 수 있다.

6   고대 인도의 산스크리트어를 표기할 때 사용한 문자이다. 평양, 해주, 용천 등에 있는 고려의 다라니석당에서 찾아볼 수 있다.

7   한자로 적은 최고(最古)의 비문. 점제현은 평양 서쪽 바닷가. 「낙랑」(국립중앙박물관, 2001) 비석 판독문 참고.

8   와당(瓦當)은 지붕에 기와를 입혀 내려온 끝을 막음하는 건축 자재이다. 지붕에 암키와를 바닥에 깔고 수키와로 그 이음새를 덮는데, 암키와의 끝은 호형 즉 암막새기와로 막고, 수키와의 끝은 원형 즉 수막새기와로 막는다.

9   봉니(封泥)는 낙랑군에서 죽간이나 목간 등에 적은 공문서를 봉함할 때에 사용하는 노끈의 이음매를 붙이는 점토 덩어리에 인장을 눌러 찍은 것이다. 봉니는 공문서의 정보 유출을 막고 발신인과 수신인을 확인할 수 있도록 만든 것이다. 1930년대에 일본 동경대학에서 평양시 남안의 토성리 토성(낙랑 토성)에서 봉니 200여 점을 발견하였다고 발표했는데, 정인보 등은 이것들을 '낙랑군 평양설'을 주장하기 위한 위조품으로 보았다. 이 봉니들은 국립중앙박물관과 일본 동경박물관, 동경대학교 문학부에 소장되어 있다.

10   묘전(墓磚)은 무덤을 만들 때에 사용하는 벽돌이다.

11   칠기(漆器)는 옻칠을 한 물건이다.

12   '天生小人供養君子千人造塼以葬'이 새겨져 있다.

경호(直口短頸壺)(3세기~6세기 사이 추정), 풍납토성 경당 지구 101호 유구의 '道(直)'를 새긴 전돌(3세기~6세기 사이 추정), 칠지도(369), 공주 무령왕릉의 무령왕 지석에 새긴 매지권, 부여 사택지적당탑비문(砂宅智積堂塔碑文) 등이 있다. 중국인이 제작한 평백제 비문(平百濟碑文)과 유인원 비문(劉仁願碑文)이 있다.

신라 금석문은 울산 울주군 두동면에 있는 '울주 천전리 석각'에는 문자와 물건의 모양을 새긴 그림과 낙서가 있다. 그리고 광개토왕 호우(415), 임신서기석(壬申誓記石)(552 또는 612 추정), 진흥왕 순수비문(555), 대구 오작비문, 남한산성비문, 무술오작비문 등이 있다.

통일신라의 금석문은 문무왕릉 비문, 김인문 묘비문, 보림사의 보조선사 비문, 봉림사의 진경대사 비문, 최치원이 지은 사찰 비문인 사산비명, 봉덕사 신종 명문, 감산사 불상 조상기, 화엄사 화엄석경 등이 있다.

고려의 금석문은 탑비, 사적비, 동종 그리고 향완, 반자, 향로 등의 불기에서 찾아볼 수 있다. 양산 통도사 입구에 있는 석장생표와 예천 개심사의 석등 명문에서는 이두자를 찾아볼 수 있다.

조선의 금석문은 신도비, 묘갈, 묘지, 행장 등의 묘도 문자(墓道文字)와 석각 비문, 동종 명문, 현판과 주련 등에 적은 글자가 대부분이다. 동종 명문으로는 봉선사 종명, 낙산사종명 등이 있다. 그리고 황산대첩비, 해남 명량대첩비, 여수 좌수영대첩비, 행주 행주전승비, 연안 연성대첩비 등에 사적비문(事蹟碑文)이 남아 있다. 또 사적비(寺跡碑), 묘정비(廟庭碑), 구기비(舊基碑), 공적비 등도 찾아볼 수 있다. 서울 성북구 하계동에 한글로 새긴 '한글 영비'(1536)가 있으며, 경기도 포천에는 한글로 새긴 '양문 탑동 표석'(1686)이 있다.

평양, 해주 등의 고려 다라니 석당에는 산스크리트어를 표기한 브라흐미 문자가 적혀 있다. 함경남도 북청 석각에는 여진 문자를 찾아볼 수 있고, 서울 송파동의 삼전도비(청 태종 공덕비)에는 한자, 몽골 문자, 만주 문자가 새겨져 있다. 중국에 있는 비문에 우리와 관련된 자료가 새겨진 '위무구검기공비문(魏母丘儉紀功碑文)' 등도 있다.

한국 금석문은 「금석청완」(조속, 1655), 「대동금석서」(이우, 1668), 「금석과안록」(김정희), 「해동금석원」(劉喜海 집록, 1832/유승한 중교, 1922), 「삼한금석록」(오경석, 1858), 「조선금석총람」(조선총독부 편, 1919), 「朝鮮金石攷」(가쓰시로(葛城末治), 1974, 國書刊行會 影印), 「교정 대동금석목록」(경성제국대학 법문학부 편, 1932), 「속금석유문」(황수영 편, 1967), 「한국금석문추보」(이난영 편, 1968/1979), 「한국금석총람」(국서간행회, 1971), 「금석유문」(황수영 편, 1972), 「한국금석유문」(황수영 편저, 1976/1981(증보판)/1994(5판)/황수영(1999) 재수록. 국립중앙도서관 협약도서관 홈페이지 원문 보기), 「조선금석쇄담」(아세아문화사, 1979), 「한국금석문대계」(조동원 편, 1979~1985), 「부산시 금석문」(부산산업대 부설 향토문화연구소 편, 1984), 「한국금석집성」(임창순 편저, 1984), 「한국금석전문」(허흥식 편저, 1984), 「용인군 금석유문자료집 상」(박종익 외 공편, 1990), 「역주 한국 고대 금석문」 1~3(한국고대사회연구소 편, 1992), 「한국 고대 금석문 자료집」(국사편찬위원회, 1995, 1996), 「역주 라말 려초 금석문」 상·하(한국역사연구회, 1996), 「한국금석문집성」 1~40(임세권 외 편저, 2002~2014), 「금석문 자료(1)-삼국시대」(국립중앙박물관 편, 2010), 「중국 소재 한국 고대 금석문」(곽승훈 외 역주, 2015), 「한국 고대 금석문 선집」(최영성, 2015) 등에서 찾아볼 수 있다. 그리고 한국금석문 종합영상정보시스템(www.gsm.nricp.go.kr) 홈페이지에서 「역주 한국고대금석문」(1992)의 원문 이미지를 볼 수 있다.

참고논저

경주시 신라문화선양회·동국대학교 신라문화연구소 편, 2002, 「신라 금석문의 현황과 과제(신라문화제학술논문집 제23집)」, 경주: 경주시 신라문화선양회·

동국대학교 신라문화연구소.

곽승훈, 2006, 「신라 금석문 연구」, 서울: 한국사학.

곽승훈 외 역주, 2015, 「중국 소재 한국 고대 금석문」, 성남: 한국학중앙연구원 출판부. 〈국립중앙도서관 디지털도서관 원문 보기〉

권덕영 편저, 2002, 「한국 고대 금석문 종합 색인」, 서울: 학연문화사.

권덕영, 2023, 「중국 금석문으로 한국 고대사 읽기」, 서울: 학연문화사.

권인한, 2009, 금석문 목간 자료를 활용한 국어학계의 연구 동향과 과제, 「제11회 한국고대사학회 하계 세미나 발표 논문집」, 대구: 한국고대사학회. 〈국립중앙도서관 디지털도서관 원문 보기〉

권인한, 2021, 6세기 신라 금석문들의 고유명사 표기자 분석, 「대동문화연구」 113, 서울: 성균관대학교 대동문화연구원. 349-398.

김동수 편, 1991, 「금석문 자료 편람」, 서울: 경인문화사.

김영태, 1992, 「삼국 신라 시대 불교 금석문 고증」, 서울: 민족사.

김용선, 2004, 「고려 금석문 연구」, 서울: 일조각.

김창호, 1989, 가야 지역에서 발견된 금석문 자료, 「향토사연구」 1, 한국향토사연구전국협의회.

김창호, 1994, 「6세기 신라 금석문의 석독과 그 분석」, 박사논문, 대구: 경북대 대학원. 〈국립중앙도서관 협약도서관 원문 보기〉

김창호, 2007, 「고신라 금석문의 연구」, 서울: 서경문화사.

김창호, 2009, 「삼국시대 금석문 연구」, 서울: 서경문화사.

김창호, 2018, 「고신라 금석문과 목간」, 서울: 주류성.

김창호, 2020, 「신라 금석문」, 서울: 경인문화사.

김창호, 2022, 「고구려와 백제의 금석문」, 서울: 주류성.

남풍현, 2009, 「고대 한국어 연구」, 서울: 시간의 물레.

노중국 외, 2014, 「금석문으로 백제를 읽다 -돌, 흙, 쇠에 새겨진 백제 이야기-」, 서울: 학연문화사.

민덕식, 2022, 「한국 축성 관련 금석문 연구」, 서울: 백산자료원.

박중환, 2007, 「백제 금석문 연구」, 박사논문, 광주: 전남대학교 대학원.

박진호, 2009, '권인한, 금석문 목간 자료를 활용한 국어학계의 연구 동향과 과제'에 대한 토론, 「제11회 한국고대사학회 하계 세미나 발표 논문집」, 대구: 한국고대사학회. 〈국립중앙도서관 디지털도서관 원문 보기〉

소진철, 2008, 「금석문으로 본 백제 무녕왕의 세상」, 익산: 원광대학교 출판국.

송기중·남풍현·김영진 공편, 1994, 「고대 국어 어휘 집성」, 성남: 한국정신문화연구원

이승연, 2016, 「금석문의 이해」 서울: 한국연구재단 기초학문자료센터. 〈한국연구재단 기초학문자료센터 연구보고서. 한국연구재단 기초학문자료센터 홈페이지 원문 보기〉

이우태, 2005, 금석문을 통하여 본 한자의 도입과 사용, 「한국고대사연구」 38, 한국고대사연구회. 113-134.

정철주, 1987ㄱ, 신라 금석문에 나타난 이두 표기자의 연구, 「우정 박은용 박사 회갑기념논총(한국어학과 알타이어학)」, 경산: 효성여자대학교 출판부.

정철주, 1987ㄴ, 고려 금석문의 이두 표기자 연구 -용언류를 중심으로-, 「언어연구」 5, 대구언어학회. 159-187.

정철주, 1988, 이두 표기의 단계적 발달, 「계명어문학」 4, 대구: 계명대.

정현숙, 2016, 「신라의 서예」, 서울: 다운샘.

정현숙, 2018, 「삼국시대의 서예」, 서울: 일조각.

정현숙, 2022, 「통일신라의 서예」, 서울: 다운샘.

조동원, 1995, 고구려 금석문의 소재와 연구 현황, 「탁촌 신연철 교수 정년퇴임기념 사학 논총」, 서울: 일월서각.

조동원, 1998, 「한국 금석문 논저 총람」, 서울: 성균관대학교 출판부.

주보돈, 2002, 「금석문과 신라사」, 서울: 지식산업사.

주보돈, 2011, 「금석문 자료와 한국 고대사」, 서울: 일조각.

최범훈, 1977, 「한자 차용 표기체계 연구 -금석문·고문서에 나타난 고유인명을 중심으로-」, 서울: 동국대학교 한국학연구소.

최범훈, 1987, 금석문에 나타난 이두 연구, 「논문집」 21, 수원: 경기대학교. 43-106.

한국고대사학회 편, 2012, 「신라 최고의 금석문 포항 중성리비와 냉수리비」, 서울: 주류성. 〈국립중앙서관 디지털도서관 원문 보기〉

한국고대사연구회 편, 1989, 「영일 냉수리 신라비의 종합적 검토」, 한국고대사연구회.

한국목간학회 편, 2015, 「한국 고대 금석문의 재해석(2015년 한국목간학회 하계 워크샵 발표 논문집)」, 한국목간학회.

한국역사연구회 고대사 분과, 2004, 「고대로부터의 통신(금석문으로 한국 고대
사 읽기)」, 서울: 푸른 역사.

한국역사연구회 편, 1996, 「역주 려말 려초 금석문」 상·하, 서울: 혜안.

한기문, 2023, 「고려 불교 금석문 연구」, 대구: 경북대학교 출판부.

한상봉, 2018, 「북한 금석문 100선」, 서울: 다운샘.

허흥식, 1979, 고려 시대의 새로운 금석문 자료, 「대구사학」 17-1, 대구사학회.
1-21.

63 목간

목간(木簡)은 묵서로 기록된 목편으로 '목독(木牘)' 또는 '목첩(木牒)'이라
고도 한다. 특히 대나무에 글자를 기록한 것을 죽간이라고 한다. 국내에서
출토된 목간은 하찰(荷札), 부찰(付札), 전표(傳票), 장부(帳簿), 문서 목간, 주
술 목간(呪術木簡; 呪符木簡), 습서 목간(習書木簡), 봉함 목간(封緘木簡), 양물
목간(陽物木簡), 구구단 목간, 서적 목간, 제첨축(題簽軸), 삭설(削屑) 등이 있
다(이성시, 2019: 48). 또 목간은 실용 목간과 시가 목간으로 나눌 수 있는데,
실용 목간으로는 꼬리표 목간, 문서 목간 등이 있다.

목간은 각국의 고대사 연구의 1차 사료로 중요하게 활용될 뿐만 아니라,
목간을 제작하여 사용한 인접 국가 특히 중국, 한국, 일본으로 이어지는
과정을 밝히는 데에 유용하게 사용된다.

한국 고대 목간은 1975년 경주 월지(안압지)에서 발굴되기 시작하였다.
그리고 부여 관북리, 궁남지, 쌍북리와 경기도 하남시 이성산성, 함안 성산
산성, 경주 황남동 등에서 출토되었다. 한국 고대 목간은 신라 목간 431점
과 백제 목간 216점 모두 647점 정도가 발굴되었다. 묵서가 있는 목간은
약 250점 이상[13]이 발굴되었는데, 이 가운데 차자로 표기된 자료를 찾아내
어 판독과 해독 작업이 정확하게 이루어져야 하는 과제가 남아 있다(윤선태,

2016: 141-142). 1990년대 이후부터는 눈으로 직접 볼 수 없었던 목간의 기록을 적외선 디지털 카메라(일본 콘텐츠사 제작. 3,800만 화소)로 확인할 수 있게 되었다.

한국고대사학회에서 1999년에 김해박물관에서 '함안 성산산성 출토 목간의 내용과 성격'이라는 주제로 개최한 학술회의로부터 목간에 관한 관심이 높아지는 계기가 되었다.

발굴한 목간을 소개한 책은 「한국의 고대 목간」(국립가야문화재연구소 편, 2006), 「한국 고대 목간」(국립가야문화재연구소 편, 2011), 「한국 목간 자전」(2011, 국립가야문화재연구소), 「한국의 고대 목간」2(국립가야문화재연구소 편, 2017ㄴ) 등이 있다.

한국 고대 목간에 관한 전반적인 논저로는 「한국의 고대 목간」(국립가야문화재연구소, 2004) 등을 들 수 있다. 목간의 출토 현황과 연구 동향에 관한 논의로는 이성시(2000), 윤선태(2004ㄴ, 2016), 주보돈(2008), 전덕재(2012) 등이 있다. 그리고 한국목간학회가 2007년 1월에 창립되어 학회지 「목간과 문자」를 1년에 2회에 발행하고 있다.

지금까지 목간에서 찾은 고대 한국어 단어는 수사, 단위성 의존명사, 보통명사, 동사, 조사, 어미 등 100개 정도가 있다(이승재, 2017: 305-308).

문자가 표기된 현전하는 목간 가운데 제일 오래된 것으로는 1931년 조선고적연구회에서 낙랑군 무덤에서 출토한 남정리 116호분 목간, 정백동 3호분 목간, 정백동 364호분 목간, 낙랑동 1호분 목간, 정백동 목관묘 목간을 들 수 있다. 기원 이후부터 7세기 초반까지 제작된 목간을 소개하면

---

13 김경호(2011: 16, 28)에서는 묵서간(墨書簡)은 350매라고 하였으며, 한국 출토 목간 일람표(2009년 3월 현재)를 제시하였다. 또 이성시(2011: 47)에서는 묵서 목간은 약 240점 정도가 있다고 하였다. 그리고 이승재(2017: 70)에서는 440여 점에 이른다고 설명하였다. 목간의 발굴 시기와 조사 시기에 따라 숫자가 달라지므로 목간 일람표는 지속적으로 보완하여 작성해야 할 것이다.

다음과 같다.

> 5세기. 인천 계양 산성 목간 〈「논어」 43 '제5장 공야장 2'에 나오는 구절을 기록〉
>
> 6세기 중반. 함안의 성산산성에서 출토된 281번 목간 〈'姐鐵十之'가 기록되어 있다.〉
>
> 6세기~7세기 초반(또는 중반) 추정. 부여 능산리 능사 유적지에서 출토한 목간 〈사찰 이름, 관직명, 인명, 행정 구역명, 산림과 전답에 관한 기록 등을 적은 37점의 목간을 출토. 그 가운데 하나가 사언사구체 백제 시가로 일명 '宿世歌'로 부른다. '宿世結業同生一處是 非相問上拜白來'. 국립부여박물관 도록 참고〉
>
> 0610-00-00. 나주 복암리 고분군(사적 404호) 인접 지역에서 출토한 목간. 〈31점의 목간을 출토. '三月中', '受米之', '貢之' 등 기록. 국립나주문화재연구소 소장〉
>
> 0618-00-00. 부여 쌍북리 280-5번지 출토 목간 佐官貸食記 〈'戊寅年六月中'. 환곡 문서 목간. 국립부여박물관 소장〉
>
> 7세기 초반(또는 사비 시대 0538년~0660년) 추정. 부여 쌍북리 56번지 한옥 마을 조성터인 백제 왕경 유적지에서 출토한 목간 17점. 〈「논어」 '학이편' 1장 전체와 2장 서두와 궁궐 이름 '峇凍宮'이 적힌 목간〉

그리고 제작 시기를 알 수 없는 목간으로는 경주 전인용사지 목간(慶州傳仁容寺址 木簡),[14] 월성해자 목간 149호,[15] 경주 황남동 출토 목간 281번,

---

14 '大龍王中白主民渙次'가 기록되어 있다. 판독문과 해석문은 이재환(2019: 329)를 참고할 수 있다. 「목간과 문자 연구」 6의 화보에 적외선 사진이 실려 있다.

15 '大鳥知郎足下万行白] 經中入用思買白不雖紙一二个 牒垂賜教在之 後事者命盡 使內'가 기록되어 있다.

부여 남궁지 출토 목간,[16] 부여 쌍북리 280-5번지 출토 목간 좌관대식기(佐官貸食記)[17] 등이 있다.

한편 일본 시가켄(滋賀縣) 모리노우찌(森ノ内) 유적지에서 출토한 7세기 후반의 목간,[18] 오사카 쿠와즈(桑津) 유적지에서 1991년 출토한 아스카 시대의 목간[19] 등에서 찾아볼 수 있는 '之'는 고구려, 신라 이두 '之'와 일치한다.

참고논저

강진원 외, 2015, 「한국 고대 문자 자료 연구: 백제」 상·하, 서울: 주류성. 〈국립 중앙도서관 4층 파일 보기〉

국립가야문화재연구소 편, 2004, 「한국의 고대 목간」, 창원: 국립가야문화재연구소. 〈국립가야문화재연구소 홈페이지 원문 보기. 2006년 개정판〉

국립가야문화재연구소 편, 2011ㄱ, 「한국 고대 목간」, 창원: 국립가야문화재연구소.

국립가야문화재연구소 편, 2011ㄴ, 「한국 목간 자전」, 창원: 국립가야문화재연구소. 〈국립가야문화재연구소 홈페이지 원문 보기〉

국립가야문화재연구소 편, 2017, 「한국의 고대 목간」 2, 창원: 국립가야문화재연구소. 〈511쪽. 국립가야문화재연구소 학술연구총서 제69집. 국립문화재연구소 홈페이지 원문 보기〉

국립부여박물관 편, 2002, 「백제의 문자: 소장품 조사 자료집」, 부여: 국립부여박물관. 〈135쪽〉

국립부여박물관, 2008, 「백제 목간」, 부여: 국립부여박물관.

---

16 '西部後巷 巳達巳斯丁 衣□□□□丁 歸人 中口四 小口二 邁羅城法 利源 沓五形'(앞면). '西丁部夷'(뒷면) 기록

17 '戊寅年六月中'이 기록되어 있는 환곡 문서 목간이다.

18 '椋?直傳之 我持往稻者 馬不得故 我者反來之 故是汝卜了? 自舟人率 而可行也 其稻在處者 衣知評平留50戸 旦波博士家'가 기록되어 있다. 여기의 '之'는 고구려, 신라 이두 '之'와 일치한다.

19 앞면에 '欠田里 寡之年 道章白 加之', 뒷면에 '名家客 等之'가 기록되어 있다. 여기의 '之'는 고구려, 신라 이두 '之'와 일치한다.

국립부여박물관, 2009, 「나무 속 암호 목간」, 부여: 국립부여박물관.

국립부여박물관, 2010, 「고대의 목간 그리고 산성」, 부여: 국립부여박물관·국립 가야문화재연구소.

김도영, 2022, 변한·가야의 문자 관련 고고 자료와 그 의의, 「목간과 문자」 29, 한국목간학회. 79-109.

김성범, 2010, 「나주 복암리 출토 백제 목간의 고고학적 연구」, 박사 논문, 공주: 공주대학교. 〈국립중앙도서관 협약 도서관 원문 보기〉

김영욱, 2003, 백제 이두에 대하여, 「구결연구」 11, 구결학회. 125-151.

도미야 이타루 저·임병덕 옮김, 2003, 「목간과 죽간으로 본 중국 고대문화사」, 서울: 사계절.

문동석, 2009, 백제의 신발견 문자 자료와 연구 동향, 「제11회 한국고대사학회 하계 세미나 자료집」, 한국고대사학회. 1-41. 〈국립중앙도서관 4층 파일 보기〉

성균관대 동아시아학술원 BK21 플러스·동아시아학 융합사업단·한국목간학회, 2014, 「한국 고대 문자 자료 연구」, 서울: 성균관대 동아시아학술원 BK21 플러스.

손환일, 2008, 백제 목간 '좌관대식기'의 분류 체계와 서체, 「한국사상과 문화」 43집, 한국사상문화학회. 97-124.

윤선태, 2004, 한국 고대 목간의 출토 현황과 전망, 「한국의 고대 목간」, 창원: 국립창원문화재연구소.

윤선태, 2007, 「목간이 들려주는 백제 이야기」, 서울: 주류성. 〈국립중앙도서관 협약도서관 원문 보기〉

윤선태, 2016, 한국 고대 목간의 연구 현황과 과제, 「신라사학보」 38, 신라사학 회. 387-421.

윤용구, 2007, 새로 발견된 낙랑 목간 -낙랑군 초원 4년 현별 호구부-, 「한국고 대사연구」 46, 한국고대사학회. 241-263.

이성시, 2000, 한국 목간 연구의 현황과 함안 성산산성 출토의 목간, 「한국고대사 연구」 19, 한국고대사학회. 77-121.

이성시, 2019, 신라·백제 목간과 일본 목간, 「문자와 고대 한국」 2. 교류와 생활, 한국목간학회 편, 서울: 주류성. 111-133.

이승재, 2017, 「목간에 기록된 고대 한국어」, 서울: 일조각.

이용현, 2009, 문동석 교수 '백제의 신발견 문자 자료와 연구 동향'의 평론, 「제11

회 한국고대사학회 하계 세미나 자료집」, 한국고대사학회. 〈국립중앙도서관 4층 파일 보기〉

이재환, 2019ㄷ, 고대의 경제계사와 주술, 「문자와 고대 한국」 2. 교류와 생활, 한국목간학회 편, 서울: 주류성. 311-334.

전덕재, 2012, 한국의 고대 목간과 연구 동향, 「목간과 문자 연구」 9, 한국목간학회. 15-32.

조선고적연구회, 1934, 「낙랑 유적」, 경성: 조선고적연구회.

주보돈, 2008, 한국의 목간 연구의 현황과 전망, 「목간과 문자」 창간호, 한국목간학회. 31-47.

한국목간학회, 2008~2022, 「목간과 문자」 창간호~29호.

64 서적

이두 자료를 찾아볼 수 있는 서적에 관한 정보를 얻기 위해서는 우선 서지학 용어와 기초 지식에 관한 이해가 필요하다. 이두 자료를 찾아볼 수 있는 서적으로는 문집(文集)(「퇴계 선생 문집」 권8), 사적고(事跡考), 실기(實記), 언행록(言行錄), 유고집(遺稿集), 족보(族譜), 법률서(「대명률직해」(1395), 「경제육전」(1397), 「속대전」(1746), 「흠흠신서」(1822) 등), 실록, 의궤, 일기, 전서, 실록(「명종실록」), 의궤(물명), 일기(「난중일기」), 전서(「이충무공전서」) 등을 들 수 있다.[20] 그리고 이두 연구 논저와 외국 서적[21]도 참고할 수 있다.

---

20 족보와 문집 이외의 지식 서적이 거의 간행되지 않은 시대는 생활 공동체의 밝은 미래를 가져다 줄 수 없다. 지식 창조자와 전달자는 생활 공동체의 미래 운명을 좌우한다. 생활 공동체의 구성원들이 공동체의 미래보다는 개인적인 일에 관심도가 높을수록 그 공동체의 미래는 밝을 수 없어 삶의 질의 향상을 보장할 수 없다. 국가의 잘못된 정책 시행이 되돌릴 수 없는 패망의 길로 들어설 수 있다. 공동체의 실제 업무를 맡은 사람들은 지식 학습자와 계승자 그리고 정보의 창조자와 개발자에게 집중적으로 관심을 두고 선별적으로 효율적으로 투자해야 할 것이다.

21 「일본서기」(720)에는 백제 무녕왕을 'sema-kisi'로 표기하였다.

보통 이두를 연구하거나 이두 목록, 이두 사전, 한국 한자어 사전 등을 만들 때에 이두 자료를 통해 연구 대상을 선택하거나 또는 표제항을 수집하고 용례 정보를 얻는다. 그래서 이두 연구 논저나 이두 목록과 이두 사전에서는 저자나 편찬자가 활용한 이두 자료를 제시한다.

남풍현(2000ㄱ, 2009, 2014ㄱ, 2014ㄴ, 2014ㄷ)에서는 삼국시대와 고려시대의 이두 자료를 찾아볼 수 있고, 이승재(1992ㄱ, 2017)에서는 고려 시대의 이두 자료와 목간 자료를 찾아볼 수 있다. 그리고 박성종(2016: 27-71)에서는 조선 전기의 이두 자료를 제시하였고, 박성종(2006ㄱ)에서는 1392년부터 1499년까지의 이두가 사용된 고문서들을 해제한 다음 현대어로 번역하고 주석하였으며, 판독과 교감을 붙였다. 그리고 조선 초기의 고문서의 이두 자료를 사패, 녹권 등 8가지로 분류하여 역주하였다.

박찬규(2012)에서는 「한국 한자어 사전」(단국대 동양학연구소 편, 1992)의 이두, 구결 등의 표제항과 예문을 선정하기 위해 활용한 문헌 목록에서 '개령 갈항사 석탑기'(8세기 후반 이후)부터 「고문서집성」(1986)까지 143종의 자료를 열거하였다.

참고논저

남풍현, 2000, 「이두 연구」, 서울: 태학사.
남풍현, 2009, 「고대 한국어 연구」, 서울: 시간의 물레.
남풍현, 2014ㄱ, 「한국어와 한자 한문의 만남」, 서울: 월인.
남풍현, 2014ㄴ, 「고대 한국어 논고」, 파주: 태학사.
남풍현, 2014ㄷ, 「국어사 연구」, 파주: 태학사.
박성종, 2006, 「조선 초기 고문서 이두문 역주」, 서울: 서울대학교출판부.
박성종, 2016, 「조선 전기 이두 연구」, 서울: 역락.
박찬규, 2012, 「한국한자어사전」에 수용된 이두·구결·차자어의 구성과 출전문헌, 「동양학」 52, 서울 동양학연구원. 213-261. 〈국립중앙도서관 디지털도서관 원문 보기〉

이승재, 1992, 「고려 시대의 이두」, 서울: 태학사.

이승재, 2017, 「목간에 기록된 고대 한국어」, 서울: 일조각.

65 고문서

넓은 의미의 문서는 글이 적힌 모든 문헌을 가리킨다. 서적, 관찬 역사서, 장부 등도 넓은 의미의 문서에 포함되었다. 좁은 의미의 문서는 발급자와 수취자의 일정한 목적을 달성하기 위한 글을 적어 작성한 문헌이다. 한국의 고문서 학계에서는 현재 좁은 의미의 문서 가운데 한국 고문서의 시기적 하한을 1910년 일본 강점기 이전으로 보고 있다(전경목, 2005ㄱ: 212). 그리고 1910년부터 1945년까지의 문서는 일본 강점기 문서로 다룬다.

이 책에서는 대한제국(1897~1910) 이전 즉 1910년 이전의 문서뿐만 아니라 대한제국 이후의 문서도 고문서에 포함하였는데, 박병호(2006) 등에서 제시하고 있는 고문서를 대한제국 시대 이전에 작성한 것으로 한정하는 입장을 선택하지 않는다. 대한제국 이후에 작성한 문서도 이전의 고문서와 형태적으로 아무런 차이점이 없는 것들을 찾아볼 수 있기 때문이다. 고문서의 시기적 하한을 1894년 갑오개혁 전후, 1910년 전후, 1945년 광복 전후 가운데 어느 시점으로 잡을 것인가 하는 문제는 여전히 남아 있다.

고문서를 작성하면서 사용한 문자는 한자 또는 한자 + 이두, 한자 + 이두 + 옛한글, 한자 + 한글. 일본 글자 등으로 다양하다. 필자의 자료 목록에서는 백지가 아닌 인쇄된 서식 종이에 작성한 문서인 경우는 별도로 표시해 두었다. 이렇게 표시한 까닭은 고문서가 작성된 시기의 제한은 발급자, 수취인, 작성 목적이 분명한 고문서의 개념과 관련이 있기 때문이다.

현전하는 제일 오래된 한국 고문서는 무엇이며 언제 작성한 것인가? 한국고문서자료관 홈페이지에서는 일본 나라시(奈良市) 도다이사(東大寺)

쇼소원(正倉院)에 소장되어 있는 695년경에 작성된 것으로 추정하는 '신라 촌락장적'이 현전하는 제일 오래된 국외 고문서로 검색되었다.[22] 그리고 필자가 작성한 목록에서 찾아볼 수 있는 국내에서 작성한 최초의 이두 고문서는 755년 2월 14일에 작성한 「대방광불화엄경(大方廣佛華嚴經)」 제1축 권10의 뒤에 26행 542자의 이두문으로 작성한 '대방광불화엄경 사경 조성기(大方廣佛華嚴經寫經造成記)'이다. 한편 고려 시대에 작성된 고문서를 제일 오래된 고문서로 보는 견해도 있다(박성호 외, 2020: 15).

고문서는 원본 문서와 사본 문서가 있다. 고문서는 1통만 작성하는 단문서가 대부분인데, 2통 이상 작성하는 복문서는 교서, 윤음, 방, 격문, 녹권, 화회문기 등도 있다. 중국 외교 문서인 표문(表文)과 전문(箋文)은 정본과 부본이 있다.

고문서는 공문서와 사문서로 분류할 수 있다. 공문서는 정부 행정 기관에서 사용하는 행정상의 일반적인 문서이다.[23] 사문서는 국가나 지방자치단체가 아닌 사인이 작성한 문서이다. 고문서 가운데 공문서는 '고신, 노비 문서, 소지, 정안, 첩문, 행안, 호구 단자, 준호구 단자, 호적 문서' 등이 있다.

고문서의 목적이 달성하면 효력이 끝나는 상소, 첩정, 관(關) 등은 일정한 기간이 경과하면 폐기하였다. 그런데 외교 문서와 관청의 공증이나 인증을 받은 입안, 완문 등의 고문서와 토지, 가옥, 노비 등의 매매 문서나 공인, 도장 등의 권리 매매 문서는 오래 보관한 고문서이므로 현전하는 것이 많다.

고문서의 이두 자료는 「고문서집성」 1-123(한국학중앙연구원 출판부), 「추안 급 국안」(추국청 편, 1601~1905), 「각사등록」, 「의금부등록」 등과 허원영 외(2020), 김건곤 외(2020) 등이 있다.

---

22   쇼소원 소장의 '제일 신라 문서(第一新羅文書, 신라 장적)'과 '제이 신라 문서(第二新羅文書, 신라 출납장)'은 신라에서 758년 전후에 작성한 이두 문서로 추측한다.

23   1961년 9월 13일에 제정한 '정부 공문서 규정' 제1장 제2조 '공문서의 정의' 참고.

조선 시대에 주로 문서에 이두문이 사용되었다. 왕이 신하에게 내리는 문서를 이두문으로 기록한 '개국 원종 공신녹권(開國原從功臣錄券)'(1395), '좌명 공신녹권(佐命功臣錄券)'(1401), '병조 조사첩(兵曹朝謝帖)'(1409) 등이 있다. 또 왕이 명령한 글을 모은 수교인 「각사수교(各司受教)」(1546~1576) 등의 이두 자료도 있다.

신하나 백성이 왕에게 올리는 문서인 상언류(上言類)·정사류(呈辭類)·장계류(狀啓類)는 이두문으로 작성했다. 장계(狀啓)의 대표적인 자료인 「심양장계」 등에서도 이두문을 찾아볼 수 있다.

또 관(官)과 관 사이에 주고받는 첩정문(牒呈文)·관문(關文)·단자(單子), 형조의 문서인 추안(推案)[24]이나 근각(根脚), 민간에서 관에 올리는 원정류(原情類), 소지류(所志類), 이것에 대한 관의 회답인 제사(題辭) 등이 있다.

백성들 상호간에 주고받는 문권류(文券類)인 명문(明文)·성급문(成給文)·화해문기(和解文記)·유서(遺書) 등과 고목류(告目類)·절목류(節目類)·단자류(單子類) 등도 이두문으로 적었다. 그리고 간찰(簡札), 간첩(簡牒), 감결(甘結), 계목(啓目), 계본(啓本.「임진장초」), 계하사목(啓下事目), 고목(告目), 고신(告身), 고유문(告由文), 공물문서(貢物文書), 과지(科紙), 관안(官案), 교첩(敎牒), 노비문서(奴婢文書), 상서(上書), 서목(書目), 소초(疏草), 수기(手記), 수표(手標), 시권(試券), 완문(完文), 의송(議送), 입안(立案), 자문(咨文), 잡문(雜文), 전령(傳令), 전문(箋文), 절목(節目), 제문(祭文), 준호구(准戶口), 지지(地誌), 차자(箚子), 차정첩(差定帖), 첩보(牒報), 청원서(請願書), 통문(通文), 패지(牌旨), 호구(戶口), 혼서(婚書), 호구단자(戶口單子), 호적(戶籍) 그리고 양안(量案), 전안

---

24 「이두집성」(조선총독부 중추원, 1937: 35-49)에서는 11개의 추안 '進士李好讓年三十八, 前檢原府院君黃愼, 救天(숙종 을묘 2월 28일), 萬鐵年三十三, 李台瑞年六十七, 李元吉年三十八, 楠, 鄭元樞年三十九, 楚仙年四十五, 趙挺昌結案, 咸召史'의 원문을 인용하였다. 그리고 '수유(受由), 관첩(關牒), 장계(狀啓), 감결(甘結), 계후문기(繼後文記), 전지(傳旨), 입지(立旨)'에 해당하는 예문을 열거하였다.

(田案), 철권, 도행장(導行帳), 전적(田籍) 등의 토지 문기(土地文記)에서도 이두 자나 이두문을 찾아볼 수 있다. 조선 시대에 토지 세금을 징수하기 위하여 1461년부터 왕의 명령으로 1903년까지 양안(量案)이 작성되었다. 경자 양안(庚子量案)과 광무 양안(光武量案)이 대표적인 현전 양안이다. 경자 양안 가운데 경상도와 전라도 등의 양안이 규장각에 소장되어 있다(서울대학교 규장각 한국학연구원 엮음, 2012ㄱ & 2012ㄴ).

서리가 작성하는 공문서는 지령문, 포달문(布達文), 원서(原書), 소장, 구공문(口供文), 호구 단자, 각종 증문(證文) 등이 있다.

최승희(1989)에서 예를 든 고문서 가운데 교지와 공신녹권에서 찾은 이두를 몇몇 제시하면 다음과 같다.

> 교지(教旨): 爲乎, 是去有等以, 爲臥乎事是等, 是良於爲教 〈조온 사패(1399)〉
> 乙良 〈예천 용문사 교지(1457)〉
> 공신녹권(功臣錄券): 乙, 良中, 是臥乎事叱段, 次知, 爲良如教是齊, 段, 犯斤, 爲置有亦, 使內乎, 是去有等以, 向前, 乙良, 並以, 使內良於爲教, 右良如, 教事是去有等以, 乙用良, 使內乎向事, 是置有亦, 是白內乎矣, 事叱段, 爲去有乙(爲有去乙), 白教是乃, 爲白乎所 등

현전하는 고문서는 한국학중앙연구원 장서각, 국립중앙도서관, 전국 대학교 도서관과 박물관, 사찰, 향교, 문중, 개인 등이 소장하고 있다. 특히 한국학자료센터, 장서각 한국고문서자료관, 국립중앙도서관 한국고문헌 종합목록 등의 홈페이지에서는 고문서의 원문 이미지나 텍스트를 찾아볼 수 있다.

고문서에 관한 자료 연구는 한국학중앙연구원의 「고문서집성」 등의 결과물도 있어 이두 연구에 도움이 된다. 앞으로도 고문서의 발굴과 수집, 체계적인 정리와 보관, 판독과 분석, 원문 보기(아카이브) 작업 등이 이루어

져야 할 것이다.

한국고문서학회는 1991년에 한국 고문서 연구를 위해 설립되어 「고문서연구」를 매년 2회 발간하고 있다.

참고논저

국사편찬위원회 편, 1981~2006, 「각사등록」 1~101, 과천: 국사편찬위원회. 〈영인본. 국사편찬위원회 홈페이지 원문 보기. 세종대왕기념사업회 편집부 번역 「국역 각사등록」 1~95〉

김건곤 외, 2020, 「고려시대 외교문서와 사행시문」, 성남: 한국학중앙연구원 출판부.

김동욱 편, 1972, 「고문서 집진(古文書集眞)」, 서울: 연세대 인문과학연구소. 〈1619년 이전 특히 임진왜란 이전의 문서를 위주로 영인하였다. '고문서의 양식적 연구 서설(1)'과 조선 전기 이두 자료가 수록되어 있다.〉

김봉좌 외, 2021, 「한국 고문서 입문」 2, 과천: 국사편찬위원회. 〈국사편찬위원회 전자도서관 원문 이미지 보기〉

박병호, 2006, 고문서 연구의 현황과 과제, 「영남학」 10, 경북대학교 영남문화연구원. 7-59.

박성호 외, 2020, 「한국 고문서 입문」 1, 과천: 국사편찬위원회.

서울대학교 규장각, 2005, 「의금부 등록」 1~6 〈6책. 마이크로필름. 서울대학교 규장각 소장〉 〈국사편찬위원회 편, 1994, 「각사등록」 72~73(의금부등록 1~2)〉

서울대학교 규장각 한국학연구원 엮음, 2012ㄱ, 「궁방 양안」, 서울: 민속원.

서울대학교 규장각 한국학연구원 엮음, 2012ㄴ, 「둔토 양안」, 서울: 민속원.

전경목, 2005, 고문서학 연구 방법론과 활성화 방안 ─한국학중앙연구원의 역할과 연계하여─, 「정신문화연구」 28-2, 성남: 한국학중앙연구원. 209-239.

최승희, 1981/1989, 「한국 고문서 연구」, 성남: 한국정신문화연구원. 〈1989 증보판〉

추국청 편, 1601~1905, 「추안 급 국안(推案及鞫案)」 〈331책. 조선시대 재판 기록. 서울대학교 규장각 소장〉

한국학중앙연구원 장서각 편, 1982~2010. 「고문서 집성(古文書集成)」 제1집~제100집, 성남: 한국정신문화연구원/한국학중앙연구원. 〈이두 자료. 장서각 한

국고문서자료관(http://archive.kostoma.net) 원문 보기〉

한국학중앙연구원 장서각 편, 2012-2022. 「고문서 집성(古文書集成)」제101집~
제128집, 성남: 한국정신문화연구원/한국학중앙연구원. 〈이두 자료. 장서각
한국고문서자료관(http://archive.kostoma.net) 원문 보기〉

66 그림과 글이 함께 있는 자료

그림과 글이 함께 있는 자료는 암각화와 암각문이 함께 있는 것뿐만
아니라 서적, 변상도, 도판, 화첩, 병풍, 부적 등에서도 찾아볼 수 있다.

그림과 글이 함께 있는 서적은 「삼강행실도(三綱行實圖)」(1434), 「삼강행
실도언해(三綱行實圖諺解)」(1481?), 「이륜행실도(二倫行實圖)」(1518), 「불설대
보부모은중경언해(佛說大報父母恩重經諺解)」(1553), 「안락국 태자전 변상도(安
樂國太子傳變相圖)」(1576),[25] 「동국신속삼강행실도(東國新續三綱行實圖)」(1617),
「마경초집언해(馬經抄集諺解)」(1682),[26] 「이륜행실도(二倫行實圖)」(1727), 「증
수무원록언해(增修無冤錄諺解)」(1792),[27] 「오륜행실도(五倫行實圖)」(1797), 「태
상감응편도설언해(太上感應篇圖說諺解)」(1852), 「김씨세효도(金氏世孝圖)」(1865),
「당사주(唐四柱)」[28] 등이 있다.

---

25 한글이 적혀 있는 최초의 그림으로 알려져 있다. 변상도는 불교 경전의 내용이나 가르침
을 알기 쉽게 그린 그림이다. 크기는 세로 106.5센티미터, 가로 57.1센티미터이다. 21개의
그림과 한글로 적은 설명이 한 화폭에 그려져 있다. 1576년 7월 초순에 대송 거사가 한문
으로 쓴 화기에는 선조 대왕과 의인 왕후를 위해 낡은 '사라수구탱(沙羅樹舊幀)'을 새로
고쳐 제작하였다는 내용이 적혀 있다. 그래서 이 그림을 '사라수탱'으로도 부른다. 사라수
대왕과 왕비 원앙 부인과 그들의 아들 안락국 태자의 이야기를 그리고 그 내용을 한글로
적은 것이다. 일본 고지현(高知縣) 좌천정(佐川町)에 있는 청산문고(靑山文庫) 소장.

26 말의 부분 명칭을 그림과 함께 적어 놓았다. 한자와 한글로 표기.

27 사람 신체 부분의 명칭을 그림과 함께 적어 놓았다.

28 국립중앙도서관 '한古朝19-58' 참고.

몇몇 특정한 문자 언어 자료를 연구 대상으로 삼아 찾아낸 언어적 차이의 결과에 따라 개별 언어의 역사를 구분하는 기준으로 삼는 일은 언어의 공시태나 통시태를 체계적으로 이해하는 데에 어느 정도의 도움은 줄 수 있지만 연구자들이 만족할 만한 결과를 얻기에는 부족한 점이 따른다. 언어 현상은 일시적이고 단선적인 것이 아니고 지속적이고 계기적인 것이기 때문이다. 게다가 문자 표기의 보수성과 관습적인 특성은 문자언어 자료에 기초하는 연구 결과를 적용하여 언어 역사의 시대 구분을 하려는 시도에 정확한 도움을 주지 않을 것이다.

음성언어 자료에 의한 연구 결과에 따른 것이 아닐 경우 자주 이런 문자 언어 자료의 특성 때문에 생겨난 장애적 요소가 나타난다. 문자언어 자료를 근거로 찾은 문자언어의 특성으로 시대를 구분하였는데 그 시대에 속하는 문자언어 자료에서 그 특성을 찾지 못하는 경우가 있는 것이다. 언어 외적인 요소인 다른 국가의 정치적 지배나 특별한 언어 정책의 결과에 따른 언어 변화를 제외하고 언어 외적인 기준을 채택하여 언어의 시대 구분을 시도하려는 일은 가능한 피해야 하지만 문자언어 자료만을 근거로 언어의 시대 구분을 하는 작업도 새로운 문자언어 자료가 등장하면 그것에 따른 새로운 시대 구분이 가능해진다.

남풍현(2003ㄴ)에서는 10세기부터 13세기 중반에 걸쳐 작성된 석독구결 자료와 13세기 후반에 이루어진 순독구결 자료에 나타나는 언어적 차이는 매우 크므로 이 시기를 고대와 중세의 경계로 삼는 것이 좋을 것이라고 하였다. 그리하여 '상고 시대의 국어(삼국 시대), 중고 시대의 국어(통일신라 시대), 근고 시대의 국어(고려 초엽~13세기 중엽), 전기 중세 국어(13세기 후반~15세기 훈민정음 창제)'로 나누었다. 그런데 문자언어 자료에 따른 개별 언어의 시대 구분은 이렇게 간편한 작업은 아니다. 이기문(1998)에서처럼 문자언어 자료를 근거로 내세워 '고대 국어(9세기 이전), 전기 중세 국어(10세기~14세기), 후기 중세 국어(15세기~16세기), 근대 국어(17세기 초엽~19세기 말), 현대 국어(20세기 초엽~1998년)'로 간편하게 나누는 것은 결코 이상적이고도 바람직한 일은 아니다. 실제로 김수경(1989)에서는 고대 한국어가 고구려어, 백제어, 신라어로 구별된다는 주장에 반박했다.

이와 같이 음성언어 자료를 찾을 수 없는 경우는 특정한 시기의 문자언어 자료에 근거한 연구 결과에 의존할 수밖에 없으므로 여러 다른 의견을 제기할 수 있다.

그런데 음성언어 자료를 구축할 수 있는 환경이라면 우선 음성언어 자료를 구축한 다음 음성언어의 공시태를 분석하고 충분히 축적해 놓아야 한다. 그런 다음 그 결과를 바탕으로 음성언어의 통시태를 이해하려는 작업이 필요하다. 컴퓨터의 하드웨어의 기술적인 발전과 언어 자료 처리에 필요한 소프트웨어의 개발은 이러한 작업을 가능하게 해 준다.

언어 자료에 따른 언어의 시대 구분의 문제점뿐만 아니라, 언어 외적인 요소에 따른 언어의 시대 구분과 언어 내적인 변화에 따른 언어의 시대 구분의 차이를 인식해야 한다. 또 역사의 시대 구분과 언어의 시대 구분의 차이점을 이해해야 할 필요성이 있다.

여기에서 우리가 다룰 자료는 한국어를 한자 및 한문으로 표기한 것들이다. 현전하는 문자언어 자료는 금석문, 목간, 고문서, 서적 등이 있다. 우리는 언문 즉 훈민정음을 사용하기 이전에는 중국 문자인 한자를 그대로 사용하였다. 그리고 우리가 직접 새롭게 만든 한자(한국 한자)와 역시 우리가 만든 이두, 향찰, 구결 등의 문자를 기록할 때에 사용했다. 이런 문자들을 제자와 차자라고 한다. 그런데 중국 문자인 한자는 자음 글자와 모음 글자를 사용하여 단어를 표기하는 알파벳 문자와는 달리 표의문자이기에 글자마다 형태, 음, 의미를 갖추고 있다. 그래서 중국 글자를 가지고 한국어를 표기할 때에 한자의 형태, 음, 의미를 전부 사용할 수도 있고, 또 이

3개를 부분적으로 선택하여 사용할 수도 있다. 한국어를 표기하기 위하여 우리가 사용한 문자를 표로 정리해 보면 다음과 같다.

[표 1] 한국어의 표기 문자와 부호

문자 종류	문자 명칭	형태	음	의미	비고
중국 문자	중국 한자	+	+	+	水
한국 음차자	음독자	+	+	+	厓(에), 伊(이), 隱(은)
	음가자	+	+	−	所(바)
한국 훈차자	훈독자	+	−	+	乙(을, ㄹ)
	훈가자	+	−	−	叱(이)
한국 제자와 부호	한국 한자1	합자	+	+	㐘(갈)
	한국 한자2	한자와 한글 합자	+	−	틱(걱), 耆(놈), 튼(둔), 광(둥)
	한국 한자3	합자	−	+	畓(답), 乽(소)
	한국 한자4와 부호	−	−	−	入(뺌), 점토구결 부호 •, ∶, ⋯, −, /
한글	중세 한글(1443년~1912년)				보통학교용 언문철자법 (1912, 1921, 1930)
	근대 한글(1912년~1933년)				한글 마춤법 통일안(1933)
	한국 현대 한글(1933년~현재)				한글 맞춤법
	북한 현대 한글(1948년~현재)				조선어신철자법(1948)

표에서 '+'는 중국 한자의 형태, 음, 의미와 관련이 있음을 표시한다. '−'는 중국 한자의 형태, 음, 의미와 관련이 없음을 표시한다. 그리고 표의 첫째 칸 중국 문자를 제외한 나머지 문자는 중국 사람들이 사용한 적이 없는 이해하지 못하는 글자이다.[29]

한국어 자료에 사용된 문자를 시기별로 구분해 보면 다음과 같이 나타낼 수 있다.

[표 2] 한국어의 문자 표기

시대	표기한 문자
1443년 이전	중국 한자, 한국 한자
1443년~1894년	중국 한자, 한국 한자, 한글
1894년~1945년	중국 한자, 한국 한자, 한글, 로마자
1945년~현재	중국 한자, 한국 한자, 한글, 로마자

국가별 언어 자료는 다음과 같이 분류할 수 있다.

(1) 고대(서기전 58년 이전) 국가인 부여, 고구려, 옥저, 동예, 마한, 진한, 변한, 가야 등의 문자언어 자료

(2) 삼국 시대(서기전 57년~698년) 국가인 고구려(서기전 1세기~668년), 신라(서기전 57년~698년), 백제(서기전 18년~660년)의 문자언어 자료

(3) 남북국 시대(698년~936년) 국가인 신라(698년~935년), 발해(698년~926년)의 문자언어 자료

(4) 고려 시대(936년~1392년)의 문자언어 자료

(5) 조선 시대(1392년~1910년)의 문자언어 자료

---

29 이승재(2017: 310-312, 341)에 따르면 한국 한자 또는 한국자(韓國字)는 기존의 차자와는 달리 한국에서 독자적으로 만들어 사용한 글자를 가리킨다. 그리고 한국자는 독법을 기준으로 한훈자(韓訓字)와 한음자(韓音字)로 나눌 수 있고, 자형을 기준으로 한제자(韓製字)와 한반자(韓半字)로 나눌 수 있다. 한훈자는 斗(*말)'와 같은 훈차자를 가리키고, 한음자는 음차자/음독자를 가리킨다. 한제자는 한국에서 독자적으로 만든 한자이지만 자획의 감소가 필수적이지 않다. 한반자는 중국 한자의 자획을 크게 줄이거나 편방만으로 새로 만든 글자로 이두자, 구결자, 향찰이 있다. 그리하여 한국의 고대 문자를 한자, 이두자와 향찰자, 한제자와 한반자, 구결자, 한점자로 나누었다.

(6) 일본 강점기(1910년~1945년)의 문자언어 자료와 음성언어 자료

(7) 미국 군정기(1945년~1948년)의 문자언어 자료와 음성언어 자료

(8) 남북 분단 시대(1948년~현재)의 문자언어 자료와 음성언어 자료

그리고 다음과 같이 한국어 자료의 시대 구분을 제시할 수도 있을 것이다.

(1) 7세기 전반 이전(고대 한국어 자료 1)[30]

(2) 7세기 전반~9세기(고대 한국어 자료 2)

(3) 10세기~16세기(중세 한국어 자료)

(3-1) 10세기~14세기(중세 한국어 자료 1)

(3-2) 15세기~16세기(중세 한국어 자료 2)

(4) 17세기~19세기(근대 한국어 자료)

(4-1) 17세기~18세기 중반(근대 한국어 자료 1)

(4-2) 18세기 중반~19세기 전반(근대 한국어 자료 2)

(4-3) 19세기 전반~19세기 중반(근대 한국어 자료 3)

(4-4) 19세기 중반~19세기 후반(근대 한국어 자료 4)

(5) 19세기 후반~20세기 초반(1894년~1910년)

(6) 20세기 전반~중반(1910년~1948년)

(6-1) 일본 강점기(1910년~1945년)

(6-2) 미국 군정기(1945년-1948년)

(7) 남북 분단기(1948년~현재)

(7-1) 한국어 자료

---

30 남풍현(2003)에서는 석독구결 자료와 순독구결 자료의 언어가 큰 간극을 보여주기 때문에 13세기 중엽까지 고대어로 보아야 한다고 주장하였다. 그리고 고대어를 다시 상고, 중고, 근고의 셋으로 하위분류를 하였다.

(7-2) 북한 조선어 자료

참고논저

김수경, 1989, 「세 나라 시기 언어 력사에 관한 남조선학계의 견해에 대한 비판적 고찰」, 평양: 평양출판사. 〈1995년 한국문화사에서 「고구려·백제·신라 언어 연구」로 영인. 해외 우리 어문학 연구 총서 36〉

김종훈, 1983, 「한국 고유한자 연구」, 서울: 집문당. 〈국립중앙도서관 협약도서관 원문 보기〉 〈개정증보판(2014/2016, 보고사)〉

남풍현, 2003, 고대 국어의 시대 구분, 「구결연구」 11, 서울: 구결학회. 1-22. 〈남풍현(2009) 재수록〉

박병채, 1989, 「국어 발달사」, 서울: 세영사.

송 민, 1997, 국어사의 시대 구분 -음운사를 중심으로-, 「국어사 연구」, 국어사 연구회 편, 서울: 태학사. 347-360.

이기문, 1998, 「신정판 국어사 개설」, 서울: 태학사.

이승재, 2017, 「목간에 기록된 고대 한국어」, 서울: 일조각.

최범훈, 1985, 「한국어 발달사」, 서울: 통문관.

홍윤표, 1994, 「근대 국어 연구(1)」, 서울: 태학사.

5. 한국어의 한자 및 한문 표기와 자료 참고논저

가천박물관 편, 2016, 「가천박물관 명품선」, 인천: 가천박물관.

강길운, 1993, 「국어사 정설」, 서울: 형설출판사.

강길운, 1995, 「향가 신해독 연구」, 서울: 학문사. 〈국립중앙도서관 협약도서관 원문 보기〉

강길운, 2004, 「향가 신해독 연구」, 서울: 한국문화사. 〈국립중앙도서관 협약도서관 원문 보기〉

강길운, 2011, 「「계림유사」의 신해독 연구」, 서울: 지식과 교양.

강민구, 2020, 조선 시대의 현토에 대한 인식, 「동방한문학」 85, 동방한문학회. 7-54.

강병국, 2019, 필사본 「향약구급방」의 유전, 「역사와 현실」 112, 한국역사연구회. 75-103.

강병륜, 1989, 지명어 연구사 개관(I), 「어문연구」 17-4, 한국어문교육연구회. 436-446.

강병륜, 1990ㄱ, 지명어 연구사 개관(II), 「어문연구」 18-1~2, 한국어문교육연구회. 121-137.

강병륜, 1992, 고유지명의 한자 표기에 관한 연구 −충청북도의 지명어를 중심으로−, 「공주교대논총」 28, 공주: 공주교육대학교 초등연구원. 89-132.

강병륜, 1998, 지명어 연구사, 「지명학」 1, 한국지명학회. 219-276.

강보유, 2012, 연변대학교 도서관 소장 한국본 고문헌 자료, 「해외 한국본 고문헌 자료의 탐색과 검토」, 서울대학교 규장각 한국학연구원 편, 서울: 삼경문화사. 223-235.

강석윤, 1982, 나제 관직명 어휘의 비교 연구, 「어문논집」 16, 중앙대 국어국문학과. 27-38.

강성일, 1958, 고대어의 형태론적 연구 시고(상) −이두 '在, 去'자를 중심으로−, 「어문학」 3, 한국어문학회. 96-123. 〈국립중앙도서관 협약공공도서관 원문 보기〉

강성일, 1959, 고대어의 형태론적 연구 시고(하), 「어문학」 4, 대구: 한국어문학회. 17-37. 〈국회전자도서관 홈페이지 원문 보기〉

강성일, 1966, 「대명률직해」 이두 색인, 「국어국문학」 31, 국어국문학회. 1-41. 〈국립중앙도서관 협약공공도서관 원문 보기〉

강순애, 2018, 「경국대전」의 편찬·반포와 초주 갑인자본 관련 초기 판본에 관한 연구, 「서지학연구」 76, 한국서지학회. 105-134.

강신항, 1980, 「「계림유사」 고려 방언 연구」, 서울: 성균관대학교출판부.

강신항, 1995, 「증보 「조선관역어」 연구」, 서울: 성균관대학교출판부.

강 영, 1987, 「음절말 형태음소 표기 차자에 대한 고찰 −향가를 중심으로−」, 석사논문, 서울: 고려대학교 대학원.

강 영, 1991, 북한의 이두 연구사, 「북한의 조선어 연구사」 1, 서울: 녹진출판사.

강 영, 1994ㄱ, 「대명률직해」 이두의 종결어미에 대한 고찰, 「한국어학」 1, 한국어학회. 103-133.

강 영, 1994ㄴ, 「대명률직해」 이두의 의도·도급 어미에 대한 고찰, 「어문논집」 33, 민족어문학회. 547-571.

강 영, 1998, 「「대명률직해」 이두의 어말어미 연구」, 서울: 국학자료원. 〈국립중앙도서관 디지털도서관 원문 보기〉

강우방, 1995, 「한국 불교 조각의 흐름」, 서울: 대원사.

강우방·곽동석·민병찬, 2004, 「한국 미의 재발견 -불교 조각-」, 서울: 솔.

강유리, 2004, 「「구급간이방언해」와 「동의보감」 '탕액편'의 약재명에 대한 비교」, 석사논문, 공주: 공주대학교 대학원.

강윤호, 1956, 이두학사 연구 서설 1: 근세 서양인의 이두 연구, 「국어국문학」 15, 국어국문학회. 75-92.

강윤호, 1957ㄱ, 이두학사 연구 서설 2: 근세 서양인의 이두 연구, 「국어국문학」 17, 국어국문학회. 43-64.

강윤호, 1957ㄴ, 이두학사 연구 서설 3: 근세 서양인의 이두 연구, 「국어국문학」 18, 국어국문학회. 142-164.

강윤호, 1958ㄱ, 이두학사 연구 서설 4: 근세 서양인의 이두 연구, 「국어국문학」 19, 국어국문학회. 58-76.

강윤호, 1958ㄴ, 이두학사 연구 서설 5(완): 근세 서양인의 이두 연구, 「국어국문학」 20, 국어국문학회. 145-172.

강인구, 1969, 율곡 선생 남매 분재기고, 「문화재」 4, 서울: 문화재관리국. 23-44.

강인구, 1975, 서산 문수사 금동여래좌상 복장 유물, 「미술자료」 18, 서울: 국립중앙박물관. 1-18.

강인선, 1995, 일본 문헌에 나타난 고대 한국 인명 색인, 「국어사와 차자표기」, 소곡 남풍현 선생 회갑기념논총 간행위원회, 서울: 태학사. 41-72.

강인선, 2002, 연희식 축사의 용자법에 대하여 -문체와 관련하여-, 「구결연구」 8, 구결학회. 209-222.

강전섭, 1963, 「이두의 신연구」, 석사논문, 대전: 충남대학교 대학원.

강전섭, 1972ㄱ, 「유서필지」에 대하여, 「어문학」 27, 한국어문학회. 13-26.

강전섭, 1972ㄴ, 향찰 색인, 「어문연구」 8, 한국어문교육연구회. 167-180.

강전섭, 1985, 「이문대사」에 대하여, 「김형기 선생 팔지 기념 국어학논총」, 서울: 어문연구회. 61-72.

강종원, 2003, 백제 흑치가의 성립과 흑치상지, 「백제연구」 38, 대전: 충남대학교 백제연구소. 119-137.

강종원, 2004, 금산 백령산성 명문와 검토, 「백제연구」 39, 대전: 충남대학교 백제연구소. 171-187.

강종원, 2009, 부여 동남리와 금산 백령산성 출토 문자 자료, 「목간과 문자연구」 3, 한국목간학회 엮음, 서울: 주류성. 255-271. 〈한국목간학회 「제4회 정기발표회」 2009년 1월 발표 논문집 13-60〉

강종훈, 2009ㄱ, 을진 봉평 신라비의 재검토, 「동방학지」 148, 서울: 연세대학교 국학연구원. 1-50.

강종훈, 2009ㄴ, 포항 중성리 신라비의 내용과 성격, 「신발견 포항 중성리 신라비(학술대회발표논문집)」, 한국고대사학회. 〈국립중앙도서관 디지털도서관 원문 보기〉 〈「한국고대사연구」 56, 한국고대사학회. 131-169. 수록〉

강종훈, 2011, 금석문 자료 활용 방식을 통해본 「삼국유사」 수록 사료의 성격, 「역사와 담론」 60, 호서사학회. 1-30.

강종훈, 2012, 한국 고대 금석문 자료에 대한 사료 비판론, 「한국고대사연구」 68, 한국고대사학회. 301-334.

강종훈, 2014, 울주 천전리 각석 명문의 새로운 판독과 해석, 「한국암각화연구」 18, 한국암각화학회. 27-46.

강종훈, 2016, 명문의 새로운 판독을 통해 본 울주 천전리 각석의 성격과 가치, 「대구사학」 123, 대구사학회. 1-45.

강종훈, 2020, 「사료로 본 한국고대사」, 서울: 지성과 인성.

강진원, 2013, 신발견 '집안고구려비'의 판독과 연구 현황, 「목간과 문자」 11, 한국목간학회. 105-134.

강진원, 2014, 계유명 아미타삼존사면석상 명문 검토, 「목간과 문자」 12, 한국목간학회. 215-235.

강진원, 2015ㄱ, 계유명 삼존천불비상 명문, 「한국 고대 문자 자료 연구 백제(하) -주제별-」, 권인한·김경호·윤선태 공동 편집, 서울: 주류성. 293-299.

강진원, 2015ㄴ, 계유명 아미타삼존사면석상 명문, 「한국 고대 문자 자료 연구 백제(하) -주제별-」, 권인한·김경호·윤선태 공동 편집, 서울: 주류성. 301-316.

강진원, 2015ㄷ, 무인명 연화사 사면석상 명문, 「한국 고대 문자 자료 연구 백제(하) -주제별-」, 권인한·김경호·윤선태 공동 편집, 서울: 주류성. 317-320.

강진원, 2015ㄹ, 을축명 아미타불 석상 명문, 「한국 고대 문자 자료 연구 백제(하) -주제별-」, 권인한·김경호·윤선태 공동 편집, 서울: 주류성. 321-324.

강진원, 2017, 광개토왕비 연구의 어제와 오늘 -신묘년조 문제를 중심으로-, 「내일을 여는 역사」 68, 재단법인 내일을 여는 역사 재단. 166-179.

강창석, 1992, 「15세기 음운 이론의 연구 -차자표기 전통과의 관련성을 중심으로-」, 박사논문, 서울: 서울대학교 대학원.

강헌규, 1999, 「조선관역어」의 '助盖'(獅子)·'則卜論答'(寅)에 대하여, 「선청어문」 27, 서울: 서울대학교 사범대학 국어교육과. 495-508.

강현숙, 2007, 고구려 고고 자료, 「한국고대사 연구의 새 동향 -한국고대사학회 20년 1987~2006-」, 한국고대사학회 편, 서울: 서경문화사.

강호선, 2014, 조선 전기 「몽산화상육도보설」 간행의 배경과 의미, 「동국사학」 56, 동국대학교 동국역사문화연구소. 93-129.

강흥구, 1991, 이두 연구(3)에 대한 논평, 「어문연구」 22, 대전: 어문연구학회. 327-331. 〈국립중앙도서관 협약공공도서관 원문 보기〉

경기도박물관 편, 2002ㄱ, 「여산 송씨 기증 고문서」, 용인: 경기도박물관. 〈경기도박물관 홈페이지 원문 보기〉

경기도박물관 편, 2002ㄴ, 「청해 이씨 기증 고문서」, 용인: 경기도박물관. 〈경기도박물관 홈페이지 원문 보기〉

경기도박물관 편, 2003, 「전주 이씨(백헌상공파) 기증 고문서」, 용인: 경기도박물관. 〈경기도박물관 홈페이지 원문 보기〉

경기도박물관 편, 2004, 「화영일록」, 용인: 경기도박물관. 〈서유거가 수원 유수로 재직한 1836년 1월 1일부터 1837년 12월 12일 동안에 쓴 행정 일기. 이두 자료. 경기도박물관 홈페이지 원문 보기〉

경기도박물관 편, 2009, 「청송 심씨 만포가 기증 고문서」, 용인: 경기도박물관. 〈경기도박물관 홈페이지 원문 보기〉

경문사 편, 1972, 「물보」, 서울: 경문사, 〈영인본〉

경북대학교 퇴계연구소 편, 2016, 「동양고전 번역용어 용례 사전」 1~8, 대구: 경북대학교 퇴계연구소·한국학자료원.

경상대학교 경남문화연구원, 2008, 「경남 서부 지역의 고문헌」 I·II, 서울: 가람출판사.

경성제국대학 법문학부 편, 1932, 「교정 대동금석목록」, 경성: 경성제국대학 법문학부. 〈한국학중앙연구원 한국학 디지털 아카이브 홈페이지 원문 이미지 보기〉

경성제국대학 법문학부 편, 1935, 「심양장계(瀋陽狀啓)」, 경성: 경성제국대학 법문학부. 〈국립중앙도서관 홈페이지 원문 보기〉

경성제국대학 부속도서관 편, 1931~1932, 「고도서 전관 목록」, 경성: 경성제국대학 부속도서관.

경인문화사 편, 1988, 「한국역대문집총서」, 서울: 경인문화사.

경주 정씨 양경공파 수보위원회 편, 1996, 「경주 정씨 양경공파 세보」
　　　1, 서울: 경주 정씨 양경공파 수보위원회.

경주시 신라문화선양회·동국대학교 신라문화연구소 편, 2002, 「신라 금석
　　　문의 현황과 과제(신라문화제학술논문집 제23집)」, 경주: 경주시
　　　신라문화선양회·동국대학교 신라문화연구소. 〈편집부 〈자료〉 경
　　　주 지역 신라 금석문 자료 소개' 291쪽~316쪽 수록〉

고경희, 1993, 「신라 월지 출토 재명 유물에 대한 명문 연구」, 석사논문,
　　　부산: 동아대학교 대학원.

고광의, 2008ㄱ, 6~7세기 신라 목간의 서체와 서예사적 의의, 「목간과
　　　문자」 1, 한국목간학회. 111-126.

고광의, 2008ㄴ, 문자 자료를 통해서 본 중국과 삼국의 서사문화 교류,
　　　「고구려발해연구」 30, 고구려발해학회. 51-67.

고광의, 2009, 포항 중성리 신라비의 서체와 고신라 문자 생활, 「포항 중성
　　　리 신라비 발견 기념 심포지엄」, 경주: 국립경주문화재연구소. 〈「신
　　　라문화」 35, 동국대학교 신라문화연구소. 99-132〉

고광의, 2010, 천전리서석 명문의 서예사적 고찰 -6세기 전반 기년명을
　　　중심으로-, 「서예학연구」 16, 한국서예학회. 5-32.

고광의, 2013, 신발견 '집안고구려비'의 형태와 서체, 「고구려발해연구」
　　　45, 고구려발해학회. 55-75.

고광의, 2014, 광개토태왕비 석문 일고, 「백산학보」 100, 백산학회. 279-
　　　307.

고광의, 2015, 광개토태왕비의 제1면 9행 13자 석문 검토, 「한국고대사연
　　　구」 77, 한국고대사학회. 149-177.

고광의, 2017, 고구려 비에 관한 고찰, 「목간과 문자」 18, 한국목간학회.

15-36.

고광의, 2019, 고분벽화로 본 고구려 문자 문화,「문자와 고대 한국」1. 기록과 지배, 한국목간학회 편, 서울: 주류성. 75-95.

고광의, 2021, 남한 출토 고구려 토기 명문 연구,「목간과 문자」27, 한국목 간학회. 189-234.

고광의, 2022ㄱ, 고구려 권운문 명문 와당 연구,「목간과 문자」29, 한국목 간학회. 111-139.

고광의, 2022ㄴ, 집안 출토 고구려 명문전 고찰,「백산학보」124, 백산학 회. 87-116.

고광헌, 2000,「백제 금석문의 서예사적 연구」, 석사논문, 익산: 원광대학 교 대학원.

고구려연구재단 편, 2005,「평양 일대 고구려 유적 −남북공동유적조사보 고서(증보판)−」, 서울: 고구려연구재단.

고구려연구회 편, 1996,「광개토호태왕비 연구 100년」, 서울: 학연문화사.

고구려연구회 편, 2000,「중원 고구려비 연구」, 서울: 학연문화사.

고려대장경연구소, 2004,「고려대장경 2004」, 서울: 고려대장경연구소.

고려대학교 도서관, 1999,「고문서 목록」, 서울: 고려대학교 도서관.

고려대학교 민족문화연구원 편, 2009,「한국 고전적 목록 −버클리대학 동아시아도서관 수집−」, 서울: 고려대학교 민족문화연구원. 〈국 립중앙도서관 협약도서관 원문 보기〉

고명균, 2005,「왜어유해」의 구결 차자표기에 관한 연구,「언어와 문화」 1-2, 한국언어문화교육학회. 186-197.

고문서학회 편, 1998,「고문서 강독 자료 선집」, 고문서학회.

고문서학회·국사편찬위원회 편, 2007,「고문서 수집·정리의 실제와 과제 (2007년도 한국고문서학회 전국학술회의·제43회 국사편찬위원 회 한국사 학술회의 발표논문집)」, 고문서학회·국사편찬위원회.

고병익, 1958,「계림유사」의 편찬 연대,「역사학보」 10, 역사학회. 115-124.

고병진, 1989,「한국 고대 불교 사상사」, 서울: 동국대학교 출판부.

고사경·김지, 1395,「대명률직해」발문

고영근, 1974,「국어 접미사 연구」, 서울: 광문사.

고영근, 1983, 고려가요에 나타나는 문법 형태,「국어학 연구(백영 정병욱 선생 환갑기념논총」, 서울: 신구문화사. 120-136.

고영근, 1997,「개정판 표준 중세국어문법론」, 서울: 집문당.

고영근, 1998, 석독구결의 국어사적 가치,「구결연구」 3, 구결학회. 1-28.

고영근, 2008, 희방사 창건설화와 '池叱方(寺)'의 해독에 대하여,「지명학」 14, 한국지명학회. 5-17.

고영근, 2022,「우리 언어철학사」, 서울: 집문당.

고영근 편, 1985,「국어학 연구사」, 서울: 학연사.

고영섭, 1999, 한국불교사에서「구역인왕경」의 소통과 소원,「구결연구」 5, 구결학회. 1-32.

고은숙·문현수·이용, 2020, 국립한글박물관 소장「유가사지론」자료의 전시와 구결 콘텐츠 개발 방안 모색,「구결연구」 44, 구결학회. 93-115.

고익진, 1989,「한국 고대 불교 사상사」, 서울: 동국대학교 출판부.

고정의, 1987, '정도사 오층석탑 조성형지기'의 이두,「울산어문논집」 3, 울산: 울산대학교 국어국문학과. 1-18.

고정의, 1989, 처용가 해독의 재검토,「울산어문논집」 5, 울산: 울산대학교 국어국문학과. 1-20.

고정의, 1991, 차자 '毛冬'과 '毛如',「울산어문논집」 7, 울산: 울산대학교 국어국문학과. 1-13.

고정의, 1992ㄱ,「대명률직해의 이두 연구」, 박사논문, 서울: 단국대학교

대학원. 〈국립중앙도서관 협약도서관 원문 보기〉

고정의, 1992ㄴ, 대명률직해 이두 색인, 「울산어문논집」 8, 울산: 울산대학
교 국어국문학과. 23-90.

고정의, 1994, 「대명률직해」 이두의 표기법, 「울산어문논집」 9, 울산: 울산
대학교 국어국문학과. 1-23.

고정의, 1995, 서동요의 '主隱'과 '卯乙'에 대하여, 「(소곡 남풍현 선생 회갑
기념논총) 국어사와 차자표기」, 서울: 태학사. 73-84.

고정의, 1996, 제망매가 해독의 일고찰, 「울산어문논집」 11, 울산: 울산대
학교 국어국문학과. 85-114.

고정의, 1998, 서동요 해독의 재검토, 「인문논총」 15, 울산: 울산대학교
인문과학연구소.

고정의, 1999ㄱ, 문헌별 이두 목록 및 독음 비교 색인, 「인문논총」 17,
울산: 울산대학교 인문과학연구소.

고정의, 1999ㄴ, 「재물보」와 「물보」의 이두, 「울산어문논집」 13·14, 울산:
울산대학교 국어국문학과. 1-30.

고정의, 2000, 「재물보」의 한글 어휘에 대한 일고찰, 「인문논총」 19, 울산:
울산대학교 인문과학연구소.

고정의, 2002, 「대명률직해」의 이두와 그 특징, 「구결연구」 9, 구결학회.
19-72.

고정의, 2003, 이두 학습서의 이두와 독음, 「구결연구」 10, 구결학회.
223-252.

고정의, 2004, 구결 연구의 현황과 과제, 「구결연구」 12, 구결학회. 5-46.

고정의, 2005, 「근사록」의 구결 연구, 「구결연구」 14, 구결학회. 5-49.

고정의, 2006, 「고본화상선요」의 구결 연구, 「구결연구」 16, 구결학회.
241-297.

고창석, 1993, 조선 후기 제주도 전답문기의 연구 -고재일 씨 소장 문기를

중심으로-, 「탐라문화」 13, 제주: 제주대학교 탐라문화연구소. 81-123.

고창석, 1994, 사계리 릉성구 씨가와 그 문서, 「탐라문화」 14, 제주: 제주대학교 탐라문화연구소. 43-82.

고창석, 1996, 조선 후기 제주도 토지 매매의 실상, 「탐라문화」 16, 제주: 제주대학교 탐라문화연구소. 113-161.

고창석, 1997, 조선 후기 제주 지방 분재 문기의 연구(1) -장전리 강태복 씨 소장 문기를 중심으로-, 「탐라문화」 18, 제주: 제주대학교 탐라문화연구소. 215-244.

고창석, 1998, 조선 후기 제주 서북 지역 전답 문기의 연구, 「탐라문화」 19, 제주: 제주대학교 탐라문화연구소. 101-178.

고창석, 1999, 조선 후기 제주 지방 전답 매매 문기의 연구(1), 「탐라문화」 20, 제주: 제주대학교 탐라문화연구소. 65-102.

고창석, 2000ㄱ, 조선 후기 제주 지방 전답 매매 문기의 연구(2) -서귀포시 대포리를 중심으로-, 「탐라문화」 21, 제주: 제주대학교 탐라문화연구소. 39-78.

고창석, 2000ㄴ, 17·18세기 제주 지방 분재문기의 연구, 「고문서연구」 16·17, 한국고문서학회. 31-46.

고창석, 2002ㄱ, 19세기 제주 지방의 토지매매 실태 -애월읍 곽지리 토지 문서를 중심으로-, 「탐라문화」 22, 제주: 제주대학교 탐라문화연구원. 75-125.

고창석, 2002ㄴ, 「제주도 고문서 연구」, 제주: 세림.

고창석, 2004, 조선 후기 제주 지방의 분재기 연구 -하원동 강성택 씨가의 소장 문서-, 「탐라문화」 24, 제주: 제주대학교 탐라문화연구원. 1-21.

고창석, 2007, 「제주도 마을 이름의 종합적 연구」 I, II, 제주: 제주대학교 출판부.

고창석 역해, 2012, 「제주교육박물관 소장 제주의 고문서」, 제주: 제주교육박물관. 〈사이버 제주교육박물관 홈페이지 원문 보기〉

고창수, 1992, 「고대 국어의 구조격 연구」, 박사논문, 서울: 고려대학교 대학원.

고창수, 1995, 향찰 표기 '叱'의 체언화에 대하여, 「(소곡 남풍현 선생 회갑 기념논총) 국어사와 차자 표기」, 간행위원회 편, 서울: 태학사. 101-114.

고창수, 2011, 「신라 향가의 표기 원리」, 서울: 한성대학교 출판부. 〈국립중앙도서관 협약도서관 홈페이지 원문 보기〉

고창수, 2013, 고려가요 해석의 몇 논점, 「어문논집」 67, 민족어문학회. 5-21.

공석구, 1989, 안악 3호분의 묵서명에 대한 고찰, 「역사학보」 121, 역사학회. 1-41.

공주대학교 박물관, 2011, 「사적 12호 공산성 성안마을 내 유적 -제4차 발굴 조사 약보고서-」, 공주: 공주대학교 박물관.

공주대학교 박물관·공주시, 2013, 「웅진성·공산성」, 공주: 공주대학교 박물관.

곽동석, 1993, 금동제 일광삼존불의 계보 -한국과 중국 산동 지방을 중심으로-, 「미술자료」 30, 서울: 국립중앙박물관.

곽동석, 2013, 연기 지방 불비상의 조형미, 「불비상 염원을 새기다」, 국립청주박물관 편, 청주: 국립청주박물관.

곽승훈, 2006, 「신라 금석문 연구」, 서울: 한국사학.

곽승훈 외 역주, 2015, 「중국 소재 한국 고대 금석문」, 성남: 한국학중앙연구원 출판부. 〈국립중앙도서관 원문 보기〉

광주민속박물관 편, 1995, 「고문서 자료집」 1, 광주: 광주민속박물관.

구결학회 편, 1997, 「아시아 제민족의 문자」, 서울: 태학사.

구결학회 편, 2006, 「한문 독법과 동아시아의 문자」, 서울: 태학사.

구문회, 2000, 담양 개선사 석등기의 재검토 -9세기 후반 신라의 토지 매매 사례를 중심으로-, 「구천 원유한 교수 정년기념논총」 상, 서울: 혜안.

국립가야문화재연구소 편, 2004, 「한국의 고대 목간」, 창원: 국립가야문화재연구소. 〈국립가야문화재연구소 홈페이지 원문 보기. 2006년 개정판〉

국립가야문화재연구소 편, 2007ㄱ, 「함안 성산산성 출토 목간 의의」, 창원: 국립가야문화재연구소. 〈국립가야문화재연구소 홈페이지 원문 보기〉

국립가야문화재연구소 편, 2007ㄴ, 「함안 성산산성 출토 목간」, 창원: 국립가야문화재연구소. 〈국립가야문화재연구소 홈페이지 원문 보기〉

국립가야문화재연구소 편, 2009, 「고대의 목간 그리고 산성」, 창원: 국립가야문화재연구소. 〈국립가야문화재연구소 홈페이지 원문 보기〉

국립가야문화재연구소 편, 2011ㄱ, 「한국 고대 목간」, 창원: 국립가야문화재연구소.

국립가야문화재연구소 편, 2011ㄴ, 「한국 목간 자전」, 창원: 국립가야문화재연구소. 〈국립가야문화재연구소 홈페이지 원문 보기〉

국립가야문화재연구소 편, 2015, 「함안 성산산성 목간 발굴에서 보존까지」, 창원: 국립가야문화재연구소. 〈95쪽. 국립가야문화재연구소 학술연구총서 제66집. 국립가야문화재연구소 홈페이지 원문 보기〉

국립가야문화재연구소 편, 2016, 「선사와 고대 목기·목간의 최신 연구 현황과 과제」, 창원: 국립가야문화재연구소. 〈국립가야문화재연구소 홈페이지 원문 보기〉

국립가야문화재연구소 편, 2017ㄱ, 「함안 성산산성 발굴 조사 보고서」 VI,

창원: 국립가야문화재연구소. 〈국립가야문화재연구소 홈페이지 원문 보기〉

국립가야문화재연구소 편, 2017ㄴ, 「한국의 고대 목간」 2, 창원: 국립가야문화재연구소. 〈511쪽. 국립가야문화재연구소 학술연구총서 제69집. 국립문화재연구소 홈페이지 원문 보기〉

국립가야문화재연구소 편, 2018, 「(국제학술대회 자료집)함안 성산산성 출토 목간의 국제적 위상」, 창원: 국립가야문화재연구소. 〈국립가야문화재연구소 홈페이지 원문 보기〉

국립가야문화재연구소·국립부여박물관 편, 2009, 「고대의 목간 그리고 산성」, 창원: 국립가야문화재연구소. 〈450쪽. 국립가야문화재연구소 학술 총서 제44호〉

국립가야문화재연구소·복천박물관 편, 2016, 「선사와 고대 목기·목간의 최신 연구 현황과 과제」, 창원·부산: 국립가야문화재연구소·복천박물관. 〈국립중앙도서관 홈페이지 원문 보기〉

국립가야문화재연구소·일본와세다대학 조선문화연구소 편, 2007, 「함안 성산산성 출토 목간」, 창원: 국립가야문화재연구소. 〈254쪽. 국립중앙도서관 3층 연속간행물실 소장〉

국립경주문화재연구소, 2004, 「경주 남산 정밀학술조사보고서」, 경주: 국립경주문화재연구소.

국립경주문화재연구소 학예연구실, 2009, 「포항 중성리 신라비」, 경주: 국립경주문화재연구소.

국립경주문화재연구소·한국목간학회, 2017, 「동아시아 고대 도성의 축조 의례와 월성 해자 목간」, 경주: 국립경주문화재연구소. 〈한국목간학회 창립 10주년 기념 국제학술회의 논문집. 국립중앙도서관 홈페이지 원문 보기〉

국립경주박물관 편, 2002ㄱ, 「문자로 본 신라」, 경주: 국립경주박물관.

국립경주박물관 편, 2002ㄴ, 「국립경주박물관 부지 내 발굴조사보고서」, 경주: 국립경주박물관.

국립경주박물관 편, 2010, 「우물에 빠진 통일신라 동물들」, 경주: 국립경주박물관.

국립경주박물관 편, 2017, 「신라 문자 자료」 1, 경주: 국립경주박물관·비에이디자인. 〈포항 중성리 신라비문, 포항 냉수리 신라비문, 울진 봉평 신라비문, 경산 임당 고비문, 대구 무술명 오작비문, 영천 청제비 병진명문, 경주 명활성 작성비문, 경주 남산신성비문 수록〉

국립경주박물관 편, 2019, 「신라 문자 자료」 2, 경주: 국립경주박물관.

국립공주박물관 편, 2001, 「백제 사마왕 −무령왕릉, 그 후 30년의 발자취−」, 공주: 국립공주박물관.

국립공주박물관 편, 2006, 「무령왕릉 출토 유물 분석 보고서(II)」, 공주: 국립공주박물관.

국립공주박물관 편, 2008, 「무령왕릉 기초 자료집」, 공주: 국립공주박물관.

국립공주박물관 편, 2009, 「무령왕릉 신보고서」 I, 공주: 국립공주박물관.

국립공주박물관 편, 2011, 「무령왕릉을 격물하다(무령왕릉 발국 40주년 기념 특별전」, 공주: 국립공주박물관.

국립국어연구원 편, 1991, 「우리나라 한자의 약체 조사」, 서울: 국립국어연구원.

국립국어연구원 편, 1992ㄱ, 「동양 3국 약자 비교 연구」, 서울: 국립국어연구원.

국립국어연구원 편, 1992ㄴ, 「동양 3국 이체자 비교 연구」, 서울: 국립국어연구원.

국립국어연구원 편, 1993ㄱ, 「한자의 약체 조사 연구」, 서울: 국립국어연구원.

국립국어연구원 편, 1993ㄴ, 「15세기 한자어 조사 연구」, 서울: 국립국어연구원.

국립국어연구원 편, 1996, 「국어 로마자 표기 자료집」, 서울: 국립국어연구원.

국립국어연구원 편, 2000, 「로마자 표기 용례 사전」, 서울: 문화관광부 국립국어연구원.

국립김해박물관 편, 2019, 「가야문화권의 문자 자료」, 김해: 국립김해박물관.

국립김해박물관 편, 2020, 「문자로 본 가야」, 김해: 국립김해박물관.

국립나주문화재연구소, 2007, 「나주 복암리 고분군 주변 지역 발굴 조사 약보고서」, 나주: 국립나주문화재연구소.

국립나주문화재연구소, 2008, 「나주 복암리 고분군 주변 지역 3차 발굴 조사 약보고서」, 나주: 국립나주문화재연구소.

국립나주문화재연구소, 2010, 「나주 복암리 유적 1 -1~3차 발굴 조사 보고서-」, 나주: 국립나주문화재연구소.

국립문화재연구소 편, 1996ㄱ, 「광개토대왕릉비」, 서울: 국립문화재연구소.

국립문화재연구소 편, 1996ㄴ, 「부소산성 발굴 조사 보고서(1983~1987년), 서울: 국립문화재연구소.

국립문화재연구소 편, 1998, 「경주 나원리 오층석탑 사리장엄」, 서울: 국립문화재연구소.

국립문화재연구소 편, 2000, 「광개토대왕릉비 탁본 도록」, 서울: 국립문화재연구소.

국립문화재연구소 편, 2001, 「한국 고고학 사전」, 서울: 국립문화재연구소.

국립문화재연구소 편, 2006, 「해외 전적 문화재 조사 목록 -일본 존경각문고 소장 한국본-」, 대전: 국립문화재연구소.

국립문화재연구소 편, 2012, 「국립문화재연구소 소장 고문헌 목록」, 대전: 국립문화재연구소.

국립문화재연구소 편, 2013, 「한국 고고학 전문 사전(事典)」 구석기 시대 편, 대전: 국립문화재연구소.

국립문화재연구소·전라북도 편, 2013, 「미륵사지 석탑 사리장엄」, 대전: 국립문화재연구소.

국립민속박물관, 1991, 「생활 문화와 옛 문서」, 서울: 국립민속박물관.

국립민속박물관, 1998, 「창원 황씨 고문서」, 서울: 국립민속박물관. 〈「고문서집성」 제9집에 별급문기 15점을 제외한 고문서 재수록〉

국립민속박물관, 2018, 「한국 의식주 생활 사전」, 서울: 국립민속박물관.

국립민속박물관, 2020, 「한국 생업 기술 사전 농업」, 서울: 국립민속박물관.

국립부여문화재연구소, 1993, 「부여 구아리 백제 유적 발굴 조사 보고서」, 부여: 국립부여문화재연구소.

국립부여문화재연구소, 1995, 「부소산성 발굴 조사 중간 보고서」, 부여: 국립부여문화재연구소.

국립부여문화재연구소, 1996, 「미륵사 발굴 조사 보고서」 II(도판편), 부여: 국립부여문화재연구소.

국립부여문화재연구소, 1997, 「부소산성 발굴 조사 중간 보고서」 II, 부여: 국립부여문화재연구소.

국립부여문화재연구소, 1999ㄱ, 「궁남지 발굴 조사 보고서」, 부여: 국립부여문화재연구소.

국립부여문화재연구소, 1999ㄴ, 「부소산성 발굴 중간 보고서」 III, 부여: 국립부여문화재연구소.

국립부여문화재연구소, 2000, 「부소산성 발굴 중간 보고서」 IV, 부여: 국립부여문화재연구소.

국립부여문화재연구소, 2001, 「궁남지 II -현 궁남지 서북편 일대-」, 부

여: 국립부여문화재연구소.

국립부여문화재연구소, 2002, 「왕흥사 발굴 중간 보고서」 1, 부여: 국립부여문화재연구소.

국립부여문화재연구소, 2003, 「부소산성 발굴 조사 보고서」 V, 부여: 국립부여문화재연구소.

국립부여문화재연구소, 2007, 「궁남지 III -남편 일대 발굴 조사 보고서-」, 부여: 국립부여문화재연구소.

국립부여문화재연구소, 2008, 「능사 -부여 능산리사지 10차 발굴조사 보고서-」, 부여: 국립부여문화재연구소.

국립부여문화재연구소, 2009, 「왕흥사지 III -목탑지·금당지 발굴 조사 보고서-」, 부여: 국립부여문화재연구소.

국립부여문화재연구소, 2012, 「왕흥사지 IV」, 부여: 국립문화재연구소.

국립부여박물관 편, 1989, 「백제의 와전 특별전」, 부여: 국립부여박물관.

국립부여박물관 편, 1996, 「백제 금동 대향로와 창왕명 석조 사리감」, 서울: 통천문화사.

국립부여박물관 편, 2000, 「능산리사지 1~5차 발굴 조사 보고서」, 부여: 국립부여박물관.

국립부여박물관 편, 2002, 「백제의 문자」, 부여: 국립부여박물관. 〈'백제의 문자' 전시 도록. 국회도서관 홈페이지 원문 이미지 보기〉

국립부여박물관 편, 2003, 「백제의 도량형」, 부여: 국립부여박물관.

국립부여박물관 편, 2007ㄱ, 「궁남지」, 부여: 국립부여박물관.

국립부여박물관 편, 2007ㄴ, 「능사 -부여 능산리사지 6~8차 발굴조사 보고서-」, 부여: 국립부여박물관.

국립부여박물관 편, 2008, 「백제 목간 -소장품 조사 자료집-」, 부여: 국립부여박물관. 〈63쪽〉

국립부여박물관 편, 2009, 「백제 '좌관대식기'의 세계」, 부여: 국립부여박

물관. 〈5월 21일 개최 학술 세미나 자료집〉

국립부여박물관 편, 2010ㄱ, 「백제 와전 -기와에 담긴 700년의 숨결-」, 서울: 씨티파트너.

국립부여박물관 편, 2010ㄴ, 「백제 중흥을 꿈꾸다 -능산리사지-」, 부여: 국립부여박물관.

국립부여박물관·국립가야문화재연구소 편저, 2009, 「나무 속 암호 목간」, 서울: 예맥.

국립부여박물관·국립부여문화재연구소, 2008, 「백제 왕흥사」, 부여: 국립부여박물관.

국립부여박물관·부여군, 2000, 「능사 -부여 능산리사지 발굴 조사진전 보고서-」, 부여: 국립부여박물관.

국립전주박물관 편, 1993, 「조선시대 고문서」, 전주: 국립전주박물관. 〈국립중앙도서관 홈페이지 원문 보기〉

국립전주박물관 편, 2003, 「대한제국기 고문서」, 전주: 국립전주박물관.

국립중앙도서관 편, 1971, 「이두휘집」, 서울: 국립중앙도서관. 〈국립중앙도서관 홈페이지 원문 보기〉

국립중앙도서관 편, 1972~2017, 「고문서 해제」 1~14, 서울: 국립중앙도서관 고문헌과.

국립중앙박물관 편, 1972~1973, 「고문서 해제」 1~2, 서울: 국립중앙도서관.

국립중앙박물관 편, 1997, 「국립중앙박물관 소장 조선시대 고문서」, 서울: 국립중앙박물관. 〈고문서 212점 수록. 국립중앙도서관 홈페이지 원문 보기〉

국립중앙박물관 편, 2004, 「고문서 -국왕·왕실 문서, 관청 문서-」, 서울: 통천문화사.

국립중앙박물관 편, 2006, 「호우총 은령총 발굴 60주년 기념 심포지엄」,

서울: 국립중앙박물관. 〈국립중앙도서관 4층 도서자료실 소장〉

국립중앙박물관 편, 2010, 「금석문 자료(1) -삼국시대-」, 서울: 예맥.

국립중앙박물관 편, 2011, 「문자 그 이후, 한국 고대 문자전」, 서울: 통천문
화사. 〈국립중앙도서관 3층 연속간행물실 소장〉

국립중앙박물관 역사부 편저, 2004, 「고문서 -국왕·왕실 문서·관청 문서-」,
서울: 국립중앙박물관. 〈219쪽. 국립중앙박물관 소장 역사자료총
서 I〉

국립중앙박물관 역사부 편저, 2005, 「고문서 -호적류-」, 서울: 국립중앙
박물관. 〈국립중앙박물관 소장 역사자료총서 II〉

국립중앙박물관 역사부 편저, 2006, 「간찰」 1, 서울: 국립중앙박물관. 〈국
립중앙박물관 소장 역사자료총서 III〉

국립중앙박물관 역사부 편저, 2015, 「호적」, 서울: 국립중앙박물관. 〈국립
중앙박물관 소장 역사자료총서 14〉

국립창원문화재연구소 편, 2004, 「한국의 고대 목간」, 창원: 국립창원문화
재연구소. 〈학술조사보고 제32집. 최맹식 감수. 국립문화재연구소
홈페이지 원문 보기〉

국립창원문화재연구소 편(박종익·황인호·양숙자 집필·편집), 2006, 「개
정판 한국의 고대 목간」, 창원: 국립창원문화재연구소. 〈최맹식
감수. 국립문화재연구소 홈페이지 원문 보기〉

국립창원문화재연구소 편, 1998, 「함안 성산산성」, 창원: 국립창원문화재
연구소.

국립창원문화재연구소 편, 1999, 「함안 성산산성 출토 목간의 내용과 성격」,
창원: 국립창원문화재연구소.

국립청주박물관 편, 2000, 「한국 고대의 문자와 기호 유물」, 청주: 국립청
주박물관(통천문화사).

국립청주박물관 편, 2013, 「불비상 염원을 새기다」, 청주: 국립청주박물

관.

국립청주박물관·청주인쇄출판박람회 조직위원회 편, 2000, 「한국 고대의
　　문자와 기호 유물 −2000 청주인쇄출판박람회 기념특별전−」, 청
　　주: 국립청주박물관·청주인쇄출판박람회 조직위원회.

국립한글박물관 편, 2018, 「구결 자료 이용의 활성화 방안 −국립한글박물관
　　소장 자료를 중심으로−(제55회 구결학회 전국 학술 대회 발표 논문
　　집)」, 서울: 국립한글박물관. 〈국립중앙도서관 홈페이지 원문 보
　　기〉

국사편찬위원회 편, 1956, 「위암문고」, 과천: 국사편찬위원회.

국사편찬위원회 편, 1981~2006, 「각사등록」 1~101, 과천: 국사편찬위원
　　회. 〈영인본. 국사편찬위원회 홈페이지 원문 보기. 세종대왕기념사
　　업회 편집부 번역 「국역 각사등록」 1~95〉

국사편찬위원회 편, 1983, 「고서 목록」, 과천: 국사편찬위원회.

국사편찬위원회 편, 1987, 「사료 전시회 목록 및 해제 −국사관 개관 기념−,
　　과천: 국사편찬위원회.

국사편찬위원회 편, 1993, 「고문서 목록」 1, 과천: 국사편찬위원회.

국사편찬위원회 편, 1994ㄱ, 「고문서 목록」 2, 과천: 국사편찬위원회.

국사편찬위원회 편, 1994ㄴ, 「한국 고대 금석문의 재검토」, 과천: 국사편
　　찬위원회.

국사편찬위원회 편, 1995ㄱ, 「한국 고대 금석문 자료집」 I(고구려·백제·낙
　　랑편), 과천: 국사편찬위원회.

국사편찬위원회 편, 1995ㄴ, 「한국 고대 금석문 자료집」 II(신라·가야편),
　　과천: 국사편찬위원회.

국사편찬위원회 편, 1995ㄷ, 「대마도 종가 문서(고문서 목록집)」 1, 과천:
　　국사편찬위원회.

국사편찬위원회 편, 1996ㄱ, 「집안 고구려 유적의 조사 연구」, 과천: 국사

편찬위원회.

국사편찬위원회 편, 1996ㄴ, 「한국 고대 금석문 자료집」 III(통일신라·발해편), 과천: 국사편찬위원회.

국사편찬위원회 편, 1996ㄷ, 「대마도 종가 문서(고문서 목록집)」 2, 과천: 국사편찬위원회.

국사편찬위원회 편, 1997, 「조선 전기 고문서 집성(15세기편)」, 과천: 국사편찬위원회.

국사편찬위원회 편, 1998, 「사진·유리 필름 목록」 상·하, 과천: 국사편찬위원회.

국사편찬위원회 편, 2001ㄱ, 「사진·유리 필름 화집」, 과천: 국사편찬위원회.

국사편찬위원회 편, 2001ㄴ, 「해외 소재 한국사 자료 수집 목록집」 1~5, 과천: 국사편찬위원회.

국사편찬위원회 편, 2002ㄱ, 「일본 소재 한국 고문서(탈초본)」, 과천: 국사편찬위원회.

국사편찬위원회 편, 2002ㄴ, 「일본 소재 한국 고문서(영인본)」, 과천: 국사편찬위원회.

국사편찬위원회 편, 2008, 「국사편찬위원회 소장 고문서」 1~2, 과천: 국사편찬위원회.

국사편찬위원회 편, 2008~2010, 「수집 사료 해제집」 1~4, 과천: 국사편찬위원회.

국사편찬위원회 편, 2009, 「고문서에게 물은 조선 시대 사람들의 삶」, 서울: 두산동아.

국사편찬위원회 편, 2016, 「역사를 보는 창, 사료 -사료로 보는 우리 역사 이야기-」, 과천: 국사편찬위원회.

국사편찬위원회 편, 2017, 「간행도서 목록집: 1955~2016」, 과천: 국사편찬위원회.

국사편찬위원회 편저, 2011, 「한국 서예 문화의 역사」, 서울: 경인문화사.

국어국문학회 편, 1979, 「신라 가요 연구」, 서울: 정음사.

국어국문학회 편저, 1998, 「향가 연구」, 서울: 태학사. 〈국립중앙도서관 협약도서관 원문 보기〉

국어학회, 1980, '차자표기법에 대한 종합적 검토' 공동 토론회 회의록, 「국어학」 9, 국어학회. 163-175.

국외소재문화재재단, 2020, 「와세다대학 도서관 소장 한국 전적」, 서울: 국외소재문화재재단. 〈482종 2,686책 목록과 해제〉

국학자료간행위원회 편, 1982, 「국문학 자료집」 제1집, 서울: 대제각. 〈국립중앙도서관 협약도서관 원문 보기〉

국학진흥사업추진위원회, 2002, 「장서각 소장 등록류 해제」, 성남: 한국정신문화연구원.

국학진흥사업추진위원회 편집, 1995, 「구결자료집 1. 고려시대 엄경」, 성남: 한국정신문화연구원. 〈국립중앙도서관 협약도서관 원문 보기〉

국학진흥사업추진위원회 편집, 1996ㄱ, 「구결자료집 2. 조선 초기 능엄경」, 성남: 한국정신문화연구원. 〈국립중앙도서관 협약도서관 원문 보기〉

국학진흥사업추진위원회 편집, 1996ㄴ, 「구결자료집 3. 조선 초기 능엄경」, 성남: 한국정신문화연구원. 〈국립중앙도서관 협약도서관 원문 보기〉

권덕규, 1923, 「조선어문경위」, 경성: 광문사.

권덕영, 1991, 신라 관등 아찬·나마에 대한 고찰, 「국사관논총」 21, 과천: 국사편찬위원회. 29-64.

권덕영, 2007, 기초 자료의 정리와 편찬, 「한국고대사 연구의 새 동향 -한국고대사학회 20년 1987~2006-」, 한국고대사학회 편, 서울: 서경문화사.

권덕영, 2012, 백제 유민 예씨 일족 묘지명에 대한 단상, 「사학연구」 105, 한국사학회. 1-35.

권덕영, 2014, 당 묘지의 고대 한반도 삼국 명칭에 대한 검토, 「한국고대사연구」 75, 한국고대사학회. 105-137.

권덕영, 2023, 「중국 금석문으로 한국 고대사 읽기」, 서울: 학연문화사.

권덕영 편저, 2002, 「한국 고대 금석문 종합색인」, 서울: 학연문화사.

권병노, 1983, 향가의 '叱'자 표기에 대한 재고, 「논문집」 6, 군산: 군산대학교. 51-68.

권병선, 2009, 「함안 성산산성 출토 목간 연구」, 석사논문, 경주: 경주대학교 대학원.

권상로, 1947, 「조선문학사」, 서울: 일반프린트사.

권상로, 1961, 「한국지명연혁고: 지명변천사전(辭典)」, 서울: 동국문화사.

권순희, 2022, 필사본 「불우헌유고」의 발굴과 '상춘곡'의 작자 문제, 「한국시가연구」 56, 한국시가학회. 5-41.

권오엽, 2007, 「광개토왕 비문의 세계」, 서울: 제이앤씨.

권오영, 2005, 「고대 동아시아 문명 교류사의 빛 무령왕릉」, 서울: 돌베개.

권오영·권도희·한지선, 2004, 「풍납토성 IV -경당 지구 9호 유구에 대한 발굴 보고-」, 오산: 한신대학교 박물관.

권오영·한지선, 2005, 「풍납토성 VI -경당 지구 중층 101호 유구에 대한 보고-」, 수원: 국립문화재연구소·한신대학교 박물관.

권은주, 2019, 발해의 대일 외교 활동과 중대성 첩, 「문자와 고대 한국」 2. 교류와 생활, 한국목간학회 편, 서울: 주류성. 159-180.

권이선, 2019, 고문헌에 나타나는 '자(上)'의 용례와 문서 보관 제도, 「민족문화연구」 83, 서울: 고려대학교 민족문화연구원. 309-344.

권인한, 1998, 「조선관역어의 음운론적 연구」, 서울: 태학사.

권인한, 2000, 이두의 독법과 한자음의 관계, 「구결학회 공동연구회 발표 논문집」 22, 구결학회. 45-64.

권인한, 2001, 신라 국호 이표기와 한국 한자음의 관계, 「울산어문논집」 15, 울산: 울산대 국어국문학과. 117-132.

권인한, 2003ㄱ, 「계림유사」의 한어 음운사적 의의, 「국어학」 42, 국어학회. 3-26.

권인한, 2003ㄴ, 신라 관등 이표기와 한국 한자음의 관계, 「진단학보」 96, 진단학회. 149-171.

권인한, 2005ㄱ, 「중세 한국 한자 음훈 집성」, 서울: 제이앤씨.

권인한, 2005ㄴ, 암기본 「일본서기」의 성점에 대한 일고찰 -한국계 고유 명사 자료를 중심으로-, 「대동문화연구」 52, 서울: 성균관대학교 대동문화연구원. 317-345.

권인한, 2006, 무령왕릉 출토 명문들에 대한 어학적 고찰, 「구결연구」 17, 구결학회. 91-127.

권인한, 2007, 정창원장 '제2 신라 문서'의 정해를 위하여 -신라 속자 'ㅓ'의 정체 규명을 겸하여-, 「구결연구」 18, 구결학회. 141-172.

권인한, 2008ㄱ, 고대 지명 형태소 '本波/本彼'에 대하여, 「목간과 문자」 2, 한국목간학회. 87-99.

권인한, 2008ㄴ, 백제식 속한문을 찾아서, 「구결학회 월례발표회 논문집」, 구결학회.

권인한, 2008ㄷ, 신라 국호 이표기와 고대 한국어 음운 현상의 전개, 「구결연구」 20, 구결학회. 179-211.

권인한, 2008ㄹ, 「삼국사기」·「삼국유사」 자료 연구의 방법과 실제 -고유명 사 이표기에 의한 고대 한국 한자음 연구를 중심으로-, 「한국문화」 42, 서울: 서울대학교 규장각 한국학연구원. 253-275.

권인한, 2008ㅁ, 함안 성산산성 목간 속의 고유명사 표기에 대하여, 「사림」 31, 수선사학회. 39-62.

권인한, 2009ㄱ, 「중세 한국 한자음의 분석적 연구」, 서울: 박문사.

권인한, 2009ㄴ, 포항 중성리 신라비의 어문학적 검토, 「포항 중성리 신라비 발견 기념 심포지엄」, 경주: 국립경주문화재연구소.

권인한, 2009ㄷ, 금석문 목간 자료를 활용한 국어학계의 연구 동향과 과제, 「제11회 한국고대사학회 하계 세미나 발표 논문집」, 대구: 한국고대사학회. 〈국립중앙도서관 디지털도서관 원문 보기〉

권인한, 2009ㄹ, 「화엄문의요결」 및 관련 자료 조사기, 「구결연구」 23, 구결학회. 5-30.

권인한, 2009ㅁ, 「개정판 중세 한국한자음훈집성」, 서울: 제이앤씨.

권인한, 2010ㄱ, 금석문·목간 자료를 활용한 국어학계의 연구 동향과 과제, 「한국고대사연구」 57, 한국고대사학회. 243-274.

권인한, 2010ㄴ, 목간을 통해서 본 고대 동아시아의 문자 문화 −한일 초기 목간의 비교를 중심으로−, 「목간과 문자」 6, 한국목간학회. 69-92.

권인한, 2011ㄱ, 「삼국지」·위서·동이전의 고유명사 표기자 분석, 「구결연구」 27, 구결학회. 217-242.

권인한, 2011ㄴ, 광개토왕릉비문의 새로운 판독과 해석, 「목간과 문자」 8, 한국목간학회. 289-339.

권인한, 2012, 광개토왕릉비문의 국어학적 연구 서설, 「구결연구」 28, 구결학회. 51-97.

권인한, 2013ㄱ, 목간을 통해서 본 신라 사경소의 풍경, 「진단학보」 119, 진단학회. 197-217.

권인한, 2013ㄴ, 규장각장 '광개토대왕릉비 탁본'의 가치, 「구결연구」 31, 구결학회. 5-29.

권인한, 2013ㄷ, 광개토왕릉 비문의 국어학적 연구, 권인한 외, 2013, 「광개토왕비의 재조명」, 서울: 동북아역사재단. 173-220.

권인한, 2014, 동대사 도서관장 「화엄경」의 각필로 본 신라 한자음, 「구결연구」 33, 구결학회. 133-159.

권인한, 2015ㄱ, 출토 문자 자료로 본 신라의 유교 경전 문화, 「구결연구」 35, 구결학회. 23-51.

권인한, 2015ㄴ, 「광개토왕비문 신연구」, 서울: 박문사.

권인한, 2016, 고대 한국 한자음의 연구(I) −최근 발굴된 각필 성점 자료를 중심으로−, 「구결연구」 37, 구결학회. 5-38.

권인한, 2018ㄱ, 「유가사지론」 권66의 교정과 주석, 부호 개관, 「초조대장경 유가사지론 권66 각필구결」, 서울: 국립한글박물관. 106-121. 〈국립한글박물관 홈페이지 원문 보기〉

권인한, 2018ㄴ, 함안 목간의 국어사적 의의, 「함안 성산산성 출토 목간의 국제적 위상(한국목간학회 제12회 국제학술회의 발표 논문집)」, 창원: 국립가야문화재연구소. 153-165.

권인한, 2018ㄷ, 신출토 함안 목간에 대한 언어문화사적 연구, 「목간과 문자」 21, 한국목간학회. 99-134.

권인한, 2019ㄱ, 습서와 낙서 그리고 부호, 「문자와 고대 한국」 2. 교유와 생활, 한국목간학회 편, 서울: 주류성. 515-553.

권인한, 2019ㄴ, 합자와 국자, 「문자와 고대 한국 1. 기록과 지배」, 한국목간학회 편, 서울: 주류성. 215-251.

권인한, 2019ㄷ, 한국 한자음의 역사, 「국어사 연구」 1, 국어사대계간행위원회 편, 파주: 태학사. 247-336.

권인한, 2019ㄹ, 부여 관북리 출토 '하천상(下賤相)' 목간 단상, 「문헌과 해석」 85권 1호, 파주: 태학사. 187-199.

권인한, 2019ㅁ, 고대 한국 한자음의 연구(II) −11~13세기초 고려시대의 음주 자료들을 중심으로−, 「구결연구」 43, 구결학회. 127-152.

권인한, 2019ㅂ, 대곡대학장 「판비량론」 각필점의 언어문화사적 의의, 「구결연구」 42, 구결학회. 5-32.

권인한, 2019ㅅ, 부여 쌍북리 논어 목간에 대한 몇 가지 생각, 「목간과 문자」 23, 한국목간학회. 197-214.

권인한, 2020ㄱ, 함안 성산산성 목간의 고유명사 표기자 분석, 「목간과 문자」 25, 한국목간학회. 15-48.

권인한, 2020ㄴ, 6세기 포항 중성리 신라비의 국어사적 의의 탐색 -신라 3비문의 고유명사 표기자 분석 및 비교를 중심으로-, 「신라 왕경과 포항 중성리 신라비」, 국립경주문화재연구소·한국고대사학회 편, 경주·서울: 국립경주문화재연구소·한국고대사학회.

권인한, 2020ㄷ, 국어사 연구의 현재와 미래 -고대 국어 연구를 중심으로-, 「2020 세계 한국어 대회 발표 논문집」, 세계 한국어 대회 조직위원회·세종학당재단.

권인한, 2020ㄹ, 고대 한국 한자음의 연구(III) -최치원의 사신비명 협주 및 비명시 압운 분석을 중심으로-, 「구결연구」 44, 구결학회. 5-31.

권인한, 2021ㄱ, 6세기 신라 금석문들의 고유명사 표기자 분석, 「대동문화연구」 113, 서울: 성균관대학교 대동문화연구원. 349-398.

권인한, 2021ㄴ, 「묘법연화경석문」으로 본 통일신라의 한자 문화, 「영남학」 79, 대구: 경북대학교 영남문화연구원. 135-173.

권인한, 2021ㄷ, 삼국시대 금석문의 한자어 조사, 「구결연구」 46, 구결학회. 37-86.

권인한, 2021ㄹ, 고대 한국의 국자론 2제, 「문헌과 해석」 87, 파주: 태학사. 211-230.

권인한, 2022ㄱ, 2021 신라 언어 연구 성과와 과제, 「신라학 리뷰」 창간호, 경주: 동국대학교 신라문화연구소. 107-123.

권인한, 2022ㄴ, 초판본 「무량수경연의술문찬」에 대하여, 「구결연구」 48,

구결학회. 179-196.

권인한, 2022ㄷ, 고대 한국 한자음의 연구(V) −동대사 「화엄경」의 한자음 관련 각필점을 중심으로−, 「구결연구」 49, 구결학회. 5-35.

권인한 외, 2013, 「광개토왕비의 재조명」, 서울: 동북아역사재단.

권인한·김경호·윤선태 공동 편집, 2015ㄱ, 「한국 고대 문자 자료 연구: 백제(상) −지역별−」, 서울: 주류성. 〈국립중앙도서관 디지털도서관 원문 보기〉

권인한·김경호·윤선태 공동 편집, 2015ㄴ, 「한국 고대 문자 자료 연구 백제(하) −주제별−」, 서울: 주류성. 〈국립중앙도서관 디지털도서관 원문 보기〉

권인한·김경호·이승률 편, 2009, 「동아시아 자료학의 가능성 −고대 동아시아의 이해를 중심으로−」, 서울: 성균관대학교 출판부.

권인한·김경호·이승률 편, 2011, 「죽간·목간에 담긴 고대 동아시아」, 서울: 성균관대학교 출판부. 〈391쪽. 동아시아 문명 총서 03. 국립중앙도서관 협약도서관 원문 보기〉

권인환 외, 2018, 「초조대장경 유가사지론 권66 각필 구결 −국립한글박물관 소장−」, 서울: 국립한글박물관. 〈국립한글박물관 홈페이지, 국립중앙도서관 홈페이지 원문 보기〉

권재선, 1987ㄱ, 「국어학 발전사 −고전국어학 편−」, 대구: 한국고시사.

권재선, 1987ㄴ, 이두 문자 '叱'고, 「난정 남광우 박사 화갑기념논총」, 서울: 일조각.

권재선, 1988, 「우리말글 논문들: 향가 어석 여요 어석 음운론 문법론」, 대구: 우골탑.

권재선, 1996, 「국문자론」, 대구: 우골탑.

권종성, 1987, 「문자학 개요」, 평양: 과학백과사전출판사.

권진숙, 1987, 「농사직설」 −해제 및 국역−, 「한국의 농경문화」 2, 수원:

경기대학교 박물관.

금기창, 1982, 충담의 향가 2편에 대하여, 「국어국문학」 87, 국어국문학회. 179-216.

금기창, 1983, 월명의 향가 2편에 대하여, 「국어국문학」 90, 국어국문학회. 129-157.

금기창, 1991, 「신라 향가의 연구 −도천수관음가, 원왕생가, 혜성가, 모죽지랑가, 원가를 중심으로−」, 박사논문, 익산: 원광대학교 대학원.

기경량, 2015ㄱ, 관북리 출토 문자 자료, 「한국 고대 문자 자료 연구 백제(상) −지역별−」, 권인한·김경호·윤선태 공동 편집, 서울: 주류성. 71-103.

기경량, 2015ㄴ, 부소산성 출토 문자 자료, 「한국 고대 문자 자료 연구 백제(상) −지역별−」, 권인한·김경호·윤선태 공동 편집, 서울: 주류성. 273-287.

기경량, 2015ㄷ, 북나성 출토 문자 자료, 「한국 고대 문자 자료 연구 백제(상) −지역별−」, 권인한·김경호·윤선태 공동 편집, 서울: 주류성. 289-294.

기경량, 2020, 광개토왕비문의 판독문과 해석, 「고구려발해연구」 68, 고구려발해학회. 33-74.

기경량·최경선, 2015, 궁남지 출토 문자 자료, 「한국 고대 문자 자료 연구 백제(상) −지역별−」, 권인한·김경호·윤선태 공동 편집, 서울: 주류성. 135-168.

기호철·배재훈, 2014, 무령왕비 은팔찌 명문의 재검토, 「한국고대사탐구」 17, 한국고대사탐구학회. 7-36.

길기태, 2009, 왕흥사지 사리함 명문을 통해 본 백제 불교, 「한국사 시민강좌」 44, 서울: 일조각. 148-166.

김강산, 2018, 고대 이름에 대한 고찰, 「아시아강원민속」 30, 아시아강원민속학회. 153-224.

김건곤 외, 2020, 「고려시대 외교문서와 사행시문」, 성남: 한국학중앙연구원 출판부.

김건우, 2007, 「한국 근대 공문서의 형성과 변화에 관한 연구」, 박사논문, 성남: 한국학중앙연구원 한국학대학원.

김건우, 2008, 「근대 공문서의 탄생」, 서울: 소와당.

김건태, 1993, 16세기 양반가의 '작개제', 「역사와 현실」 9, 한국역사연구회. 205-241.

김경숙, 1996, 이두 표기 호칭 '검史'와 '巴只'에 관한 연구, 「우전 김형주 선생 회갑 기념 논총: 국어학 연구의 오솔길」, 간행위원회 편, 부산: 세종문화사. 21-38.

김경숙, 1998, 「한자(韓字) 연구 −단성 호적 대장을 중심으로−」, 대구: 중문.

김경숙, 2001, 조선 후기 문중 통문의 유형과 성격, 「고문서연구」 19, 한국고문서학회. 105-146.

김경숙, 2002ㄱ, 「조선 후기 산송과 사회 갈등 연구」, 박사논문, 서울: 서울대학교 대학원.

김경숙, 2002ㄴ, 18·19세기 사족층의 분산 대립과 산송, 「한국학보」 28-4, 서울: 일지사. 59-102.

김경숙, 2002ㄷ, 조선 후기 산송 소지류의 문서 양식과 분류, 「규장각」 25, 서울: 서울대학교 규장각 한국학연구원. 93-120.

김경숙, 2003, 1578년 경주 여주 이씨 이준(李浚)가의 노비 결송 입안, 「고문서연구」 23, 한국고문서학회. 243-261.

김경숙, 2004, 16세기 청원서의 처리 절차와 의송의 의미, 「고문서연구」 24, 한국고문서학회. 73-106.

김경숙, 2004, 고문서 용어 풀이: 소식(消息)의 의미와 문서명, 「고문서연구」 25, 한국고문서학회. 291-301.

김경숙, 2006, 15세기 정소(呈訴) 절차와 관찰사의 역할, 「역사와 현실」 59, 한국역사연구회. 69-99.

김경숙, 2008, 조선 후기 산송과 상언, 격쟁 -노상추가와 박춘노가의 소송을 중심으로-, 「고문서연구」 33, 한국고문서학회. 253-280.

김경숙, 2012, 「조선의 묘지 소송: 산송, 옛 사람들의 시시비비」, 서울: 문학동네.

김경용, 2013ㄱ, 역주 「과거사목」 연구, 「교육사학연구」 23-1, 교육사학회. 1-20.

김경용, 2013ㄴ, 역주 「상정과거규식」 연구, 「교육사학연구」 23-2, 교육사학회. 1-22.

김경칠, 2008, 「호남지방 원삼국시대 대외교류에 대한 연구」, 박사논문, 공주: 공주대학교 대학원.

김경호, 2006, 「한국의 사경」, 서울: 한국사경연구회.

김경호, 2008, 21세기 동아시아 출토 문자 자료 연구 현황과 '자료학'의 가능성 -고대 동아시아의 이해를 중심으로-, 「사림」 31, 수선사학회. 1-38.

김경호, 2011, 한중일 동아시아 3국의 목간 출토 및 연구 현황, 「죽간·목간에 담긴 고대 동아시아」, 서울: 성균관대학교 출판부. 15-46.

김광수, 1996, 신라 관명 '대등'의 속성과 그 사적 전개, 「역사교육」 59, 역사교육연구회. 51-84.

김광해, 1989, 「고유어와 한자어의 대응 현상」, 서울: 탑출판사.

김광해, 1993, 「국어 어휘론 개설」, 서울: 집문당.

김광해, 1995, 「어휘 연구의 실제와 응용」, 서울: 집문당.

김구진, 1984, 「대명률」의 편찬과 전래, 「백산학보」 29, 백산학회. 81-116.

김규동 편, 2002,「백제의 문자」, 부여: 국립부여박물관.

김규철, 1980,「한자어 단어 형성에 관한 연구 -고유어와 비교하여-」,
석사논문, 서울: 서울대학교 대학원.

김규철, 1990, 한자어,「국어 연구 어디까지 왔나」, 서울대학교 대학원
국어연구회 편, 서울: 동아출판사. 519-530.

김규철, 1997, 한자어의 단어 형성,「국어학」29, 국어학회. 261-308.

김근수, 1955, 이두에 관한 신고찰,「국어문학」4-1(통권 8), 국어문학회.

김근수, 1961, 이두 연구,「아세아연구」통권 7호, 서울: 고려대학교 아세
아문제연구소. 87-139. 〈국회전자도서관 홈페이지 원문 보기〉

김근수, 1965, 소창진평 박사의 향가 연구상의 위치 -특히 향가 해독을
중심으로-,「아세아연구」8-2(18호), 서울: 고려대학교 아세아문
제연구소.

김근수, 1970,「물명고」와「물보」해제,「도서관문화」11-8, 한국도서관협
회. 15-18.

김근수, 1974, 유희 저「물명고」,「한국학」2, 서울: 영신아카데미 한국학
연구소.

김근수, 1975,「물명고」와「물보」해제,「물명고·물보」, 서울: 경문사.

김근수, 1980,「향가 급 한국 차자고」, 서울: 청록출판사.

김근수(금봉학인; 錦峯學人) 편, 1957,「이두자료집성」.〈166쪽. 유인본.
국어국문학자료총서 3. 국립중앙도서관 협약도서관 원문 보기〉

김근수 편, 1961,「군두목: 향가 자료 집성」.〈국립중앙도서관 소장〉

김근수 편, 1962,「(국어국문학) 고서잡록 부 국서음휘(古書雜錄 附國書音
彙)」.〈국립중앙도서관 소장〉

김근수 편, 1985,「광개토왕비 연구 자료집」, 서울: 영신아카데미 한국학
연구소.

김근수, 1994,「삼국유사」의 향가 중 미해결 7수에 대하여,「한국학연구」

40, 서울: 한국학연구소. 5-14.

김근수 역, 1994, 오꾸라(小倉) 박사 저 「향가 및 이두 연구」에 대하여(前間恭作), 「한국학연구」 40, 서울: 한국학연구소. 25-31.

김근수 역, 1994, 향가 이두 문제를 위요하여(오꾸라, 신뻬이), 「한국학연구」 40, 서울: 한국학연구소. 71-88.

김근식, 2012, 덕흥리 벽서 고분의 묵서와 도상 검토를 통해 본 진(鎭)의 국적 -앞방벽화를 중심으로-, 「동국사학」 52, 서울: 동국대학교 동국역사문화연구소. 1-35.

김기엽, 2022, 1881년 조사시찰단 서계·별단 자료의 문헌적 검토, 「고전과 해석」 36, 고전문학한문학연구학회. 269-304.

김기종, 2012, 신라시대 불교 금석문에 나타난 변체한문의 성격과 그 의미, 「불교학연구」 32, 불교학연구회. 395-436.

김기종, 2013, 고려시대 불교 금석문의 변체한문과 그 성격, 「불교학보」 64, 서울: 동국대학교 불교문화연구원. 117-144.

김남경, 2016, 「구급방류 의서 연구」, 서울: 경인문화사.

김남송, 2019, 「신라 경덕왕대 관직명 개정의 내용과 배경」, 석사논문, 춘천: 강원대학교 교육대학원.

김남일, 2007, 「신편집성마의방」, 「연세대학교 중앙도서관 소장 고서 자료 해제」 VII-I, 서울: 연세대학교 국학연구원.

김대식, 1986, 신라어 'Sar(신)'의 변천과 그 표기 -원효와 신라 국호의 기원과 관련하여-, 「대동문화연구」 20, 서울: 성균관대학교 대동문화연구원. 25-44.

김대식, 1987, 「고대 국어 어휘의 변천에 관한 연구」, 박사논문, 서울: 성균관대학교 대학원.

김대엽, 2009, 「추안 급 국안(推案及鞫案)의 이두 연구 -조사와 어미를 중심으로-」, 석사논문, 경산: 대구가톨릭대 대학원.

김도영, 2022, 변한·가야의 문자 관련 고고 자료와 그 의의, 「목간과 문자」 29, 한국목간학회. 79-109.

김동소, 1985, 컴퓨터를 이용한 향가 용자의 통계적 연구(1), 「한국전통문화연구」 1, 대구: 효성여대 한국전통문화연구소. 303-359.

김동소, 1998ㄱ, 「계림유사」와 「조선관역어」의 한국어 모음 체계 연구, 「한글」 242, 한글학회. 7-30.

김동소, 1998ㄴ, 「한국어 변천사」, 서울: 형설출판사.

김동소·남경란, 2003, 「대방광불화엄경소」 권35 입곁의 독음 연구 -'-ᄼ', '-ᇙ', '-ᇰ'를 중심으로-, 「어문학」 79, 한국어문학회. 115-131.

김동수 편, 1991, 「금석문 자료 편람」, 서울: 경인문화사.

김동욱, 1961, 「한국 가요의 연구」, 서울: 을유문화사.

김동욱, 1965, 한림별곡의 성립 연대, 「연세대학교 80주년 기념논문집」, 서울: 연세대학교.

김동욱, 1967, 고문서의 양식적 연구 서설(1), 「인문과학」 17, 서울: 연세대학교 인문과학연구소.

김동욱, 1968, 이조 고문서의 분류에 대하여 -고문서의 양식적 연구 서설(2)-, 「인문과학」 18, 서울: 연세대학교 인문과학연구소.

김동욱, 1981, 실전(失傳) 향가의 문제점, 「국어국문학」 86, 국어국문학회. 279-281.

김동욱, 1993, 모죽지랑가, 화경고전문학연구회 편, 「향가문학연구」, 서울: 일지사. 356-368.

김동욱 편, 1972, 「고문서 집진」, 서울: 연세대학교 인문과학연구소. 〈1619년 이전 특히 임진왜란 이전의 문서를 위주로 영인하였다. '고문서의 양식적 연구 서설(1)'과 조선 전기 이두 자료가 수록되어 있다.〉

김동진, 2011, 1528년 안동 부북 주촌 호적 단편에 나타난 협거 신백정의 삶, 「고문서연구」 39, 한국고문서학회. 59-103.

김두종, 1963, 해제 「향약구급방」, 「도서」 5, 서울: 을유문화사.

김두종, 1966, 「한국의학사」, 서울: 탐구당.

김두종, 1974, 「한국고인쇄기술사」, 서울: 탐구당.

김두진, 1981/1983, 「균여 화엄사상 연구」, 서울: 한국연구원/일조각.

김두진, 1997, 「한글대장경 석화엄교분기원통초(1)」, 서울: 동국역경원.

김두진, 1999, 「한글대장경 석화엄교분기원통초(2)」, 서울: 동국역경원.

김두진, 2007, 「삼국유사」 판본의 교감과 역주본, 「한국사학보」 29, 고려
사학회. 41-70.

김두찬, 1983ㄱ, 「차자표기 향명의 통시적 연구 -「향약집성방」을 중심으
로-」, 석사논문, 서울: 단국대학교 대학원.

김두찬, 1983ㄴ, 향명 '毗乙O夫乙田仲'의 해독 -「향약채취월령」에서-, 「어
문연구」 11권 1-2호 통합본, 한국어문교육연구회. 114-132.

김두찬, 1985ㄱ, 시정문(詩正文)의 구결에 대하여, 「어문연구」 13-4(48호),
한국어문교육연구회.

김두찬, 1985ㄴ, 「금양잡록」의 몇 향명 어원에 대하여, 「국어국문학」 94,
국어국문학회. 79-90.

김두찬, 1986, 구결 어미 '羅叱多(-랏다)'에 대하여 -청산별곡과 더불어-,
「국어국문학」 96, 국어국문학회. 129-157.

김두찬, 1987ㄱ, 「고려판 「남명집」의 구결 연구」, 박사논문, 서울: 단국대
학교 대학원. 〈국립중앙도서관 협약도서관 원문 보기〉

김두찬, 1987ㄴ, 「직지심체요절」의 구결에 대하여, 「국어학」 16, 국어학
회. 125-149.

김두찬, 1989ㄱ, 필사본 「몽산법어약록」의 구결에 대하여, 「국문학논집」
13, 서울: 단국대학교 국어국문학과.

김두찬, 1989ㄴ, 「불설사십이장경」의 구결에 대하여, 「국어학」 18, 국어학

회. 64-88.

김두찬, 1990, 중세어 자료 「시석」의 차자표기에 대하여, 「동양학」 20, 서울: 단국대학교 동양학연구소. 71-93.

김두찬, 1995, 「구역인왕경」 구결 기능 체계, 「(소곡 남풍현 선생 회갑기념 논총) 국어사와 차자표기」, 간행위원회 편, 서울: 태학사. 161-213.

김두찬, 1996, 구결어미 'ㆍ ㅎ ㆁ'에 대하여, 「구결연구」 1, 구결학회. 45-71.

김두찬, 1997, 「구역인왕경」 구결 해독 시고, 「구결연구」 2, 구결학회. 161-241.

김두찬, 1999, 다시 토 '遣'와 'ㅏ' 자에 대하여 -「구역인왕경」 상에서-, 「구결연구」 5, 구결학회. 59-73.

김두찬, 2000, 「화엄경」 14 구결 기능 체계, 「구결연구」 6, 구결학회. 343-449.

김두찬, 2001, 석독구결 '자(子)'에 대하여 -「화엄경소」 권35를 중심으로-, 「국어학」 37, 국어학회. 251-262.

김두황, 1985, 「「대명률직해」의 이두 연구」, 석사논문, 서울: 경기대학교 대학원.

김두황, 1991, 이두의 개념 문제에 대하여, 「경기어문학」 9, 서울: 경기대학교 국어국문학회. 265-284.

김두황, 1995, 「조선조 초기의 이두 연구 -「대명률직해」와 「양잠경험촬요」를 중심으로-」, 박사논문, 서울: 경기대학교 대학원. 〈국립중앙도서관 협약도서관 원문 보기〉

김명곤, 1966, 조선관역어의 '餒必'에 대하여, 「국어국문학」 33, 국어국문학회. 51-60.

김명화, 2019, 「조선 후기 충훈부 문서 연구 -공신 자손 관련 문서를 중심으로-」, 박사논문, 성남: 한국학중앙연구원 한국학대학원.

김무림, 1995, 고려 시대의 자음 체계, 「(소곡 남풍현 선생 회갑기념논총) 국어사와 차자표기」, 간행위원회 편, 서울: 태학사. 551-566.

김무림, 1998, 석독 구결 음차자의 독법에 대하여, 「구결학회 공동연구회 발표논문집」 18, 구결학회. 33-53.

김무림, 1999, 고려 시대 구결 한자음의 연구, 「구결연구」 5, 구결학회. 75-108.

김무림, 2003ㄱ, 한자 '內'의 국어 음운사적 고찰, 「국어학」 41, 국어학회. 123-145.

김무림, 2003ㄴ, 「삼국유사」의 국어학적 숙제, 「어문논집」 47, 민족어문학회. 31-62.

김무림, 2004, 「국어의 역사」, 서울: 한국문화사.

김무림, 2006, 「계림유사」의 기저 모음론 -「홍무정운역훈」을 참조하여-, 「지명학」 12, 한국지명학회. 1-27.

김무림, 2007, 고구려 지명 표기의 '馬, 買'에 대한 해석, 「국어학」 50, 국어학회. 357-376.

김무림, 2011ㄱ, 구결 및 이두 한자음 연구의 회고와 전망, 「구결연구」, 26 구결학회. 55-76.

김무림, 2011ㄴ, 고대 국어 차음자 이문 연구, 「지명학」 17, 한국지명학회. 35-58.

김무림, 2015ㄱ, 「고대 국어 한자음」, 서울: 한국문화사.

김무림, 2015ㄴ, 「(개정판) 한국어 어원 사전」, 서울: 지식과 교양.

김무봉, 2000, 불교 언어 연구(1443년~16세기말) -국어사 자료와 관련하여-, 「한국문학연구」 22, 서울: 동국대학교 한국문학연구소. 85-117.

김문경, 2002, 동아시아 한자 문화권의 훈독 현상 -한일 근세의 가점 자료-,

「구결연구」 8, 구결학회. 263-277.

김문기, 1985, 향가의 갈래와 사뇌가의 가락(1), 「인문과학」 1, 대구: 경북대학교 인문과학연구소. 147-163.

김문식, 2003, 조선시대 왕실 자료의 현황과 활용 방안, 「국학연구」 2, 안동: 한국국학진흥원. 23-47.

김문웅, 1975, 「국어의 허사 형성에 관한 연구」, 석사논문, 대구: 경북대학교 대학원.

김문웅 역주, 2010, 「정속언해·경민편」, 서울: 세종대왕기념사업회.

김문일, 1958, 향가에 대한 일시고, 「국어국문학논문집」 창간호, 서울: 동국대학교 국어국문학과.

김문택, 2004, 「16~17세기 안동의 진성 이씨 문중 연구」, 박사논문, 성남: 한국학중앙연구원 한국학대학원.

김미미, 2018, 국립한글박물관 소장 구결 자료의 현황과 활용 방안, 「구결연구」 42, 구결학회. 151-186.

김민수, 1957, 「조선관역어」 고, 「일석 이희승 선생 송수기념논총」, 일석 이희승 선생 환갑기념사업위원회 편, 서울: 일조각. 95-138.

김민수, 1959, 「계림유사」, 「한글」 124, 한글학회. 81-87.

김민수, 1960, 「국어핸드북」, 서울: 일조각.

김민수, 1967, 고려어의 자료: 「계림유사」와 「조선관역어」, 「어문논집」 10, 민족어문학회. 173-191.

김민수, 1972, 우리의 성명 문제, 「국어국문학」 56·57·58, 국어국문학회.

김민수, 1973, 「국어정책론」, 서울: 고려대학교 출판부.

김민수, 1980, 나마 설총의 이두문에 대하여, 「연암 현평효 박사 회갑기념논총」, 서울: 형설출판사. 103-112.

김민수, 1984, 「신국어학사(전정판)」, 서울: 일조각. 〈1964년 초판〉

김민수, 2000, 유희 선생의 생애와 학문, 「어문연구」 28-4, 한국어문교육연구회. 246-261.

김민수, 2002, 차자표기 음독의 '隨書者之便'에 대하여, 「구결연구」 9, 구결학회. 5-18.

김민수, 2007, 「현대어문정책론 -그 실태와 개선안-」, 서울: 한국문화사.

김민수 편, 1997, 「우리말 어원사전」, 서울: 태학사.

김민지·박재연 편, 2007, 「중한번역문헌연구소 소장 한글 생활사 자료: 일용비람기」, 아산: 선문대학교 중한번역문헌연구소.

김병균, 1987, 「삼국사기」 지리지의 신라 지명어 연구(1), 「대학원논문집」 1, 익산: 원광대학교 대학원. 55-70.

김병문, 2014, 근대계몽기 한자 훈독식 표기에 대한 연구, 「동방학지」 165, 서울: 연세대학교 국학연구원. 101-128.

김병준, 2009, 낙랑의 문자 생활, 「(고대 문자 자료로 본) 동아시아의 문화 교류와 소통」, 동북아역사재단 편, 서울: 동북아역사재단.

김병준, 2011, 낙랑군의 한자 사용과 변용, 「고대 동아시아의 문자 교류와 소통」, 동북아역사재단 엮음, 서울: 동북아역사재단. 39-86.

김병준, 2018, 월성 해자 2호 목간 다시 읽기 -중국 출토 고대 행정 문서 자료와의 비교-, 「목간과 문자」 20, 한국목간학회. 155-185.

김병준, 2019, 낙랑군 시기 한자 문화, 「문자와 고대 한국」 1. 기록과 지배, 한국목간학회 편, 서울: 주류성. 65-72.

김복순, 1996, 신라 오대산 사적의 형성, 「강원불교사연구」, 김복순 외, 서울: 소화. 11-38. 〈한림과학원총서 51〉

김복순, 2002ㄱ, 신라 석경 연구, 「동국사학」 37, 동국사학회. 111-133.

김복순, 2002ㄴ, 「한국 고대 불교사 연구」, 서울: 민족사.

김봉좌, 2016ㄱ, 장서각 소장 복식발기의 성격과 내용, 「장서각 소장 고문서대관」 7, 성남: 한국학중앙연구원 장서각. 343-354.

김봉좌, 2016ㄴ, 왕실 의례를 위한 발기의 제작과 특성 -1882년 왕세자

가례를 중심으로-, 「서지학연구」 65, 한국서지학회. 291-330.

김봉좌 외, 2021, 「한국 고문서 입문」 2, 과천: 국사편찬위원회. 〈국사편찬위원회 전자도서관 원문 이미지 보기〉

김부식, 1145, 「삼국사기(三國史記)」

김사엽, 1979, 향가의 형태론: 일본 고대가요와의 관련서, 「한국학논집」 6, 대구: 계명대학교 한국학연구소. 99-132.

김사엽, 1985, 향가와 만엽집의 상관관계, 「한남어문학」 11. 한남대학교 한남어문학회.

김상억, 1990, 삼국사기 '지리지' 고유 지명 표기에 대하여 -향가 계고를 위한-, 「인문과학논집」 9, 청주: 청주대학교 인문과학연구소. 41-78.

김상억, 1991, 이세·피은류 및 무주계 향가 서설, 「인문과학논집」 10, 청주: 청주대학교 인문과학연구소. 79-105.

김상억, 1992, 도원계 향가에 대하여(상), 「인문과학논집」 11, 청주: 청주대학교 인문과학연구소. 75-89.

김상억, 1993, 도원계 향가에 대하여(중) -월하가 정토신앙 배경 서설-, 「인문과학논집」 12, 청주: 청주대학교 인문과학연구소. 61-79.

김상억, 1994, 향가 배경 미륵 신앙 서설 -도솔가, 혜성가, 노인헌화가, 처용가 해석을 위한-, 「인문과학논집」 13, 청주: 청주대학교 인문과학연구소. 63-84.

김상윤, 2008, '마리(頭·首·宗)'계 어사의 차자표기 연구, 「한말연구」 22, 한말연구학회. 1-19.

김상윤, 2009, 고구려 왕칭어 소고, 「어문연구」 59, 어문연구학회. 5-28.

김상윤, 2010, 직관명에 쓰인 '尺'의 독음과 의미에 대한 일고찰, 「인문과학연구」 24, 춘천: 강원대학교 인문과학연구소. 31-47.

김상윤, 2012, 삼국의 고유어 관직명 어휘 소고, 「어문연구」 72, 어문연구

학회. 35-58.

김상태, 2010, 「농사직설」의 편찬과 보급에 대한 재검토, 「한국민족문화」 36, 부산: 부산대학교 한국민족문화연구소. 3-35.

김상학, 1977, 서정계 향가와 전통으로의 가능성, 「어문논총」 2, 청주: 청주대학교 국어국문학과.

김상현, 1982, 「삼국유사」의 간행과 유통, 「한국사연구」 38, 한국사연구회. 1-26.

김상현, 1985, 법계도기총수록고, 「천관우 선생 환력 기념 한국사 논총」, 서울: 정음문화사.

김상현, 1987, 「삼국유사」의 서지학적 고찰, 「삼국유사의 종합적 검토」, 성남: 한국정신문화연구원.

김상현, 1989, 합천 매안리 고비에 대하여, 「신라문화」 6, 경주: 동국대학교 신라문화연구소. 147-160.

김상현, 1993, 금석문 자료 소개: 합천 매안리 비, 「한국고대사연구회 회보」 31, 한국고대사연구회.

김상현, 1996, 「추동기」와 그 이본 「화엄경문답」, 「한국학보」 22-3, 서울: 일지사. 28-45.

김상현, 1999ㄱ, 「신라의 사상과 문화」, 서울: 일지사.

김상현, 1999ㄴ, 삼화사 철불과 화엄업 결언대대의, 「문화사학」 11~13, 한국문화사학회. 435-451.

김상현, 2000, 「원효 연구」, 서울: 민족사.

김상현, 2009, 미륵사 서탑 사리봉안기의 기초적 검토, 「대발견 사리장엄! 미륵사의 재조명」, 마한백제문화연구소·백제학회 편. 〈학술회의 자료집〉

김상현, 2013, 「삼국유사」 고판본과 파른본의 위상, 「동방학지」 162, 서울: 연세대학교 국학연구원. 3-27.

김석득, 1983, 「우리말 연구사」, 서울: 정음문화사.

김선경, 1993, 조선 후기 산송과 산림 소유권의 실태, 「동방학지」 77~79, 서울: 연세대학교 국학연구원. 497-535.

김선기, 1967~1975, 향가의 새로운 풀이, 「현대문학」 145호~250호, 서울: 현대문학사.

김선기, 1972, 향가 음독자 연구 -방법론의 하나-, 「명대논문집」 5, 서울: 명지대학교. 7-75.

김선기, 1973, 「옛적 노래의 새 풀이」, 서울: 보성문화사.

김선기, 2007, 「향가의 새 풀이」, 서울: 한울. 〈국립중앙도서관 협약도서관 원문 보기〉

김선영, 2006, 「유가사지론」 점토석독구결 해독 연구(12), 「구결연구」 16, 구결학회. 317-336.

김성갑, 2006, 조선 후기 적몰 '위토' 회복 과정 -거창 초계 정씨 고문서를 중심으로-, 「고문서연구」 28, 한국고문서학회. 183-207.

김성갑, 2013, 「조선 시대 명문에 관한 문서학적 연구」, 박사논문, 성남: 한국학중앙연구원 한국학대학원.

김성규, 1984, 국어 수사 체계의 일고찰, 「관악어문연구」 9, 서울: 서울대학교 국어국문학과. 419-432.

김성규, 2004, 「계림유사」와 15세기 국어의 성조 비교, 「어문논집」 49, 민족어문학회. 145-182.

김성규, 2006, 고대 국어 음독자 이표기의 유형, 「관악어문연구」 31, 서울: 서울대학교 국어국문학과. 5-23.

김성규, 2011, 성조에 의한 어미의 분류 -중세 국어를 중심으로-, 「구결연구」 27, 구결학회. 243-295.

김성규, 2016, 향가의 구성 형식에 대한 새로운 해석, 「국어국문학」 176, 국어국문학회. 177-208.

김성범, 2009ㄱ, 나주 복암리 유적 출토 백제 목간과 기타 문자 관련 유물, 「백제학보」 1, 백제학회. 71-113.

김성범, 2009ㄴ, 나주 복암리 유적 출토 백제 목간, 「고대의 목간 그리고 산성」, 국립문화재연구소·국립부여박물관 편, 대전·부여: 국립문화재연구소·국립부여박물관. 〈국립문화재연구소 40년·한국 박물관 개관 100주년 기념 학술심포지엄 자료집〉

김성범, 2009ㄷ, 나주 복암리 유적 출토 백제 목간과 기타 문자 관련 유물, 「목간과 문자」 3, 한국목간학회. 217-253.

김성범, 2010ㄱ, 「나주 복암리 출토 백제 목간의 고고학적 연구」, 박사논문, 공주: 공주대학교 대학원. 〈국립중앙도서관 협약도서관 원문보기〉

김성범, 2010ㄴ, 나주 복암리 목간의 판독과 석독, 「목간과 문자」 5, 한국목간학회. 149-183.

김성범, 2010ㄷ, 나주 복암리 유적 출토 목간의 판독과 의미, 「진단학보」 109, 진단학회. 29-83.

김성수, 1996, 한국의 옛 의서, 「고서연구」 13, 한국고서동우회.

김성수, 2004, 13세기 전기 간행 불서의 분석, 「서지학연구」 27, 한국서지학회. 151-186.

김성수, 2000, 「무후정광대다라니경의 연구」, 청주: 청주고인쇄박물관.

김성수 외, 2013, 「조선전기 기록문화 연구」, 청주: 청주고인쇄박물관.

김성주, 2005ㄱ, 석독구결의 사동 표현, 「구결연구」 14, 구결학회. 147-171.

김성주, 2005ㄴ, 「유가사지론」 점토석독구결 해독 연구(6) -권8, 10:12~11:23 부분을 중심으로-, 「구결연구」 14, 구결학회. 213-232.

김성주, 2005ㄷ, '爲'에 현토되는 구결자와 기능, 「구결연구」 15, 구결학회. 27-53.

김성주, 2006, 석독구결의 피동 표현, 「구결연구」 16, 구결학회. 119-140.

김성주, 2007, 주본 「화엄경」과 진본 「화엄경」의 점토석독구결 비교 연구, 「규장각」 30, 서울: 서울대학교 규장각 한국학연구원. 29-51.

김성주, 2008, 자토석독구결 연구의 회고와 전망, 「구결연구」 21, 구결학회. 39-66.

김성주, 2009ㄱ, 사토본(佐藤本) 「화엄문의요결문답」의 구결, 「구결연구」 23, 구결학회. 67-95.

김성주, 2009ㄴ, 사토본(佐藤本) 「화엄문의요결문답」의 한문 해석 부호에 대하여, 「한국어문학연구」 55, 한국외국어대학교 사범대학 한국어문학연구회. 123-148.

김성주, 2009ㄷ, 호림박물관 소장 점토석독구결 자료 「화엄경」 권제34에 대하여, 「각필구결의 해독과 번역」 5, 파주: 태학사. 25-39.

김성주, 2010, 「화엄문의요결문답」 고사본의 비교 연구, 「불교학리뷰」 7, 논산: 금강대학교 불교문화연구소. 183-216.

김성주, 2011ㄱ, 「보현행원품」과 균여 향가, 「구결학회 전국학술대회 발표논문집」, 구결학회. 1-17.

김성주, 2011ㄴ, 균여 향가 '보개회향가'의 한 해석, 「구결연구」 27, 구결학회. 173-215.

김성주, 2012ㄱ, 동대사 「화엄경」 권제12-20의 절약 양상, 「서지학보」 39, 한국서지학회. 105-130.

김성주, 2012ㄴ, 정창원 「화엄경」 권제72-80의 절약 양상과 특징, 「서지학연구」 55, 한국서지학회. 337-370.

김성주, 2013, 신라 점토석독구결 시탐, 「배달말」 53, 배달말학회. 23-54.

김성주, 2014, 무애 양주동의 「삼국유사」 향가 인식, 「한국불교사연구」 5, 한국불교사학회·한국불교사연구소. 77-114.

김성주, 2016ㄱ, 우리말 불교 용어와 「한국한자어사전」의 불교 용어 증보

방향에 대하여 -향가, 이두, 구결을 중심으로-, 「동양학」 63, 용인: 단국대학교 동양학연구원. 87-102.

김성주, 2016ㄴ, 석독구결 자료 기림사본 「자비도량참법」의 원문과 구결, 「구결연구」 37, 구결학회. 39-66.

김성주, 2017, 「이두편람」의 이두와 이문에 대하여, 「구결연구」 39, 구결학회. 239-274.

김성주, 2018, 유식불교와 국립한글박물관 소장 「유가사지론」 권66, 「초조대장경 유가사지론 권66 각필구결」, 서울: 국립한글박물관. 74-91. 〈국립한글박물관 홈페이지 원문 보기〉

김성주, 2019, 석독구결본 「합부금광명경」 권제3의 불교문화사적 의의, 「고인쇄문화」 26, 청주: 청주고인쇄박물관. 59-77.

김성주, 2019, 「석보상절」 권23~24의 언해문과 원문의 대응 양상 연구, 「서지학연구」 79. 한국서지학회. 111-132.

김성주, 2022, 「합부금광명경」의 구결과 번역의 비교 연구, 「구결연구」 48, 구결학회. 36-61.

김성주·박용식, 2015, 영태 2년명 석비로자나불 조상기에 대하여, 「배달말」 56, 배달말학회. 1-29.

김성주·박용식, 2019, 창녕 인양사 비문의 판독과 해석, 「목간과 문자」 22, 한국목간학회. 251-277.

김세민, 2013, 조선 후기 광주(廣州)의 토지매매문서 연구, 「서울과 역사」 84, 서울: 서울역사편찬원. 47-80.

김소은, 2004, 16세기 매매 관행과 문서 양식, 「16세기 한국 고문서 연구」, 이수건 외, 서울: 아카넷.

김소은, 2006, 고문서를 통해 본 조선시대 천첩자녀의 속량 사례, 「고문서연구」 28, 한국고문서학회.

김소은, 2008, 「장서각 수집 민원·소송 관련 고문서 해제」, 서울: 민속원.

김수경1, 1989, 「세 나라 시기 언어 력사에 관한 남조선학계의 견해에 대한 비판적 고찰」, 평양: 평양출판사. 〈1995년 한국문화사에서 「고구려·백제·신라 언어 연구」로 영인. 해외 우리 어문학 연구 총서 36〉

김수경2, 2010, 차자표기 '內'와 향가의 해석, 「진단학보」 110, 진단학회. 217-239.

김수온, 1673, 「식우집(拭疣集)」 〈대동문화연구소(1977) 영인, 민족문화 추진위원회 편, 1989, 「한국문집총간」 9〉

김수진, 2018, 19세기 궁중 병풍의 제작과 진상 -장서각 소장 발기의 검토를 중심으로-, 「장서각」 40, 성남: 한국학중앙연구원 장서각. 284-318.

김수태, 2001, 신라 촌락 장적 연구의 쟁점, 「한국고대사연구」 21, 한국고대사학회. 5-47.

김수태, 2012, '포항 중성리 신라비'와 '냉수리 신라비'에 보이는 소송, 「신라 최고의 금석문 포항 중성리비와 냉수리비」, 한국고대사학회 편, 서울: 주류성. 〈국립중앙서관 디지털도서관 원문 보기〉

김수태, 2019, 성덕대왕신종이 들려주는 소리, 「문자와 고대 한국」 1. 기록과 지배, 한국목간학회 편, 서울: 주류성. 583-604.

김숙자, 1989, 일본 한자의 약자, 「국어생활」 17, 서울: 국어연구소. 123-137.

김순영, 1994, '곡'계 지명의 전접 요소에 대한 연구, 「청람어문학」 12-1, 청람어문학회. 75-99.

김승곤, 1978, 「한국어 조사의 통시적 연구」, 서울: 대제각.

김승곤, 1983, 이두 제작에 대한 한 고찰, 「백석 조문제 교수 화갑기념논문집」, 간행위원회 편, 서울: 간행위원회. 55-64. 〈국립중앙도서관 디지털도서관 원문 보기〉

김승곤, 1984, 한국어 이두의 처소격 조사 '良中'의 어원 연구, 「두메 박지홍 선생 회갑 기념 논문집」, 박지홍교수회갑기념출판물간행회 편, 부산: 문성출판사. 27-48.

김승곤, 1985, 이두의 여격조사 '亦中'에 대한 고찰, 「멱남 김일근 박사 화갑기념 어문학논총」, 간행위원회 편, 서울: 간행위원회. 933-942.

김승곤, 1989, 이두 표기 위치자리 토씨 '良'에 대한 고찰, 「송하 이종출 박사 화갑기념논문집」, 화갑기념논문집 간행위원회 편, 서울: 태학사. 537-544.

김승곤, 1991, 이두 '고(遣)'와 '고(古)'의 용법고, 「국어의 이해와 인식(김석득 교수 회갑기념논문집)」, 서울: 한국문화사.

김승곤, 1992, 이두 '遣'와 '古'의 통어 기능고, 「홍익어문(남사 이근수 박사 환력기념논총)」 10·11, 서울: 홍익대학교 사범대학 국어교육학과 홍익어문연구회. 77-91.

김승곤, 1997, 이두 토씨 '亦中'과 '良中'의 의미, 「한말연구」 3, 한말연구학회. 1-10. 〈국립중앙도서관 디지털도서관 원문 보기〉

김승곤, 2004, 「국어 토씨의 어원과 용법 −향가에서 1930년까지−」, 서울: 역락. 〈국립중앙도서관 협약도서관 원문 보기〉

김승곤, 2013, 「문법적으로 쉽게 풀어 쓴 향가」, 서울: 글모아출판. 〈글로벌콘텐츠(2020)〉

김승찬, 1976, 균여전에 관한 연구, 「코키토」 15, 부산: 부산대학교 인문학연구소.

김승호, 1987, 훈민정음 이전의 노랫말 표기, 「말과 글」 31, 서울: 한국교열기자회.

김승호, 1993, 이두의 전래 독음에 대하여, 「동아어문논집」 3, 동아어문학회. 181-206.

김승호, 1995, 「계림유사」의 '斧曰 烏子蓋/鳥子蓋'에 대하여, 「어문학교육」 17, 한국어문교육학회. 71-85.

김신근 편저, 1987, 「한국약서고」, 서울: 서울대학교 출판부.

김약슬, 1967, 고문서 논고(1·2·완), 「국회도서관보」 4-8~4-10, 서울: 국회도서관. 〈국회도서관 홈페이지 원문 보기〉

김양진, 2007, 균여 향가의 '毛叱所只'와 구역인왕경 미해독자 '毛ヽ 乙ハ'의 연구, 「국어사연구」 7, 국어사학회. 53-70.

김양진, 2008, 「고려사」 속의 고려어 연구, 「국어학」 52, 국어학회. 189-219.

김양진, 2010ㄱ, 「고려사」 '식화지' 조운(漕運) 조 소재의 몇몇 지명에 대하여, 「지명학」 16, 지명학회. 193-227.

김양진, 2010ㄴ, 초기 한민족 형성기의 차자 표기 자료를 통해 살펴본 한민족어, 「어문논집」 61, 민족어문학회. 253-290.

김양진, 2011, 국어 사전 속의 이두식 한자어 연구, 「어문연구」 39-1, 한국어문교육연구회. 63-85.

김양진, 2013, 「고려사」 지명의 종합적 연구를 위한 예비적 고찰, 「우리어문연구」 46, 우리어문학회. 49-83.

김양진, 2014, 지명 연구의 국어 어휘사적 의의, 「지명학」 21, 한국지명학회. 79-121.

김양진, 2023, 문자의 정의 -문자란 무엇인가?-, 「국제어문」 96, 국제어문학회. 9-37.

김양진·김유범, 2000, 중세 국어 '이어긔, 그어긔, 뎌어긔'에 대하여, 「구결학회 공동연구회 발표논문집」 22, 구결학회. 193-211.

김양진·황국정, 2013, '균여전' 소재 향가의 차자 표기 독법 검토 -고려시대 「용감수경」 한자음의 음운론적 특징을 중심으로-, 「인문학연구」 24, 서울: 경희대학교 인문학연구원. 265-292.

김연주, 2002, 「영조의궤」의 공장도구 표기 연구, 「언어과학연구」 21, 언어과학회. 69-88.

김연주, 2003ㄱ, 「영건의궤류의 차자 표기 어휘 연구」, 박사논문, 경산: 대구가톨릭대학교 대학원.

김연주, 2003ㄴ, 영건의궤류의 차자 표기에 대하여, 「인문과학연구」 4, 경산: 대구가톨릭대학교 인문과학연구소. 17-33.

김연주, 2004ㄱ, 영건의궤류의 차자 표기 연구 -표기법상의 특징을 중심으로-, 「한민족어문학」 45, 한민족어문학회. 109-144.

김연주, 2004ㄴ, 영건의궤류의 어휘 고찰, 「한국말글학」 21, 한국말글학회. 19-35.

김연주, 2004, 「창경궁수리도감의궤」의 차자표기 해독, 「인문과학연구」 5, 경산: 대구가톨릭대학교 인문과학연구소. 173-211.

김연주, 2005, 「서궐영건도감의궤」의 차자표기 해독 -부재명 어휘를 중심으로-, 「인문과학연구」 6, 경산: 대구가톨릭대학교 인문과학연구소. 139-163.

김연주, 2007, 영건의궤류 차자표기의 형태론적 고찰, 「언어과학연구」 41, 언어과학회. 1-19.

김연주, 2009, 의궤 번역에 있어서 차자 표기 해독, 「민족문화」 33, 서울: 한국고전번역원. 55-83.

김연주, 2012, 규장각 소장 가례 관련 연향의궤의 음식 관련 차자표기 연구, 「한국사상과 문화」 64, 한국사상문화학회. 461-488.

김연주, 2014, 의궤의 복식 관련 어휘 연구 -규장각 소장 가례 관련 의궤를 중심으로-, 「한국사상과 문화」 73, 한국사상문화학회. 325-353.

김연주, 2015, 「조선시대 의궤 차자 표기 연구 -규장각 소장 가례 관련 의궤를 중심으로-」, 서울: 경인문화사.

김연주, 2017, 순종 가례 관련 발기의 차자표기 해독, 「한국사상과 문화」

90, 한국사상문화학회. 117-154.

김열규·신동욱, 1982, 「고려시대의 가요문학」, 서울: 새문사.

김열규·정연찬·이재선, 1972, 「향가의 어문학적 연구」, 서울: 서강대학교 인문과학연구소.

김영관, 2007, 백제 유민 예식진 묘지 소개, 「신라사학보」 10, 신라사학회. 365-380.

김영관, 2009, 백제 의자왕 증손녀 태비 부여씨 묘지, 「백제학보」 창간호, 백제학회. 115-144.

김영관, 2012ㄱ, 백제 멸망후 부여융의 행적과 활동에 대한 재고찰, 「백제학보」 7, 백제학회. 79-110.

김영관, 2012ㄴ, 중국 발견 백제 유민 예씨 가족 묘지명 검토, 「신라사학보」 24, 신라사학회. 89-158.

김영관, 2013ㄱ, '대당평백제국비명'에 대한 고찰, 「역사와 담론」 66, 호서사학회. 1-33.

김영관, 2013ㄴ, 백제 의자왕 외손 이제 묘지명에 대한 연구, 「백제문화」 49, 공주: 공주대학교 백제문화연구소. 163-180.

김영관, 2014, 백제 유민 진법자(陳法子) 묘지명 연구, 「백제문화」 50, 공주: 공주대학교 백제문화연구소. 103-134.

김영관, 2019, 당으로 이주한 백제 유민들의 묘지명, 「문자와 고대 한국」 2. 교류와 생활, 한국목간학회 편, 서울: 주류성. 365-383.

김영관 외, 2016, 「중국 출토 백제인 묘지 집성」, 공주: 충청남도역사문화연구원.

김영국, 1990, 「계림유사」의 종합적 검토 1, 「경기어문학」 8, 경기대학교 국어국문학회. 75-96.

김영국, 2004, 「계림유사」 전사자의 표음 방식에 대하여, 「한국어문학연구」 42, 한국어문학연구학회. 79-97.

김영만, 1980, 광개토왕릉비의 신연구(1), 「신라가야문화」 11, 경산: 영남 대학교 신라가야문화연구소.

김영만, 1981ㄱ, 「증보문헌비고」본 광개토왕릉비명에 대하여 -광개토왕 릉비의 신연구(2)-, 「신라가야문화」 12, 경산: 영남대학교 신라가 야문화연구소.

김영만, 1981ㄴ, 「「유서필지」의 이두 연구」, 석사논문, 서울: 단국대학교 대학원.

김영만, 1985, 균여전 이제 -'巕拏名庚 賀(헌나뮤하)'와 '(叱)等耶(쏜여)'-, 「어문논집」 24·25, 민족어문학회. 81-102.

김영만, 1986, 「구역인왕경」의 석독 표기 소고(1), 「국어학신연구(약천 김 민수 교수 화갑기념)」, 서울: 탑출판사. 836-847.

김영만, 1989, 냉수리 신라비의 내용 고찰, 「냉수리 신라비 발굴 연구」, 대구: 모산학술재단.

김영만, 1990ㄱ, 영일 냉수리 신라비의 '癸未年'에 대하여, 「신라문화제 학술발표회 논문집」 11, 신라문화선양회. 7-24.

김영만, 1990ㄴ, 영일 냉수리 신라비의 어문학적 고찰, 「한국고대사연구」 3, 한국고대사연구회. 55-85.

김영만, 1991, 향가의 '善陵'과 '頓部叱'에 대하여, 「동양학」 21, 서울: 단국 대학교 동양학연구소. 31-56.

김영만, 1997, 석독구결 '皆匕', '悉了'와 고려 향찰 '頓部叱', '盡良'의 비교 고찰, 「구결연구」 2, 구결학회. 1-25.

김영만, 2000, 「유가사지론」의 '由三-'와 '여지(如支)-'의 독법에 대하여, 「구결연구」 6, 구결학회. 41-59.

김영만, 2007, 영일 냉수리 신라 비문의 문장 분석 시고, 「구결연구」 18, 구결학회. 67-106.

김영배, 1974, 백제 무령왕릉 전고, 「백제연구」 5, 대전: 충남대학교 백제

연구소. 187-198.

김영수, 2010, 이두와 이두 한문 번역 고찰, 「인문과학논총」 27, 아산: 순천향대학교 인문학연구소. 87-107.

김영심, 1992ㄱ, 무령왕 지석, 「역주 한국고대금석문」 I(고구려·백제·낙랑 편), 서울: 가락국사적개발연구원.

김영심, 1992ㄴ, 무령왕비 지석, 「역주 한국고대금석문」 I(고구려·백제·낙랑 편), 서울: 가락국사적개발연구원.

김영심, 1992ㄷ, 무령왕릉 출토 은천명, 「역주 한국고대금석문」 I(고구려·백제·낙랑 편), 서울: 가락국사적개발연구원.

김영심, 1992ㄹ, 무령왕릉 출토 동경명, 「역주 한국고대금석문」 I(고구려·백제·낙랑 편), 서울: 가락국사적개발연구원.

김영심, 1992ㅁ, 공주 지역 출토 와전명, 「역주 한국고대금석문」 I(고구려·백제·낙랑 편), 서울: 가락국사적개발연구원.

김영심, 1992ㅂ, 표석, 「역주 한국고대금석문」 I(고구려·백제·낙랑 편), 서울: 가락국사적개발연구원.

김영심, 1992ㅅ, 칠지도명, 「역주 한국 고대 금석문」 I(고구려·백제·낙랑 편), 서울: 가락국사적개발연구원.

김영심, 1992ㅇ, 당평제비, 「역주 한국 고대 금석문」 I(고구려·백제·낙랑 편), 서울: 가락국사적개발연구원.

김영심, 2007, 신출 문자 자료로 본 백제의 5부·5방제, 「한국목간학회 학술대회 발표 논문집」 2, 한국목간학회. 59-87.

김영심, 2009, 부여 능산리 출토 '六 ㄇ五方' 목간과 백제의 술수학, 「목간과 문자」 3, 한국목간학회. 127-148.

김영심, 2013ㄱ, 백제 사비기 왕권과 귀족 세력 -사(沙) 씨·예(禰) 씨 관련 신출 자료에 의한 재해석-, 「한국사연구회 제293회 월례 연구 발표회 자료집」, 한국사학회 편, 한국사학회.

김영심, 2013ㄴ, 칠지도의 성격과 제작 배경 -도교와의 관련성 검토-, 「한국고대사연구」 69, 한국고대사학회. 91-124.

김영심, 2014ㄱ, 유민 묘지로 본 고구려, 백제의 관제, 「한국고대사연구」 75, 한국고대사학회. 173-217.

김영심, 2014,ㄴ 4세기 동아시아 세계와 백제의 위상, 칠지도, 「금석문으로 백제를 읽다」, 서울: 학연문화사.

김영심, 2019, 백제의 지방 행정과 목간, 「문자와 고대 한국」 1. 기록과 지배, 한국목간학회 편, 서울: 주류성. 385-408.

김영심, 2020, 문자 문화의 상징 -시가 목간과 서간 목간-, 「목간으로 백제를 읽다」, 서울: 사회평론아카데미.

김영심, 2021, 고대 일본의 명문 도검과 백제, 「백제학보」 35, 백제학회. 31-56.

김영욱, 1997, 14세기 문법 형태 '-ㅕ/ㄴ[의/ㅅ]'의 교체에 대하여, 「구결연구」 2, 구결학회. 243-264.

김영욱, 1998, 고려본 「금광명경」의 특이한 형태 몇 가지, 「구결학회 공동연구회 발표논문집」 18, 구결학회. 73-82.

김영욱, 1999, 「구역인왕경」 구결의 시상과 서법 선어말 어미, 「구결연구」 5, 구결학회. 147-164.

김영욱, 2000ㄱ, 「향가의 해석」(신재홍 저, 집문당, 2000)에 대한 서평, 「고전문학연구」 17, 한국고전문학회. 275-285.

김영욱, 2000ㄴ, 화랑세기의 진위에 관한 문법사적 접근 -향가 해독을 중심으로-, 「구결학회 공동연구회 발표논문집」 22, 구결학회. 149-176.

김영욱, 2000ㄷ, 14세기 국어의 시상과 서법 -'-ㄴ-, -더-, -리-, -거-, -니-'를 중심으로-, 「구결연구」 6, 구결학회. 61-85.

김영욱, 2001, 「유가사지론」 점토의 해독 방법 연구, 「구결연구」 7, 구결학회. 55-77.

김영욱, 2003ㄱ, 사토본(佐藤本)「화엄문의요결」의 국어학적 연구, 「구결연구」 10, 구결학회. 47-78.

김영욱, 2003ㄴ, 백제 이두에 대하여, 「구결연구」 11, 구결학회. 125-151.

김영욱, 2003ㄷ, 무녕왕 지석과 목간 속의 백제 시가, 「구결학회 전국학술대회 발표논문집」, 구결학회. 89-99.

김영욱, 2004ㄱ, 「판비량론」의 국어학적 연구, 「구결연구」 12, 구결학회. 81-97.

김영욱, 2004ㄴ, 한자·한문의 한국적 수용 -초기 이두와 석독구결 자료들을 중심으로-, 「구결연구」 13, 구결학회. 65-97.

김영욱, 2006ㄱ, 각필의 기원에 대하여, 「구결연구」 16, 구결학회. 71-88.

김영욱, 2006ㄴ, 사토본(佐藤本)「화엄문의요결」의 신라시대 점토구결 연구, 「각필구결의 해독과 번역2 -주본 화엄경 권제36-」, 이승재 외, 파주: 태학사.

김영욱, 2007ㄱ, 고대 한국 목간에 보이는 석독 표기 -향가 표기법의 기원을 찾아서-, 「구결연구」 19, 구결학회. 171-189.

김영욱, 2007ㄴ, 고대국어의 처소격 조사 '-中'에 대한 통시적 고찰, 「구결학회 발표 논문집」, 구결학회.

김영욱, 2007ㄷ, 중원 고구려비의 국어학적 연구, 「구결연구」 18, 구결학회. 43-65.

김영욱, 2007ㄹ, 和化한문의 기원에 관한 일고찰, 「고대 한일의 언어와 문자(2007 한일 국제 워크샵 발표 논문집)」, 서울: 서울대학교 규장각 한국학연구원·구결학회.

김영욱, 2008ㄱ, 고대 한국 목간에 보이는 석독 표기에 대하여, 「목간과 문자 연구」 창간호, 한국목간학회.

김영욱, 2008ㄴ, 西河原森ノ內 유적지의 椋直 목간에 대한 어학적 고찰, 「목간과 문자 연구」 2, 한국목간학회.

김영욱, 2008ㄷ, 한국어 표기의 기원과 전개 과정, 「한국문화」 42, 서울: 서울대학교 규장각 한국학연구원. 171-191.

김영욱, 2009, 화화한문의 기원에 관한 일고찰 −고대 국어 시기의 한일 목간 자료에 보이는 문법 형태들의 어학적 분석을 중심으로−, 「구결연구」 22, 구결학회. 179-195.

김영욱, 2010, 고대국어의 처소격 조사에 대하여 −'中'을 중심으로−, 「국어학」 57, 국어학회. 131-151.

김영욱, 2011ㄱ, 동아시아의 문자 문화와 한문의 수용 양상, 「고대 동아시아의 문자 교류와 소통」, 서울: 동북아역사재단. 295-312.

김영욱, 2011ㄴ, 목간에 보이는 고대 국어 표기법, 「구결연구」 26, 구결학회. 167-193.

김영욱, 2011ㄷ, 삼국시대 이두에 대한 기초적 논의, 「구결연구」 27, 구결학회. 57-86.

김영욱, 2011ㄹ, 전인용사지 목간에 대한 어학적 접근, 「목간과 문자」 7, 한국목간학회. 67-79.

김영욱, 2012, 고대 국어의 처소격 '−良'에 대한 연구 −8세기의 금석문, 목간, 각필 자료를 중심으로−, 「구결연구」 28, 구결학회. 33-50.

김영욱, 2014, 목간 자료와 어휘 −월성해자 149호 목간을 중심으로−, 「구결연구」 33, 구결학회. 5-22.

김영욱, 2017, 「한국의 문자사」, 파주: 태학사.

김영욱, 2019ㄱ, 구결이란 무엇인가, 「문자와 고대 한국 1. 기록과 지배」, 한국목간학회 편, 서울: 주류성. 153-187.

김영욱, 2019ㄴ, 향가 해독 이야기, 「문자와 고대 한국 1. 기록과 지배」, 한국목간학회 편, 서울: 주류성. 189-213.

김영일, 2002, 「삼국사기」 지리지의 지명 고찰, 「한글」 257, 한글학회. 103-127.

김영일, 2004, 어형 '나무(木)'의 원형과 형태 변화 -「계림유사」의 표기를 중심으로-, 「한글」 264, 한글학회. 5-24.

김영주, 2010, 위관구검기공비와 관련하여, 「한국학논총」 34, 서울: 국민대학교 한국학연구소. 1-19.

김영진, 1982, 「농림산고 고문헌비요」, 서울: 농경연구.

김영진, 1984, 「농사직설」 해제, 「조선 시대 전기 농서」, 서울: 한국농촌경제연구원.

김영진 편저, 1972, 「잠사학 고전 연구」, 서울: 대한잠사회. 〈국회도서관 소장〉

김영진·김병성, 2000, 조선 전기의 수의서와 「우마양저염역병치료방」에 관한 연구, 「대한수의사회지」 36-11, 대한수의학회. 1005-1020.

김영태, 1992, 「삼국 신라 시대 불교 금석문 고증」, 서울: 민족사.

김영태, 1994, 균여전의 중요성과 그 문제점, 「불교학보」 31, 서울: 동국대학교 불교문화연구원. 5-27.

김영택 외, 2001, 「자연언어처리」, 서울: 생능출판사.

김영화 편, 1986, 「한국 속자보」, 서울: 아세아문화사. 〈국립중앙도서관 협약도서관 홈페이지 원문 보기〉

김영황, 1978, 「조선민족어발전역사연구」, 평양: 과학백과사전출판사.

김영회, 2019, 「천년 향가의 비밀」, 서울: 북랩.

김완진, 1970, 이른 시기에 있어서의 한중 언어 접촉의 일반에 대하여, 「어학연구」 6-1, 서울: 서울대학교 어학연구소. 〈「국어 음운 체계의 연구」(일조각, 1971) 89-93에 재수록〉

김완진, 1977, 향가의 어학적 연구의 기준, 「언어와 언어학」 5, 서울: 한국외국어대학교 언어연구소. 31-39.

김완진, 1978, 향가 본문의 정오를 위하여, 「관악어문연구」 3, 서울: 서울대학교 국어국문학과. 107-114.

김완진, 1979ㄱ, 향가 해독의 실제, 「국어학」 8, 국어학회. 1-21.

김완진, 1979ㄴ, 모죽지랑가 해독의 고구, 「진단학보」 48, 진단학회. 73-90.

김완진, 1979ㄷ, 향가 해독의 고구 2편, 「동양학」 9, 서울: 단국대학교 동양학연구소. 1-22.

김완진, 1979ㄹ, 향가 해독 3장, 「학술원논문집(인문·사회고학)」 18, 서울: 대한민국 학술원. 203-244.

김완진, 1980ㄱ, 도솔가 해독에 대한 고찰, 「장암 지헌영 선생 고희기념논총」, 서울: 형설출판사. 47-57.

김완진, 1980ㄴ, 도이장가의 새로운 해독을 위하여, 「연암 현평효 박사 회갑기념논총」, 서울: 일조각. 301-309.

김완진, 1980ㄷ, 향가 표기에 있어서의 자간 공백의 의의, 「국어학」 9, 국어학회. 123-134.

김완진, 1981, 고대어 연구 자료로서의 지명, 「삼국사기 지리지의 신연구」, 경주: 신라문화선양회. 71-85. 〈「삼국사기 연구 논문선집」 3(백산학회 자료원, 1985, 221-235) 재수록〉

김완진, 1982, 향가의 해독과 그 연구사적 전망, 「삼국유사와 문예적 가치 해명」 3, 김열규·신동욱 편, 서울: 새문사.

김완진, 1983, 「계림유사」와 음절말 자음, 「국어학」 12, 국어학회. 35-46.

김완진, 1980, 「향가 해독법 연구」, 서울: 서울대학교 출판부.

김완진, 1985, 특이한 음독자 및 훈독자에 대한 연구, 「동양학」 15, 서울: 단국대학교 동양학연구소. 1-17. 〈「음운과 문자」(김완진, 1996) 재수록〉

김완진, 1985, 모죽지랑가 해독의 반성, 「선오당 김형기 선생 팔지 기념 국어학논총」, 서울: 창학사. 101-108.

김완진, 1986, 도솔가의 해독에 대한 고찰, 「유당 임헌도 박사 송수·정년기념 한국언어문학논총」, 대전: 호서문화사. 205-212.

김완진, 1986, 신라 향가의 어학적 분석, 「전통과 사상」 II, 성남: 한국정신
문화연구원. 127-179.

김완진, 1987, 「삼국유사」, 「국어생활」 11, 서울: 국어연구소. 97-103.

김완진, 1990, 안민가 해독의 한 반성, 「청파문학」 16, 서울: 숙명여자대학
교 국어국문학과. 240-249. 〈「음운과 문자」(신구문화사, 1996,
146-155) 재수록〉

김완진, 1991, 국어사 자료로서의 「계림유사」의 성격, 「진단학보」 71·72
합병호, 진단학회. 373-381. 〈「음운과 문자」(신구문화사, 1996,
192-203) 재수록〉

김완진, 1994, 홍성군지에 실려 있는 이두 문서에 대하여, 「우리말 연구의
샘터(연산 도수희 선생 화갑기념논총)」, 대전: 문경출판사. 588-
601.

김완진, 1996, 「음운과 문자」, 서울: 신구문화사.

김완진, 2000, 「향가와 고려 가요」, 서울: 서울대학교출판부.

김완진, 2003, 국어학에서 살펴 본 월명 향가의 특성, 「새국어생활」 13-3,
서울: 국립국어연구원.

김완호, 2012, 「조선시대 첩정 연구」, 석사논문, 성남: 한국학중앙연구원
한국학대학원.

김용민, 1996, 부소산성 동문지 출토 금동광배, 「미술자료」 57, 서울: 국립
중앙박물관. 200-209.

김용민·김혜정·민경선, 2008, 부여 왕흥사지 발굴 조사 성과와 의의, 「목
간과 문자」 1, 한국목간학회. 253-282.

김용범, 1998, 이두 '-시등(-是等)'고(攷), 「구결연구」 4, 구결학회. 115-
136.

김용선, 1979, 울주 천전리 서석 명문의 연구, 「역사학보」 81, 역사학회.

1-35.

김용선, 2004, 「고려 금석문 연구」, 서울: 일조각.

김용섭, 1988, 「조선 우기 농업사 연구」, 서울: 일조각.

김용숙, 1962, 이조 후기 궁중어 연구, 「향토 서울」 13, 서울: 서울특별시사편찬위원회. 121-201.

김용숙, 1963, 궁중 '발기'의 연구: 궁중 용어 연구 -자료 제시를 주로 하여-, 「향토 서울」 18, 서울: 서울특별시사편찬위원회. 79-169.

김용숙, 1966, 궁중 용어 및 풍속 채집 보고서(1), 「아세아여성연구」 5, 서울: 숙명여자대학교 아시아여성연구원.

김용숙, 1987, 「조선조 궁중풍속 연구」, 서울: 일지사.

김용원, 1975, 「양잠경험촬요」의 이두 주해, 「논문집」 3, 서울: 경기대학교.

김웅배, 1991, 「향찰과 만엽가명의 음차자 비교 연구」, 석사논문, 목포: 목포대학교 대학원.

김유범, 1996, 'ᅙ'의 이중적 음가 문제에 대한 해명을 위하여, 「한국어학」 4, 한국어학회. 207-219.

김유범, 1998ㄱ, 모죽지랑가 '阿冬音'의 해독 재고, 「한국어학」 7, 한국어학회. 99-115.

김유범, 1998ㄴ, 이두 '-昆等' 고, 「구결연구」 4, 구결학회. 115-136.

김유범, 1999, 차자표기의 격과 조사, 「국어의 격과 조사(소석 성광수 교수 화갑기념논총)」, 한국어학회 편, 서울: 월인. 537-569.

김유범, 2007ㄱ, 「국어 문법형태소의 역사적 이해」, 서울: 박이정.

김유범, 2007ㄴ, 「중세국어 문법형태소의 형태론과 음운론」, 서울: 월인.

김유범, 2009, 한국의 한자 차자표기법에 대한 문자학적 조명과 교육 방안의 모색, 「인간과 문화 연구」 15, 부산: 동의대학교 인문사회연구소. 147-172.

김유범, 2010ㄱ, 균여의 향가 '광수공양가' 해독, 「구결연구」 25, 구결학회. 47-81.

김유범, 2010ㄴ, 고대 이집트의 히에로글리프를 통해 본 한국의 차자표기법 -소리보조글자와 말음첨기자의 비교를 중심으로-, 「새로운 국어사 연구론」, 서울: 도서출판 경진. 503-514.

김유범, 2013, 동해시 삼화사 철불의 이두문, 「구결연구」 31, 구결학회. 97-135.

김유범, 2019, 국어사 교육에서 바라본 고대국어의 교육 내용과 석독구결, 「민족문화연구」 83, 서울: 고려대학교 민족문화연구원. 287-308.

김윤경, 1931, 조선 문자의 역사적 고찰, 「동광」 3-1, 경성: 동광사. 〈「동광」 (1977, 아세아문화사 영인)〉

김윤경, 1938, 「조선문자급어학사」, 경성: 조선기념도서출판관. 〈1954, 동국문화사, 4판〉

김윤경, 1947, 민족과 문화와 문자의 연쇄적 관계, 「한글」 12-1, 한글학회. 23-28.

김원룡, 1954, 「한국 고활자 개요」, 서울: 을유문화사.

김원룡, 1974, 「한국 벽화 고분」, 서울: 일지사.

김응기(법현), 2005, 범패 전승에 사용된 각필 악보 연구 -성암고서박물관 소장 「묘법연화경」 권8을 중심으로-, 「음악과 문화」 12, 세계음악학회.

김인배·김문배 공저, 「「일본서기」 고대어는 한국어, 한국어의 이두식 표기로 된 「일본서기」 와까(和歌)의 정체」, 부산: 빛남.

김일권, 2019, 장서각 소장본 「향약집성방」의 판본 가치 재조명과 '향약본초부' 초부편의 향명 식물 목록화 연구, 「장서각」 41, 성남: 한국학중앙연구원. 90-145.

김일권, 2020, 장서각 소장본 「향약집성방」 향약 식물 5부(초목과곡채)

목록화 및 북송대 「증류분초」 식물부와 비교 연구, 「장서각」 43, 성남: 한국학중앙연구원. 200-276.

김일권, 2021, 장서각 소장 국보 초간본 「동의보감」의 판본 가치와 '탕액본 초편 초부' 향명 식물 목록화 연구, 「장서각」 45, 성남: 한국학중앙 연구원. 166-261.

김일환 외, 2010, 「장서각 소장 왕실 보첩류 목록 및 해제」, 서울: 민속원.

김재원, 1948, 「(경주 노서리) 호우총과 은령총(국립박물관 고적조사보고 서 제1책)」, 서울: 을유문화사. 〈국립중앙도서관 협약도서관 원문 보기〉 〈국립박물관 편집부 편(1998)〉

김재원, 1988, 경덕왕대의 지명 개정에 대하여, 「대전어문학」 5, 대전대학 교 국어국문학회.

김재홍, 2001, 부여 궁남지 유적 출토 목간과 그 의의, 「궁남지 II -현 궁남지 서북편 일대-」, 부여: 국립부여문화재연구소.

김재홍, 2005, 함안 성산산성 출토 목간과 촌락 사회의 변화, 「국사관논총」 106, 과천: 국사편찬위원회. 1-21.

김재홍, 2009, 창녕 화왕산성 용지 출토 목간과 제의, 「목간과 문자」 4, 한국목간학회. 99-126.

김재홍, 2012, 포항 중성리·냉수리 신라비와 고분, 「포항의 역사와 문화」, 포항: 포항시.

김재홍, 2017, 고대 목간, 동아시아의 문자 정보 시스템, 「내일을 여는 역사」 67, 서울: 재단법인 내일을 여는 역사재단. 138-150.

김재홍, 2019ㄱ, 함안 성산산성과 출토 목간의 연대, 「목간과 문자 연구」 22, 한국목간학회 편, 서울: 주류성. 15-33.

김재홍, 2019ㄴ, 영천 청제비와 대구 무술오작비, 「문자와 고대 한국」 1. 기록과 지배, 한국목간학회 편, 서울: 주류성. 509-535.

김정빈, 2003ㄱ, 한국 한자음의 구개음화와 개모 소실에 관한 역사적 연구,

「구결연구」 10, 구결학회. 177-221.

김정빈, 2003ㄴ, 일본 「묘법연화경석문」에 나타나는 신라 순경사의 반절에 대하여(상), 「구결연구」 11, 구결학회. 275-298.

김정빈, 2004, 일본 「묘법연화경석문」에 나타나는 신라 순경사의 반절에 대하여(하), 「구결연구」 13, 구결학회. 99-127.

김정빈, 2005, 「광운」 순경음 9부에 있어서의 한국 한자음의 특질에 대하여, 「구결연구」 15, 구결학회. 133-171.

김정빈, 2007, 「일본서기」에 보이는 백제 한자음 연구 -그 자료성과 음운체계를 중심으로-, 「구결연구」 19, 구결학회. 25-62.

김정빈, 2008, 「일본서기」(720) 고대 백제어 차자음 분운분유표, 「구결연구」 20, 구결학회. 287-307.

김정빈, 2009ㄱ, 고대 한일간의 언어문화 교륙에 대하여 -「일본서기」(720) 신라 관련 기사를 중심으로-, 「구결연구」 22, 구결학회. 151-177.

김정빈, 2009ㄴ, 일본 동대사 풍송문고(諷誦文稿)의 서지논고, 「구결연구」 23, 구결학회. 219-240.

김정빈, 2011, 「침미다례(枕彌多禮)」고, 「구결연구」 26, 구결학회. 243-268.

김정빈, 2014, 상대 일본 자료에 의한 고대 한국 한자음 연구의 회고와 전망, 「일본학」 38, 서울: 동국대학교 일본학연구소. 119-148.

김정수, 1992, 「물보」 낱말 찾아보기, 「한글」 216, 한글학회. 213-226. 〈「물보」 영인본 수록〉

김정숙, 1991, 고구려 명문 입금 동판의 소개, 「한국고대사연구회 회보」 23, 한국고대사연구회.

김정숙, 1992ㄱ, 계유명 삼존천불비상, 「역주 한국 고대 금석문」 2. 신라1·가야 편, 서울: 가락국사적개발연구원.

김정숙, 1992ㄴ, 계유명 아미타 삼존 사면석상의 판독 순서에 대한 일고,

「한국고대사연구회 회보」 26, 한국고대사연구회.

김정숙, 1992ㄷ, 계유명 아미타불 삼존 사면석상, 「역주 한국 고대 금석문」 2. 신라1·가야 편, 서울: 가락국사적개발연구원.

김정숙, 1992ㄹ, 무열왕릉비편, 「역주 한국 고대 금석문」 2. 신라1·가야 편, 서울: 가락국사적개발연구원.

김정숙, 1992ㅁ, 을축명 아미타불석상, 「역주 한국고대 금석문」 2. 신라·가야 편, 서울: 가락국사적개발연구원.

김정우, 2008, 이두, 향찰, 구결은 번역인가?, 「통번역교육연구」 6-2, 한국통번역교육학회. 77-92.

김정자, 1989, 「법화경에 나타난 중세 국어의 구결 연구 -기입토를 중심으로-」, 석사논문, 서울: 단국대학교 대학원.

김정주, 2003, 「신라 향가 연구」, 광주: 조선대학교 출판부. 〈국립중앙도서관 협약도서관 원문 보기〉

김정희, 조선 말기. 「예당금석과안록(禮堂金石過眼錄)」 〈필사본. 21장. 황초령비문과 북한산비문을 판독하고 고증. 서울대학교 규장각 한국학연구원 소장. 국립중앙도서관 홈페이지 원문 보기〉

김정희, 1934, 진흥이비고, 김익환 편, 「완당선생전집」 1, 경성: 김익환가.

김종구, 1983, 삼국유사 서사 구조와 향가, 「한남어문학」 9·10, 한남대학교 국어국문학회.

김종만, 2000, 부여 능산리 사지에 대한 소고, 「신라문화」 17·18 합집, 경주: 동국대학교 신라문화연구소.

김종서, 2006, 「고조선과 한사군의 위치 비정 연구」, 박사논문, 서울: 중앙대학교 대학원.

김종우, 1971, 나옹화상 승원가, 「국어국문학」 10, 부산: 부산대학교 국어국문학과.

김종우, 1983, 「향가 문학 연구」, 서울: 이우출판사.

김종운, 2001, 「조선조 몽학 교재 연구」, 박사논문, 청주: 한국교원대학교 대학원.

김종택, 1993, 「국어 어휘론」, 서울: 탑출판사.

김종택, 2006, 우륵의 고향 '省熱'은 어디인가, 「국어사 연구 어디까지 와 있는가」, 임용기·홍윤표 편, 파주: 태학사. 587-613.

김종학, 1988, 「향약 문헌에 나타난 약재명 어휘 연구」, 석사논문, 서울: 중앙대학교 대학원.

김종학, 1992, 향약 약재명 어휘의 변천고, 「어문논집」 22, 중앙어문학회. 91-114.

김종훈, 1979, 고유 한자어의 어휘론적 고찰, 「성곡논총」 10, 서울: 성곡학 술문화재단. 222-245.

김종훈, 1983, 궁중용어, 「국어국문학」 26, 국어국문학회. 269-293.

김종훈, 1983, 「한국 고유한자 연구」, 서울: 집문당. 〈257쪽. 국립중앙도서 관 협약도서관 원문 보기〉〈개정증보판(2014/2016, 보고사. 412 쪽. 국립중앙도서관 디지털 열람실 원문 보기)〉

김종훈, 1989, 나려이두에 나타난 특수 어휘고, 「제효 이용주 박사 회갑 기념 논문집」, 서울: 도서출판 한샘. 21-33.

김종훈, 1994, 「고대국어 어휘론 연구」, 서울: 한글터.

김종훈, 2014, 「한국 고유한자 연구」, 서울: 보고사.

김종훈 외, 1998, 「한국어의 역사」, 서울: 대한교과서.

김주성, 2000, 연기 불상군 명문을 통해 본 연기 지방 백제 유민의 동향, 「선사와 고대」 15, 한국고대학회. 61-83.

김주성, 2009, 미륵사지 서탑 사리봉안기 출토에 따른 제설의 검토, 「동국 사학」 47, 동국대학교 동국사학회. 27-54.

김주원, 1981, 「삼국사기 지리지의 지명 연구 −국어 계통 연구를 위하여−」, 석사논문, 서울: 서울대학교 대학원.

김주원, 1982, 백제 지명어 '己·只'에 대하여, 「민족문화논총」 2·3, 경산: 영남대학교 민족문화연구소. 93-115.

김주필, 1992, 국어 표기사에 있어서 역사성의 인식, 「어학연구」 28-3, 서울: 서울대학교 어학연구소. 399-425.

김주필, 1994, 국어 표기사의 전개 과정에 대한 역사적 연구, 「영남국어교육」 3, 경산: 영남대학교 사범대학 국어교육과.

김주필, 2014, 최만리 등 집현전 학사들이 올린 갑자 상소문의 내용과 의미, 「진단학보」 122, 진단학회. 145-174.

김주필, 2015, 조일 역관의 의사소통에 사용된 언어·문자의 특성, 「반교어문연구」 41, 반교어문학회. 207-237.

김주필, 2016, '갑자 상소문'과 「훈민정음」의 두 '서문', 「반교어문연구」 44, 반교어문학회. 113-151.

김주필, 2017, 최만리 등 집현전 학사들이 올린 '상소문'과 세종이 '상소문' 집필자들을 불러 나눈 '대화' 주석, 「어문학논총」 36, 서울: 국민대학교 어문학연구소. 101-120.

김주현, 2018, 「신단공안」의 저자 규명, 「한국현대문학연구」 56, 한국현대문학회. 189-235.

김준영, 1964, 「향가 상해」, 서울: 교학사. 〈국립중앙도서관 협약도서관 홈페이지 원문 보기〉

김준영, 1979, 「향가 문학」, 서울: 형설출판사.

김준영, 1980, 남종통기 중의 이두에 대한 고찰 -향가 표기와의 관련을 중심으로-, 「국어문학」 21, 국어문학회. 41-53.

김준영, 1990, 「한국 고시가 연구」, 서울: 형설출판사.

김중권, 1998, 조선초 향약의서에 관한 고찰, 「서지학연구」 16, 서지학회. 127-156.

김중빈, 2004, 어보류에 나타난 19C 초의 수산물 어휘 연구 -「자산어보」

(1814), 「난호어목지」(1820), 「물명고」(1842?)의 수록 어휘를 중심으로-, 「한어문교육」 12, 한국언어문학교육학회.

김중하, 1977, 향가의 일고찰, 「국어국문학」 13·14, 부산: 부산대학교 국어국문학과. 87-98.

김지견 편저, 1977, 「균여 대사 화엄학 전서」 상·하, 서울: 대한전통불교연구원.

김지남 찬, 김경문 편, 1944, 「통문관지」, 경성: 조선사편수회.

김지오, 2006, 「「법화경」 권3 음독구결 연구」, 석사논문, 서울: 동국대학교 대학원. 〈국회도서관 홈페이지 원문 보기〉

김지오, 2010ㄱ, '참회업장가'의 국어학적 해독, 「구결연구」 24, 구결학회. 61-96.

김지오, 2010ㄴ, 「합부금광명경」 자토구결의 오기, 「구결연구」 25, 구결학회. 145-175.

김지오, 2011, 송원문고본 「화엄문의요결문답」에 대하여, 「서지학보」 37, 한국서지학회. 189-206.

김지오, 2012, 「균여전 향가의 해독과 문법」, 박사논문, 서울: 동국대학교 대학원. 〈국립중앙도서관 협약도서관 홈페이지 원문 보기〉

김지오, 2012, 균여전 향가에 나타난 몇 가지 표기 양상, 「구결학회 전국학술대회 발표논문집」, 구결학회. 149-166.

김지오, 2013, 석독구결의 처격·관형격 복합조사, 「구결연구」 31, 구결학회. 137-162.

김지오, 2016, 석독구결 '如' 구문의 의미와 논항 구조, 「국어학」 79, 국어학회. 105-130.

김지오, 2018, 고려가요의 문법 -쟁점이 된 특이 형태를 중심으로-, 「구결연구」 40, 구결학회. 29-67.

김지오, 2019ㄱ, 자토석독구결의 부사 위치 고정과 단형 부정의 제약 현상,

「국어학」 91, 국어학회. 195-218.

김지오, 2019ㄴ, 고대 국어 연결어미 연구의 현황과 과제, 「구결연구」 43, 구결학회. 55-87.

김지오, 2019ㄷ, 자토석독구결 ' (ᆢ)-'의 분포와 특이 용법, 「국어사연구」 29, 국어사학회. 205-234.

김지오, 2020ㄱ, 석독구결 부독자 다시 보기, 「국어사연구」 31, 국어사학회. 139-168.

김지오, 2020ㄴ, 려선 시대 허사 '所'의 번역 양상 –자토 석독구결과 15세기 불경 언해 자료를 중심으로–, 「민족문화」 55, 서울: 한국고전번역원. 123-159.

김지오, 2021, 「합부금광명경」의 부호 연구, 「어문연구」 49-1, 한국어문교육연구회. 257-281.

김지오, 2022, 「합부금광명경」 자토·점토의 현토 양상과 특징, 「구결연구」 49, 구결학회. 171-201.

김지오·김성옥, 2018, 「유가사지론」 2종 번역에 대한 대조 연구, 「민족문화」 52, 서울: 한국고전번역원. 201-234.

김지원, 2007, 전망을 위한 한국 번역사 재조명, 「동서비교문학저널」 17, 한국동서비교문학학회. 117-141.

김지은, 2016, 「「화이역어」의 사음자 비교 연구 –「조선관역어」의 음가 추정을 중심으로–」, 석사논문, 서울: 서울대학교 대학원.

김지은, 2021, 외래어 음운론을 통한 「조선관역어」 재고, 「국어사연구」 33, 국어사학회. 149-172.

김진구, 1999, 「계림유사」의 직물 관련 용어 연구, 「복식문화연구」 19, 복식문화학회. 211-219.

김진우, 2006, 「언어의 기원」, 서울: 한국문화사.

김창석, 2001, 황남동 376유적 출토 목간의 내용과 용도, 「신라문화」 19,

경주: 동국대학교 신라문화연구소. 43-52.

김창석, 2004, 한성기 백제의 국가 제사 체계와 변화 양상 -풍납토성 경당 지구 44호, 9호 유구의 성격 검토를 중심으로-, 「서울학연구」 22, 서울: 서울시립대학교 서울학연구소.

김창석, 2009, 포항 중성리 신라비에 관한 몇 가지 고찰, 「한국사연구」 147, 한국사연구회. 379-400.

김창석, 2010ㄱ, 신라 법제의 형성 과정과 율령의 성격 -포항 중성리 신라 비의 검토를 중심으로-, 「한국고대사연구」 58, 한국고대사학회. 171-215.

김창석, 2010ㄴ, 창녕 화왕산성 연지 출토 목간의 내용과 용도, 「목간과 문자」 5, 한국목간학회. 101-127.

김창석, 2011ㄱ, 7세기초 영산강 유역의 호구와 농작 -나주 복암리 목간의 분석-, 「백제학보」 6, 백제학회. 141-167.

김창석, 2011ㄴ, 나주 복암리 출토 목간 연구의 쟁점과 과제, 「백제문화」 45, 공주: 공주대학교 백제문화연구소. 99-127.

김창석, 2015, 공주 주미사지와 아니 명문 석편에 관한 고찰, 「목간과 문자」 15, 한국목간학회. 109-127.

김창석, 2017, 함안 성산산성 17차 발굴 조사 출토 사면 목간(23번)에 관한 시고, 「한국사연구」 177, 한국사연구회. 125-150.

김창석, 2019, 6세기 신라의 법과 율령, 「문자와 고대 한국」 1. 기록과 지배, 한국목간학회 편, 서울: 주류성. 477-493.

김창호, 1983ㄱ, 신라 중고 금석문의 인명 표기(1), 「대구사학」 22-1, 대구 사학회. 1-36.

김창호, 1983ㄴ, 영천 청제비 정원 14년명의 재검토, 「한국사연구」 43, 한국사연구회. 115-130.

김창호, 1983ㄷ, 신라 중고 금석문의 인명 표기(2), 「역사교육논집」 4-1,

역사교육학회. 1-22.

김창호, 1988, 신라 중고 금석문에 보이는 부명, 「역사교육」 43, 역사교육
　　연구회. 65-89.

김창호, 1989ㄱ, 가야 지역에서 발견된 금석문 자료, 「향토사연구」 1, 한국
　　향토사연구전국협의회.

김창호, 1989ㄴ, 영일 냉수리 신라비의 건비 연대와 목적, 「영일 냉수리
　　신라비의 종합적 검토」, 한국고대사연구회.

김창호, 1990, 백제 칠지도 명문의 재검토 -일본학계의 임나일본부설에
　　대한 반론(3)-, 「역사교육논집」 13·14, 경북대학교 역사교육학회.

김창호, 1991, 계유명 아미타삼존불비상의 명문, 「신라문화」 8, 경주: 동국
　　대학교 신라문화연구소.

김창호, 1992ㄱ, 이성산성 출토의 목간 연대 문제, 「한국상고사학보」 10,
　　한국상고사학회. 425-437.

김창호, 1992ㄴ, 고구려 금석문의 인명 표기 -관등명이 포함된 인명을
　　중심으로-, 「선사와 고대」 3, 한국고대학회. 155-166.

김창호, 1994ㄱ, 「6세기 신라 금석문의 석독과 그 분석」, 박사논문, 대구:
　　경북대학교 대학원. 〈국립중앙도서관 협약도서관 원문 보기〉

김창호, 1994ㄴ, 갑인년명 석가상 광배 명문의 제문제 -6세기 불상 조상기
　　의 검토와 함께-, 「미술자료」 53, 서울: 국립중앙박물관.

김창호, 1994ㄷ, 한국의 금석문, 「고문화」 45, 한국대학박물관협회. 115-
　　122.

김창호, 1995, 고신라의 블교 관련 금석문, 「영남고고학」 16, 영남고고학
　　회. 47-55.

김창호, 1996, 남산신성비 제9비의 재검토, 「역사와 경계」 30, 부산경남사
　　학회. 1-14.

김창호, 1998, 함안 성산산성 출토 목간에 대하여, 「함안 성산산성」, 창원:

국립창원문화재연구소.

김창호, 1999, 신라 냉수리 고분에 대한 일사견, 「문화사학」 11~13, 한국 문화사학회. 335-341.

김창호, 2000, 중원고구려비의 건립 연대, 「고구려발해연구」 10, 고구려발 해학회. 343-362.

김창호, 2002, 고신라 금석문의 연구 성과와 그 과제, 「신라 금석문의 현황 과 과제(신라문화제학술논문집 제23집)」, 경주시 신라문화선양 회·동국대 신라문화연구소 편, 경주: 동국대학교 신라문화연구소. 1-18.

김창호, 2007, 「고신라 금석문의 연구」, 서울: 서경문화사.

김창호, 2009, 「삼국시대 금석문 연구」, 서울: 서경문화사.

김창호, 2013, 포항 중성리 신라비의 재검토, 「신라사학보」 29, 신라사학 회. 609-630.

김창호, 2018ㄱ, 함안 성산산성 목간의 신고찰, 「문화사학」 49, 한국문화 사학회. 37-61.

김창호, 2018ㄴ, 「고신라 금석문과 목간」, 서울: 주류성.

김창호, 2020, 「신라 금석문」, 서울: 경인문화사.

김창호, 2022, 「고구려와 백제의 금석문」, 서울: 주류성.

김창호·한기문, 1999, 동해시 삼화사 철불 명문의 재검토, 「강좌미술사」 12, 한국불교미술사학회.

김천학, 2005, 「유가사지론」 점토석독구결 해독 연구(10), 「구결연구」 15, 구결학회. 283-294.

김천학, 2009, 「화엄경요결문답」에서의 지론사상 수용의 의의, 「구결연구」 23, 구결학회. 137-164.

김천학 역주, 1998, 「화엄경문의요결문답」, 서울: 민족사.

김철준·최병헌, 1986, 「사료로 본 한국 문화사 -고대편-」, 서울: 일지사.

김철헌, 1962, 「계림유사」 연구 -30여 어휘를 중국어 음운론적 각도에서 해독함-, 「국어국문학」 25, 국어국문학회. 101-128.

김철헌, 1963, 「조선관역어」 연구 -중국 어음 음운적 각도에서 해독함-, 「국어국문학」 26, 국어국문학회. 151-176.

김치우, 2007, 「고사촬요 책판 목록과 그 수록 간본 연구」, 서울: 아세아문화사.

김태곤, 2003, 「정속언해」에 나타난 어휘 변천 연구, 「명주어문」 6, 명주어문학회. 17-45.

김태균, 1968ㄱ, 대명률직해 이두 주해, 「경기」 3, 경기대학 국어국문학회.

김태균, 1968ㄴ, 이두 자료집, 「경대문학」 3, 경기대학 국어국문학회. 19-38.

김태균, 1971ㄱ, 「대명률직해」에 있어서의 시제 연구, 문교부학술보고서 어문학계 6, 서울: 문교부.

김태균, 1971ㄴ, 「대명률직해」 이두 형태 분류, 「논문집」 1, 서울: 경기대학교 연구교류처. 57-107.

김태균, 1973, 「대명률직해」에 있어서의 '在'의 용법, 「경기」 7, 서울: 경기대학교 연구교류처.

김태균, 1975, 「양잠경험촬요」의 이두 주해, 「논문집」 3, 서울: 경기대학교 연구교류처.

김태균, 1976, 「(속)양잠경험촬요」의 이두 주해, 「논문집」 4, 서울: 경기대학교 연구교류처. 59-77.

김태균, 1978, 「(속)양잠경험촬요」의 이두 주해, 「논문집」 11, 서울: 경기대학교.

김태균, 1986, 「함북방언사전」, 수원: 경기대학교 출판부.

김태룡, 1939, 매사냥말, 「한글」 7-9, 한글학회. 174-174.

김태순, 1993, 용천 정사 중건과 위전환급을 탄원한 진정서, 「경남향토사논총」 2, 경남향토연구협의회.

김태식, 2004, 고대 한일 관계사의 민감한 화두, 칠지도, 「고대로부터의
통신」, 서울: 푸른역사.

김태식, 2007ㄱ, 부여 왕흥사지 창왕명 사리구에 관한 고찰, 「문화사학」
28, 한국문화사학회. 39-66.

김태식, 2007ㄴ, 송산리 6호분 명문전 재검토를 통한 무령왕릉 축조 재론
-오독이 빚은 기와 '량관와(梁官瓦)'-, 「충북사학」 19, 충북대사학
회. 71-95.

김태영, 1983, 「조선전기 토지 제도사 연구」, 서울: 지식산업사.

김택균, 1998, 칠지도 명문에 대한 일고, 「강원사학」 13·14, 강원사학회.
83-102.

김하수·연규동, 2015, 「문자의 발달」, 서울: 커뮤니케이션북스.

김하수·이전경, 2015, 「한국의 문자들」, 서울: 커뮤니케이션북스.

김항수, 2001, 신라 유학과 설총의 학문, 「새국어생활」 11-3, 서울: 국립국
어연구원. 65-83.

김항수, 2004, 신라 유학과 설총의 사상, 「한국 사상과 문화」 23권 23호,
한국사상문화학회. 199-220.

김 혁, 2000, 장서각 소장 등록의 문헌학적 특성, 「장서각」 4, 성남: 한국정
신문화연구원. 7-56.

김 혁, 2002ㄱ, 조선시대 녹패 연구, 「고문서연구」 20, 한국고문서학회.
183-212

김 혁, 2002ㄴ, 조선후기 중앙 관청 기록물에서 등록의 위상, 「서지학보」
26, 한국서지학회. 93-111.

김 혁, 2002ㄷ, 장서각 소장 등록의 성격, 「장서각 소장 등록 해제」, 성남:
한국정신문화연구원.

김 혁, 2005, 완문의 16세기 기원과 그 특성, 「고문서연구」 27, 한국고문서

학회. 21-49.

김 혁, 2008,「특권 문서로 본 조선 사회 -완문의 문서사회학적 탐색-」,
　　　서울: 지식산업사.

김현영 편, 1994,「대구 월촌 단양 우씨 고문서」, 성남: 한국고문서학회.
　　　〈자료편 1책. 연구·정서·해제편 1책〉

김현영, 1996, 조선 초기의 전준에 대하여 -1469년 '전양지 처 하씨 점련
　　　문기'를 중심으로-,「고문서연구」9, 한국고문서학회. 123-138.

김현영, 1999,「조선 시대의 양반과 양반 사회」, 서울: 집문당.

김현영, 2003,「고문서를 통해본 조선시대 사회사」, 서울: 신서원.

김현영, 2004, '本'자고,「고문서연구」24, 한국고문서학회. 343-353.

김현영, 2006ㄱ, 조선시대 지방 관아에서의 기록의 생산과 보존,「고문서
　　　연구」28, 한국고문서학회. 25-37.

김현영, 2006ㄴ, 관부 문서 연구의 현황과 과제,「영남학」10, 대구: 경북대
　　　학교 영남문화연구원. 61-83.

김현정 편, 1991,「김해 김씨 세보: 부정공효선파」상, 대전: 대도인쇄사.

김형규, 1947, 훈민정음과 그 전의 우리 문자,「한글」12-1, 한글학회.
　　　2-11.

김형규, 1949,「삼국사기」의 지명고,「진단학보」16, 진단학회. 165-175.

김형규, 1955,「국어사」, 서울: 백영사.

김형규, 1968,「고가요 주석」, 서울: 일조각.

김형수1, 1982, 지명 형성에 나타난 형태소의 유형고 -남해 지방을 중심으
　　　로-,「국어국문학」4, 부산: 동아대학교 국어국문학과. 19-59.

김형수2, 2004, 권중화 개국원종공신녹권에 대한 일검토,「한국중세사연
　　　구」16, 한국중세사학회. 247-279.

김형수2, 2008, 고려시대 첩과 신성장,「한국사연구」142, 한국사연구회.
　　　143-169.

김형수2, 2018, 일연(1206~1289)과 「삼국유사」, 「복현사림」 36, 경북사
학회. 109-120.

김형진, 2022, 「기림사 소장 「묘법연화경」 권7의 각필 부호 연구」, 석사논
문, 경산: 대구가톨릭대학교 대학원.

김형태, 1991, 「향찰과 만엽가명의 음차자 비교 연구」, 석사논문, 목포:
목포대학교 대학원.

김형태, 2014, 「한어유취」의 구성 및 특성 연구, 「어문론총」 60, 한국문학
언어학회. 45-63.

김호식, 1989, 「「양잠경험촬요」의 이두 연구」, 석사논문, 서울: 단국대학
교 대학원.

김홍곤, 1977, 고유어 표기에 사용된 '叱'자의 음가변이에 대한 고찰, 「국어
국문학」 75, 국어국문학회. 1-28.

김홍석, 1995, 「한국산 어류 명칭의 어휘론적 연구」, 석사논문, 공주: 공주
대학교 교육대학원.

김홍석, 2000, 어명의 명명법에 대한 어휘론적 고찰, 「국문학논집」 17,
서울: 단국대학교 국어국문학과. 71-111.

김홍석, 2001, 「우해이어보」에 나타난 차자표기법 연구 -어명을 중심으로-,
「어문연구」 29-1, 한국어문교육연구회. 100-134.

김홍석, 2002ㄱ, 「향약채취월령」에 나타난 향약명 연구(상), 「한어문연구」
9, 한국언어문학교육학회. 87-07.

김홍석, 2002ㄴ, 「향약채취월령」에 나타난 향약명 연구(중), 「한어문연구」
10, 한국언어문학교육학회. 93-115.

김홍석, 2003ㄱ, 「향약채취월령」에 나타난 향약명 연구(하), 「한어문연구」
11, 한국언어문학교육학회. 133-151.

김홍석, 2003ㄴ, 「여말선초 「능엄경」 순독구결의 서법 연구」, 박사논문,
서울: 단국대학교 대학원. 〈국립중앙도서관 협약도서관 원문 보

기〉

김홍석, 2004, 「여말·선초의 서법 연구 -「능엄경」 순독구결을 중심으로-」, 서울: 한국문화사.

김홍석, 2007, 국어사전에 실린 궁중어 연구, 「새국어교육」 76, 한국국어교육학회. 393-418.

김홍석, 2008, 「「우해이어보」와 「자산어보」 연구」, 서울: 한국문화사.

김홍식 외, 1997, 「조선 토지 조사 사업의 연구」, 서울: 민음사.

김효경, 2005, 「조선 시대 간찰 서식 연구」, 박사논문, 성남: 한국학중앙연구원 한국학대학원.

김희만, 1999, 「신라 관등제 연구」, 박사논문, 서울: 동국대학교 대학원.

김희만, 2002, 신라 금석문의 관등명 검토, 「신라문화제학술발표논문집」 23, 경주: 경주시·신라문화선양회. 53-81.

김희만, 2009, 포항 중성리 신라비와 신라의 관등제, 「동국사학」 47, 서울: 동국역사문화연구소 1-26.

김희만, 2013, 신라 관명 '대사'의 운용과 성격, 「동국사학」 54, 서울: 동국역사문화연구소. 1-35.

김희만, 2015, 신라의 관등명 '迊干(湌)'에 대한 검토, 「한국고대사탐구」 19, 한국고대사탐구학회. 209-234.

김희만, 2022, 신라의 한자 전래·수용 과정과 표기 양상, 「한국고대사탐구」 40, 한국고대사탐구학회. 93-142.

김희수, 1961, 「「계림유사」 표기계에 나타난 저음의 해독」, 석사논문, 광주: 전남대학교 대학원.

나달숙, 2016, 조선 시대와 일제강점기 토지소유권의 법적 고찰, 「법학연구」 16, 한국법학회. 345-368.

남경란, 1997, 「고려본 「능엄경」 입겿과 'ㅣ'형 종결법 연구 -남권희(가)본을 대상으로-」, 석사논문, 경산: 대구효성가톨릭대학교.

남경란, 1998, 남권희(나)본 「능엄경」의 입곁에 대하여, 「제19회 공동연구회 발표논문집」, 구결학회. 35-54.

남경란, 1999ㄱ, 「능엄경」의 새 자료에 대하여: 남권희(다)본과 판전본, 「제21회 공동연구회 발표논문집」, 구결학회. 1-40.

남경란, 1999ㄴ, 남권희본 「능엄경」의 입곁 자형에 대하여, 「어문학」 66, 한국어문학회. 63-100.

남경란, 2000ㄱ, 남권희본 (라)본 「능엄경」 입곁에 대하여, 「한국말글학」 17, 한국말글학회. 111-133.

남경란, 2000ㄴ, 남권희(나)본 「능엄경」의 입곁 연구, 「구결연구」 6, 구결학회. 87-133.

남경란, 2000ㄷ, 「능엄경」의 새 자료에 대하여: 남권희(다)본과 판전본, 「어문학」 71, 한국어문학회. 31-68.

남경란, 2000ㄹ, 「능엄경」 권8의 입곁 연구 -고려본과 조선 초기본을 대상으로-, 「한국말글학」 17, 한국말글학회. 129-148.

남경란, 2000ㅁ, '두주본 「주역대문」의 구결자에 대하여'에 대한 토론, 「제22회 공동연구회 발표논문집」, 구결학회. 189-191.

남경란, 2000ㅂ, 「불설사십이장경」 입곁의 이본 연구, 「제24회 공동연구회 발표논문집」, 구결학회. 51-66.

남경란, 2001ㄱ, 음독 입곁의 몇 가지 자형, 「민족문화논총」 23, 경산: 영남대학교 민족문화연구소. 139-174.

남경란, 2001ㄴ, 「법화경」 이본의 입곁(구결) 연구 -영남대학교 소장본을 중심으로-, 「언어과학연구」 21, 언어과학회. 89-110.

남경란, 2002ㄱ, 「불설사십이장령」 이본의 입곁에 대하여, 「어문학」 75, 한국어문학회. 143-170.

남경란, 2002ㄴ, 「대방광불화엄경」 권35 역독 자료에 나타난 독음 고찰 -'-ㄗ', '-ㄷ'을 중심으로-, 「민족문화논총」 26, 경산: 영남대학교 민족문화연구소. 259-285.

남경란, 2002ㄷ, 여말선초에 간행된 새로운 입겿 자료에 대하여, 「국어사연구」 3, 국어사학회. 31-54.

남경란, 2002ㄹ, 「법화경」 이본의 입겿 연구, 「언어과학연구」 21, 언어과학회. 89-110.

남경란, 2003ㄱ, 여말선초 음독 입겿(구결)의 제고찰 -「범망경」 이본을 중심으로-, 「언어과학회 전국학술발표회 발표요지문」, 언어과학회.

남경란, 2003ㄴ, 여말선초 음독 입겿(구결)의 종합적 고찰(1): 형태 서지와 결합 유형, 「민족문화논총」 28, 경산: 영남대학교 민족문화연구소. 85-139.

남경란, 2003ㄷ, 여말선초 음독 입겿(구결)의 종합적 고찰(2): 음독 입겿의 문자 체계, 「언어과학연구」 27, 언어과학회. 115-154.

남경란, 2003ㄹ, 「대방광불화엄경소」 권35 입겿(구결) 연구, 「배달말」 32, 배달말학회. 137-159.

남경란, 2005ㄱ, 음독 입겿 자형과 기능의 통시적 연구 -'ㅊ', 'ㅁ'를 대상으로-, 「민족문화논총」 32, 경산: 영남대학교 민족문화연구소. 117-142.

남경란, 2005ㄴ, 「육자선정(육자대명왕경)」의 일고찰, 「배달말」 37, 배달말학회. 126-149.

남경란, 2005ㄷ, 음독 입겿(구결) 자형과 기능의 통시적 연구 -'ㅅ', '隹', 'ㄲ', 'ㅺ'를 대상으로-, 「어문학」 90, 한국어문학회. 21-44.

남경란, 2005ㄹ, 「여말선초 음독 입겿(구결)의 종합적 고찰」, 서울: 경인문화사. 〈국립중앙도서관 협약도서관 원문 보기〉

남경란, 2006, 「육조대사법보단경」의 구결 연구, 「구결연구」 16, 구결학회. 141-172.

남경란, 2007, 고려본 「상교 정본 자비도량참법」의 입곁(구결) 연구 −개인 소장본 권1~권5를 중심으로−, 「한민족어문학」 51, 한민족어문학회. 129-156.

남경란, 2008ㄱ, 음독 입곁 'ㅅ, ㅐ, ㄲ, ㅒ'의 분포와 기능에 대한 통시적 연구, 「민족문화논총」 38, 경산: 영남대학교 민족문화연구소. 3-26.

남경란, 2008ㄴ, 음독구결 연구의 회고와 전망, 「구결연구」 21, 구결학회. 99-137.

남경란, 2008ㄷ, 여말선초 음독구결문의 성립 배경 −「능엄경」, 「법화경」, 「육조대사법보단경」을 중심으로−, 「민족문화논총」 40, 경산: 영남대학교 민족문화연구소. 289-318.

남경란, 2009, 「여말선초 음독 입곁(구결) 자형과 기능의 통시적 연구」, 서울: 경인문화사.

남경란, 2010, 음독 입곁과 한글 입곁의 상관성 −「능엄경」, 「법화경」, 「유조대사법보단경」을 중심으로−, 「민족문화논총」 45, 경산: 영남대학교 민족문화연구소. 3-30.

남경란, 2011, 한국의 문자, 입곁(구결), 「민족문화논총」 47, 경산: 영남대학교 민족문화연구소. 3-27.

남경란, 2012, 영남대학교 중앙도서관 동빈문고 소장 구결 자료에 대하여, 「민족문화논총」 51, 경산: 영남대학교 민족문화연구소. 39-73.

남경란, 2014ㄱ, 음독 입곁(구결) 명령형의 통시적 고찰, 「민족문화논총」 57, 경산: 영남대학교 민족문화연구소. 53-75.

남경란, 2014ㄴ, 15세기 문헌 자료의 전산화 −연구자 중심 말뭉치 구축 및 활용−, 「우리말연구」 47, 우리말학회. 45-70.

남경란, 2016ㄱ, 새 자료, 초조대장경 남선사본 「사분율장제삼분」 권40의 각필에 대하여, 「구결연구」 36, 구결학회. 63-93.

남경란, 2016ㄴ, 「한글 창제 전후의 입겿(구결) 연구」, 파주: 경인문화사.

남경란, 2017, 11세기 초조대장경 「사분율장제삼분」의 각필 부호 분석, 「민족문화논총」 65, 경산: 영남대학교 민족문화연구소. 1-25.

남경란, 2018, 새 자료, 고려본 「자비도량참법」의 석독 구결 분석 및 음독 구결과의 상관성 비교 연구, 「어문학」 140, 한국어문학회. 1-33.

남경란, 2019ㄱ, 재조대장경 「금광명최승왕경」 권제2의 각필 및 점토 연구, 「민족문화논총」 73, 경산: 영남대학교 민족문화연구소. 309-335.

남경란, 2019ㄴ, 고려시대 간행 묵서점 부호 자료 소개, 「한국말글학」 36, 한국말글학회. 39-56.

남경란, 2020, 기림사 소장 고려시대 목판본 「묘법연화경」의 묵서 부호 연구, 「인문과학연구」 41, 경산: 대구가톨릭대학교 인문과학연구소. 1-29.

남경란, 2021ㄱ, 미공개 고려본 「능엄경」 권제8~9의 음독 구결 비교 연구, 「인문과학연구」 44, 경산: 대구가톨릭대학교 인문과학연구소. 55-82.

남경란, 2021ㄴ, 고려 시대 불경에 사용된 표점의 형태와 양상 연구, 「민족문화논총」 77, 경산: 영남대학교 민족문화연구소. 135-170.

남경란, 2022, 각필 및 표점 관련 고려 시대 연구 자료 소개, 「한국말글학」 39, 한국말글학회. 21-42.

남광우, 1960, 고가요에 나타난 난해어에 대하여, 「한글」 126, 한글학회. 461-476.

남광우, 1961, 「향약채취월령」 해독 고찰, 「문경」 11, 서울: 중앙대학교 문리과대학. 27-37.

남광우, 1962, 「국어학 논문집」, 서울: 일조각.

남광우, 1979, 「조선(이조) 한자음 연구 −임진전 현실 한자음을 중심으로−」,

서울: 일조각. 〈국립중앙도서관 디지털열람실 원문 보기〉

남광우, 1983, 한국 약자에 대하여, 「어문연구」 39·40, 한국어문교육연구회. 529-544.

남광우, 1991, 한중일 삼국의 상용한자와 약자 문제, 「어문연구」 72, 한국어문교육연구회. 362-377.

남광우 편저, 1973, 「보정 고어 사전」, 서울: 일조각.

남권희, 1990ㄱ, 니산본 「삼국유사」의 서지적 고찰, 「서지학연구」 5·6 합집, 한국서지학회. 205-234.

남권희, 1990ㄴ, 흥덕사자로 찍은 「자비도량참법집해」의 복각본에 관한 고찰, 「문헌정보학보」 4, 전남대학교 인문사회과학대학 문헌정보학연구회. 179-234.

남권희, 1991, 흥덕사자로 찍은 「자비도량참법집해」의 찬자와 간행에 관한 고찰 -새로 발견된 복각본의 권수 사항을 중심으로-, 「서지학연구」 7, 서지학회. 3-31.

남권희, 1993ㄱ, 고려 석독구결 자료 「대방광불화엄경소」 권14와 그 구결 자료, 「구결연구회 공동연구회 발표논문집」 성남: 한국정신문화연구원.

남권희, 1993ㄴ, 고려본 「자비도량참법」 권제1~5와 그 구결 소개, 「계간 서지학보」 11, 한국서지학회. 5-36.

남권희, 1994ㄱ, 고려 석독구결 자료 「대방광불화엄경소」 권35, 구결연구회 공동연구회 발표.

남권희, 1994ㄴ, 고려 석독구결 자료 「금광명경」 권3, 구결연구회 월례강독회 발표.

남권희, 1994ㄷ, 고려말 구결 자료 6종 소개, 구결연구회 1994년 공동연구회 발표 요지.

남권희, 1994ㄹ, 고려 석독 구결 연구: 자료와 연구의 현황, 「대구한글학회

입곁 연구 모임: 구결 강독 제1회 구두 발표 요지」, 대구: 대구교육
대.

남권희, 1994ㅁ, 용천기 개국원종공신녹권에 관한 서지적 분석, 「서지학연
구」 10, 서지학회. 391-424.

남권희, 1995ㄱ, 흥덕사자로 찍은 「자비도량참법집해」의 복각본에 관한
연구, 「고인쇄문화」 2, 청주: 청주고인쇄박물관. 5-86.

남권희, 1995ㄴ, 「대명률직해」의 서지학적 고찰, 「고서연구」 12, 한국고서
연구회. 130-139.

남권희, 1996, 고려 구결 자료 「대방광불화엄경」 권제14의 서지적 분석,
「구결연구」 1, 구결학회. 377-402.

남권희, 1997ㄱ, 차자 표기 자료의 서지, 「새국어생활」 7-4, 서울: 국립국
어연구원. 147-194.

남권희, 1997ㄴ, 고려말에서 조선 중기까지의 구결 자료에 관한 서지학적
연구, 「한국도서관정보학회지」 27, 한국도서관정보학회. 485-572.

남권희, 1997ㄷ, 「대방불화엄경소」(권35) 고려 구결본에 대한 서지적 연
구, 「한국전통문화연구」 12, 경산: 대구효성가톨릭대 한국전통문
화연구소. 61-93.

남권희, 1998ㄱ, 고려 구결본 「(합부)금광명경」 권3에 관한 서지적 고찰,
「서지학연구」 15, 한국서지학회. 309-338.

남권희, 1998ㄴ, 고려말에서 조선 중기까지의 구결 자료에 관한 서지학적
연구, 「도서관학논집」 27, 한국도서관정보학회. 1-88.

남권희, 2001, 영천판 「구황촬요」, 「영남학」 창간호, 대구: 경북대학교
영남문화연구원. 293-308. 〈영천판 영인 수록〉

남권희, 2002ㄱ, 「고려시대 기록문화 연구」, 청주: 청주고인쇄박물관. 〈「화
엄경소(華嚴經疏)」 권35 영인〉

남권희, 2002ㄴ, 15·16세기 경상도 지역의 형옥 관련 문서와 첩정 문서,

「서지학연구」 23, 한국서지학회. 235-289.

남권희, 2003, 취암문고의 고서와 고문서 개관,「영남학」 3, 대구: 경북대학교 영남문화연구원. 175-230.

남권희, 2007, 일본 남선사 소장의 고려 초조대장경,「서지학연구」 36, 한국서지학회. 81-121.

남권희, 2008ㄱ, 계명대학교 벽오 고문헌실 소장 한국 불교 문헌과 가치,「한국학연구원 학술대회 논문집」 10, 대구: 계명대학교 한국학연구원. 27-59.

남권희, 2008ㄴ, 계명대학교 동산도서관 소장 초조대장경과「대방광불화엄경소」,「한국학논집」 37, 대구: 계명대학교 한국학연구원. 35-63.

남권희, 2009ㄱ, 조선 시대 경주 간행의 서적,「신라문화」 33, 경주: 동국대학교 신라문화연구소. 1-57.

남권희, 2009ㄴ. 유관, 신극경, 정진 조선 개국원종공신녹권 연구,「영남학」 15, 대구: 경북대학교 영남문화연구원. 457-527.

남권희, 2010, 남선사 초조대장경의 서지학적 분석,「한국중세사연구」 28, 한국중세사학회. 65-136.

남권희, 2013ㄱ, 파른본「삼국유사」의 서지 연구,「동방학지」 162, 서울: 연세대학교 국학연구원. 59-105.

남권희, 2013ㄴ, 장서각 소장 불교 전적 문화재의 서지 연구,「장서각」 29, 성남: 한국학중앙연구원. 10-43.

남권희, 2014, 영남대학교 도서관 남재문고 소장 불교 문헌의 서지 연구,「민족문화논총」 58, 경산: 영남대학교 민족문화연구소. 179-229.

남권희, 2015,「삼국유사」 제판본의 서지적 분석,「한국고대사연구」 79, 한국고대사학회. 203-246.

남권희, 2020, 한국 도서관사 연구 자료로서의 목간 기록 및 서지 자료로서의 목간 분석,「서지학연구」 84, 한국서지학회. 31-56.

남권희, 2021, 간경도감 간행 법장의 「대승기신론소」 교장본의 서지적 분석, 「불교학보」 94, 서울: 동국대학교 불교문화연구원. 9-38.

남권희·여은영, 1995, 충렬왕대 무신 정인경의 정안과 공신록권 연구, 「고문서연구」 7, 한국고문서학회. 1-50.

남권희 외, 2006, 프랑스 국립도서관 소장 「직지」 원본 조사 연구, 「서지학연구」 35, 한국서지학회. 59-81.

남권희·권오덕, 2014, '이의 개국공신녹권'의 서지적 연구, 「서지학연구」 60, 한국서지학회. 207-244.

남권희·남경란, 2016, 13세기 고려 석독구결본 「자비도장참법」 권4 잔편의 구결 소개, 「국어사연구」 22, 국어사학회. 199-232.

남권희·석혜영, 2020, 김병구 소장 감지금자 「대방광불화엄경」 권제22의 서지적 연구, 「서지학연구」 81, 한국서지학회. 89-112.

남권희·여은영, 1995, 충렬왕대 무신 정인경의 정안과 공신녹권 연구, 「고문서연구」 7-1, 한국고문서학회. 1-50.

남성우·정재영, 1998, 구역인왕경 석독구결의 표기법과 한글 전사, 「구결연구」 3, 구결학회. 195-251.

남종진, 2019, 「재물보」 해제, 「국역 재물보」 1. 서울: 세종대왕기념사업회.

남풍현, 1968, 중국어 차용에 있어서 직접차용과 간접차용의 문제에 대하여, 「이숭녕 박사 송수기념논총」, 심악 이숭녕 박사 송수기념사업위원회 편, 서울: 을유문화사. 211-223.

남풍현, 1972ㄱ, 15세기 국어의 한자어 자용고, 「국어학논집」 5·6, 서울: 단국대학교 인문대학 국어국문학과. 3-22.

남풍현, 1972ㄴ, 중세 국어의 중국어 차용 연구, 「논문집」 6, 서울: 한양대학교. 59-84.

남풍현, 1972ㄷ, 두시언해 주석문의 '-로'에 대한 고찰 -국어에 미친 한어의 문법적 영향을 중심으로-, 「논문집」 6, 서울: 단국대학교. 7-30.

남풍현, 1973, 두시언해 주석문의 문법적 고찰,「동양학」3, 서울: 단국대
학교 동양학연구소. 75-126. 〈남풍현(1999: 489-562) 재수록〉

남풍현, 1974ㄱ, 고대국어의 이두 표기,「동양학」4, 서울: 단국대학교
동양학연구소. 363-374.

남풍현, 1974,ㄴ 13세기 노비 문서와 이두,「논문집」8, 서울: 단국대학교.
9-28. 〈남풍현(2000ㄱ: 568-592) 재수록〉

남풍현, 1975ㄱ, 중세어에 있어서의 차용어 표기,「국어국문학」68·69,
국어국문학회. 285-287.

남풍현, 1975ㄴ, 한자 차용표기법의 발달,「국문학논집」7·8, 서울: 단국
대학교 국어국문학과. 3-47.

남풍현, 1975ㄷ, 한자 차용표기법의 '元' 자고,「국어학」3, 국어학회. 151-
161. 〈남풍현(2000ㄱ: 624-634) 재수록〉

남풍현, 1976ㄱ, 제이 신라 장적에 대하여,「미술자료」19, 서울: 국립중앙
박물관. 32-39. 〈남풍현(2000ㄱ: 273-289) 재수록〉

남풍현, 1976ㄱ, 고려 초기의 첩문 '자적선사릉운탑비음명(慈寂禪師凌雲塔
碑陰銘)'과 이두,「국어국문학」72·73, 국어국문학회. 321-324.

남풍현, 1976ㄷ, 국어 부정법의 발달,「문법연구」3, 문법연구회, 서울:
탑출판사. 〈남풍현(1999: 213-239) 재수록〉

남풍현, 1977ㄱ, 국어 처격 조사의 발달 -구역인왕경의 구결을 중심으로-,
「이숭녕 선생 고희기념 국어국문학논총」, 서울: 탑출판사. 〈남풍
현(1999: 241-269) 재수록〉

남풍현, 1977ㄴ, 향가와 구역인왕경 구결의 '之叱'에 대하여,「언어」2-1,
한국언어학회. 〈남풍현(1999: 271-284) 재수록〉

남풍현, 1978ㄱ, 훈민정음과 차자표기법과의 관계,「국문학논집」9, 서울:
단국대학교 국어국문학과. 3-26.

남풍현, 1978ㄴ, 단양 적성비의 해독 시고,「사학지」12-1, 단국사학회.

12-20.

남풍현, 1979ㄱ, 단양 신라적성비의 어학적인 고찰, 「논문집」 13, 서울: 단국대학교. 9-32. 〈남풍현(2000: 103-132) 재수록〉

남풍현, 1979ㄴ, 비교언어학적 관견에서 본 '비릇', 「관악어문연구」 3, 서울: 서울대학교 국어국문학과. 215-220.

남풍현, 1979ㄷ, 16세기초의 일명문 해독, 「단원」 11, 서울: 단국대학교. 94-106.

남풍현, 1980ㄱ, 차자표기법의 용자법에 대하여, 「난정 남광우 박사 화갑 기념논총」, 서울: 일조각. 453-464.

남풍현, 1980ㄴ, 구결과 토, 「국어학」 9, 국어학회. 151-161. 〈남풍현 (1999: 13-24) 재수록〉

남풍현, 1980ㄷ, 한자·한문의 수용과 차자표기법의 발달, 「'80 학술대회발표논문: 한국 고대 문화와 인접 문화와의 관계」, 성남: 한국정신문화연구원.

남풍현, 1981ㄱ, 「차자표기법 연구 –향약구급방의 향명 표기를 중심으로–」, 박사논문, 서울: 서울대학교.

남풍현, 1981ㄴ, 「차자표기법 연구」, 서울: 단국대학교출판부.

남풍현, 1982, 「삼국유사」의 국어학적 연구의 회고와 전망, 「한국사연구」 38, 한국사연구회. 87-112.

남풍현, 1983ㄱ, 서동요의 '卯乙'에 대하여, 「국어학연구 –정병욱 선생 환갑 기념논총–」, 서울: 신구문화사. 188-197. 〈남풍현(2009) 재수록〉

남풍현, 1983ㄴ, 창녕 인양사비의 이두문 고찰, 「국문학논집」 11, 서울: 단국대학교 국어국문학과. 3-36. 〈남풍현(2000ㄱ: 329-364) 재수록〉

남풍현, 1985ㄱ, 국어 속의 차용어 –고대 국어에서 근대 국어까지–, 「국어생활」 2, 서울: 국어연구소. 6-22.

남풍현, 1985ㄴ, 「구역인왕경」 석독구결의 연대, 「동양학」 15-1, 서울: 단국대학교 동양학연구소. 19-40. 〈남풍현(1999: 139-166) 재수록〉

남풍현, 1985ㄷ, 차자표기법의 '텵'에 대하여, 「역사언어학(김방한 선생 회갑기념논집)」, 편집위원회 편, 서울: 전예원.

남풍현, 1985ㄹ, 차자표기의 연구, 「국어학 연구사」, 고영근 편, 서울: 학연사. 160-175.

남풍현, 1986ㄱ, 「구역인왕경」의 구결에 대하여, 「국어학 신연구(약천 김민수 교수 화갑기념)」, 서울: 탑출판사. 49-57.

남풍현, 1986ㄴ, 이두·향찰 표기법의 원리와 실제, 「국어생활」 6, 서울: 국어연구소. 40-56. 〈남풍현(2000ㄱ: 11-29) 재수록〉

남풍현, 1987ㄱ, 구결 연구의 회고와 전망, 「제1회 한국학 국제학술회의 논문집」, 인천: 인하대학교 한국학연구소.

남풍현, 1987ㄴ, 중세 국어의 과거 시제 어미 '-드-'에 대하여, 「국어학」 16, 국어학회. 55-63. 〈남풍현(1999ㄴ: 479-487) 재수록〉

남풍현, 1988ㄱ, 균여전, 「국어생활」 12, 서울: 국어연구소. 109-116.

남풍현, 1988ㄴ, 영태 2년명 석조비로자나불 조상기의 이두문 고찰, 「신라문화」 5, 경주: 동국대학교 신라문화연구소. 5-25. 〈남풍현(2000: 290-316) 재수록〉

남풍현, 1988ㄷ, 석독구결의 기원에 대하여, 「국어국문학」 100, 국어국문학회. 233-242. 〈남풍현(1999ㄴ: 25-34) 재수록〉

남풍현, 1989ㄱ, 울진 봉평 신라비에 대한 어학적 고찰, 「한국고대사연구」 2, 한국고대사연구회. 45-57. 〈남풍현(2000: 87-102) 재수록〉

남풍현, 1989ㄴ, 한국의 고유한자, 「국어생활」 17, 서울: 국어연구소. 96-109.

남풍현, 1989ㄷ, 명활산성 작성비문의 어학적 고찰, 「국어국문학논총 3. 국어학 일반(이정 정연찬 선생 회갑기념논문집)」, 간행위원회 편,

서울: 탑출판사. 685-697. 〈남풍현(2000: 166-181) 재수록〉

남풍현, 1989ㄹ, 차자표기법의 고유명사 표기법에 미친 중국의 영향, 「진단학보」 68, 진단학회. 185-190.

남풍현, 1989ㅁ, 고려시대의 언어·문자관, 「주시경학보」 3, 서울: 주시경 연구소. 〈남풍현(2009) 재수록〉

남풍현, 1990ㄱ, 고려말·조선 초기의 구결 연구 -「능엄경」 기입토의 표기법을 중심으로-, 「진단학보」 69, 진단학회. 75-101. 〈남풍현(1999: 393-431) 재수록〉

남풍현, 1990ㄴ, 이두·구결, 「국어 연구 어디까지 왔나」, 서울대학교 대학원 국어연구회 편, 서울: 동아출판사. 594-604. 〈남풍현(2000ㄱ: 48-56) 재수록〉

남풍현, 1990ㄷ, 영일 냉수리 신라비의 어학적 고찰, 「기곡 강신항 교수 회갑기념논문집」, 서울: 태학사. 〈남풍현(2000ㄱ: 69-86) 재수록〉

남풍현, 1991ㄱ, 고려 시대 구결에 나타난 일·이 문제, 「어문교육」 19-2, 3 통합본(70·71), 한국어문교육연구회. 261-264. 〈남풍현(1999: 465-477) 재수록〉

남풍현, 1991ㄴ, 무진사 종명의 이두문 고찰, 「석정 이승욱 선생 회갑기념논총」, 서울: 원일사 인쇄. 69-80. 〈남풍현(2000ㄱ: 187-199) 재수록〉

남풍현, 1991ㄷ, 신라 선림원 종명의 이두문 고찰, 「서재극 선생 회갑기념논총」, 대구: 계명대학교 출판부. 〈남풍현(2000ㄱ: 317-328) 재수록〉

남풍현, 1991ㄹ, 신라 시대 이두의 '哉'에 대하여, 「국어학의 새로운 인식과 전개(김완진 선생 회갑기념논총)」, 서울: 민음사. 〈남풍현(2000ㄱ: 422-434) 재수록〉

남풍현, 1991ㅁ, 신라 화엄경 사경 조성기에 대한 어학적 고찰, 「동양학」 21-1, 서울: 단국대학교 동향학연구소. 1-29. 〈남풍현(2000ㄱ: 200-240) 재수록〉

남풍현, 1991ㅂ, 이두 자료, 「한국학 기초 자료 선집 -중세편-」, 성남: 한국정신문화연구원.

남풍현, 1991ㅅ, 한국인의 이름의 변천, 「새국어생활」 1-1, 서울: 국립국어 연구원. 57-75.

남풍현, 1992ㄱ, 고려시대의 언어와 문자생활, 「한국사상사」 3, 성남: 한국 정신문화연구원.

남풍현, 1992ㄴ, 고문서의 이두 해독 -유경 공신녹권을 중심으로-, 「정신 문화연구」 46(15-1), 성남: 한국정신문화연구원. 93-108. 〈남풍현 (2000ㄱ: 546-567) 재수록〉

남풍현, 1992ㄷ, 신라 화엄경 사경 조성기의 해독, 「고문서연구」 2, 한국고 문서학회. 1-13.

남풍현, 1992ㄹ, 정창원 소장 신라 장적의 이두 연구, 「중재 장충식 박사 화갑기념논총 -인문·사회과학 편-」, 서울: 단국대학교 출판부. 31-52. 〈남풍현(2000ㄱ: 241-272) 재수록〉

남풍현, 1993ㄱ, 신라 시대의 이두 자료, 「국어사 자료와 국어학의 연구(안 병희 선생 회갑기념논총)」, 서울대학교 대학원 국어연구회 편, 서 울: 문학과 지성사.

남풍현, 1993ㄴ, 신라 시대 이두문의 해독, 「계간 서지학보」 9, 한국서지학 회. 3-45. 〈남풍현(2000ㄱ: 365-410) 재수록〉

남풍현, 1993ㄷ, 향찰과 구결의 관계, 「단국어학」 3, 서울: 단국대학교 문리과대학 국어국문학과. 1-5.

남풍현, 1993ㄹ, 고려본 「유가사지론」의 석독구결에 대하여, 「동방학지」 81, 서울: 연세대학교 국학연구원. 115-180.

남풍현, 1993ㅁ, 중세 국어의 의성의태어, 「새국어생활」 3-2, 서울: 국립국어연구원. 93-115.

남풍현, 1993ㅂ, 차자 표기와 고대 국어의 어형, 「한국어문」 2, 성남: 한국정신문화연구원. 〈남풍현(2009) 재수록〉

남풍현, 1993ㅅ, 차자표기의 「시경석의」에 대하여, 「퇴계학연구」 7, 서울: 단국대학교 퇴계학연구소. 119-139.

남풍현, 1993ㅇ, 향가 해독론, 「향가 문학 연구(황패강 교수 정년퇴임기념논총 1)」, 서울: 일지사.

남풍현, 1994ㄱ, 「신역 화엄경」 권14의 고려 시대 석독구결, 「국문학논집」 14, 서울: 단국대학교 국어국문학과. 1-28. 〈남풍현(1999: 167-199) 재수록〉

남풍현, 1994ㄴ, 심악 이숭녕 선생의 차자표기 자료 연구, 「어문연구」 22-1, 2 통합본호(81·82 합병호), 한국어문교육연구회. 33-38. 〈「이숭녕 현대 국어학의 개척자」, 2008, 서울대학교 대학원 국어연구회 편, 파주: 태학사. 343-350. 재수록〉

남풍현, 1994ㄷ, 고려 초기의 첩문과 그 이두에 대하여: 예천 명봉사 자적선사비의 음기의 해독, 「고문서연구」 5, 한국고문서학회. 1-19. 〈남풍현(2000: 460-480) 재수록〉

남풍현, 1994ㄹ, 고려시대 이두문 해독 2제, 「우리말 연구의 샘터(연산 도수희 선생 화갑기념논총)」, 간행위원회 편, 서울: 박이정. 〈남풍현(2000ㄱ: 535-545) 재수록〉

남풍현, 1994ㅁ, 차자표기의 「시경석의」(자료), 「퇴계학연구」 8, 서울: 단국대학교 퇴계학연구소. 153-192.

남풍현, 1994ㅂ, 고려시대의 석독구결과 그 문법, 「국어학회 공동연구회 강독 요지서」, 국어학회.

남풍현, 1995ㄱ, 16세기 고문서의 이두문 해독 2제, 「한일어학논총」, 서

울: 국학자료원.

남풍현, 1995ㄴ, 고려 초기의 첩문과 그 이두에 대하여 -농천 명봉사 자적 선사비의 음기의 해독-, 「고문서연구」 5, 한국고문서학회.

남풍현, 1995ㄷ, 박동섭본 「능엄경」의 해제, 「고려시대 능엄경(박동섭, 남권희본; 구결자료총서 1)」, 서울: 태학사.

남풍현, 1995ㄹ, 순창 성황당 현판에 대하여, 「고문서연구」 7, 한국고문서학회. 69-93. 〈남풍현(2000ㄱ: 593-623) 재수록〉

남풍현, 1995ㅁ, 한국어 사료로서의 「삼국유사」 검토, 「삼국사기의 원전검토」, 성남: 한국정신문화연구원. 〈남풍현(2009) 재수록〉

남풍현, 1995ㅂ, 차자표기의 「시경역의」 주해(1), 「퇴계학연구」 9, 서울: 단국대퇴계학연구소.

남풍현, 1996ㄱ, 「금강명경」 권3 석독구결에 나타난 '戶'의 용법에 대하여, 「이기문 교수 정년퇴임기념논총」, 서울: 신구문화사. 〈남풍현(1999: 321-342) 재수록〉

남풍현, 1996ㄴ, 고대 국어의 이두, 「고문서연구」 9·10, 한국고문서학회. 1-16. 〈국회전자도서관 홈페이지 원문 보기〉

남풍현, 1996ㄷ, 고려시대 석독구결의 'ㄹ/ㄹ'에 대한 고찰, 「구결연구」 1, 구결학회. 〈남풍현(1999: 343-389) 재수록〉

남풍현, 1996ㄹ, 고려시대 석독구결의 동명사 어미 '-ㄱ/ㄴ'에 대한 고찰, 「국어학」 28, 국어학회. 1-48. 〈남풍현(1999: 285-319) 재수록〉

남풍현, 1997ㄱ, 고려시대 석독구결의 ㅆ와 ㅅ의 원자에 대하여, 「어문학논총(청범 진태하 교수 계칠송수기념)」, 논총간행위원회 편, 서울: 태학사, 〈남풍현(1999: 201-212) 재수록〉

남풍현, 1997ㄴ, 차자표기법과 그 자료, 국어사연구회 엮음, 「국어사 연구」, 국어사연구회 엮음, 서울: 태학사. 65-95.

남풍현, 1997ㄷ, 한국에 있어서의 구결 연구의 회고와 전망, 「訓點語と訓點

資料」 100호, 東京: 訓點語學會.

남풍현, 1997ㄹ, 정도사 조탑 형지기의 해독 -고려시대 이두 연구의 일환
으로-, 「고문서연구」 12, 한국고문서학회. 1-50. 〈남풍현(2000)
재수록〉

남풍현, 1997ㅁ, 구결의 성격과 연구사, 「訓點語と訓點資料」 제100집, 東
京: 訓點語學會. 〈남풍현(1999: 35-63) 재수록〉

남풍현, 1998ㄱ, 고대 국어 자료, 「국어의 시대별 변천 연구 3 -고대 국어-」,
서울: 국립국어연구원. 207-241. 〈남풍현(2000ㄱ: 30-47), 남풍
현(2009) 재수록〉

남풍현, 1998ㄴ, 고대국어의 문법 형태, 「제3차 환태평양 한국학 국제회의
한국학 논총」, 제3차 환태평양 한국학 국제회의 조직위원회. 〈남
풍현(2000ㄱ: 435-455) 재수록〉

남풍현, 1998ㄷ, 「유가사지론」 권20 석독구결의 표기법과 한글 전사, 「구
결연구」 3, 구결학회. 253-336.

남풍현, 1998ㄹ, 「직지심체요절」의 구결에 대한 고찰, 「불교학논총(월운 스
님 고희 기념)」, 서울: 동국대학교 부설 동국역경원. 〈남풍현(1999
ㄴ: 433-464) 재수록〉

남풍현, 1998ㅁ, 정두사 조탑 형지기의 해독 -고려 시대 이두 연구의 일환
으로-, 「고문서연구」 12, 한국고문서학회. 1-50.

남풍현, 1999ㄱ, 「「유가사지론」 석독구결의 연구」, 서울: 태학사.

남풍현, 1999ㄴ, 「국어사를 위한 구결 연구」, 서울: 태학사.

남풍현, 1999ㄷ, 「향약집성방」의 향명에 대하여, 「진단학보」 87, 진단학
회. 171-194.

남풍현, 2000ㄱ, 「이두 연구」, 서울: 태학사.

남풍현, 2000ㄴ, 고려 시대의 점토 구결에 대하여, 「서지학보」 24, 한국서
지학회. 5-45. 〈남풍현(2009) 재수록〉

남풍현, 2000ㄷ, 중원고구려비문의 해독과 이두적 성격, 「고구려연구」 10, 고구려연구회. 363-386. 〈남풍현(2009: 166-189) 재수록〉

남풍현, 2000ㄹ, 고려본 「법화경」의 점토 순독구결에 대하여, 「구결학회 공동연구회 발표논문집」 23, 구결학회. 150-151.

남풍현, 2000ㅁ, 조건법 연결어미 '-면'의 발달, 「구결연구」 6, 구결학회. 11-19.

남풍현, 2000ㅂ, 국어사 연구와 차자표기 자료, 「어문연구」 28-2, 한국어문교육연구회. 5-9.

남풍현, 2001ㄱ, 「설총 -10월의 문화 인물-」, 서울: 문화관광부·문화예술진흥원.

남풍현, 2001ㄴ, 「삼국사기」와 「삼국유사」에 나타난 설총 관련 기사의 분석, 「어문연구」 112(29-4), 한국어문교육연구회. 43-51. 〈남풍현(2009: 243-254) 재수록〉

남풍현, 2001ㄷ, 설총과 차자 표기법, 「새국어생활」 11-3, 서울: 국립국어연구원. 21-36.

남풍현, 2001ㄹ, 한국 고대어의 단모음화에 대하여, 「한일어문학논총(梅田博之 교수 고희기념논문집)」, 서울: 태학사. 〈남풍현(2009: 300-317) 재수록〉

남풍현, 2001ㅁ, 차자표기 자료와 함께 30년, 「문헌과 해석」 14, 파주: 태학사(문헌과해석사). 154-175.

남풍현, 2002ㄱ, 도산서원의 고문서에 대하여, 「퇴계학연구」 16, 서울: 단국대학교 출판부. 109-126.

남풍현, 2002ㄴ, 고려시대 각필점토 석독구결의 종류와 그 해독 -진본 「화엄경」 권20의 점토석독구결을 중심으로-, 「조선학보」 183, 조선학회. 1-22. 〈남풍현(2009) 재수록〉

남풍현, 2002ㄷ, 구결의 종류와 그 발달, 「국문학논집」 18, 서울: 단국대학교 국어국문학과. 1-10.

남풍현, 2002ㄹ, 신라시대 구결의 재고를 위하여, 「구결연구」 8, 구결학회. 77-93. 〈남풍현(2009: 255-272) 재수록〉

남풍현, 2002ㅁ, 신라승 순경의 「법화경음의」에 대하여, 「구결학회 공동연구회 발표논문집」 26, 구결학회. 155-161.

남풍현, 2002ㅂ, 신라 화엄경 사경 조성기의 해독과 그 어휘, 「국제학술회의논문집」, 서울: 국립국어연구원. 107-117.

남풍현, 2003ㄱ, 居伐牟羅와 耽牟羅, 「탐라문화」 23, 제주: 제주대 탐라문화연구소. 163-171. 〈남풍현(2009) 재수록〉

남풍현, 2003ㄴ, 고대 국어의 시대 구분, 「구결연구」 11, 구결학회. 1-22. 〈남풍현(2009) 재수록〉

남풍현, 2003ㄷ, 신라 승 순경(順璟)과 경흥(憬興)의 「법화경」 주석서에 대하여, 「구결연구」 10, 구결학회. 31-46. 〈남풍현(2009) 재수록〉

남풍현, 2003ㄹ, 수덕사 소장 「법화경」 권7의 각필 석독구결에 대하여, 「제28회 구결학회 전국학술대회 발표논문집」, 구결학회. 61-69.

남풍현, 2003ㅁ, 주본 화엄경 권6의 각필 점토석독구결 연구, 「한국 각필부호 구결 자료와 일본 훈점 자료 연구」, 파주: 태학사.

남풍현, 2004, 시상의 조동사 '在/ㅓ/겨-'의 발달, 「국어국문학」 138, 국어국문학회. 5-34. 〈남풍현(2009) 재수록〉

남풍현, 2005ㄱ, 한국 고대 이두문의 문말 어조사 '之'에 대하여, 「구결연구」 15, 구결학회. 5-28. 〈남풍현(2009) 재수록〉

남풍현, 2005ㄴ, 해인사판 비로자나불상의 묵서 이두문 해독, 「해인사 학술대회 발표논문집」, 합천: 해인사. 〈남풍현(2009) 재수록〉

남풍현, 2006ㄱ, 상고시대에 있어서 차자표기법의 발달, 「구결연구」 16, 구결학회. 5-25. 〈남풍현(2009) 재수록〉

남풍현, 2006ㄴ, 한국의 고대 구결 자료와 그 변천에 대하여, 「국어사 연구

어디까지 와 있는가」, 임용기·홍윤표 편, 파주: 태학사. 615-637. 〈남풍현(2009) 재수록〉

남풍현, 2007ㄱ, 고대 한국에 있어서 한적·불전의 전래와 수용, 「서지학보」 31, 한국서지학회. 5-35. 〈남풍현(2009) 재수록〉

남풍현, 2007ㄴ, 자토석독구결에 나타난 부독자에 대한 고찰, 「구결연구」 18, 구결학회. 207-250. 〈남풍현(2009) 재수록〉

남풍현, 2008ㄱ, 석독구결에 쓰인 '攴'의 형태와 기능에 대하여, 「구결연구」 20, 구결학회. 93-121. 〈남풍현(2009) 재수록〉

남풍현, 2008ㄴ, 구결학회 20년의 회고와 전망, 「구결연구」 21, 구결학회. 5-25.

남풍현, 2009, 「고대 한국어 연구」, 서울: 시간의 물레.

남풍현, 2010ㄱ, '헌화가'의 해독, 「구결연구」 24, 구결학회. 5-35.

남풍현, 2010ㄴ, 한국어사 연구에 있어 구결 자료의 기여에 대하여, 「구결연구」 25, 구결학회. 5-20.

남풍현, 2011ㄱ, 고대 한국어의 겸양법 조동사 '白/ᄉᆞᆲ'과 '內/아'의 발달, 「구결연구」 26, 구결학회. 131-166.

남풍현, 2011ㄴ, 중고 한국어의 문법 개관, 「구결연구」 27, 구결학회. 5-25.

남풍현, 2012ㄱ, 「삼국유사」의 향가와 「균여전」 향가의 문법 비교, 「구결연구」 28, 구결학회. 5-32.

남풍현, 2012ㄴ, 고대 한국어의 여실법 동사 '攴/디'와 '多攴/다디'에 대하여, 「구결연구」 29, 구결학회. 247-280.

남풍현, 2013, 동대사(東大寺) 소장 신라 「화엄경」 사경과 그 석독구결에 대하여, 「구결연구」 30, 구결학회. 53-79.

남풍현, 2014ㄱ, 「한국어와 한자 한문의 만남」, 서울: 월인.

남풍현, 2014ㄴ, 「고대 한국어 논고」, 파주: 태학사.

남풍현, 2014ㄷ, 「국어사 연구」, 파주: 태학사.

남풍현, 2014ㄹ, 밀양 소태리 오층 석탑 조성 연유기의 판독과 해독, 「구결 연구」 33, 구결학회. 229-248.

남풍현, 2015, 가야어에 대하여, 「구결연구」 35, 구결학회. 5-22.

남풍현, 2017ㄱ, '도천수관음가'의 새로운 해독, 「어문연구」 45-4, 한국어 문교육연구회. 7-29.

남풍현, 2017ㄴ, '우적가'의 해독, 「구결연구」 39, 구결학회. 5-41.

남풍현, 2017ㄷ, '원가'의 해독, 「국어학」 83, 국어학회. 3-34.

남풍현, 2017ㄹ, 나의 고대 한국어 연구, 「한국사학사학보」 35, 한국사학 사학회. 263-275.

남풍현, 2018ㄱ, '도솔가'와 '제망매가'의 새로운 해독, 「진단학보」 130, 진단학회. 1-26.

남풍현, 2018ㄴ, '원앙생가'의 새로운 해독, 「구결연구」 41, 구결학회. 5-27.

남풍현, 2019, '안민가'의 새로운 해독, 「구결연구」 42, 구결학회. 33-49.

남풍현, 2020, '모죽지랑가'의 새로운 해독, 「구결연구」 45, 구결학회. 1-16.

남풍현·심재기, 1976, 「구역인왕경」의 구결 연구(기일), 「동양학」 6, 서울: 단국대학교 동양학연구소. 107-137. 〈남풍현(1999ㄴ: 67-137) 수정 재수록〉

남풍현 외 공편, 2020, 「이두 사전」, 용인: 단국대학교 출판부.

남현철, 1999, 「「계림유사」와 「조선관역어」의 공통 사음자 비교 연구」, 석사논문, 공주: 공주대학교 대학원. 〈국회전자도서관 홈페이지 원문 보기〉

녕옥청, 2011, 「향약구급방에 대한 연구」, 석사논문, 익산: 원광대학교 대학원.

노대석, 1968, 「빛벌 문화」, 창녕: 창녕문화구락부.

노명호 외 공편, 2000, 「한국 고대 중세 고문서 연구」 상·하, 서울: 서울대학교출판부.

노명호·이승재, 2008, 석가탑 묵서 지편 고문서의 판독 및 역주, 「불국사 석가탑 묵서 지편의 기초적 검토」, 서울: 재단법인 불교문화재연구소.

노명희, 1998, 한자어, 「이익섭 선생 회갑기념논총 문법 연구와 자료」, 서태룡 외 공편, 서울: 태학사. 775-799.

노명희, 2005, 「현대국어 한자어 연구」, 서울: 태학사.

노승석, 2016, 이순신의 「충민공계초」에 대한 서지적 고찰, 「문화재」 49-2, 대전: 국립문화재연구원. 4-19.

노영식, 1995, 「계림유사」 '大曰黑根' 중 '黑'의 독법, 「고서연구」 11, 한국고서연구회. 11-30.

노용필, 1996, 「신라 진흥 순수비 연구」, 서울: 일조각. 〈국립중앙도서관 협약도서관 원문 보기〉 〈서강대 대학원 박사논문(1994)〉

노은주·이은규, 1991, 향가 용자례 연구, 「한국전통문화연구」 7, 대구: 효성여자대학교 한국전통문화연구소.

노인환, 2009, 「조선시대 유서 연구」, 석사논문, 성남: 한국학중앙연구원 한국학대학원.

노인환, 2011, 조선시대 공신교서 연구 –문서식과 발급과정을 중심으로–, 「고문서연구」 39, 한국고문서학회. 1-34.

노중국, 1992, 창녕 신라 진흥왕 척경비, 「역주 한국 고대 금석문」 2, 한국고대사회연구소 편, 서울: 가락국사적개발연구원.

노중국, 1997, 신라 17관등제의 성립 과정, 「계명사학」 8, 계명사학회. 1-47.

노중국, 2003, 삼국의 관등제, 「강좌 한국고대사」 2, 서울: 가락국사적개발연구원. 91-182.

노중국, 2007, 「삼국사기」 초기 기록과 「삼국지」 동이전, 「한국고대사 연구의 새 동향 -한국고대사학회 20년 1987~2006-」, 한국고대사학회 편, 서울: 서경문화사.

노중국, 2009ㄱ, 금석문 목간 자료를 활용한 한국 고대사 연구 과제와 몇 가지 재해석, 「제11회 한국고대사학회 하계 세미나 발표 논문집」, 한국고대사학회. 〈국립중앙도서관 디지털도서관 원문 보기〉

노중국, 2009ㄴ, 백제의 구휼·진대 정책과 '좌관대식기' 목간, 「백산학보」 83, 백산학회. 209-236.

노중국, 2010, 포항 중성리 신라비를 통해 본 마립간 시기 신라의 분쟁 처리 절차와 육부 체제의 운영, 「한국고대사연구」 59, 한국고대사학회. 57-94.

노중국, 2017, 「금석문으로 백제를 읽다」, 서울: 학연문화사.

노중국 외, 2014, 「금석문으로 백제를 읽다 -돌, 흙, 쇠에 새겨진 백제 이야기-」, 서울: 학연문화사.

노태돈, 1989, 울진 봉평 신라비와 신라의 관등제, 「한국고대사연구」 2, 한국고대사연구회. 175-190.

노태돈, 2007, 광개토왕능비, 「한국고대사 연구의 새 동향 -한국고대사학회 20년 1987~2006-」, 한국고대사학회 편, 서울: 서경문화사.

노태돈, 2010, 포항 중성리 신라비의 외위, 「한국고대사연구」 59, 한국고대사학회. 37-55.

단국대학교 국어국문학회, 1978, 「남종통기」, 「국문학논집」 9, 서울: 단국대학교 국어국문학회. 313-323.

단국대학교 동양학연구소 편, 1977, 「이십오사초」 상·중권, 서울: 단국대학교 동양학연구소.

단국대학교 동양학연구소 편, 1979, 「경국대전주해」, 서울: 단국대학교

동양학연구소. 〈국립중앙도서관 협약도서관 원문 보기〉

단국대학교 동양학연구소 편, 1992~1996, 「한국 한자어 사전」 1~4, 서울: 단국대학교출판부. 〈2002-06-15(개정 초판)〉

단국대학교 동양학연구소 편, 2008, 「한한대사전」, 서울: 단국대학교 출판부.

대구시립중앙도서관 고문헌실, 2001, 「낙육재 소장 자료 목록」, 대구: 대구광역시립중앙도서관.

도수희, 1975, 이두사 연구, 「논문집」 2-6, 대전: 충남대학교 인문과학연구소. 1431-1461.

도수희, 1977, 「백제어 연구」, 서울: 아세아문화사.

도수희, 1987, 「백제어 연구」 I, 대전: 백제문화개발연구원.

도수희, 1989, 「백제어 연구」 II, 대전: 백제문화개발연구원.

도수희, 1994, 「백제어 연구」 III, 대전: 백제문화개발연구원.

도수희, 1999, 「한국 지명 연구」, 서울: 이회문화사.

도수희, 2000, 「백제어 연구」 IV, 대전: 백제문화개발연구원.

도수희, 2003, 「한국의 지명」, 서울: 아카넷.

도수희, 2004ㄱ, 지명·왕명과 차자 표기, 「구결연구」 13, 구결학회. 245-288.

도수희, 2004ㄴ, 「백제의 언어와 문화」, 서울: 주류성.

도수희, 2005ㄱ, 「백제어 연구」, 서울: 제이엔씨.

도수희, 2005ㄴ, 「백제어 어휘 연구」, 서울: 제이엔씨.

도수희, 2006, 지명 해석과 고어 탐색법, 「국어사 연구 어디까지 와 있는가」, 임용기·홍윤표 편, 파주: 태학사. 569-586.

도수희, 2007, 「백제 언어 연구」 1~4, 서울: 제이엔씨.

도수희, 2008, 「삼한어 연구」, 서울: 제이엔씨.

도수희, 2010, 「한국 지명 신연구」, 서울: 제이엔씨.

동국대학교 편, 1993, 「실크로드의 문화: 태원·천룡산 석굴」, 서울: 한국 언론자료간행회.

동국대학교 불교편찬위원회 편, 1982, 「한국불교전서」 4, 서울: 동국대학 교 출판부.

동국대학교 불교문화연구소 편, 1976, 「한국 불교 찬술 문헌 총록」, 서울: 동국대학교 출판부.

동국대학교 불교문화연구소 편, 1976, 「韓國佛書解題辭典」, 東京: 國書刊行 會.

동국대학교 역경원, 2006, 「직지」, 청주: 청주시청.

동방문화재연구원 편, 2013, 「부여 사비 119 안전 센터 신축 부지 내 쌍북 리 173-8번지 유적」, 고양: 동방문화재연구원. 〈국립중앙도서관 디지털도서관 원문 보기〉

동아대학교 사학과 편, 「한국 고대사론 선집」 상·하, 부산: 동아대학교.

렴광호, 1993, 리두에서의 '良中'과 '亦中'의 표기 과정과 그 형태에 대하여, 「중국조선어문」 5, 길림: 길림성민족사무원원회.

로국화, 2020, 고려와 리조시기 조선어 관직명에 대한 고찰, 「중국조선어 문」 226, 길림: 길림성민족사무위원회. 53-59.

뤼징(呂靜)·이하얀·쟝러(張樂), 2011, 한국 경주 안압지 출토 '책사(策事)' 목간에 관한 시론, 권인한·김경호·이승률 책임 편집, 서울: 성균관 대학교 출판부. 147-172.

류 렬, 1983, 「세 나라 시기의 리두에 대한 연구 -사람, 벼슬, 고장이름의 표기를 통하여-」, 평양: 과학백과사전출판사. 〈국립중앙도서관 협약도서관 원문 보기. 한국문화사(1995. 영인)〉

류 렬, 1990, 「조선말력사」 1, 평양: 사회과학출판사.

류 렬, 1992, 「조선말력사」 2, 평양: 사회과학출판사.

류 렬, 1997/2003, 「향가 연구」, 서울: 박이정 재발행. 〈국립중앙도서관

디지털도서관 원문 보기〉

류승국, 1973, 「사서율곡언해」 해제, 「사서율곡언해」, 서울: 성균관대학교 출판부.

리득춘, 1991, 이른바 리두음의 최초 기원에 대하여, 「중국조선어문」 1, 길림: 길림성민족사무위원회.

리득춘, 1993, 「한조 언어 문자 관계사」, 서울: 박이정.

리서행 편수, 1965, 「조선어 고어 사전」, 평양: 고등교육도서출판사. 〈서울 여강출판사 「조선어 고어 해석」(1991)〉

맹익재, 1988, 「다산의 물명고에 대한 국어학적 연구」, 석사논문, 서울: 단국대학교 교육대학원.

모산학술재단 편, 1989, 「냉수리 신라비 발굴 연구」, 대구: 모산학술재단.

문경현, 1989, 영일 냉수리 신라비에 보이는 부(部)의 성격과 정치 운영 문제, 「영일 냉수리 신라비의 종합적 검토」, 한국고대사연구회.

문경현, 2010, 백제 무왕과 선화공주고, 「신라사학보」 19, 신라사학회. 297-355.

문동석, 2002, 풍납토성 출토 '大夫' 명에 대하여, 「백제연구」 36, 대전: 충남대학교 백제연구소. 49-62.

문동석, 2008, 백제 흑치상지의 성씨에 대한 신고찰, 「백제연구」 47, 대전: 충남대학교 백제연구소. 161-177.

문동석, 2009, 1990년대 백제의 신발견 문자 자료와 연구 동향, 「인문논총」 18, 서울: 서울여자대학교 인문과학연구소. 87-122.

문동석, 2010, 2000년대 백제의 신발견 문자 자료와 연구 동향, 「한국고대 사연구」 57, 한국고대사학회. 129-168.

문동석, 2011, 신발견 백제의 문자 자료에 대한 역주, 「인문논총」 23, 서울: 서울여자대학교 인문과학연구소. 159-204.

문명대, 1970, 인양사 금당치성비상고, 「고고미술」 108, 한국미술사학회.

7-12.

문명대, 1978, 신라 하대 비로자나불상 조각의 연구(속), 「미술자료」 22, 서울: 국립중앙박물관. 28-37.

문명대, 1979, 신라화엄경사경과 그 변상도의 연구, 「한국학보」 5-1(14), 서울: 일지사. 1027-1064.

문명대, 1980ㄱ, 「한국조각사」, 서울: 열화당.

문명대, 1980ㄴ, 인양사 금당치성비문의 한 고찰, 「신라가야문화」 11, 경산: 영남대학교 신라가야문화연구소.

문명대, 1987, 「한국학 기초 자료 선집 -고대편-」, 성남: 한국정신문화연구원.

문명대, 1997, 「한국 불교 미술사」, 서울: 한국언론자료간행회.

문명대 역, 1980, 천룡산 제21석굴과 당대 비명의 연구, 「불교미술」 5, 서울: 동국대학교 박물관.

문보미, 2010, 조선시대 관문서 關의 기원과 수용 -행이체계를 중심으로-, 「고문서연구」 37, 한국고문서학회. 35-62.

문선규, 1960, 「계림유사」와 「조선관역어」의 'l(ㄹ)' 표기법 고찰, 「국어국문학」 22, 국어국문학회. 46-49.

문선규, 1972, 「조선관역어 연구」, 서울: 경인문화사. 〈국립중앙도서관 디지털도서관 디지털자료실 원문 보기〉

문소라, 2012, 「조선시대 간행의 「대명률」 주석서 판본 분석」, 석사논문, 대구: 경북대학교 대학원.

문소라, 2014, 조선시대에 간행된 「대명률강해」 판본 연구, 「고인쇄문화」 21, 청주: 청주고인쇄박물관. 219-247.

문숙자, 1992, 성암고서박물관 소장 임란 이전의 분재기, 「서지학보」 8, 한국서지학회. 49-60.

문숙자, 1992, 재녕 이씨 영해파 가문의 분재기 분석, 「청계사학」 9, 청계사

학회. 69-135.

문숙자, 1999, 안동 주촌의 진성 이씨 가와 그 소장 고문서의 성격, 「고문서집성 41 -안동 주촌 진성 이씨 편(I)-」, 성남: 한국정신문화연구원.

문숙자, 2000ㄱ, 「조선 전기의 재산 상속」, 박사논문, 성남: 한국정신문화연구원.

문숙자, 2000ㄴ, 아버지의 비첩 자손을 사촌에게 증여한 문서, 「문헌과 해석」 10, 서울: 문헌과 해석사.

문숙자, 2004ㄱ, 「조선시대 재산 상속과 가족」, 서울: 경인문화사.

문숙자, 2004ㄴ, 고문서의 사료적 가치와 효용성, 「충북향토문화」 16, 청주: 충북향토문화연구소.

문숙자, 2006, 조선시대 재산 상속 문서의 연구 현황과 과제 -가족사 연구의 진전을 위한 제언-, 「영남학」 10, 대구: 경북대학교 영남문화연구원. 155-183.

문숙자, 2010, 조선 시대 분재 문서의 작성 과정과 그 특징 -초문서, 원문서, 복문서의 제작과 수취를 중심으로-, 「영남학」 18, 대구: 경북대학교 영남문화연구원. 215-248.

문숙자, 2022ㄱ, 구문기 분석을 통해 본 조선시대 토지매매 양상, 「지역과 역사」 51, 부산: 부경역사연구소. 363-392.

문숙자, 2022ㄴ, 일본으로 반출된 조선시대 고문서의 유형과 내용, 「국학연구」 47, 안동: 한국국학진흥원. 571-606.

문시혁, 1934~1936, 이두에 대한 고찰 (1)~(10), 「정음」 1~12, 경성: 조선어학연구회. 〈국회전자도서관 홈페이지 원문 보기〉

문철영, 1991, 고려말 조선초 백정의 신분과 차역, 「한국사론」 26, 서울: 서울대학교 국사학과. 59-90.

문현수, 2011, 「석독구결 용언 부정사의 의미 기능 연구 -한문 부정소와의 대응을 중심으로-」, 석사논문, 서울: 고려대학교 대학원.

문현수, 2012, 점토석독구결 용언 부정사의 의미 기능, 「국어사연구」 14, 국어사학회. 133-165.

문현수, 2014, 「유가사지론」 계통 점토석독구결에 사용된 빼침선의 기능, 「구결연구」 33, 구결학회. 249-283.

문현수, 2016, '-롯'과 '-록'의 관계에 대하여, 「구결연구」 37, 구결학회. 67-100.

문현수, 2017, 「주본 「화엄경」 점토석독구결의 해독 연구」, 박사논문, 서울: 고려대학교 대학원.

문현수, 2018ㄱ, 점토구결의 전산 입력 현황과 과제, 「구결학회 학술대회 발표논문집」 8, 구결학회.

문현수, 2018ㄴ, /ㄱ/ 약화 표기를 통해 살펴본 구결자 'ㅂ'의 원자 및 음가 연구, 「민족문화연구」 81, 서울: 고려대학교 민족문화연구원. 107-135.

문현수, 2019ㄱ, 「유가사지론」 점토구결의 수평 쌍점에 대한 연구 -선어말어미 '-ㅂ(습)-' 포함 여부를 중심으로-, 「반교어문연구」 51, 반교어문학회. 113-146.

문현수, 2019ㄴ, 석독구결 자료를 활용한 국어사 연구 -구결자 체계와 구결점 체계의 분석을 중심으로-, 「2019년 우리어문학회 하계학술대회 발표 논문집」, 우리어문학회.

문현수, 2019ㄷ, 점토석독구결의 전산 입력 현황과 과제, 「구결연구」 42, 구결학회. 83-110.

문현수, 2019ㄹ, 석독구결의 능력 부정에 대한 연구 -'{又}ㅌ'의 특성과 장형 능력 부정 구문의 어순을 중심으로-, 「국어사연구」 28, 국어사학회. 269-298.

문현수, 2019ㅁ, '소망'과 '예정'의 어말어미 '-곳'과 그 변천 과정에 대하여, 「국어학」 89, 국어학회. 203-234.

문현수, 2020ㄱ, 석독구결에 쓰인 구결자의 특성, 「국어사연구」 30, 국어
사학회. 71-98.

문현수, 2020ㄴ, 구결자 'ㅏ'와 'ㅅ'의 형태 분석에 대하여 -분포와 기능이
겹치는 'ㅏ'와 'ㅅ'를 중심으로-, 「동양학」 79, 용인: 단국대학교
동양학연구원. 1-15.

문현수, 2020ㄷ, 「구역인왕경」과 「자비도량참법」의 석독구결 현토 양상에
대하여, 「국어학」 93, 국어학회. 123-155.

문현수, 2020ㄹ, 진본 「화엄경」 권20의 미해독 구결점에 대한 해독 시도
-선어말어미 '-오-', 연결어미 '-며', 조사 및 어미 구성의 '-과-',
부정문 관련 구결점을 중심으로-, 「민족문화연구」 87, 서울: 고려
대학교 민족문화연구원. 39-66.

문현수, 2021ㄱ, 통일신라시대 비이두 금석문에 사용된 한자어 고찰 -'사
산비명'의 2자 한자어를 중심으로-, 「구결연구」 46, 구결학회.
117-138.

문현수, 2021ㄴ, 해독이 겹치는 진본 「화엄경」 점토석독구결의 점토에 대
하여, 「국어학」 97, 국어학회. 373-398.

문현수, 2021ㄷ, 점토석독구결 「합부금광명경」 권3에 사용된 빼침선 연구,
「국어사연구」 33, 국어사학회. 241-270.

문현수, 2022ㄱ, '利'와 '令'의 변별성 -점토석독구결의 현토 양상을 중심
으로-, 「구결연구」 48, 구결학회. 63-92.

문현수, 2022ㄴ, 「화엄경」 점토석독구결 점도의 발달 과정에 대하여, 「국
어학」 101, 국어학회. 151-179.

문현수, 2022ㄷ, 이두에 대한 북한 학자들의 개념과 인식 -홍기문, 김영황,
류렬, 오희복을 중심으로-, 「한국학연구」 65, 인천: 인하대학교
한국학연구소. 9-40.

문현수, 2023ㄱ, 북한의 고대 국어 연구와 향가 연구의 연계성 -「조선말력사」 1·2와 「향가연구」를 중심으로-, 「한국학연구」 69, 인천: 인하대학교 한국학연구소. 69-102.

문현수, 2023ㄴ, 형태소 표기 중심의 석독구결과 음성 표기 중심의 음독구결, 「어문논집」 98, 민족어문학회. 213-244.

문현수, 2023ㄷ, 향가와 석독구결에서 쓰이는 '支'와 '只'의 통용성, 「구결연구」 51, 구결학회. 5-35.

문현주, 2011, 조선후기 호구단자와 준호구의 작성 과정 연구 -경주부의 호구단자와 준호구를 중심으로-, 「고문서연구」 38, 한국고문서학회. 155-186.

문현주, 2013, 「조선 후기 호구 문서의 작성 과정 연구」, 박사논문, 성남: 한국학중앙연구원.

문현주, 2013, 조선 후기 한성부에서의 호구 단자·준호구 작성 과정에 관한 재고, 「고문서연구」 42 한국고문서학회. 83-113.

문형진, 2002, 「대명률」 전래와 한국적 변이 양상, 「국제지역연구」 6-3, 서울: 한국외대 국제지역연구센터. 153-187.

문형진, 2004, 「대명률」과 「경국대전」 편찬의 법제사적 의의, 「중국연구」 34, 서울: 한국외국어대학교 외국학종합연구센터 중국연구소. 199-213.

문화재관리국 편, 1974, 「무릉왕릉 발굴조사 보고서」, 서울: 문화재관리국.

문화재관리국 편, 1968~1973, 「문화재대관」 1~3, 서울: 문화재관리국.

문화재관리국 편, 1973, 「지정문화재해설」, 서울: 문화재관리국.

문화재관리국 편, 1978, 「안압지 발굴조사 보고서」, 서울: 문화재관리국.

문화재관리국 편, 1986, 「동산문화재 지정 보고서」, 서울: 문화재관리국.

문화재관리국 편, 1988, 「동산문화재 지정 보고서」 '86 지정편, 서울: 문화재관리국.

문화재관리국 편, 1989, 「동산문화재 지정 보고서」 '88 지정편, 서울: 문화재관리국.

문화재관리국 편, 1990, 「동산문화재 지정 보고서」 '89 지정편, 서울: 문화재관리국.

문화재관리국 편, 1991, 「동산문화재 지정 보고서」 '90 지정편, 서울: 문화재관리국.

문화재관리국 편, 1992, 「동산문화재 지정 보고서」 '91 지정편, 서울: 문화재관리국.

문화재관리국 편, 1994, 「동산문화재 지정 보고서」 '92-93 지정편, 서울: 문화재관리국.

문화재관리국 편, 1998, 「동산문화재 지정 보고서」 '96-97 지정편, 서울: 문화재관리국.

문화재연구소 편, 1986, 「순흥 읍내리 벽화 고분」, 서울: 문화재관리국.

문화재연구소·대구대학교 박물관 편, 1995, 「순흥 읍내리 벽화 고분 발굴 조사보고서」, 서울: 문화재관리국.

문화재청 편, 2009, 「고서 고문서 조사 편람」, 대전: 문화재청. 〈문화재청 홈페이지 원문 보기〉

문화재청 편, 2009, 「문화재대관 국보 전적 −삼국, 고려시대−」, 대전: 문화재청.

문화재청 편, 2014, 「2014년 문화재 명칭 영문 표기 용례집」, 대전: 문화재청.

문화재청 편, 2019, 「2019년 문화재 명칭 영문 표기 용례집」, 대전: 문화재청.

민경선, 2013, 「고대 목간 및 목기 데이터베이스 구축」, 대전: 문화재청. 〈국립문화재연구소 주관. 국립중앙도서관 디지털도서관 원문 보기〉

민덕식, 1993, 고구려의 평양성 각자 성석에 관한 연구, 「한국상고사학보」 13, 한국상고사학회. 93-152.

민덕식, 2022, 「한국 축성 관련 금석문 연구」, 서울: 백산자료원.

민병준, 1989, 언해와 그 유형, 「수여 성기설 박사 환갑기념논총」, 간행위원회 편, 인천: 인하대학교 출판부. 691-709.

민은숙, 1982, 「향가 명칭의 이두 표기와 어형 변천 연구」, 석사논문, 대구: 효성여자대학교 대학원.

민 제 해제, 1974, 중추원 편 「이두집성」, 「한국학」 2, 서울: 영신 아카데미 한국학연구소. 38-38.

민족문화추진위원회 편, 1973ㄱ, 「삼국사기」, 서울: 민족문화추진위원회.

민족문화추진위원회 편, 1973ㄴ, 「삼국유사」, 서울: 민족문화추진위원회.

민족문화추진위원회 편, 1999~2000, 「(영인 표점) 한국 문집 총간」, 서울: 민족문화추진위원회.

민창문화사 편, 1990, 「서원등록」, 서울: 민창문화사. 〈영인본〉

민현구, 1973, 월정사지 진각 국사 비의 음기에 대한 일고찰, 「진단학보」 36, 진단학회. 7-38.

민현식, 1984, 이두 독음의 의의에 대하여, 「강릉대학논문집」 8, 강릉: 강릉대학. 33-49.

민현식, 1995, 문자론과 차자법, 「(소곡 남풍현 선생 회갑기념논총) 국어사와 차자표기」, 간행위원회 편, 서울: 태학사. 455-478.

민현식, 2011, 갑자 상소문의 텍스트언어학적 분석 연구, 「어문연구」 151, 한국어문교육연구회. 7-42.

박갑수, 1979, 이두 부사 어휘고, 「사대논총」 19, 서울: 서울대학교 사범대학. 91-111.

박갑수, 1981, 향가 해독의 몇 가지 문제, 「선청어문(김형규 박사 고희기념논총)」 11-1, 서울: 서울대학교 사범대학 국어교육과. 163-177.

박 경, 2008, 자매 문기를 통해 본 조선 후기 하층민 가족의 가족 질서, 「고문서연구」 33, 한국고문서학회. 227-252.

박 경, 2011, 16세기 유교적 친족 질서 정착 과정에서의 총부권 논의, 「조선시대사학보」 59, 조선시대사학회. 71-104.

박경도, 2002, 부여 능산리 사지 8차 발굴 조사 개요, 「동원학술논문집」 5, 한국고고미술연구소. 115-126.

박경수, 2016, 「조선시대 전령 문서 연구」, 석사논문, 성남: 한국학중앙연구원 한국학대학원.

박경원, 1985, 영태 2년명 석조비로차나좌상, 「고고미술」 168, 한국미술사학회. 1-21.

박경원·정원경, 1983, 영태 2년명 납석제호, 「부산시립박물관보」 6, 부산: 부산시립박물관.

박경주, 1992, 계승적 관점에서의 향가 −고려가요 형식 고찰−, 「관악어문연구」 17, 서울: 서울대학교 국어국문학과. 157-180.

박광민, 2019, 고조선 국명 및 지명에 대한 어원적 고찰, 「온지논총」 60, 온지학회. 187-218.

박광민, 2021, 광개토태왕훈적비 제3·4면 해독과 수묘제 고찰, 「온지논총」 69, 온지학회. 173-223.

박광연, 2021, 창녕 관룡사 석불좌상 명문의 재검토, 「한국고대사연구」 101, 한국고대사학회. 143-166.

박남수, 2010, 포항 중성리 신라비의 신석과 지증왕대 정치 개혁, 「한국고대사연구」 60, 한국고대사학회. 117-158.

박남수, 2017, 신라 법흥왕대 '及伐尺'과 성산산성 출토 목간의 '役法', 「신라사학보」 40, 신라사학회. 29-82.

박남수, 2021, '신라촌락문서'의 인구 통계와 그 작성 시기, 「신라사학보」 52, 신라사학회. 137-188.

박노욱, 1987, 「16~18세기의 부안 김씨의 재산 실태 연구 -16세기 분재기에 나타난 입양 형태의 변화를 중심으로-」, 석사논문, 대전: 충남대학교 대학원.

박노욱, 1990, 조선시대 고문서상의 용어 검토 -토지·노비문기를 중심으로-, 「동방학지」 68, 서울: 연세대학교 국학연구원.

박노준, 1982, 「신라 가요의 연구」, 서울: 열화당.

박노준, 1991, 「향가」, 서울: 열화당. 〈국립중앙도서관 협약도서관 원문보기〉

박대범·김성주, 2014, 신라 사경 자형 디지털 아카이브 구축에 대하여, 「구결연구」 33, 구결학회. 197-228.

박도식, 2005, 최유련 개국원종공신녹권의 연구, 「인문학연구」 9, 강릉: 관동대학교 인문과학연구소. 155-196.

박미희, 2005, 「고구려 모두루총의 묵서 묘지 연구」, 석사논문, 대전: 대전대학교 대학원.

박민경, 2009, 백제 궁남지 목간에 대한 재검토, 「목간과 문자」 4, 한국목간학회.

박방룡, 1982, 신라 관문성의 금석문 고찰, 「미술자료」 31, 서울: 국립중앙박물관. 22-56.

박방룡, 1988, 남산신성비 제8비·제9비에 대하여, 「미술자료」 42, 서울: 국립중앙박물관. 88-94.

박방룡, 1994, 남산신성비 제9비에 대한 검토, 「미술자료」 53, 서울: 국립중앙박물관. 1-19.

박방룡, 2011, 남산신성비·월성해자비의 재해석, 「목간과 문자」 8, 한국목간학회. 71-92.

박병채, 1966ㄱ, 향가 표기의 원류적 고찰, 「국어국문학」 32, 국어국문학회. 1-11.

박병채, 1966ㄴ, 향찰과 이두의 개념 정립에 대하여, 「어문논집」 1, 고려대학교 국어국문학연구회. 14-33. 〈국회전자도서관 홈페이지 원문 보기〉

박병채, 1967, 한국 문자 발달사, 「한국문화사대계」 V, 서울: 고려대학교 민족문화연구소.

박병채, 1968ㄱ, 고대 삼국의 지명 어휘고 -삼국사기 지리지의 복수 지명을 중심으로-, 「백산학보」 5, 백산학회. 51-134.

박병채, 1968ㄴ, 「고려가요 어석 연구」, 서울: 선명문화사.

박병채, 1969, 향가 표기 당용자 색인, 「민족문화연구」 3, 서울: 고려대학교 민족문화연구소. 221-274.

박병채, 1971, 「고대국어의 연구」, 서울: 고려대학교 출판부.

박병채, 1977, 「역대전리가」에 나타난 구결에 대하여, 「어문논집」 19·20 (월암 박성의 박사 환력기념논총), 고려대학교 국어국문학연구회. 405-416.

박병채, 1978, 「정속언해」 해제, 「여씨향약·정속언해」, 서울: 태학사.

박병채, 1979, 「진언집실담장고」, 「국어문학」 20, 국어문학회. 69-86. 〈「일산 김준영 선생 화갑기념논총」 수록〉

박병채, 1980, 한국의 언어와 문자 (8)-①, 「한국민속대관」 1, 서울: 고려대학교 민족문화연구소.

박병채, 1989, 「국어 발달사」, 서울: 세영사.

박병채, 1990, 「고대 국어학 연구」, 서울: 고려대학교 민족문화연구소.

박병철, 1997, 「한국어 훈석 어휘 연구」, 서울: 이회문화사.

박병철, 2004, 지명어의 한역화 유형에 관한 연구 -제천 지역 지명 자료 분석을 바탕으로-, 「구결연구」 13, 구결학회. 5-37.

박병철, 2009, 고유어 지명의 한자어화 과정과 그 대립 양상에 관한 연구, 「새국어교육」 82, 한국국어교육학회. 483-510.

박병철, 2012, 문자 '串'에 관한 연구, 「국어학」 64, 국어학회. 65-92.

박병철, 2017, 조선 전기 이전의 지리지와 지명, 「어문론총」 74, 한국문학
언어학회. 9-43.

박병철, 2020, 「고금한한자전」의 편찬과 역사적 의의, 「어문연구」 48-3,
한국어문교육학회. 7-26.

박병호, 1974ㄱ, 「한국법제사고」, 서울: 법문사.

박병호, 1974ㄴ, 세종 21년의 첩정, 「법사학연구」 1, 한국법사학회. 123-
130.

박병호, 1979, 고려말의 노비증여문서와 입안, 간행위원회 편, 「법사상과
민사법(춘제 현승종 박사 화갑기념논문집)」, 서울: 국민서관. 141-
154.

박병호, 1985, 「한국의 전통사회와 법」, 서울: 서울대학교출판부.

박병호, 1986, 「세종 시대의 법률」, 서울: 세종대왕기념사업회.

박병호, 1992, 고문서 자료의 수집 정리 문제, 「정신문화연구」 46, 성남:
한국정신문화연구원. 3-13.

박병호, 1999, 거래와 소송의 문서 생활, 「호남 지방 고문서 기초 연구」,
박병호 외, 성남: 한국정신문화연구원. 47-130.

박병호, 2001, 현대의 소송과 고문서, 「고문서연구」 19, 한국고문서학회.
45-63.

박병호, 2006, 고문서 연구의 현황과 과제, 「영남학」 10, 대구: 경북대학교
영남문화연구원. 7-59.

박병호, 2007, 우리나라 최초의 고문서 수집·정리, 「고문서연구」 31, 한국
고문서학회. 1-14.

박병호, 2012, 「한국법제사」, 서울: 민속원. 〈한국방송통신대학(1986)〉

박병호 외, 1999, 「호남 지방 고문서 기초 연구」, 성남: 한국정신문화연구
원.

박보현, 2002, 문양전으로 본 송산리 6호분의 편년적 위치, 「호서고고학」 6·7, 호서고고학회. 201-216.

박봉숙, 1987, 「조선 태조조 개국원종공신녹권의 서지적 연구」, 석사논문, 서울: 이화여자대학교 대학원.

박봉숙, 1991, 개국원종공신녹권의 서지적 연구, 「서지학연구」 7, 서지학회. 257-289.

박부자, 2000, 정문연본 「영가증도가」의 구결에 대하여, 「구결연구」 6, 구결학회. 135-172.

박부자, 2012, 칠불암 석경에 대한 연구, 「서지학보」 40, 한국서지학회. 241-263.

박부자, 2014, 복식명 연구의 현황과 과제, 「정신문화연구」 37-4, 한국학중앙연구원. 45-78.

박부자, 2015, 왕실발기에 나타난 복식 관련 어휘 차자표기의 한자 운용에 대한 연구, 「국어학」 75, 국어학회. 335-372.

박부자, 2019, 왕실발기의 국어사적 가치에 대한 연구, 「장서각」 42, 성남: 한국학중앙연구원. 240-269.

박부자, 2022ㄱ, 국립고궁박물관 소장 왕실발기의 현황(1) -고종대 이전 왕실발기를 중심으로-, 「고궁문화」 15, 서울: 국립고궁박물관. 225-252.

박부자, 2022ㄴ, 동대사 도서관 소장 신라 「화엄경」에 기입된 각필자 '白'의 추가 용례에 대한 연구, 「돈암어문학」 42, 돈암어문학회. 119-157.

박부자·정경재, 2016, 화엄사 서오층석탑 발견 「무구정광다라니」의 서지적 연구, 「서지학연구」 65, 서지학회. 149-181.

박부자·정경재, 2016, 화엄사 서오층석탑 발견 「무구정광다라니」의 필사 저본 재구와 그 가치, 「목간과 문자」 16, 한국목간학회. 129-160.

박상수, 2009, 「화엄경문의요결문답」에 나오는 원효의 화엄학설, 「구결연구」 23, 구결학회. 165-217.

박선이, 2016, 조선식 한문의 문체적 특징에 대한 소고 -임진왜란 시기 장계를 중심으로-, 「태동고전연구」 36, 춘천: 한림대학교 태동고전연구소. 73-111.

박성종, 1987, 「대명률직해」의 '旨是絃無亦'과 '旨是絃以'에 대하여, 「국어학」 16, 국어학회. 239-259.

박성종, 1989, 「심양장계」 이두 색인, 「관동어문학」 6, 관동대학교 관동어문학회. 97-120.

박성종, 1993ㄱ, 조선초기의 이두 자료, 「국어사 자료와 국어학 연구」, 서울대학교 대학원 국어연구회 편, 서울: 문학과 지성사. 46-55.

박성종, 1993ㄴ, '이화개국공신녹권'의 이두와 그 해독, 「고문서연구」 4, 한국고문서학회. 1-32.

박성종, 1995, 문자·표기·차자 표기, 「국어학연감 1995」, 서울: 국립국어연구원. 137-150.

박성종, 1996ㄱ, 「조선 초기 이두 자료와 그 국어학적 연구」, 박사논문, 서울: 서울대학교 대학원. 〈국립중앙도서관 협약도서관 원문 보기〉

박성종, 1996ㄴ, 송성문본 「능엄경」 해제, 「구결자료집」 3(조선 초기 능엄경), 성남: 한국정신문화연구원. 〈한국학자료총서 6〉

박성종, 1997ㄱ, 삼화사 철불 명문에 대한 국어학적인 고찰, 「한국문화유산의 위상 제고 -삼화사 철불과 삼층 석탑을 중심으로-」, 동해: 동해문화원. 57-80.

박성종, 1997ㄴ, 차자표기의 어휘론, 「새국어생활」 7-4, 서울: 국립국어연구원. 61-77.

박성종, 1997ㄷ, 삼화사 철불 명문에 대하여, 「문화사학」 8, 한국문화사학

회. 57-80.

박성종, 1998, 고대 국어 어휘, 「국어의 시대별 변천 연구」 3, 서울: 국립국어연구원. 77-120.

박성종, 1999ㄱ, 율곡의 토지매매문기에 대하여, 「고문서연구」 16·17, 한국고문서학회. 96-108.

박성종, 1999ㄴ, 동해시 지명 연구 단상, 「인문학연구」 2, 강릉: 관동대학교 인문과학연구소. 139-162.

박성종, 1999ㄷ, 문자·표기, 「국어학 연감 1999」, 서울: 국립국어연구원. 248-269.

박성종, 2002ㄱ, 이두에서의 훈독에 대하여, 「구결연구」 8, 구결학회. 129-144.

박성종, 2002ㄴ, 15세기 상원사 입안문서 분석, 「고문서연구」 21, 한국고문서학회. 1-23.

박성종, 2003ㄱ, 「대명률직해」 이두의 예비적 고찰, 「진단학보」 96, 진단학회. 289-321.

박성종, 2003ㄴ, 15세기 첩정의 분석, 「고문서연구」 22, 한국고문서학회. 169-192.

박성종, 2003ㄷ, 장전 처 신 씨 선덕 2년 소지의 복원, 「고문서연구」 23, 한국고문서학회. 1-19.

박성종, 2003ㄹ, 「대명률직해」의 한국 한자어 일고찰, 「민족문화논총」 28, 경산: 영남대학교 민족문화연구소. 61-83.

박성종, 2004ㄱ, 16세기 고문서 이두의 예비적 고찰, 「고문서연구」 24, 한국고문서학회. 107-140.

박성종, 2004ㄴ, 이원길 개국 원종 공신녹권에 수록된 공신들의 성명 분석, 「민족문화논총」 30, 경산: 영남대학교 민족문화연구소. 203-248.

박성종, 2005ㄱ, 16세기 고문서 이두의 종합적 연구, 「성곡논총」 36-1,

서울: 성곡언론문화재단. 49-107.

박성종, 2005ㄴ, 한국 한자의 일고찰, 「구결연구」 14, 구결학회. 51-96.

박성종, 2006ㄱ, 「조선 초기 고문서 이두문 역주」, 서울: 서울대학교출판부.

박성종, 2006ㄴ, 이두 연구 시기별로 본 고문서의 활용, 「영남학」 10, 대구: 경북대학교 영남문화연구원. 263-301. 〈국립중앙도서관 디지털도서관 원문 보기〉

박성종, 2007, 이두자 '內'의 독법, 「구결연구」 19, 구결학회. 139-170.

박성종, 2008ㄱ, 이조년의 「응골방」에 나타난 이두문 작품에 대하여, 「국어국문학」 148, 국어국문학회. 5-37.

박성종, 2008ㄴ, 고대서 이두 연구의 회고와 전망, 「구결연구」 21, 구결학회. 169-201.

박성종, 2011ㄱ, 「우마양저염역병치료방」과 그 이두에 대하여, 「국어사연구」 12, 국어사학회. 193-228.

박성종, 2011ㄴ, 조선 시대의 이두와 그 연구 방법의 편모, 「구결학회 학술대회 발표논문집 제41회」, 구결학회. 33-53. 〈국립중앙도서관 협약도서관 홈페이지 원문 보기〉

박성종, 2011ㄷ, 조선 전기 이두 번역문의 문체와 어휘, 「한국어학」 53, 한국어학회. 29-59.

박성종, 2013ㄱ, 명률의 변천과 문체 그리고 「대명률직해」의 저본, 「국어사연구」 17, 국어사학회. 167-196.

박성종, 2013ㄴ, 조사(朝謝)의 사용 의미와 문서식, 「고문서연구」 42, 한국고문서학회. 1-30.

박성종, 2016, 「조선 전기 이두 연구」, 서울: 역락.

박성종, 2018, 고대 한국어 표기에서의 변체 한문과 이두, 「한국어사 연구」 4, 국어사연구회. 49-80.

박성종, 2019, 이두 토의 독법과 그 한글 독음 표기에 대한 관견, 「국어학」 90, 국어학회. 43-82.

박성종, 2021, 1262년 '상서도관첩'의 현대어 풀이 및 번역, 「한국어사 연구」 7, 국어사연구회. 49-109.

박성종·박도식, 2002, 15세기 상원사 입안문서 분석, 「고문서연구」 21, 한국고문서학회. 1-23.

박성천·김시환, 2009, 창녕 화왕산성 연지 출토 목간, 「목간과 문자」 4, 한국목간학회. 197-238.

박성현, 2019, 신라 왕도와 문자 자료, 「문자와 고대 한국」 2. 교류와 생활, 한국목간학회 편, 서울: 주류성. 229-254.

박성호 외, 2020, 「한국 고문서 입문」 1, 과천: 국사편찬위원회.

박성훈, 1989, 단위어에 부속된 물명, 「한문학논집」 7, 근역한문학회. 271-309.

박성훈, 1990, 「이두 사전」의 올림말과 예문에 대한 검토, 「한글」 207, 한글학회. 161-201.

박성훈, 1995, 물명에 부속된 단위어에 대하여, 「국어사와 차자 표기」, 소곡 남풍현 선생 회갑기념논총 간행위원회 편, 서울: 태학사. 775-793.

박성훈, 1998, 「단위어 사전」, 서울: 민중서림.

박시형, 1966, 「광개토왕릉비」, 평양: 사회과학원출판사. 〈파주 푸른나무 (2007)〉

박영록, 2017, 「이학지남」의 몇 가지 쟁점 검토, 「대동문화연구」 100, 서울: 성균관대학교 대동문화연구원. 265-293.

박영섭, 1986, 「국어 한자어의 기원적 계보」, 박사논문, 서울: 성균관대학교 대학원.

박영섭, 1995, 「국어 한자 어휘론」, 서울: 박이정.

박영섭, 2012, 「한자 대역어의 통시적 연구」, 서울: 박이정.

박영준, 1996, 향가에 사용된 '也'의 용법에 대하여, 「새국어교육」 52, 한국국어교육학회. 257-277.

박영준, 1997, 향가에 사용된 '只'의 용법에 대하여, 「한국어학의 이해와 전망」, 서울: 박이정. 757-774.

박영준, 1999, 격조사의 통시적 연구, 「국어의 격과 조사(소석 성광수 교수 화갑기념논총)」, 한국어학회 편, 서울: 월인. 455-490.

박용대 외 편저, 1903~1908, 「증보문헌비고(增補文獻備考)」〈명문당(홍봉한·이만운·박용대 외, 1985) 3책 영인〉

박용식, 2002, 「대명률직해」에 나타난 '위유'에 대하여, 「배달말」 31, 배달말학회. 197-211.

박용식, 2005ㄱ, 향찰에서의 표기 생략에 대하여, 「우리말글교육」 6, 우리말글교육학회.

박용식, 2005ㄴ, 「삼국유사」에 수록된 향가에 나타난 언어의 시대적 특징 고찰, 「구결연구」 14, 구결학회. 173-195.

박용식, 2009, 향가의 구비문학성에 대한 국어사적 고찰, 「배달말」 45, 배달말학회. 43-68.

박용식, 2010ㄱ, 향가 문법 형태의 표기에 반영된 고형과 개신형, 「동악어문학」 54, 동악어문학회. 181-208.

박용식, 2010ㄴ, 사토본(佐藤本)「화엄문의요결문답」의 부호구결과 8세기 신라의 문법 형태, 「구결연구」 24, 구결학회. 37-60.

박용식, 2020, 경상남도 고대국어 자료의 가치, 「배달말」 67, 배달말학회. 33-49.

박용식, 2023, 「고금석림」의 '나려이두' 연구, 「동악어문학」 90, 동악어문학회. 195-215.

박용식·정재영·김성주, 2012, 경상대학교 소장 고종·명성왕후 상식·다례

발기에 대하여, 「배달말」 51, 배달말학회. 161-187.

박용전, 1973, 공주 출토의 백제 와·전에 관한 연구, 「백제문화」 6, 공주: 공주대학교 백제문화연구소. 45-99.

박용전, 1991, 무령왕릉의 전, 「백제 무령왕릉」, 공주: 충청남도·공주대학교 백제문화연구소.

박윤선, 2014, 정지원의 불교 신앙생활과 백제의 성씨, 정지원명 삼존불상, 「금석문으로 백제를 읽다」, 노중국 외, 서울: 학연문화사.

박은용, 1966, '矣' 차표기에 대하여: 이두문에 나타난 이형태소 연구, 「연구논문집」 1, 대구: 효성여자대학. 39-77.

박은용, 1967, 이두 표기 '一等'에 대하여, 「연구논문집」 2, 대구: 효성여자대학. 5-21.

박은용, 1968, 이두문 '신라'의 형태소 분석과 관형어미의 비교 연구, 「국문학연구」 1, 대구: 효성여자대학 국어국문학과. 49-79.

박은용, 1972, 백제 건국설화의 이두문적인 고찰, 「상산 이재수 박사 환력기념논문집」, 간행위원회 편, 대구: 형설출판사.

박은용, 1978, 고유 여인 호칭 '召史'에 대하여, 「여성문제연구」 7, 대구: 효성여자대학 여성문제연구소. 205-216.

박은용, 1980, 「계림유사」의 '虎曰監'에 대하여, 「자유」 93, 서울: 자유사. 55-64.

박은용, 1988, 삼국유사에 수록된 고유어의 이표기 연구, 「한국전통문화연구」 4, 대구: 효성여자대학 한국전통문화연구소. 91-116.

박재민, 2002, 「구결로 본 보현십원가 해석」, 석사논문, 서울: 연세대학교 대학원.

박재민, 2003, '보현십원가' 난해구 5제 -구결을 기반하여-, 「구결연구」 10, 구결학회. 143-175.

박재민, 2009, 「삼국유사 소재 향가의 원전 비평과 차자·어휘 변증」, 박사

논문, 서울: 서울대학교 대학원. 〈국립중앙도서관 협약도서관 원문 보기〉

박재민, 2013ㄱ, 「신라 향가 변증」, 파주: 태학사. 〈국립중앙도서관 협약도서관 원문 보기〉

박재민, 2013ㄴ, 「고려 향가 변증」, 파주: 박이정. 〈국립중앙도서관 디지털도서관 원문 보기〉

박재민, 2018, 향가 해독 100년의 연구사 및 전망 -향찰 체계의 인식과 고어의 발굴 정도를 중심으로-, 「한국시가연구」 45, 한국시가학회. 49-113.

박재민, 2023, 「해독과 해석 -향가, 여요, 시조, 가사-」, 파주: 태학사.

박재연, 2002, 「중조대사전」 1~9, 아산: 선문대학교 출판부.

박재우, 2003, 고려 전기 왕명의 종류와 반포, 「진단학보」 95, 진단학회. 29-54.

박재우, 2006ㄱ, 15세기 인사 문서의 양식 변화와 성격, 「역사와 현실」 59, 한국역사연구회. 31-68.

박재우, 2006ㄴ, 고려 정안의 양식과 기초 자료 -'정인경 정안'을 중심으로-, 「고문서연구」 28, 한국고문서학회. 89-110.

박재우, 2006ㄷ, 고려 후기 소지의 처리 절차와 입안 발급, 「고문서연구」 29, 한국고문서학회. 1-24.

박재우, 2008, 고려 시대의 관문서와 전달 체계, 「고문서연구」 33, 한국고문서학회. 1-28.

박재우, 2010, 조선 시대 문서 행정의 체계적 이해, 「고문서연구」 36, 한국고문서학회. 219-228.

박종익, 2000, 함안 성산산성 발굴 조사와 목간, 「한국고대사연구」 19, 한국고대사학회. 5-39.

박종익, 2007, 함안 성산산성 발굴 조사와 출토 목간의 성격, 「함안 성산산성 출토 목간」, 창원: 국립가야문화재연구소. 157-177.

박종익, 2009, 고고 자료로서의 고대 목간, 「고대의 목간 그리고 산성」, 국립가야문화재연구소·국립부여박물관 편, 창원: 국립가야문화재연구소.

박준석, 2005, 「유가사지론」 점토석독구결 해독 연구(7), 「구결연구」 15, 구결학회. 245-257.

박준형, 2019, 한국 고대 의학과 「대동유취방」, 「문자와 고대 한국」 2. 교류와 생활, 한국목간학회 편, 서울: 주류성. 285-309.

박준형·여인석, 2015, 「대동유취방」 전약료본과 고대 한반도 관련 처방, 「목간과 문자 연구」 15, 한국목간학회 편, 서울: 주류성.

박준호, 2002, 수결(화압)의 개념에 대한 연구 -예식으로서의 서명과 착압-, 「고문서연구」 20, 한국고문서학회. 93-122.

박준호, 2003, 「홍무예제(洪武禮制)」와 조선 초기 공문서 제도, 「고문서연구」 22, 한국고문서학회. 141-167.

박준호, 2004ㄱ, 「한국 고문서의 서명 형식에 관한 연구」, 박사논문, 성남: 한국정신문화연구원 한국학대학원.

박준호, 2004ㄴ, 조선시대 착명·서압 양식 연구, 「고문서연구」 24, 한국고문서학회. 141-179.

박준호, 2006, 「경국대전」 체제의 문서 행정 연구, 「고문서연구」 28, 한국고문서학회. 111-128.

박준호, 2009, 예의 패턴, 조선시대 문서 행정의 역사, 「고문서연구총서」 3, 서울: 소와당.

박준호, 2016, 「고문서의 서명과 인장」, 서울: 박이정.

박중환, 2002, 부여 능산리 발굴 목간 예보, 「한국고대사연구」 28, 한국고대사학회. 209-230.

박중환, 2007, 「백제 금석문 연구」, 박사논문, 광주: 전남대학교 대학원.

박중환, 2008, 사택지적비문에 반영된 소승불교적 성격에 대하여, 「백제문화」 39, 공주: 공주대학교 백제문화연구소. 125-141.

박중환, 2009, 미륵사 사리기를 통해 본 백제 병려문의 발전, 「백제문화」 41, 공주: 공주대학교 백제문화연구소. 63-105.

박중환, 2021, 백제의 인명 표기법과 백제인의 신분 인식, 「백제문화」 64, 공주: 공주대학교 백제문화연구소. 5-34.

박지원, 1900~1901, 「연암집(燕巖集)」 〈초간본. 김택영 편집. 국립중앙도서관 홈페이지 원문 보기〉 〈1914-00-00(중편본), 1932-00-00(박영철 편집), 1966-00-00(경희출판사)〉

박지현, 2015ㄱ, 공산성 출토 문자 자료, 「한국 고대 문자 자료 연구 백제(상) -지역별-」, 권인한·김경호·윤선태 공동 편집, 서울: 주류성. 29-39.

박지현, 2015ㄴ, 대당평백제국비명, 「한국 고대 문자 자료 연구 백제(하) -주제별-」, 권인한·김경호·윤선태 공동 편집, 서울: 주류성. 537-569.

박지현, 2015ㄷ, 송산리 6호분 출토 문자 자료, 「한국 고대 문자 자료 연구 백제(상) -지역별-」, 권인한·김경호·윤선태 공동 편집, 서울: 주류성. 41-46.

박지현, 2015ㄹ, 유인원 기공비, 「한국 고대 문자 자료 연구 백제(하) -주제별-」, 권인한·김경호·윤선태 공동 편집, 서울: 주류성. 571-598.

박지홍, 1961, 주석 고려 가요, 「현대문학」 7-3, 서울: 현대문학사.

박지홍, 1983, 국어·국어학사의 자료의 살핌(상), 「어문학교육」 6, 한국어문교육학회. 81-104.

박지홍, 1985, 이두 '良'에 대하여, 「한글 새소식」 155, 한글학회. 14-15.

박지홍, 1993, 「말과 글 더불어 50년」, 서울: 과학사.

박진석 외, 2015, 「광개토왕비의 탐색」, 서울: 동북아역사재단.

박진호, 1996, 규장각 소장 구결 자료 「능엄경」 2종에 대하여, 「구결연구」 1, 구결학회. 73-93.

박진호, 1997, 차자표기 자료에 대한 통사론적 검토, 「새국어생활」 7-4, 서울: 국립국어연구원. 117-145.

박진호, 1998, 고대 국어 문법, 「국어의 시대별 변천 연구 3. 고대 국어」, 서울: 국립국어연구원.

박진호, 1999, 석독구결 자료에 나타난 상대 높임법 요소, 「구결학회 공동 연구회 발표논문집」 20, 구결학회. 89-94.

박진호, 2003ㄱ, 주본 「화엄경」 권제36 점토구결의 해독 -자토구결과의 대응을 중심으로-, 「구결연구」 11, 구결학회. 211-247.

박진호, 2003ㄴ, 디지털 복원에 의한 국내성과 광개토태왕릉의 재현, 「백산학보」 67, 백산학회. 557-592.

박진호, 2004ㄱ, 「유가사지론」 점토석독구결 해독 연구(2), 「구결연구」 12, 구결학회. 215-232.

박진호, 2004ㄴ, 주본 「화엄경」 권제6의 점토 중복 표기와 부호, 「구결연구」 13, 구결학회. 129-148.

박진호, 2006, 진본 「화엄경」 권제20의 점토 해독, 「구결연구」 16, 구결학회. 173-208.

박진호, 2007, 문자생활사의 관점에서 본 구결, 「한말연구학회 학회발표집」 25, 한말연구학회. 20-31.

박진호, 2008ㄱ, 구결 자료 해독의 방법과 실제, 「한국문화」 44, 서울: 서울대학교 규장각 한국학연구원. 337-346.

박진호, 2008ㄴ, 향가 해독과 국어 문법사, 「국어학」 51, 국어학회. 313-338.

박진호, 2009, '권인한, 금석문 목간 자료를 활용한 국어학계의 연구 동향과 과제'에 대한 토론, 「제11회 한국고대사학회 하계 세미나 발표 논문집」, 대구: 한국고대사학회. 〈국립중앙도서관 디지털도서관 원문 보기〉

박진호, 2011, 영남대 소장 구결 자료 「대혜보각선사서」에 대하여, 「민족 문화논총」 48, 경산: 영남대학교 민족문화연구소. 117-145.

박진호, 2016, 문법, 「신라의 언어와 문학」, 예천: 경상북도 문화재연구원. 129-159.

박찬규, 2012, 「한국한자어사전」에 수용된 이두·구결·차자어의 구성과 출 전 문헌, 「동양학」 52, 용인: 단국대학교 동양학연구원. 213-261. 〈국립중앙도서관 디지털도서관 원문 보기〉

박창원1, 1995, 고대국어(음운) 연구 방법론 서설 −전사의 대응을 중심으 로−, 「(소곡 남풍현 선생 회갑기념논총) 국어사와 차자표기」, 간행 위원회 편, 서울: 태학사. 533-549.

박창원1, 1997, 차자표기의 음운론, 「새국어생활」 7-4, 서울: 국립국어연 구원. 79-98.

박창원1, 1998, 한국인의 문자생활사, 「동양학」 28-1, 서울: 단국대학교 동양학연구원.

박창원1, 2000, 「계림유사」 '고려방언'의 모음 체계(1), 「구결연구」 6, 구 결학회. 173-199.

박창원1, 2002, 「고대 국어 음운」(1), 서울: 태학사.

박창원2, 1986, 「「구역인왕경」(상) 구결에 대하여」, 석사논문, 서울: 경기 대학교 대학원.

박창원2, 1990, 「구역인왕경」(상) 구결자 고, 「경기어문학」 8, 경기어문학 회.

박천식, 1976, 개국원종공신의 연구, 「논문집」 10, 군산: 군산대학교. 133-148.

박천식, 1984, 개국원종공신의 검토 -장관 개국원종공신녹권을 중심으로-, 「사학연구」 38, 한국사학회. 213-284.

박천식, 1985, 「조선 건국공신의 연구 -정치 세력 규명의 일환으로-」, 박사논문, 광주: 전남대학교 대학원.

박천식, 1990, 보물 726호 창산군 장관의 원종공신녹권의 연구, 「전라 문화의 맥과 전북 인물」, 전주: 전북대학교 전라문화연구소.

박철주, 2003, 「「대명률직해」의 구문 연구」, 박사논문, 서울: 서강대학교 대학원.

박철주, 2006ㄱ, 「「대명률직해」의 국어학적 연구」, 서울: 일지사.

박청주, 2006ㄴ, 「대명률직해」의 부정사에 대한 연구 -'부득(不得)'과 '안서(安徐)'를 중심으로-, 「우리말연구」 18, 우리말학회. 57-86.

박철주, 2006ㄷ, 「대명률직해」 구문의 형식에 대한 연구 -소지, 사용, 말소, 빙자, 공납 구문을 중심으로-, 「한글」 271, 한글학회. 5-26.

박철주, 2006ㄹ, 「대명률직해」와 현대 국어의 구문상 표현 차이 연구 -'양중(良中), 역중(亦中), 하거나(爲去乃)'를 중심으로-, 「한국어 의미학」 21, 한국어의미학회. 141-163.

박철주, 2006ㅁ, 「대명률직해」와 현대 국어 간의 조사 '과(果)'의 쓰임 차이에 대한 연구, 「반교어문연구」 21, 반교어문학회. 33-58.

박철주, 2006ㅂ, 「대명률직해」에 쓰인 이주 '급(及)'의 의미, 「언어과학연구」 38, 언어과학회. 23-42.

박철주, 2008ㄱ, 「대명률직해」의 조사 '과(果)'와 「유조법보단경언해」의 조사 '와/과'의 의미에 대한 비교 연구, 「언어학」 16-2, 대한언어학회. 165-186.

박철주, 2008ㄴ, 「대명률직해」에서의 '隱'과 '段'의 통합 조건에 관한 연구, 「한말연구」 22, 한말연구학회. 97-116.

박철주, 2008ㄷ, 「대명률직해」의 '위(爲)며'에 대한 연구 -'위(爲)며'의 해석상 문제에 대하여-, 「배달말」 42, 배달말학회. 69-92.

박태권, 1973, 「이문」과 「이문집람」 연구, 「수련어문논집」 창간호, 부산여
대 국어교육학과 수련어문학회. 77-105.

박태권, 1976, 「국어학사 논고」, 서울: 샘문화사.

박태우, 2009, 목간 자료를 통해 본 사비 제성의 공간 구조, 「백제학보」
창간호, 백제학회. 51-70.

박태우·정해준·윤지희, 2008, 부여 쌍북리 280-5번지 출토 목간 보고, 「목
간과 문자」 2, 한국목간학회. 179-187.

박한제, 2014, 위진남북조-수당 시대 장속·장구의 변화와 묘지명 -그 자료
적 성격-, 「한국고대사연구」 75, 한국고대사학회. 5-59.

박현규, 2005, 중국 금석집 중 한국 관련 금석문 단편 자료 분석, 「중국학논
총」 19, 한국중국문화학회. 479-500.

박현규, 2009, 천룡산 석굴 제15굴과 물부순 장군 공덕기, 「서강인문논총」
25, 서울: 서강대학교 인문과학연구소. 39-68.

박현규, 2013, 낙양 용문 석굴 중 고대 한국 관련 불감(佛龕) 고증에 관한
문제점, 「신라문화」 42, 경주: 동국대학교 신라문화연구소. 507-
523.

박현숙, 1996, 궁남지 출토 백제 목간과 왕도 5부제, 「한국사연구」 92,
한국사연구회. 1-33.

박현정, 2018, 함안 성산산성 목간의 개요, 「목간과 문자」 21, 한국목간학
회. 37-75.

박형익, 1996, 한글의 로마자 표기법, 「국제학술대회 발표논문집」, 한국어
정보학회. 113-149. 〈1996, 한국어와 한글을 로마자로 표기하는
방법, 「'96 우리말 컴퓨터 처리 국제학술회의 발표 논문집」, 연변:
'96 우리말 컴퓨터 처리 국제학술회의.〉

박형익, 1998, 글자꼴과 컴퓨터, 「아람 서정수 교수 정년기념문집 햇볕처

럼 촛불처럼」, 서울: 정년기념문집 간행위원회. 310-317.

박형익, 1999, 한글과 컴퓨터, 「세종 성왕 육백 돌」, 서울: 세종대왕기념사
업회. 470-473.

박형익, 2001ㄱ, 한국 인명의 로마자 표기, 「국어 연구의 이론과 실제」,
이광호 교수 회갑기념논총 간행위원회 엮음, 서울: 태학사. 871-
926.

박형익, 2001ㄴ, 한국 지명의 로마자 표기 -「우편번호부」의 지역명을 중
심으로-, 「지명학」 6, 한국지명학회. 121-176.

박형익, 2003ㄱ, 「유합」의 표제자 선정과 배열, 「이중언어학」 23, 이중언
어학회. 91-111.

박형익, 2003ㄴ, 「유서필지의 '이두휘편', 「한국어학」 20, 한국어학회.
313-326.

박형익, 2004, 「한국의 사전과 사전학」, 서울: 월인.

박형익, 2007, 「언문 주해 보통문자집」, 서울: 박이정.

박형익, 2012, 「한국 자전의 역사」, 서울: 역락.

박형익, 2014, 1945년 이전 한국의 중국어 학습서와 사전의 서지 조사,
「한국어학」 65, 한국어학회. 43-68.

박형익, 2016, 「한국 자전의 해제와 목록」, 서울: 역락.

박형익 외, 2008, 「한국 어문 규정의 이해」, 서울: 태학사.

박희숙, 1976ㄱ, 불전의 구결에 대하여, 「선청어문(김형규 선생 정년퇴임
기념논문집)」 7-1, 서울: 서울대학교 사범대학 국어교육과. 191-
200.

박희숙, 1976ㄴ, 「예기」 구결고, 「관대논문집」 4-1, 강릉: 관동대학교. 47-
64.

박희숙, 1978, 「남명천화상송증도가」에 보이는 구결, 「관대논문집」 6-1,
강릉: 관동대학교. 53-67.

박희숙, 1981, 14세기 차자표기의 격조사에 관한 연구 -주로 「대명률직해」를 중심으로-, 「관대논문집」 9-1, 강릉: 관동대학교. 1-37.

박희숙, 1982, 「대명률직해」 이두문에 관한 연구, 「관대논문집」 10-1, 강릉: 관동대학교. 1-20.

박희숙, 1984, 한자 차용표기법 연구초, 「관동어문학」 3, 관동대학교 관동어문학회. 7-20.

박희숙, 1985, 「「대명률직해」의 이두 연구」, 박사논문, 용인: 명지대학교 대학원. 〈국립중앙도서관 협약도서관 원문 보기〉

박희숙, 1986, 한자 차용 표기 '소위'에 대하여, 「관동어문학」 5, 관동대학교 관동어문학회. 7-16.

박희숙, 1987, 19세기 말엽의 소지 문서의 이두 -강릉군수 이회원 백활을 중심으로-, 「국어교육」 59, 한국어교육학회. 135-151.

박희숙, 1988, 「계림유사」 '고려 방언'의 '婆記'와 '曹兒'에 대하여, 「선청어문」 17, 서울: 서울대학교 국어교육학과. 336-349.

박희숙, 1989, 「염몽만석」의 구결에 보이는 '구(句)'자에 대하여, 「명지어문학」 19, 서울: 명지대학교 국어국문학과.

박희숙, 1990, 「염몽만석」의 구결에 보이는 '句' 자에 대하여, 「명지어문학」 19, 명지어문학회. 15-32. 15-35.

박희숙, 1993, 현토 「신약성서 마가전」의 구결과 그 언해에 대하여, 「청하 성기조 선생 화갑기념논문집」, 서울: 신원문화사. 1150-1178.

박희숙, 1996, 이두어 '這這'과 그 유의어에 대하여, 「한국어문교육」 5, 청주: 한국교원대학교 한국어문교육연구소. 83-92.

박희숙, 2000, 「화한삼재도회」의 '조선국어'에 대하여, 「한국어문교육」 9, 청주: 한국교원대학교 한국어문교육연구소. 491-523.

박희숙, 2001, 경기체가에 보이는 차자표기 소고, 「한국어문교육」 10, 청주: 한국교원대학교 한국어문교육연구소. 1-25.

박희숙, 2002, 「화랑세기」 향가의 차자표기에 대하여, 「청람어문교육」 25, 청람어문교육학회. 23-44.

반월산인, 1939, 이두 초(5), 「한글」 71, 조선어학회. 177-180.

방동인 편, 1984, 「영동 지방 금석문 자료집」 1, 강릉: 관동대학 부설 영동 문화연구소.

방동인 편, 1989, 「영동 지방 금석문 자료집」 2, 강릉: 관동대학교 영동문 화연구소. 〈국립중앙도서관 디지털도서관 원문 보기〉

방종현, 1946, 「이문 집람」, 「한글」 94, 한글학회. 27-30.

방종현, 1948, 고어와 향약명, 「훈민정음통사」, 서울: 일성당서점. 19-27. 〈홍문각(1988) 영인〉

방종현, 1955, 「계림유사」 연구, 「동방학지」 2, 서울: 연세대학교 동방학연 구소. 1-205. 〈한국인문과학원(1998) 영인〉

방종현, 1963ㄱ, 향약명 연구, 「일사 국어학논집」, 서울: 민중서관.

방종현, 1963ㄴ, 「조선관역어」 -그 해독에서-, 「일사 국어학논집」, 서울: 민중서관.

방종현 편, 1946, 「고어재료사전」 전집, 서울: 동농사. 〈홍문각(1983) 영 인. 국립중앙도서관 홈페이지 원문 보기〉

방종현 편, 1946, 「고어재료사전」 후집, 서울: 동농사. 〈홍문각(1983) 영 인. 국립중앙도서관 홈페이지 원문 보기〉

배근흥, 2008ㄱ, 백제와 당 관계에 관련한 두 문제 -웅진 도독 왕문도의 사망과 예식진 묘지명에 관하여-, 「백제연구」 47, 대전: 충남대학 교 백제연구소. 51-76.

배근흥, 2008ㄴ, '대당평 백제국 비명' 문제에 대한 고찰, 「충북사학」 20, 충북대학교 사학회.

배근흥, 2009, 고구려 유민 고성문, 고자 부자 묘지의 고증, 「충북사학」 22, 충북대학교 사학회. 5-24.

배근흥, 2012, 당대 백제 유민 예 씨 가족 묘지에 관한 고찰, 「한국고대사연구」 66, 한국고대사학회. 287-318.

배대온, 1982, 이두 주격에 대하여 -「대명률직해」를 중심으로-, 「배달말」 7, 배달말학회. 75-98.

배대온, 1983, 이두 처격에 대하여 -「대명률직해」를 중심으로-, 「배달말」 8, 배달말학회. 135-164.

배대온, 1984, 향가에 쓰인 조사에 대하여, 「목천 유창균 박사 환갑기념논문집」, 대구: 계명대학교 출판부. 273-300.

배대온, 1985, 「조선조 초기의 이두 조사 연구」, 박사논문, 부산: 동아대학교 대학원. 〈국립중앙도서관 협약도서관 홈페이지 원문 보기〉 〈형설출판사(1985)〉

배대온, 1987, 차자표기의 음절말 자음에 대한 고찰, 「배달말」 12, 배달말학회. 17-61.

배대온, 1988, 이두 부사 어휘고, 「배달말」 13, 배달말학회. 67-122.

배대온, 1989, 이두 명사 어휘고, 「배달말」 14, 배달말학회. 107-138.

배대온, 1990, 이두 '-如中'계 어사에 대하여, 「배달말」 15, 배달말학회. 55-67.

배대온, 1992, 이두 용언 '슈(弖)-'계 어휘에 대하여-, 「배달말」 17, 배달말학회. 133-157.

배대온, 1993, 「이두 어휘론」, 서울: 형설출판사. 〈국립중앙도서관 협약도서관 원문 보기〉

배대온, 1994, 이두 선어말어미에 대하여, 「배달말」 19, 배달말학회. 81-107.

배대온, 1995, 이두 '在'에 대하여 -「대명률직해」를 중심으로-, 「(소곡 남풍현 선생 회갑기념논총) 국어사와 차자표기」, 간행위원회 편, 서울: 태학사. 385-410.

배대온, 1996, 이두 처격조사의 통시적 고찰, 「배달말」 21, 배달말학회. 139-156. 〈국회전자도서관 홈페이지 원문 보기〉
배대온, 1997, 「이두 용언의 활용어미 연구」, 서울: 형설출판사. 〈국립중앙도서관 협약공공도서관 원문 보기〉
배대온, 2002, 「이두 문법소의 통시적 연구」, 진주: 경상대학교출판부.
배대온, 2003, 「역대 이두사전」, 서울: 형설출판사.
배대온, 2006, 고대 국어 연구 방법에 대하여, 「배달말」 39, 배달말학회. 325-346.
배대온, 2011, 이두와 관련된 몇 가지 생각, 「구결학회 학술대회 발표논문집 제41회」, 구결학회. 83-84.
배병선·조은경·김현용, 2009, 미륵사지 석탑 사리장엄 수습 조사 및 성과, 「목간과 문자」 3, 한국목간학회. 189-215.
배보은, 2019, 「우해이어보」의 형성적 표기를 통해 본 지정사의 개념, 「돈암어문학」 36, 돈암어문학회. 319-348.
배재홍 편, 2008, 「동해시 고문서」 2, 동해: 동해문화원.
배재홍 옮김, 2013, 「국역 준경묘 영경묘 고문서 집성」, 삼척: 삼척시립박물관.
백두현, 1993, 고려본 「화엄경」의 구결자 '支'와 '朱' -그 독음과 문법 기능-, 「어문논총」 27, 경북어문학회. 125-153.
백두현, 1995ㄱ, 고려본 「화엄경」의 구결자 '十'에 관한 고찰, 「(소곡 남풍현 선생 회갑기념논총) 국어사와 차자표기」, 간행위원회 편, 서울: 태학사. 253-283.
백두현, 1995ㄴ, 고려시대 석독구결의 경어법 선어말어미 '-ㅡ-', '-白-'의 분포와 기능에 관한 연구, 「어문논총」 29, 경북어문학회. 45-114.
백두현, 1996, 고려시대 석독구결의 선어말어미 '-乃(오)-'의 분포와 문법 기능, 「어문논총」 30, 경북어문학회. 93-136.

백두현, 1997ㄱ, 고려본 「금광명경」에 나타난 특이 형태에 대하여: 'ㅁ ㅁ ㄷ', 'ㅐ ㅅ', '言 乃 ㄷ ㄗ' 및 '言 ㅐ ㄗ', 「국어학 연구의 새 지평(성 제 이돈주 선생 화갑기념)」, 서울: 태학사. 121-137.

백두현, 1997ㄴ, 고려시대 구결의 문자 체계와 통시적 변천, 「아시아 제민 족의 문자」, 구결학회 편, 서울: 태학사. 287-382.

백두현, 1997ㄷ, 고려시대 석독구결에 나타난 선어말어미 계열관계와 통 합관계, 「구결연구」 2, 구결학회. 27-95.

백두현, 1997ㄹ, 고려시대 석독구결의 선어말어미 '-ろ(오)-'에 대한 통시 적 고찰, 「진단학보」 83, 진단학회. 235-272.

백두현, 1997ㅁ, 차자표기와 형태론, 「새국어생활」 7-4, 서울: 국립국어연 구원. 99-116.

백두현, 1998, 울진 봉평 신라비의 지명에 대한 어학적 고찰, 「제19회 공동 연구회 발표 논문집」, 구결학회. 〈1999, 울진 봉평 신라비의 지명 에 대한 어학적 고찰, 「한국고대사회와 울진 지방」, 한국고대사학 회.〉

백두현 1999, 「구역인왕경」 석독구결의 경어법, 「구결연구」 5, 구결학회. 127-145.

백두현, 2002, 「조선관역어」의 미해독어 '則卜論莟'(寅時) 고찰, 「국어학」 40, 국어학회. 43-65.

백두현, 2003, 취암문고 소장 국어사 자료의 연구, 「영남학」 3, 대구: 경북 대학교 영남문화연구원. 109-174.

백두현, 2005, 「석독구결의 문자 체계와 기능 -고려시대 한국어 연구-」, 서울: 한국문화사.

백두현, 2007, 한국을 중심으로 본 조선시대 사람들의 문자생활, 「서강인 문논총」 22, 서울: 서강대학교 인문과학연구소. 157-203.

백두현, 2008, 계명대학교 동산도서관 소장 국어사 자료의 가치, 「한국학논집」 37, 대구: 계명대학교 한국학연구원. 65-114.

백두현, 2017, 월성 해자 목간의 이두 자료, 「동아시아 고대 도성의축조의례와 월성 해자 목간」, 경주: 국립경주문화재연구소. 225-249. 〈국립중앙도서관 홈페이지 원문 보기〉

백두현, 2018, 월성 해자 목간의 이두 자료, 「목간과 문자」 20, 한국목간학회. 273-301.

백두현, 2019, 이두, 「문자와 고대 한국 1. 기록과 지배」, 한국목간학회 편, 서울: 주류성. 125-151.

백승옥, 2014, 가야의 언어와 문자, 제사, 음악, 습속, 「가야 문화권 실체 규명을 위한 학술 연구」, 고령: 가야문화권 지역발전 시장군수협의회.

백승창, 2008, 「「물명고」류에 대한 국어학적 연구 -어휘 분류와 조어법을 중심으로-」, 박사논문, 용인: 단국대학교 대학원.

백진순, 2015, 「유가사지론」 개관, 「「유가사지론」 권20의 석독구결 역주」, 서울: 역락.

법제처 편, 1964, 「대명률직해」, 서울: 법제처. 〈법제자료지 13〉

변혜원, 1996, 「「계림유사」와 「고려사」에 나타난 차용어 연구」, 석사논문, 서울: 상명여자대학교 대학원.

보경문화사 편, 1986, 「대명률직해」, 서울: 보경문화사.

부산광역시립박물관 복천분관, 1997, 「유물에 새겨진 고대 문자」, 부산: 부산광역시립박물관.

부산대학교 박물관 편, 2007, 「김해 봉황동 저습지 유적」, 부산: 부산대학교 박물관. 〈연구논총 제33집〉

부산산업대학교 부설 향토문화연구소 편, 1984, 「부산시 금석문」, 부산: 부산산업대학교 부설 향토문화연구소. 〈향토자료총서 1. 국립중

앙도서관 협약도서관 원문 보기〉

부여군 문화재보존센터 편, 2012, 「부여 구아리 319 부여중앙성결교회 유적 발굴 조사 보고서」, 부여: 부여군 문화재보존센터.

부여군 문화재보존센터 편, 2012, 「부여 북나성 3차 발굴 조사 약보고서」, 부여: 부여군 문화재보존센터.

불교문화재연구소, 2009, 「불국사 삼층석탑 묵서 지편」, 서울: 재단법인 불교문화재연구소.

불교중앙박물관·국립중앙박물관, 2009, 「불국사 석가탑 유물 보고서」 1~4, 서울: 국립중앙박물관.

불교중앙박물관·불국사, 2010, 「불국사 석가탑 사리장엄구」, 서울·경주: 불교중앙박물관·불국사.

불앙(권오호) 역해, 1989, 「불설사십이장경, 불유교경, 불설팔대인각경」, 서울: 선문출판사. 〈국립중앙도서관 협약도서관 원문 보기〉

사회과학원 고고학연구소 편, 1978, 「고고학 자료집」 5, 평양: 과학백과사 전출판사.

사회과학원 고고학연구소 편, 1983, 「랑락 구역 일대의 고분 발굴 보고(고고학 자료집 6)」, 평양: 사회과학출판사.

서강대학교 도서관 편, 2010, 〈서강대학교 로욜라 도서관 소장 고서 해제」, 서울: 서강대학교.

서민욱, 2001, '者' 자의 부호 구결에 대하여, 「구결연구」 7, 구결학회. 167-197.

서민욱, 2004, '如'에 호응하는 점토에 대하여 -「유가사지론」 권5와 권8을 중심으로-, 「구결연구」 13, 구결학회. 175-220.

서민욱, 2005, 「「유가사지론」 권5·8의 점토구결 연구」, 박사논문, 부천: 가톨릭대학교 대학원.

서민욱, 2005, 「유가사지론」 권5·8에 현토된 점토의 위치 세분에 대하여,

「구결연구」 15, 구결학회. 77-131.

서민정, 2012, 조선 시대의 번역 표기에 대한 연구, 「코키토」 72, 부산: 부산대학교 인문학연구소. 325-344.

서병국, 1958, 음훈차 표기체 연구 서설, 「어문학」 3, 한국어문학회. 20-44.

서병패, 2005, 조선 초기 마천목 좌명공신녹권의 서지적 고찰, 「서지학보」 29, 한국서지학회. 27-58.

서병패, 2006, 최유련 개국원종공신녹권에 관한 서지적 분석, 「상명사학」 10~12, 상명사학회. 217-251.

서병패, 2013, 「조선 전기 기록 문화 연구: 목판 인쇄 기록물」, 청주: 청주 고인쇄박물관.

서수생, 1963, 청산별곡 소고, 「교육연구지」 1, 대구: 경북대학교 사범대학.

서수생, 1974, 최치원의 환국 시기·귀로와 길상탑기에 대하여, 「어문학」 31, 한국어문학회. 39-50.

서영대, 1992ㄱ, 정지원명 금동 삼존불입상, 한국고대사회연구소 편, 「역주 한국고대금석문」, 서울: 가락국사적개발연구원.

서영대, 1992ㄴ, 평양성 석각, 한국고대사회연구소 편, 「역주 한국고대금석문」 제1권, 서울: 가락국사적개발연구원.

서영대, 1993, 금석문 자료 소개: 왕기 묘지, 「한국고대사연구회 회보」 30, 한국고대사연구회.

서영석, 1985, 신라 향가의 난해어 연구 -안민가 어석을 중심으로-, 「신라 문화」 2, 경주: 동국대학교 신라문화연구소. 121-145.

서영석, 1990, 신라 향가 어석의 문제점, 「신라문화」 7, 경주: 동국대학교 신라문화연구소. 45-67.

서영수, 2007, 고조선의 발전 과정과 강역의 변동, 「고조선의 역사를 찾아서 -국가·문화·교역-」, 서울: 학연문화사.

서울대학교 규장각 편, 1996, 「자경전진작정례의궤(慈慶殿進爵整禮儀軌)」, 서울: 서울대학교 규장각. 〈영인본〉

서울대학교 규장각 편, 2001ㄱ, 「규장각 소장 어문학 자료: 어학편 해설」, 서울: 태학사.

서울대학교 규장각 편, 2001ㄴ, 「대명률직해」, 서울: 서울대학교 규장각.

서울대학교 규장각 편, 2005ㄱ, 「규장각 소장 의궤 해제집」 1~3, 서울: 서울대학교 규장각.

서울대학교 규장각 편, 2005ㄴ, 「의금부 등록」 1~6 〈6책. 마이크로필름. 서울대학교 규장각 소장〉 〈국사편찬위원회 편, 1994, 「각사등록」 72~73(의금부등록 1~2)〉

서울대학교 규장각 한국학연구원 엮음, 2012ㄱ, 「궁방 양안」, 서울: 민속원.

서울대학교 규장각 한국학연구원 엮음, 2012ㄴ, 「둔토 양안」, 서울: 민속원.

서울대학교 규장각 한국학연구원 편, 2012, 「해외 한국본 고문헌 자료의 탐색과 검토」, 서울: 삼경문화사. 〈국립중앙도서관 협약도서관 원문 보기〉

서울대학교 규장각 한국학연구원, 2013, 「한국학, 밖에서 본 한국」, 서울: 서울대학교 규장각 한국학연구원. 〈2013년 서울대학교 규장각 한국학연구원 특별 전시회. 국립중앙도서관 디지털도서관 원문 보기〉

서울대학교 대학원 국어연구회 편, 1993, 「국어사 자료와 국어학의 연구 (안병희 선생 회갑기념논총)」, 서울: 문학과 지성사. 〈국립중앙도서관 협약도서관 원문 보기〉

서울대학교 대학원 국어연구회 편, 1990, 「국어 연구 어디까지 왔나」, 서

울: 동아출판사.

서울대학교 규장각 편, 1986~. 「고문서」 1~, 서울: 서울대학교 규장각.

서울대학교 부속도서관, 1972, 「고문서집진」, 서울: 서울대학교 부속도서관.

서울대학교 법학도서관, 2017, 「고문헌서지목록집」, 서울: 서울대학교 법학도서관.

서울역사박물관 편, 2002, 「풍납토성 -잃어버린 '왕도'를 찾아서-」, 서울: 서울역사박물관.

서재극, 1974, 「신라 향가의 어휘 연구 -경상도 방언의 관점에서-」, 대구: 계명대학교출판부. 〈국립중앙도서관 협약도서관 원문 보기〉

서재극, 1976, 향가 표기에 쓰인 석독자, 「한국학논집」 4, 대구: 계명대학교 한국학연구소. 201-208.

서재극, 1988, 「계림유사」의 몇 낱말에 대한 연구 -'胡臨, 胡住, 胡根을 중심으로-, 「한국학논집」 15, 대구: 계명대학교 한국학연구소. 1-11.

서재극, 1991, 小倉進平(1929) 「鄕歌及吏讀の硏究」, 「주시경학보」 8, 서울: 탑출판사.

서재극, 1992, 향가의 '攴', 「한국학논집」 19, 대구: 계명대학교 한국학연구소. 93-99.

서재극, 1995, 「신라 향가의 어휘 연구」, 서울: 형설출판사. 〈증보판. 국립중앙도서관 협약도서관 원문 보기〉

서정목, 2013ㄱ, '모죽지랑가'의 형식과 내용, 창작 시기, 「시학과 언어학」 25, 시학과 언어학회. 87-130.

서정목, 2013, '모죽지랑가'의 새 해독과 창작 시기, 「언어와 정보사회」 20, 서울: 서강대학교 언어정보연구소. 93-159.

서정목, 2014, 「향가 모죽지랑가 연구」, 서울: 서강대학교 출판부. 〈국립중

앙도서관 협약도서관 원문 보기〉

서정철 외, 1985, 「현대 프랑스 언어학」, 서울: 문학과 지성사.

서종학, 1984, 차자 '有'와 '在', 「울산어문논집」 1, 울산: 울산대학교 국어 국문학과.

서종학, 1986, 「구황촬요」와 「신간구황촬요」에 관한 고찰, 「국어학」 15, 국어학회. 163-194.

서종학, 1989, 차자 '在'의 의미와 그 기원, 간행위원회 편, 「소원 안윤태 박사 화갑기념논문집」, 대구: 논문집간행위원회. 〈영남대학교 중 앙도서관 소장〉

서종학, 1990, 문헌과 주석, 「국어연구 어디까지 왔나」, 서울대학교 대학원 국어연구회 편, 서울: 동아출판사.

서종학, 1991, 「이두의 문법형태 표기에 관한 역사적 연구」, 박사논문, 서울: 서울대학교 대학원. 〈국립중앙도서관 협약도서관 원문 보 기〉

서종학, 1993, 고려시대 이두자료, 「국어사 자료와 국어학의 연구(안병희 선생 회갑기념논총)」, 서울: 문학과 지성사. 33-45.

서종학, 1994, 지정문자와 차자 '內', 「민족문화논총」 15, 경산: 영남대학 교 민족문화연구소. 1-21.

서종학, 1995, 「이두의 역사적 연구」, 경산: 영남대학교출판부. 〈국립중앙 도서관 협약도서관 원문 보기〉

서종학, 1999, 「충주 구황촬요」의 이두, 「동양학」 29, 서울: 단국대학교 동양학연구소. 1-21.

서종학, 2004, 차자 '슈믄-'고, 「구결연구」 12, 구결학회. 133-155.

서종학, 2005, 「문자 생활의 역사」, 경산: 영남대학교출판부.

서종학, 2011ㄱ, 이두의 개념과 성격, 「구결연구」 27, 구결학회. 27-55.

서종학, 2011ㄴ, 「구황촬요」, 서울: 채륜.

석주명, 1947, 「제주도 방언집」, 서울: 서울신문사.

선문대학교 고고연구소 편, 2008, 「계양산성」, 아산: 선문대학교 고고연구소.

선산 김씨 대동보 편찬위원회 편, 1986, 「선산 김씨 대동보」 권1, 경북: 선산 김씨 대동보 편찬위원회.

선석렬, 1989, 영일 냉수리 신라비에 보이는 관등·관직 문제, 「영일 냉수리 신라비의 종합적 검토」, 한국고대사연구회.

성균관대학교 대동문화연구원 편, 1977, 「이조명현집」, 서울: 성균관대학교 대동문화연구원.

성균관대 동아시아 학술원 편, 2014, 「한국 고대 문자 자료 연구: 백제 문자 자료의 이해」, 서울: 성균관대 동아시아학술원 BK21 플러스. 〈성균관대 동아시아학술원 BK21 플러스 동아시아학 융합사업단 국내학술회의 논문집. 국립중앙도서관 4층 도서자료실 소장〉

성봉현, 1994, 1481년 '장예원 속신입안' 문기 검토, 「고문서연구」 5, 한국고문서학회. 21-37.

성우철, 2022, 자토석독구결 자료에 나타난 '-습-'의 기능에 관한 연구, 「동양학」 88, 용인: 단국대학교 동양학연구원. 1-35.

성우철, 2023, 「합부금광명경」 권3의 'ㅂ'을 포함하는 구결점에 대한 연구, 「구결연구」 50, 구결학회. 91-122.

성원경, 1981, 한자의 간화자에 대한 한중 비교 고찰, 「국어국문학」 86, 국어국문학회. 302-307.

성윤길, 2006, 부여 관북리 출토 금동 광배, 「미술자료」 74, 서울: 국립중앙박물관. 57-80.

성윤길, 2013, 삼국시대 6세기 금동 광배 연구, 「미술사학연구」 277, 한국미술사학회. 5-40.

성재현, 2013, 계유명 전씨 아미타불비상 글자의 내용, 「불비상 염원을 새기다」, 청주: 국립청주박물관.

성광수, 1977, 「국어 조사의 연구」, 서울: 형설출판사.

성광수, 1997, 고대 국어의 주제 표현에 대하여, 「(청범 진태하 교수 계칠 송수기념)어문학논총」, 논총간행위원회 편, 서울: 태학사. 569-620.

성광수, 2003, 「대명률직해」에 나타난 주어와 주제 표현에 대하여, 「한국 어학」 20, 한국어학회. 97-127.

성주문화원·경북대학교 영남문화연구원, 2018, 「성주 금석문 대관」 1~2, 대구: 경북대학교 출판부.

성주택, 1991, 무령왕릉 출토 지석에 관한 연구, 「무령왕릉의 연구 현황과 제문제」, 공주: 공주대학교 백제문화연구소.

성주택·정구복, 1991, 지석의 형태와 내용, 「백제 무령왕릉」, 공주: 충청남 도·공주대학교 백제문화연구소.

성호경, 1982, 향가 분절의 성격과 시행 구분 및 율격에 대한 시론, 「백영 정병욱 선생 환갑기념논총」, 서울: 신구문화사.

성호경, 1988, 향가 연구의 함정과 그 극복을 위한 모색, 「국어국문학」 100, 국어국문학회. 127-138.

성호주, 1988, 「경기체가의 형성 연구」, 부산: 제일문화사.

성환갑, 1983, 「고유어의 한자어 대체에 관한 연구」, 박사논문, 서울: 중앙 대학교 대학원.

성환갑, 1986, 차용어와 고유어의 조화, 「국어학 신연구」, 서울: 탑출판사. 563-575.

세계문자연구회 엮음·김승일 옮김, 1997, 「세계의 문자」, 서울: 범우사.

세종대왕기념사업회 한국고전용어사전 편찬위원회 편, 2001, 「한국고전 용어사전」 1~5, 서울: 세종대왕기념사업회.

소곡 남풍현 선생 회갑기념논총 간행위원회 편, 1995, 「국어사와 차자표기」,

서울: 태학사.

소열녕(蕭悅寧), 2012, 「역어유해」와 「방언집석」에 나타난 근대 한음계 차용어, 「구결연구」 29, 구결학회. 43-95.

소진철, 1994, 「금석문으로 본 백제 무녕왕의 세계」, 익산: 원광대학교 출판국. 〈소진철, 2004, 「금석문으로 본 백제 무녕왕의 세상」, 익산: 원광대학교 출판국.〉

소진철, 2008, 「백제 무녕왕의 세계」, 서울: 주류성.

소현숙, 2009, 법륭사 헌납 공물 갑인명 금동 광배 연구 –장엄의장을 통한 연원과 제작국 고증–, 「한국고대사연구」 54, 한국고대사학회. 503-549.

소현숙, 2011, 법륭사 헌납 공물 갑인명 금동 광배 명문 연구, 「백제문화」 44, 공주: 공주대학교 백제문화연구소. 111-138.

손명기, 1994, 「고구려 어휘 연구」, 석사논문, 대전: 대전대학교 대학원.

손명기, 2005, 「유가사지론」 점토석독구결 해독 연구(9), 「구결연구」 15, 구결학회. 269-281.

손병태, 1986, 「이두의 시상형태 표기법 연구」, 석사논문, 경산: 영남대학교 대학원.

손병태, 1989, 「우역방」의 이두문 연구, 「한민족어문학」 16, 한민족어문학회. 409-420.

손병태, 1990, 「촌가구급방」의 향약명 연구, 「한민족어문학」 17, 한민족어문학회. 72-112.

손병태, 1996ㄱ, 「향약 약재명의 국어학적 연구」, 박사논문, 경산: 영남대학교 대학원.

손병태, 1996ㄴ, 식물성 향약명 어휘 연구, 「한민족어문학」 30, 한민족어문학회. 105-191.

손보기, 1971, 「한국의 고활자」, 서울: 보진재. 〈새판(1982, 보진재)〉

손보기, 1973, 직지심경 -금속활자 고증의 경위와 그 의의-, 「도협월보」 14-3, 서울: 한국도서관협회. 3-5.

손보기, 1977, 「금속활자와 인쇄술」, 서울: 세종대왕기념사업회.

손성우 편저, 1974, 「한국 지명 사전(韓國地名辭典)」, 서울: 경인문화사.

손영종, 2002, 「광개토왕릉비문 연구」, 서울: 중심. 〈북한의 우리 역사 연구 알기 3〉

손혜선, 1995, 「곡물명의 차자표기 고찰 -「금양잡록」과 「산림경제」를 중심으로-」, 석사논문, 수원: 수원대학교 대학원.

손호성, 2011, 부여 쌍북리 119 안전센터 부지 출토 목간의 내용과 판독, 「목간과 문자」 7, 한국목간학회. 139-148.

손홍열, 1989, 여말·선초 의서의 편찬과 간행, 「한국과학사학회지」 11, 한국과학사학회. 39-52.

손환일, 2000, 임신서기석의 서체고, 「미술자료」 64, 서울: 국립중앙박물관. 1-16.

손환일, 2004ㄱ, 18~19세기 토지 매매 문서에 나타난 이체 한자의 조자 유형에 대하여, 「한국사상과 문화」 24, 한국사상문화학회. 289-324.

손환일, 2004ㄴ, 경주 지역 출토 목간에 대한 석문, 한국고대사학회 2004 년 12월 월례 발표회 발표문, 한국고대사학회 자료실.

손환일, 2008ㄱ, 백제 목간 지약아식미기와 좌관대식기의 기록과 서체, 「백제 좌관대식기의 세계」, 부여·수원: 국립부여박물관·경기대학교 전통문화콘텐츠연구소.

손환일, 2008ㄴ, 백제의 필기도구와 목간 분류, 「백제 목간」, 국립부여박물관 편, 부여: 국립부여박물관. 54-57.

손환일, 2008ㄷ, 백제 목간 '좌관대식기'의 분류 체계와 서체, 「한국사상과 문화」 43, 한국사상문화학회. 97-124.

손환일, 2008ㄹ, 백제 왕흥사지 출토 청동 사리함 명문의 서체, 「한국고대
사연구」 49, 한국고대사학회. 111-145.

손환일, 2009ㄱ, 백제 미륵사지석탑 '석가모니 진산 사리 봉영기'와 '금정'
의 서체 재고찰, 「백제 불교 문화의 보고 미륵사」, 대전: 국립문화
재연구소. 〈국립문화재연구소 학술심포지엄 논문집〉

손환일, 2009ㄴ, 백제 백령산성 출토 명문 기와와 목간의 서체, 「구결연구」
22, 구결학회. 123-149.

손환일, 2011ㄱ, 「한국 목간의 기록 문화와 서체」, 서울: 서화미디어.

손환일, 2011ㄴ, 「한국 금석문의 두전」, 서울: 서화미디어.

손환일, 2017, 함안 성산산성 출토 문서 목간의 의미와 서체, 「한국사학사
학보」 35, 한국사학사학회. 5-30.

손환일, 2018, 「금강경」의 전래와 '익산 왕궁리 오층석탑 발견 은제 도금
금강경'의 서체, 「동양미술사학」 7, 동양미술사학회. 7-47.

손환일, 2019, 익산 왕궁리 오층석탑 발견 '은제 도금 금강경판'의 제작
시기와 제작법, 「동양미술사학」 9, 동양미술사학회. 149-180.

손환일 편저, 2011, 「한국 목간 자전」, 창원: 국립가야문화재연구소. 〈887
쪽. 국립문화재연구소 홈페이지 원문 보기〉

송기중, 1986, 신라 전반기의 관직명·인명과 북방 민족어, 「진단학보」 61,
진단학회. 123-152.

송기중, 1988, 한자 주변의 문자들, 「정신문화연구」 34, 성남: 한국정신문
화연구원. 21-47.

송기중, 1997, 차자표기의 문자론적 성격, 「새국어생활」 7-4, 서울: 국립국
어연구원. 5-29.

송기중, 1998, 어휘 생성의 특수한 유형: 한자 차용어, 「국어 어휘의 기반
과 역사」, 심재기 편, 서울: 태학사. 593-615.

송기중, 2001, 근대 지명에 남은 훈독 표기, 「지명학」 6, 한국지명학회.

177-216.

송기중, 2002, 고대의 문자 생활 -비교와 시기 구분-, 「강좌 한국고대사,
제5권 문자 생활과 역사서의 편찬」, 서울: 가락국사적개발연구원.

송기중, 2004, 「고대국어 어휘 표기 한자의 자별 용례 연구」, 서울: 서울대
학교출판부.

송기중·남풍현·김영진 공편, 1994, 「고대 국어 어휘 집성」, 성남: 한국정
신문화연구원.

송기중 외 공편, 2003, 「한국의 문자와 문자 연구」, 서울: 집문당.

송기호, 1992ㄱ, 부여융 묘지명, 「역주 한국고대금석문」 1. 고구려·백제·
낙랑 편, 서울: 가락국사적개발연구원.

송기호, 1992ㄴ, 순 장군 공덕비, 「역주 한국고대금석문」 1. 고구려·백제·
낙랑 편, 서울: 가락국사적개발연구원.

송기호, 1992ㄷ, 흑치상지 묘지명, 「역주 한국 고대 금석문」 1. 고구려·백
제·낙랑 편, 서울: 가락국사적개발연구원.

송기호, 1992ㄹ, 흑치준의 묘지명, 「역주 한국 고대 금석문」 1. 고구려·백
제·낙랑 편, 서울: 가락국사적개발연구원.

송기호, 2011, 한문, 이두, 한글, 「대한토목학회지」 제59권 제9호, 서울:
대한토목학회. 50-58. 〈국립중앙도서관 협약공공도서관 원문 보
기〉

송 민, 1997, 국어사의 시대 구분 -음운사를 중심으로-, 「국어사 연구」,
국어사연구회 편, 서울: 태학사. 347-360.

송방송, 1980, 「악장등록 연구」, 경산: 영남대 민족문화연구소.

송완범, 2007, 신라의 경제 제도와 소위 '촌락 문서', 「한국고대사 연구의
새 동향 -한국고대사학회 20년 1987~2006-」, 한국고대사학회
편, 서울: 서경문화사.

송일기, 2002, 익산 왕궁탑 '금지금강사경'의 문헌학적 접근, 「서지학연구」

24, 서지학회. 131-159.

송일기, 2004, 익산 왕궁탑 출토 '백제 금지 각필 금강사경'의 연구, 「마한백제문화」 16, 익산: 원광대학교 마한백제문화연구소. 147-183.

송일기, 2008, 왕룡사원 삼존불상의 복장 전적에 관한 연구, 「한국문헌정보학회지」 42-2, 한국문헌정보학회. 393-420.

송일기, 2014, 여대 선초의 17자본 「법화경」 판본 연구, 「서지학연구」 59, 한국서지학회. 347-370.

송일기·진나영, 2008, 「좌익원종공신녹권」의 서지적 연구, 「한국문헌정보학회지」 42-4, 한국문헌정보학회. 391-415.

송일기·김은진, 2011, 몽산 덕이의 「몽산화상육도보설」 판본고, 「한국문헌정보학회지」 45-3, 한국문헌정보학회. 207-233.

송재주, 1957, 향가에 나타난 '시(尸)'에 대하여, 「국어국문학」 17, 국어국문학회. 94-104.

송재주, 1981ㄱ, 향찰의 체계적 연구 시론, 「한국국어교육연구회 논문집」 18, 한국국어교육연구회. 71-81.

송재주, 1981ㄴ, 향가와 사뇌에 대하여, 「국어교육연구」 2, 조선대학교 국어교육학회. 9-16.

송재주, 1982, 향가 중의 '良'자에 대하여: 향찰의 체계적 연구 시론(2), 「어문연구」 11, 충남대학교 문리과대학 어문연구회. 115-122.

송재주, 1983, 향가 표기 '只'에 대한 연구, 「인문과학연구」 5, 광주: 조선대학교 인문과학연구소. 17-41.

송재주, 1991, 한국 지명의 문헌성과 현지성에 관한 연구, 「어문연구」 21, 한국어문교육연구회. 437-459.

송준호, 1993, 「남원의 장수 황씨와 그들의 고문서」, 전주: 전북향토문화연구회.

송철호, 2008, 「조선 시대 첩 연구」, 석사논문, 성남: 한국학중앙연구원 한국학대학원.

송철호, 2009, 조선 시대 차첩에 관한 연구 -17세기 이후의 구전에 관한
차첩을 중심으로-, 「고문서연구」 35, 한국고문서학회. 69-103.

송철호, 2012, 조선 후기 노문에 관한 연구 -「노문식례」와 문서 양식을
중심으로-, 「고문서연구」 40, 한국고문서학회. 143-178.

송하진, 1985, 삼국사기의 지명 표기와 고대 국어의 음운, 「한국방언학」
3, 경북대학교 한국방언학회.

송하진, 1993, 「삼국사기 지리지 지명의 국어학적 연구」, 박사논문, 서울:
동국대학교 대학원.

송하진, 1999, 「삼국사기」 지리지 용자의 기능과 지명 표기에 대한 고찰
(1), 「호남학」 27, 광주: 전남대학교 호남문화연구소. 143-161.

송화 일독자, 1942, 사냥 매 용어, 「한글」 93, 한글학회. 16-20.

순천대학교 박물관 편, 2005, 「옛 문서로 만나는 선비의 세계」, 순천: 순천
대학교.

신경순, 1976, 고려 전기어에 대한 일고찰, 「선청어문」 7-1, 서울: 서울대
학교 국어교육과. 225-233.

신경철, 1984, 「물명고」의 동물명 어휘고, 「논문집」 3, 원주: 상지대학
병설 실업전문대학.

신경철, 1985, 「물명고」의 식물명 어휘고, 「선오당 김형기 선생 팔지기념
국어학논총」, 서울: 창학사. 233-254.

신경철, 1986, 「물명고」의 무생물명 어휘고, 「논문집」 5, 원주: 상지대학
병설 실업전문대학.

신경철, 1987, 「물명고」의 어휘 고찰, 「한국언어문학」 25, 한국어문학회.
41-66.

신경철, 1993, 「국어 자석 연구」, 서울: 태학사.

신광섭, 2006, 「백제 사비 시대 능사 연구」, 박사논문, 서울: 중앙대학교

대학원.

신라사학회·국민대학교 한국학연구소 편, 2009, 「익산 미륵사지 출토 유물에 대한 종합적 검토」, 신라사학회·국민대학교 한국학연구소. 〈공동학술회의 자료집〉

신석열, 2009, 포항 중성리 신라비의 금석학적 위치, 「포항 중성리 신라비 발견 기념 심포지엄」, 경주: 국립경주문화재연구소.

신석환, 1985, 「향가 문법형태소의 분석적 연구 −선어말 접사와 어말 접사를 중심으로−」, 박사논문, 대구: 계명대학교 대학원. 〈국립중앙도서관 협약도서관 원문 보기〉

신소현·김영민, 2016, RTI 촬영을 통한 감산사 미륵보살상과 아미타불상 명문 검토, 「미술자료」 84, 서울: 국립중앙박물관. 75-99.

신 속 저, 농촌진흥청 역, 1972, 「농가집성」, 수원: 농촌진흥청. 〈고농서 국역 총서 7〉

신영일, 1994, 「향약구급방에 대한 연구 −복원 및 의사학적 고찰−」, 박사논문, 서울: 경희대학교 대학원.

신영일, 1996, 향약구급방에 대한 고증, 「한국한의학연구원 논문집」 2-1, 서울: 한국한의학연구원. 1-13.

신영주, 2020, 불가 경전의 구결 전승과 유가 구결의 분화에 관한 고찰, 「한국한문고전학회」 40-1, 한국한문고전학회. 173-194.

신영주, 2022, 신라 학승들의 불전 탐구와 자국어 방언 활용, 「한문교육논집」 59, 한국한문교육학회. 336-365.

신재홍, 2000, 「향가의 해석」, 서울: 집문당. 〈국립중앙도서관 협약도서관 원문 보기〉

신정희 외, 1983, 울주 천전리 서석명문의 재검토, 「연구논문집」 8-1, 울산: 울산공업전문대학. 151-164.

신중진, 1998, 말음첨기의 생성과 발달에 대하여, 「구결연구」 4, 구결학회.

85-114.

신중진, 2012, 「연경재전집」에 실린 '稻 벼' 곡물명에 대한 어휘사적 연구, 「동아시아문화연구」 52, 서울: 한양대학교 동아시아문화연구소. 83-118.

신중진, 2013, 곡물명 수록 어휘 자료집의 계보와 그 어휘 목록 분석을 위한 기초 연구, 「동아시아문화연구」 54, 서울: 한양대학교 동아시아문화연구소. 67-95.

신중진, 2014ㄱ, 사전학적 관점에서 본 「물명고」와 「재물보」의 영향 관계, 「진단학보」 120, 진단학회. 105-127.

신중진, 2014ㄴ, 「연경재전집」에 실린 잡곡명에 대한 어휘체계사 연구, 「동아시아문화연구」 56, 서울: 한양대학교 동아시아문화연구소. 101-134.

신창순, 1969, 한자어 소고, 「국어국문학」 42~43, 국어국문학회. 249-267.

신채호, 1924ㄱ, 조선 고래의 문자와 시가의 발달, 「동아일보」 1월 1일, 경성: 동아일보사. 〈「단재 신채호 전집」(1972) 재수록〉

신채호, 1924ㄴ, 고사상 이두 명사 해석법(조선사 연구초), 「동아일보」 10월 20일~11월 3일, 경성: 동아일보사. 〈「단재 신채호 전집」(1972) 재수록〉

신채호 저, 단재 신채호 전집 편찬위원회 편, 1972, 「단재 신채호 전집」 상·하, 서울: 을유문화사.

신태현, 1940, 「화이역어」 조선 고어 약고, 「조광」 7월호, 경성: 조광사.

신태현, 1941, 조선 고어 속고, 「한글」 9-2, 한글학회. 463-464.

신태현, 1958, 「삼국사기 지리지의 연구」, 서울: 우종사.

신태현, 1959, 신라 직관 및 군제의 연구, 「논문집」 2, 서울: 신흥대학교. 151-231.

신태현, 1961, 삼국 양명 위호고, 「문리학총」 1-1, 서울: 경희대학교. 8-31.

신현운, 1977, 충청북도 이두 지명고, 「어문논총」 2, 청주: 청주대학교 국어국문학과. 21-31.

신호철, 1994, 고려 현종대의 '정도사 5층 석탑 형지기' 주해, 「한국 사학 논총(이기백 선생 고희기념논총)」 상, 서울: 일지사.

신호철, 2000, '방우문서'를 통해 본 고려말의 토지 상속, 「충북사학」 11, 충북사학회. 147-168.

신희권, 2013, 풍납토성 출토 문자와 부호 탐론, 「한국고대사탐구」 15, 한국고대사탐구학회. 5-34.

신희범, 2004, 「「재물보」와 「광재물보」에 대한 국어학적 연구」, 석사논문, 울산: 울산대학교 교육대학원.

심경호, 1997, 조선후기 한자어휘분류집에 관하여, 「조선후기 한자어휘 검색사전」, 성남: 한국정신문화연구원.

심경호, 2003, 일본 소재 한국 고문헌 정리의 현황과 과제, 「대동한문학」 18, 대동한문학회. 65-90.

심경호, 2007, 한국 유서의 종류와 발달, 「민족문화연구」 47, 고려대학교 민족문화연구원. 85-137.

심경호, 2008, 이두식 변격한문의 역사적 실상과 연구과제, 「어문논집」 57, 민족어문학회. 201-232.

심경호, 2014, 유희 「물명고」의 주문과 안어에 대한 일 고찰, 「조선시대 물명 연구의 현황과 과제(한국학중앙연구원 전통한국학연구센터 2014년도 제3차 국내학술회의 자료집)」, 성남: 한국학중앙연구 원.

심경호, 2018, 한자사전의 현재적 의미와 개선 방안, 「동양학」 71, 용인: 단국대학교 동양학연구원. 51-74.

심경호, 2019, 교토대학 소장 「금석집첩」에 대하여, 「민족문화연구」 83,

서울: 고려대학교 민족문화연구원. 211-248.

심경호, 2023, 선후대 문헌과 비교를 통한 「훈몽자회」의 형성과 영향, 「진단학보」 140, 진단학회. 255-285.

심광주, 2009, 남한 지역 고구려 유적 출토 명문 자료에 대한 검토, 「목간과 문자 연구」 4, 한국목간학회 편, 서울: 주류성.

심보경, 2012, 려말선초 국어사 자료 일고, 「인문과학연구」 34, 춘천: 강원대학교 인문과학연구소. 133-156.

심상육, 2005, 「백제 시대 인각와에 관한 연구」, 석사논문, 공주: 공주대학교 대학원.

심상육, 2013ㄱ, 부여 쌍북리 184-11 유적 목간 신출 보고, 「목간과 문자」 10, 한국목간학회. 183-189.

심상육, 2013ㄴ, 백제 사비도성 출토 문자 유물, 「목간과 문자」 11, 한국목간학회. 53-77.

심상육·이미현·이효중, 2011, 부여 '중앙성결교회유적' 및 '뒷개유적' 출토 목간 보고, 「목간과 문자」 7, 한국목간학회. 117-138.

심상육·성현화, 2012, 부여 나성 청산성 구간 발굴 조사 성과와 '부여 북나성 명문석' 보고, 「목간과 문자」 9, 한국목간학회. 189-200.

심상육·이화영·최유정, 2014, 「부여 쌍북리 184-11 유적」, 부여: 백제고도문화재단.

심상육·김영문, 2015, 부여 구아리 319 유적 출토 편지 목간의 이해, 「목간과 문자」 15, 한국목간학회. 45-63.

심상육·이화영, 2019, 부여 석목리 143-16번지 우적 문자 자료 소개, 「목간과 문자」 22, 한국목간학회. 307-323.

심영환, 2004, 조선 초기 초서 고신 연구, 「고문서연구」 24, 한국고문서학회. 181-204.

심영환, 2005, 조선시대 소지류의 착관 연구 −경주 여주 이씨 독락당 소지류를 중심으로-, 「장서각」 14, 성남: 한국학중앙연구원. 79-109.

심영환, 2007, 고려시대 장론 교서 양식, 「장서각」 18, 성남: 한국학중앙연구원. 163-185.

심영환, 2008, 「조선시대 고문서 초서체 연구」, 서울: 소와당.

심영환, 2009ㄱ, 조선초기 관문서의 「홍무예제」 정장식 수용 사례, 「장서각」 21, 성남: 한국학중앙연구원. 135-163.

심영환, 2009ㄴ, 조선초기 태조 7년(1398) 이화상 처 이 씨 '봉작첩'고, 「역사와 실학」 39, 역사실학회. 5-31.

심영환·노인환, 2012, 조선시대 교서의 심원과 분류, 「한문학논집」 34, 근역한문학회. 9-49.

심영환·박성호·노인환, 2011, 「변화와 정착 -여말선초의 조사 문서-」, 서울: 민속원.

심우준, 1989, 한국 고문서의 투식, 「서지학연구」 4, 서지학회. 23-124. 〈국립중앙도서관 협약공공도서관 홈페이지 원문 보기〉

심우준, 1990, 「내사본 판식·고문서 투식 연구」, 서울: 일지사.

심재기, 1971, 한자어의 전래와 그 어원적 계보, 「김형규 박사 송수기념논총」, 발간위원회 편, 서울: 일조각. 355-380.

심재기, 1975ㄱ, 구결의 생성 및 변천에 대하여 -생성 배경 및 석독 기능을 중심으로-, 「한국학보」 1, 서울: 일지사. 2-22.

심재기, 1975ㄴ, 향가 이해의 전제 조건, 「숭전어문학」 4-1, 숭전대학교 국어국문학회. 57-70.

심재기, 1975ㄷ, 「구역인왕경」 상 구결에 대하여, 「미술자료」 18, 서울: 국립중앙박물관. 19-35.

심재기, 1976, 장곡사 「법화경」의 구결, 「미술자료」 19, 서울: 국립중앙박물관. 40-50.

심재기, 1979, {-ㄹ} 동명사의 통사적 기능에 대하여 -구역인왕경의 구결

‘ァ’을 중심으로-, 「문법연구」 4, 서울: 문법연구회.

심재기, 1982, 「국어 어휘론」, 서울: 집문당.

심재기, 1987, 한자어의 구조와 그 조어력, 「국어생활」 8, 서울: 국어연구
    소. 25-39.

심재기. 1989ㄱ, 한자어 수용에 관한 통시적 연구, 「국어학」 18, 국어학회.
    89-109.

심재기, 1989ㄴ, 조선조 후기의 차자표기 양상, 「제효 이용주 박사 회갑기
    념논총」, 서울: 한샘. 54-71.

심재기, 1991, 근대 국어의 어휘 체계에 대하여 -「역어유해」의 분석을
    중심으로-, 「국어학의 새로운 인식과 전개(김완진 선생 회갑기념
    논총)」, 서울: 민음사. 783-801.

심재기, 1992, 이승재 저 「고려시대의 이두」, 「국어국문학」 108, 국어국문
    학회. 255-258.

심재기, 1993, 고려 시대의 언어·문자에 관한 연구, 「인문논총」 29, 서울:
    서울대학교 인문과학연구소. 25-42.

심재기, 1997, 고려 시대 석독구결의 독법, 「아시아 제민족의 문자」, 구결
    학회 편, 서울: 태학사. 277-286.

심재기·이승재, 1998, 화엄경 구결의 표기법과 한글 전사, 「구결연구」 3,
    구결학회. 29-111.

심재완, 1989, 냉수리 신라비의 발견 경위와 서법고, 「냉수리 신라비 발굴
    연구」, 대구: 모산학술재단.

심재완·조규설, 1966, 「우마양저염역치료방」에 대하여, 「논문집」 6, 대구:
    청구대학.

심희기, 2016ㄱ, 주석서로서의 「대명률강해」, 「「대명률」 및 「대명률직해」
    에 관한 종합적 검토와 이해(구결학회·한국법사학회 공동 전국학
    술대회 발표자료집)」, 구결학회·한국법사학회. 113-123.

심희기, 2016ㄴ, 「율해변의」, 「율학해이」, 「대명률강해」의 상호 관계에 관한 실증적 연구, 「법사학연구」 53, 한국법사학회. 65-93.

아단문고, 2014, 「문자와 상상」 1, 서울: 아단문고. 38-45.

아세아문화사 편, 1975, 「이두 자료 선집」, 서울: 아세아문화사. 〈534쪽. '유서필지, 어록변증설, 이문, 나려이두, 이두편람, 이문잡례, 이두집성'의 영인판. 국립중앙도서관 4층 도서자료실 소장〉

아세아문화사 편, 1981ㄱ, 「삼국사기지리지, 경상도지리지, 경상도속찬지리지, 세종실록지리지」, 서울: 아세아문화사. 〈영인본. 전국지리지총서 1〉

아세아문화사 편, 1981ㄴ, 「삼한금석록」, 서울: 아세아문화사.

아세아문화사 편, 1982, 「경주선생안」, 서울: 아세아문화사.

아세아문화사 편, 1983, 「신증동국여지승람」, 서울: 아세아문화사.

아세아문화사 편, 1984, 「태안사지」, 서울: 아세아문화사.

안경숙, 2012, 국립중앙박물관 소장 석암리 194호 출토 죽간 고찰, 「고고학지」 18, 서울: 국립중앙박물관 고고부.

안경숙, 2013, 평양 석암리 194호 출토 죽긴 고찰, 「목간과 문자」 10, 한국목간학회. 159-182.

안국승, 1996, 칠지도 명문 해독을 고찰해 본 백제의 대외 관계, 「경기향토사학」 창간호, 수원: 전국문화원연합회 경기도지회.

안대현, 2008ㄱ, 주본 「화엄경」 점토석독구결의 해독(1) -12와 14 위치의 동형성 및 51과 55 위치의 대칭성에 대하여-, 「구결연구」 20, 구결학회. 259-286.

안대현, 2008ㄴ, 주본 「화엄경」 점토석독구결의 해독(2) -12와 14 위치및 51 및 55 위치 이외의 점토들에 대하여-, 「국어학」 51, 국어학회. 195-227.

안대현, 2009, 「유가사지론」 점토석독구결의 빼침선에 대하여, 「구결연구」

22, 구결학회. 197-218.

안대현, 2013, 佐藤本「화엄문의요결문답」과 고대 한국어의 '厶/矣', 「구결연구」 31, 구결학회. 71-95.

안대현, 2016, 가천박물관 소장 각필 점토구결 자료 초조본「유가사지론」 권53에 대하여, 「구결연구」 36, 구결학회. 95-120.

안대현, 2018, 국립한글박물관 소장 초조대장경「유가사지론」 권66의 서지적 특징, 「초조대장경 유가사지론 권66 각필구결」, 서울: 국립한글박물관. 60-73. 〈국립한글박물관 홈페이지 원문 보기〉

안대현, 2019, 청주고인쇄박물관 소장「합부금광명경」 권3의 서지적 특징, 「고인쇄문화」 26, 청주: 청주고인쇄박물관. 3-36.

안대회, 2004, 이수광의「지봉유설」과 조선 후기 명물고증학의 전통, 「진단학보」 98, 진단학회. 267-289.

안덕균 주해, 1983, 「향약채취월령」, 서울: 세종대왕기념사업회.

안동주, 1998, 백제 한문학 자료에 대한 재고찰, 「호남대학교 학술논문집」 19, 광주: 호남대학교. 31-48.

안병호, 1985, 「계림유사와 고려 시기 조선어」, 목단강: 흑룡강 조선민족출판사.

안병희, 1960, 여요 2제, 「한글」 127, 한글학회. 84-86. 〈국립중앙도서관 협약공공도서관 원문 보기〉

안병희, 1967, 한국어 발달사 중(문법사), 「한국문화사대계」 V(언어·문학사), 서울: 고려대학교 민족문화연구소.

안병희, 1972, 임진란 직전 국어사 자료의 2, 3 문제에 대하여, 「진단학보」 33, 진단학회. 97-102.

안병희, 1975, 구결의 연구를 위하여 −구결 표기 한자의 표음자를 중심으로−, 「동양학 국제학술회의 논문집」, 서울: 성균관대학교 대동문화연구원. 133-142.

안병희, 1976ㄱ, 중세어 구결 기사 자료에 대하여, 「규장각」 1, 서울: 서울 대학교 도서관. 51-65. 〈안병희(2009: 113-131) 재수록〉

안병희, 1976ㄴ, 구결과 한문 훈독에 대하여, 「진단학보」 41, 진단학회. 143-162. 〈안병희(1992ㄱ: 287-313) 재수록〉

안병희, 1976ㄷ, 「동몽선습」과 그 구결, 서울대학교 사범대학 국어교육과 편, 「김형규 교수 정년퇴임기념논문집」, 서울: 서울대학교 사범대 학 국어교육과. 269-278.

안병희, 1977ㄱ, 「중세 국어 구결의 연구」, 서울: 일지사. 〈국립중앙도서관 협약도서관 원문 보기〉

안병희, 1977ㄴ, 「양잠경험촬요」와 「우역방」의 이두 연구, 「동양학」 7, 서 울: 단국대학교 동양학연구소. 3-22. 〈안병희(1992ㄱ: 328-362) 재수록〉

안병희, 1978, 「촌가구급방」의 향명에 대하여, 「언어학」 3, 한국언어학회. 191-199. 〈안병희(1992ㄱ: 438-449) 재수록. 국립중앙도서관 협 약공공도서관 원문 보기〉

안병희, 1979, 중세어의 한글 자료에 대한 종합적인 고찰, 「규장각」 3, 서울: 서울대학교 도서관. 109-147.

안병희, 1981ㄱ, 김완진 저 「향가해독법연구」, 「한국학보」 7-1, 서울: 일지 사. 1121-1125.

안병희, 1981ㄴ, 한국 차자표기법의 형성과 특징, 「제1회 한국학 국제학술 회의 논문집」, 성남: 한국정신문화연구원.

안병희, 1983, 세조의 경서구결에 대하여, 「규장각」 7, 서울: 서울대학교 도서관. 1-14. 〈안병희(1992ㄴ: 147-165) 재수록〉

안병희, 1983, 이두 문헌 「이문대사」에 대하여, 「동방학지」 38, 서울: 연세 대학교 국학연구원. 43-86.

안병희, 1984ㄱ, 한국어 차자표기법의 형성과 특징, 「세계 속의 한국문화

(제3회 국제학술회의 논문집)」, 성남: 한국정신문화연구원. 〈안병
희(1992ㄱ: 269-286) 재수록〉

안병희, 1984ㄴ, 「전율통보」와 그 이문에 대하여, 「유창균 박사 환갑기념
논문집」, 대구: 계명대학교 출판부. 347-362.

안병희, 1985, 「대명률직해」 이두의 연구, 「규장각」 9, 서울: 서울대학교
도서관. 1-22.

안병희, 1985, 언해의 사적 고찰, 「민족문화」 11, 서울: 한국고전번역원.
7-26.

안병희, 1986ㄱ, 이두 문헌 「이문」에 대하여, 「배달말」 11, 배달말학회.
1-42. 〈안병희(1992ㄱ: 424-437) 재수록〉

안병희, 1986ㄴ, 이두의 학습서에 대하여, 「제1차 Korea학 국제교류세미나
논문집」, 목단강: 흑룡강 조선민족출판사. 〈안병희(1992ㄱ: 397-
407) 재수록〉

안병희, 1987ㄱ, 「이문과 이문대사」, 서울: 탑출판사. 〈국립중앙도서관
협약도서관 원문 보기〉

안병희, 1987ㄴ, 국어사 자료로서의 「삼국유사」 -향가 해독과 관련하여-,
「삼국유사의 종합적 검토」, 성남: 한국정신문화연구원. 〈안병희
(1992ㄴ: 166-178) 재수록〉

안병희, 1987ㄷ, 균여의 방언본 저술에 대하여, 「국어학」 16, 국어학회.
41-54. 〈안병희(1992ㄱ: 314-327) 재수록. 국립중앙도서관 공공
협약도서관 원문 보기〉

안병희, 1987ㄹ, 어학편, 「한국학 기초 자료 선집(고대편)」, 성남: 한국정
신문화연구원.

안병희, 1988, 최세진의 「이문제서집람」에 대하여, 「주시경학보」 1, 주시
경학회. 49-68.

안병희, 1992ㄱ, 「국어사 연구」, 서울: 문학과지성사. 〈국립중앙도서관

협약도서관 원문 보기〉

안병희, 1992ㄴ, 「국어사 자료 연구」, 서울: 문학과지성사. 〈국립중앙도서관 협약도서관 원문 보기〉

안병희, 1996, 「증정이문」, 「증정이문속집」, 「비부초의집람」 해제, 「서지학보」 17, 한국서지학회. 147-157.

안병희, 1999ㄱ, 「이문」과 「이문대사」를 다시 논함, 「겨레문화」 13, 한국겨레문화연구원. 3-27. 〈안병희(2009: 425-449) 재수록〉

안병희, 1999ㄴ, 왕실 자료의 한글 필사본에 대한 국어학적 검토, 「장서각」 1, 성남: 한국정신문화연구원. 1-20.

안병희, 2001ㄱ, 「이두편람」에 대하여, 「서지학보」 25, 한국서지학회. 5-34. 〈안병희(2009: 450-476) 재수록. 국립중앙도서관 협약공공도서관 원문 보기〉

안병희, 2001ㄴ, 문자사에서 본 설총, 「한국문화와 역사 인물 탐구」, 성남: 한국정신문화연구원. 91-113.

안병희, 2001ㄷ, 설총과 국어, 「새국어생활」 11-3, 국립국어연구원. 5-20.

안병희, 2003, 「대명률직해」의 서명, 「한국어연구」 1, 한국어연구회. 117-140.

안병희, 2004, 최항의 경서 구결에 대하여, 「새국어생활」 14-3, 서울: 국립국어원. 115-126.

안병희, 2004ㄴ, 설총의 생애와 경산 지역, 「경산문화연구」, 경산: 대구한의대학교 경산문화연구소. 185-208.

안병희, 2007ㄱ, 「최세진 연구」, 파주: 태학사.

안병희, 2007ㄴ, 「훈민정음 연구」, 서울: 서울대학교 출판부.

안병희, 2009, 「국어사 문헌 연구」, 서울: 신구문화사. 〈국립중앙도서관 협약도서관 원문 보기〉

안병희·임홍빈·권재일, 1997, 언어 연구의 회고와 전망, 「인문논총」 38,

서울: 서울대학교 인문학연구원. 1-86. 〈국립중앙도서관 디지털도
서관 원문 보기〉

안승준, 1987, 「16~18세기 해남 윤씨 가문의 토지, 노비 소유 실태와 경영
-해남 윤씨 고문서를 중심으로-」, 석사논문, 성남: 한국정신문화
연구원 한국학대학원.

안승준, 1989, 16~17세기 해남 윤씨 가문의 토지·노비 소유 실태와 경영
-해남 윤씨 고문서를 중심으로-, 「청계사학」 6, 청계사학회. 157-
222.

안승준, 1992, 1594년 재경 사족의 농업경영 문서 -안씨치가법제(安氏治
家法制)-, 「계간 서지학보」 8, 한국서지학회. 37-48.

안승준, 1996ㄱ, 고문서와 그 수집·정리·연구 현황 -한국정신문화연구원
소장(M.F) 고문서를 중심으로-, 「한국학대학원 논문집」 11, 성
남: 한국학중앙연구원.

안승준, 1996ㄴ, 조선시대 사노비 추쇄와 그 실제 -영주 인동 장씨 소장
고문서를 중심으로-, 「고문서연구」 8, 한국고문서학회. 1-39.

안승준, 1998ㄱ, 태조 이성계가 자식에게 남긴 분재기, 「문헌과 해석」 2,
서울: 태학사.

안승준, 1998ㄴ, 조선전기 재산상속문서의 전형 -1452년의 이우양 분재기-,
「문헌과 해석」 4, 서울: 태학사.

안승준, 1998ㄷ, 점필재 김종직이 어머니와 아내로부터 받은 편지, 「문헌
과 해석」 5, 서울: 태학사.

안승준, 1998ㄹ, 1446년 영해 영양 남씨가의 노비금급입안 분석, 「고문서
연구」 13-1, 한국고문서학회. 31-60.

안승준, 2002, 고문서 조사·수집 및 정리와 그 실제, 「고문서연구」 20,
한국고문서학회. 45-69.

안승준, 2007, 한국학중앙연구원의 고문서 조사·정리 현황과 과제, 「고문

서연구」 31, 한국고문서학회. 73-106.

안승준, 2016, 15세기 이두 편지 사례 연구 -이번(李蕃)의 가내 서한을 중심으로-, 「고문서연구」 48, 한국고문서학회. 405-435.

안승준·손계영, 2003, 경주 안강 여주 이씨 옥산파와 독락당 소장 자료의 고문서학적 고찰, 「고문서집성 65: 경주 옥산 여주 이씨 독락당 편」, 성남: 한국정신문화연구원.

안정준, 2015ㄱ, 부여융 묘지명, 「한국 고대 문자 자료 연구 백제(하) -주제별-」, 권인한·김경호·윤선태 공동 편집, 서울: 주류성. 335-349.

안정준, 2015ㄴ, 이제 묘지명, 「한국 고대 문자 자료 연구 백제(하) -주제별-」, 권인한·김경호·윤선태 공동 편집, 서울: 주류성. 363-377.

안정준, 2015ㄷ, 태비 부여씨 묘지명, 「한국 고대 문자 자료 연구 백제(하) -주제별-」, 권인한·김경호·윤선태 공동 편집, 서울: 주류성. 351-362.

안정준, 2015ㄹ, 풍납토성 출토 문자 자료, 「한국 고대 문자 자료 연구 백제(상) -지역별-」, 권인한·김경호·윤선태 공동 편집, 서울: 주류성. 19-25.

안정희, 2011, 균여 향가에 사용된 부정의 표현에 대하여, 「구결연구」 27, 구결학회. 145-172.

안춘근, 1972, 「한국 불교 서지고」, 서울: 동양서원.

애드리안 뷰조, 1980, 「광개토대왕릉비에 나타난 고유명사 표기자의 기원」, 석사논문, 서울: 단국대학교 대학원.

양광석, 1988, 삼국시대 금석문고, 「대동한문학」 1, 대동한문학회. 173-198.

양기석, 1995, 백제 부여융 묘지명에 대한 검토, 「국사관논총」 62, 과천: 국사편찬위원회. 136-160.

양기석, 1997, 백제 부여융 묘지명의 '백제 진조인', 「김현길 교수 정년기념

향토사학논총」, 간행위원회 편, 서울: 수서원.

양만정, 1993, 순창 성황 대신 사적 현판의 발견과 그 고찰, 「옥천문화연구집」 1, 순창: 옥천향토문화연구소.

양석진, 2019, 문자를 보존하는 과학, 「문자와 고대 한국」 2. 교유와 생활, 한국목간학회 편, 서울: 주류성. 555-579.

양연희, 1976, 「물명류고에 관한 고찰 -어휘, 음운과 문자 표기를 중심으로-」, 석사논문, 서울: 서울대학교 대학원.

양염규, 1965, 김준영 저 「향가 상해」, 「국어국문학」 28, 국어국문학회. 264-267.

양영옥, 2015, 조선 후기 유서의 전통과 「송남잡식」, 「대동문화연구」 92, 서울: 성균관대학교 대동문화연구원. 251-287.

양영옥, 2016, 조재삼의 「송남잡식」 연구, 박사논문, 서울: 성균관대학교 대학원.

양영옥, 2017, 「송남잡식」의 어휘사전적 특징에 관한 연구, 「한문학보」 37-1, 우리한문학회. 275-300.

양오진, 2003, 「이학지남」의 성격과 언어적 특징에 대하여, 「중국언어연구」 16, 한국중국언어학회. 273-305.

양오진, 2016, 조선시대 이문 취재서에 대하여, 「중국언어연구」 67, 한국중국언어학회. 211-229.

양재연, 1959, 균여 대사 연구, 「중앙대 논문집」 4, 서울: 중앙대학교. 81-88.

양주동, 1935, 향가의 해독 -특히 원왕생가에 대하여-, 「청구학총」 19, 서울: 청구대학.

양주동, 1940, 화한서에 나타난 조선 고어 집록 약고 -「계림유사」, 「화영삼재도회」, 기타-, 「조광」 6-3, 경성: 조광사. 280-289.

양주동, 1942, 「조선 고가 연구」, 경성: 박문서관. 〈신라 향가의 주석서〉

〈1946년 재판, 1956, 1965년에 증정판 「증정 고가연구」를 일조각에서 발행. 1983년 일조각에서 중판 발행〉

양주동, 1947, 「여요전주」, 서울: 을유문화사. 〈436쪽. 고려 가요의 주석서〉 〈1948년(정보판)〉

양주동, 1962, 「국학 연구 논고」, 서울: 을유문화사.

양주동, 1972, 고언 연구초: 향용어들의 어원·유래·원의 잡고, 「명대논문집」 5, 서울: 명지대학교. 163-196.

양주동, 1994, 현존 신라 가요 14수 -상대 및 신라 가요(상고로부터 신라 말엽까지의 시가)-, 「한국학연구」 40, 서울: 한국학연구소. 17-23.

양태진, 1984, 녹권에 관한 서지적 연구, 「국회도서관보」 1984년, 서울: 국회도서관. 63-69.

양혜원, 2018, 「경국대전」의 판본 연구, 「규장각」 53, 서울: 서울대학교 규장각 한국학연구원. 155-191.

양희철, 2008, 향찰과 이두 '將來'의 연구: '將'과 '來'의 음훈을 살린 해독들의 변증, 「한국언어문학」 66, 한국언어문학회. 5-28.

양희철, 2012, 향찰 '制, 弟, 底' 해독의 변증, 「언어학 연구」 24, 한국중원언어학회. 139-164.

양희철, 2013ㄱ, 향찰 '知' 해독의 변증, 「언어학연구」 28, 한국중원언어학회. 171-198.

양희철, 2013ㄴ, 향찰 '遣'의 해독 시고, 「어문연구」 41-4, 한국어문교육연구회. 191-220.

양희철, 2014ㄱ, 향찰 '根, 省' 해독의 변증, 「배달말」 54, 배달말학회. 1-27.

양희철, 2014ㄴ, 차자표기 '詞, 思, 史, 事'의 해독 -선행 해독의 변증과 해독음 및 논거(한국 한자음)의 보완-, 「한국언어문학」 90, 한국언어문학회. 39-65.

양희철, 2014ㄷ, 향찰 '次' 해독의 변증과 보완, 「언어학 연구」 32, 한국중원언어학회. 167-187.

여강출판사, 1990, 「일본 소재 한국 고문헌 목록」 전4책.

여승구, 2019, 고성 삼일포의 단서 6자 연구, 「신라문화」 53, 경주: 동국대학교 신라문화연구소. 111-135.

여찬영, 2008, 김안국의 국어학적 위치, 「언어과학연구」 46, 언어과학회. 43-62.

여찬영 외, 2012, 「조선시대 의궤 용어 사전 I -왕실 전례 편-」, 서울: 경인문화사.

여호규, 2010, 1990년대 이후 고구려 문자 자료의 출토 현황과 연구 동향, 「한국고대사연구」 57, 한국고대사학회. 81-128.

여호규, 2013, 신발견 집안 고구려비의 구성과 내용 고찰, 「한국고대사연구」 70, 한국고대사학회. 51-100.

여호규, 2019ㄱ, 무덤 속 문자에 담긴 고구려인의 정체성, 「문자와 고대한국」 1. 기록과 지배, 한국목간학회 편, 서울: 주류성. 353-383.

여호규, 2019ㄴ, 신라 냉수리비와 봉평리비의 단락 구성과 서사 구조, 「역사문화연구」 69, 서울: 한국외국어대학교 역사문화연구소.

여호규, 2019ㄷ, 신라 중성리비의 서사 구조와 6부인의 지배 이념, 「한국고대사연구」 93, 한국고대사학회. 107-146.

연규동, 1996, 「근대 국어 어휘집 연구 -유해류 역학서를 중심으로-」, 박사논문, 서울: 서울대학교 대학원.

연규동, 2014, 문자의 종류와 개념에 대한 새로운 이해, 「국어학」 72, 국어학회. 155-181.

연규동 외, 2014, 「동서양 문자의 성립과 규범화」, 서울: 한국문화사.

연민수, 1998, 「고대한일관계사」, 서울: 혜안. 〈'칠지도 명문의 재검토' 수록〉

연민수, 2018, 九州의 元岡 G-6호분 경인명 대도와 백제, 「한일관계사연구」

61, 한일관계사학회. 3-34.

연민수·서영수 외, 2013, 「광개토왕비의 재조명」, 서울: 동북아역사재단.

연세대학교 동방학연구소 편, 1954, 「시용향악보」, 서울: 연세대학교 동방학연구소. 〈영인본〉

연세대학교 국학연구원 편, 2009, 「연세대 중앙도서관 소장 고서 해제」 1-12, 서울: 평민사.

연세대학교 중앙도서관 편집, 1967, 「귀중 도서 전시 목록(貴重圖書展示目錄)」, 서울: 연세대학교 중앙도서관.

영남대학교 도서관, 2003, 「영남대학교 도서관 고문서 목록」, 경산: 영남대학교 도서관. 〈「남재문고」 제2집〉

영남대학교 민족문화연구소 편, 1992ㄱ, 「경북 향교 자료 집성」 I·II, 경산: 영남대학교 출판부.

영남대학교 민족문화연구소 편, 1992ㄴ, 「영남 고문서 집성」 I·II, 경산: 영남대학교 출판부. 〈1집에는 15~16세기 이두 자료, 2집에는 16세기 이두 자료를 찾아볼 수 있다. 고문서 영인 자료집〉

영남대학교 민족문화연구소 편, 1992ㄷ, 「오산서원지」, 경산: 영남대학교 출판부.

영남대학교 박물관 편, 1993, 「고문서」 1, 경산: 영남대학교 출판부. 〈차정첩(差定帖), 분재기, 매매 문기 등 조선 전기 이두 자료를 찾아볼 수 있다. 고문서 영인 자료집〉

영남대학교 인문과학연구소 편, 1990, 「양좌동 연구」, 경산: 영남대학교 출판부.

영남대학교 중앙도서관 편, 1997, 「고서·고문서 전시회」, 경산: 영남대학교.

영남문화연구원, 2009, 「영남 지역 고문서 목록」 II, 영남대학교 중앙도서관 소장 1~2 & 색인집, 대구: 도서출판 글고운. 〈전3책〉

영산고문헌연구회 편, 2021, 「한국 고문서학 논총」 1, 파주: 한국학술정보.

염정섭, 2000, 「조선 시대 농서 편찬과 농법의 발달」, 박사논문, 서울: 서울대학교 대학원.

염중섭, 2011, 「오대산 사적기」 '제1 조사 전기'의 수정 인식 고찰 -민지의 오대산 불교 인식-, 「국학연구」 18, 안동: 한국국학진흥원. 231-270.

오경석, 1858, 「삼한금석록(三韓金石錄)」〈위창문고 소장. 국립중앙도서관 협약도서관 원문 보기. 아세아문화사 편(1981) 영인〉

오미영, 2002, 일본 중세의 논어 훈독 -명경박사가인 청원가의 훈점본 6종을 중심으로-, 「구결연구」 9, 구결학회. 147-204.

오미영, 2003, 명고옥 봉좌문고 소장 원응 2년 「논어」 집해본의 훈독, 「구결연구」 11, 구결학회. 299-329.

오미영, 2006, 일본 경도국립박물관 소장 「세설신어」와 국립공문서관 내 각문고 소장 「세설신어」의 비교 연구, 「구결연구」 16, 구결학회. 89-118.

오미영, 2010. 「소학」의 수용과 훈독에 관한 한일 비교 연구, 「일본연구」 43, 서울: 한국외국어대학교 일본연구소. 309-329.

오미영, 2018, 동경대 국어연구실 소장 「중용장구」(21h11) 훈독의 내용적 고찰, 「일본연구」 76, 서울: 한국외국어대학교 일본연구소. 221-240.

오미영·김성주, 2007, 일본 대동급기념문고(大東急記念文庫) 소장 「화엄간정기(華嚴刊定記)」에 대하여, 「구결연구」 19, 구결학회. 63-105.

오보라, 2019, 서파 유희 「물명고」의 체계 및 의의 재탐색, 「대동한문학」 58, 대동한문학회. 245-287.

오성찬, 1994, 「제주도 토속 지명 사전」, 서울: 민음사.

오세창 외, 1986, 「영남 향약 자료 집성」, 경산: 영남대학교 출판부.

오영교·유재춘·엄찬호, 2004, 「원주 한산 이씨가 고서 고문서」, 원주: 원주시립박물관.

오인택, 1994, 조선 후기 신전 개간의 성격 -숙종대 남해현 경자 양안의 가경전을 중심으로-, 「부대사학」 18, 부산대학교 사학회. 435-460.

오인택, 1996, 조선 후기의 양안과 토지 문서, 「부대사학」 20, 부산대학교 사학회. 151-186.

오창림 외, 2020, 「고문서로 보는 조선 후기 제주인의 삶」. 제주: 제주교육박물관. 〈사이버 제주교육박물관 e-book 보기〉

오창명, 1987, 「비변사등록의 이두 연구」, 석사논문, 서울: 단국대학교 대학원.

오창명, 1994, 중세 국어 시기 부사류 이두의 연구 -「과거사목」과 「상정과 거규식」을 중심으로-, 「백록어문」 10, 제주대학교 국어교육학과 국어교육학회. 31-49.

오창명, 1995ㄱ, 「조선전기 이두의 국어사적 연구 -고문서 자료를 중심으로-」, 박사논문, 서울: 단국대학교 대학원. 〈국립중앙도서관 협약 도서관 원문 보기〉

오창명, 1995ㄴ, 「탐라계록(耽羅啓錄)」의 이두문과 이두 해독, 「탐라문화」 15, 제주: 탐라문화연구소. 75-140. 〈국립중앙도서관 디지털도서관 원문 보기〉

오창명, 1995ㄷ, 1407년 '장성감무관자(長城監務關字)'의 이두문 해독, 「고문서연구」 7, 한국고문서학회. 51-68.

오창명, 1995ㄹ, 노비 매매 문기의 이두문과 이두 해독, 「백록어문」 11, 백록어문학회. 7-32.

오창명, 1995ㅁ, 조선전기의 이두 항목 정리 1, 「고문서연구」 7, 한국고문서학회. 127-180. 〈국립중앙도서관 협약공공도서관 원문 보기〉

오창명, 1996ㄱ, 조선 전기의 이두 항목 정리 2, 「고문서연구」 8, 한국고문

서학회. 147-220. 〈국립중앙도서관 협약공공도서관 원문 보기〉

오창명, 1996ㄴ, 「과거사목」(1553)의 이두 연구, 「고문서연구」 9·10, 한국 고문서학회. 169-203. 〈국회전자도서관 홈페이지 원문 보기〉

오창명, 1997, 「의궤」에 나타나는 차자 표기 연구(1) -조선 후기 복식 어휘를 중심으로(1)-, 「한국복식」 15, 서울: 단국대학교 민속박물관. 29-64.

오창명, 2001, 물명의 차자표기 연구(1) -「원신을묘정리의궤」를 중심으로-, 「영주어문」 3, 영주어문학회. 53-86.

오창명, 2004, 제주도 고문서의 이두문과 이두 연구 -16세기 이두문을 중심으로-, 「탐라문화」 24, 제주: 제주대 탐라문화연구소. 81-99.

오창명, 2006, 「제주도 오롬 이름의 종합적 연구」, 제주: 제주대학교 출판부.

오창명, 2007, 「제주도 마을 이름의 종합적 연구」 I·II, 제주: 제주대학교 출판부.

오창명, 2009, 조선시대 고유 음식 어휘 -의궤의 차자표기를 중심으로-, 「한국언어문학회 제50차 정기학술대회 발표논문집」, 한국언어문학회. 117-150.

오창명, 2010, 의궤에 나타나는 고유 복식 어휘 -17세기 의궤를 중심으로-, 「한국언어문학」 73, 한국언어문학회. 5-33.

오창명, 2016, 「한국한자어사전」의 차자와 차자어, 이두와 이두어, 「동양학」 63, 용인: 단국대학교 동양학연구원. 153-182.

오창명, 2018, 강희 13년(1674) '도허여명문'과 제주 지명, 「지명학」 28, 한국지명학회. 133-157.

오창명·손희하, 2005, 「서궐영건도감의궤」 번역과 차자표기의 해독 오류에 대하여, 「호남문화연구」 36, 광주: 전남대학교 호남문화연구소. 31-60.

오창명·손희하, 2008, 「의궤」류의 고건축 어휘 해독과 건축 용어 선정, 「호남문화연구」 42, 광주: 전남대학교 호남문화연구소. 231-268.

오택현, 2015ㄱ, 구아리 출토 문자 자료, 「한국 고대 문자 자료 연구 백제(상) -지역별-」, 권인한·김경호·윤선태 공동 편집, 서울: 주류성. 105-134.

오택현, 2015ㄴ, 낙양 용문 석굴 소재 백제 관련 명문 자료, 「한국 고대 문자 자료 연구 백제(하) -주제별-」, 권인한·김경호·윤선태 공동 편집, 서울: 주류성. 637-646.

오택현, 2015ㄷ, 물부순 장군 공덕기, 「한국 고대 문자 자료 연구 백제(하) -주제별-」, 권인한·김경호·윤선태 공동 편집, 서울: 주류성. 617-636.

오택현, 2015ㄹ, 칠지도, 「한국 고대 문자 자료 연구 백제(하) -주제별-」, 권인한·김경호·윤선태 공동 편집, 서울: 주류성. 601-616.

오택현, 2015ㅁ, 흑치상지 묘지명, 「한국 고대 문자 자료 연구 백제(하) -주제별-」, 권인한·김경호·윤선태 공동 편집, 서울: 주류성. 379-396.

오택현, 2015ㅂ, 흑치준 묘지명, 「한국 고대 문자 자료 연구 백제(하) -주제별-」, 권인한·김경호·윤선태 공동 편집, 서울: 주류성. 397-409.

오택현·최경선, 2015, 동남리 출토 문자 자료, 「한국 고대 문자 자료 연구 백제(상) -지역별-」, 권인한·김경호·윤선태 공동 편집, 서울: 주류성. 263-271.

오희복, 1999, 「우리나라 역대 국가들의 관료기구 및 관직명 편람」, 서울: 여강출판사. 〈1992년판의 개정판. 국립중앙도서관 협약도서관 원문 보기〉

오희복, 1999, 「리두」, 평양: 김일성종합대학출판사. 〈2002, 「리두」, 서울: 역락. 〈국립중앙도서관 협약도서관 홈페이지 원문 보기〉

옥영정, 2000, 고문서 분재기의 목록 작성 방향 설정에 관한 고찰, 「서지학연구」 20, 한국서지학회. 325-358.

옥영정, 2003, 고문서 목록·자료집의 간행 현황과 전망, 「도서관 소식」 18, 경산: 영남대학교 중앙도서관. 36-42.

옥영정, 2016, 조선 전기 「향약집성방」의 간행과 서지학적 특징, 「한국의 사학회지」 29-1, 한국의사학회. 55-69.

왕젠췬(王健群) 저, 임동석 역, 1985, 「광개토왕비연구」, 서울: 역민사.

왕삼경(王三慶), 이미경 역, 2006, 무후 신자의 창제의 흥폐 및 문자의 정속 문제에 관한 논의, 「구결연구」 17, 구결학회. 43-66.

운평어문연구소 편, 1991, 「국어 대사전」, 서울: 금성출판사.

울산암각화박물관 편, 2012, 「한국의 암각화」 II(대구 경북 편), 울산: 울산암각화박물관.

원일문 역, 1994, 향가의 해독, 특히 '원왕생가'에 취하여(양주동), 「한국학연구」 40, 서울: 한국학연구소. 33-69.

원창애, 2004, 소지류·관부문서·망기·통문류·제문·만사의 분석, 「경남문화연구」 25, 진주: 경상대학교 경남문화연구원. 71-100.

원창애, 2005, 소지류·관부문서·망기·통문류·제문·만사의 분석, 「경남문화연구」 26, 진주: 경상대학교 경남문화연구원. 155-180.

위은숙, 2017, 「신편우의방」 연구, 「민족문화논총」 66, 경산: 영남대학교 민족문화연구소. 137-189.

유 근 외 공편, 1915, 「신자전(新字典)」, 경성: 신문관. 〈최남선이 편찬한 것으로 잘못 알려져 있다.〉

유득공, 1778, 「이십일도 회고시(二十一都懷古詩)」〈「학재총서(鶴齋叢書)」(청나라 趙之謙), 「영재집(泠齋集)」(유득공, 1785)에 수록〉〈1877-00-00(별본 판간)〉

유명우, 2004, 한국 번역사에서 본 조선조 언해 번역, 「번역학연구」 5-2,

한국번역학회. 69-91.

유문형, 1997, 안산 경성당 소장 고문서에 대하여, 「경기향토사연구」 창간호, 수원: 경기향토사연구협의회.

유민호, 2010, 고려시대 석독구결의 서체 연구 -「금광명경」 권3과 「유가사지론」 권20을 중심으로-, 「구결연구」 25, 구결학회. 107-143.

유민화, 2000, 「「일본서기」 조선 고유명 표기자의 연구」, 서울: 혜안.

유석일, 1977, 선초 문헌에 쓰여진 불가 구결, 「하서 김종우 박사 화갑기념논총」, 발간위원회 편, 부산: 제일문화사. 397-422.

유성룡, 1633, 「서애집」〈20권 11책. 목판본. 시문집〉〈「한국문집총간」 52(민족문화추진회, 1977)〉

유우식, 2020, 사진 이미지 분석을 통한 문자 해독과 목간 사진 촬영을 위한 제안, 「목간과 문자」 24, 한국목간학회. 299-319.

유우식, 2021, 고대 문자자료 연구를 위한 이미지 촬영과 분석에 관한 제안, 「동서인문」 16, 대구: 경북대학교 인문학술원. 597-626.

유재영, 1975, 한국식 조자 및 차자, 「국어국문학연구」 29, 익산: 원광대학교 문리과대학 국어국문학과.

유재영, 1976, 한국 한자, 「국어국문학연구」 30, 익산: 원광대학교 문리과대학 국어국문학과.

유재영, 1982, 「전래 지명의 연구」, 익산: 원광대학교출판부.

유재영, 1985ㄱ, 장적에 나타난 표기체계의 연구, 「논문집」 19, 익산: 원광대학교. 89-122.

유재영, 1985, 이름 표기의 고찰, 「선오당 김형기 선생 팔지 기념 국어학논총」, 어문연구회 편, 서울: 창학사. 293-310.

유재영, 1987ㄱ, 물명의 한 연구 -「동의보감」 '탕액편'을 중심으로-, 「국어국문학연구」 12, 익산: 원광대학교 출판부. 1-45.

유재영, 1987ㄴ, 「시경언해」 물명에 대한 고찰, 「백록어문」 3·4, 제주대학교 사범대학 국어교육과 국어교육연구회. 281-338.

유재영, 1990, 「시경언해」의 물명, 「어문연구」 20, 충남대학교 문리과대학 어문연구회. 189-205.

유재영, 1991, 지명 표기와 그 변천의 한 고찰, 「원광한문학」 4, 원광한문학회. 1-15.

유재춘, 2011, 강원도내 호구 고문서의 현황과 특이 사례에 대한 검토, 「고문서연구」 39, 한국고문서학회. 237-271.

유지영, 2004, 조선 시대 관원의 정사와 그 사례, 「장서각」 12, 성남: 한국학중앙연구원. 141-171.

유지영, 2005, 조선 후기 수본의 한 연구 -경주 여주 이씨 치암 종택 소장 고문서를 중심으로-, 「장서각」 14, 성남: 한국학중앙연구원. 35-54.

유지영, 2007, 조선 시대 임명 관련 교지의 문서 형식, 「고문서연구」 30, 한국고문서학회. 93-124.

유지영, 2014, 「조선 시대 임명 문서 연구」, 박사논문, 성남: 한국학중앙연구원 한국학대학원.

유창균, 1959, 「국어학사」, 대구: 영문사.

유창균, 1960ㄱ, 고대 지명 표기의 모음 체계 -「삼국사기」 지리지를 중심으로-, 「어문학」 6, 한국어문학회. 11-54.

유창균, 1960ㄴ, 고대 지명 표기의 성모 체계, 「논문집」 3, 대구: 청구대.

유창균, 1961, 고대 지명 표기 용자의 어미에 대하여, 「논문집」 4, 대구: 청구대.

유창균, 1971, 향가의 '攴'자 표기에 대하여, 간행회 편, 「지헌영 선생 화갑 기념논총」, 서울: 간행회.

유창균, 1973, 향가 표기 용자의 상고성적 측면 -특히 '尸'의 음가와 그 연원에 대하여-, 「신라가야문화」 5, 경산: 영남대학교.

유창균, 1974ㄱ, 사뇌가 조사, 「고려시대 언어와 문화」, 서울: 형설출판사.

유창균, 1974ㄴ, 향가 표기 용자의 검토, 「동양문화」 14·15, 경산: 영남대학교.

유창균, 1974ㄷ, 회고와 전망, 「신라시대의 언어와 문학」, 서울: 형설출판사.

유창균, 1975ㄱ, 고구려 인명 표기에 나타난 용자법 검토, 「동양학」 5, 서울: 단국대학교 동양학연구소. 85-98.

유창균, 1975ㄴ, 고려 시대의 언어 개관, 「한국어문학대계」 2, 서울: 형설출판사.

유창균, 1975ㄷ, 백제 인명 표기에 나타난 용자법의 검토, 「어문학」 33, 한국어문학회. 227-238.

유창균, 1976ㄱ, 향찰과 만엽가명 -그 발달 과정의 상호 관련성을 중심으로-, 「국문학연구」 5, 대구: 효성여자대학교 국어국문학연구실. 279-323.

유창균, 1976ㄴ, 신라 인명 표기 용자에 대한 검토, 「어문학」 35, 한국어문학회. 187-206.

유창균, 1976ㄷ, 고구려 지명 표기 용자에 대한 검토, 「우수 강복수 박사 회갑기념논문집」, 간행위원회 편, 서울: 형설출판사. 125-166.

유창균, 1980ㄱ, 「한국 고대 한자음의 연구(1)」, 대구: 계명대학교 출판부.

유창균, 1980ㄴ, 차용 문자의 표기에 대한 고찰 -특히 고구려측 표기법을 중심으로-, 「국어학」 9, 국어학회. 135-149.

유창균, 1982, 마한의 고지명에 대하여, 「어문연구」 11, 어문연구회. 123-155.

유창균, 1983, 「한국 고대 한자음의 연구(2)」, 대구: 계명대학교출판부.

유창균, 1985ㄱ, 변·진한의 지명에 대한 고찰, 「선오당 김형기 선생 팔지기념국어학논총」, 어문연구회 편, 서울: 창학사. 311-325.

유창균, 1985ㄴ, 삼한 국명 표기가 보여주는 모음조화의 경향, 「어문논집」 24·25, 안암어문학회. 319-334.

유창균, 1986ㄱ, 고유명사의 한자 차용표기, 「국어생활」 6, 서울: 국어연구 소. 20-29.

유창균, 1986ㄴ, 향찰 문학의 표기 체계와 가형, 「신라문화제학술발표논문 집」 7, 경주: 신라문화선양회. 33-60.

유창균, 1988, 신라의 언어와 문자에 대하여, 「신라문화제학술발표논문집」 9, 경주: 신라문화선양회. 185-210.

유창균, 1990, 향가의 해독을 위한 시론 -기일 모죽지랑가의 '皆理米'를 중심으로-, 「모산학보」 1, 동아인문학회. 217-247.

유창균, 1991ㄱ, 「삼국시대의 한자음」, 서울: 민음사.

유창균, 1991ㄴ, 향가의 해독을 위한 시론 -기삼, 모죽지랑가의 '好支-'를 중심으로-, 「배달말」 16, 배달말학회. 95-109.

유창균, 1991ㄷ, 한국의 한자 문제, 「어문연구」 19-3, 한국어문교육연구 회. 339-355.

유창균, 1991ㄹ, 한국의 한자 문제, 「새국어생활」 1-4, 서울: 국립국어연구 원. 73-87.

유창균, 1994ㄱ, 한자와 한국어, 「어문연구」 22-3, 한국어문교육연구회. 374-397.

유창균, 1994ㄴ, 삼국시대의 문자생활과 그 성격, 「한국학논집」 21, 대구: 계명대학교 한국학연구원. 5-33.

유창균, 1994ㄷ, 「향가 비해」, 서울: 형설출판사. 〈국립중앙도서관 협약도 서관 원문 보기〉 〈「보정 향가 비해」(유창균, 1996)〉

유창균, 1997, 향가 해독의 반성적 고찰, 「모산학보」 9, 동아인문학회. 1-54.

유창균·강신항, 1961, 「국어학사」, 서울: 민중서관.

유창돈, 1961, 「국어변천사」, 서울: 통문관.

유창돈, 1964, 「이조어사전」, 서울: 연세대학교 출판부.

유창돈, 1971, 「어휘사연구」, 서울: 선명문화사. 〈삼우사(1976), 이우출판사(1978) 재발행〉

유창돈, 1980, 「이조 국어사 연구」, 서울: 이우출판사.

유창선, 1938, 「계림유사」 고려 방언고, 「한글」 6-3, 한글학회. 8-11.

유창식, 1956, 향가에 나타난 'ㄹ'의 문법적 기능과 음가 -향가 해독에 있어서의 일방안-, 「국어국문학」 15, 국어국문학회. 36-61.

유창일, 1991, 향가 표기의 음역 종자자의 현황, 「한국언어문학」 29, 한국언어문학회. 487-528.

유창준, 2014, 「한국 인쇄 문화사」, 서울: 지학사.

유철환, 1987, 「한글 구결의 통사·의미론적 연구 -「능엄경언해」를 중심으로-」, 석사논문, 대구: 경북대학교 교육대학원.

유춘동, 2015, 「러이사와 영국에 있는 한국 전적」 1-3, 서울: 보고사.

유탁일, 1965, 영남 문헌록(경남편), 「국어국문학」 28, 국어국문학회. 127-202.

유탁일, 1977ㄱ, 영남 지방 간행 고서 간이 목록, 「한국한문학연구」 2, 한국한문학회. 163-184.

유탁일, 1977ㄴ, 선초 문헌에 쓰여진 불가 구결, 「하서 김종우 박사 화갑기념논문집」, 부산: 제일출판사. 397-422. 〈국립중앙도서관 지정 피시에서 원문 보기〉

유탁일, 1978, 영남 지방 간행 전적 간이 목록(2), 「한국한문학연구」 3, 한국한문학회. 245-281.

유탁일, 1983, 「삼국유사」의 문헌 변화 양상과 변인 -그 병리학적 분석-, 「삼국유사 연구」 상, 영남대학교 민족문화연구소 편, 경산: 영남대학교 출판부. 257-280.

유탁일, 1989, 「한국 문헌학 연구」, 서울: 아세아문화사.

유탁일, 2001, 나와 한국 문헌학의 체계, 「새국어생활」 11-1, 서울: 국립국어연구원. 99-107.

유희해(劉喜海) 집록(輯錄)·유승한(劉承幹) 중교(重校), 1922, 「해동금석원」 1~8. 〈청나라 고증학자 유희해(劉喜海, 1794년~1852년)가 조선의 금석문을 모아 1832년에 편집한 것을 청나라 유승한(劉承幹)이 보유한 책. 국립중앙도서관, 국사편찬위원회 소장. 아세아문화사 영인〉

육조 술, 이동형 역, 1996, 「금강경육조대사구결」, 서울: 운주사. 〈국립중앙도서관 협약도서관 원문 보기〉

윤경진, 2006ㄱ, 14~15세기 고문서 자료에 나타난 지방행정체계 –'진성'의 발급과 송부 체계를 중심으로-, 「고문서연구」 29, 한국고문서학회. 25-54.

윤경진, 2006ㄴ, 15세기 고문서 2례의 소개와 분석: '윤 원생 진성 첩정'과 '금성일기 입안', 「규장각」 29, 서울: 서울대학교 규장각 한국학연구원. 1-22.

윤무병, 1985, 「부여 관북리 백제 유적 발굴 조사」, 대전: 충남대학교 박물관.

윤무병·충남대학교박물관·충청남도, 1999, 「부여 관북리 백제 유적 발굴보고」 2, 대전: 충남대학교 박물관.

윤병태 편, 1972, 「한국 서지 연표」, 서울: 사단법인 한국도서관협회. 〈국립중앙도서관 홈페이지 원문 보기〉

윤병태·정형우 공편, 1995, 「한국의 책판 목록」, 서울: 보경문화사.

윤선태, 1995, 정창원 소장 '신라촌락문서'의 작성연대 –일본의 「화엄경론」 유통 상황을 중심으로-, 「진단학보」 80, 진단학회. 1-31.

윤선태, 1999, 함안 성산산성 출토 신라 목간의 용도, 「진단학보」 88, 진단

학회. 3-24.

윤선태, 2000, 「신라 통일기 왕실의 촌락 지배 -신라 고문서와 목간의 분석을 중심으로-」, 박사논문, 서울: 서울대학교 대학원. 〈국립중앙도서관 협약도서관 원문 보기〉

윤선태, 2002, 신라의 문서 행정과 목간 -첩식 문서를 중심으로-, 「강좌 한국고대사」 5(문자 생활과 역사서의 편찬), 서울: 재단법인 가락국사적개발연구원.

윤선태, 2004ㄱ, 부여 능산리 출토 백제 목간의 재검토, 「동국사학」 40, 서울: 동국대학교 동국역사문화연구소. 55-78.

윤선태, 2004ㄴ, 한국 고대 목간의 출토 현황과 전망, 「한국의 고대 목간」, 창원: 국립창원문화재연구소.

윤선태, 2005ㄱ, 월성해자 출토 신라 문서 목간, 「역사와 현실」 56, 한국역사연구회. 113-142.

윤선태, 2005ㄴ, 고대의 문자 세계, 「한국사 시민강좌」 37, 서울: 일조각. 1-24.

윤선태, 2006ㄱ, 백제 사비 도성과 우이(嵎夷) -목간으로 본 사비 도성의 안과 밖-, 「동아고고논단」 2, 공주: 충청문화재연구원. 239-303.

윤선태, 2006ㄴ, 한국 고대 목간의 연구 현황과 전망, 「목간과 한국 고대의 문자 생활」, 서울: 한국역사연구회.

윤선태, 2006ㄷ, 안압지 출토 '문호 목간'과 신라 동궁의 경비, 「한국고대사연구」 44, 한국고대사학회. 269-296.

윤선태, 2007ㄱ, 목간 연구의 현황과 전망, 「한국고대사 연구의 새 동향 -한국고대사학회 20년 1987~2006-」, 한국고대사학회 편, 서울: 서경문화사.

윤선태, 2007ㄴ, 「목간이 들려주는 백제 이야기(백제문화개발연구원 역사문고 28)」, 서울: 주류성. 〈262쪽. 국립중앙도서관 협약도서관 원

문 보기〉

윤선태, 2007ㄷ, 백제의 문서 행정과 목간, 「한국고대사연구」 48, 한국고 대사학회. 303-334.

윤선태, 2007ㄹ, 발해 문자 자료의 현황과 과제, 「대동한문학」 26, 대동한 문학회. 135-164.

윤선태, 2007ㅁ, 목간으로 본 신라 왕경인의 문자 생활, 「신라문화제학술 발표논문집」 28, 경주: 동국대학교 신라문화연구소. 107-143.

윤선태, 2007ㅂ, 안압지 출토 '문호 목간'과 신라 동궁의 경비 −국립경주박 물관 촬영 적외선 선본 사진을 중심으로−, 「신라문물연구」 창간 호, 경주: 국립경주박물관.

윤선태, 2007ㅅ, 한국 고대 목간의 형태와 종류, 「역사와 현실」 65, 한국역 사연구회. 157-185.

윤선태, 2008ㄱ, 흑치상지 묘지명, 「백제사 자료 역주집 −한국편−」 1. 대 전: 충남역사문화원.

윤선태, 2008ㄴ, 문자, 「유적·유물로 본 백제(II)」, 대전: 충남역사문화연 구원.

윤선태, 2008ㄷ, 신라의 문자 자료에 보이는 부호와 공백, 「구결연구」 21, 구결학회. 277-308.

윤선태, 2008ㄹ, 목간으로 본 한자 문화의 수용과 변용, 「신라문화」 32, 경주: 동국대학교 신라문화연구소. 177-198.

윤선태, 2008ㅁ, 상주 복용동 256번지 유적 출토 신라 납석제 명문 유물, 「목간과 문자」 2, 한국목간학회. 189-203.

윤선태, 2009ㄱ, 목간이 들려주는 백제 이야기, 「한국사 시민강좌」 44, 서울: 일조각. 186-198.

윤선태, 2009ㄴ, 백제와 신라에서의 한자 한문의 수용과 변용, 「동아시아 의 문화 교류와 소통」, 서울: 동북아재단.

윤선태, 2009ㄷ, 포항 중성리 신라비의 판독과 내용 이해, 「신발견 포항 신라비에 대한 역사학적 고찰」, 대구: 한국고대사학회. 〈국립중앙 도서관 디지털도서관 원문 보기〉

윤선태, 2011, 목간으로 본 한자 문화의 수용과 변용, 「죽간·목간에 담긴 고대 동아시아」, 권인한·김경호·이승률 책임 편집, 서울: 성균관 대학교 출판부. 115-145.

윤선태, 2012ㄱ, '포항 중성리 신라비'가 보여주는 '소리', 「신라 최고의 금석문 포항 중성리비와 냉수리비」, 한국고대사학회 편, 서울: 주 류성.

윤선태, 2012ㄴ, 함안 성산산성 출토 신라 하찰의 재검토, 「사림」 41, 수선 사학회. 147-178.

윤선태, 2012ㄷ, 나주 복암리 출토 백제 목간의 판독과 용도 분석 −7세기 초 백제의 지방 지배와 관련하여−, 「백제연구」 56, 대전: 충남대학 교 백제연구소. 53-74.

윤선태, 2013ㄱ, 백제 목간의 연구 현황과 전망, 「백제문화」 49, 공주: 공주대학교 백제문화연구소. 243-270.

윤선태, 2013ㄴ, 한국 고대사학과 신출토 문자 자료에 대한 비판적 성찰, 「역사학보」 219, 역사학회. 3-21.

윤선태, 2013ㄷ, 신출 자료로 본 백제의 方과 郡, 「한국사연구」 163, 한국 사연구회. 41-74.

윤선태, 2015, 신라 경위 간군관 등의 어원과 성립 과정, 「신라문화」 45, 경주: 동국대학교 신라문화연구소. 103-121.

윤선태, 2016, 한국 고대 목간의 연구 현황과 과제, 「신라사학보」 38, 신라 사학회. 387-421.

윤선태, 2017ㄱ, 함안 성산산성 출토 신라 목간의 연구 성과와 전망, 「한국 의 고대 목간」 II, 창원: 국립가야문화재연구소.

윤선태, 2017ㄴ, '신라촌락문서' 중 '婁'의 서체 −문서 작성 연대와 관련하여−, 「목간과 문자」 18, 한국목간학회. 67-82.

윤선태, 2018, 월성 해자 목간의 연구 성과와 신출토 목간의 판독, 「목간과 문자」 20, 한국목간학회. 79-104.

윤선태, 2019ㄱ, 신라 촌락 문서의 세계, 「문자와 고대 한국」 1. 기록과 지배, 한국목간학회 편, 서울: 주류성. 537-553.

윤선태, 2019ㄴ, 한국 고대 의약 관련 출토 자료, 「문자와 고대 한국」 2. 교류와 생활, 한국목간학회 편, 서울: 주류성, 257-279.

윤선태, 2019ㄷ, 한국 다면복간의 발굴 현황과 용도, 「목간과 문자」 23, 한국목간학회. 67-84.

윤선태, 2020ㄱ, 한국 고대 목간 및 금석문에 보이는 고유한자의 양상과 구성 원리, 「동양학」 80, 용인: 단국대학교 동양학연구원. 49-66.

윤선태, 2020ㄴ, 신라 종이문서의 현상과 장정·폐엽·재활용 과정, 「신라사학보」 50, 신라사학회. 39-366.

윤선태, 2022ㄱ, 대구 팔거산성 출토 신라 지방목간, 「신라학 리뷰」 1, 경주: 동국대학교 신라문화연구소. 35-54.

윤선태, 2022ㄴ, '신라촌락문서'의 작성연대에 관한 종합적 고찰, 「한국고대사탐구」 42, 한국고대사탐구학회. 317-350.

윤선태, 2023, 부여 동남리 49-2번지 출토 백제 목간의 재검토, 「목간과 문자」 30, 한국목간학회. 69-91.

윤선태 외, 2007, 목간으로 본 신라 왕경인의 문자 생활, 「신라문화제 학술발표논문집」 28, 경주: 동국대학교 신라문화연구소. 107-143.

윤양노, 2005, 조선시대 의복 구성 용어에 관한 연구 −「재물보」를 중심으로−, 「한복문화」 8-3, 한복문화학회. 139-144.

윤용구, 2003, 중국 출토의 한국 고대 유민 자료 몇 가지, 「한국고대사연구」 32, 한국고대사학회. 293-326.

윤용구, 2007, 새로 발견된 낙랑 목간-낙랑군 초원 4년 현별 호구부, 「한국 고대사연구」 46, 한국고대사학회. 241-263.

윤용구, 2008, 낙랑 관련 출토문자자료의 몇 가지 문제, 「한국목간학회 정기발표회 논문집」 2, 한국목간학회. 21-25.

윤용구, 2009, 평양 출토 '낙랑군 초원 4년 현별 호구전' 연구, 「목간과 문자」 3, 한국목간학회. 273-310.

윤용선, 1999, 「15세기 언해문에 나타난 구결문의 문법적 영향」, 박사논 문, 서울: 서울대학교 대학원. 〈국립중앙도서관 협약도서관 원문 보기〉

윤용선, 2003, 「15세기 언해 자료와 구결문」, 서울: 역락. 〈국립중앙도서 관 협약도서관 원문 보기〉

윤장규, 2000, 「향약채취월령」의 향명 해독, 「성균어문연구」 35, 성균관대 학교 성균어문학회. 69-124.

윤장규, 2001, 「향약채취월령」의 향명 해독 2, 「성균어문연구」 36, 성균관 대학교 성균어문학회. 5-37.

윤장규, 2005, 「「향약채취월령」의 국어학적 연구 -차자표기음과 한중 한 자음의 비교를 중심으로-」, 박사논문, 서울: 성균관대학교 대학 원.

윤재석 편저, 2022, 「한국 목간 총람」, 서울: 주류성.

윤진석, 2012, '포항 중성리 신라비'의 새로운 해석과 신라부 체계, 「신라 최고의 금석문 포항 중성리비와 냉수리비」, 한국고대사학회 편, 서울: 주류성.

윤천탁, 2001, 「향명 표기 연구 -15C~17C 문헌을 중심으로-」, 석사논문, 청주: 한국교원대학교 교육대학원.

윤향림, 2003, 「「광재물보」의 표기법과 음운 현상 연구」, 석사논문, 안동: 안동대학교 대학원.

윤향림, 2018, 「물명 어휘집의 계통과 어휘 연구」, 박사논문, 안동: 안동대학교 대학원.

윤향림, 2019, 「일용비람기」의 분류 체계 및 어휘 연구, 「어문학」 146, 한국어문학회. 1-46.

윤행순, 1999ㄱ, 문장 표기에서 본 일본의 고문서, 「고문서연구」 16, 한국고문서학회. 3-28.

윤행순, 1999ㄴ, 한·일의 한문 독법에 대한 비교 -문자 체계를 중심으로-, 「구결연구」 5, 구결학회. 33-58.

윤행순, 2003, 한문 독법에 쓰여진 한국의 각필부호구결과 일본의 오코토점의 비교 -「유가사지론」의 점토구결과 문자구결을 중심으로-, 「구결연구」 10, 구결학회. 79-113.

윤행순, 2004ㄱ, 「대방광불화엄경」에 기입된 한국의 각필부호구결과 일본의 훈점에 대한 비교 연구, 「일본문화학보」 22, 한국일본문화학회. 1-18.

윤행순, 2004ㄴ, 한국의 각필부호구결과 일본의 훈점에 나타나는 「화엄경」의 부독자 용법, 「구결연구」 13, 구결학회. 39-63.

윤행순, 2005, 한일의 한문 독법에 나타나는 '乃至'에 대해서, 「구결연구」 14 구결학회. 97-121.

윤행순, 2007, 한일 한문 훈독법에서의 부독자 범위에 대한 고찰, 「구결연구」 19, 구결학회. 107-137.

윤행순, 2009, 한일의 한문 석독 자료에 사용된 문자의 성격에 대한 연구, 「일본어문학」 4, 한국일본어문학회. 99-116.

윤행순, 2010, 한일 한문 석독 자료에 사용된 약체자의 성격, 「일본학연구」 300, 용인: 단국대학교 일본연구소. 375-395.

윤행순, 2011, 일본의 오코토 중심의 한적 자료와 한국의 각필점토석독구결의 유사성에 대한 연구, 「일본어문학」 49, 한국일본어문학회.

85-103.

윤행순, 2013ㄱ, 한일 한문 독법에서 나타나는 어휘의 특징에 대한 연구, 「일본학연구」 380, 용인: 단국대학교 일본연구소. 257-277.

윤행순, 2013ㄴ, 가점 형식으로 본 한일 한문 석독(훈독)의 고찰, 「일본어문학」 58, 한국일본어문학회. 45-65.

윤행순, 2014ㄱ, 한국과 일본의 한문 독법의 발달 과정에 대한 연구, 「일본학연구」 410, 용인: 단국대학교 일본연구소. 215-235.

윤행순, 2014ㄴ, 일본의 훈점어 연구, 「구결연구」 32, 구결학회. 117-137.

윤행순, 2015, 일본의 오코토 점과 한국의 점토구결의 형태에 관한 연구, 「일본학연구」 440, 용인: 단국대학교 일본연구소. 299-319.

은하출판사 영인, 1987ㄱ, 「인정전악기조성청의궤」, 서울: 은하출판사.

은하출판사 영인, 1987ㄴ, 「경모궁악기조성청의궤」, 서울: 은하출판사.

은하출판사 영인, 1987ㄷ, 「사직악기조성청의궤」, 서울: 은하출판사.

이가원, 1960, 「물보」와 실학사상, 「인문과학」 5, 서울: 연세대학교 문과대학. 73-103.

이강로, 1973, 훈민정음 창제 이전의 이학 관계의 연구, 「논문집」 8, 인천: 인천교육대학교. 1-30.

이강로, 1974, 「이학지남」의 연구 -서지학적 고찰을 중심으로-, 「논문집」 9, 인천: 인천교육대학교. 1-15.

이강로, 1983, 차자 표기에 대한 연구 -상방정례 권1의 진상 의류를 대상으로-, 「한글」 181, 한글학회. 87-118.

이강로, 1984, 인칭매김법 '-在(-견)'에 대한 연구 -「대명률직해」를 중심으로-, 「한글」 184, 한글학회. 3-52.

이강로, 1987, 토박이말을 한자어로 잘못 아는 말, 「국어생활」 8, 서울: 국어연구소. 104-109.

이강로, 1988, 「대명률직해」 이두의 기초 연구: '故失減'의 '失出'의 이두 옮김, 「한글」 200, 한글학회. 57-68.

이강로, 1989ㄱ, 차자표기에 쓰인 '內'자에 대한 연구(1), 「한글」 203, 한글
학회. 7-24.

이강로, 1989ㄴ, 차자표기에 쓰인 '內(예)'에 대한 연구(2), 「한글」 205,
한글학회. 25-58.

이강로, 1989ㄷ, 한자의 자형과 서체에 대하여, 「국어생활」 17, 서울: 국어
연구소. 58-80.

이강로, 1990, 「대명률직해」 이두의 하임법 사내(使內)의 연구 -발달 과정
을 중심으로-, 「동방학지」 67, 서울: 연세대학교 국학연구원. 197-
269. 〈국립중앙도서관 협약공공도서관 원문 보기〉

이강로, 1991ㄱ, 「세 나라 시기의 리두에 대한 연구」에 드러난 문제점,
「동방학지」 72, 서울: 연세대학교 국학연구원. 457-497.

이강로, 1991ㄴ, 차자표기에 쓰인 '內'자에 대한 연구(3), 「한글」 211, 한글
학회. 5-44.

이강로, 1994, 삼국시대 이두의 길잡이 연구 -'屆'자와 '届'자의 비교에서-,
「동방학지」 84, 서울: 연세대학교 국학연구원. 149-178. 〈국립중
앙도서관 협약공공도서관 원문 보기〉

이강혁, 2021, 「합부금광명경」 권3 자토구결과 점토구결의 대응 양상과
상호 관련성, 「국어사연구」 33, 국어사학회. 197-240.

이건식, 1995, 향찰과 석독구결의 훈독 말음 첨기에 대하여, 「「(소곡 남풍
현 선생 회갑기념논총) 국어사와 차자표기」, 간행위원회 편, 서울:
태학사. 133-160.

이건식, 1996ㄱ, 「고대 국어 석독구결의 조사에 대한 연구」, 박사논문,
서울: 단국대학교 대학원.

이건식, 1996ㄴ, 컴퓨터 입출력을 위한 구결자의 코드 체계에 대한 시론,
「구결연구」 1, 구결학회. 235-265.

이건식, 1997, 석독구결의 생략 표기와 난해 토의 해독, 「국어사 연구」, 국어사연구회 엮음, 서울: 태학사. 1055-1090.

이건식, 2008, 「고려말 화령부 호적 대장」 단편의 전래 경위와 순서 복원, 「고문서연구」 32, 한국고문서학회. 1-41.

이건식, 2009ㄱ, 조선 전기 문헌 자료에 나타나는 어류명 표기에 대한 연구, 「국어학」 55, 국어학회. 125-172.

이건식, 2009ㄴ, 한국 고유한자의 발달 —지명의 후부 요소 표기를 중심으로—, 「구결연구」 22, 구결학회. 219-259.

이건식, 2010, 한국에서의 한자 표기 '禾'의 원시적 의미와 용법에 대하여, 「구결연구」 25, 구결학회. 177-215.

이건식, 2011ㄱ, 「신편집성마의방」의 향명 표기 해독, 「진단학보」 113, 진단학회. 271-296.

이건식, 2011ㄴ, 한국 고유 한자 '厼'의 시대별 용례와 원시적 의미, 「국문학논집」 21, 용인: 단국대학교 국어국문학과. 327-355.

이건식, 2012ㄱ, 조선 시대 문헌 자료에 나타난 말의 부분 모색 명칭 차용어의 기원에 대하여, 「국어학」 64, 국어학회. 113-164.

이건식, 2012ㄴ, 한국 고유한자 자형 구성 방법 연구 2제: 기존 연구의 비판적 검토와 형성으로 만들어진 한국 고유한자의 몇 가지 사례, 「동양학」 52, 용인: 단국대학교 동양학연구소. 187-211.

이건식, 2012ㄷ, 균여 향가 '청전법륜가'의 내용 이해와 어학적 해독, 「구결연구」 28, 구결학회. 99-163.

이건식, 2012ㄹ, 「화엄경전기」 '덕원전(德圓傳)'과의 내용 비교를 통한 「신라 화엄경 사경 조성기」 어휘의 해독 재고, 「구결연구」 29, 구결학회. 213-245.

이건식, 2013ㄱ, 「경국대전주해」의 계통과 국어 어휘에 대하여, 「국문학논집」 22, 용인: 단국대학교 국어국문학과. 437-469.

이건식, 2013ㄴ, 한국 고유한자 구성요소 책받침(辶)의 의미와 특수성 형성 배경, 「한민족문화연구」 42, 한민족문화학회. 101-139.

이건식, 2013ㄷ, 중국 고대 표점 부호의 유형과 한국 고대와 중세의 표점 부호에 대하여, 「구결연구」 31, 구결학회. 31-70.

이건식, 2014, 이규경의 명물도수지학과 관련된 언어와 문자 자료에 대하여, 「진단학보」 121, 진단학회. 141-170.

이건식, 2015, 통합 한한대사전의 국자 처리에 대하여, 「동양학」 59, 용인: 단국대학교 동양학연구원. 143-167.

이건식, 2017, 태안 해역 출토 목간의 어학적 특징, 「목간과 문자」 19, 한국목간학회. 137-166.

이건식, 2018, 사냥매 지체 관련 용어의 차자 표기 고유어와 몽고어 차용어에 대하여, 「구결연구」 40, 구결학회. 127-175.

이건식, 2019, 일본 국자와 한국 교유한자의 고유성 판단 기준 설정의 필요성, 「동양학」 75, 용인: 단국대학교 동양학연구원. 97-127.

이건식, 2022, 마한소국 '優休牟涿國' 표기와 조선 시대 부평도호부 '注火串面' 표기의 의미 유사, 「구결연구」 49, 구결학회. 37-82.

이건식, 2023, 신라 탁평 해독, 「구결연구」 50, 구결학회. 5-50.

이건식 외, 2019, 「한글 창제 이전의 문자 생활 연구」 1, 서울: 국립한글박물관.

이경록, 2010, 조선 초기 「향약제생집성방」의 간행과 향약의 발전, 「동방학지」 149, 서울: 연세대학교 국학연구원. 327-371.

이경록 역, 2018, 「국역 향약구급방」, 서울: 역사공간.

이경섭, 2004, 함안 성산산성 목간의 연구 현황과 과제, 「신라문화」 23, 경주: 동국대학교 신라문화연구소. 205-228.

이경섭, 2005, 성산산성 출토 하찰목간의 제작지와 기능, 「한국고대사연구」 37, 한국고대사학회. 113-156.

이경섭, 2007, 함안 성산산성 출토 제첨축과 고대 동아시아 세계의 문서 표지 목간, 「역사와 현실」 65, 한국역사연구회. 187-221.

이경섭, 2008, 신라 월성해자 목간의 출토 현황과 월성 주변의 경관 변화, 「한국고대사연구」 49, 한국고대사학회. 147-188.

이경섭, 2009, 「신라 중고기 목간의 연구」, 박사논문, 서울: 동국대학교 대학원. 〈192쪽. 국립중앙도서관 협약도서관 원문 보기〉

이경섭, 2010, 궁남지 출토 목간과 백제 사회, 「한국고대사연구」 57, 한국 고대사학회. 319-355.

이경섭, 2011, 성산산성 출토 신라 짐꼬리표(하찰) 목간의 지명 문제와 제작 단위, 「신라사학보」 23, 신라사학회. 535-578.

이경섭, 2013ㄱ, 「신라 목간의 세계」, 서울: 경인문화사. 〈국립중앙도서관 4층 도서자료실 소장〉

이경섭, 2013ㄴ, 함안 성산산성 출토 신라 목간 연구의 흐름과 전망, 「목간 과 문자」 10, 한국목간학회. 77-93.

이경자, 1993, 「관음경(觀音經)」의 구결 연구, 「인문학연구」 20-1, 대전: 충남대학교 인문과학연구소. 15-35.

이광린, 1965, 「양잠경험촬요」에 대하여, 「역사학보」 28, 역사학회. 25-40. 〈국회도서관 홈페이지 원문 보기〉

이광호, 1983, 고려가요의 의문법, 「백영 정병욱 선생 환갑기념논총」, 서 울: 신구문화사. 137-148.

이광호, 2013, 구황 자료에 나타난 구황 작물 어휘의 국어사적 고찰, 「언어 과학연구」 64, 언어과학회. 291-310.

이규갑, 2000, 「고려대장경 이체자전」, 서울: 고려대장경연구소.

이규경, 19세기, 「오주연문장전산고」 분류 오주연문장전산고 경사편 1 경 전류 3 경전잡설.

이근규, 1977, 법화경언해 구결토의 모음조화, 「이정 정연찬 선생 회갑기념논총」, 서울: 탑출판사.

이근수, 1980, 조선조의 이문 교육, 「국어국문학」 82, 국어국문학회. 108-140.

이근수, 1981, 고대 삼국의 언어에 대한 고찰, 「홍익논총」 13, 서울: 홍익대학교. 13-32.

이근수, 1982, 고구려어와 신라어는 다른 어휘인가, 「한글」 177, 한글학회. 39-60.

이근열, 2020ㄱ, 부산 기장군 달음산 지명 연원과 변천 연구, 「우리말연구」 60, 우리말학회. 31-49.

이근열, 2020ㄴ, 국어 사전의 한자 어명 오류 연구, 「어문론총」 83, 한국문학언어학회. 9-38.

이근영1, 1947, 향가 곧 사뇌가의 범위, 「한글」 102, 한글학회. 34-50.

이근영1, 1949, 향가 곧 사뇌가의 형식, 「한글」 105, 한글학회. 259-271.

이근영2, 2010, 「정속언해」의 변동규칙 연구, 「한말연구」 26, 한말연구학회. 165-185.

이근호·고선우·최원호, 2012, 광삼각법 측정 원리를 이용한 금석문 가독성 향상 방법, 「한국IT서비스학회지」 11, 한국IT서비스학회. 103-111.

이기동1, 1979, 「계림유사 어휘고 -유사 어휘를 중심으로-」, 석사논문, 서울: 고려대학교 대학원.

이기동1, 1985, 「계림유사」의 전사자에 대하여, 「어문논총」 24·25, 고려대학교 국어국문학연구회. 351-366.

이기동2, 1979ㄴ, 안압지에서 출토된 신라 목간에 대하여, 「경북사학」 1, 대구: 경북대학교 문리과대학 사학과. 115-133.

이기동2, 1984, 신라 골품제 연구의 현황과 그 과제, 「신라 골품제 사회와 화랑도」, 서울: 일조각.

이기동2 외, 2012, 「신라 최고의 금석문 포항 중성리비와 냉수리비」, 서울: 주류성.

이기문, 1957ㄱ, 「계림유사」의 일고찰, 「일석 이희승 선생 송수기념논총」, 일석 이희승 선생 환갑기념사업위원회 편, 서울: 일조각. 393-407.

이기문, 1957ㄴ, 「조선관역어」의 편찬 연대, 「문리대학보」 5-1(통권 10), 서울: 서울대학교.

이기문, 1961, 「국어사 개설」, 서울: 민중서관. 〈개정판(1972. 민중서관), 개정판 30쇄(1997, 탑출판사), 신정판(1998, 태학사)〉

이기문, 1963ㄱ, 「국어 표기법의 역사적 연구」, 서울: 한국연구원. 〈「역대 한국문법대계」 3부 14책(탑출판사) 영인〉

이기문, 1963ㄴ, 13세기 중엽의 국어 자료 -향약구급방의 가치-, 「동아문화」 1, 서울: 서울대학교 동아문화연구소. 63-91.

이기문, 1965, 근세 중국어 차용어에 대하여, 「아세아 연구」 8-2, 서울: 고려대학교 아세아문제연구소. 193-204.

이기문, 1966, 웅골명의 기원적 고찰, 「이병기 선생 송수기념논문집」, 서울: 삼화출판사. 〈「국어 어휘사 연구」(1991: 140-163) 재수록〉

이기문, 1967, 한국어 형성사, 「한국문화사대계」 5(언어문학사), 서울: 고려대학교 민족문화연구소. 〈「한국어 형성사」(1981) 재수록〉

이기문, 1968ㄱ, 「계림유사」의 재검토 -주로 음운사의 관점에서-, 「동아문화」 8, 서울: 서울대학교 동아문화연구소. 205-248.

이기문, 1968ㄴ, 고구려의 언어와 그 특징, 「백산학보」 4, 백산학회. 101-142. 〈「한국어 형성사」(1981) 재수록〉

이기문, 1968ㄷ, 「조선관역어」의 종합적 검토, 「논문집 인문사회과학」 14, 서울: 서울대학교. 43-80.

이기문, 1970, 신라어의 '福(童)'에 대하여, 「국어국문학」 49·50, 국어국문

학회. 201-210.

이기문, 1971ㄱ, 어원 수제, 「김형규 박사 송수기념논총」, 서울: 일조각.
429-440.

이기문, 1971ㄴ, 「「훈몽자회」 연구」, 서울: 한국문화연구소.

이기문, 1972ㄱ, 「국어 음운사 연구」, 서울: 서울대학교 한국문화연구소.
〈1977년 탑출판사 재간〉

이기문, 1972ㄴ, 한자의 석에 관한 연구, 「동아문화」 11, 서울: 서울대학교
동아문화연구소. 231-269.

이기문, 1974ㄱ, 「양잠경험촬요」 해제, 「서지학」 6, 한국서지학회.

이기문, 1974ㄴ, 언어 자료로서 본 「삼국사기」, 「진단학보」 38, 진단학회.
211-215.

이기문, 1975, 「금양잡록」의 곡명에 대하여, 「동양학」 5, 서울: 단국대학교
부설 동양학연구소. 99-110.

이기문, 1976, 고려 시대의 국어의 특징, 「동양학」 6, 서울: 단국대학교
동양학연구소. 41-50.

이기문, 1977, 국어사 연구가 걸어온 길, 「나라사랑」 26, 서울: 외솔회.

이기문, 1978, 어휘 차용에 대한 일고찰, 「언어」 3-1, 한국언어학회. 19-31.

이기문, 1981ㄱ, 이두에 대하여, 「국어국문학」 86, 국어국문학회. 286-
287. 〈국립중앙도서관 협약공공도서관 원문 보기〉

이기문, 1981ㄴ, 이두의 기원에 대한 일고찰, 「진단학보」 52, 진단학회.
65-78. 〈국립중앙도서관 협약공공도서관 원문 보기〉

이기문, 1981ㄷ, 「한국어 형성사」, 서울: 삼성미술문화재단. 〈삼성문화문
고 160〉

이기문, 1982ㄱ, 동아세아 문자사의 흐름, 「동아연구」 1, 서울: 서강대학교
동아연구소. 1-16.

이기문, 1982ㄴ, 백제어 연구와 관련된 몇 문제, 「백제연구」 개교 30주년

기념 특집호, 대전: 충남대학교 백제연구소. 254-267.

이기문, 1983, 한국어 표기법의 변천과 원리, 「한국어문의 제문제」, 서울: 일지사. 45-77.

이기문, 1984, 고대 삼국의 언어에 대하여, 「제27회 전국역사학대회 발표 요지」, 한국미술사학회. 33-40.

이기문, 1986, 차용어 연구의 방법, 「국어학 신연구(약천 김민수 교수 화갑 기념)」, 서울: 탑출판사. 787-799.

이기문, 1989, 고대국어 연구와 한자의 새김 문제, 「진단학보」 67, 진단학회. 97-113.

이기문, 1991ㄱ, 「국어 어휘사 연구」, 서울: 동아출판사.

이기문, 1991ㄴ, 삼국시대의 언어 및 문자생활, 「한국사상사대계」 2, 성남: 한국정신문화연구원. 475-516.

이기문, 1994, 국어사 연구의 반성, 「국어학」 24, 국어학회. 1-17.

이기문, 1998, 「신정판 국어사 개설」, 서울: 태학사.

이기문, 2001, 고대 삼국의 언어 표기관, 「새국어생활」 11-3, 국립국어연구원. 37-48.

이기문, 2005, 「계림유사」의 '姑曰漢了彌'에 대하여, 「국어학」 45, 국어학회. 3-16.

이기문, 2005, 우리 나라 문자사의 흐름, 「구결연구」 14, 구결학회. 233-251.

이기백1, 1969, 영천 청제비 정원명의 고찰, 「고고미술」 102, 한국미술사학회. 4-13.

이기백1, 1970, 영천 정제비의 병진명, 「고고미술」 106·107, 한국미술사학회. 28-32. 〈이기백(1974) 재수록〉

이기백1, 1978, 단양 적성비 발견의 의의와 적성비 왕교사 부분의 검토, 「사학지」 12-1, 단국대학교 사학회. 21-28.

이기백1, 1979ㄱ, 신라 경덕왕대 화엄경 사경 관여자에 대한 고찰, 「역사학보」 83, 역사학회. 126-140.

이기백1, 1979ㄴ, 중원고구려비의 몇 가지 문제, 「사학지」 13, 단국대학교 사학회.

이기백1, 1986ㄱ, 「신라 사상사 연구」, 서울: 일조각.

이기백1 편, 1987, 「한국 상대 고문서 자료 집성」, 서울: 일지사.

이기백2, 1974ㄱ, 사뇌가에서 쓰인 조사에 대하여, 「신라시대 언어와 문학」, 한국어문학회 편, 서울: 형설출판사.

이기백2, 1974ㄴ, 여요에 쓰인 조사에 대하여, 「고려시대 언어와 문학」, 한국어문학회 편, 서울: 형설출판사. 107-120.

이기백2, 1975ㄱ, 「국어 조사의 사적 연구」, 박사논문, 대구: 계명대학교 대학원.

이기백2, 1983, 고려가요에 나타난 격조사 연구, 「동양문화연구」 10, 대구: 경북대학교 동양문화연구소. 15-32.

이기백2, 1986ㄴ, 국어 어미의 사적 연구, 「방송통신대 논문집」 6, 서울: 한국방송통신대학교.

이난영, 1992, 나라 정창원에 보이는 신라 문물, 「중재 장충식 박사 화갑기념논집 -역사학편-」, 서울: 단국대학교 출판부.

이난영 편, 1968, 「한국금석문추보」, 서울: 중앙대학교 출판부.

이난영 편, 1979, 「한국금석문추보」, 서울: 아세아문화사.

이남석, 2012, 공주성 출토 백제 칠찰갑의 명문, 「목간과 문자」 9, 한국목간학회. 171-188.

이다희, 2018ㄱ, 「조선 시대 소지·단자 연구」, 석사논문, 성남: 한국학중앙연구원 한국학대학원.

이다희, 2018ㄴ, 조선 후기 단자 연구 -탄원서를 중심으로-, 「고문서연구」 53, 한국고문서학회. 1-24.

이대형, 2008, 「이화실전」의 특징과 의의, 「대동한문학」 29, 대동한문학회. 455-479.

이덕봉, 1963ㄱ, 향약구급방의 방중향약목 연구, 「아세아연구」 6-1(통권 11), 서울: 고려대학교 아세아문제연구원. 339-364.

이덕봉, 1963ㄴ, 향약구급방의 방중향약목 연구(완), 「아세아연구」 6-2(통권 12), 서울: 고려대학교 아세아문제연구원. 169-217.

이덕호, 2010, 「안압지 출토 목간 처방전에 관한 연구」, 석사논문, 서울: 경희대학교 대학원.

이덕흥, 1987, 「정속언해」에 나타난 구결의 고찰, 「어문연구」 15-2, 한국어문교육연구회. 248-266.

이덕희, 2006ㄱ, 「물보」와 「청관물명고」의 사전적 특성, 「새국어교육」 73, 한국국어교육학회. 256-283.

이덕희, 2006ㄴ, 물명 어휘집의 의미적 체계, 「우리말연구」 19, 우리말학회. 261-297.

이덕희, 2007, 「근대 국어 물명 어휘집 연구 -사전적 분류와 어휘 체계를 중심으로-」, 박사논문, 부산: 부경대학교 대학원.

이도학, 1990, 백제 칠지도 명문의 재해석, 「한국학보」 16-3, 서울: 일지사. 65-82.

이도학, 1991, 백제 흑치상지 묘지명의 검토, 「향토문화」 6, 광주: 향토문화개발협의회.

이도학, 1993, 이성산성 출토 목간의 검토, 「한국상고사학보」 12, 한국상고사학회. 183-194.

이도학, 1996, 「백제 흑치상지 평전」, 서울: 주류성.

이도학, 1997, 정림사지 오층탑 비명과 그 작성 배경, 「선사와 고대」 8, 한국고대학회. 105-111.

이도학, 2007, 예식진 묘지명을 통해 본 백제 예씨 가문, 「전통문화논총」

5, 부여: 한국전통문화대학교 한국전통문화연구소. 66-91.

이도학, 2008, '왕흥사지 사리기 명문' 분석을 통해 본 백제 위덕왕대의 정치와 불교, 「한국사연구」 142, 한국사연구회.

이도학, 2009, 미륵사지 서탑 '사리봉안기'의 분석, 「백산학보」 83, 백산학회. 237-267.

이도학, 2012, 공산성 출토 칠갑의 성격에 대한 재검토, 「인문학논총」 28, 부산: 경성대학교 인문과학연구소. 321-352.

이돈주, 1985, 향가 표기 차용자 음주, 「어문논총」 7·8, 광주: 전남대학교 어문학연구회.

이돈주, 1990, 향가 용자 중의 '사(賜)'자에 대하여, 「국어학」 20, 국어학회. 72-89.

이돈주, 1994, 지명의 전래와 그 유형성, 「새국어생활」 4-1, 서울: 국립국어연구원. 28-49.

이돈주, 2006, 한국 한자음의 몇 가지 특징, 「국어사 연구 어디까지 와 있는가」, 임용기·홍윤표 편, 파주: 태학사. 261-290.

이동근, 2011, 「홍유후실기」 소재 설화의 유형과 캐릭터적 성격, 「선도문화」 11, 천안: 국학연구원. 357-386. 〈국립중앙도서관 디지털도서관 원문 보기〉

이동림, 1982, 「구역인왕경」의 구결 해독을 위하여, 「논문집」 21, 서울: 동국대학교 대학원.

이동석, 2004, '겨집'에 대한 어휘사적 고찰, 「민족문화연구」 40, 서울: 고려대학교 민족문화연구원. 293-319.

이동석, 2000, 향가의 첨기 현상에 대한 연구, 「구결연구」 6, 구결학회. 201-228.

이동석, 2002, 「계림유사」의 여성 명칭어 연구, 「아시아여성연구」 41, 서울: 숙명여자대학교 아시아여성연구소. 243-268.

이득춘, 1992, 「한조 언어 문자 관계사」, 연변: 동북조선민족교육출판사.
〈서광학술자료사(1993) 영인〉

이득춘, 1993, 차자표기 연구와 중국 음운학, 「한국문화」 14, 서울: 서울대
학교 한국문화연구소. 1-15.

이 만, 2000, 「한국유식사상사」, 서울: 장경각. 〈국립중앙도서관 협약도서
관 홈페이지 원문 보기〉

이명은, 2003, 「궁중볼긔에 나타난 행사 및 복식 연구 −장서각 소장품을
중심으로−」, 석사논문, 서울: 단국대학교 대학원.

이문기, 1983, 울주 천전리 서석 원·추명의 재검토, 「역사교육논집」 4,
역사교육학회. 123-142.

이문기, 1991ㄱ, 백제 흑치상지 묘지명의 판독과 소개, 「한국고대사연구회
회보」 21, 한국고대사연구회.

이문기, 1991ㄴ, 백제 흑치준 묘지명의 판독과 소개, 「한국고대사연구회
회보」 22, 한국고대사연구회.

이문기, 1991ㄷ, 백제 흑치상지 부자 묘지명의 검토, 「한국학보」 64, 서울:
일지사. 142-172.

이문기, 1992ㄱ, 석각 김가지 전의 소개, 「한국고대사연구회 회보」 제27
호, 한국고대사연구회.

이문기, 1992ㄴ, 합천 매안리 비, 「역주 한국고대금석문」 2, 한국고대사회
연구소.

이문기, 2000ㄱ, 고구려 유민 고족유 묘지의 검토, 「역사교육논집」 26,
역사교육학회. 441-473.

이문기, 2000ㄴ, 백제 유민 난원경 묘지의 소개, 「경북사학」 23, 경북사학
회.

이문기, 2007, 영일 냉수리비와 울진 봉평비, 「한국고대사 연구의 새 동향
−한국고대사학회 20년 1987~2006−」, 한국고대사학회 편, 서울:

서경문화사.

이문기, 2009, 포항 중성리 신라비의 발견과 그 의의 −냉수리비의 재음미를 겸하여−, 「한국고대사연구」 56, 한국고대사학회. 5-57.

이미란, 2019, 8세기 후반 동아시아 역제 변화를 통해 본 영천 청제비 정원명의 '法功夫', 「한국고대사연구」 95, 한국고대사학회. 207-246.

이민희, 2023, 하버드대 소장 국한문 혼용 필사본 「정을선전」의 표기상 특징 연구, 「어문학」 159, 한국어문학회. 141-177.

이병기1, 1956, 이두(이도, 이찰, 이토, 이투)의 해석, 「문경」 3, 서울: 중앙대학교 문리과대학 연합학회.

이병기2, 1998, 선어말어미 '−리−'의 기원, 「구결연구」 4, 구결학회. 1-22.

이병기2, 2006, 「유가사지론」 점토석독구결 해독 연구(13), 「구결연구」 16, 구결학회. 337-358.

이병기2, 2008, '모죽지랑가'의 해독에 대하여, 「구결연구」 21, 구결학회. 309-344.

이병기2, 2014, 구결 자료의 어휘, 「구결연구」 33, 구결학회. 23-61.

이병기2, 2016, 석독구결 자료와 「한국 한자어 사전」, 「동양학」 63, 용인: 단국대학교 동양학연구원. 103-117.

이병기2, 2019, 고대국어 동명사 어미의 문법적 특징과 과제 −석독구결 자료를 중심으로−, 「구결연구」 43, 구결학회. 89-125.

이병기2, 2023, 원각사본 「능엄경」과 「「능엄경언해」 비교, 「구결연구」 50, 구결학회. 229-252.

이병도, 1956, 고구려 국호고, 「서울대학교 논문집」 3, 서울: 서울대학교. 1-14.

이병도, 1957, 임신서기석에 대하여, 「서울대학교 논문집 인문사회과학」 5, 서울: 서울대학교. 〈이병도(1976) 재수록〉

이병도, 1976, 「한국 고대사 연구」, 서울: 박영사.

이병선, 1973, 가락국의 국명, 왕명, 성씨명, 인명의 표기와 김해 지명고, 「논문집」 5, 부산: 부산대학교.

이병선, 1977, 고대국어 처격조사에 대하여 -향찰 '阿希'를 중심으로-, 「하서 김종우 박사 화갑기념논총」, 부산: 제일문화사. 367-396.

이병선, 1982, 「한국 고대 국명·지명 연구」, 박사논문, 대구: 경북대학교 대학원.

이병주, 1969, 이두 시론, 「동악어문논집」 6, 동악어문학회.

이병호, 2004, 기와 조각에서 찾아낸 백제 문화, 인각와, 「고대로부터의 통신」, 서울: 푸른역사.

이병호, 2008, 부여 능산리 출토 목간의 성격, 「목간과 문자」 1, 한국목간학회. 49-91.

이병호, 2013, 금산 백령산성 출토 문자 기와에 대하여, 「백제문화」 49, 공주: 공주대학교 백제문화연구소. 65-88.

이병호, 2019, 고대의 문자 기와, 「문자와 고대 한국」 2. 교유와 생활, 한국목간학회 편, 서울: 주류성. 485-513.

이부오, 2008, 「삼국사기」 지리지에 기재된 삼국 지명 분포의 역사적 배경 -한산주·웅천주·상주를 중심으로-, 「지명학」 14, 한국지명학회. 151-186.

이부오, 2014, 포항 중성리 신라비에 대한 연구의 현황과 시사점, 「한국고대사탐구」 16, 한국고대사탐구학회 7-58.

이부오, 2022, 「삼국사기」 신라 본기 유리 이사금 9년 6부 기사의 역사적 배경 -지명 어소의 맥락을 중심으로-, 「신라사학보」 55, 신라사학회. 1-31.

이상규, 1984, 15세기 경북 지역 고문서의 이두 -격어미를 중심으로-, 「목천 유창균 박사 환갑기념논문집」, 간행위원회, 대구: 계명대학교 출판부. 449-462.

이상백, 2014, 귀진사와 간행 불경 연구, 「서지학연구」 58, 한국서지학회. 465-495.

이상보, 1980, 「한국 불교 가사 전집」, 서울: 집문당.

이상인, 1939~1940, 이두초(1)~(12), 「한글」 67~78, 조선어학회.

이상혁, 1999, 문자 통용과 관련된 문자 의식의 통시적 변천 양상 -최행귀, 정인지, 최만리, 이규상의 문자 의식을 중심으로-, 「한국어학」 10, 한국어학회. 233-256.

이성규, 2003, 한국 고대 국가의 형성과 한자 수용, 「한국고대사연구」 32, 한국고대사학회. 55-93.

이성규, 2012, 위만 조선의 왕족 인명 연구, 「고조선단군학」 27, 고조선단군학회. 275-304.

이성규·최형원, 2013, 「알타이어족 언어의 관직명 연구」, 용인: 단국대학교출판부.

이성근, 1997, 「조선관역어」의 자음 성조 체계고, 「일어일문학연구」 30, 한국일어일문학회. 389-409.

이성시, 1999, 「동아시아의 왕권과 교역 -신라·발해와 정창원 보물-」, 서울: 청년사.

이성시, 2000, 한국 목간 연구의 현황과 함안 성산산성 출토의 목간, 「한국고대사연구」 19, 한국고대사학회. 77-121.

이성시, 2007, 한국의 문서 행정 -6세기의 신라-, 「함안 성산산성 출토 목간」, 창원: 국립가야문화재연구소.

이성시, 2009ㄱ, 초창기 한국 목간 연구에 관한 각서, 「목간과 문자」 4, 한국목간학회. 323-333.

이성시, 2009ㄴ, 한국 목간과 한국사 연구, 「고대의 목간 그리고 산성」, 국립가야문화재연구소·국립부여박물관 편, 창원: 국립가야문화재연구소.

이성시, 2011, 한국 목간 연구의 현재, 「죽간·목간에 담긴 고대 동아시아」, 권인한·김경호·이승률 책임 편집, 서울: 성균관대학교 출판부. 47-69.

이성시, 2019, 신라·백제 목간과 일본 목간, 「문자와 고대 한국」 2. 교류와 생활, 한국목간학회 편, 서울: 주류성. 111-133.

이성시·이용현, 2000, 한국 목간 연구의 현황과 함안 성산산성 출토의 목간, 「한국고대사연구」 19, 한국고대사학회. 77-121.

이성시·이재환 번역, 2019, 한자 문화의 전파와 수용, 「문자와 고대 한국」 1. 기록과 지배, 한국목간학회 편, 서울: 주류성.

이성시·정동준, 2013, 예군 묘지 연구 -예군의 외교상 사적을 중심으로-, 「목간과 문자」 10, 한국목간학회. 233-284.

이성시·한상현, 2023, 한국 목간 연구의 지평 -성어제로 본 한국 목간-, 「목간과 문자」 30, 한국목간학회. 11-27.

이성우, 1981, 「한국식경대전」, 서울: 향문사.

이성임, 2008, 조선 후기 동성 촌락 구성원의 혼인 관계 -단성현 법물야면 상산 김씨 사례를 중심으로-, 「한국사학보」 32, 고려사학회. 245-266.

이성준, 2007, 함안 성산산성 목간 집중 출토지 발굴조사 성과, 「함안 성산산성 출토 목간」, 창원: 국립가야문화재연구소.

이성호, 2015, 포항 중성리 신라비 판독과 인명 표기, 「목간과 문자」 15, 한국목간학회. 65-86.

이세열 역, 1997, 「직지」, 서울: 보경문화사.

이수건, 1974, 조선조 이두의 연구, 「문리대학보」 2-2, 경산: 영남대학교.

이수건, 1980, 광산 김씨 예안파의 세계와 그 사회경제적 기반 -김연(金緣) 가문의 고문서 분석-, 「역사교육논집」 1, 대구: 경북대학교 사범대학 역사과.

이수건, 1987, 고문서를 통해 본 조선조 사회사의 일 연구 -경북 지방 재지사족을 중심으로-, 「한국사학」 9, 성남: 한국정신문화연구원.

이수건, 2006, 고문서의 조사·정리와 사료적 가치, 「영남학」 9, 대구: 경북 대학교 영남문화연구원. 7-37.

이수건 편저, 1981, 「경북 지방 고문서 집성」, 경산: 영남대학교 출판부. 〈828쪽. 조선 이두 자료가 포함되어 있다. 국립중앙도서관 협약도 서관 홈페이지 원문 보기〉

이수건 외, 2004, 「16세기 한국 고문서 연구」, 서울: 아카넷. 〈국립중앙도 서관 협약도서관 홈페이지 원문 보기〉

이수환, 2001, 「조선 후기 서원 연구」, 서울: 일조각.

이수환, 2005, 「용산서원」, 서울: 집문당.

이수훈, 2004, 함안 성산산성 출토 목간의 패석과 부, 「지역과 역사」 15, 부산: 부경역사연구소. 5-40.

이수훈, 2010, 성산산성 목간의 本波와 末那·阿那, 「역사와 세계」 38, 효원 사학회. 113-144.

이수훈, 2018, 부산 배산산성 출토 목간의 검토, 「역사와 세계」 54, 효원사 학회. 197-222.

이수훈, 2019, 남산신성비와 역역 동원 체제, 「문자와 고대 한국」 1. 기록과 지배, 한국목간학회 편, 서울: 주류성. 495-507.

이수훈, 2020, 김해 양동산성 출토 목간의 검토, 「역사와 세계」 58, 효원사 학회. 253-283.

이수훈, 2022, 정창원 '佐波理加盤 부속 문서'의 검토, 「역사와 경계」 124, 부산경남사학회. 457-506.

이순구, 1996, 조선 중기 총부권과 입후의 강화, 「고문서연구」 9·10, 한국 고문서학회. 253-276.

이숭녕, 1935, 어명잡고,「진단학보」2, 진단학회. 135-149.

이숭녕, 1936, 어명잡고(상),「한글」39, 조선어학회. 234-241.

이숭녕, 1936, 어명잡고(하),「한글」40, 조선어학회. 286-288.

이숭녕, 1946, 언어로 본 인명고,「한글」98, 한글학회. 308-317.

이숭녕, 1952, 이두의 '段·矣' 고 -처격의 비교 시도-,「역사학보」4, 역사
　　　학회. 71-83.〈증보한 내용을「음운론 연구」(1955, 민중서관)에
　　　재수록. 국립중앙도서관 협약공공도서관 원문 보기〉

이숭녕, 1954, 고대어의 형태론적 연구 시도 -이두의 '良'자를 중심으로
　　　하여-,「외솔 최현배 선생 환갑기념논문집」, 서울: 사상계사. 235-
　　　276.

이숭녕, 1955ㄱ, 신라 시대 표기법 체계에 관한 시론,「논문집(인문·사회
　　　과학)」2, 서울: 서울대학교. 62-166.〈「신라시대의 표기 체계 시
　　　론」(1978, 탑출판사) 재수록〉

이숭녕, 1955ㄴ,「음운론 연구」, 서울: 민중서관.

이숭녕, 1956, 이벌찬·서발한 음운 고 -어두 자음의 한 경향 제시-,「이병
　　　도 박사 화갑기념논총」, 서울: 일조각. 177-204.〈「국어학연구」
　　　(이숭녕, 1972, 형설출판사. 65-77)에 수정하고 보충하여 재수록〉

이숭녕, 1961ㄱ, '-샷다' 고,「진단학보」22, 진단학회. 75-102.

이숭녕, 1961ㄴ,「중세 국어 문법」, 서울: 을유문화사.〈개정증보판(1981)〉

이숭녕, 1964, 최만리 연구, 편집위원회 편,「이상백 박사 화갑기념논문집」,
　　　서울: 을유문화사. 43-73.〈이숭녕(1981) 재수록〉

이숭녕, 1965,「국어학 논총」, 서울: 동아출판사.

이숭녕, 1971, 백제어 연구와 자료면의 문제점 -특히 지명의 고찰을 중심
　　　으로 하여-,「백제연구」2, 대전: 충남대학교 백제연구소. 157-
　　　166.

이숭녕, 1976, 장지영·장세경 공저「이두사전」, 신중 완벽한 자료의 수집,

「신동아」 6월호, 서울: 신동아사. 341-344. 〈국회전자도서관 홈페이지 원문 보기〉

이숭녕, 1980, 응자명에 관한 어휘의 고찰 -특히 실록 그외 문헌에서의 개척을 뜻하고-, 「정신문화연구」 3-2, 성남: 한국정신문화연구원. 7-22.

이숭녕, 1981, 「세종대왕의 학문과 사장 -한자들과 그 업적-」, 서울: 아세아문화사.

이숭녕, 1986, 「어명잡고」, 서울: 일조각.

이승률, 2013, 「죽간·목간·백서, 중국 고대 간백 자료의 세계」 1, 서울: 예문서원.

이승연, 2016, 「금석문의 이해」, 서울: 한국연구재단 기초학문자료센터. 〈한국연구재단 기초학문자료센터 홈페이지 원문 보기〉

이승재, 1984, 고대 지명 '古尸'에 대하여, 「목천 유창균 박사 환갑기념논문집」, 간행위원회 편, 대구: 계명대학교 출판부. 481-492.

이승재, 1987, '將來'고, 「국어학」 16, 국어학회. 221-238.

이승재, 1989ㄱ, 「고려시대의 이두에 대한 연구」, 박사논문, 서울: 서울대학교 대학원. 〈국립중앙도서관 협약도서관 원문 보기. 태학사(1992)〉

이승재, 1989ㄴ, 고려시대의 이두 자료와 그 판독, 「진단학보」 67, 진단학회. 115-131. 〈국립중앙도서관 협약공공도서관 원문 보기〉

이승재, 1989ㄷ, 차자표기 연구와 훈민정음의 문자론적 연구에 대하여, 「국어학」 19, 국어학회. 203-239.

이승재, 1990, 고려본 「범망경」의 구결, 「애산학보」 9, 애산학회. 117-147.

이승재, 1991, 향가의 '遣只賜'와 「구역인왕경」 구결의 ㅁ ㅅ ㄹ 에 대하여, 「국어학의 새로운 인식과 전개(김완진 선생 회갑기념논총)」, 서울: 민음사.

이승재, 1992ㄱ, 「고려 시대의 이두」, 서울: 태학사. 〈국립중앙도서관 협약 도서관 원문 보기〉

이승재, 1992ㄴ, 「농서집요」의 이두, 「진단학보」 74, 진단학회. 179-194. 〈국립중앙도서관 협약공공도서관 원문 보기〉

이승재, 1993ㄱ, 여말 선초의 구결 자료, 「국어사 자료와 국어학 연구(안병희 선생 회갑기념논총)」, 서울: 문학과 지성사. 56-76.

이승재, 1993ㄴ, 고려본 「화엄경」의 구결자에 대하여, 「국어학」 23, 국어학회. 325-379.

이승재, 1994, 고려 중기 구결 자료의 형태음소론적 연구, 「진단학보」 78, 진단학회. 307-326.

이승재, 1995ㄱ, 남권희본 「능엄경」의 해제, 「고려시대 능엄경(구결자료총서 1)」, 서울: 태학사.

이승재, 1995ㄴ, 동명사 어미의 역사적 변화 -「구역인왕경」과 「화엄경」의 구결을 중심으로-, 「(소곡 남풍현 선생 회갑기념논총) 국어사와 차자표기」, 간행위원회 편, 서울: 태학사. 215-252.

이승재, 1995ㄷ, 이두의 사전학적 특성, 「애산 학보」 16, 애산 학회. 103-134.

이승재, 1995ㄹ, 「화엄경」 구결의 상태동사 어간, 「한일어학총서」, 서울: 국학자료원.

이승재, 1995ㅁ, 「계림유사」와 차자표기 자료의 관계, 「대동문화연구」 30, 서울: 성균관대학교 대동문화연구원. 159-184.

이승재, 1996, 고려 중기 구결 자료의 주체 경어법 선어말어미 'ㅕ(겨)-', 「이기문 교수 정년퇴임기념논총」, 심재기 외 공편, 서울: 신구문화사. 517-556.

이승재, 1997ㄱ, 차자표기의 변화, 「국어사연구」, 국어사연구회 엮음, 서울: 태학사. 211-246.

이승재, 1997ㄴ, 조선 초기 이두문의 어중 '-ㅁㅌ-'에 대하여, 「국어학 연구의 새 지평(성재 이돈주 선생 화갑기념논총)」, 간행위원회 엮음, 서울: 태학사. 185-204.

이승재, 1997ㄷ, 이두와 구결, 「새국어생활」 7-2, 서울: 국립국어연구원. 135-144.

이승재, 1998ㄱ, 고대 국어 형태, 「국어의 시대별 변천 연구 3: 고대 국어」, 서울: 국립국어연구원.

이승재, 1998ㄴ, 고려 중기 구결 자료의 경어법 체계, 「국어 어휘의 기반과 역사」, 심재기 편, 서울: 태학사. 843-878.

이승재, 2000ㄱ, 석독구결의 수사에 대하여, 「21세기 국어학의 과제」, 간행위원회 편, 서울: 월인. 423-436.

이승재, 2000ㄴ, 새로 발견된 각필 구결과 그 의의, 「새국어생활」 10-3, 서울: 국립국어연구원. 135-152.

이승재, 2000ㄷ, 존경법 선어말어미 '-ㅎ/ㅅ[시]-'의 형태음소론적 연구 -구결 자료를 중심으로-, 「진단학보」 90, 진단학회. 215-237.

이승재, 2000ㄹ, 차자표기 자료의 격조사 연구, 「국어국문학」 127, 국어국문학회. 107-132.

이승재, 2001ㄱ, 고대 이두의 존경법 '-在(겨)-'에 대하여, 「어문연구」 29-4, 서울: 한국어문교육연구회. 53-70. 〈국립중앙도서관 디지털도서관 원문 보기〉

이승재, 2001ㄴ, 고대의 '방언'과 그 유사 지칭어, 「새국어생활」 11-3, 서울: 국립국어연구원. 49-63.

이승재, 2001ㄷ, 부호자의 문자론적 의의, 「국어학」 38, 국어학회. 89-119.

이승재, 2001ㄹ, 주본 「화엄경」 권제22의 각필 부호구결에 대하여, 「구결연구」 7, 구결학회. 1-32.

이승재, 2002ㄱ, 옛 문헌의 각종 부호를 찾아서, 「새국어생활」 12-4, 서울: 국립국어연구원. 21-43.

이승재, 2002ㄴ, 구결자료의 '-ㄱ' 약화·탈락을 찾아서, 「한국문화」 30, 서울: 서울대학교 규장각 한국학연구원. 1-31.

이승재, 2003ㄱ, 이체자로 본 고려본 「능엄경」의 계통, 「구결연구」 11, 구결학회. 153-188.

이승재, 2003ㄴ, 주본 「화엄경」 권제57의 서지와 각필 부호구결에 대하여, 「한글」 262, 한글학회. 215-246.

이승재, 2004ㄱ, 호암본과 석산사본 「화엄경」의 비교 연구, 「서지학보」 28, 한국서지학회. 115-141.

이승재, 2004ㄴ, 각필 부점구결의 의의와 연구 방법, 「구결연구」 13, 구결학회. 289-316.

이승재, 2005, 고려 시대의 불경 교육과 구결, 「한국사 시민 강좌」 37, 서울: 일조각. 25-48.

이승재, 2006ㄱ, 「주본 화엄경 권제6(국보 203호)·권제57 -성암고서박물관 소장-」, 파주: 태학사.

이승재, 2006ㄴ, 「국보 204호 주본 화엄경 권제36 -성암고서박물관 소장-」, 파주: 태학사.

이승재, 2006ㄷ, 「50권본 「화엄경」 연구」, 서울: 서울대학교 출판부.

이승재, 2007, 석가탑 묵서 지편의 지편 조립과 이두 판독, 「석가탑 발견 유물 조사 보고서」, 서울: 국립중앙박물관.

이승재, 2008ㄱ, 295번과 305번 목간에 대한 관견, 「백제 목간 -소장품 조사 자료집-」, 국립부여박물관 편, 부여: 국립부여박물관. 58-60.

이승재, 2008ㄴ, 7세기 말엽의 한국어 자료 -경흥찬 「무량수경련의문술찬」의 주석을 중심으로-, 「구결연구」 20, 구결학회. 123-178.

이승재, 2008ㄷ, 이두 해독의 방법과 실제, 「한국문화」 44, 서울: 서울대학

교 규장각 한국학연구원. 241-267. 〈국립중앙도서관 협약공공도
서관 원문 보기〉

이승재, 2009ㄱ, 목간과 국어학, 「고대의 목간 그리고 산성」, 창원: 국립가
야문화재연구소·국립부여박물관. 112-124.

이승재, 2009ㄴ, 묵서 지편의 어학적 의의, 「불국사 삼층석탑 묵서 지편」,
서울: 불교문화재연구소.

이승재, 2011ㄱ, 고대 목간의 단위명사 해독, 「동아시아의 구전 전통과
문자 문화」, 서울: 연세대 인문학연구원 HK문자연구사업단.

이승재, 2011ㄴ, 11세기 이두 자료로 본 부점구결의 기입 시기, 「구결연구」
27, 구결학회. 87-115.

이승재, 2011ㄷ, 미륵사지 목간에서 찾은 고대어 수사, 「국어학」 62, 국어
학회. 3-46.

이승재, 2013ㄱ, 함안 성산산성 221호 목간의 해독, 「한국문화」 61, 서울:
서울대학교 규장각 한국학연구원. 3-32.

이승재, 2013ㄴ, 신라 목간과 백제 목간의 표기법, 「진단학보」 117, 진단학
회. 169-213.

이승재, 2013ㄷ, 「한자음으로 본 백제어 자음 체계」, 파주: 태학사.

이승재, 2015, 고대국어2, 「학문연구의 동향과 쟁점」, 서울: 대한민국학술
원.

이승재, 2016, 「한자음으로 본 고구려어 음운 체계」, 서울: 일조각.

이승재, 2017, 「목간에 기록된 고대 한국어」, 서울: 일조각.

이승재, 2019, 차자 표기의 변화, 「국어사 연구」 1, 국어사대계간행위원회,
파주: 태학사. 131-170.

이승재·안효경, 2002, 각필 부호구결 자료에 대한 조사 연구 −성암본 「유
가사지론」 권제5와 권제8을 중심으로−, 「구결연구」 9, 구결학회.
115-146.

이승재 외 엮음, 2005ㄱ, 「초조대장경 '유가사지론' 권제5·권제8 —성암고
서박물관 소장—」, 파주: 태학사.

이승재 외, 2005ㄴ, 「각필구결의 해독과 번역 1: 초조대장경의 「유가사지
론」 권제5·권제8」, 파주: 태학사.

이승재 외, 2006ㄱ, 「각필구결의 해독과 번역 2: 주본 화엄경 권제36」,
파주: 태학사.

이승재 외, 2006ㄴ, 「각필구결의 해독과 번역 3: 주본 화엄경 권제6, 권제
57」, 파주: 태학사.

이승재 외, 2009ㄱ, 「각필구결의 해독과 번역 4: 진본 화엄경 권제20, 권제
22 —성암고서박물관 소장—」, 파주: 태학사.

이승재 외, 2009ㄴ, 「각필구결의 해독과 번역 5: 주본 화엄경 권제31, 권제
34 —호림박물관 소장—」, 파주: 태학사.

이승휴, 1295 무렵, 「제왕운기」〈조선고전간행회(1939)〉

이연자, 1968, 향가 표기의 통계적 연구(1), 「국문학연구」 1, 대구: 효성여
대 국어국문학연구실. 135-172.

이연자, 1976, 신라의 일부 군제가 지명에 미친 영향에 대하여, 「국문학연
구」 5, 대구: 효성여대 국어국문학연구실. 357-378.

이영규, 1994, 「삼국사기와 삼국유사의 이표기어 연구 —자료 분석을 중심
으로—」, 석사논문, 공주: 공주대학교 교육대학원.

이영무, 1974, 「대각 국사 문집」, 서울: 건국대학교 출판부.

이영식, 2007, 「일본서기」 활용의 성과와 문제점, 「한국고대사 연구의 새
동향 —한국고대사학회 20년 1987~2006—」, 한국고대사학회 편,
서울: 서경문화사.

이영호, 1986, 신라 문무왕릉비의 재검토, 「역사교육논집」 8, 경북대학교
사범대학 역사교육학회. 37-75.

이영호, 2009, 흥해 지역과 포항 중성리 신라비, 「신발견 포항 중성리 신라

비(학술대회발표논문집)」, 한국고대사학회. 〈국립중앙도서관 디지털도서관 원문 보기〉〈「한국고대사연구」 56, 한국고대사학회. 수록〉

이영호, 2018, 문자 자료로 본 신라 왕경, 「대구사학」 132, 대구사학회. 71-125.

이영호, 2019, 신라 '성전사원' 연구와 문자 자료, 「문자와 고대 한국」 2. 교류와 생활, 한국목간학회 편, 서울: 주류성. 453-483.

이영훈, 1991, '태조사급방우토지문서' 고, 「고문서연구」 1, 한국고문서학회. 1-17.

이영훈, 1992, 조선시대 사회경제사 연구의 최근 동향과 고문서의 의의, 「정신문화연구」 46, 성남: 한국정신문화연구원.

이영훈, 1994, 조선 전기 명자 고찰 -16세기 토지매매명문으로부터-, 「고문서연구」 6, 한국고문서학회. 19-53.

이영훈, 1997, 조선 초기 5결 자호의 성립 과정 -조온공신사여문서를 중심으로-, 「고문서연구」 12, 한국고문서학회. 51-89.

이영훈, 1998, 관갑, 「고문서연구」 13, 한국고문서학회. 145-150.

이영훈, 1999, 한국사에 있어서 토지제도의 발달 과정 -토지제도사 연구의 전진을 위하여-, 「고문서연구」 15, 한국고문서학회. 1-22.

이옥희, 2023, 「대방광원각수다라요의경」(언해) 하 1-1, 1-2에 기입된 구결과 내용 연구, 「우리어문연구」 75, 우리어문학회. 375-406.

이 용, 1997 '-乙'에 대하여, 「구결연구」 2, 구결학회. 131-160.

이 용, 1998, 연경 어미 '-거든'의 문법사적 고찰 -전기 중세국어 차자 표기를 중심으로-, 「구결연구」 4, 구결학회. 23-55.

이 용, 2003, 석독구결에 나타난 부정사의 기능에 대하여, 「구결연구」 11, 구결학회. 249-273.

이 용, 2004, 「유가사지론」 점토석독구결 해독 연구(3), 「구결연구」 12,

구결학회. 233-247.

이 용, 2004, 점토구결의 연구와 현황, 「한국문화」 34, 서울: 서울대학교 한국문화연구소. 273-305.

이 용, 2005, 각필구결 자료의 한자와 구결점의 상관관계에 대하여 -「유가사지론」 권5·8을 중심으로-, 「구결연구」 15, 구결학회. 55-76.

이 용, 2006, 광개토대왕 비문의 이두적 요소, 「구결연구」 17, 구결학회. 67-85.

이 용, 2007, '항순중생가'의 해독에 대하여, 「구결연구」 18, 구결학회. 173-205.

이 용, 2008, 고대 및 중세 이두 연구의 회고와 전망, 「구결연구」 21, 구결학회. 139-168.

이 용, 2010, 점토석독구결 자료의 부정법, 「구결연구」 24, 구결학회. 97-131.

이 용, 2011, 신라 이두에 나타난 㭈에 대하여, 「구결학회 학술대회 발표논문집 제42회」, 구결학회. 53-71. 〈국립중앙도서관 협약공공도서관 원문 보기〉

이 용, 2013, 지정사의 개념과 차자표기 지정문자설의 문제에 대하여, 「구결연구」 30, 구결학회. 107-138.

이 용, 2017, 조사 표기자로 본 이두 변천, 「구결연구」 38, 구결학회. 109-149.

이 용, 2018, 각필석독구결의 개괄과 소개, 「초조대장경 유가사지론 권66 각필구결」, 서울: 국립한글박물관. 28-45. 〈국립한글박물관 원문 보기〉

이 용, 2019, 「합부금광명경」 자토구결과 현대어 번역, 「고인쇄문화」 26, 청주: 청주고인쇄박물관.

이 용, 2021, 청자존대 선어말어미 '올'의 이두 표기 '白'과 '乎乙' -조선 후기 이두 자료를 중심으로-, 「동양학」 85, 용인: 단국대학교 동양학연구원. 1-19.

이 용, 2023, 차자표기에 나타나는 조성·종성 통용자, 「구결연구」 50, 구결학회. 205-228.

이용규, 2021, 김안국 편찬 「여씨향약언해」와 「정속언해」의 언해자에 대한 고찰, 「국어국문학」 197, 국어국문학회. 73-110.

이용현, 1999, 부여 궁남지 유적 출토 목간의 연대와 성격, 「궁남지 발굴조사보고서」, 부여: 국립부여문화재연구소.

이용현, 2001, 경주 황남동 376 유적 출토 목간의 형식과 복원, 「신라문화」 19, 경주: 동국대학교 신라문화연구소.

이용현, 2002, 「한국 고대 목간 연구」, 박사논문, 서울: 고려대학교 대학원. 〈국립중앙도서관 협약도서관 원문 보기〉

이용현, 2003, 경주 안압지(월지) 출토 목간의 기초적 검토 -보고서 분석과 넘버링을 중심으로-, 「국사관논총」 101, 과천: 국사편찬위원회. 87-134.

이용현, 2003, 함안 성산산성 출토 목간과 6세기 신라의 지방 경영, 「국립박물관 동원학술논문집」 5, 서울: 한국고고미술연구소.

이용현, 2004, 함안 성산산성 출토 목간, 「한국의 고대 목간」, 창원: 국립창원문화재연구소.

이용현, 2006ㄱ, 「한국 목간 기초 연구」, 서울: 신서원. 〈560쪽. 부록으로 '신안 해저 발견 목간의 형식과 선적' 수록. 국립중앙도서관 협약도서관 원문 보기〉

이용현, 2006ㄴ, 8세기 중후반 신라 동궁 주변 -경주 안압지 목간의 종합적 검토-, 「목간과 한국 고대의 문자 생활」, 서울: 한국역사연구회.

이용현, 2007ㄱ, 목간, 「백제의 문화와 생활」, 공주: 충청남도 역사문화원.

〈백제문화사대계 12〉

이용현, 2007ㄴ, 목간으로 본 신라의 문자·언어 생활, 「구결연구」 18, 구결
학회. 107-139.

이용현, 2007ㄷ, 문자 자료로 본 삼국시대 언어 문자의 전개, 「구결연구」
19, 구결학회. 191-225.

이용현, 2007ㄹ, 안압지와 동궁 포전(庖典), 「신라문물연구」 1, 경주: 국립
경주박물관.

이용현, 2007ㅁ, 월성해자 목간2의 해석 모색, 「제97회 한국고대사학회
정기발표회 논문집」, 한국고대사학회. 〈국립중앙도서관 디지털도
서관 원문 보기〉

이용현, 2008, 좌관대식기와 백제 대식제, 「백제 목간」, 국립부여박물관
편, 부여: 국립부여박물관. 61-63.

이용현, 2009ㄱ, 미륵사 건립과 사택씨 -사리봉안기를 실마리로 삼아-,
「신라사학보」 16, 신라사학회. 45-81.

이용현, 2009ㄴ, 부여 관북리 출토 목간 분석, 「부여 관북리 백제 유적
발굴 보고 III -2001~2007년 조사 구역 백제유적편-」, 대전: 문화
재청.

이용현, 2010, 우물 속 용왕에게 빌다, 「우물에 빠진 통일신라 동물들」,
경주: 국립경주박물관.

이용현, 2011ㄱ, 목간을 통해본 한국의 문자와 언어, 「죽간·목간에 담긴
고대 동아시아」, 권인한·김경호·이승률 책임 편집, 서울: 성균관
대학교 출판부. 175-209.

이용현, 2011ㄴ, 중성리비의 기초적 검토, 「고고학지」 17, 서울: 국립중앙
박물관. 411-456.

이용현, 2013, 나주 복암리 목간 연구 현황과 전망, 「목간과 문자」 10,
한국목간학회. 53-75.

이용현, 2016, 국립경주박물관 소장 임신서기석의 문체와 년대의 재고찰, 「신라문물연구」 9, 경주: 경주국립박물관.

이용현, 2019, 목간에 기록된 신라 왕경 생활, 「문자와 고대 한국」 2. 교류와 생활, 한국목간학회 편, 서울: 주류성. 217-226.

이용현·김창석, 2002, 경주 황남동 376 유적 출토 목간의 고찰, 「경주 황남동 376 통일신라시대 유적」, 경주: 동국대학교 경주캠퍼스 박물관.

이우성 편, 1990, 「고본 응골방 외 2종」, 서울: 아세아문화사. 〈김태영 해제 수록〉

이우태, 1983, 신라 '촌락 문서'의 촌역에 대한 일고찰, 「김철준 박사 화갑 기념 사학논총」, 서울: 지식산업사.

이우태, 1989, 울진 봉평 신라비를 통해 본 지방 통치 체제, 「한국고대사연구」 2, 한국고대사연구회. 191-209.

이우태, 1999, 북한산비의 신고찰, 「서울학연구」 12, 서울: 서울시립대학교 서울학연구소. 1-24.

이우태, 2005, 금석문을 통하여 본 한자의 도입과 사용, 「한국고대사연구」 38, 한국고대사학회. 113-134.

이우태, 2009, 포항 중성리 신라비의 내용과 건립 연대, 「포항 중성리 신라비 발견 기념 심포지엄」, 경주: 국립경주문화재연구소.

이우태, 2014ㄱ, 두계 이병도의 금석문 연구, 「백산학보」 98, 백산학회. 167-193.

이우태, 2014ㄴ, 「한국 금석문 집성(6) 신라2 비문2(해설편)」, 안동: 한국국학진흥원·청명문화재단.

이원천 편, 1994, 「교주 국역 응골방」, 서울: 재부밀성회.

이윤노, 1981, 「구결 차학에 관한 연구」, 석사논문, 인천: 인하대학교 대학원.

이윤동, 1997, 「조선관역어」 한어 사음자의 성모에 대하여, 「대동한문학」 9, 대동한문학회. 21-64.

이윤동, 2000, 「조선관역어」 국어 모음 사음에 대하여, 「어문학」 71, 한국어문학회. 107-128.

이윤동, 2002, 「조선관역어」 종성 사음에 대하여, 「어문학」 76, 한국어문학회. 23-45.

이은규, 1993, 「「향약구급방」의 국어학적 연구」, 박사논문, 대구: 효성여자대학교 대학원.

이은규, 1994ㄱ, 「촌가구급방」 이본의 차자표기 비교 연구, 「한국전통문화」 9, 대구: 효성여대 전통문화연구소. 91-128.

이은규, 1994ㄴ, 향약명 차자 표기 해독상의 몇 문제, 「국어교육연구」 26, 국어교육학회. 133-158.

이은규, 1995, 「향약구급방」 차자표기 용자례, 「(소곡 남풍현 선생 회갑기념논총) 국어사와 차자표기」, 간행위원회 편, 서울: 태학사. 333-384.

이은규, 1997ㄱ, 필사본 「우역방」의 전산 처리 -원문, 이본 대교, 어휘 찾아보기-, 「한국전통문화연구」 12, 대구: 효성가톨릭대학교 한국전통문화연구소. 161-195.

이은규, 1997ㄴ, 향약명 차자표기의 통시적 연구(1), 「어문학」 57, 한국어문학회. 257-279.

이은규, 1998, 필사본 「우역방」 연구 -이본과의 비교를 중심으로-, 「어문학」 63, 한국어문학회. 45-65.

이은규, 2003, 「대방광불화엄경소」 권35 석독 입겿문의 동사 '삼-'에 대하여, 「어문학」 81, 한국어문학회. 165-188.

이은규, 2005, 「조선관역어」 차자 표기의 용자 분석, 「한국말글학」 22, 한국말글학회. 127-219.

이은규, 2009, 향약명 어휘의 변천 연구, 「국어교육연구」 45, 국어교육학회. 475-520.

이은규, 2011ㄱ, 「구급신방」의 어휘 분석, 「한국말글학」 28, 한국말글학회. 169-227.

이은규, 2011ㄴ, 「백병구급신방」의 어휘 연구, 「민족문화논총」 49, 경산: 영남대학교 민족문화연구소. 253-278.

이은규, 2014, 향약명 어휘 연구의 현황과 과제, 「정신문화연구」 137, 성남: 한국학중앙연구원. 95-135.

이은규, 2019, 행림서원판 「향약집성방」 향약명의 어휘사적 성격, 「국어교육연구」 70, 국어교육학회. 1-36.

이은규·노은주, 1991, 향가 용자례 연구, 「한국전통문화연구」 7, 대구: 효성여자대학교 한국전통문화연구소. 341-442.

이은솔, 2015ㄱ, 사택지적비(砂宅智積碑), 「한국 고대 문자 자료 연구 백제(상) -지역별-」, 권인한·김경호·윤선태 공동 편집, 서울: 주류성. 353-359.

이은솔, 2015ㄴ, 공주 지역 출토 인각와, 「한국 고대 문자 자료 연구 백제(하) -주제별-」, 권인한·김경호·윤선태 공동 편집, 서울: 주류성. 21-27.

이은솔, 2015ㄷ, 익산 지역 출토 인각와, 「한국 고대 문자 자료 연구 백제(하) -주제별-」, 권인한·김경호·윤선태 공동 편집, 서울: 주류성. 185-231.

이은솔·이재철·최경선, 2015ㄱ, 부여 지역 출토 인각와, 「한국 고대 문자 자료 연구 백제(하) -주제별-」, 권인한·김경호·윤선태 공동 편집, 서울: 주류성. 29-167.

이은솔·이재철·최경선, 2015ㄴ, 기타 지역 출토 인각와, 「한국 고대 문자 자료 연구 백제(하) -주제별-」, 권인한·김경호·윤선태 공동 편집,

서울: 주류성. 233-261.

이은솔·이재환, 2015, 능산리 사지 출토 문자 자료, 「한국 고대 문자 자료 연구 백제(상) −지역별−」, 권인한·김경호·윤선태 공동 편집, 서울: 주류성. 169-261.

이은솔·최경선, 2015, 왕흥사지 출토 문자 자료, 「한국 고대 문자 자료 연구 백제(상) −지역별−」, 권인한·김경호·윤선태 공동 편집, 서울: 주류성. 335-344.

이응백, 1986, 구결에 대하여, 「국어생활」 6, 서울: 국어연구소.

이이령, 2021, 「「계몽편」의 언어와 문헌 분석 및 영어 번역본 비교 연구」, 석사논문, 성남: 한국학중앙연구원 한국학대학원. 〈국립중앙도서관 홈페이지 원문 보기〉

이익섭, 1968, 한자어 조어법의 유형, 「이숭녕 박사 송수기념논총」, 송수기념사업위원회 편, 서울: 을유문화사.

이익섭, 1993, 국어사와 표기법, 「한국어문」 2, 성남: 한국정신문화연구원.

이장희, 1995ㄱ, 「화엄경」 구결자 'ㆍ'의 기능과 독음, 「어문학」 56, 한국어문학회. 119-140.

이장희, 1995ㄴ, 고려시대 석독구결문의 '−ㅌ'에 대하여, 「문화와 융합」 16, 문학과 언어 연구회. 103-120.

이장희, 1996ㄱ, 고려시대 석독구결의 '소'에 대하여, 「문화와 융합」 17, 문학과 언어 연구회. 43-56.

이장희, 1996ㄴ, 고려시대 석독구결문의 미정 관형 구성에 대하여, 「어문론총」 30, 경북어문학회. 137-150.

이장희, 2000, '−干支'계 신라 관명의 변화, 「언어과학연구」 18, 언어과학회. 227-252.

이장희, 2001, 신라 향가 기사 시기의 국어학적 연구(1), 「문화와 융합」 23, 문학과 언어 연구회. 1-28.

이장희, 2003, 6세기 신라 금석문의 인명 접사 연구, 「언어과학연구」 26, 언어과학회. 227-252.

이장희, 2004, 6세기 금석문의 공시적 이표기와 그 의미, 「문화와 융합」 26, 한국문화융합학회. 49-86.

이장희, 2011, 고유명사 표기 한자음 연구의 회고와 전망, 「구결연구」 26, 구결학회. 77-130.

이재선, 1972, 「향가의 이해」, 서울: 삼성미술문화재단. 〈삼성문화문고 130. 국립중앙도서관 협약도서관 원문 보기〉

이재수, 2000, 16-7세기 노비의 전답 소유와 매매 실태, 「조선사연구」 9, 조선사연구회.

이재수, 2003, 「조선 중기 전답 매매 연구」, 서울: 집문당.

이재철, 2014, 금산 백령산성 유적 출토 문자 자료와 현안, 「목간과 문자」 13, 한국목간학회. 183-215.

이재철, 2015ㄱ, 금산 백령산성 출토 문자 자료, 「한국 고대 문자 자료 연구 백제(상) -지역별-」, 권인한·김경호·윤선태 공동 편집, 서울: 주류성. 427-455.

이재철, 2015ㄴ, 나주 복암리 유적 출토 문자 자료, 「한국 고대 문자 자료 연구 백제(상) -지역별-」, 권인한·김경호·윤선태 공동 편집, 서울: 주류성. 457-502.

이재호 역, 1967, 「삼국유사(부록 균여전)」, 서울: 한국자유교양추진회.

이재환, 2011, 전인용사지 출토 목간과 우물·연못에서의 제사 의식, 「목간과 문자」 7, 한국목간학회. 67-79.

이재환, 2013, 한국 고대 주술목간의 연구 동향과 전망, 「목간과 문자」 10, 한국목간학회. 119-156.

이재환, 2015, 무령왕릉 출토 문자 자료, 「한국 고대 문자 자료 연구 백제(상) -지역별-」, 권인한·김경호·윤선태 공동 편집, 서울: 주류성.

47-68.

이재환, 2018, 함안 성산산성 출토 신라 하찰의 성격에 대한 새로운 접근, 「한국사연구」 182, 한국사연구회. 29-56.

이재환, 2019ㄱ, 함안 성산산성 출토 문서 목간과 역력 동원의 문서 행정, 「목간과 문자」 22, 한국목간학회. 35-56.

이재환, 2019ㄴ, 신라의 행정 문서, 「문자와 고대 한국」 1. 기록과 지배, 한국목간학회 편, 서울: 주류성. 409-415.

이재환, 2019ㄷ, 고대의 경제계사와 주술, 「문자와 고대 한국」 2. 교류와 생활, 한국목간학회 편, 서울: 주류성. 311-334.

이재환, 2019ㄹ, 무령왕과 왕비의 장례식, 「문자와 고대 한국」 2. 교류와 생활, 한국목간학회 편, 서울: 주류성. 341-363.

이재환, 2019ㅁ, 석가탑 출토 「무구정광대다라니경」의 국적과 연대, 「문자와 고대 한국」 2. 교류와 생활, 한국목간학회 편, 서울: 주류성. 410-414.

이전경, 2002, 「15세기 불경의 구결 표기법 연구」, 박사논문, 서울: 연세대학교 대학원. 〈국립중앙도서관 협약도서관 원문 보기〉

이전경, 2004, 「유가사지론」 점토석독구결 해독 연구(4), 「구결연구」 13, 구결학회. 221-243.

이전경, 2006, 연세대 소장 각필 「묘법연화경」의 조사, 「각필구결의 해독과 번역」 2, 파주: 태학사.

이전경, 2012, '爲'자에 현토된 석독표기자와 그 해독, 「구결연구」 28, 구결학회. 165-189.

이전경, 2013ㄱ, 연세대 소장 각필본 「묘법연화경」의 처격 표기, 「한국학연구」 44, 서울: 고려대학교 한국학연구소. 281-299.

이전경, 2013ㄴ, 연세대 소장 각필구결본 「묘법연화경」의 부정문, 「구결연구」 30, 구결학회. 163-183.

이정수, 1999, 18-9세기 토지 가격의 변동 −경북과 전남 지방의 전답 매매 명문을 중심으로−, 「부대사학」 23, 부산대학교 사학회.

이정수, 2003, 16세기 면포 유통의 이중화와 화폐 유통의 논의, 「조선시대 사학보」 25, 조선시대사학회. 35-81.

이정수, 2005, 16세기 중반~18세기 초의 화폐 유통 실태 −생활일기류와 전답매매명문을 중심으로−, 「조선시대사학보」 32, 조선시대사학회. 95-148.

이정수·김희호, 2008, 조선 후기 노비 매매 자료를 통해 본 노비의 사회·경제적 성격과 노비가의 변동, 「한국민족문화」 31, 부산: 부산대학교 한국민족문화연구소. 363-408.

이정수·김희호, 2011, 「조선 후기 토지 소유 계층과 지가 변동」, 서울: 혜안.

이정일, 1999, 「정속언해」 어휘의 방언적 검토, 「동국어문논집」 8, 서울: 동국대학교 인문과학대학 국어국문학과. 154-174.

이정일, 2005, 조선시대 경주부 관문서의 착관 형식 검토, 「장서각」 14, 성남: 한국학중앙연구원. 55-78.

이존희, 1999, 봉수제 운영의 실태와 문제점 −조선 시대를 중심으로−, 「문화사학」 11·12·13, 한국문화사학회. 771-784.

이종묵, 2003, 장서각 및 수집 고문서 자료의 정리 실태와 전망, 「국학연구」 2, 안동: 한국국학진흥원. 1-34.

이종서, 2000, 조선 전기 '화회(和會)'의 어의와 균분의 실현 방식 '집주(執籌)', 「한국사연구」 110, 한국사연구회. 81-117.

이종서, 2003, 고려말 화령부 호적의 작성 원칙과 기재 내용 −동거 상황과의 관련성을 중심으로−, 「진단학보」 95, 진단학회. 55-80.

이종욱, 1974, 남산신성비를 통하여 본 신라의 지방통치체제, 「역사학보」 64, 역사학회. 1-69.

이종욱, 1980, 신라 장적을 통하여 본 통일신라의 촌락 지배 체제, 「역사학보」 86, 역사학회. 1-57.

이종철, 1978, 추고유문에서의 '烏, 都, 奴, 布'의 표시에 대하여, 「인문논총」 2, 서울: 서울대학교 인문대학. 29-47.

이종철, 1979ㄱ, 일본 고대 지명 및 인명에 차용된 '麻'에 대하여, 「관악어문」 3-1, 서울: 서울대학교 국어국문학과. 377-388.

이종철, 1979ㄴ, 일본에 전수한 백제의 한자 문화에 대하여, 「국어교육」 34, 한국국어교육연구회. 147-172.

이종철, 1983, 「향가와 만엽집가의 표기법 비교 연구」, 서울: 집문당. 〈국립중앙도서관 협약도서관 원문 보기〉

이종철, 1990, 향가해독법, 서울대학교 대학원 국어연구회 편, 「국어연구 어디까지 왔나」, 서울: 동아출판사. 605-614.

이종철, 1994, 일본 지명에 반영된 삼국의 국호 표기 및 그 어원에 대하여, 「한림어문학」 1, 춘천: 한림대학교 국어국문학과.

이종혁 외, 1999, 「광개토왕비문의 신연구」, 경주: 서라벌군사연구소 출판부.

이종훈 병편, 2017, 「경파 이상인 문집 이두와 채집 가요 외」, 서울: 두양사.

이주헌, 2015, 성산산성 부엽층과 출토 유물의 검토, 「한국목간학회 정기 발표논문집(2015년 1월)」, 한국목간학회.

이준구, 1993, 「조선 후기 신분 직역 변동 연구」, 서울: 일조각.

이준석, 1998ㄱ, 고전 범어 문법이 차자표기체계에 미친 영향, 「고려대장경연구소 논문집」, 서울: 고려대장경연구소.

이준석, 1998ㄴ, 「국어 차자표기법의 기원 연구」, 박사논문, 서울: 고려대학교 대학원.

이준석, 1999, 차자표기법에서 격의 인식과 표기에 대하여, 「국어의 격과

조사(소석 성광수 교수 화갑기념논총)」, 한국어학회 편, 서울: 월
인. 491-535.

이준환, 2011, 향찰 표기자 한자음 연구의 회고와 전망, 「구결연구」 26,
구결학회. 5-54.

이준환, 2020, 「계림유사 고려 방언」 전사 양상의 음운론적 접근, 「국어사
연구」 31, 국어사학회. 7-46.

이지관, 2003, 「교감 역주 역대 고승 비문」 조선편, 서울: 가산불교문화연
구원.

이지관, 2004, 「교감 역주 역대 고승 비문」 고려편, 서울: 가산불교문화연
구원.

이지선, 2003, 한국 불교 음악의 기보에 관한 고찰 -「지장경」에 나타난
각필부호를 중심으로-, 「한국음악연구」 33, 한국국악학회. 211-
245.

이지선, 2007, 17세기 각필 문헌 동국대학교 소장 「법화경」을 중심으로,
「한국음악연구」 41, 한국국악학회. 263-288.

이지영, 2014, 음식명 연구의 현황과 과제, 「정신문화연구」 37-4, 성남:
한국학중앙연구원. 41-69.

이지영, 2017, 순종 관례 발기의 어휘, 「1882년 왕세자 관례 발기」, 성남:
한국학중앙연구원 출판부.

이 직 저, 홍순석 외 편역, 1998, 「국역 형재 이직 선생 시집」, 서울:
성주 이씨 문경공파 종회. 〈'이직 개국공신 녹권'을 448쪽-451쪽
에 영인〉

이진경·하귀녀·박진호·황선엽, 2006, 구결사전 편찬에 대하여, 「한국사전
학」 7, 한국사전학회. 217-243.

이진희, 1972, 「廣開土王陵碑の研究」, 東京: 吉川弘文館; 이기동 역, 1982,
「광개토왕릉비의 탐구」, 서울: 일조각.

이철수, 1980ㄱ, 「양잠경험촬요」 한차문의 역어 구조, 「남광우 박사 화갑 기념논총」, 서울: 일조각. 465-480.

이철수, 1980ㄴ, 「양잠경험촬요」 한차문의 명사류어 차자표기, 「인문과학 연구소 논문집」 6, 인천: 인하대학교 인문과학연구소.

이철수, 1980ㄴ, 「양잠경험촬요」 한차문의 차자 표기 -부사류어를 중심으 로-, 「국어교육」 59, 한국국어교육연구회. 153-195.

이철수, 1987, 「양잠경험촬요」 한차문의 부사류어 차자표기, 「국어교육」 59·60 합병호, 한국국어교육연구회. 153-195.

이철수, 1988, 「양잠경험촬요」의 이두 색인, 「인문과학연구소 논문집」 14, 인천: 인하대학교 인문과학연구소. 43-64.

이철수, 1989ㄱ, 「양잠경험촬요」 이문 해석, 「한국학연구」 1, 인천: 인하대 학교 한국학연구소. 43-71.

이철수, 1989ㄴ, 「「양잠경험촬요」의 이두 연구」, 인천: 인하대학교출판부. 〈「양잠경험촬요」 영인본 수록〉

이철수, 1990~1992, 「대명률직해」의 이두 해석(1)~(3), 「논문집」 16~18, 인천: 인하대학교 인문과학연구소.

이철수, 1992, 「대명률직해」 한자문의 부사류어, 「정기호 박사 송수기념논 총」, 간행위원회 편, 서울: 일조각. 717-724.

이철수, 1996, 도솔사 석탑 조성 형지기의 이두에 대하여, 「한국학연구」 6·7, 인천: 인하대학교 한국학연구소. 1-51.

이철수, 1997, 장성 백암사 첩문의 이두에 대하여, 「한국학연구」 8, 인천: 인하대학교 한국학연구소.

이철용, 1983, 「유해류 역학서의 국어학적 고찰」, 석사논문, 서울: 한양대 학교 대학원.

이철용, 1992, 「의약서 어휘의 국어사적 연구」, 박사논문, 서울: 한양대학 교 대학원.

이충구, 1983, 「주영편」에 수집된 한국 한자의 분석 연구, 「수선논집」 8, 서울: 성균관대학교 대학원 학생회.

이충구, 1990, 「경서언해 연구」, 박사논문, 서울: 성균관대학교 대학원.

이 탁, 1956, 향가 신해독, 「한글」 116, 한글학회. 445-492.

이 탁, 1957, 이두의 근본적 해석, 「일석 이희승 선생 송수기념논총」, 일석 이희승 선생 환갑기념사업위원회 편, 서울: 일조각. 525-530.

이 탁, 1958, 「국어학논고」, 서울: 정음사.

이판섭·윤선태, 2008, 부여 쌍북리 현내들·북포 유적의 조사 성과, 「목간과 문자」 1, 한국목간학회. 283-305.

이현규, 2006, 「고대 한국어 차자 용자 사전」, 서울: 제이앤씨.

이현주, 2017, 장서각 소장 '국풍'에 나타나는 물명 고찰, 「동양고전연구」 69, 동양고전학회. 325-347.

이현주, 2020, 장서각 소장 이두 학습서 「이문」에 나타나는 이두의 특징, 「동양고전연구」 81, 동양고전학회. 417-441.

이현희, 1995, '사'와 '-沙', 「한일어학논총」, 남학 이종철 선생 회갑기념논총 간행위원회 편, 서울: 국학자료원. 523-586.

이현희, 1995, '-아져'와 '-良結', 「(소곡 남풍현 선생 회갑기념논총) 국어사와 차자표기」, 간행위원회 편, 서울: 태학사. 411-428.

이현희, 1996, 향가의 언어학적 해독, 「새국어생활」 6-1, 국립국어연구원. 3-16.

이현희 외, 2014, 「근대 한국어 시기의 언어관·문자관 연구」, 서울: 소명출판.

이형구, 2008, 「계양산성 발굴 보고서」, 아산: 선문대학교 고고학연구소·인천광역시 계양구.

이형구·박노희, 1985, 「광개토대왕릉비 신연구」, 서울: 동화출판공사.

이호권, 2001, 금양잡록, 「규장각 소장 어문학 자료 어학편 해설」, 서울:

서울대학교 규장각. 60-62.

이호권, 2002, 일사 방종현 선생과 국어사 자료, 「어문연구」 30-4, 한국어
문교육연구회. 17-32.

이호영, 1975, 성덕대왕신종명의 해석에 관한 몇 가지 문제, 「고고미술」
125, 한국미술사학회. 8-16.

이호형, 2013, 부여 쌍북리 173-8번지 유적 목간의 출토 현황 및 검토,
「목간과 문자」 11, 한국목간학회. 135-150.

이홍직, 1954ㄱ, 일본 정창원 발견의 신라 민정 문서, 「학림」 3, 연세대학교
사학연구회. 〈이홍직(1973) 재수록〉

이홍직, 1954ㄴ, 「한국 고문화 논고」, 서울: 을유문화사. 〈국립중앙도서관
디지털도서관 디지털자료실 원문 이미지 보기〉

이홍직, 1954ㄷ, 연수 재명 신라 은합우에 대한 1·2의 고찰, 「최현배 선생
회갑기념논문집」, 서울: 사상계사. 303-320.

이홍직, 1954ㄹ, 백제 인명고, 「서울대학교 논문집」 1, 서울: 서울대학교.
21-39.

이홍직, 1955, 정원 20년 재명 신라 범종 -양양 설산 출토품-, 「용제 백낙
준 박사 환갑기념국학논총」, 서울: 사상계사. 〈이홍직(1973) 재수
록〉

이홍직, 1960, 경기도 광주군 동부면 교리 마애불명, 「고고미술」 2, 한국고
고미술사학회. 12-13.

이홍직, 1968, 목판 인쇄를 중심으로 본 신라 문화 -경주 불국사 석가탑에
서 발견된 다라니경을 중심으로-, 「한국사회과학논집」 8, 한국사
회과학연구원. 53-58.

이홍직, 1971, 백제 인명고, 「한국고대사의 연구」, 서울: 신구문화사.

이홍직, 1973, 「한국 고대사 연구」, 서울: 신구문화사. 〈국립중앙도서관
디지털도서관 디지털자료실 원문 이미지 보기〉

이화숙, 2009, 「ᄌᆞ경뎐 진쟉 졍례 의구」의 어휘와 번역 양상, 「국어교육연구」 44, 국어교육학회. 321-352.

이화숙, 2022, 「물보」 이본의 선후 관계, 「국어사 연구」 34, 국어사학회. 149-194.

이화여대박물관 편, 1984, 「영주 순흥리 벽화 고분 발굴조사보고서」, 서울: 이화여대박물관.

이희승, 1932, 지명 연구의 필요, 「한글」 2, 조선어학회. 46-48.

이희승, 1955, 「국어학개설」, 서울: 민중서관.

이희우, 1985, '우디허' 명칭고, 「어학연구」 21-1, 서울: 서울대학교 어학연구소. 15-31.

인천광역시 계양구청·재단법인 겨레문화유산연구원, 2009, 「인천 계양산성 4차 발굴 조사 약보고서」, 인천광역시 계양구청·재단법인 겨레문화유산연구원.

임경순, 1988, 일본 지명의 한국어 대응역, 「한국언어문학」 26, 한국언어문학회. 35-69.

임경희·최연식, 2010, 태안 마도 수중 출토 목간 판독과 내용, 「목간과 문자」 5, 한국목간학회. 185-207.

임균택, 1998, 한민족 사적 지명과 한문 이두식 세종식 표의표음 표기법 철학사적 고찰, 「동서철학연구」 15, 한국동서철학회. 5-19. 〈국립중앙도서관 협약공공도서관 원문 보기〉

임기영, 2012, 선무 원종공신녹권에 관한 서지적 연구, 「영남학」 21, 대구: 경북대학교 영남문화연구원. 257-298.

임기중, 1966, 향가학사 연구 서설(상), 「명지어문학」 3, 서울: 명지대학교 국어국문학과. 91-102.

임기중, 1992, 「고전시가의 실증적 연구」, 서울: 동국대학교 출판부.

임기중, 1994, 북경에서 조사한 광개토왕비 탁본과 석문 13종에 대하여,

「서통」 7·8월호, 동방연구회.

임기중, 1996, 새로 발견된 호태왕비 원석 초기 탁본 해독의 문제, 「한국문학연구」 18, 서울: 동국대학교 한국문학연구소.

임기중 외, 1998, 「새로 읽는 향가 문학」, 서울: 아세아문화사. 〈국립중앙도서관 협약도서관 원문 보기〉

임기중 편, 1998, 「역대 가사문학 전집」 42, 서울: 아세아문화사.

임기환, 1992, 동경 명문, 「역주 한국고대금석문」 I(고구려·백제·낙랑 편), 서울: 가락국사적개발연구원.

임기환, 2014, 광개토왕비의 건립 과정 및 비문 구성에 대한 재검토, 「한국고대사 연구의 자료와 해석」, 노태돈 교수 정년기념논총 간행위원회 엮음, 서울: 사계절.

임기환, 2019, 광개토왕비 다시 읽기, 「문자와 고대 한국」 1. 기록과 지배, 한국목간학회 편, 서울: 주류성. 335-350.

임명선, 1978, 「구황촬요」의 어학적 연구, 「수련어문론집」 6, 수련어문학회. 105-129.

임병채, 1968, 고대 삼국의 지명 어휘고, 「백산학보」 5, 백산학회. 51-134.

임석진 편, 1965, 노비 선급 관문(원오 국사께), 「대승선종 조계산 송광사지」 인물편 부록, 순천: 송광사.

임세권, 1989, 울진 봉평 신라비의 금석학적 고찰, 「한국고대사연구」 2, 한국고대사연구회. 59-87.

임세권 외 편저, 2002~2014, 「한국금석문집성」 1~40, 안동: 한국국학진흥원.

임정기, 2009, 「국역 사가집」 13(사가문집보유 제1집 비지류), 서울: 한국고전번역원. 〈한국고전종합DB 홈페이지 원문 보기〉

임창순, 1958, 대구에서 신발견된 무술오작비 소고, 「사학연구」 1, 사단법인 한국사학회. 1-17.

임창순, 1971, 송광사의 고려 문서, 「백산학보」 11, 백산학회. 31-51.

임창순, 1974, 매지권에 대한 고찰, 「무령왕릉(발굴 조사 보고서)」, 문화재 관리국 편, 서울: 문화재관리국.

임창순, 1979, 중원고구려비 소고, 「사학지」 13, 단국사학회. 53-58.

임창순 편저, 1984, 「한국금석집성 선사시대 1」, 서울: 일지사. 〈국립중앙 도서관 협약도서관 홈페이지 원문 보기〉

임혜경, 2015ㄱ, 갑신명 금동 석가좌상 명문, 「한국 고대 문자 자료 연구 백제(하) -주제별-」, 권인한·김경호·윤선태 공동 편집, 서울: 주 류성. 265-269.

임혜경, 2015ㄴ, 갑오명 금동 일광삼존불상 명문, 「한국 고대 문자 자료 연구 백제(하) -주제별-」, 권인한·김경호·윤선태 공동 편집, 서 울: 주류성. 271-275.

임혜경, 2015ㄷ, 갑인명 금동 광배 명문, 「한국 고대 문자 자료 연구 백제 (하) -주제별-」, 권인한·김경호·윤선태 공동 편집, 서울: 주류성. 277-284.

임혜경, 2015ㄹ, 계미명 금동 삼존불입상 명문(癸未銘金銅三尊佛立像銘文), 「한국 고대 문자 자료 연구 백제(하) -주제별-」, 권인한·김경호· 윤선태 공동 편집, 서울: 주류성. 285-292.

임혜경, 2015ㅁ, 금동 정지원명 석가여래삼존입상 명문, 「한국 고대 문자 자료 연구 백제(하) -주제별-」, 권인한·김경호·윤선태 공동 편집, 서울: 주류성. 325-331.

임혜경, 2015ㅂ, 미륵사지 출토 문자 자료, 「한국 고대 문자 자료 연구 백제(상) -지역별-」, 권인한·김경호·윤선태 공동 편집, 서울: 주 류성. 363-394.

임홍빈, 1995, 계림유사 '刀斤'의 읽기에 대하여, 「(소곡 남풍현 선생 회갑 기념논총) 국어사와 차자표기」, 간행위원회 편, 서울: 태학사. 115-

132.

임홍빈 역주, 2009, 「역주 본문온역이해방·우마양저염역치료방」, 서울: 세종대왕기념사업회. 〈영인본 수록〉

장경준, 2001, 석독구결의 '故' 자의 현토 경향에 대한 고찰 (1) -자토석독 구결 자료 5종을 대상으로-, 「구결연구」 7, 구결학회. 113-134.

장경준, 2002ㄱ, 점토석독구결 자료에 기입된 구결자와 대응 구결점에 대 하여 -「유가사지론」 권5, 8을 대상으로-, 「구결연구」 9, 구결학 회. 205-225.

장경준, 2002ㄴ, 구결점의 위치 변이에 대한 기초 연구 -「유가사지론」 권5, 8을 대상으로-, 「국어사 자료 연구」 3, 국어사자료학회. 5-30.

장경준, 2003ㄱ, 「유가사지론」 점토석독구결의 '지시선'에 대하여, 「구결 연구」 11, 구결학회. 189-209.

장경준, 2003ㄴ, 점토구결에 있어서 구결자 'ㅅㅣ'에 대응하는 구결점에 대하여 -「유가사지론」 권5, 8을 대상으로-, 「한국어학」 19, 한국 어학회. 227-247.

장경준, 2004ㄱ, 「유가사지론」 점토석독구결 해독 연구(1), 「구결연구」 12, 구결학회. 191-213.

장경준, 2004ㄴ, 구결점의 현토 위치의 세분과 위치 변이 현상에 대하여, 「구결연구」 13, 구결학회. 149-174.

장경준, 2005, 「「유가사지론」 점토석독구결의 해독 방법 연구 -권5, 8의 단점을 중심으로-」, 박사논문, 서울: 연세대학교 대학원.

장경준, 2006ㄱ, 점토 체계의 특징이 부호의 사용에 미치는 영향 -성암본 「유가사지론」 권5, 8의 사례를 중심으로-, 「구결연구」 16, 구결학 회. 209-239.

장경준, 2006ㄴ, 석독구결의 구결자 'ㅊ'과 'ㆍㅅ'에 대하여, 「국어학」 47, 국어학회. 265-286.

장경준, 2007ㄱ, 「「유가사지론」 점토석독구결의 해독 방법 연구」, 파주: 태학사.

장경준, 2007ㄴ, 「경리잡설(經俚襍說)」의 이두와 독음, 「구결연구」 18, 구결학회. 409-443.

장경준, 2008ㄱ, 「유가사지론」 점토석독구결의 '지시선'에 관한 보론, 「국어학」 51, 국어학회. 175-194.

장경준, 2008ㄴ, 점토구결 연구의 성과와 당면 과제, 「구결연구」 21, 구결학회. 67-98.

장경준, 2008ㄷ, 고려 초기 점토구결의 제부호, 「한국어학」 40, 한국어학회. 307-339.

장경준, 2009ㄱ, 호림본 「유가사지론」 권3의 점토에 대한 기초 연구, 「구결연구」 23, 구결학회. 285-304.

장경준, 2009ㄴ, 점토구결 자료의 문법 형태에 대하여, 「국어학」 56, 국어학회. 249-280.

장경준, 2009ㄷ, 호림본 「유가사지론」 권3의 점토구결에 사용된 부호에 대하여, 「국어국문학」 153, 국어국문학회. 61-80.

장경준, 2011ㄱ, 석독구결 자료의 전산 입력 및 교감에 대하여, 「국어사연구」 13, 국어사학회. 303-345.

장경준, 2011ㄴ, 고려시대 점토구결의 부호에 관한 고바야시 요시노리(小林芳規) 선생의 논고에 대한 검토, 「구결연구」 26, 구결학회. 195-241.

장경준, 2011ㄷ, 석독구결의 번역사적 의의에 대한 시론, 「번역학연구」 12-4, 한국번역학회. 145-168.

장경준, 2011ㄹ, 「고려시대 석독구결 자료의 정본 확정 및 문헌별 차이에 관한 연구」, 서울: 한국연구재단. 〈한국연구재단 연구결과보고서〉

장경준, 2012, 고대국어의 표기 연구 -우운 박병채 선생의 연구를 중심으로-, 「한국어학」 55, 한국어학회. 1-20.

장경준, 2013ㄱ, 일본 내각문고와 호사문고에 소장된 「대명률직해」의 서
지에 관한 기초 연구, 「어문논집」 68, 민족어문학회. 329-356.

장경준, 2013ㄴ, 고려시대 석독구결 자료의 소개와 활용 방안, 「한국어학」
59, 한국어학회. 75-112.

장경준, 2014, 고마지와대학과 호사문고에 소장된 「대명률직해」 고판본에
대하여, 「한국어학」 64, 한국어학회. 117-168.

장경준, 2015ㄱ, 조선 초기 「대명률」의 이두 번역에 대하여, 「우리어문연
구」 52, 우리어문학회. 451-490.

장경준, 2015ㄴ, 花村美樹의 「대명률직해」 교정에 대하여, 「규장각」 46,
서울: 서울대학교 규장각 한국학연구원. 175-200.

장경준, 2015ㄷ, 「대명률직해」 교감의 방법과 기록 방안, 「한국어학」 68,
한국어학회. 137-160.

장경준, 2016ㄱ, 조선에서 간행한 「대명률」 향본에 대하여, 「법사학연구」
53, 한국법사학회. 127-153.

장경준, 2016ㄴ, 남선사 소장 고려 초조대장경 「유가사지론」 권8의 점토석
독구결에 대하여, 「구결연구」 36, 구결학회. 39-62.

장경준, 2017ㄱ, 「대명률직해」, 「대명률강해」, 「율해변의」외 홍무율에 대
한 시론, 「민족문화」 49, 서울: 한국고전번역원. 5-36.

장경준, 2017ㄴ, 「유가사지론」 점토구결의 몇 가지 특징, 「구결연구」 38,
구결학회. 83-108.

장경준, 2018ㄱ, 「대명률직해」의 특징과 역주 방침 -서지와 직해 부분을
중심으로-, 「고전번역연구」 9, 한국고전번역학회. 55-84.

장경준, 2018ㄴ, 국립한글박물관 소장 「유가사지론」 권66의 점토 개관,
「초조대장경 유가사지론 권66 각필구결」, 서울: 국립한글박물관.
92-105. 〈국립한글박물관 홈페이지 원문 보기〉

장경준, 2019ㄱ, 「합부금광명경」 권3의 점토구결 기초 연구, 「고인쇄문화」 26, 청주: 청주고인쇄박물관. 79-98.

장경준, 2019ㄴ, 법응 스님 소장 「법화경」 구결에 표시된 부독자, 「한국어학」 84, 한국어학회. 91-134.

장경준, 2020, 국립한글박물관 소장 「유가사지론」 권66의 점토석독구결과 「유가사지론」 권20의 자토석독구결의 관련성, 「구결연구」 44, 구결학회. 59-92.

장경준, 2021, 법응 스님 소장 「법화경」 구결의 어순 표시, 「구결연구」 47, 구결학회. 41-78.

장경준, 2022ㄱ, 프랑스 국립도서관 소장 「능엄경」 구결의 어순 표시, 「국어학」 104, 국어학회. 49-86.

장경준, 2022ㄴ, 원각사 소장 「능엄경」 구결의 어순 표시, 「구결연구」 49, 구결학회. 239-270.

장경준, 2023, 「합부금광명경」 권3의 점토구결 기초 연구, 「구결연구」 51, 구결학회. 123-153.

장경준·진윤정·허인영, 2013ㄱ, 「대명률직해」의 정본 확정을 위한 기초 연구(1) -고려대 도서관과 서울대학교 소장본을 중심으로-, 「국어사연구」 16, 국어사학회. 127-172.

장경준·진윤정·허인영, 2013ㄴ, 「대명률직해」의 정본 확정을 위한 기초 연구(2) -경북대, 대구가톨릭대, 연세대, 충남대 도서관과 한국학중앙연구원 장서각 그리고 일본 소케문고(宗家文庫) 소장본을 중심으로-, 「어문학」 122, 한국어문학회. 269-320.

장경준·진윤정, 2014, 「대명률직해」의 계통과 서지적 특징, 「서지학연구」 58, 한국서지학회. 549-590.

장경준 외, 2015, 「「유가사지론」 권20의 석독구결 역주」, 서울: 역락.

장경준·한상권, 2018, 해제 대명률을 이두로 번역하다, 「대명률직해」 1,

한상권 외 옮김, 서울: 한국고전번역원. 13-48.

장경준 편, 2019, 석독구결 자료 6종 전산 입력본(sktot_2019_01), 구결학회·국어사학회 배포(미간행). 〈구결학회 홈페이지 자료실에서 '자토석독구결 전산입력 자료의 최신 수정판(sktot_2022_09)를 찾아볼 수 있다.〉

장경준 외, 2021, 「중층적 구결 자료 「합부금광명경」 권3의 종합적 연구」, 서울: 한국연구재단. 〈한국연구재단 일반공동연구지원사업 과제 결과보고서〉

장덕순 외, 1971, 「구비문학 개설」, 서울: 일조각.

장동익, 1985, 려말선초 전답·노비 관계 고문서 연구, 「교남사학」 1, 영남대학교 국사학회.

장사훈, 1966, 국악 연표, 「국악논고」, 서울: 서울대학교 출판부.

장 석, 2013, 「「계림유사」에 대한 어학적 연구 −한자어의 음과 의미를 중심으로−」, 석사논문, 성남: 가천대학교 대학원. 〈국회전자도서관 홈페이지 원문 보기〉

장세경, 1970, 이두 연구 −명사·부사−, 「논문집」 4, 서울: 한양대학교.

장세경, 1973, 이두의 토씨 연구, 「논문집」 7, 서울: 한양대학교. 9-32.

장세경, 1978, 이두 표기법에 대한 연구, 「논문집」 12, 서울: 한양대학교. 1-43.

장세경, 1980, 이두의 높임법(경어법) 연구, 「국학논총: 어문연구」 1, 서울: 한양대학교 국학연구원.

장세경, 1985, 이두와 비교될 수 있는 일본의 선명서에 대하여, 「한글」 190, 한글학회. 107-131. 〈국립중앙도서관 협약공공도서관 홈페이지 원문 보기〉

장세경, 1986, 삼국사기와 삼국유사의 동일 인명의 이표기에 대한 연구, 「인문논총」 11, 서울: 한양대학교.

장세경, 1987~1988, 삼국사기 인명중 동일 인명의 이표기에 대한 연구, 「인문논총」 14~15, 서울: 한양대학교.

장세경, 1988, 「일본서기」의 한국 왕명 표깃자 연구, 「애산학보」 6, 애산학회. 39-64.

장세경, 1990, 「고대 차자 복수 인명 표기 연구」, 서울: 국학자료원.

장세경, 1990, 이두 어휘집들의 이두 어휘 대비 연구, 「겨레문화」 4, 서울: 세종대왕기념사업회.

장세경, 1991, 백제 인명 표기자 연구 「일본서기」의 한국 인명표기자와의 관계, 「동방학지」 71·72, 서울: 연세대학교 국학연구원. 563-580.

장세경, 1991, 「양잠경험촬요」와 후기 이두집의 어휘 대비 -「대명률직해」의 어휘도 참작하여-, 「국어의 이해와 인식(갈음 김석득 교수 회갑 기념논문집)」, 서울: 한국문화사. 547-564.

장세경, 1997, 열운의 이두 연구 및 기타 연구, 「새국어생활」 제7권 제3호, 서울: 국립국어연구원. 59-78.

장세경, 2001, 「이두 자료 읽기 사전」, 서울: 한양대학교 출판부.

장세경, 2011, 이두사전 편찬의 회고, 「구결학회 학술대회 발표논문집 제41회」, 구결학회. 55-56. 〈국립중앙도서관 협약공공도서관 홈페이지 원문 보기〉

장세경, 2011, 이두와 비교될 수 있는 일본의 선명서에 대하여, 「구결학회 학술대회 발표논문집 제41회」, 구결학회. 57-81. 〈국립중앙도서관 협약공공도서관 홈페이지 원문 보기〉

장유승, 2014, 조선 후기 물명서의 편찬동기와 분류체계, 「한국고전연구」 30, 한국고전연구학회. 171-206.

장윤희, 1995, 이두에 나타난 국어 활용어미의 체계와 성격 -「이문대사」의 이두를 중심으로-, 「전농어문연구」 7, 서울: 서울시립대학교 문리과대학 국어국문학과. 63-89.

장윤희, 1997, 석독구결 자료의 명령문 고찰, 「구결연구」 2, 구결학회. 97-129.

장윤희, 1998, 석독구결 자료의 감탄법 종결어미, 「구결연구」 4, 구결학회. 57-84.

장윤희, 1999, 「구역인왕경」 구결의 종결어미, 「구결연구」 5, 구결학회. 165-187.

장윤희, 2003, 「대명률직해」의 서지학적 고찰, 「진단학보」 96, 진단학회. 265-288.

장윤희, 2004, 석독구결 및 그 자료의 개관, 「구결연구」 12, 구결학회.

장윤희, 2005, 고대국어 연결어미 '遣'과 그 변화, 「구결연구」 14, 구결학회. 123-146.

장윤희, 2008, 향찰 연구의 회고와 전망, 「구결연구」 21, 구결학회. 203-230.

장윤희, 2011, 석독구결의 속격 '-尸'의 문제 해결을 위하여, 「구결연구」 27, 구결학회. 117-144.

장윤희, 2019, 「합부금광명경」 권3의 한국어사 자료적 가치, 「고인쇄문화」 26, 청주: 청주고인쇄박물관. 39-56.

장이두 주해, 1991, 「주해 직지」, 충청북도 흥덕사지 관리사무소 편집, 청주: 문봉출판사.

장지영, 1955, 옛 노래 읽기, 「한글」 108, 한글학회. 57-66.

장지영·장세경, 1976, 「이두사전」, 서울: 산호. 〈1988(정음사. 중판), 1991 (산호. 국립중앙도서관 협약도서관 원문 보기)〉

전경목, 1993, 삼계강사에 소장되어 있는 동계안과 고문서를 통해서 본 조선 후기 남원부 둔덕방의 몇 가지 모습들, 「전주사학」 2, 전주: 전주대학교 역사문화연구소. 55-96.

전경목, 1994, 고문서 용어 풀이 -조선 후기 소지류에 나타나는 '化民'에 대하여-, 「고문서연구」 6, 한국고문서학회. 143-158.

전경목, 1996, 「조선 후기 산송 연구 -18·19세기 고문서를 중심으로-」, 박사논문, 전주: 전북대학교 대학원.

전경목, 1997, 산송을 통해서 본 조선 후기 사법 제도 운용 실태와 그 특징, 「법사학연구」 18, 한국법사학회. 5-31.

전경목, 1998, 소지류의 뎨김에 나타나는 '告課'에 대하여, 「고문서연구」 11, 고문서학회. 111-141.

전경목, 2001, 「고문서를 통해서 본 우반동과 우반동 김씨의 역사」, 서울: 신아출판사.

전경목, 2003, 분재기를 통해서 본 분재와 봉사 관행의 변천 -부안 김씨 고문서를 중심으로-, 「고문서연구」 22, 한국고문서학회. 249-270.

전경목, 2005ㄱ, 고문서학 연구 방법론과 활성화 방안 -한국학중앙연구원의 역할과 연계하여-, 「한국학」 28-2, 성남: 한국학중앙연구원. 209-239.

전경목, 2005ㄴ, 「속명유취」 해제, 「문헌과 해석」 34, 파주: 태학사. 169-196.

전경목, 2006, 19세기 「유서필지」 편간의 특징과 의의, 「장서각」 15, 성남: 한국학중앙연구원 장서각. 131-170.

전경목, 2006, 고문서의 조사와 정리 방법론, 「영남학」 9, 대구: 경북대학교 영남문화연구원. 39-75.

전경목, 2010, 이두가 포함되어 있는 고문서 번역상의 몇 가지 문제점, 「고전번역연구」 1, 한국고전번역학회. 61-95. 〈국립중앙도서관 디지털도서관 원문 보기〉

전경목, 2010, 조선과 명·청 시기의 토지 매매문서 비교 연구, 「국학연구」 17, 안동: 한국국학진흥원. 189-225.

전경목, 2013, 조선 후기 노비의 속량과 생존 전략, 「남도민속연구」 26,

남도민속학회. 353-382.

전경목, 2014, 「고문서, 조선의 역사를 말하다」, 서울: 휴머니스트.

전경목 외 옮김, 2006, 「유서필지: 고문서 이해의 첫걸음」, 파주: 사계절출판사. 〈부록으로 '이두휘편' 등 수록. 국립중앙도서관 협약도서관 원문 보기〉

전광현, 1983, 「온각서록」과 정읍 지역어, 「국문학논집」 11, 서울: 단국대학교 국어국문학과. 37-48.

전광현, 2000, 「물명류고」의 이본과 국어학적 특징에 대한 관견, 「새국어생활」 10-3, 서울: 국립국어원. 43-62.

전규태, 1976, 「이두 사전」 장지영·장세경 지음 〈서평〉, 「인문과학」 35, 서울: 연세대학교 인문과학연구소. 263-264.

전규태, 1976, 「논주 향가」, 서울: 정음사.

전규태, 1976, 「고어사전, 이두사전」, 서울: 서강출판사. 〈국립중앙도서관 협약도서관 원문 보기〉 〈삼양출판사(1981)〉

전기량, 2023, 구결자 '⺀/亠(여)'에 대한 고찰 -'⺀/亠'를 다시 생각함-, 「구결연구」 50, 구결학회. 123-167.

전남대학교 고문서연구회, 2009, 「미암 유희춘 후손가 연운당 고문서 -고문서로 본 선비들의 생활 세계-」, 광주: 심미안.

전남대학교 도서관 도록 편집위원회 편집, 2011, 「계당 위탁 고문헌 고문서 도록」, 광주: 전남대학교 도서관.

전남대학교 박물관 편, 1983~1999, 「고문서」 1~5, 광주: 전남대학교 박물관. 〈1집과 4집에서 조선 전기 이두 자료를 찾아볼 수 있다.〉

전덕재, 2007, 함안 성산산성 목간의 내용과 중고기 신라의 수취 체계, 「역사와 현실」 65, 한국역사연구회. 223-251.

전덕재, 2008, 함안 성산산성 목간의 연구 현황과 쟁점, 「신라문화」 31, 경주: 동국대학교 신라문화연구소. 1-35.

전덕재, 2009, 포항 중성리 신라비의 내용과 신라 6부에 대한 새로운 이해, 「한국고대사연구」 56, 한국고대사학회. 85-129.

전덕재, 2009, 함안 성산산성 출토 신라 하찰 목간의 형태와 제작지 검토, 「목간과 문자」 3, 한국목간학회. 63-101.

전덕재, 2012, 한국의 고대 목간과 연구 동향, 「목간과 문자」 9, 한국목간학회. 15-32.

전덕재, 2019ㄱ, 신라의 집사성첩과 일본, 「문자와 고대 한국」 1. 기록과 지배, 한국목간학회 편, 서울: 주류성. 135-156.

전덕재, 2019ㄴ, 진흥왕과 순수비, 「문자와 고대 한국」 1. 기록과 지배, 한국목간학회 편, 서울: 주류성. 443-469.

전덕재, 2021, 신라 경덕왕대 지명 개정의 내용과 그 배경, 「백산학보」 120, 백산학회. 199-256.

전라문화연구소 엮음, 2006, 「전북지방 고문서의 연구현황과 과제」, 전주: 신아출판사.

전몽수, 1941, 화곡 명고 -「훈몽자회」의 연구 1절-, 「한글」 87, 한글학회. 513-518.

전병무, 2001, 설촌 고문서 중 분재기 검토, 「학예연구」 2, 서울: 국민대학교 박물관.

전병용, 1991, 구역인왕경(상) 석독구결의 토 'ᅳ(여)'와 'ㆍ(며)'에 대한 고찰, 「도솔어문」 7, 서울: 단국대학교 인문대학 국어국문학과. 30-44.

전북대학교 박물관 고문서연구팀, 2006, 「전북지방 고문서의 연구현왕과 과제」, 전주: 신아출판사.

전북대학교 박물관 편, 1986, 「전라도 무장의 함양 오씨와 그들의 문서 (I)」, 전주: 전북대학교 박물관.

전북대학교 박물관 편, 1988, 「전라도 무장의 함양 오씨와 그들의 문서

(II)」, 전주: 전북대학교 박물관.

전북대학교 박물관 편, 1990, 「조선시대 남원 둔덕방의 전주 이씨와 그들의 문서(I)」, 전주: 전북대학교 박물관.

전북대학교 박물관 편, 1998, 「박물관 도록 -고문서-」, 전주: 전북대학교 박물관. 〈전북대학교 박물관에 16,000여 점의 고문서 소장〉

전북대학교 박물관 편, 2008, 「전라도 무장 함양 오씨 고문서」, 전주: 전북대학교 박물관.

전북향토문화연구회 편, 1993, 「전북 지방의 고문서」 1, 전주: 전북향토문화연구회. 〈별급 문기, 화회 문기, 녹권, 별급 문기 등 조선 전기 이두 자료를 찾아볼 수 있다.〉

전북향토문화연구회 편, 1994, 「전북 지방의 고문서」 2, 전주: 전북향토문화연구회.

전북향토문화연구회 편, 1995, 「전북 지방의 고문서」 3, 전주: 전북향토문화연구회.

전상운, 1966, 이조 초기의 지리학과 지도, 「고문화」 4, 서울: 한국대학박물관협회. 1-16.

전성호, 2015, 14세기 「대명률직해」 초법과 전법 조항 재해석 「전문」 성립을 중심으로, 「태동고전연구」 35, 춘천: 한림대학교 태동고전연구소. 111-146.

전영래, 2005, 연기 비암사 석불비상과 진모씨, 「백제연구」 24, 대전: 충남대 백제연구소.

전용문, 1986, 법인 국사 보승탑 비문의 서상성 -균여전과의 대비를 중심으로-, 「한국언어문학」 24, 한국언어문학회. 127-145.

전용신 편, 1993, 「한국 고지명 사전」, 서울: 고려대학교 민족문화연구소. 〈451쪽〉

전일주, 2020, 「달성의 금석문」 1, 서울: 민속원.

전일주, 2021, 「달성의 금석문」 2, 서울: 민속원.

전재동, 2020, 노수신 편 「동몽수지」의 서지적 분석, 「서지학연구」 82, 한국서지학회. 217-243.

전쟁기념관, 1998, 「발해를 찾아서」, 서울: 전쟁기념관.

전정례, 2000, 한, 일 두 언어의 속격조사와 열거격조사의 변천 연구, 「구결연구」 6, 구결학회. 229-254.

전해종, 1964, 상주문의 격식·내용 및 절차에 대하여, 「이상백 박사 회갑기념논총」, 편집위원회 편, 서울: 을유문화사.

전혜숙, 2000, 두주본 「주역대전」의 구결자에 대하여, 「구결학회 공동연구회 발표논문집」 22, 구결학회. 177-191.

전호태, 2000, 「고구려 고분 벽화 연구」, 서울: 사계절.

전호태, 2007, 고분 벽화, 「한국고대사 연구의 새 동향 −한국고대사학회 20년 1987~2006−」, 한국고대사학회 편, 서울: 서경문화사.

정경주, 1982, 「중용대학장구」 구보의 구결 연구, 「어문학연구」 5, 한국어문교육학회. 203-226.

정 광, 2003, 한반도에서의 한자의 수용과 차자표기의 변천, 「구결연구」 11, 구결학회. 53-86.

정 광, 2006, 이문과 한이문, 「구결연구」 16, 구결학회. 27-69.

정 광·정승혜·양오진, 2002, 「이학지남」, 서울: 태학사.

정경주, 1982, 「중용 대학 장구 강보」의 구결 연구, 「어문학교육」 5, 한국어문교육학회. 203-226.

정구복, 1978, 단양 신라 적성비 내용에 대한 일고, 「사학지」 12, 단국대학교 사학회. 115-131.

정구복, 1987, 무령왕 지석 해석에 대한 일고, 「송준호 교수 정년기념논총」, 간행위원회 편, 서울: 송준호 교수 정년기념논총 간행위원회.

정구복, 1989, 영일 냉수리 신라비의 금석학적 고찰, 「한국고대사연구」

3, 한국고대사학회. 29-53.

정구복, 1991, 김무의 분재기(1429)에 관한 연구, 「고문서연구」 1, 한국고문서학회. 19-73.

정구복, 1992, 고문서 연구의 현황과 문제점, 「한국학」 15-1, 성남: 한국학중앙연구원. 15-35.

정구복, 1996, 조선조의 고신(사령장) 검토, 「고문서연구」 9-1, 한국고문서학회. 53-65.

정구복, 2002, 「고문서와 양반사회」, 서울: 일조각.

정구복, 2003ㄱ, 한국 고문서의 특징 -명칭 문제를 중심으로-, 「고문서연구」 22, 한국고문서학회. 1-23.

정구복, 2003ㄴ, 고문서 용어 풀이: 고신, 「고문서연구」 22, 한국고문서학회. 297-314.

정구복, 2003ㄷ, 밀양 밀성 박씨의 가계와 소장 고문서, 「고문서집성」 76, 한국고문서학회.

정구복, 2005, 무안 박씨 무의공가의 사회경제적 기반과 소장 고문서의 성격, 「고문서집성」 82, 한국고문서학회.

정구복 외, 1999, 「호남지방 고문서 기초 연구」, 성남: 한국정신문화연구원.

정구복 외, 2012, 「일기에 비친 조선 사회」, 성남: 한국학중앙연구원 장서각.

정구복 외 공편, 1997, 「조선 전기 고문서 집성 -15세기편-」, 과천: 국사편찬위원회. 〈조선 전기 이두 자료 수록. 조선 전기 고문서 영인 자료집. 국사편찬위원회 간행 자료 원문 이미지 보기〉

정구복 외 역주, 1977, 「역주 삼국사기」, 성남: 한국정신문화연구원.

정구복·안승준, 1997, 경주 양동의 경주 손씨가와 그들의 고문서, 「고문서집성」 32 -경주 경주 손씨 편-, 성남: 한국정신문화연구원.

정긍식, 2013, 조선본 「율학해이」에 대하여, 「서울대학교 법학」 54-1, 서울대학교 법과대학. 47-74.

정긍식·장지만, 2001, 대명률 해제, 「대명률강해」, 서울대학교 규장각 편, 서울: 서울대학교 규장각. 7-60. 〈규장각 자료 총서 법전편〉

정긍식·장지만, 2003, 조선 전기 「대명률」의 수용과 변용, 「진단학보」 96, 진단학회. 205-242.

정긍식·田中俊光, 2009, 「역주 경국대전주해」, 서울: 한국법제연구원.

정내원, 2018, 현전 점토구결 자료 조사 및 신자료 발굴, 「초조대장경 유가사지론 권66 각필구결」, 서울: 국립한글박물관. 46-59. 〈국립한글박물관 원문 보기〉

정동준, 2009, '좌관대식기' 목간의 제도사적 의미, 「목간과 문자」 4, 한국목간학회. 15-33.

정동준, 2014, '진법자 묘지명'의 검토와 백제 관제, 「한국고대사연구」 74, 한국고대사학회. 175-215.

정동준, 2015ㄱ, 쌍북리 출토 문자 자료, 「한국 고대 문자 자료 연구 백제(상) -지역별-」, 권인한·김경호·윤선태 공동 편집, 서울: 주류성. 295-333.

정동준, 2015ㄴ, 진법자 묘지명, 「한국 고대 문자 자료 연구 백제(하) -주제별-」, 권인한·김경호·윤선태 공동 편집, 서울: 주류성. 473-492.

정동준, 2019, 백제 '좌관대식기'와 이식(利殖), 「문자와 고대 한국」 1. 기록과 지배, 한국목간학회 편, 서울: 주류성. 417-440.

정 면, 1991, 「향약집성방」의 편찬에 대한 소고, 「대한한의학원전학회지」 5, 대한한의학원전학회. 89-97.

정명호·신영훈, 1965, 화엄석경 조사 정리 약보, 「미술사학연구」 62, 한국미술사학회. 115-118.

정문기, 1933, 명태의 이름과 어원, 「한글」 4-5, 조선어학회. 81-83.

정문기, 1974, 「어류박물지」, 서울: 일지사.

정병준, 2007, 당에서 활동한 백제 유민, 충청남도역사문화연구원 편, 「백제 유민들의 활동」, 대전: 충청남도역사문화연구원.

정상기, 2012, 일제강점기 공주 송산리 고분의 조사, 「중앙고고연구」 10, 성남·대전: 중앙문화재연구원.

정상희, 2019, '히부사리리' 명 토기와 가야의 부, 「문자로 본 가야」, 국립김해박물관·한국역사연구회 공동 심포지엄 발표문.

정선화, 2020, 학습 자료로서 쇼소원 소장 유물의 활용 검토, 「신라사학보」 50, 신라사학회. 367-394.

정승혜, 2001ㄱ, 조선시대 한이문 학습서 「이학지남」, 「문헌과 해석」 16, 파주: 태학사.

정승혜, 2001ㄴ, 「이학지남」에 대하여, 「서지학보」 25, 한국서지학회. 79-102.

정승혜, 2007, 낙하생 이학규와 「물명유해」, 「문헌과 해석」 38, 파주: 태학사.

정승혜, 2013ㄱ, 동양문고 소장 「물명괄」의 서지와 다산의 「물명고」 편찬에 관한 일고찰, 「한국어학」 59, 한국어학회. 227-244.

정승혜, 2013ㄴ, 일본 동양문고 소장 「물명괄」, 「문헌과 해석」 62, 파주: 태학사.

정승혜, 2014, 물명류 자료의 종합적 고찰, 「국어사연구」 18, 국어사학회. 79-116.

정승혜, 2016, 물명류의 특징과 자료적 가치, 「국어사연구」 22, 국어사학회. 81-135.

정승혜, 2017, 소창문고 「공사항용록」에 합철된 '이문잡례'에 대하여, 「구결연구」 39, 구결학회. 275-302.

정승혜, 2019, 고대의 역인, 「문자와 고대 한국」 2. 교류와 생활, 한국목간학회 편, 서울: 주류성. 197-212.

정승혜, 2019, 와세다 대학 소장 「이학지남」에 대하여, 「문헌과 해석」 85-1, 파주: 태학사. 200-214.

정양완·홍윤표·심경호, 김건곤 공편, 1997, 「조선후기 한자 어휘 검색 사전 -물명고·광재물보-」, 성남: 한국정신문화연구원. 〈국립중앙도서관 협약도서관 홈페이지 원문 보기〉

정연정·윤향림, 2017, 「과정일록」의 분류 체계 및 어휘 고찰, 「어문론총」 74, 한국문학언어학회. 154-185.

정연정·윤향림, 2018, 「사류박해」의 분류 체계 및 어휘 고찰, 「어문론총」 78, 한국문학언어학회. 11-44.

정연정·윤향림, 2022, 「과정일록」의 식생활 어휘 고찰 -'식찬' 부류를 중심으로-, 「어문론총」 92, 한국문학언어학회. 79-115.

정연찬, 1972, 향가 해독 일반, 향가의 어문학적 연구, 「인문연구논문집」 4, 서울: 서강대학교 인문과학연구소.

정연찬, 1981, 남풍현 저 「차자표기법 연구」, 「정신문화」 11, 성남: 한국정신문화연구원. 191-200.

정열모, 1947, 새로 읽은 향가, 「한글」 99, 조선어학회. 394-404.

정열모, 1954, 「신라 향가 주해」, 평양: 국립출판소. 〈1999년 한국문화사 영인. 국립중앙도서관 협약도서관 홈페이지 원문 보기〉

정열모, 1965, 「향가 연구」, 평양: 사회과학원출판사. 〈국립중앙도서관 협약도서관 홈페이지 한국문화사(1999) 원문 보기〉

정영주, 1991, 향가 가림자리토씨 연구 -경상 방언에 의한-, 「건국어문학」 15·16, 서울: 건국대학교 국어국문학연구회.

정영주, 1992, 향가 자리토씨 연구, 김승곤 엮음, 「한국어의 토씨와 씨끝」, 서울: 서광학술자료사.

정영주, 1993, 「향가 토씨 연구」, 광명: 홍문각. 〈국립중앙도서관 협약도서

관 홈페이지 원문 보기〉

정영호, 1969, 영천 청제비의 발견, 「고고미술」 102, 한국미술사학회. 1-4.

정영호, 1979, 중원고구려비의 발견 조사와 연구 전망, 「사학지」 13, 단국
대학교 사학회. 1-19.

정영호, 1997, 삼화사 철불과 삼층 석탑의 불교미술사적 조명, 「한국문화
유산의 위상 제고 -삼화사 철불과 삼층 석탑을 중심으로-」, 동해:
동해문화원.

정영호, 2004, 「백제의 불상」, 서울: 주류성.

정영호, 2011, 백제와 중국 남조의 금동 일광삼존상에 관한 시론 -백제
갑오명 금동 일광삼존불상의 신출을 계기로-, 「문화사학」 35, 한
국문화사학회. 7-33.

정왕근, 2012, 「조선시대 「묘법연화경」의 판본 연구」, 박사논문, 서울:
중앙대학교 대학원.

정우상, 1989, 한중 속자의 비교, 「국어생활」 7, 서울: 국어연구소. 51-57.

정우영, 2007, 경기체가 '관동별곡'의 국어사적 검토, 「구결연구」 18, 구결
학회. 251-288.

정은주, 2009, 실학파 지식인의 물명에 대한 관심과 「물명유해」, 「한국실
학연구」 17, 한국실학학회. 175-208.

정은진, 2006, 근대적 일상의 탐구와 기록 정신: 이가환의 「전헌쇄록」 해
제, 「민족문학사연구」 31, 민족문학사학회. 463-475.

정은진, 2014, 정헌 이가환의 물명에 관한 관심과 그 실천 -「정헌쇄록」과
'잡설'을 중심으로-, 「한자한문교육」 33, 한국한자한문교육학회.
227-269.

정인보, 1955, 광개토경평안호태왕릉비문 석략, 「용제 백낙준 박사 환갑기
념논문집」, 간행회 편, 서울: 사상계사. 671-678.

정인숙, 2017, 규방문화권 전승 가사 '오륜가'의 특징과 그 의미, 「대동문화

연구」 97, 서울: 성균관대학교 대동문화연구원. 167-194.

정인승, 1957, 이두 기원의 재고찰, 「일석 이희승 선생 송수기념논총」, 서울: 일조각. 643-652.

정재남, 2007, 「중국의 소수민족 연구: 소수민족으로 분석하는 중국」, 파주: 한국학술정보.

정재영, 1995ㄱ, 전기 중세 국어의 의문법, 「국어학」 25, 국어학회. 221-265.

정재영, 1995ㄴ, 'ㅅ'형 부사와 'ㄷ'형 부사, 「(소곡 남풍현 선생 회갑기념논총) 국어사와 차자표기」, 간행위원회 편, 서울: 태학사. 285-316.

정재영, 1996ㄱ, 순독구결 자료 「범망경보살계」에 대하여, 「구결연구」 1, 구결학회. 127-234.

정재영, 1996ㄴ, 기림사본 「능엄경」 해제, 「구결자료집」 2(조선초기 「능엄경」), 성남: 한국정신문화연구원.

정재영, 1996ㄷ, 종결어미 '-ㅛ'에 대하여, 「진단학보」 81, 진단학회. 195-214.

정재영, 1996ㄹ, 「의존명사 'ᄃ'의 문법화」, 서울: 태학사.

정재영, 1997, 차자표기 연구의 흐름과 방향, 「새국어생활」 7-4, 서울: 국립국어연구원. 31-59.

정재영, 1998ㄱ, 「합부금광명경」(권3) 석독구결의 표기법과 한글 전사, 「구결연구」 3, 구결학회. 113-193.

정재영, 1998ㄴ, 대한제국 시기 서양인의 이두 연구, 「한국문화」 22, 서울: 서울대학교 규장각 한국학연구원. 51-84. 〈국립중앙도서관 협약 공공도서관 홈페이지 원문 보기〉

정재영, 2000, 신라 화엄경 사경 조성기 연구, 「문헌과 해석」 12, 서울: 문헌과해석사. 196-214.

정재영, 2001, 성암고서박물관 소장 진본 「화엄경」 권20에 대하여, 「구결연구」 7, 구결학회. 33-56.

정재영, 2003, 백제의 문자 생활, 「구결연구」 11, 구결학회. 87-124.

정재영, 2004, 「계림유사」의 고려 방언에 나타난 문법 형태에 대한 연구, 「구결연구」 12, 구결학회. 99-132.

정재영, 2006, 한국의 구결, 「구결연구」 17, 구결학회. 125-185.

정재영, 2007, 청주고인쇄박물관 소장 원홍사본 「금경경」에 대한 연구, 「구결연구」 19, 구결학회. 227-257.

정재영, 2008ㄱ, 월성 해자 149호 목간에 나타나는 이두에 대하여, 「목간과 문자」 1, 한국목간학회. 93-110.

정재영, 2008ㄴ, 한국 고대 문서 목간의 국어사적 의의, 「조선학보」 209, 조선학회. 1-18.

정재영, 2009, 「화엄문의요결문답」에 대한 문헌학적 연구, 「구결연구」 23, 구결학회. 31-65.

정재영, 2014, 신라 사경에 대한 연구, 「구결연구」 33, 구결학회. 97-131.

정재영·남성우, 1998, 구역인왕경 석독구결의 표기법과 한글 전사, 「구결연구」 3, 구결학회. 195-251.

정재영 외, 2003, 「한국 각필 부호구결 자료와 일본 훈점 자료 연구 화엄경 자료를 중심으로」, 서울: 태학사.

정재영·최강선, 2019, 무술오작비 3D 스캔 판독, 「구결학회 월례연구발표회자료집」, 구결학회 편, 구결학회.

정재훈, 1987, 공주 송산리 제6호분에 대하여, 「문화재」 20, 서울: 문화재관리국.

정재훈, 2003, 규장각 소장 왕실 자료의 정리 현황, 「규장각」 26, 서울: 서울대학교 규장각 한국학연구원. 1-21.

정재훈, 2022, 김안국(1478~1543)의 학문과 사상, 「대구사학」 149, 대구사학회. 43-70.

정주호, 1992, 「「임진장초」를 중심으로 한 전후기 이두 어휘 대비 연구」, 석사논문, 서울: 한양대학교 대학원.

정진원, 2006, 「유가사지론」 점토석독구결 해독 연구(14), 「구결연구」 16, 구결학회. 359-382.

정진원, 2008 월명사의 '도솔가' 해독에 대하여, 「구결연구」 20, 구결학회. 231-258.

정진원, 2012, 익산 미륵사지 서탑 '금제사리봉안기' 해독과 쟁점들, 「동악어문학」 58, 동악어문학회. 243-279.

정창일, 1981, 향가 표기의 어미 연구, 「한국언어문학」 20, 한국언어문학회. 53-74.

정창일, 1982ㄱ, '삼구육명'에 대하여(1), 「국어국문학」 88, 국어국문학회. 227-257.

정창일, 1982ㄴ, 삼구육명에 대하여(2), 「한국언어문학」 21, 한국언어문학회. 129-146.

정창일, 1983, '육명'적 조명을 위한 향가의 어휘 고찰, 「국어국문학」 90, 국어국문학회. 77-99.

정창일, 1987ㄱ, 향가 신연구(1) −삼구·육명의 법식에 의한−, 「어문연구」 15권 3~4호 통합본, 한국어문교육연구회. 429-443.

정창일, 1987ㄴ, 「삼구·육명의 법식에 의한 향가 신연구」, 광주: 세종출판사. 〈국립중앙도서관 협약도서관 원문 보기〉

정창일, 1987ㄷ, 「향가 신연구」, 광명: 홍문각. 〈국립중앙도서관 협약도서관 원문 보기〉

정창일, 1988ㄱ, 향가 차자법 체계 연구, 「어문연구」 16권 3~4호 통합본, 한국어문교육연구회. 401-436.

정창일, 1988ㄴ, 향가의 재평가를 제언한다, 「국어국문학」 100, 국어국문

학회. 83-102.

정창일, 1989, 균여전에 나오는 '삼구·육명'과 향가 해독, 「새국어교육」 45-1, 한국국어교육학회. 189-196.

정창일, 1990, 계통으로 본 향찰의 표기 체계, 「새국어교육」 46-1, 한국국어교육학회. 207-242.

정창일, 1990, 새로운 향가 해독법 원리, 「한국언어문학」 28, 한국언어문학회. 551-573.

정창일, 1991, 향가 표기의 음역종자자의 현황, 「한국언어문학」 29, 한국언어문학회. 487-528.

정 철, 1982, 차자표기의 사적 고찰, 「긍포 조규설 교수 화갑기념논총」, 간행위원회 편, 서울: 형설출판사.

정철주, 1987ㄱ, 신라 금석문에 나타난 이두 표기자의 연구, 「우정 박은용 박사 회갑기념논총(한국어학과 알타이어학)」, 대구: 효성여자대학교 출판부.

정철주, 1987ㄴ, 고려 금석문의 이두 표기자 연구 -용언류를 중심으로-, 「언어연구」 5, 대구언어학회. 159-187.

정철주, 1988ㄱ, 고려 금석문에 나타난 이두 표기 연구 -체언류를 중심으로-, 「어문학」 49, 한국어문학회, 203-217. 〈국립중앙도서관 협약 공공도서관 홈페이지 원문 보기〉

정철주, 1988ㄴ, 이두 표기의 단계적 발달, 「계명어문학」 4, 계명대학교 계명어문학회.

정철주, 1989, 「신라시대 이두의 연구 -조사와 어미를 중심으로-」, 박사논문, 대구: 계명대학교 대학원. 〈국립중앙도서관 협약도서관 홈페이지 원문 보기〉

정철주, 1993, 곡명의 표기와 음운 -「금양잡록」과 「산림경제」의 차자 표기와 정음 표기를 중심으로-, 「한국학논집」 20, 대구: 계명대학교 한국학연구원. 115-148.

정철주, 2011, 「고대 국어의 이두 연구」, 대구: 영한.

정하영, 1985, 균여의 문학효용론, 「국어문학」 25, 국어문학회. 217-231.

정해준·윤지희, 2011, 「부여 쌍북리 280-5 유적」, 부여: 백제문화연구원.

정향교, 1993, 한송정 다구 고, 「제2회 영동문화창달을 위한 학술대회: 강릉 명주 지역의 문화」, 강릉: 강릉대학교 인문과학연구소·강릉 향토사료관.

정현숙, 2016, 「신라의 서예」, 서울: 다운샘.

정현숙, 2017, 함안 성산산성 목간의 서체, 국립가야문화재연구소 편, 「한국의 고대 목간」 II, 창원: 국립가야문화재연구소.

정현숙, 2018ㄱ, 고대 동아시아 서예 자료와 월성 해자 목간, 「목간과 문자」 20, 한국목간학회. 303-332.

정현숙, 2018ㄴ, 「삼국시대의 서예」, 서울: 일조각.

정현숙, 2019ㄱ, 신라 사천왕사지 출토 비편의 새로운 이해 -다섯 비편은 '신문왕릉비'다-, 「목간과 문자」 22, 한국목간학회. 197-219.

정현숙, 2019ㄴ, 한국 고대 서예의 수용과 변용, 「문자와 고대 한국」 1. 기록과 지배, 한국목간학회 편, 서울: 주류성. 285-327.

정현숙, 2022, 「통일신라의 서예」, 서울: 다운샘.

정호섭, 2017, 「고구려 비문의 비밀」, 서울: 살림.

정호완, 1985, 이두어 '붙'의 형태론적 위계, 「우리말글」 3, 우리말글학회. 21-50.

조강봉, 2000, 필암서원지 노비보의 인명 연구, 「구결연구」 6, 구결학회. 255-279.

조경철, 2004ㄱ, 백제 사택지적비에 나타난 불교 신앙, 「역사와 현실」 52, 한국역사연구회. 149-177.

조경철, 2004ㄴ, 백제 유민의 숨결, 계유명 아미타불삼존불비상, 「고대로부터의 통신」, 서울: 푸른역사.

조경철, 2010, 백제 칠지도의 제작 연대 재론,「백제문화」 42, 공주: 공주대학교 백제문화연구소. 5-27.

조경철, 2011, 백제 사택지적비의 연구사와 사상 경향,「백제문화」 45, 공주: 공주대학교 백제문화연구소. 129-149.

조규익, 1990,「선초 악장 문학 연구」, 서울: 숭실대학교 출판부.

조규태, 1980, 조선시대 여자 이름의 어학적 고찰,「여성문제연구」 9, 대구: 효성여자대학 여성문제연구소. 283-296.

조남곤, 2021, '수선사주급노선전소식'에 대한 고찰,「고문서연구」 59, 한국고문서학회. 1-33.

조동원, 1979~1985,「한국금석문대계」 1~4, 익산: 원광대학교 출판부.

조동원, 1995, 고구려 금석문의 소재와 연구 현황,「탁촌 신연철 교수 정년퇴임기념 사학 논총」, 서울: 일월서각.

조동원, 1998,「한국 금석문 논저 총람」, 서울: 성균관대학교 출판부.

조미영, 2013, '화엄석경'의 서사 체계 연구,「목간과 문자」 10, 한국목간학회. 291-334.

조미영, 2014,「신라 '법화석경' 연구」, 박사논문, 익산: 원광대학교 대학원.

조미영, 2017ㄱ, '화엄석경' 조성 시기 신고찰,「목간과 문자」 18, 한국목간학회. 83-103.

조미영, 2017ㄴ, '화엄석경'의 저본 문제에 관한 고찰,「서지학연구」 69, 한국서지학회. 345-362.

조미영, 2019, 신라의 석경,「문자와 고대 한국 2. 교류와 생활」, 한국목간학회 편, 서울: 주류성. 417-451.

조병순, 2002, 서지학적 측면에서 본 원전의 중요성,「구결연구」 8, 구결학회. 5-13.

조병순 편, 1984, 「증수 보주 삼국사기」, 서울: 성암고서박물관.

조선고적연구회, 1934, 「낙랑 유적」, 경성: 조선고적연구회.

조선사편수회, 1932, 「조선사」 제4편 제1권 〈'태조 사급 방우 토지 문서
    (1932)' 영인〉

조선사편수회, 1935, 「조선사」 제4편 제3권 〈「신증 응골방(新增鷹鶻方)」
    국사편찬위원회 소장본 소개〉

조선총독부 편, 1911, 「조선사찰사료(朝鮮寺刹史料)」, 경성: 조선총독부
    내무부 지방국. 〈2책. 일본어본〉

조선총독부 편, 1919, 「조선금석총람(朝鮮金石總覽)」 상·하, 경성: 일한인
    쇄소 인쇄(日韓印刷所印刷). 〈2책. 이두 자료. 국회도서관 홈페이지
    원문 이미지 보기. 東京 國書刊行會(1971) 재간. 경인문화사(1974/
    1976) 영인〉〈1923〉

조선총독부 조선사료편수회 편, 1935, 「조선사료집진(朝鮮史料集眞)」 상
    (제1-3집 及 해설), 경성: 조선총독부. 〈국립중앙도서관 고문헌실
    예약 3일 이후 이용 가능〉

조선총독부 중추원 편, 1915~1935, 「조선고적도보」 1~15, 경성: 조선총
    독부. 〈태서문화사(1962), 경인문화사(1980) 영인〉

조선총독부 중추원 조사과 편, 1937, 「이두집성(吏讀集成)」, 경성: 조선총
    독부 중추원(朝鮮總督府中樞院). 〈231+78쪽〉〈국립중앙도서관 홈
    페이지 원문 보기. 학문각(1972), 아세아문화사(1975), 민속원
    (1989, 1992). 국학자료원(1993, 2001) 영인〉

조선총독부 중추원 편, 1936, 「교정 대명률직해」 〈경인문화사(2000) 영
    인〉

조선총독부 중추원 편, 1938, 「교정 경상도지리지 경상도 속찬 지리지」,
    경성: 조선총독부.

조성오, 1983, 「「향약채취월령」의 차자표기 체계 연구」, 석사논문, 사울:

단국대학교 대학원.

조수현, 2017, 「한국 서예문화사」, 서울: 다운샘.

조아람, 2019, 「과정일록」의 어휘 분류체계 및 '신체' 어휘의 의미 관계, 「반교어문연구」 51, 반교언문학회. 81-109.

조영제, 1983, 신라 상고 이벌찬·이찬에 대한 일고찰, 「역사와 경계」 7, 부산경남사학회. 1-27.

조영준, 2021, 유희의 「물명고」에 수록된 어휘의 분류와 집계, 「진단학보」 137, 진단학회. 103-128.

조영준, 2021, 유희의 「물명고」에 기재된 척도의 기재 유형과 실체, 「조선 후기 물명 3서에 대한 기본적 고찰(조선 후기 물명 집성과 DB 구축 연구 사업 학술대회 자료집)」, 성남: 한국학중앙연구원 어문 생활사연구소.

조영훈·권다경·고광의, 2020, 충주 고구려비 판독을 위한 3차원 스캐닝 기술의 적용 및 고찰, 「한국고대사연구」 98, 한국고대사학회. 9-45.

조영훈·권다경·안재홍·고광의, 2021, 충주 고구려비 디지털 판독의 성과 와 고찰, 「문화재」 54-2, 국립문화재연구소. 240-253.

조윤재, 2008, 공주 송산리 6호분 명문전 판독에 대한 관견, 「호서고고학」 19, 호서고고학회. 58-73.

조은주, 2001, 고려시대 석독구결 자료에 나타난 부정법 연구, 「구결연구」 7, 구결학회. 135-165.

조은주, 2005, 「유가사지론」 점토석독구결 해독 연구(8), 「구결연구」 15, 구결학회. 259-267.

조재윤, 1978, 「「물명유고」의 연구 -표기와 음운을 중심으로-」, 석사논 문, 서울: 고려대학교 대학원.

조정곤, 2020, 「고문서: 조선시대 고문서의 유형과 양식」, 과천: 국사편찬위원회.

조정아, 2018, 은진 송씨 송준길가 언간의 물명 연구, 「영주어문학회지」 38, 영주어문학회. 31-70.

조정아, 2021, 「본초강목」과 「재물보」의 분류체계와 어휘 항목 비교, 「한국민족문화」 80, 부산: 부산대학교 한국민족문화연구소. 3-41.

조종업, 1975, 백제 시대 한문학의 경향에 대하여 -특히 그 변려체를 중심으로-, 「백제연구」 6, 대전: 충남대학교 백제연구소. 9-25.

조지만, 1999, 조선 초기 「대명률」의 수용 과정, 「법사학연구」 20, 한국법사학회. 1-30.

조지만, 2007, 「조선시대의 형사법 -대명률과 국전-」, 서울: 경인문화사.

조항범, 1994, 부여 지방의 지명, 「새국어생활」 4-1, 서울: 국립국어연구원.

조항범, 2014, 「국어 어원론(개정판)」, 청주: 충북대학교출판부.

조항범 편, 1994, 「국어 어원 연구 총설」 I(1910~1930년대), 서울: 태학사.

조혜숙, 2006, 백제 목간 기록 '宿世結業…'에 대하여, 「관악어문연구」 31, 서울: 서울대학교 국어국문학과. 157-176.

조효숙, 2003, 여흥 민씨 묘 출토 직물관 17세기 「의궤」 직물 명칭의 비교 연구, 「한복문화연구」 6-3, 한복문화학회. 87-99.

주경미, 2004, 한국 불사리장엄에 있어서 「무구정광대다라니경」의 의의, 「불교미술사학」 2, 불교미술사학회. 164-196.

주경미, 2019, 「무구정광대다라니경」의 유행, 「문자와 고대 한국」 2. 교류와 생활, 한국목간학회 편, 서울: 주류성.

주보돈, 1985, 안압지 출토 비편에 대한 일고찰, 「대구사학」 27, 대구사학회. 1-23.

주보돈, 1989, 울진 봉평 신라비와 법흥왕대 율령, 「한국고대사연구」 2, 한국고대사학회. 115-137.

주보돈, 1991, 이성산성 출토의 목간과 도사(道使), 「복현사림」 14, 경북사
학회. 1-21.

주보돈, 1992, 영천 청제비, 한국고대사회연구소 편, 「역주 한국 고대 금석
문」 II, 서울: 가락국사적개발연구원.

주보돈, 1996, 울주 천전리 서석 명문에 대한 일 검토, 「석오 윤용진 교수
정년퇴임기념논총」, 간행위원회 편, 대구: 석오 윤용진 교수 정년
퇴임기념논총 간행위원회.

주보돈, 2000, 함안 성산산성 출토 목간의 기초적 검토, 「한국고대사연구」
19. 한국고대사학회. 41-75.

주보돈, 2001, 신라에서의 한문자 정착 과정과 불교 수용, 「영남학」 1,
대구: 경북대학교 영남문화연구원. 191-224.

주보돈, 2002ㄱ, 「금석문과 신라사」, 서울: 지식산업사.

주보돈, 2002ㄴ, 6세기 신라 금석문과 그 특징, 경주시 신라문화선양회·동
국대학교 신라문화연구소 편, 2002, 「신라 금석문의 현황과 과제
(신라문화제학술논문집 제23집)」, 경주: 경주시 신라문화선양회·
동국대학교 신라문화연구소.

주보돈, 2008, 한국의 목간 연구의 현황과 전망, 「목간과 문자」 창간호,
한국목간학회. 31-47.

주보돈, 2009ㄱ, 직명, 관등, 지명, 인명을 통해 본 6세기 신라의 한문자
정착, 「한국 고대사 연구의 현단계(석문 이기동 교수 정년기념논
총)」, 서울: 주류성.

주보돈, 2009ㄴ, 한국의 목간 연구 30년, 그 성과와 전망, 「고대의 목간
그리고 산성」, 국립가야문화재연구소·국립부여박물관 편, 창원:
국립가야문화재연구소.

주보돈, 2010ㄱ, 포항 중성리 신라비에 대한 연구 전망, 「한국고대사연구」
59, 한국고대사학회. 5-36.

주보돈, 2010ㄴ, 남산신성비문의 구조와 그 의미, 「경주 남산신성」, 경주: 경주시.

주보돈, 2011ㄱ, 「금석문 자료와 한국 고대사」, 서울: 일조각.

주보돈, 2011ㄴ, 백제 칠지도의 의미, 「한국고대사연구」 62, 한국고대사학회. 253-294.

주보돈, 2012, 통일신라의 (능)묘비에 대한 몇 가지 논의, 「목간과 문자」 9, 한국목간학회. 33-67.

주보돈, 2012, 포항 중성리 신라비의 구조와 내용, 「한국고대사연구」 66, 한국고대사학회. 117-158.

주보돈, 2018, 「한국 고대사의 기본 사료」, 서울: 주류성.

주보돈, 2019, 프롤로그: 나의 역사 연구와 문자 문화, 「문자와 고대 문화」, 한국목간학회 편, 서울: 주류성. 11-37.

주보돈 외, 2018, 「함안 성산산성 출토 목간의 국제적 위상 −한국목간학회 제12회 국제학술회의−」, 창원: 국립가야문화재연구소. 〈국중 홈페이지 원문 보기〉

주영하, 2013, 조선왕조 궁중음식 관련 고문헌 자료 소개, 「장서각」 30, 성남: 한국학중앙연구원 장서각. 422-428.

주영하, 2016, 1882년 왕세자 척의 혼례 관련 왕실음식발기 연구, 「고문서연구」 48, 한국고문서학회. 337-371.

주영하, 2019, 장서각 소장 '왕실음식발기' 개요, 「장서각 소장 고문서대관」 9, 성남: 한국학중앙연구원 장서각. 435-461.

주영하, 2022, 「재물보」 '식음'에 나타난 음식 물명의 사실성에 관한 연구, 「역사민속학」 62, 한국역사민속학회. 159-192.

지리산권문화연구단, 2016, 「지리산권의 금석문」, 서울: 선인.

지병목·박종익, 2009, 「포항 중성리 신라비」, 경주: 문화재청 국립경주문화재연구소.

지석영, 1909, 「자전석요(字典釋要)」, 황성: 회동서관.

지정민, 1996, 조선 전기 서민 문자교육에 관한 연구 -모재 김안국의 교화서 언해 사업을 중심으로-, 「교육사학연구」 7, 교육사학회. 97-117.

지헌영, 1947, 「향가 여요 신석」, 서울: 정음사.

지헌영, 1962, 거서간·차차웅·이사금에 대하여, 「어문학」 8, 한국어문학회. 1-18.

지헌영, 1972, '豆良尹城'에 대하여, 「백제연구」 3, 대전: 충남대학교 백제연구소. 11-46.

지헌영, 1991, 「향가 여요의 제문제」, 서울: 태학사. 〈국립중앙도서관 협약 도서관 원문 보기〉

진나영, 2008, 「조선시대에 간행된 공신녹권에 관한 서지적 연구」, 석사논문, 서울: 중앙대학교 대학원.

진나영, 2014, 「조선 전기 공신녹권의 서지학적 연구」, 박사논문, 서울: 중앙대학교 대학원.

진력위(陳力衛), 2002, 일본 신한자어의 형성에 미친 한문 훈독의 영향, 「구결연구」 8, 구결학회. 237-247.

진윤정, 2016ㄱ, 「「대명률직해」에 사용된 조선 한자어 연구」, 석사논문 서울: 고려대학교 대학원.

진윤정, 2016ㄴ, 「대명률직해」의 한자어 번역 유형, 「구결연구」 37, 구결학회. 101-132.

진태하, 1975ㄱ, 「계림유사」 연구 제요, 「명지어문학」 7, 서울: 명지대학교 인문대학 국어국문학과. 29-32.

진태하, 1975ㄴ, 「계림유사 연구」, 서울: 광문사. 〈명문당(2019)〉

진태하, 1975ㄷ, 「계림유사」의 편찬 연대고, 「새국어교육」 21, 한국국어교육학회. 96-105.

진태하, 1981, 「계림유사」와 고려어 연구, 「자유」 102, 서울: 자유사. 169-174.

진태하, 1982, 「계림유사」의 오사, 오석, 미해독 어휘고, 「동방학지」 34, 서울: 연세대학교 국학연구원. 43-96.

진태하, 2003, 「계림유사」 역어부 정해를 위한 연구, 「새국어교육」 66, 한국국어교육학회. 251-276.

진태하, 2015, 「계림유사」로 살펴본 고려조의 언어와 생활상, 「한글+한자문화」 190, 전국한자교육추진총연합회. 10-16.

진홍섭, 1960, 신발견 남산신성비 소고, 「역사학보」 13, 역사학회. 139-145.

진홍섭, 1962, 계유명 삼존천불비상에 대하여, 「역사학보」 17·18, 역사학회. 83-109.

진홍섭, 1976, 남산신성비의 종합적 고찰, 「삼국시대의 미술 문화」, 서울: 동화출판공사.

차순철, 2009, 경주 지역 명문 자료에 대한 소고, 「목간과 문자」 3, 한국목간학회. 167-185.

차현실, 1980, 향가의 '호(乎), 오(烏), 옥(屋)'의 통사적 기능과 의미, 「이화어문논집」 3, 이화어문학회. 183-196. 〈earticle 원문 보기〉

차형석, 2006, 「각필 악보 연구 -성암고서박물관 소장 「묘법연화경」 권8 중심으로-」, 석사논문, 서울: 동국대학교 대학원.

채 완, 1996, 불교 용어의 일상어화에 대한 고찰, 「이기문 교수 정년퇴임기념논총」, 심재기 외 공편, 서울: 신구문화사. 754-773.

천득염, 2000, 「백제 석탑 연구」, 광주: 전남대학교 출판부.

천소영, 1981, 고대국어의 연구 현황, 「어문론집」 22, 서울: 고려대학교 국어국문학과. 223-236.

천소영, 1984, 음식물명어고(I) -그 어원적 고찰을 중심으로-, 「논문집」

2, 수원: 수원대학교. 117-138.

천소영, 1985, 향가의 '旽'자 표기에 대하여, 「어문논집」 24·25, 서울: 고려대학교 국어국문학연구회. 475-498.

천소영, 1987, 「고대 고유명사 차용표기 연구」, 박사논문, 서울: 고려대학교 대학원.

천소영, 1990ㄱ, 「고대 국어의 어휘 연구」, 서울: 고려대학교 민족문화연구소.

천소영, 1990ㄴ, 고대 관직명고, 「기전어문학」 3, 수원: 수원대학교 국어국문학회. 77-93.

천소영, 1991, 차자표기 연구사, 「기전어문학」 6, 수원: 수원대학교 국어국문학회. 21-60.

천소영, 1992, 차자표기, 「국어학 연구 백년사」 2, 서울: 일조각.

천소영, 1996, 지명에 쓰인 '느르'계 어사에 대하여, 「구결연구」 1, 구결학회. 267-286.

천혜봉, 1965, 조선 전기 불서 판본에 대하여, 「국회도서관보」 2-1, 서울: 국회도서관. 57-66.

천혜봉, 1970, 내각문고의 한국 고활자본에 대하여, 「서지학」 3, 한국서지학회. 39-81.

천혜봉, 1972ㄱ, 조선 정종 하사의 조온 정사 공신녹권, 「국학자료」 창간호, 서울: 문화재관리국 장서각.

천혜봉, 1972ㄴ, 조선 태조 친필 사급의 숙신 옹주 가대문서, 「국학자료」 2, 서울: 문화재관리국 장서각.

천혜봉, 1973, 귀중 도서 해제: 주역·시·서천견록, 「국학자료」 10, 문화재관리국 장서각.

천혜봉, 1976, 초조대장경의 현존본과 그 특성, 「대동문화연구」 11, 서울: 성균관대학교 동아시아학술원. 167-221.

천혜봉, 1982ㄱ, 「나려 인쇄술의 연구」, 서울: 경인문화사. 〈국립중앙도서
　　관 협약도서관 원문 보기〉

천혜봉, 1982ㄴ, 새로 발견된 고판본 「삼국사기」에 대하여 -서지학적 측
　　면에서 그 고증을 중심으로-, 「대동문화연구」 15, 서울: 성균관대
　　학교 동아시아학술원. 125-182.

천혜봉, 1984, 김천리 개국원종공신녹권의 서지적 고찰, 「한국비블리아」
　　6, 한국비블리아학회. 111-131.

천혜봉, 1986, 흥덕사 주자인시의 「직지심체요절」, 「문화재」 19, 서울:
　　국립문화재연구원. 1-9.

천혜봉, 1988, 의안백 이화 개국공신녹권에 관한 연구, 「서지학연구」 3,
　　한국서지학회. 25-67.

천혜봉, 1990, 「한국 전적 인쇄사」, 서울: 범우사.

천혜봉, 1991ㄱ, 「한국 서지학 연구」, 고산 천혜봉 교수 정년기념선집간행
　　위원회, 서울: 삼성출판사. 〈국립중앙도서관 협약도서관 원문 보
　　기〉

천혜봉, 1991ㄴ, 「한국 서지학」, 서울: 민음사. 〈국립중앙도서관 협약도서
　　관 원문 보기〉

천혜봉, 1991ㄷ, 조선 전기 불서 판본, 「서지학보」 5, 한국서지학회. 3-43.

천혜봉, 1993ㄱ, 「한국 금속활자본」, 서울: 범우사. 〈국립중앙도서관 협약
　　도서관 원문 보기〉

천혜봉, 1993ㄴ, 「한국 목활자본」, 서울: 범우사. 〈국립중앙도서관 협약도
　　서관 원문 보기〉

천혜봉, 1993ㄷ, 「고인쇄」, 서울: 대원사. 〈국립중앙도서관 협약도서관
　　원문 보기〉

천혜봉, 1995, 「한국전적인쇄사」, 서울: 일조각.

천혜봉, 2000, 「백운화상초록 불조직지심체요절 해설서」, 청주: 청주고인

쇄박물관.

천혜봉, 2002,「삼국유사」판각의 시기와 장소,「「삼국유사」의 찬술과 판 각」, 군위: 인각사 일연학연구원.

천혜봉, 2003,「일본 봉좌문고 한국 전적」, 서울: 지식산업사.〈국립중앙도 서관 협약도서관 원문 보기〉

천혜봉, 2006,「한국서지학」, 서울: 민음사.

천혜봉, 2009, 불국사 석가탑 중수형지기의 보전 교주와 독해 논란 문제의 검토,「구결연구」22, 구결학회. 5-121.

천혜봉, 2011,「한국 금속활자 인쇄사」, 서울: 범우사.

천혜봉, 2013,「신라 간행의「무구정광대다라니경」과 고려 중수 문서의 연구」, 서울: 범우사.

천혜봉 외 편저, 1992,「국보」12, 서울: 웅진출판.〈국립중앙도서관 협약 도서관 홈페이지 원문 보기〉

청양문화원, 2011,「청양의 금석문」, 서울: 민속원.

청주고인쇄박물관 편, 1993~,「고인쇄 문화」1~, 청주: 청주고인쇄박물 관.〈연간물〉

청주고인쇄박물관 편, 2000,「김병구 소장 유물 특별전」, 청주: 청주고인 쇄박물관.

청주고인쇄박물관 편, 2002,「한국 고활자 학술회의」, 청주: 청주고인쇄박 물관

최경선, 2015ㄱ, 난원경 묘지명,「한국 고대 문자 자료 연구 백제(하) −주제 별−」, 권인한·김경호·윤선태 공동 편집, 서울: 주류성. 493-534.

최경선, 2015ㄴ, 청양 왕진리 요지 출토 인각와,「한국 고대 문자 자료 연구 백제(하) −주제별−」, 권인한·김경호·윤선태 공동 편집, 서 울: 주류성. 169-183.

최경봉, 2005,「물명고(物名考)」의 온톨로지와 어휘론적 의의,「한국어의

미학」17. 한국어의미학회. 21-42.

최광식, 1989, 울진 봉평 신라비의 석문과 내용,「한국고대사연구회보」 2, 한국고대사연구회. 89-113.

최광식, 1990, 영일 냉수리 신라비의 석문과 내용 분석,「신라문화제 학술 논문집」11, 경주: 동국대학교 신라문화연구소.

최광식, 1992ㄱ, 고려의 이슬람교도 라마단의 묘비,「한국고대사연구회 회보」제28호, 한국고대사연구회.

최광식, 1992ㄴ, 문무왕릉비,「역주 한국 고대 금석문」2, 한국고대사회연 구소 편, 서울: 가락국사적개발연구원.

최광식, 1994, 최근 발견된 울진 소광리 황장봉계 표석 답사기,「한국고대 사연구회 회보」34, 한국고대사연구회.

최광식·박대제, 2009,「점교 삼국유사」, 서울: 고려대학교 출판부.

최남선, 1997, 해제,「삼국유사」, 서울: 서문문화사.

최남선 편, 1946, 균여전,「신정 삼국유사」, 경성: 삼중당. 〈부록 55쪽~68 쪽에 수록. 국립중앙도서관 홈페이지 원문 이미지 보기〉

최남희, 1995,「고려 향가의 차자표기법 연구」, 서울: 홍문각. 〈국립중앙도 서관 협약도서관 홈페이지 원문 보기〉

최남희, 1996,「고대 국어 형태론」, 서울: 박이정.

최남희, 1999,「고대 국어 표기 한자음 연구」, 서울: 박이정.

최맹식, 1998, 고구려 광개토왕비문에 대한 해독 일고,「선사와 고대」10, 한국고대학회. 103-148.

최맹식·김용민, 1995, 부여 궁남지 내부 발굴 조사 개보 -백제 목간 출토 의의와 성과-,「한국상고사학보」20, 한국상고사학회. 481-503.

최문길, 1989,「계림유사」어휘고 -알타이 제어와의 관계를 중심으로-, 「논문집」7, 홍성: 혜전전문대학. 5-37.

최문길, 1989,「「계림유사」미해독 어휘 연구 -소실어 재구 및 비교 연구를 중심으로-」, 박사논문, 서울: 경희대학교 대학원.

최문길, 1991, 「계림유사」의 서지학적 연구, 「논문집」 9, 홍성: 혜전전문대
학. 421-435.

최문길, 1999, 서지학으로 본 「계림유사」 연구, 「출판문화연구소 논문집」
1, 홍성: 혜전대학 출판문화연구소. 403-418.

최범훈, 1964, 「한국어사 연구」, 서울: 제일문화사.

최범훈, 1969, 한국 지명학 연구 서설, 「국어국문학」 42·43, 국어국문학회.
131-154.

최범훈, 1972, 구결 연구, 「국어국문학」 55~57, 국어국문학회. 519-533.
〈최범훈(1976: 300-313) 재수록〉

최범훈, 1974, 「유서필지」 고 -이두휘편의 국어학적 가치-, 「새국어교육」
18~20 합병호, 한국국어교육학회. 152-166.

최범훈, 1975, 향가 연구 논저 목록, 「국문학논집」 7~8, 서울: 단국대학교
국어국문학과. 185-200.

최범훈, 1976ㄱ, 고려시대의 차자법 연구 -「향약구급방」을 중심으로 (I)-
〈최범훈(1976ㄴ: 329-344) 재수록〉

최범훈, 1976ㄴ, 「한국어학 논고」, 서울: 통문관.

최범훈, 1977ㄱ, 「한자 차용 표기체계 연구 -금석문·고문서에 나타난 고
유인명을 중심으로-」, 서울: 동국대학교 한국학연구소.

최범훈, 1977ㄴ, 17·8세기의 이두·구결에 관하여, 「국어국문학」 76, 국어
국문학회. 90-93.

최범훈, 1977ㄷ, 고려시대 차자법 연구 -「향약구급방」을 중심으로 (II)-,
「연민 이가원 박사 육질송수기념논총」, 서울: 범학도서.

최범훈, 1977ㄹ, 고려시대 차자법 연구 -「향약구급방」을 중심으로 (III)-,
간행위원회 편, 「성봉 김성배 박사 회갑기념논문집」, 서울: 형설출
판사.

최범훈, 1978ㄱ, 한자차용표기 방식의 단계적 발전에 대하여, 「논문집」 7, 청주: 청주여자사범대학. 133-146.

최범훈, 1978ㄴ, 「한국학 산고」, 서울: 이우출판사.

최범훈, 1978ㄷ, 우암 발문 「동문선습」의 구결에 대하여, 「한국언어문학」 16, 한국언어문학회. 127-135.

최범훈, 1978ㄹ, 한자 차용표기 체계 연구 -고유어 인명을 중심으로-, 「광장」 64, 세계평화교수협의회. 58-59.

최범훈, 1979, 「맹자집주」의 혼성 구결에 대하여 -이례 방식의 구결 자료-, 「논문집」 8, 청주: 청주여자사범대학. 1-20.

최범훈, 1980ㄱ, 한자 차용 고유어 인명 표기 조사 연구 -충북 청원군 제적부를 자료로-, 「국어학」 9, 서울: 국어학회. 101-121.

최범훈, 1980ㄴ, 「역대전리가」에 보이는 한자 차용 표기에 대하여, 「경기어문학」 1, 경기대학교 국어국문학회. 149-173.

최범훈, 1981, 신라 화엄경(권50) 사경 조성기 해독, 「경기어문학」 2, 경기대학교 인문대학 국어국문학회. 141-149.

최범훈, 1982ㄱ, 「승원가」의 차용표기 연구, 「논문집」 10, 수원: 경기대학교 연구교류처. 29-71.

최범훈, 1982ㄴ, 「서석」의 특수 구결에 대하여, 「논문집」 11, 수원: 경기대학교 연구교류처. 31-53.

최범훈, 1985, 「한국어 발달사」, 서울: 통문관.

최범훈, 1986ㄱ, 단재의 이두문 명사 해석법 연구, 단재 신채호 선생 기념사업회 편, 「신채호의 사상과 민족독립운동: 단재 신채호 선생 순국 50주년 추모 논총」, 서울: 형설출판사.

최범훈, 1986ㄴ, 「남종통기」의 이두에 대하여, 「경기어문학」 7, 경기대학교 경기어문학회. 149-162.

최범훈, 1987ㄱ, 금석문에 나타난 이두 연구, 「논문집」 21, 수원: 경기대학교 연구교류처. 43-106.

최범훈, 1987ㄴ, 「금양잡록」에 보이는 곡명 차용 표기고, 「국어국문학논총 (장태진 박사 화갑기념논문집)」, 서울: 삼영사.

최범훈, 1987ㄷ, 원종공신녹권의 이두에 대하여, 간행위원회 편, 「국어국 문학논총(서강 이정탁 교수 화갑기념 국어국문학논총)」, 서울: 형 설출판사.

최범훈, 1987ㄹ, 「자산어보」의 어류 차용 표기 연구, 간행위원회 편, 「한실 이상보 박사 회갑기념논총」, 서울: 형설출판사.

최범훈, 1988, 「우마양저염역병치료방」의 이두 연구, 간행위원회 편, 「인 산 김원경 박사 화갑기념논문집」, 서울: 간행위원회.

최법혜, 1997, 능엄경의 성립 과정과 전역의 자료에 관한 연구, 「불교학보」 35. 서울: 동국대학교 불교문화연구원. 201-224.

최병선, 2009, 최만리 상소의 국어학사적 의의, 「한국언어문화」 40, 한국 언어문화학회. 333-357.

최병식, 2003, 계유명 삼존천불비상에 대하여, 「선사와 고대」 19, 한국고 대학회. 411-424.

최병헌, 1986, 해인사 묘길상탑기, 「사료로 본 한국문화사 -고대편-」, 서 울: 일지사.

최병화, 2005, 「금산 지역 백제 산성에 관한 연구」, 석사논문, 공주: 공주대 학교 대학원.

최병화, 2006, 금산 백령산성 발굴 조사 개보, 「한국성곽학보」 9, 한국성곽 연구회. 37-62.

최상기, 2015ㄱ, 예군 묘지명, 「한국 고대 문자 자료 연구 백제(하) -주제 별-」, 권인한·김경호·윤선태 공동 편집, 서울: 주류성. 411-436.

최상기, 2015ㄴ, 예소사 묘지명, 「한국 고대 문자 자료 연구 백제(하) -주제 별-」, 권인한·김경호·윤선태 공동 편집, 서울: 주류성. 453-464.

최상기, 2015ㄷ, 예식진 묘지명, 「한국 고대 문자 자료 연구 백제(하) -주제별-」, 권인한·김경호·윤선태 공동 편집, 서울: 주류성. 437-451.

최상기, 2015ㄹ, 예인수 묘지명, 「한국 고대 문자 자료 연구 백제(하) -주제별-」, 권인한·김경호·윤선태 공동 편집, 서울: 주류성. 465-472.

최선묵, 1983, 「이두 표기법 연구」, 석사논문, 서울: 건국대학교 대학원.

최성규, 2016, 「차자표기 자료의 격조사 -삼국시대부터 고려시대까지를 중심으로-」, 박사논문, 서울: 서울대학교 대학원.

최성기, 1957, 14세기 공신녹권을 중심한 조선 활자 문화의 고찰, 「문화유산」 3.

최순희, 1991, 재녕 이씨 영해파 문기고(상) -조선시대 상속제도자료 논구-, 「서지학보」 4, 한국서지학회. 25-61.

최순희, 1992, 재녕 이씨 영해파 문기고(하) -조선시대 상속제도자료논구-, 「서지학보」 5, 한국서지학회. 57-101.

최순희, 1993, 상산 김씨 분재기 소고 -성화 16년 2월 13일 동복 화회문기를 중심하여-, 「태동고전연구」 10, 춘천: 한림대학교 태동고전연구소. 907-931.

최승희, 1981, 「한국 고문서 연구」, 성남: 한국정신문화연구원. 〈1989 증보판〉

최승희, 1982, 「광산 김씨 오천 고문서」, 성남: 한국정신문화연구원.

최승희, 1983, 조선 후기 향리 신분 이동 여부고 -향리 가문 고문서에 의한 사례 연구-, 「김철준 박사 화갑기념사학논총」, 서울: 지식산업사.

최승희, 1983, 호구단자, 준호구에 대하여, 「규장각」 7, 서울: 서울대학교 규장각.

최승희, 1989, 「한국 고문서 연구」, 서울: 지식산업사. 〈한국정신문화연구원에서 1981년에 발행한 책의 증보판. 조선 전기 이두 자료가 포함

되어 있다.〉

최승희, 1997, 조선 후기 고문서를 통해 본 고리대의 실태, 「한국문화」 19, 서울: 서울대학교 한국문화연구소. 89-127.

최승희, 2003, 「고문서를 통해 본 조선 후기 사회신분사 연구」, 서울: 지식산업사. 〈국립중앙도서관 협약도서관 지정 피시 원문 보기〉

최 식, 2008, 「구독해법」, 한문의 구독과 현토, 구결, 「민족문화」 32, 서울: 한국고전번역원. 105-155.

최연숙, 2005, 「조선시대 입안에 관한 연구」, 박사논문, 성남: 한국중앙연구원.

최연숙, 2015, 여말 선초의 행정문서의 이해, 조사첩, 「예던길」 31, 안동: 한국국학진흥원. 22-23.

최연식, 2008, 불국사 서석탑 중수형지기의 재구성을 통한 불국사 석탑 중수 관련 내용의 재검토, 「진단학보」 105, 진단학회. 1-35.

최연식, 2009, 8세기 중엽 일본의 신라 화엄학 수용과 「화엄(경)문의요결문답」, 「구결연구」 23, 구결학회. 111-135.

최연식, 2015, 「화엄경문답」의 변격한문에 대한 검토, 「구결연구」 35, 구결학회. 53-86.

최연식, 2016, 신라의 변격한문, 「목간과 문자」 17, 한국목간학회. 39-59.

최연식, 2019, 고대의 변격 한문, 「문자와 고대 한국」 1. 기록과 지배, 한국목간학회 편, 서울: 주류성. 97-122.

최연식, 2022, 신라 하대 철불 명문의 재검토, 「목간과 문자」 28, 한국목간학회. 93-117.

최영선, 2015, 「「계림유사」의 음운론적 연구」, 박사논문, 광주: 전남대학교 대학원.

최영성, 2015, 「한국 고대 금석문 선집」, 서울: 문사철.

최영성, 2018, 신라 성덕대왕 신종의 명문 연구, 「한국철학논집」 56, 한국

철학사연구회. 9-46.

최용강, 1988, 「균여전 소재 향가 기록의 검토」, 석사논문, 서울: 연세대학교 대학원.

최원호·고선우, 2014, 단면 형상 분석을 이용한 요철이 심한 금석문 판독 향상 방법 연구, 「한국IT서비스학회지」 13-2, 한국IT서비스학회. 251-259.

최유진, 1987, 원효에 있어서 화쟁과 언어의 문제, 「철학논집」 3, 마산: 경남대학교 철학과.

최윤갑, 1990, 이두의 발생과 그 성격, 「한국전통문화연구」 6, 대구: 효성여자대학교 한국전통문화연구소. 61-68. 〈「중국조선어문」 6, 길림성민족사무위원회〉

최윤오, 2000, 조선 후기의 양안과 행심책, 「역사와 현실」 36, 한국역사연구회. 210-242.

최은규, 1993, 성암박물관 소장 「상교 정본 자비도량참법」의 구결에 대하여, 「국어사 자료와 국어학의 연구 방법」, 서울: 문학과 지성사. 660-689.

최장미, 2017, 함안 성산산성 제17차 발굴 조사 출토 목간 자료 검토, 「목간과 문자」 18, 한국목간학회. 191-217.

최재석, 1972, 조선시대 상속제에 관한 연구 -분재기 분석에 의한 접근-, 「역사학보」 53·54 합집, 역사학회. 99-150.

최종택, 2004, 남한 지역의 고구려 유적과 유물, 「고구려의 역사와 문화유산」, 한국고대사학회 엮음, 서울: 서경문화사.

최종택, 2007, 한강 유역의 고고 자료, 「한국고대사 연구의 새 동향 -한국고대사학회 20년 1987~2006-」, 한국고대사학회 편, 서울: 서경문화사.

최중호, 2006, 「계림유사」의 유기음에 대해서, 「우리말연구」 18, 우리말학

회. 3-25.

최　철, 1993, 「균여전」, 「삼국유사」 향가 기록의 쟁점(1), 「문학한글」
　　　7, 한글학회. 5-28.

최　철, 1996, 「고려 국어 가요의 해석」, 서울: 연세대학교 출판부.

최　철·설성경 공편, 1984ㄱ, 「민요의 연구」, 서울: 정음사.

최　철·설성경 공편, 1984ㄴ, 「향가의 연구」, 서울: 정음사.

최　철·안대희, 1986, 「역주 균여전」, 서울: 새문사.

최학선, 1985, 「향가 연구」, 서울: 우주. 〈국립중앙도서관 협약도서관 원문
　　　보기〉

최현배, 1928, 이두문자란 무엇이냐, 「한빛」 2-2, 경성: 한빛사. 9-11. 〈국
　　　회전자도서관 홈페이지 원문 보기〉

최현배, 1928, 조선 문자사론, 「현대평론」 2-1, 경성: 현대평론사.

최현배, 1942, 「한글갈」, 경성: 정음사.

최희림, 1978, 「고구려 평양성」, 평양: 과학·백과사전출판사.

추국청 편, 1601~1905, 「추안 급 국안(推案及鞫案)」 〈331책. 조선시대
　　　재판 기록. 서울대학교 규장각 소장. 전주대학교 한국고전학연구
　　　소 번역 (2014)〉

충남향토문화연구회 편, 1985, 「향토연구」 1, 부여: 충남향토연구회.

충청남도역사문화원 편, 2007, 「동남리 702번지 유적」, 대전: 충청남도역
　　　사문화원.

충청남도역사문화연구원·금산군 편, 2007, 「금산 백령산성 1·2차 발굴조
　　　사 보고서」, 대전: 충청남도 역사문화연구원·금산군.

충청남도역사문화연구원·부여군 편, 2007, 「부여 충북면 가북리 유적·부
　　　여 동남리 216-17번지 유적」, 대전: 충청남도 역사문화연구원·부
　　　여군.

충청남도역사문화원 백제사연구소 편, 2005ㄱ, 「백제사 자료 원문집 (1)

한국편」, 대전: 충청남도역사문화원.

충청남도역사문화원 백제사연구소 편, 2005ㄴ, 「백제사 자료 역주집, 한국
　　편 1」, 대전: 충청남도역사문화원.

태학사 영인, 1978, 「여씨향약언해·정속언해」, 서울: 태학사.

통문관 편, 1967, 「(신축 기념) 고지도 고문서 전시 목록」, 서울: 통문관.

하영삼, 1996, 조선 후기 민간 속자 연구, 「중국어문학」 27, 영남중국어문
　　학회. 127-154.

하영삼, 1999, 한국 고유한자의 비교적 연구, 「중국어문학」 33, 중국어문
　　학회. 185-224.

하영삼, 2013, 최남선 「신자전」 '속자'고, 「중국어문논역총간」 33, 중국어
　　문논역학회. 51-82.

하영휘 외 편저, 2011, 「옛 편지 낱말 사전」, 서울: 돌베게.

하우봉, 2005, 「호남 지역 고문서와 향토 자료의 수집과 활용 방안」, 한국
　　연구재단 연구결과보고서. 〈기초학문자료센터 홈페이지 연구결과
　　물검색 보고서 보기〉

하일식, 1997ㄱ, 신라통일기의 왕실 직할지와 군현제 -청제비 정원명의
　　역역 운영 사례 분석-, 「동방학지」 97, 서울: 연세대학교 국학연구
　　원. 1-39.

하일식, 1997ㄴ, 창녕 관룡사의 석불 대좌명과 「관룡사 서적기」, 「한국고
　　대사연구」 12, 한국고대사학회. 469-488.

하일식, 1998, 「신라 관등제의 기원과 성격」, 박사논문, 서울: 연세대학교
　　대학원.

하일식, 2009ㄱ, 무술오작비 추가 조사 및 판독 교정, 「목간과 문자」 3,
　　한국목간학회. 149-166.

하일식, 2009ㄴ, 포항 중성리 신라비와 신라 관등제, 「한국고대사연구」
　　56, 한국고대사학회. 171-216.

하정수, 2016ㄱ, 「한국한자어사전」의 음독구결, 「동양학」 63, 단국대학교 동양학연구원. 119-152.

하정수, 2016ㄴ, 수덕사 근역성보관 소장 묘법연화경 권제7의 각필구결, 「구결연구」 36, 구결학회. 21-49.

하정수, 2022ㄱ, 프랑스 국립도서관 소장 「능엄경」 권9, 10 기입 묵서 연구, 「국어문학」 81, 국어문학회. 175-216.

하정수, 2022ㄴ, 고양 원각사 소장 「능엄경」의 서지와 판본 연구, 「구결연구」 49, 구결학회. 203-237.

하정룡, 1998, 「삼국유사」 최고본의 간행 시기 -학산 조종업 소장 고판본을 통한 접근-, 「사학연구」 55·56, 한국사학회. 59-74.

하정룡, 2005, 「삼국유사 사료 비판」, 서울: 민족사.

하정룡·이근식, 1997, 「삼국유사 교감 연구」, 서울: 신서원.

하치근, 1986, 고려어 문법 현상 -「계림유사」를 중심으로-, 「석당논총」 11, 부산: 동아대학교 석당전통문화연구원. 79-95.

학지원 영인, 2019, 「정속언해: 이본 삼종」, 서울: 학지원. 〈국어국문학총서 111〉

한경호, 2010, 고대 한국 한자음에 반영된 동한~육조대 중국음(1), 「구결연구」 24, 구결학회. 133-161.

한국고대사연구회 편, 1987~1994, 「한국고대사연구회 회보」 제1호~제35호, 한국고대사연구회.

한국고대사연구회 편, 1989, 「영일 냉수리 신라비의 종합적 검토」, 한국고대사연구회.

한국고대사학회 엮음, 2004, 「고구려의 역사와 문화 유산」, 서울: 서경문화사.

한국고대사학회 편, 1999, 「함안 성산산성 출토 목간의 내용과 성격」, 대구: 한국고대사연구회. 〈국립김해박물관에서 개최된 국제학술회

의 발표논문집. 국립중앙도서관 소장〉

한국고대사학회 편, 2007, 「한국고대사 연구의 새 동향 -한국고대사학회 20년 1987~2006-」, 서울: 서경문화사. 〈국립중앙도서관 협약도 서관 원문 보기〉

한국고대사학회 편, 2012, 「신라 최고의 금석문 포항 중성리비와 냉수리비」, 서울: 주류성. 〈국립중앙서관 디지털도서관 원문 보기〉

한국고대사학회, 1988~2023, 「한국고대사연구」 1~110, 서울: 지식산업 사. 〈2010, 「한국고대사연구」 57, '신발견 문자 자료와 한국 고대 사 연구' 7편 논문 수록〉

한국고대사학회, 2010, 「제113회 한국고대사학회 정기발표회 논문집」, 한 국고대사학회.

한국고대사회연구소 편, 1992, 「역주 한국고대금석문」 제1권~제3권, 서 울: 가락국사적개발연구원.

한국고전용어사전편찬위원회, 1991, 「한국 고전용어사전」, 서울: 세종대 왕기념사업회.

한국국어교육학회 편, 2003, 「고려조어 연구 논문집: 「계림유사」 900주년 기념 국제학술대회」, 한국국어교육학회.

한국목간학회 엮음, 2008~2019, 「목간과 문자 연구」 1~21, 서울: 주류성 출판사. 〈국립중앙도서관 디지털도서관 원문 보기〉

한국목간학회 편, 2015, 「한국 고대 금석문의 재해석(2015년 한국목간학 회 하계 워크샵 발표 논문집)」, 한국목간학회.

한국목간학회 편, 2018, 「함안 성산산성 출토 목간의 국제적 위상(한국목 간학회 제12회 국제학술회의 발표 논문집)」, 창원: 국립가야문화 재연구소.

한국목간학회 편, 2019ㄱ, 「문자와 고대 한국 1. 기록과 지배」, 서울: 주류 성.

한국목간학회 편, 2019ㄴ, 「문자와 고대 한국 2. 교류와 생활」, 서울: 주류성.

한국문화재보호협회 편, 1986, 「문화재대관」 1~8, 서울: 대학당. 〈국보편 2책. 보물편 6책〉

한국서지사업회, 1970, 「구한말 고문서 해제 목록」, 서울: 한국도서관협회. 〈국립중앙도서관 협약도서관 지정 피시 원문 보기〉

한국역사연구회 편, 1996, 「역주 려말 려초 금석문」 상·하, 서울: 혜안.

한국역사연구회 고대사 분과, 2004, 「고대로부터의 통신(금석문으로 한국 고대사 읽기)」, 서울: 푸른 역사.

한국은행, 2001, 「한국은행 고서 해제」, 서울: 한국은행. 〈국립중앙도서관 협약도서관 원문 보기〉

한국전통문화대학교 고고학연구소, 2011, 「부여 능산리사지 제11차 발굴 조사 보고서」, 부여: 한국전통문화대학교 고고학연구소.

한국정신문화연구원 국학진흥연구사업추진위원회 편, 1999~2001, 「경상도 단성현 호적대장」 I~IV, 성남: 한국정신문화연구원. 〈4책. 한국학 자료 총서 25. 성균관대학교 동아시아학술원 대동문화연구원 2006년 CD〉

한국정신문화연구원 편, 1979ㄱ, 「한국책판목록총람」, 성남: 한국정신문화연구원.

한국정신문화연구원 편, 1979ㄴ, 「장서각 소장 탁본 자료집」 I. 고대·고려 편, 성남: 한국정신문화연구원.

한국정신문화연구원 편, 1982, 「광산 김씨 오천 고문서」, 성남: 한국정신문화연구원. 〈고전자료총서 82-2〉

한국정신문화연구원 편, 1983, 「부안 김씨 우번 고문서(扶安金氏愚磻古文書)」, 성남: 한국정신문화연구원. 〈고전자료총서 83-3〉

한국정신문화연구원 편, 1982~1999. 「고문서집성」 제1집~제49집, 성남:

한국정신문화연구원/한국학중앙연구원. 〈이두 자료. 한국고문서
자료관(http://archive.kostoma.net) 원문 보기〉

한국정신문화연구원 편, 1985, 「경국대전」, 성남: 한국정신문화연구원.

한국정신문화연구원 편, 1995, 「구결 자료집」 1. 고려시대 능엄경, 성남:
한국정신문화연구원. 〈국립중앙도서관 협약도서관 원문 보기〉

한국정신문화연구원 편, 1996ㄱ, 「구결 자료집」 2. 조선 초기 능엄경, 성
남: 한국정신문화연구원. 〈국립중앙도서관 협약도서관 원문 보
기〉

한국정신문화연구원 편, 1996ㄴ, 「구결 자료집」 3. 조선 초기 능엄경, 성
남: 한국정신문화연구원. 〈국립중앙도서관 협약도서관 원문 보
기〉

한국정신문화연구원 편, 1997, 「장서각 소장 탁본 자료집」 1(고대·고려
편), 성남: 한국정신문화연구원.

한국정신문화연구원 편집부, 2003, 「조선시대 명가의 고문서」, 성남: 한국
정신문화연구원.

한국정신문화연구원 편, 2002, 「여주 이씨 성호 가문 전적」, 성남: 한국정
신문화연구원.

한국정신문화연구원 편, 2002, 「장서각 소장 등록 해제」, 성남: 한국정신
문화연구원.

한국정신문화연구원 편, 2003, 「고문서에 담긴 옛 사람들의 생활과 문화」,
성남: 한국정신문화연구원.

한국정신문화연구원 편, 2003, 「조선시대 명가의 고문서」, 서울: 경인문화
사.

한국진흥연구사업추진위원회 편, 2000, 「조야기문」, 성남: 한국정신문화
연구원. 〈국립중앙도서관 협약도서관 원문 보기〉

한국학문헌연구소 편, 1975, 「이두 자료 선집」, 서울: 아세아문화사. 〈534

쪽. 유서필지, 어록변증설, 이문, 나려이두, 이두편람, 이문잡례, 이두집성 영인 자료집. 국립중앙도서관 소장〉

한국학연구원 편, 1986, 「(원문) 이두집성, 역어유해」, 서울: 대제각. 〈국립 중앙도서관 협약도서관 원문 보기〉

한국학연구원 편, 1987, 「규장각 이왕실 고문서 목록」, 서울: 대제각.

한국학중앙연구원 장서각 편, 2007, 「바위틈에 핀 들꽃 명가의 고문서 4: 여주 이씨 독락당편」, 성남: 한국학중앙연구원.

한국학중앙연구원 장서각 편, 2013, 「한국 고문서 정선」 1~3, 성남: 한국 학중앙연구원 출판부.

한국학중앙연구원 장서각 편, 2014, 「제주 어도 진주 강씨 조천 김해 김씨 구좌 동래 정씨 고문서」, 성남: 한국학중앙연구원 출판부.

한국학중앙연구원 장서각 편, 2018, 「장서각 소장 고문서 대관」 7~8, 성 남: 한국학중앙연구원 출판부.

한국학중앙연구원 장서각 편, 2019, 「장서각 소장 고문서 대관」 9~10, 성남: 한국학중앙연구원 출판부.

한국학중앙연구원 조선왕조궁중음식고문헌연구단 편, 2012, 「조선왕조 궁중음식 고문헌 자료집」 I~VII, 성남: 한국학중앙연구원.

한국학중앙연구원 편, 2007, 「지정조격 영인본·교주본」, 서울: 휴머니스 트.

한국학중앙연구원 장서각 편, 1982~2010. 「고문서 집성(古文書集成)」 제1 집~제100집, 성남: 한국정신문화연구원/한국학중앙연구원. 〈이 두 자료. 장서각 한국고문서자료관(http://archive.kostoma.net) 원문 보기〉

한국학중앙연구원 장서각 편, 2012-2022. 「고문서 집성(古文書集成)」 제 101집~제128집, 성남: 한국정신문화연구원/한국학중앙연구원. 〈이두 자료. 장서각 한국고문서자료관(http://archive.kostoma.net)

원문 보기〉

한국학중앙연구원, 2007, 「남북 고문헌 자료 조사·연구 사업을 위한 기초
　　　연구 결과 보고서」, 서울: 국립국어원. 〈국립중앙도서관 홈페이지
　　　원문 보기〉

한국학중앙연구원 편, 2017, 「고문서역주총서 2: 부안 김씨 우반 고문서」,
　　　성남: 한국학중앙연구원.

한국학중앙연구원 편, 2012, 「조선의 공신」, 성남: 한국학중앙연구원 출판
　　　부.

한기문, 2023, 「고려 불교 금석문 연구」, 대구: 경북대학교 출판부.

한문종, 1999, 조선 후기 일본에 관한 저술의 조사 연구, 「국사관 논총」
　　　86, 과천: 국사편찬위원회. 215-254.

한문종 외, 2009, 「전북 지역 고문서 집성」 II(정읍편), 전주: 전북대학교
　　　전라문화연구소.

한미경, 2009, 조선시대 물고기 관계 문헌에 대한 연구, 「서지학연구」 44,
　　　서지학회. 237-269.

한상권 외 옮김, 2018, 「대명률직해」 1~4, 서울: 한국고전번역원.

한상봉, 2018, 「북한 금석문 100선」, 서울: 다운샘.

한상인, 1989, 이두의 연구 1, 「어문연구」 19, 어문연구학회. 85-97. 〈국립
　　　중앙도서관 협약공공도서관 원문 보기〉

한상인, 1990, 이두의 연구 2, 「어문연구」 20, 어문연구학회. 427-441.
　　　〈국립중앙도서관 협약공공도서관 원문 보기〉

한상인, 1991, 이두의 연구 3, 「어문연구」 22, 어문연구학회. 49-65. 〈국립
　　　중앙도서관 협약공공도서관 원문 보기〉

한상인, 1993, 「「대명률직해」 이두의 어학적 연구」, 박사논문, 대전: 충남
　　　대학교 대학원. 〈국립중앙도서관 홈페이지 원문 보기〉

한상인, 1997, 「조선관역어」의 '즉복론'에 대하여, 「한밭 한글」 2, 한글학

회 대전지회. 143-155.

한상인, 1998, 「조선 초기 이두의 국어학적 연구」, 서울: 보고사.

한상준·장동익, 1982, 안동지방에 전래된 고려 고문서 7례 검토, 「경북대 논문집 -인문사회과학편-」 33, 대구: 경북대학교.

한상화, 1994, 「기림사본 「능엄경」 구결의 연구」, 석사논문, 서울: 성심여 자대학교 대학원.

한양대학교 박물관, 1991, 「이성산성 3차 발굴 조사 보고서」, 서울: 한양대 학교 박물관.

한양대학교 박물관, 1992, 「이성산성 4차 발굴 조사 보고서」, 서울: 한양대 학교 박물관.

한양대학교 박물관, 2001, 「이성산성 제8차 발굴 조사 보고서」, 서울: 한양 대학교 박물관.

한양대학교 박물관·하남시, 2000, 「이성산성 4차 발굴 조사 보고서」, 서 울: 한양대학교 박물관·하남시.

한양대학교 박물관·하남시, 2002, 「이성산성 9차 발굴 조사 보고서」, 서 울: 한양대학교 박물관·하남시.

한양대학교 부설 국학연구원 영인, 1974, 「계림유사」 손목 찬술, 서울: 한양대학교 부설 국학연구원.

한얼문화유산연구원, 2012, 「부여 구아리 434번지 백제 유적: 부여 문화관 광시장 조성 사업 부지 내 문화유적발굴조사」, 공주: 한얼문화유 산연구원.

한연석, 1998, 백제 창왕명 석조 사리감 문자고, 「한문교육논집」 12, 한국 한문교육학회. 165-183.

한영균, 2017, 「사자수지」, 「경리잡설」, 「공사항용록」의 비교 연구, 「국어 학」 82, 국어학회. 3-24.

한영희·이상수, 1990, 창녕 교동 11호분 출토 유명 원두 대도, 「고고학지」

2, 서울: 국립중앙박물관 고고부 한국고고미술연구소. 85-97.

한일 공동 초조대장경 복원간행위원회·고려대장경연구소, 2014, 「초조대장경 −학술보고서−」, 서울: (사)장경도량 고려대장경연구소 출판부.

한재영, 1991, 향가의 부정 표현에 관련된 몇 문제, 「국어학의 새로운 인식과 전개(김완진 선생 회갑기념논총)」, 서울: 민음사.

한치윤, 조선 후반, 「해동역사」〈85권. 필사본. 국립중앙도서관 71권 26책 필사본 소장〉

함순섭, 2007, 국립경주박물관 소장 안압지 목간의 새로운 판독, 「신라문물연구」 창간호, 경주: 국립경주박물관.

해동암각문연구회 홍순석, 2019, 「경기도 암각문」, 서울: 민속원.

해동암각문연구회 홍순석 외, 2021ㄱ, 「강릉시 암각문」, 서울: 한국문화사.

해동암각문연구회 홍순석 외, 2021ㄴ, 「장흥군 암각문」, 서울: 한국문화사.

해동암각문연구회 홍순석 외, 2022ㄱ, 「강원도 암각문」 1, 서울: 한국문화사.

해동암각문연구회 홍순석 외, 2022ㄴ, 「평창군 암각문」, 서울: 한국문화사.

허삼복, 1991, 표기법과 표기 의식, 「어문연구」 22, 충남대학교 문리과대학 어문연구회. 67-82.

허선도, 1990, 우리나라의 봉수 제도, 「한국통신학회 학술 대회 및 강연회」, 한국통신학회.

허수진, 1994, 차자표기의 변천과 상호관계, 「대구어문연구」 19, 대구: 대구대학교 국어국문학과.

허 웅, 1975, 「우리 옛말본」, 서울: 샘문화사.

허원영 외, 2020, 「호남 고문서 연구」, 성남: 한국학중앙연구원 출판부.

허인영, 2023, 탈격에서 유래한 단체 주어 표지 '-以(로)'에 대하여, 「구결 연구」 50, 구결학회. 169-203.

허재영, 1989, 국어학적 성과를 중심으로 한 땅이름(지명어) 연구사, 「건국 어문학」 13·14, 서울: 건국대학교 국어국문학연구회. 73-105.

허 철, 2019, 학술용어 관점에서 '한국 고유한자' 명칭과 분류의 문제 해결 방법으로 '한자계 문자'를 제안하며, 「동양학」 75, 단국대학 교 동양학연구원. 147-164.

허흥식, 1976, 「한국 중세 사회사 자료집」, 서울: 아세아문화사.

허흥식, 1977, 국보 호적으로 본 고려말의 사회 구조, 「한국사연구」 16, 한국사연구회. 51-147.

허흥식, 1979, 고려 시대의 새로운 금석문 자료, 「대구사학」 17-1, 대구사 학회. 1-21.

허흥식, 1981, 「고려 사회사 연구」, 서울: 아세아문화사.

허흥식, 1982ㄱ, 1262년 상서도 관첩의 분석(상), 「한국학보」 27, 서울: 일지사. 20-49.

허흥식, 1982ㄴ, 1262년 상서도 관첩의 분석(하), 「한국학보」 29, 서울: 일지사. 55-86.

허흥식, 1982ㄷ, 한국 금석문의 정리 현황과 전망, 「민족문화논총」 2·3, 경산: 영남대학교 민족문화연구소. 233-246.

허흥식, 1985, 1349년 청주목관의 이두 문서, 「한국학보」 11-1(38), 서울: 일지사, 62-72.

허흥식, 1986, 14세기의 새로운 불복장 자료, 「문화재」 19, 서울: 국립문화 재연구소. 63-78.

허흥식, 1988, 「한국의 고문서」, 서울: 민음사. 〈조선 전기 이두 자료 수 록〉

허흥식, 1992, 한국 불교서의 간행 현황과 방향, 「서지학보」 8, 한국서지학회. 61-73.

허흥식, 1993, 수선사 중창기의 사료 가치, 「고문서연구」 4, 한국고문서학회. 33-50.

허흥식, 1994, 한국학의 목록화와 전산정보화, 「한국학」 56, 성남: 한국학중앙연구원. 35-45.

허흥식, 1996, 13~5세기 호적 자료 보완과 비판, 「고문서연구」 9-1, 한국고문서학회. 17-51.

허흥식, 2007, 한문자의 사용, 「백제의 문화와 생활」, 공주: 충청남도역사문화연구원.

허흥식 편저, 1984ㄱ, 「한국 금석 전문 -고대-」, 서울: 아세아문화사.

허흥식 편저, 1984ㄴ, 「한국 금석 전문 -중세 상-」, 서울: 아세아문화사.

허흥식 편저, 1984ㄷ, 「한국 금석 전문 -중세 하-」, 서울: 아세아문화사.

현대사 편집부 편, 1982, 「조선 금석문」, 서울: 현대사.

현정해, 1972, 「「조선관역어」의 성모고」, 석사논문, 서울: 고려대학교 대학원.

현평효, 1975, 고려가요에 나타난 /-고시/ 형태에 대하여, 「국어학」 3, 국어학회. 119-134.

호림박물관, 2011, 「천년의 기다림, 초조대장경」, 서울: 성보문화재단.

호암미술관, 1996, 「조선 전기 국보 전시 도록」, 서울: 삼성문화재단.

홍기문, 1946, 「정음발달사」 상·하, 서울: 서울신문사출판부.

홍기문, 1956, 「향가 해석」, 평양: 과학원. 〈국립중앙도서관 협약도서관 원문 보기〉 〈김지용 해제, 1990, 서울: 여강출판사 영인〉

홍기문, 1957, 「리두 연구」, 평양: 평양조선국과학원(과학원출판사) 〈국립중앙도서관 협약도서관 원문 보기〉

홍기승, 2013, 경주 월성해자·안압지 출토 신라 목간의 연구 동향, 「목간과 문자」 10, 한국목간학회. 95-118.

홍문화, 1972, 우리의 이두 향약명이 일본의 본초학에 미친 영향,「한국생약학회지」 3-1, 한국생약학회. 1-10.

홍문화, 1976, 세종의 향약 정책,「동양학학술회의논문집」 1, 서울: 성균관대학교. 81-89. 〈이두 향약명〉

홍봉한 외 공편, 1770,「동국문헌비고」〈국립중앙도서관 홈페이지 원문보기〉

홍사준, 1954, 백제 사택지적비에 대하여,「역사학보」 6, 역사학회. 254-258.

홍사준, 1961, 신라 문무왕릉 단비의 발견,「미술자료」 3, 서울: 국립중앙박물관. 1-4.

홍사준, 1962, 신라 문무왕릉 단비 추기,「미술사학연구」 3-9, 한국미술사학회. 3-9

홍성화, 2009, 석상신궁 칠지도에 대한 일고찰,「한일관계사연구」 34, 한일관계사학회. 3-39.

홍순탁, 1959ㄱ,「이두 격 형태고」, 석사논문, 서울: 동국대학교 대학원.

홍순탁, 1959ㄴ, 이조시대의 차자표기법체계 연구 시론,「국어국문학」 20, 국어국문학회. 44-48.

홍순탁, 1962ㄱ, 이두 부사 형태고,「국문학보」 3, 광주: 전남대학교.

홍순탁, 1962ㄴ, 이두 색인,「논문집」 7, 광주: 전남대학교. 53-72.

홍순탁, 1963, 이두 연구 -동사고-,「무애 양주동 박사 화탄기념논문집」, 발간위원회 편, 서울: 동국대학교.

홍순탁, 1964,「향약구급방」 어사고,「호남문화연구」 2, 광주: 전남대학교 호남문화연구소. 61-73.

홍순탁, 1969, 이두 연구 -대명사고-,「국어국문학논문집」 7·8, 서울: 동국대학교 국어국문학과. 37-46.

홍순탁, 1974, 「이두 연구」, 서울: 광문출판사. 〈163쪽. 동국대학교 대학원 박사논문(1974). 국립중앙도서관 홈페이지 원문 보기〉

홍순탁, 1976ㄱ, 송광사 원오국사 노비첩, 「호남문화연구」 8, 광주: 전남대학교.

홍순탁, 1976ㄴ, 이두 연구 -부사 잡형-, 「한국어문논총(우수 강복수 박사 회갑기념논문집)」, 간행위원회 편, 서울: 형설출판사.

홍순탁, 1977, 이두 서술 종결어미 '-齊'에 대하여, 「성봉 김성배 박사 회갑기념논문집」, 간행위원회 편, 서울: 형설출판사.

홍순탁, 1980, 이두 연구 1: 안맺음씨끝 '乎' 및 연결형식에 대하여, 간행위원회 편, 「연암 현평효 박사 회갑기념논총」, 서울: 형설출판사.

홍순혁, 1946ㄱ, 이두 어휘 문헌에 대하여, 「향토」 3, 서울: 정음사.

홍순혁, 1946ㄴ, 「유서필지」 소고, 「한글」 96, 조선어학회. 189-195.

홍순혁, 1947ㄱ, 「유서필지」 소고(속), 「한글」 99, 조선어학회. 426-434.

홍순혁, 1947ㄴ, 급고수록, 5. 이문과 이문대사, 「향토」 6. 서울: 정음사.

홍순혁, 1949, 이두 문헌 「이문잡례」 소고, 「한글」 105, 조선어학회. 237-242.

홍승우, 2009ㄱ, '좌관대식기' 목간에 나타난 백제의 양제(量制)와 대식제, 「목간과 문자」 4, 한국목간학회. 35-57.

홍승우, 2009ㄴ, 목간 자료로 본 사비 시기 백제 율령, 「제6회 한국목간학회 정기발표회 발표 논문집」, 한국목간학회. 49-52.

홍승우, 2012, '포항 중성리 신라비'의 분쟁과 판결, 「신라 최고의 금석문 포항 중성리비와 냉수리비」, 한국고대사학회 편, 서울: 주류성.

홍승우, 2013, 부여 지역 출토 백제 목간의 연구 현황과 전망, 「목간과 문자」 10, 한국목간학회. 15-52.

홍승우, 2018, 함안 성산산성 목간의 물품 기재 방식과 성하 목간의 서식, 「목간과 문자」 21, 한국목간학회. 77-98.

홍승우, 2019, 함안 성산산성 출토 부찰 목간의 지명 및 인명 기재 방식과 서식, 「목간과 문자」 22, 한국목간학회. 77-96.

홍영의, 1997, 고려 후기 대장도감간 「향약구급방」의 간행 경위와 자료 성격, 「한국사학사연구(간송 조동걸 선생 정년기념논총)」, 간행위원회 편, 서울: 나남출판.

홍윤표, 1985, 국어 어휘 문헌자료에 대하여, 「소당 천시권 박사 화갑기념 국어학논총」, 간행위원회 편, 서울: 형설출판사. 747-773.

홍윤표, 1986, 근대 국어의 생획토에 대한 연구 -「소학제가집주」를 중심으로-, 「동천 조건상 선생 고희기념논총」, 서울: 형설출판사. 〈국립중앙도서관 협약도서관 원문 보기〉

홍윤표, 1988ㄱ, 18·19세기의 한글 유서와 실학 -특히 「물명고」류에 대하여-, 「동양학」 18, 서울: 단국대학교 동양학연구소. 475-492.

홍윤표, 1988ㄴ, 18·9세기의 한글 주석본 유서에 대하여 -특히 「물명고」류에 대하여-, 「주시경학보」 1, 서울: 탑출판사.

홍윤표, 1990, 실학시대의 어휘자료집 간행 역사, 「국어생활」 22, 서울: 국어연구소. 74-92.

홍윤표, 1994, 「근대 국어 연구(1)」, 서울: 태학사.

홍윤표, 2000, 유희의 「물명고」, 「어문연구」 28-4, 한국어문교육연구회. 277-304.

홍윤표, 2003, 근대 국어의 생획토 -「소학제가집주」의 소개-, 「한국어학」 21, 한국어학회. 299-330. 〈한국어학회 홈페이지, DBpia 원문 보기〉

홍윤표, 2005, 유희의 「물명고」, 「어문연구」 108, 어문연구학회. 43-74.

홍윤표, 2007, 「박물신서」 해제, 「국어사연구」 7, 국어사학회. 185-190.

홍윤표, 2010, 「물명집」 해제, 「국어사연구」 11, 국어사학회. 279-283.

홍윤표, 2013, 「물명고」에 대한 고찰, 「진단학보」 118, 진단학회. 167-

211.

홍윤표, 2017ㄱ, 「초학자회」의 해제, 「한국어사연구」 3, 국어사연구회. 311-332.

홍윤표, 2017ㄴ, 「국어사 자료 강독」, 파주: 태학사.

홍윤표, 2018, 물명의 연구 방법과 과제, 「한국어사연구」 4, 국어사연구회. 241-343.

홍윤표·심경호, 1993, 「15세기 한자어 조사 연구」, 서울: 국립국어연구원.

홍윤표 외, 1995, 「17세기 국어사전」, 성남: 한국정신문화연구원.

홍은진, 1995, 왕과 왕족 중심의 궁중어 고찰, 「어문논집」 5-1, 서울: 숙명여자대학교 국어국문학과. 35-66.

홍종선, 1984, 속격·처격의 발달, 「국어국문학」 91, 국어국문학회. 281-284.

화봉책박물관 편, 2011, 「한국과 세계의 불경전」, 서울: 화봉문고.

화봉책박물관 편, 2013, 「책으로 보는 단군 오천년」, 서울: 화봉문고.

화엄사 편, 2002, 「화엄사·화엄석경」, 구례: 화엄사.

황국정, 2000, 석독 구결의 두 관형사절에 대해, 「구결연구」 6, 구결학회. 281-342.

황국정, 2001, 구결 한자음의 독법 검토, 「국어사연구」 2, 국어사학회. 83-113.

황국정, 2021, 「계림유사」의 독법 검토 -한자음의 기원을 찾아서-, 「열린정신 인문학연구」 22-1, 익산: 원광대학교 인문과학연구소. 281-310.

황국정, 2017, 「계축일기」에 실현된 언어적 특징 연구, 「인문과학연구」 32, 경산: 대구가톨릭대학교 인문과학연구소. 105-139.

황금연, 1991, 「화성성역의궤의 한자차용표기 연구」, 석사논문, 광주: 전남대학교 대학원.

황금연, 1994, 「행용이문」의 차자표기 고찰, 「한국언어문학」 33, 한국언어
　　문학회. 67-85.

황금연, 1997, 「의궤류의 한자차명표기 연구」, 박사논문, 광주: 전남대학
　　교 대학원.

황금연, 1999, 의궤의 어휘 표기 형태와 해석(1) −연장명을 중심으로−,
　　「한국언어문학」 43, 한국언어문학회. 671-693.

황금연, 2002, 「탁지준절」의 어휘 표기 대한 일고찰 −차자 표기를 중심으
　　로−, 「한국언어문학」 49, 한국언어문학회. 647−670.

황금연, 2010, ‘扵’의 훈 ‘늘’과 중세어 ‘늘다’의 의미 해석과 상관성, 「국어
　　사연구」 11, 국어사학회. 251-276.

황금연, 2015, 「악기조성청의궤」의 어휘 차자표기 연구, 「배달말」 56, 배
　　달말학회. 141-166.

황문환, 1999, 「자훈언해」, 「문헌과 해석」 3, 서울: 태학사. 191-222.

황문환, 2007, 「물명고」 해제, 「진주 유씨 서파 유희 전서」 I(한국학자료총
　　서 38), 성남: 한국학중앙연구원.

황문환, 2016, 유희의 「재물보」 비판을 통해 본 「物名考」의 차별성 −1807
　　년 유희가 이만영에게 보낸 편지를 중심으로−, 「한국실학연구」
　　32, 한국실학학회. 79-113.

황문환, 2020, 「물명고」 해제, 「‘유희의 「물명고」 연구와 색인 편찬’ 연구
　　결과발표회 자료집」, 성남: 한국학중앙연구원.

황문환·안승준, 2008, 「뎡미가례시일긔」의 서지적 고찰, 「장서각」 19, 성
　　남: 한국학중앙연구원 장서각. 5-38.

황문환 외, 2010, 「정미가례시일기 주해」, 성남: 한국학중앙연구원 출판
　　부.

황문환 외, 2016, 「한글 편지 어휘 사전」 1~6, 서울: 역락.

황문환 외, 2017, 「1882년 왕세자 관례 발기」, 성남: 한국학중앙연구원

출판부.

황문환 외, 2018, 「정미가례시 복식 어휘」, 성남: 한국학중앙연구원 출판부.

황문환 외, 2019, 「조선 후기 물명 집성과 DB 구축 확장 기술」, 성남: 한국학중앙연구원.

황문환·김정민, 2022, 「재물보」의 이본 계열과 선후 관계, 「국어사 연구」 35, 국어사학회. 175-213.

황문환·박부자, 2022, 물명 3서(「재물보」, 「물명고」, 「광재물보」)의 선후 및 상관관계, 「조선 후기 물명서와 물명 연구(한국학중앙연구원 어문생활사연구소 학술회의 자료집)」, 성남: 한국학중앙연구원 어문생활사연구소. 9-37.

황선엽, 1996, 일사문고본 「대방광원각약소주경」, 「구결연구」 1, 구결학회. 95-126.

황선엽, 1997, 처용가 '脚烏伊'의 해독에 대하여, 「국어학」 30, 국어학회. 285-303.

황선엽, 2002, 향가에 나타나는 '遣'과 '古'에 대하여, 「국어학」 39, 국어학회. 3-25.

황선엽, 2004ㄱ, 「유가사지론」 권5, 권8의 서지, 「돈암어문학」 17, 돈암어문학회. 387-408.

황선엽, 2004ㄴ, 최만리와 세종, 「문헌과 해석」 26, 문헌과 해석사.

황선엽, 2006ㄱ, 「유가사지론」 점토석독구결 해독 연구(11), 「구결연구」 15, 구결학회. 299-316.

황선엽, 2006ㄴ, '원왕생가'의 해독에 대하여, 「구결연구」 17, 구결학회. 191-225.

황선엽, 2008ㄱ, '안민가' 해독을 위한 새로운 시도, 「한국문화」 42, 서울: 서울대학교 규장각 한국학연구원. 205-233.

황선엽, 2008ㄴ, 「삼국유사」와 '균여전'의 향찰 표기자 비교, 「국어학」 51, 국어학회. 279-311.

황선엽, 2008ㄷ, 「뎡미가례시일긔」의 어휘(1) -어휘의 일반적인 특징과 인명을 중심으로-, 「장서각」 19, 성남: 한국학중앙연구원 장서각. 95-110.

황선엽, 2010, 향가의 연결어미 '-아' 표기에 대하여, 「구결연구」 25, 구결학회. 83-105.

황선엽, 2011ㄱ, 균여 향가 표기 소고, 「구결학회 전국학술대회 발표논문집」, 구결학회. 1-12.

황선엽, 2011ㄴ, 차자표기 자료의 역주에 대하여, 「국어사연구」 12, 국어사학회. 143-166.

황선엽, 2011ㄷ, 영남대 도서관 동빈문고 소장 표훈사판 「치문경훈」의 서지 및 구결, 「민족문화논총」 48, 경산: 영남대학교 민족문화연구소. 147-167.

황선엽, 2013, 고대 국어에 관한 국어사 교육, 「국어사연구」 16, 국어사학회. 35-61.

황선엽, 2015, '도이장가'의 해독, 구결연구」 35, 구결학회. 111-154.

황선엽, 2018, 국어사 연구와 석독구결, 「초조대장경 유가사지론 권66 각필구결」, 서울: 국립한글박물관. 12-27. 〈국립한글박물관 원문 보기〉

황선엽 외, 2009, 「석독구결사전」, 서울: 박문사. 〈「음독구결사전」 시디가 첨부되어 있는데, 석독구결 자료의 원문과 서울대 박진호 교수의 검색프로그램 유니콩크와 사용법도 포함되어 있다.〉

황수영, 1960, 비암사 소장의 신라재명 석상, 「고고미술」 1-4, 한국고고미술사학회. 〈황수영(1998) 재수록〉

황수영, 1961, 정원 20년 재명 신라 동종의 철색과 철호, 「고고미술」 17,

　　　한국고고미술사학회.

황수영, 1962, 연기 연화사의 석상, 「고고미술」 3-5, 한국고고미술사학회.
　　　〈황수영(1998) 재수록〉

황수영, 1976, 「한국금석유문」, 서울: 일지사.

황수영, 1979ㄱ, 신라 백지묵서 화엄경, 「미술자료」 24, 서울: 국립중앙박
　　　물관. 1-9.

황수영, 1979ㄴ, 신라 경덕왕대의 백지묵서 화엄경, 「역사학보」 83, 역사
　　　학회. 121-126.

황수영, 1998, 「황수영 전집」 1. 한국의 불상(상), 서울: 혜안.

황수영, 1999, 「황수영 전집」 4. 금석 유문, 서울: 혜안.

황수영 편, 1967, 「속금석유문」, 서울: 고고미술동인회.

황수영 편, 1972, 「금석유문」 3, 한국미술사학회.

황수영 편저, 1976, 「한국금석유문」, 서울: 일지사. 〈국립중앙도서관 협약
　　　도서관 원문 보기〉〈1981(증보판), 1985(4판), 1994(5판), 황수영
　　　(1999) 재수록〉

황위주, 2007, 발해 외교문서의 실상과 그 문체적 특징, 「대동한문학」 26,
　　　대동한문학회. 197-248.

황위주, 2021, '공문식'에서의 '구문사용' 선포 배경, 「대동한문학」 68, 대
　　　동한문학회. 205-235.

황청련, 1993, '부여융 묘지'에서 본 당대 중한 관계, 「백제사의 비교 연구」,
　　　대전: 충남대학교 백제연구소.

황패강, 1975, 신라 향가의 연구: 향가·향찰의 개념 정립을 위한 시고,
　　　「국문학논집」 7·8, 서울: 단국대학교 국어국문학과. 95-184.

황패강, 1977, 균여론, 「한국문학작가론」, 서울: 형설출판사.

황패강, 2000, 「균여전」의 민속학적 이해 -균여 설화와 향가를 중심으로-,
　　　「한국문화연구」 3, 서울: 경희대학교 민속학연구소. 311-332.

황패강, 2001, 「향가 문학의 이론과 해석」, 서울: 일지사.

황패강 외, 1984, 「향가·고전소설 관계 논저 목록 1890-1982」, 서울: 단국 대학교 출판부. 〈국립중앙도서관 협약도서관 원문 보기〉

황패강 외 공편, 1985, 「향가 여요 연구」, 서울: 이우출판사. 〈국립중앙도 서관 협약도서관 원문 보기〉

황패강·윤원식, 1986, 「한국 고대 가요」, 서울: 새문사.

管錫華, 2001, 「中國古代標點符號發展史」, 成都: 巴蜀書社.

西安市 長安博物館 編. 2011, 「長安新出墓誌」, 西安: 文物出版社.

王逸庵 저, 김안국 역, 1518, 「정속언해(正俗諺解)」 〈홍문각(1984) 영인〉

劉燕庭 編, 1882, 「海東金石苑」 上·下 〈아세아문화사(1976) 영인〉

李希泌 編, 1986, 「曲石精廬藏唐墓誌」, 齊南: 齊魯書社.

中國漢語大詞典編纂委員會·漢語大詞典編纂處 編, 1993, 「漢語大詞典」, 北 京: 漢語大詞典出版社. 〈1993년 완간. 2010(보정판)〉

中國學術院 編, 1962, 「中文大辭典」, 臺灣: 中國文化大學. 〈1993(9판)〉

가네와카 도시유키(兼若逸之), 1977, 「신라의 균전제와 촌락 지배 -일본 정창원 소장 신라의 촌락 통치에 관한 고문서의 분석을 중심으로-」, 석사논문, 서울: 연세대학교 대학원.

가네와카 도시유키(兼若逸之), 1984, 「新羅「均田成冊」의 분석을 통해서 본 촌락지배의 실태」, 박사논문, 서울: 연세대학교 대학원.

가와니시 유야(川西裕也) 지음·박성호 옮김, 2020, 「고려 말 조선 초 공문 서와 국가: 변혁기 임명문서를 중심으로」, 성남: 한국학중앙연구 원 출판부.

간노 히로오미(菅野裕臣), 1981, 口訣研究(一), 「論文集」 31, 東京: 東京外國 語大學.

강두흥, 1982, 「이두와 만엽가명의 연구」, 大阪: 和泉書院.

고바야시 요시노리(小林芳規) 지음·정재영 외 옮김, 2016, 「각필의 문화
사: 보이지 않는 문자를 읽다」, 서울: 한국문화사.

고바야시 요시노리(小林芳規), 2000, 일본에 있어서 각필문헌 연구의 현상
과 전망, 「구결연구」 6, 구결학회. 1-9.

고바야시 요시노리(小林芳規), 2002ㄴ, 大谷大學藏新出角筆文獻について,
「書香」 19, 京都: 大谷大學圖書館報.

고바야시 요시노리(小林芳規), 2004, 「角筆文獻硏究導論」 上卷, 東京: 汲古
書院.

고바야시 요시노리(小林芳規), 2005, 「角筆文獻硏究導論」 別卷, 東京: 汲古
書院.

고바야시 요시노리(小林芳規), 2008ㄱ, 角筆による新羅語加點の華嚴經, 「南
都佛教」 91, 東大寺: 南都佛教研究會.

고바야시 요시노리(小林芳規), 2008ㄴ, 일본에 전래된 송판 「일체경」의 각
필 가점 한국의 각필 가점 점토와의 관련, 「구결연구」 20, 구결학
회. 5-28.

고바야시 요시노리(小林芳規), 2009, 일본 경전 훈독의 일원류 -조사 'イ'
를 근거로-, 「구결연구」 23, 구결학회. 241-261.

고바야시 요시노리(小林芳規), 2010, 일본의 오토쿠점의 기원과 고대 한국
어의 점토와의 관계, 「구결연구」 25, 구결학회. 21-45.

고바야시 요시노리(小林芳規), 2014ㄱ, 훈점어 연구사에 있어서 축도유(築
島裕) 박사의 공적, 「구결연구」 32, 구결학회. 81-116.

고바야시 요시노리(小林芳規), 2014ㄴ, 「角筆のひら」, 東京: 岩波書店; 정
재영·이전경·김정빈·연규동 옮김, 2016, 「각필의 문화사(보이지
않는 문자를 읽다)」, 서울: 한국문화사.

고바야시 요시노리(小林芳規), 2015, 일본 평안 초기의 훈독법과 신라 「화

엄경」의 훈독법과의 친근성 -부사의 호응을 중심으로-, 「구결연구」 34, 구결학회. 115-135.

고바야시 요시노리(小林芳規)·윤행순 역, 2002ㄱ, 한국의 각필점과 일본의 고훈점의 관계, 「구결연구」 8, 구결학회. 50-76.

고바야시 요시노리(小林芳規)·윤행순 역, 2003, 신라 경전에 기입된 각필 문자와 부호 -경도 대곡대학 소장 「판비량론」에서의 발견-, 「구결연구」 10, 구결학회. 5-30.

고바야시 요시노리(小林芳規)·윤행순 역, 2006, 일본 훈점의 일원류, 「구결연구」 17, 구결학회. 5-41.

고바야시 요시노리(小林芳規)·니시무라 히로코(西村浩子), 2001, 韓國遺傳の角筆文獻調査報告, 「訓點語と訓點資料」 107, 東京: 訓點學會. 36-68.

고바야시 요시노리(小林芳規)·니시무라 히로코(西村浩子), 2004, 일본에 있어서 화엄경의 강설과 초기 가점 자료에 대해서, 「한국 각필 부호구결 자료와 일본 훈점 자료 연구 -화엄경 자료를 중심으로-」, 서울: 태학사. 117-132.

고이즈미 아키오(小泉顯夫), 1934, 「古蹟調査報告 第一: 樂浪彩篋塚」, 京城: 조선고적연구회.

곤도 코이치(近藤浩一), 2004, 「부여 능산리 나성 축조 목간의 연구」, 석사논문, 대전: 충남대학교 대학원.

교토대학 가와이 문고(京都大學 河合文庫) 소장 한국 고문서

교토대학 문학부 국어국문학연구실(京都大學文學部 國語國文學硏究室) 編, 1974, 「前間恭作著作集」 上·下, 京都: 京都大學.

구로다 켄이치(黑田幹一), 1938, 新羅時代의 金銀에 대하여, 「朝鮮」 274, 朝鮮總督府. 〈「서물동호회책자」(서물동호회, 1978, 제4호) 재수록〉

기와사키 케이고(河崎啓剛), 2012, 균여 향가 해독을 위한 한문 자료의 체

계적 대조와 거시적 접근, 「구결연구」 29, 구결학회. 97-151.

나카니시 스스무(中西進) 저, 송석래 역, 1991, 「향가와 만엽집의 비교 연구」, 서울: 을유문화사. 〈국립중앙도서관 협약도서관 원문 보기〉

나카무라 하지메(中村完), 1968, 吏讀語にわける用言の基本構造とその周邊問題について, 「朝鮮學報」 48, 朝鮮學會.

나카무라 하지메(中村完), 1975, 「佛教語大辭典」, 東京: 東京書籍.

나카무라 하지메(中村完), 1976, 史的名辭 '吏讀'の概念とその意識について, 「朝鮮學報」 78, 朝鮮學會. 21-44.

나카무라 하지메(中村完), 1976, 朝鮮懸吐에 있어서 漢字로 나타난 文法語에 대하여, 「言語學論叢」 15, 東京: 東京教育大學 言語研究會.

나카무라 하지메(中村完), 1977, 朝鮮版地裝菩薩本願經에 나타난 吐의 形態에 대하여, 「東北大學文學部研究年報」 27, 仙台: 東北大學文學部.

노무라 초타로(野村調太郎) 편, 1939, 「朝鮮祭祀相續法論序說」, 경성: 조선총독부 중추원(朝鮮總督府中樞院). 〈부록으로 수록한 '정순 왕후 탁후서(定順王后託後書)'(1518)과 '정해군 유서(貞海君遺書)'(1543) 두 문서는 조선 전기 이두 자료. 민속원(1992) 영인〉

니시무라 히로코(西村浩子), 2002, 일본 애완현(愛媛縣) 북우화군(北宇和郡) 삼간정(三間町) 모리가장(毛利家藏) 「삼체시(三體詩)」의 각필점에 관하여, 「구결연구」 8, 구결학회. 163-185.

도쿄대학 사료편찬소(東京大學史料編纂所) 편, 1987~2010, 「正倉院文書目錄」 1-6, 東京; 東京大學出版會.

도쿄대학 아가와 문고(阿川文庫) 소장 한국 고문서

마에마 교사쿠(前間恭作), 1926, 若木石塔記の解讀, 「東洋學報」 15-3, 東京: 東洋協會調査部. 〈京都大學文學部 國語國文學研究室 編(1974) 재수록〉

마에마 교사쿠(前間恭作), 1929ㄱ, 吏讀便覽に就て, 「朝鮮」 165, 京城: 朝鮮

總督府. 〈京都大學文學部 國語國文學研究室 編(1974) 재수록〉

마에마 교사쿠(前間恭作), 1929ㄴ, 吏讀便覽에 취하여, 「朝鮮」 165, 京城: 朝鮮總督府.

마에마 교사쿠(前間恭作), 1929ㄷ, 處容解讀, 「朝鮮」 172號, 京城: 朝鮮總督府.

마에마 교사쿠(前間恭作) 遺稿, 스에마스 야스카즈(末松保和) 編纂, 1942, 「訓讀 吏文 吏文輯覽附」, 경성: 末松保和(발행자). 〈4+378+10쪽. 조선인쇄주식회사 인쇄. 한자+이두인데 한자 오른쪽에 소자 일본 글자와 「이문집람」에 한글. '이문집람'과 '이문속집편람'이 부록으로 수록되어 있다. 명나라와 주고받은 외교 문서 모음집. 이문 학습 참고서. 이두 자료. 국립중앙도서관 디지털열람실 원문 보기. 경문사(1976), 민속원(1989) 영인〉

마에마 교사쿠(前間恭作), 1971, 「朝鮮の板本」, 서울: 보련각 영인.

마에마 교사쿠(前間恭作) 저·안춘근 편역, 1985, 「한국판본학」, 서울: 범우사.

마에마 교사쿠(前間恭作) 편, 2011, 「古鮮冊譜」 상·중·하, 서울: 서진북스. 〈경인문화사(1969)〉

모로하시 데쓰지(諸橋轍次), 1955~1959, 「大漢和辞典」 1~13, 東京: 大修館書店.

모리 히로미치(森博達), 2010, 「일본서기」에 보이는 고대 한국 한자 문화의 영향, 「목간과 문자」 6, 한국목간학회. 93-105.

미야우치초 쇼소인 사무소(宮內廳 正倉院事務所) 編, 1988~, 「正倉院古文書影印集成」, 奈良: 正倉院事務所.

미키 사카에(三木榮), 1956/1973, 「朝鮮醫書誌」, 東京: 井上書店. 〈오준오 역(문진, 2023)〉

반도 도시히코(坂東俊彦), 2009, 동대사 소장 동아시아 전래 경권과 성교,

「구결연구」 23, 구결학회. 97-109.

사카에하라 토와오(榮原永遠男), 2011, 「正倉院文書入門」, 東京: 角川學藝
　　出版; 사카에하라 토와오 지음, 이병호 옮김, 2012, 「정창원 문서
　　입문」, 서울: 태학사.

사카에하라 토와오(榮原永遠男), 2012, 목간과 정창원 문서로 본 노래의
　　표기, 「구결연구」 29, 구결학회. 177-211.

서물동호회(書物同好會) 編, 1978, 「書物同好會會報 附冊子」, 東京: 書物同
　　好會.

세키노 다다시(關野貞) 外, 1927, 「朝鮮古蹟調査特別報告 第四冊-樂浪時代
　　の遺蹟」, 京城: 朝鮮總督府 朝鮮古蹟研究會.

쇼소인 사무소(正倉院事務所) 編, 1976, 「正倉院の金工」, 奈良: 日本經濟新
　　聞社.

스에마스 야스카즈(末松保和), 1954ㄱ, 壬申誓記石, 「新羅史の諸問題」, 東
　　京: 東洋文庫.

스에마스 야스카즈(末松保和), 1954ㄴ, 竅興寺鐘銘, 「新羅史の諸問題」, 東
　　京: 東洋文庫.

시라토리 쿠라키치(白鳥庫吉), 1895, 朝鮮古代地名考, 「史學雜誌」 6-10·
　　11~7-1, 史學會.

시라토리 쿠라키치(白鳥庫吉), 1896, 朝鮮古代王號考, 「史學雜誌」 7-2, 史學
　　會.

아유가이 후사노신(點貝房之進), 1923, 處容歌·風謠·薯童謠解讀, 「朝鮮史講
　　座」, 朝鮮史學會.

아유가이 후사노신(點貝房之進), 1931~1938, 「雜攷」 제1집~제9집, 東京:
　　朝鮮印刷株式會社. 〈東京 國書刊行會(1972) 영인〉

아유가이 후사노신(點貝房之進), 1955, 借字攷 I, 「朝鮮學報」 7, 朝鮮學會.

아유가이 후사노신(點貝房之進), 1956, 借字攷 II, 「朝鮮學報」 8, 朝鮮學會.

아유가이 후사노신(鮎貝房之進), 1957, 借字攷 III, 「朝鮮學報」 9, 朝鮮學會.

아유카이 후사노신(鮎貝房之進), 1978, 借字考, 「자유」 72, 서울: 자유사. 107-116.

오가와 다마키(小川環樹), 1980, 稻荷山古墳の鐵劍銘と太安萬侶墓誌の漢文에 있어서의 Koreanism에 대하여, 「京都産業大學 國際言語科學研究所所報」 1-3, 京都: 京都産業大學 國際言語科學研究所.

오구라 신페이(小倉進平), 1920ㄱ, 「朝鮮語學史」, 東京: 大阪屋号書店. 〈보정판(1940/1964, 東京 刀江書院), 河野六郎 補注(1999, ゆまに書房)〉

오구라 신페이(小倉進平), 1920ㄴ, 國語及朝鮮語のため, 東京: ウツボヤ書籍店. 〈「小倉進平博士著作集」(京都大學文學部, 1975) 재수록〉

오구라 신페이(小倉進平), 1929, 「鄕歌及び吏讀の研究」, 경성: 京城帝國大學法文學部紀要. 〈국립중앙도서관 홈페이지 원문 보기〉〈「小倉進平博士著作集」(京都大學文學部) 재수록. 아세아문화사(1974) 영인〉

오구라 신페이(小倉進平), 1934, 「朝鮮語と日本語」, 東京: 明治書院.

오구라 신페이(小倉進平), 1936, 鄕歌·吏讀の問題を繞りて, 「史學雜誌」 47-5.

오다 쇼고(小田省吾), 1934, 李朝太祖の親製親筆と稱せられる古文書に就いて: 淑愼翁主家垈賜給文書を紹介す, 「靑丘學叢」 17, 靑丘學會.

오바 스네키치(小場恒吉)·가야모토 가메지로(榧本龜次郎), 1935, 「古蹟調査報告 第二-樂浪王光墓」, 京城: 朝鮮古蹟硏究會.

오카야마 제니치로(岡山善一郎), 2015, 고대 한일 표기법 발달 과정의 비교, 「문화와 예술 연구」 6, 서울: 동방문화대학원대학교 문화와예술콘텐츠연구소. 47-70.

오카쿠라 요시사부로(岡倉由三郎), 1893, 吏道, 諺文考, 「東洋學芸雜誌」, 東京: 興學會出版部.

오키모리 타쿠야(沖森卓也), 2008, 고대 동아시아의 한문 변용, 「구결연구」 20, 구결학회. 45-70.

우에다 기혜이나리치카(植田喜兵成智)·이재환 번역, 2019, 측천문자의 발명과 전파, 「문자와 고대 한국 1. 기록과 지배」, 한국목간학회 편, 서울: 주류성. 253-283.

이나바 이와키치(稻葉岩吉), 1931, 朝鮮吏文の由來, 「朝鮮」 195, 朝鮮總督府.

이누이 요시히코(乾善彦), 2012, 고대의 가나 사용과 만엽가 목간, 「구결연구」 29, 구결학회. 25-42.

이마니시 류(今西龍) 지음·이부오·하시모토 시게루(橋本繁) 옮김, 2008, 신라 진흥왕 순순관경비고, 「신라사 연구」, 서울: 서경문화사.

이성시(李成市), 1997, 韓國出土の木簡, 「木簡研究」 19, 木簡學會.

이시즈카 하루미치(石塚晴通), 2002, 한자 문화권의 가점사에서 본 고려 구결과 일본어 초기 훈점 자료, 「구결연구」 8, 구결학회. 111-122.

이시즈카 하루미치(石塚晴通), 2004, 이문화에 대한 한자 수용의 제문제, 「일어일문학연구」 49-1, 한국일어일문학회. 1-4.

이시즈카 하루미치(石塚晴通)·김혜진·오미녕 역, 2003, 성점의 기원, 「구결연구」 11, 구결학회. 23-52.

이시즈카 하루미치(石塚晴通), 2006, 「각필구결 사진 자료 2」(이승재 외)·「각필구결의 해독과 번역 2」, 「인문논총」 56, 서울대학교 인문학연구원. 1-7.

이시즈카 하루미치(石塚晴通), 2008, 훈점어학회 회고와 전망, 「구결연구」 21, 구결학회. 27-38.

이시즈카 하루미치(石塚晴通), 2013, 한자 자체 규범사에서 바라본 「용감수경」, 「구결연구」 30, 구결학회. 5-21.

이시즈카 하루미치(石塚晴通)·오미영 역, 2008, 정창원 중의 신라 사경, 「구결연구」 20, 구결학회. 29-43.

이치 히로키(市大樹) 저·오현택 역, 2019, 일본 7세기 목간에 보이는 한국

목간, 「목간과 문자 연구」 22, 한국목간학회 편, 서울: 주류성. 99-125.

이치 히로키(市大樹) 지음·이병호 옮김, 2014, 「아스카의 목난: 일본 고대사의 새로운 해명」, 서울: 주류성.

일본박물관협회(日本博物館協會) 編, 1959, 「正倉院寶物展目錄」

정광(鄭光), 2012, 元代漢吏文と朝鮮吏文, 「朝鮮學報」 224, 朝鮮學會.

정광(鄭光)·北鄕照夫, 2006, 「朝鮮吏讀辭典」, 東京: ペ ン・ンタープライ ズ.

조선경제연구소(朝鮮經濟硏究所) 編, 1934, 「朝鮮漢字部劃索引」, 경성: 朝鮮經濟硏究所.

조선문화연구소(朝鮮文化硏究所) 編, 2007, 「韓國出土木簡の世界」, 東京: 雄山閣. 〈국립중앙도서관 4층 도서자료실 소장〉

카네자와 쇼자부로(金澤座三郎), 1918, 吏讀の硏究-處容歌解讀, 「朝鮮彙報」 4月號, 京城: 朝鮮總督府. 71-99.

카네자와 쇼자부로(金澤座三郎), 1932, 「新羅の片假字: 比較國語學史の一節」, 東京: 金澤博士還曆祝賀會.

카네자와 쇼자부로(金澤座三郎), 1936, 吏讀雜考, 「史學雜誌」 47-2, 史學會, 〈국회전자도서관 소장. 「한국학연구총서」 제9집(성진문화사 편, 1976) 영인〉

카츠시로 스에하루(葛城末治), 1935, 「朝鮮金石攷」, 京城: 大阪屋號書店. 〈아세아문화사(1978), 현대사(1982) 영인〉

코스케가와 테이지(小助川貞次), 2007, 일본 한적 훈점 자료 연구의 현황과 과제, 「구결연구」 18, 구결학회. 5-41.

코스케가와 테이지(小助川貞次)·오미영 역, 2008, 일본어 훈점 자료에서 파음의 의미, 「구결연구」 20, 구결학회. 71-92.

코스케가와 테이지(小助川貞次)·오미영 역, 2008, 훈점 자료 해독의 방법과

실제 -유린관(有鄰館) 소장 「춘추경전집해」 권제2를 중심으로-,
「한국문화」 44, 서울: 서울대학교 규장각 한국학연구소.

타케다 유키오(武田幸男), 1962, 淨兜寺五層石塔造成形止記の研究(1), 「朝
鮮學報」 25, 朝鮮學會.

토노 하루유키(東野治之) 저, 이용현 역, 2008, 「목간이 들려주는 일본의
고대」, 서울: 주류성. 〈국립중앙도서관 디지털도서관 원문 보기〉

하시모토 시게루(橋木繁), 2019, 시각 목간의 정치성, 「문자와 고대 한국」
1. 기록과 지배, 한국목간학회 편, 서울: 주류성. 607-632.

하시모토 시게루(橋本繁), 2007ㄱ, 안압지 목간 판독문의 재검토, 「신라문
물연구」 창간호, 경주: 국립경주박물관.

하시모토 시게루(橋本繁), 2007ㄴ, 「出土木簡よりみた古代朝鮮の文字と社
會」, 博士論文, 東京: 早稻田大 大學院.

하시모토 시게루(橋本繁), 2014, 「韓國古代木簡の研究」, 東京: 吉川弘文館.
〈5+276+4쪽. 국립중앙도서관 4층 도서자료실 소장〉

하시모토 시게루(橋本繁), 2017, 영천 청제비의 재검토, 「사림」 60, 수선사
학회.

하시모토 시게루(橋本繁), 2021, 釜山 盃山城 木簡의 기초적 검토, 「신라사
학보」 52, 신라사학회.

하타다 다카시(旗田巍), 1958, 新羅の村落-正倉院にある新羅村落文書の研
究, 「歷史學研究」 226, 歷史學研究會.

하타다 다카시(旗田巍), 1959, 新羅の村落-正倉院にある新羅村落文書の研
究, 「歷史學研究」 227, 歷史學研究會.

홍고 테루오(北鄕照夫), 2001ㄱ, 이두 '白'의 기능 변화에 대하여, 「국어사
자료 연구」 2, 국어사학회. 115-144. 〈국립중앙도서관 협약공공도
서관 원문 보기〉

홍고 테루오(北鄕照夫), 2001ㄴ, 이두 자료 「농포집(農圃集)」의 경어법에

대하여, 「구결연구」 7, 구결학회. 79-111.

홍고 테루오(北鄕照夫), 2002, 「이두 자료의 경어법에 관한 통시적 연구」, 박사논문, 서울: 고려대학교 대학원.

후지모토 유키오(藤本幸夫), 1971, 河合文書の硏究, 「朝鮮學報」 60, 朝鮮學會.

후지모토 유키오(藤本幸夫), 1986, '中'字考, 「論集 日本語硏究(二) 歷史編」, 東京: 明治書院.

후지모토 유키오(藤本幸夫), 1988, 古代朝鮮の言語と文字文化, 「ことばと文字」, 東京: 中央公論社.

후지이 시게토시(藤井茂利), 1980, ソウル大學藏「禮記集設大全」に付せられた 略體漢字の吐について, 「人文學科論集」 15, 鹿兒島: 鹿兒島大學.

후지이 시게토시(藤井茂利) 저·최광준 역, 2001, 「고대 일본어의 표기법 연구: 동아시아 한자의 사용법 비교」, 서울: 제이앤씨.

후지타 료사쿠(藤田亮策), 1935, 「朝鮮金石瑣談」. 〈아세아문화사(1979) 영인〉

후지타 료사쿠(藤田亮策), 1936, 「經國大典輯註」 〈등사본. 국립중앙도서관 원문 보기〉

후지타 료사쿠(藤田亮策), 1959, 高麗鐘の銘文, 〈「조선금석쇄담」(1979, 아세아문화사) 영인〉

후지타 료사쿠(藤田亮策), 1963, 正倉院御物氈貼布記, 「靑丘遺文」. 〈「朝鮮學論考」, 藤田先生紀念事業會. 「朝鮮金石鎖談(外)」(아세아문화사, 1976. 영인)〉

Chomsky, Noam, 1957, *Syntax Structure*, The Hague: Mouton; 이승환·이혜숙 공역, 1966, 「변형생성문법의 이론」, 서울: 범한서적.

Chomsky, Noam, 1996, *Powers and Prospects, Reflections on human nature and the social order*, London: Pluto Press.

Février, J. G., 1984, *Histoire de L'écriture*, Paris: Payot.

Gaur, A., 1984, *A History of Writing*, London: The British Library; 강동일 옮김, 1995, 「문자의 역사」, 서울: 새날.

Gelb, I. J., 1962, *A Study of Writing*, Chicago: University of Chicago Press; 연규동 역, 2013, 「문자의 원리」, 서울: 연세대학교 출판문화원.

Gross, Maurice, 1975, *Méthodes en syntaxe*, Paris: Hermann.

Herder, J. G., 1772/1973, *Abhandlung über den Ursprung der Sparache*, Stuttgart: Philipp Reclam jun.; 김성대 옮김, 2000, 「언어 기원론」, 서울: 단국대학교 출판부; 조경식 옮김, 2003, 「언어의 기원에 대하여」, 서울: 한길사.

Hockett, Charles F. & R. Ascher, 1964, The Human Revolution, *American Scientist* 52-1, Society of the Sigma Xi. 70-92.

King, Ross, 2010, Pre-Imjin *Kugyŏl* Sources in North American Library Collections: A Preliminary Survey, 「구결연구」 25, 구결학회. 217-282.

Pinker, S. & P., Bloom, 1990, Natural language and natural selection, *Behavioral and Brain Sciences* 13-4. Cambridge University Press. 707-784.

Rousseau, J. J., 1856, *Essai sur l'origine des langues*, Francfort s. M: Bechhold; Moran, J. H. & A. Gode trans., 1966, *On the Origin of Language*, New York: Ungar; 이봉일 옮김, 2001, 「인간 언어 기원론」, 서울: 월인; 한문희 옮김, 2013, 「언어의 기원」, 서울: 한국문화사; 주경복·고봉만 옮김, 2019, 「언어 기원에 관한 시론」, 서울: 책세상.

Rogers, H., 2005, *Writing Systems: A Linguistics Approach*, Oxford: Blackwell Publishing; 이용 외 공역, 2018, 「언어학으로 풀어 본 문자의 세계」, 서울: 역락.

Saussure, F. de, 1910, *Cours de la linguistique générale*, Paris: Payot; 오원교 역, 1973, 서울: 형설출판사; 최승언 역, 1990, 「일반언어학 강의」, 서울: 민음사; 김현권 옮김, 2012, 서울: 지식을만드는지식.

Sasse, W. 1983, 한국 고유 한자 참고 색인, 「한국어 계통론 훈민정음 연구」, 서울: 집문당.

Sampson, G., 1985, *Writing Systems*, London: Hutchinson & Co.; 신상순 역, 2000, 「세계의 문자 체계」, 서울: 한국문화사.

Shichiro Murayama & Roy Andrew Miller, 1979, The Inariyama Tumulus Sword Inscription, in *The Journal of Japanese Studies* 5-2, Seattle: Society for Japanese Studies.

사전

Lingoes http://www.lingoes.net

Chinese Etymology 字源 hanziyuan.net

네이버 사전 ko.dict.naver.com

다음 사전 dic.daum.net/

우리말샘 http://opendict.korean.go.kr

유니코드 한자 검색 시스템 http://www.koreanhistory.or.kr.newchar/

표준국어대사전 stdict.korean.go.kr

한국민족문화대백과사전 encykorea.aks.ac.kr

한글학회 조선말큰사전 hangeul.or.kr

홈페이지

경기대학교 학술 DB

경기도박물관 musenet.ggcf.kr

교보스콜라 scholar.kyobobook.co.kr

구결학회 등 여러 학회 홈페이지

구글 학술검색 scholar.google.co.kr

국가자료종합목록 http://www.nl.go.kr/kolisnet

국가전자도서관 https://www.dlibrary.go.kr/

국립국어원 https://www.korean.go.kr

국립문화재연구원 국립가야문화재연구소 nrich.go.kr

국립중앙도서관 nl.go.kr

국립중앙도서관 한국고문헌종합목록

국립한글박물관 https://www.hangeul.go.kr

국사편찬위원회 조선왕조실록 sillok.history.go.kr

국사편찬위원회 한국사데이터베이스 sillok.history.go.kr

국회도서관 https://www.nanet.go.kr/

나무위키 https://omniglot.com

네이버 term.naver.com 원문과 함께 읽는 삼국사기

농촌진흥청 농업과학도서관 https://lib.rda.go.kr/

누리미디어 DBpia dbpia.co.kr

디지털 한글 박물관 http://archives.hangeul.go.kr

서울대학교 규장각 한국학연구원 http://kyu.snu.ac.kr

서지정보유통지원시스템 http://seoji.nl.go.kr

세종대왕기념사업회 sejongkorea.org

아단문고 adanmungo.org

역사정보종합시스템 http://www.koreanhistory.or.kr

일본인명사전 LTool.net

학술교육원 e-article www.eartical.net

학술연구정보서비스 RISS www.riss.kr

한국고문서자료관 archive.aks.ac.kr

한국고문헌종합목록 http://www.nl.go.kr/korcis/

한국고전종합DB http://db.itkc.or.kr

한국국학진흥원 koreastudy.or.kr

한국금석문 종합영상정보시스템(www.gsm.nricp.go.kr) 〈「역주 한국고
　　　대금석문」(1992) 원문 이미지 보기〉

한국연구재단 기초학문자료센터 krm.or.kr

한국연구정보서비스 www.riss.kr

한국콘텐츠진흥원 문화콘텐츠닷컴 www.kocca.kr

한국학 중앙연구원 한국학 디지털 아카이브 yoksa.aks.ac.kr

한국학술정보 KISS kiss.kstudy.com

한국학자료센터 kostma.aks.a.kr

한국학자료센터 한국학자료포털 이두용례사전

한국학자료통합플랫폼 kdp.aks.ac.kr

한국학중앙연구원 한국역대인물 중앙정보시스템(people.aks.ac.kr) '디렉
　　　토리 분류'의 '관직명 사전'과 '콘텐츠 색인'의 '관직명 색인'

한국학진흥사업 성과포털 waks.aks.ac.kr

한국한의학연구원 한의학고전디비 http://mediclassics.kr

한자 이체자 정보 사전 waks.aks.ac.kr

블로그

강창석 교수의 네이버 블로그 '오창 국어학 서재' '국어사 자료실'

찾아보기

저자 **박형익**

이 책을 쓴 박형익은 프랑스 폴 발레리 대학교 언어학과에서 언어학 학사와 언어학 석사 학위를 받았다. 파리 7대학교 언어학과에서 박사과정을 수료하였다. 모리스 그로스(Gross, Maurice) 교수의 지도를 받아 파리 7대학교 언어학과에서 언어학 박사 학위를 받았다.

1988년 3월부터 2019년 2월까지 31년 동안 경기대학교 국어국문학과 교수로 재직했으며, 현재 명예교수로 있다. 문화체육관광부, 산업통상자원부, 외교부, 국정원, 한국연구재단, 국립국어원, 국립한글박물관, 국립어린이청소년도서관, 서울특별시, 경기도, 수원시, 법무부 연수원, 대한적십자사, 한글학회, 경성대학교, 고려대학교, 이화여자대학교 등 여러 공공기관의 심사, 출제, 자문, 강의를 하였다.

이중언어학회 해외이사·재무이사·감사, 한국사전학회 편집이사·편집위원·부회장·회장·고문, 한국어학회 편집이사·편집위원·회장, 한국언어학회 연구이사·편집위원, 한국어의미학회 이사·감사, 한말연구학회 이사·편집위원, 「형태론」 편집자문위원, 겨레말큰사전 자문위원, 국어심의회 위원, 카이스트 전문용어 언어공학연구센터 연구위원, ISO TC37 SC1 & SC2 전문위원, 21세기 세종계획 한민족 언어정보화 분과 연구원·연구책임자 등으로 활동하였다.

Trois Emplois de Verbe Cuta(donner) en Coréen(*Lingusticae Investicatione XII*: 2, 1988), 국어사전에서의 전문용어의 정의와 분류(「전문용어연구」 2, 2000), 한국 자전의 역사(「한국어학」 23, 2004), 송완식의 「최신 백과 신사전」(1927)(「한국사전학」 25, 2015), 근대 전기(1883~1894)의 한글 자료 목록(「근대서지」 12, 1015) 등 언어학, 한국어학, 사전학, 서지학 등에 관한 여러 논문들을 발표하였다.

「언어계획의 개념과 훈민정음 창제」(1984, 석사논문), 「한국어-프랑스어 상용동사사전(프랑스 국립과학연구소(CNRS) 보고서)」(1987, LADL de Université de Paris 7&8), 「한국어 여격동사 구문의 어휘문법」(1987, 박사논문), 「한글 맞춤법 무엇이 문제인가?」(1997, 공저, 태학사), 「한국의 사전과 사전학」(2004, 월인, 대한민국 학술원 선정 우수학술도서), 「신어사전의 분석」(2005, 한국문화사), 「심의린 편찬 보통학교 조선어사전」(2005, 태학사), 「언문 쥬히 보통문자집」(2007, 박이정), 「한국 어문 규정의 이해」(2008, 공저, 태학사), 「한국 자전의 역사」(2012, 역락, 대한민국학술원 우수학술도서 선정), 「사전론」(2014, 공역, 부키), 「한국 자전의 해제와 목록」(2016, 역락, 세종도서 학술부문 선정), 「법한ㅈ뎐」(2016, 해제, 역락) 등의 저서를 출간하였다.

한국어의 한자 및 한문 표기와 자료

초판 1쇄 인쇄 2024년 2월 5일
초판 1쇄 발행 2024년 2월 15일

지은이 박형익
펴낸이 이대현
편집 이태곤 권분옥 임애정 강윤경
디자인 안혜진 최선주 이경진 | **마케팅** 박태훈 한주영
펴낸곳 도서출판 역락 | **등록** 1999년 4월 19일 제303-2002-000014호
주소 서울시 서초구 동광로46길 6-6 문창빌딩 2층(우06589)
전화 02-3409-2060(편집부), 2058(영업부) | **팩스** 02-3409-2059
전자우편 youkrack@hanmail.net | **홈페이지** www.youkrackbooks.com

ISBN 979-11-6742-671-0 93710